汉译世界学术名著丛书

# 争夺欧洲霸权的斗争
# 1848-1918

〔英〕A.J.P.泰勒 著

沈苏儒 译

商务印书馆
创于1897
The Commercial Press

**THE STRUGGLE FOR
MASTERY IN EUROPE
1848—1918**
by A. J. P. Taylor
Oxford University Press,Great Britain
Second impression 1977
根据英国牛津大学出版社 1977 年第 2 次印刷本译出

# 汉译世界学术名著丛书
## 出版说明

我馆历来重视移译世界各国学术名著。从20世纪50年代起，更致力于翻译出版马克思主义诞生以前的古典学术著作，同时适当介绍当代具有定评的各派代表作品。我们确信只有用人类创造的全部知识财富来丰富自己的头脑，才能够建成现代化的社会主义社会。这些书籍所蕴藏的思想财富和学术价值，为学人所熟悉，毋需赘述。这些译本过去以单行本印行，难见系统，汇编为丛书，才能相得益彰，蔚为大观，既便于研读查考，又利于文化积累。为此，我们从1981年着手分辑刊行，至2020年已先后分十八辑印行名著800种。现继续编印第十九辑，到2021年出版至850种。今后在积累单本著作的基础上仍将陆续以名著版印行。希望海内外读书界、著译界给我们批评、建议，帮助我们把这套丛书出得更好。

商务印书馆编辑部
2020年7月

# 译者前言

本书作者英国著名历史学家 A. J. P. 泰勒(Allan John Percivale Taylor) 1906 年生于英国兰开夏郡索思波特市，1927 年在牛津大学获学士学位、1932 年获硕士学位。1930—38 年在英国曼彻斯特大学任历史讲师，1938 年后任牛津大学梅格达林学院评议员，并在剑桥大学等校授课。1956 年后为英国科学院(British Academy)高级会员。他还是英国全国新闻工作者联合会(National Union of Journalists)会员，经常为《星期日快报》、《观察家》和《新政治家》等报刊撰稿。他是工党党员。

泰勒专攻欧洲近代、现代史，特别是国际关系史，著作等身，被认为是西方近代史权威学者之一。本书是《牛津欧洲近代史丛书》的第一部，1954 年初版出版后受到西方史学界的重视和好评。

本书论述从 1848 年革命到 1918 年的布列斯特和约和威尔逊"十四点"倡议这七十年间欧洲的外交斗争。他认为，这七十年是欧洲作为世界中心的最后时期、也是欧洲"势力均衡"的最后时期。这七十年内欧洲列强的纵横捭阖，战争与和平、危机与平静的交替，始终脱不出势力均衡这一格局，但到第一次世界大战结束时，整个世界的形势变了，这个格局在欧洲没有得到恢复，欧洲作为世界中心的地位也从此消失。（作者的观点在绪论中作了系统扼要的阐明。)本书不仅在研究这一时期国际关系史方面,并且在对当前国际斗争的观察中,都有参考价值。正如评论家阿萨·布里格斯(Asa Briggs)在对本书的评论中所说,"这种'四对舞'(作者用来形容均势格局中的列强斗争——译者)有许多特点,并不随着'四对舞'的过时而过时;尽管音乐现在已经大不同了,它还将继续下去。"

泰勒学识渊博、掌握了丰富的史料,写书时旁征博引。他的著作还具有自己的独特风格。评论家汉斯·科恩(Hans Kohn)说,泰勒的著作既显示了"学者的素养,又充满了机智。这样一种难得的结合使他的著作吸引了更为众多的读者"。另一位评论家梅尔文·谢夫滋(Melvin Shefftz)说,他的著作"写得很生动,并且总爱发表自己的见解",从而吸引了"大量(就严肃的历史著作而言)的读者,……他抓住许多复杂人物的特性,并且能用生动而简练的笔法概括出许多混乱的情况。他对所提到的每件事情都具有异常广泛的知识。他的机智几乎有点尖刻,但并没有使他成为一个戏谑打诨的愤世嫉俗者"。(以上引文均见美国《书评摘编1955年》——Book Review Digest。)

这样一部具有高度学术水平、文笔又生动犀利的著作,按"信、达、雅"的标准来要求,翻译的难度是相当大的。我只能说,我已尽力按照三项标准去做。关于这三项标准的关系,许渊冲先生在所著《翻译的艺术》一书中曾有颇为精辟的见地和分析,极为赞佩。我在具体工作中也是按这三字的优先顺序的:忠实于原文原意——正确地、充分地、顺畅地用中文来表达出原意——提高译文的文字质量(包括在总体上体现原作风格)。为便利读者,尽量添写了一些译注,并在书末附了引用书籍、人名、地名的中文外文对照表。原注符号用阿拉伯数码依序标出,不附"原注"字样;译注的符号用＊号,后面注明"译注"。限于学识水平和文化素养,译本一定存在着许多缺点和不足、以致谬误之处,诚恳地请求专家和读者指正。

在翻译过程中,得到美国哈佛大学教授吴文津同学以及爱泼斯坦、杨宪益、迪尔·比斯多夫、赵一鹤、王章辉、宋钟璜、陈廷祐、安淑渠、郭安定、赵振权、张根珍诸同志的教益或协助,冯华修同志代为译出第二十、二十一章初稿,谨对他们致以诚挚谢意。也要感谢璧莹、沈燕和张晶给我的支持和帮助。

沈苏儒
1985年10月于北京

## 目 录

**绪言　欧洲的各大强国** …………………………………… 1
　　势力均衡及其替代品：统一的帝国、道义规范、欧洲以外的扩张
　　均势的最后时期　人口的变化　军事资源的变化　经济实力的
　　变化　政治稳定性的变化　对革命的恐惧

**第一章　革命的外交 1848 年** …………………………… 24
　　梅特涅的体系　明兴格拉茨条约（1833 年）　激进方案　拉马丁
　　的通告（1848 年 3 月 4 日）　梅特涅的倒台（3 月 13 日）　俄国和
　　革命　法国和波兰　斯莱士威克问题　英国和斯莱士威克　马
　　尔摩停战协定（8 月 26 日）　德国和其他列强　意大利问题：英国
　　的政策、法国的政策、英法调停、奥地利的胜利

**第二章　反动的外交 1849—50 年** ……………………… 52
　　新的现实主义者　路易·拿破仑的看法　奥普冲突的酝酿　第
　　二次奥地利—撒丁战争（1849 年 3 月）　罗马共和国被推翻　俄
　　国对匈牙利的干涉　匈牙利难民　腓特烈·威廉第四和德意志
　　"过渡办法"（9 月）　普奥向俄国申诉　法国试图接触普鲁士　奥
　　普冲突（1850 年 11 月）　奥洛莫乌茨协定　奥普结盟（1851 年 3
　　月）　俄国的明显胜利

**第三章　神圣同盟的终结 1852—3 年** …………………… 79
　　1851：和平的一年　法国对比利时的威胁　对拿破仑第三的承认
　　（1852 年 12 月）　法国对"圣地"的要求　尼古拉第一和西摩
　　门什柯夫的使命（1853 年 3 月）　维也纳照会（8 月）　尼古拉第

一在奥洛莫乌茨  俄土战争的爆发  奥尔洛夫赴维也纳的使命(1854年1月)  克里米亚战争的爆发及其起因

## 第四章  克里米亚战争 1854—6年 ……………… 99
包尔的政策  普鲁士中立  奥普同盟(1854年4月20日)  "四点方案"  入侵克里米亚  奥地利与西方列强结盟(12月2日)  撒丁王国与西方列强结盟(1855年1月)  普鲁士继续保持中立  维也纳会及其失败  攻占塞瓦斯托波尔(9月8日)  奥地利向俄国发出最后通牒  初步和约的签署(1856年2月1日)

## 第五章  巴黎大会及其后果 1856—8年 …………… 124
巴黎大会  对土耳其的三方保证  加富尔在巴黎  拿破仑第三的计划  关于博尔格勒的争执  英法同那不勒斯的不和  关于多瑙河诸侯国的争执  拿破仑第三和亚历山大第二在斯图加特(1857年9月)

## 第六章  意大利战争和维也纳解决办法的破坏 1858—61年 ……………………………………………… 143
拿破仑第三和意大利  奥西尼阴谋  加富尔和拿破仑第三在普隆比埃的会晤(1858年7月)  法俄谈判  法俄条约(1859年3月3日)  普鲁士的"新时代"  英国的保守派政府  法国和撒丁王国结盟(1月19日)  考利赴维也纳的使命(3月)  提议召开欧洲大会  奥地利向撒丁发出最后通牒(4月19日)  意大利战争  提议欧洲进行调停  比利亚弗兰卡协议(7月)  俄国在战后的政策  兼并萨瓦(1860年3月)  加里波第远征西西里  普奥重新和好  法俄重新和好  华沙会晤(10月)  意大利的统一

## 第七章  波兰危机及法俄和好的终结 1861—3年 ………… 176
1861年的虚幻的平静  普奥失和  伯恩斯托夫的政策  俾斯麦掌权(1862年9月)  俾斯麦试图接触法国  波兰的起义(1863年1月)  阿尔文施莱本协议(2月)  特罗恩的反普计划  阿尔文施莱本协议的废弃  干涉波兰的计划  法俄友好的终结  重建

神圣同盟的失败　拿破仑关于召开欧洲大会的计划流产

**第八章　俾斯麦的战争：击败奥地利 1864—6 年** ·············· 196

欧洲四分五裂　斯莱士威克的新危机　奥普结盟（1864 年 1 月 16 日）　反对丹麦的战争　英国试图保护丹麦　英法合作的失败（2 月 19 日）　伦敦会议及其破裂　英国按兵不动同丹麦议和（1864 年 8 月）　法意关于罗马的协议（9 月）　门斯多夫任奥地利外相　加施泰因条约（1865 年 8 月）　俾斯麦和拿破仑第三在比亚里茨会晤　拿破仑第三和威尼西亚普意之间的同盟（1866 年 4 月 8 日）　奥地利的裁军建议　加布伦茨的使命　提议召开欧洲大会　法奥之间的条约（6 月 12 日）　奥普战争　法国的调停　布拉格和约（8 月）　德意志内部的新秩序

**第九章　法国的孤立 1866—70 年** ·············· 233

普鲁士在德意志内部的兼并　拿破仑的默许　法国要求赔偿俄国的默许　提议法普结盟　克里特岛起事　重建法俄和好关系的尝试　卢森堡问题上的危机（1867 年 4 月）　亚历山大第二在巴黎（6 月）　弗朗西斯·约瑟夫和拿破仑第三在萨尔茨堡的会晤（8 月）　门塔纳之役　奥法结盟的提议（1868 年）　克里特岛问题的结束　奥匈、法、意三国联盟的提议及其失败的原因　弗勒里赴圣彼得堡的使命（1869 年 11 月）　法国的裁军建议

**第十章　法国主宰地位的丧失 1870—5 年** ·············· 270

1870 年战争中缺少目的性　俾斯麦的消极　利奥波德亲王作为西班牙王位继承者的候选人　法普战争　英国的中立　俄国的中立　奥匈的中立　意大利占领罗马　色当战役（9 月 2 日）　法国为求得欧洲调停所作的努力　梯也尔在圣彼得堡　俄国谴责规定黑海中立化的条款（1870 年 10 月 31 日）　伦敦会议　法兰克福和约（1871 年 5 月）　"三帝联盟"及其含糊不清之处　法国战败以后　梯也尔的政策　德卡兹的政策　"战争就在眼前"危机（1875 年 5 月）

**第十一章　东方的大危机 1875—8 年** ·············· 304

列强和东方问题　泛斯拉夫主义　奥匈政策中的矛盾　波斯尼亚起义　安德拉西照会(1875年12月30日)　柏林备忘录　赖克斯塔特协议(1876年7月8日)　亚历山大第二决定开战　俄国试图接触德法　君士坦丁堡会议　布达佩斯议定书(1877年1月)　俄土战争(4月)　普列文战役及其后果　圣·斯特芬诺和约(1878年3月3日)　伊格纳吉也夫在维也纳　舒瓦洛夫和索尔兹伯里　柏林大会(6月)　新的势力均衡

第十二章　俾斯麦的结盟 1879—82年 ·························· 338

和平的一代　英国在近东的政策　俄国的恐惧　奥德同盟(1879年10月)　俾斯麦和英国　俄国的新试探　格拉斯顿当政　"三帝联盟"(1881年6月18日)　意大利的政策　突尼斯问题　"三国同盟"(1882年5月20日)　奥地利与塞尔维亚结盟　奥德与罗马尼亚结盟　俾斯麦的结盟体系

第十三章　"自由主义同盟"的瓦解及其后果 1882—5年
···················································································· 370

1877年后法国的沉默　"自由主义同盟"的复活　埃及问题　英法对埃及的控制　英国对埃及的干涉(1882年9月)　法国的愤怒　俾斯麦的态度　俾斯麦同法国和好　俾斯麦的殖民地政策　三帝在斯凯尔涅维采的会晤(1884年9月)　大陆联盟　尤里斯·费里的倒台(1885年3月30日)　彭杰危机(4月)　法德和好的终结　英国安全保障的因素

第十四章　外交的胜利：保加利亚危机 1885—7年 ········· 399

保加利亚和东鲁米利亚的联合　亚历山大亲王逊位(1886年8月)　法国的布朗热主义　德国的新军事法　英意协定(1887年2月12日)　"三国同盟"的续订(2月20日)　英奥协定(3月24日)　德拉蒙德·沃尔夫使命的失败　"再保险"条约(6月18日)　保加利亚选举斐迪南亲王　第二个地中海协定(12月12日)　保加利亚危机的结束　造成和平结局的原因

第十五章　法俄同盟的建立 1888—94年 ························ 425

俾斯麦和威廉第二 德国的"新方针" 赫尔戈兰条约(1890年7月1日) 法国对意大利的压力 关于"四国同盟"的谣传 法俄协定(1891年8月) 法国的不满 法俄军事议定书(1892年8月) 史里芬的战略 格拉斯顿和罗斯伯里 暹罗危机(1893年7月) 法俄同盟(1894年1月)

## 第十六章 流产的大陆联盟 1894—7年 ………… 452

英国的孤立 斯潘塞方案 英国刚果条约(1894年5月12日) 英法协约的失败 英俄协约的失败 中日战争 欧洲对日干涉(1895年4月) 罗伯诺夫和君士坦丁堡 英国穿越海峡失败(11月) 阿诺托和近东 德国的大陆联盟计划 克鲁格电报(1896年1月3日) 英国在苏丹的进展 海峡的最后警报 奥俄和好(1897年5月) 消极否定的大陆联盟

## 第十七章 "世界政策"的年代 1897—1902年 ………… 484

皮洛夫和德国政策 德国占领胶州湾(1897年11月) 俄国的回答 张伯伦的联德建议(1898年4月) 关于葡萄牙殖民地的英德协定(8月30日) 法休达危机(9月) 巴格达铁路 德尔卡塞和俄国的结盟 布尔战争(1899年10月) 提议欧洲调停 义和团起事(1900年6月) 关于中国的英德协定(10月16日) 兰斯多恩提议同德国结盟 日本的政策 英日同盟(1902年1月30日)

## 第十八章 英国孤立的最后年代:英法协约的形成 1902—5年 …………………………………………… 522

关于中国的法俄宣言(1902年3月20日) 摩洛哥问题 法国同意大利的协议 法国同西班牙谈判的失败 英国复活地中海协约的失败 关于巴格达铁路的谈判 远东的新危机 英法的重新和好 英法协约(1904年4月8日) 贝佐勃拉卓夫和"朝鲜人" 俄日战争(2月) 德国的自信 多格尔沙洲事件(10月) 俄国结盟的失败 英国安全和孤立的高潮

## 第十九章 三国协约的形成 1905—9年 ………… 550

德国在1905年的力量　威廉第二访问丹吉尔(1905年3月31日)　罗维埃和德尔卡塞　德尔卡塞的倒台(6月6日)　关于摩洛哥的法德协议(7月8日)　毕由克条约(7月25日)　法国向英国求助　格雷和自由派政府　英法军事议定书(1906年1月31日)　阿尔黑西拉斯会议　首次摩洛哥危机的意义　英俄协约(1907年8月31日)　英德海军争衡　伊兹伏尔斯基的计划　艾伦泰尔的计划　布克洛夫会晤(1908年9月15日)　兼并波斯尼亚和黑塞哥维那(10月5日)　德国支持奥匈　关于摩洛哥的法德协议(1909年2月9日)　俄国在波斯尼亚危机中的失败

## 第二十章　英德敌对的年代 1909—12年 ………………… 587

大战的阴影　德国加速建设海军的警报　皮洛夫和德国海军　贝特曼出任德国总理　英德谈判　波斯尼亚危机后的俄国政策　萨佐诺夫在波茨坦　凯欧和德国　法国占领非斯(1911年5月)　"豹号"在阿加迪尔(7月1日)　俄国未能支持法国　英国在摩洛哥的政策　劳合·乔治的市长官邸演说(7月21日)　英德危机　摩洛哥问题的结束　意大利对土耳其的进攻　"察里柯夫风筝"　霍尔丹的使命(1912年2月)　法国的警报　英法互换信件(11月22日)　英国政策的动机

## 第二十一章　两次巴尔干战争及战争以后 1912—4年 …… 621

俄国和土耳其衰落　巴尔干联盟　彭加勒的决心以及他对俄国的保证　奥匈的无能　第一次巴尔干战争(1912年10月)　奥匈支持阿尔巴尼亚　俄国反对保加利亚　伦敦会议　阿尔巴尼亚的建立　德国的陆军法　第二次巴尔干战争　布加勒斯特条约(1913年8月)　巴尔干战争的教训　关于葡萄牙殖民地的英德条约　"在亚洲的土耳其"问题　巴格达铁路　把土耳其作为德国的被保护国　里曼·冯·桑德斯事件　德俄交恶

## 第二十二章　欧洲战争的爆发 1914年 …………………… 656

格雷和"三国协约"　英俄海军会谈　英德关系的改善　德国支持奥匈　德国对罗马尼亚的态度　"三国协约"的衰败　德国缺

乏政策　弗朗茨·斐迪南遇刺(1914年6月28日)　奥匈的决定及德国对它的鼓励　奥匈向塞尔维亚宣战　俄国动员(7月30日)　德国向法俄宣战　英国的犹豫　英国向德宣战(1914年8月4日)　战争的起因　德国的军事计划　未能预见战争的后果　未能取得速胜

第二十三章　战争的外交 1914—8 年 ·························· 682
　　寻求盟国　俄国和罗马尼亚　土耳其参战　探索战争目的　俄国对君士坦丁堡的要求及英法就此的协议(1915年3月)　争取意大利　伦敦条约(4月26日)　意大利参战　保加利亚与中欧列强结盟　1916年的战役　罗马尼亚参战　寻求妥协的和平　中欧列强和波兰　美国对战争的态度　德国的和平提议　协约国战争目的的确定　美国参战　俄国的崩溃　奥匈的和平提议　德意志帝国议会的和平决议　教皇的和平尝试　布列斯特—立托夫斯克条约(1918年3月3日)　"十四点"　势力均衡的终结

引用书目中文外文对照表·························· 730
人名中文外文对照表·························· 738
地名中文外文对照表·························· 750

# 地图目次

1848年的各大强国 …………………………………… 23
罗马尼亚 ……………………………………………… 125
意大利 ………………………………………………… 144
波兰 …………………………………………………… 178
斯莱士威克—荷尔施泰因 …………………………… 198
莱茵边界 ……………………………………………… 234
保加利亚 ……………………………………………… 306
俄国在中亚的拓展 …………………………………… 392
尼罗河流域 …………………………………………… 457
远东 …………………………………………………… 486
南部非洲 ……………………………………………… 500
摩洛哥的分割 ………………………………………… 537
波斯的分割 …………………………………………… 570
塞尔维亚 ……………………………………………… 642
葡属非洲 ……………………………………………… 645
协约国的战争目的 …………………………………… 714
"在亚洲的土耳其"的分割 …………………………… 719
中欧列强的战争目的 ………………………………… 726

# 绪言　欧洲的各大强国

在霍布斯*所想象的自然状态中，暴力是唯一的法律，而生活则是"恶劣的、野蛮的和短促的"。虽然每一单个的人从来没有在这样的自然状态中生活过，欧洲的各大强国倒常常是如此。主权国家使欧洲文明显出特色，至少从15世纪末开始是如此。欧洲的每一单个国家不承认有哪一个国家在它之上；它也不承认任何道义准则，除了出于自己的良心自愿接受的以外。从理论上说，每个国家只凭可用武力抵抗别国强力侵犯这一点就能证明自己的行动是正义；如果霍布斯的看法是对的，那么欧洲的历史就应该是一部连续不断的战争史。事实上，欧洲所经历的和平几乎与战争一样多；而它所以能有这些和平时期，则要归功于势力均衡。没有一个国家曾强大到足以把所有其他国家都吃掉；而各大强国又互相嫉妒，因而连那些难以自保的小国也得以维持下来。各大强国之间的关系决定了欧洲的历史。本书所论述的是处于欧洲仍为世界中心的最后时期中的各大强国。

---

\* 霍布斯（Thomas Hobbes, 1588—1679）是英国唯物主义哲学家。在政治思想上，提出"自然状态"和国家起源说，反对君权神授，主张君主专制，抨击超乎国家之上的教会。——译注

人们并不总是默许这种没完没了的均势"四对舞"*的。他们常常愿意让音乐停一停,坐下来息一场,而不用一刻不停地互相盯着。他们曾经寻求某种普遍的权威,它超越各个单个国家并剥夺掉它们的主权。无政府状态的最简单的"解决办法"——如霍布斯所认为的——是由一个强国压服所有别的国家。这个解决办法在欧洲曾一而再、再而三地自行表现出来。西班牙的菲力浦第二和路易十四也许抓到了欧洲的霸权;伟大的拿破仑当然已做到了这一点。作为本书开始的1848年,上距拿破仑争取主宰欧洲不过三十年,而且人们普遍认为法国将重新进行这一尝试。法兰西第二帝国的建立看来使这种担心有了根据;但实际上拿破仑第三除了名字以外没有任何东西具有帝国的实质;势力均衡经受住了他的挑战,几乎完好无损。法国主宰欧洲的优势在1870年终止了。继之而来的是新的均衡;直到经过三十年和平岁月之后,才开始出现这样的形势:德国已步法国的后尘,成为潜在的欧洲征服者。从德国的敌人方面来说,第一次世界大战是一次保存或恢复势力均衡的战争;但是,德国虽然打败了,欧洲的均势并未恢复。如果这次战争限于欧洲,德国会打赢;它的战败完全是由于美国的参战。本书合乎逻辑地在这样的时候结束——这时欧洲已经不再能够完全依靠自己,而且它的命运要依赖于外部世界的力量了。

但是,如果把国际关系史只简单地说成是一部为某个征服者的挑战时时打断的势力均衡的纪录,那是错误的。人们曾试图用

---

\* "四对舞"(quadrille)是由四对男女舞伴共跳的一种"方舞"(square dance),每对舞伴都要跳五种花样,舞步复杂而优雅。1815年传入伦敦后曾风行一时。——译注

一种普遍的道义准则,像一支占压倒优势的武装力量一样地去取代主权国家。人们曾寻求一种"意识形态",用以代替对"利维坦"*的崇拜。在16世纪,是反宗教改革运动的罗马天主教义;在18世纪末,是法国革命和人权思想。那些抵抗拿破仑的人不光是宣讲国家的主权;他们用讲究传统和尊敬的保守主义来回答人权理论。"君主团结"同激进主义一样成为一种信条;在1848年,人们不再期望势力均衡的新运用。他们期待着一场更大的宗教战争,以神圣同盟为一方而以革命为另一方。这场战争没有发生。在1848年到1918年这七十年中,意识形态是一个次要的主题;而势力均衡则仍以法国革命前那种纯正的分析估量起着作用。势力均衡看来是经济规律的政治对等物,两者都是自动起作用的。如果每个人都按他自己的利益行事,所有人都将得到繁荣;如果每个国家都按它自己的利益行事,所有国家都将得到和平和安全。只有那些反对自由放任的人才反对势力均衡——在一个极端是宗教理想主义者、在另一个极端则是国际社会主义者。

第一次世界大战否定了经济的规律,也否定了政治的规律。这些自动起作用的规律不起作用了。在齐美尔瓦尔得和昆塔尔举行的国际社会党人会议宣布了一种新的道德观念,在这种道德观念里,主权国家将不复存在;布尔什维克在俄国取得政权之后,这种道德观念就以具体形式体现出来。但即使是"自由主义者"也不再尊重欧洲的自由主义秩序赖以建立的那些规律了。正如他们用

---

\* 霍布斯在1651年写过一篇题为《利维坦》(Leviathan,源出《圣经》,为象征邪恶的海中怪兽)的论国家的文章,此词后用以指一个国家全体组织起来的人民的集体力量,或政治结构。——译注

社会保险和福利国家的办法来调节他们经济制度的严厉程度一样,他们也希望用某些国际权威(以同意为基础而不是以征服或一种清一色的意识形态为基础)来减弱国家的主权。欧洲人不再相信所有的人由于本性极为善良而循规蹈矩的那种无政府状态;相反,他们梦想来一场没有痛苦的革命,在这场革命中人们将在不知不觉之中放弃掉他们的独立和主权。

列宁和威尔逊是这些新观点的象征。共产国际和国际联盟都宣告了势力均衡的终结;唯一的问题是它将由革命用暴力来推翻、还是在人们不知不觉中消失。这里也为本书提供了一个合乎逻辑的结束时间——布尔什维克越过现存政府呼吁实现革命的和平、威尔逊则宣布他的"十四点"和平纲领的1918年中的那个时刻。欧洲的势力均衡是本书主题;当这个主题与其他情况相比变得相形见绌时,本书就结束了。

从梅特涅倒台到列宁和威尔逊对之数度否定,势力均衡在七十年中曾不受限制地起着作用。但欧洲的和平不只是由于势力均衡。虽然欧洲使世界其他地区黯然失色,而且拥有唯一的有创造性的文明,但是许多欧洲人还是把眼光放到了欧洲以外的地方。即使是西班牙和法国,当它们在欧洲东征西讨的日子里,也常为海外的野心而分神。在19世纪,英俄两国都喜欢对欧洲置之不顾,而且常常是这样做的。① 给英国的奖赏是在印度和非洲,以及全

---

① 我在本书中始终把国家和民族写成似乎都是铁板一块的整体,各有明确的个性;例如在这句话里,似乎是说每个英国人和每个俄国人都有意识地从欧洲转向外部世界。实际上,有关国家的大多数公民对本国的外交政策几无所知,也更不关心。"法国人"或"德国人"所指的,只是"那些在这特定时刻正巧是制定政策的特定的法国人或

世界的贸易；给俄国的是在中部亚洲以及——稍后——在远东。法国盯着北非；意大利后来则学法国的样。德国在这个世纪中叶所得的胜利部分地是由于它没有这些使它分心的事情；即使对于土耳其帝国的命运它也没有兴趣。但在变得更为强大之后，它也想成为"世界强国"；它在这方面的追求干扰了——也许阻挠了——它对欧洲的征服。只有奥地利帝国在欧洲以外没有什么要它关心的东西；但这是衰弱的标志，而不是力量的源泉。欧洲同外部世界的关系本身不属本书论述范围，只是在它影响各大强国相互关系并减弱列强均势的作用时才不能不提到。

　　1848年的人们如果知道后两代的国际关系史主要只同势力均衡有关，而不是不同信条之间的战争或对普遍主宰地位的争逐，他们会感到惊讶。1848年的革命突出地表明在各国内部及外交事务中相互尊重及固有秩序的终结；但现存的制度经受住了革命，并且甚至把革命的民族主义动力转变成对势力均衡的新支柱。19世纪的人们把他们所处的时代看成是一个骚乱动荡的时代；但是在国际事务方面，它却出奇地稳定，不但同20世纪的混乱相比是如此，就是同在它之前的若干世纪相比也是如此。我们谈论1789年法国大革命前的旧秩序，似乎那时存在着一种神圣的稳定局面。

---

德国人"；而即使在这少数人中间也常常是互不一样。有时他们实实在在只是两三个人——皇帝，他的外务大臣以及某个官方色彩较淡的顾问；有时是外交部的常任官；有时是议会大会的领袖以及外事文件的主要起草人；有时是在更广泛一点意义上的公众舆论。用意是够明显的，虽然从技术上无疑是讲不通的。尽管如此，在每个国家里显然存在着冷漠和争论，在外交问题上总有某些像是全国性观点的东西。不论怎么样，为了把七十年的外交写进一部一卷本的书里，这种粗疏的速写式的提法是不得不用的，而且我试图不使它具有过大的重要性。

事实上，各国的兴衰隆替以一种令人目眩的速度进行着。在1648年威斯特伐利亚会议上无可争议地属于大国之列的国家中，到18世纪终了之前，三个——瑞典、荷兰、西班牙——已不再成为大国，而另一个波兰则已根本不存在。它们的地位为俄国和普鲁士所取代，这两个国家在一百年前还是人们所不屑一顾的。19世纪尽管被认为具有革命的性质，却没有这样的命运兴衰变化。1914年发动第一次世界大战的各大强国就是1814年组成维也纳会议的各大强国——只是普鲁士改名为德意志。除此之外，梅特涅和卡斯累利\*、塔莱朗\*\*和亚历山大一世都还是能辨认欧洲的疆界的。①

法文仍然是外交用语，但它的势力在减弱。普鲁士、意大利和奥地利的外交家们在19世纪60年代同他们本国的外交大臣通信时不再用法文；②但俄国人仍沿用到20世纪，而班肯多夫（驻伦敦大使）则一直用到他1917年去世。在国际会议上、甚至在私人的国际性会晤中，几乎专用法语。③爱德华·格雷爵士是第一个用英语向各国使节致词的英国外相；使节们常常以法语作答，不用翻译。所有使节（除来自第三共和国的法国人以外）都出身贵族；即使是法国人，文化素养也几乎完全相同——不大可能把保罗·康

---

\* 罗伯特·斯图尔特·卡斯累利子爵（1769—1822），曾任英国外相。——译注
\*\* 夏尔·莫里斯·德·塔莱朗-佩里戈尔亲王（1754—1838），法国政治家。——译注

① 1861年，"五大强国"加上意大利成了六强。这一改变是名义大于实质；意大利晚了一年才参加欧洲的上一次大战，这表明了它的强国地位是不甚分明的。
② 英国外交家们是一直用英文的。
③ 比康斯菲尔德在柏林会议致词时用英语，但会议事务的处理仍用法文。

邦或者甚至于前巴黎公社社员巴雷尔错当作无产阶级。所有这些外交界人士都在同一个贵族社会中活动,他们的任务是捡起一些随便说说的话,用"重大政策"的措词来加以解释。虽然他们继续保持秘密外交的神秘性,但在外交圈子里几乎谈不到有什么真正的秘密,而所有外交界人士按照他们的道德准则都是诚实的。[①]当真实的答复应该是"是"的时候,没有一个大使会说"不";但他也许会回避这个问题,或者——如果他够机灵的话——甚至会制造出一种使人产生错觉的印象。事实上,外交界很像商业界;在商业界里,尊重契约的神圣不可侵犯性并不阻止财富的最惊人的转移。许多外交家野心勃勃,有的虚骄或者愚蠢,但他们有着某种类似共同目标的东西——保持欧洲和平而又不危及本国的利益或安全。

列强的名单没有什么变化,但是它们有了盛衰浮沉。法国在1860年扩大了领土,但在1871年失去的领土更多;奥地利1859和1866年失去的领土要比它在1878年得到的更多;俄国在1878年收复了它在1856年失去的领土。在柏林会议以后的三十年中,除奥匈外,所有列强都在欧洲以外取得了很多领土。这些变化都在本书的叙述过程中顺次作了记载。但还有一些更慢的、不易于觉察到的变化,它们为势力均衡中发生某种根本性的激荡准备了条件——那就是在人口、在经济资源、在政治结构方面的变化。这篇绪言里打算勾画出基本的格局,政策在这个格局上面活动着。"列强"(The Great Powers),正如这个名词的含义一样,是争取权

---

[①] 在每一句概括性的话里都加上"意大利人除外"实在令人厌烦,在以后的叙述中不妨都认为含有这个意思。

力的组织(organizations for powers)，也就是说，其最后一着是进行战争。它们也许还有其他的目标——国民的福利或统治者的威风。但对它们作为"列强"的最基本的考验是进行战争的能力。如果说一个强国之所以成为强国在于它能充满自信地设想对任何其他强国发动战争，那是太简单化了。1871年后，法国不能希望单独打败德国；奥匈对俄国也是如此——或者人们以为如此。这两个国家都意识到，除非通过外交途径为它们的军队取得盟国的支援，它们就难以继续留在强国的行列之中。但在这个问题上，各国的情况只是程度不同。即使是最大的强国也害怕单独对付联合起来的几个国家作战；而最弱的国家在一场列强间的全面冲突中也能作出令人敬重的表现。不管怎么样，在各大强国之间的差异要比任何一强同最强的较小国家之间的差异小得多。

由此可见，对于某大强国的考验就是对它的战争能力的考验。在1848年(在其后一段长时期内实际上也如此)，这种考验是简单的。尽管炮兵有了发展，决定战斗结局的是步兵；对军力的基本估计是"口粮实力"(ration-strength)*。当然，这些估计常常是虚的。1848年，法国的正规军据说有三十五万人；但要调集七万人充当它提出的派往意大利的远征军时却感到捉襟见肘。俄国陆军估计有六十万人以上；但在克里米亚战争中服役的不多于此数之半。除普鲁士外，各国军队的服役时间都很长，实际上是终身制。因此，人口数还不如确实经过训练的人数重要。普鲁士的军队曾被认为比民兵好不了多少。它在1866和1870年的胜利使军事思

---

\* 指兵员的实力。——译注

想起了革命性的变化。1871年后,每个大陆国家都采用了普鲁士的为期三年的普遍兵役制;①军事实力同人口数产生了近乎正比例的关系。变化不是很精确。只有德国和法国是充分实施了这个制度的。在奥匈和意大利,训练很不够;在俄国,军事机器永远应付不了以百万计的潜在兵员。尽管如此,军队的规模得到了很大的扩充。这对于英国在欧洲的地位产生了深刻的影响。在过去,它那支由薪饷优厚的志愿兵组成的正规军,即使同大陆国家的军队相比,也能够作出令人肃然起敬的表现;1871年后,它就变得低人一头了。它派去克里米亚作战的部队有时只有法国部队的半数(但从未少于三分之一);在1914年,它能派往战地的部队只有法军的二十分之一。直到发生了一次世界大战,才使英国重新成为它在19世纪中叶以前一直充任的军事强国。除此之外,在本书叙述的历史时期中所发生的人口变化,对势力均衡产生了直接的影响。

表一 各大强国人口(1850—1910) 单位:百万

|   | 1850 | 1860 | 1870 | 1880 | 1890 | 1900 | 1910 |
|---|---|---|---|---|---|---|---|
| 普鲁士 | 16 | 18.5 |  |  |  |  |  |
| 德 国 | (35.9) | (38) | 41 | 45 | 49 | 56 | 65 |
| 奥地利 | 30.7 | 31.7 | 35.8 | 38 | 41 | 45 | 50 |
| 法 国 | 35.8 | 37.4 | 36 | 37 | 38 | 39 | 39 |
| 英 国 | 27.6 | 29 | 31 | 35 | 38 | 41 | 45 |
| 意大利 | 24.3 | 25 | 26 | 28 | 30 | 32 | 35 |
| 俄 国 | 57 | 63 | 77 | 89 | 95 | 103 | 111 |

---

① 在1890年代,法德两国都把服役期缩减为两年。1913年法国又把服役期延长为三年。

最惊人的变化是法国的情况。多少世纪以来，法国一直是欧洲人口最多的国家。1850年，它的人口还是超过俄国以外的所有列强；即使德国统一了，它也还是能保持这一地位。到1910年，它却成了除意大利之外人口最少的强国；而意大利正在很快赶上来。1850年，它的人口数占欧洲的14%，而在五十年之后不到10%。与此相对照，普鲁士的人口在1850年占欧洲的5%；而统一后的德国在1910年占15%。这些数字在心理上起作用。在19世纪后期，人们开始用统计数字来考虑问题；而法国的日益缩小的人力更使人们丧失自信——或者，自信就是为此而丧失的。实际情况却并不像数字所显示的那样使人泄气。法国由于出生率低，人口更能保持平衡，特别是按比例来说到达服役年龄的男子比德国还多；结果是它在第一次世界大战中能派去战地服役的人数几乎同德国一样多，并且经受得住几乎同样多的伤亡。最严重的影响来自把人口曲线延伸到未来；因为人们已在开始假设，一条统计曲线将会不可改变地自行延长下去——这是一个没有为局势发展所证实的假设。在当时，法国的未来确实看来是很成问题的。但是，当法国人在把他们的未来同德国人相比时，德国人却在看着另一条曲线——俄国的曲线。欧洲的大部分地区都感到德国的阴影笼罩在它们头上，德国却看到了更为遥远的俄国的阴影；许多德国人想到俄国威胁的到来几乎同别人想到联合起来对付德国的压力一样认真。

要想弄清楚各大强国的人口数是可能的，尽管俄国的数字在1897年前只是个推测；至于要说它们怎样利用这些人口那就更难些了。在战时究竟有多少人能应召参加实战服役，没有一国的总参谋部对此有一个明确的概念;事实上,战争的压力使各国征召了数以百万计的男子,它们原先认为这些人是早已超过了服兵役年龄的。1914年前,军事权威们全部认为决定战争的是最初的几次大战役,所以集中注意于确实武装起来的人数。这使他们夸大俄国的力量,它一国就有百万以上服现役的士兵;而低估英国,它派不出一支大部队上战场。从1850年到1914年,除法国以外,各大强国人口数中实际服役人数比例看起来并没有发生变化。英国和德国常在1%以上;奥地利约0.85%;俄国起初稍低于1%,后来又稍高于1%。只有法国在1913年把服役年限恢复到三年,从而使百分比拔高到近2%。但正如后来的世界大战所显示,这些数字没有多大意义。且不说后备役军人,他们的人数是很难计算的,武装力量在本身也必须用于不同的方面。德国和奥匈的陆军几乎是专为打一场欧洲战争而设置的——除了奥匈一些部队用于占领波斯尼亚和黑塞哥维那。法国人需要在摩洛哥留驻一支大部队;俄国人则是在远东;英国在印度的驻军人数比在国内还多,而且它是保有一支十万人以上的海军的唯一强国。

  研究一下各大强国用于武装部队的开支也许会得到更有用的结果。但在这里也必须提醒几点。海军所需的费用大于陆军,而一支由志愿兵组成的军队又要比一支由义务兵组成的军队花费更多一些。因此就产生了这样一个似乎奇怪的现象,即在本书所述的大部分时期内,有大部分时间英国在各大强国中是最军国主义化的。我们也很难说哪一个国家的军费花得最出成果——也许德国最好,俄国当然是最差的。作为国力强大的指数,只有国防概算总数是重要的;但我分列出陆军和海军的概算,因为这是很有兴趣的事情,只要看一看英国几乎直到19世纪末叶花在陆军上的钱反而多于海军这个奇特的事实就足以说明了。

表二 各大强国陆军军费概算(1870—1914)

单位:百万英镑

|  | 1870 | 1880 | 1890 | 1900 | 1910 | 1914 |
| --- | --- | --- | --- | --- | --- | --- |
| 德 国 | 9.6 | 18.2 | 24.2 | 33.6 | 40.8 | 88.4 |
| 奥 匈 | 7.4 | 12.4 | 11.6 | 12 | 14.6 | 28.6 |
| 法 国 | 15 | 22.8 | 28.4 | 27.8 | 37.6 | 39.4 |
| 英 国 | 13.4 | 15 | 17.6 | 21.4 | 27.6 | 29.4 |
| 意 大 利 | 6.4 | 8.2 | 11.2 | 10.8 | 16.3 | 18.4 |
| 俄 国 | 18.6 | 26 | 24.6 | 32.1 | 53.4 | 64.8 |

从这些数字中可以得出几点结论。奥匈正在滑出列强的行列,而意大利则还没有爬进去。英国人放弃了想成为一个大陆规模的军事强国的尝试(1900年的数字当然反映了波尔战争的额外费用);但另一方面,它的海军不但始终领先,并且在20世纪中德国海军同它的差距更大于二三十年前法国海军同它的差距。1890年后,德国显然已是欧洲大陆上最大的军事强国。只有俄国还能

表三 各大强国海军军费概算(1870—1914)

单位:百万英镑

|  | 1870 | 1880 | 1890 | 1900 | 1910 | 1914 |
| --- | --- | --- | --- | --- | --- | --- |
| 德 国 | 1.2 | 2.4 | 4.6 | 7.4 | 20.6 | 22.4 |
| 奥 匈 | 0.8 | 0.8 | 1.2 | 1.8 | 2.8 | 7.6 |
| 法 国 | 7 | 8.6 | 8.8 | 14.6 | 14.8 | 18 |
| 英 国 | 9.8 | 10.2 | 13.8 | 29.2 | 40.4 | 47.4 |
| 意 大 利 | 1.4 | 1.8 | 4.6 | 4.8 | 8.2 | 9.8 |
| 俄 国 | 2.4 | 3.8 | 4.4 | 8.4 | 9.4 | 23.6 |

表四　各大强国国防费用概算(1870—1914)

单位:百万英镑

|  | 1870 | 1880 | 1890 | 1900 | 1910 | 1914 |
|---|---|---|---|---|---|---|
| 德国 | 10.8 | 20.4 | 28.8 | 41 | 64 | 110.8 |
| 奥匈 | 8.2 | 13.2 | 12.8 | 13.6 | 17.4 | 36.4 |
| 法国 | 22 | 31.4 | 37.4 | 42.4 | 52.4 | 57.4 |
| 英国 | 23.4 | 25.2 | 31.4 | 116 | 68 | 76.8 |
| 意大利 | 7.8 | 10 | 14.8 | 14.6 | 24.4 | 28.2 |
| 俄国 | 22 | 29.6 | 29 | 40.8 | 63.4 | 88.2 |

赶上它,但效率很差。法国曾想同时同德国陆军和英国海军争一日之短长,但终因负担太重而落后下来。事实上,到1914年,俄国、英国和德国在列强中的地位比别国更为突出,而俄国的可以发展的后备力量又大于其他两国。

大家的一致看法是,欧洲的军费开支正在上升。这一点从每人平均负担的军费数上更加鲜明地表现出来。

下面表五的数字说明了同样的情况。奥匈和意大利正在退出竞赛。法国长时期来曾是最军国主义化的强国,现在也在落后。英德两国不相上下,而俄国的众多人口掩盖了它的相对落后状况。

表五　各大强国军备费用(按人口平均每人分摊数)(1870—1914)

单位:英镑、先令、便士

|  | 1870 |  | 1880 |  | 1890 |  | 1900 |  |  | 1910 |  |  | 1914 |  |  |
|---|---|---|---|---|---|---|---|---|---|---|---|---|---|---|---|
|  | 先令 | 便士 | 先令 | 便士 | 先令 | 便士 | 镑 | 先令 | 便士 | 镑 | 先令 | 便士 | 镑 | 先令 | 便士 |
| 德国 | 5 | 4 | 9 | 0 | 11 | 8 |  | 14 | 6 |  | 16 | 6 | 1 | 14 | 0 |
| 奥匈 | 4 | 6 | 7 | 1 | 6 | 3 |  | 6 | 1 |  | 7 | 0 |  | 12 | 11 |
| 法国 | 12 | 2 | 16 | 9 | 19 | 5 | 1 | 1 | 7 | 1 | 6 | 10 | 1 | 9 | 4 |
| 英国 | 14 | 9 | 14 | 5 | 16 | 0 | 1 | 12 | 0 | 1 | 10 | 3 | 1 | 14 | 2 |
| 意大利 | 5 | 9 | 7 | 3 | 10 | 6 |  | 9 | 9 |  | 14 | 0 |  | 15 | 3 |
| 俄国 | 5 | 4 | 6 | 3 | 5 | 3 |  | 6 | 0 |  | 9 | 8 |  | 14 | 4 |

如果我们试图对国民收入用于军备的比例作出估计，所显示的情况就不相同了。除英国外，我们没有1914年前的数字，即使下表所列的数字也不过是估测。

表六　国民收入中用于军备的百分比（1914）

| | | | |
|---|---|---|---|
| 德国 | 4.6 | 英国 | 3.4 |
| 奥匈 | 6.1 | 意大利 | 3.5 |
| 法国 | 4.8 | 俄国 | 6.3 |

英国发现它要成为一等强国最容易，俄国最难；奥匈发现，它即使想当个二等强国也不易。德法两国是中上水平；但德国的国民收入是在上升，而法国则是停滞的。

所有这些估算都是有关直接的战争准备工作的，它们所假设的前提是进行决定性的战役和短期的战争。但第一次世界大战考验了各大强国的基本实力，所以我们必须试图对它们的经济资源作出某些估计。光是人力还不足以作为基准：要不然俄国就永远不会需要有盟国了。在1848年和1914年之间，在工业革命的冲击下，欧洲改变了面貌。这一革命的基础是煤，而在钢的制造中显示出它的最富革命性的形式。这些产品合在一起可以说明各国国力的现实情况，对这种国力我们没有其他方法加以衡量。

在1850年，英国是唯一具有一定重要性的工业国家；法国是工业达到一定水平的唯一大陆国家。到1870年，德国在煤产量方面超过了法国，虽然在钢铁产量方面法国还没有被打败——从经济观点来说，普法战争是一场旗鼓相当的战争。在俾斯麦的时代，即从1871年到1890年，德国人起而压倒法国；他们在本世纪的最后十年里赶上了英国，而到了20世纪他们的重工业就超过了英国。

绪言 欧洲的各大强国

表七 各大强国煤产量(1850—1914)(单位:百万吨)

|  | 1850 | 1860 | 1870 | 1880 | 1890 | 1900 | 1910 | 1914 |
|---|---|---|---|---|---|---|---|---|
| 德 国 | 6 | 12 | 34 | 59 | 89 | 149 | 222 | 277 |
| 奥 匈 | 1.2 | 2.3 | 8.6 | 15 | 26 | 39 | 47 | 47 |
| 法 国 | 4.5 | 8.3 | 13.3 | 19.4 | 26.1 | 33.4 | 38.4 | 40 |
| 英 国 | 57 | 81 | 112 | 149 | 184 | 228 | 268 | 292 |
| 意大利 | … | … | … | … | … | 0.5 | 0.6 | 0.9 |
| 俄 国 | … | 0.15 | 0.75 | 3.2 | 6 | 16.2 | 24.9 | 36.2 |
| 美 国 | … | 3.4 | 10 | 64.9 | 143 | 244 | 356 | 455 |

表八 各大强国生铁产量(1850—1914)(单位:百万吨)

|  | 1850 | 1860 | 1870 | 1880 | 1890 | 1900 | 1910 | 1914 |
|---|---|---|---|---|---|---|---|---|
| 德 国 | … | … | 1.3 | 2.5 | 4.1 | 7.5 | 9.5 | 14.7 |
| 奥 匈 | … | … | 0.4 | 0.5 | 0.7 | 1.5 | 2 | 2 |
| 法 国 | 0.4 | 0.9 | 1.2 | 1.7 | 2 | 2.7 | 4 | 4.6 |
| 英 国 | 2.2 | 3.9 | 6 | 7.8 | 8 | 9 | 10 | 11 |
| 俄 国 | … | … | 0.4 | 0.4 | 0.9 | 2.9 | 3 | 3.6 |
| 美 国 | … | 0.8 | 1.7 | 3.9 | 9.4 | 14 | 27 | 30 |

表九 各大强国钢产量(1850—1914)(单位:百万吨)

|  | 1850 | 1860 | 1870 | 1880 | 1890 | 1900 | 1910 | 1914 |
|---|---|---|---|---|---|---|---|---|
| 德 国 | … | … | 0.3 | 0.7 | 2.3 | 6.7 | 13.8 | 14 |
| 奥 匈 | … | … | … | … | 0.5 | 1.2 | 2.2 | 2.7 |
| 法 国 | … | … | 0.3 | 0.4 | 0.7 | 1.6 | 3.4 | 3.5 |
| 英 国 | … | … | 0.7 | 1.3 | 3.6 | 5 | 5.9 | 6.5 |
| 俄 国 | … | … | … | … | 0.4 | 1.5 | 3.5 | 4.1 |
| 美 国 | … | … | … | 1.3 | 4.3 | 10 | 26 | 32 |

在煤产量方面,英国人仍领先一点几,但即使是这一点优势也并不像看起来那么重要。英国人把所产煤的相当大数量输往国外;德

国人则把所产煤用于国内。① 在经济上,奥匈也不是微不足道;1867年后,它在很大程度上达到法国的水平。俄国仍处于落后状态,直到1890年前后。在那些年份,它发展得比任何其他强国快,到1914年已达到法国的水平。但在经济方面,不像政治,我们不能把数字局限于欧洲。在1880年前,美国是无足轻重的。但到了1914年,它不但是一个具有欧洲水平的经济强国,它成了一个足以与欧洲抗衡的另一大洲。它的煤产量相当于英德两国产量之和;它的钢铁产量超过了整个欧洲。这是一个不祥之兆:经济上,欧洲已不再处于垄断地位——它甚至已不再是世界的中心。

如果我们不是考察实际产量而是考察发展速度,那么俄国和美国的兴起将显得更为惊人。

表十　各大强国工业生产(1860—1913)　　(1913 = 100)

|  | 1860 | 1870 | 1880 | 1890 | 1900 | 1910 | 1913 |
|---|---|---|---|---|---|---|---|
| 德国 | 14 | 16 | 21 | 37 | 60 | 86 | 100 |
| 法国 | 26 | 31 | 38 | 49 | 64 | 89 | 100 |
| 英国 | 34 | 44 | 54 | 65 | 76 | 85 | 100 |
| 俄国 | 8 | 13 | 17 | 26 | 58 | 83 | 100 |
| 美国 | 8 | 12 | 21 | 36 | 55 | 84 | 100 |

在1885年到1913年这些紧要的年份里,英国工业的年增产率是2.11%、德国是4.5%。美国达到了5.2%、俄国则达5.72%。在1860年,英国工业产量占全世界总产量的25%,但到1913年降至10%以下。从1890年到1900年,德国所占的比例从15%增至

---

① 另一方面,英国煤大量输往法国——它所需要的煤约三分之一是靠进口的。因此,这两个协约国煤产量加在一起要多于德国。此外,在和平时期,英国人从德国输入钢,并从钢的加工制造业中获得更高的利润。

17%，而到1913年又回复到15%。道理很简单：美国在1880年前的制造能力只占全世界总额的不到20%，而到1913年已上升到35%以上。在1870年，德国产量为美国产量的90%，1900年降至48%，1913年又降至40%以下。

我们现在必须把这些经济数字变换成政治词汇。在1850年，普鲁士和奥地利多少还有一点理由担心法国会主宰欧洲。它们要靠英国的支持去对付它，而这一支持是决定性的。俄国这个魔鬼虽然还是让人害怕，实际上它早已过时。它本来只靠它的人力，一旦煤的生产和铁路建设兴盛，就不那么管用了。从1850年到1870年，经济力量所发挥的作用同政治倾向是一致的。势力均衡得到了加强；1871年后的俾斯麦体制同欧洲许多列强的现实是相符的。1890年后，这一均势开始崩溃了。德国超越了所有其他欧洲大陆国家；而在英国的力量加入了同德国对立的一方之后，均势也并未得到校正。但是这一局面也是不稳定的。德国即使主宰了欧洲大陆，美国也能向它挑战；而到最后，俄国比世界上任何一个国家发展得都更为迅速。德国人有一个成功的机会，但这个机会也不是持久存在的。

这样，欧洲政治家们在他们那种乱七八糟、临时应付的决策过程中所碰上的大多数估计，都是有些道理的。早期对俄国的恐惧没有什么道理，因此克里米亚战争闹不出什么名堂。它所得到的结果，不打仗也同样可以得到。但帕默斯顿关于德国的发展将加强均势的估计以及俾斯麦关于均势现在将使德国得到安全的估计，都是有道理的。1890年以后法国人估计他们如果想使自己能够抵挡德国就必须寻找盟国，1905年以后德国人估计他们如果想实现主宰欧洲就必须赶快行动——这些估计也都是有道理的。1905年以后,英国人正确地估量,要阻止德国,必须投入他们自己的力量;他们还正确地认定,如果能推迟这场斗争,俄国的壮大也许会完全防止这场斗争的发生。除了极少数英国人之外,大家都犯了忽视美国的大错。① 他们未能认识到,如果他们吵架,美国也许会过来揪住他们的脑袋使劲相撞——而且它有能力这样做。这个错误使原来意义上的欧洲历史终结了。

造成这个错误的原因是能理解的。欧洲的政治家们所看到的,更多的是政治的表面现象而不是经济的现实状况。在他们看来,美国不仅是在另一个洲,而且是在另一个星球上。就此事而言,即使在欧洲事务中,政治问题在他们来说,分量也是更重的。某一国家的经济资源如何?这是一个学术性的问题。有决定意义的问题是:为了进行战争,这些资源能动用到什么程度?在本书所述历史时期的大部分时间内,英国大概可以算是领先的经济强国;但在1914年以前,没有人——甚至没有英国政治家——认为英国人民会被导致容忍普遍兵役制和建立一支人数众多的陆军,因为海军所提供的安全保障可以成为反对这两件事情的有效论据。还有,对法国的恐惧(在1848年还存在)更多地是出于对法国人民被认为具有的革命精神而不是它的经济资源。法兰西第二帝国显示,这种精神几乎不起什么作用;而1870年以后人们所预期的在法国发生的革命是反政府的而不是变成一场新的征服战争。直到1912年,法国政治家们才摆脱了战争将造成一个新的"公社"的

---

① 威廉第二有时谈论欧洲联合起来反对美国;但这种联合是经济性质的。

担心。

　　对革命的恐惧对其他列强起了一种制动器的作用。在1848年前,俄国、普鲁士和奥地利的统治者在理论上说是无所不能的;但只有沙皇愿意冒险行动,而且还带着一些顾虑。奥地利帝国几乎死于1848年的革命;对匈牙利的恐惧使它在1859年和1866年的战争中丧失了活动能力。俄国在每次战争——1856年、1878年和1905年——之后都出现革命的形势。在最后那个事例中,俄国的统治者们得出了这个顽固的结论:一次失败的战争会引起革命,那么一次胜利的战争就能防止革命。哈布斯堡的政治家们在1914年以前那些年份里得出了在很大程度上是相同的估计。但决定性的变化是在德国。就有关势力均衡而言,俾斯麦的政治成就甚至比德国的经济成长还要重要。他控制了德国的革命。他在1862年开始掌权时,普鲁士国王已到了快要退位的地步;十年之内,普鲁士打赢了两次战争。俾斯麦本人终生都在担心社会危机,1890年他提出的对社会危机采取行动的主张成了他垮台的原因。事实上,他在这场赛局中是赢家。德国社会党人适应了帝国的体制。早在1892年,德国社会党领袖倍倍尔就宣称:"今天的社会民主主义是为军国主义而设的某种预备学校。"在威廉第二在位期间的德国统治阶层从不担心人民会反对他们,只要他们采取一条侵略性的路线;他们有时倒是害怕由于他们不奉行这样的路线而引起不满。作为最后一着的第一次世界大战是由两种相反的信念的巧合而造成的。奥匈的统治者们相信,如果他们不发动战争,就会发生革命;德国的统治者们则相信,即使他们发动战争,国内也不会发生革命。这两种信念都会使梅特涅吃惊。

当然，要摆脱对革命的恐惧的不光是德意志帝国：它不过在这方面走得更远一些罢了。在欧洲历史上最富革命性的几十年中，革命精神却衰退下来——没有什么事情比这更加奇怪或更令人迷惑不解了。马克思和恩格斯是比他们的同时代人要更为深刻的评判者；他们预期在1848年革命之后将继之以其他更为暴烈的发作。他们结果都错了。在20世纪的最初年代里，暴力革命在每个欧洲大国都比过去任何时候来得更为遥远。当爱德华·格雷爵士在1914年8月4日预见到充满无法忍受的苦恼的未来时，他大喊，"往后到处都是工党政府了！"他不能想象还能有什么事情比拉姆齐·麦克唐纳和杰恩·饶勒斯当上英国和法国的内阁总理更有破坏性。与此相似，当维克多·艾德勒不同意奥匈外相伯克托尔德的看法，认为战争即使不在奥匈引起革命、在俄国也会引起革命时，他回答道，"那么谁来领导这场革命呢？也许是那位在那边中央咖啡馆里坐着的布朗斯坦因先生？"①

1914年的政治家们，就革命而言，享受了"免于恐惧的自由"。这使他们更易于把战争作为一种政策工具来考虑。但他们还是有更多正面的阻碍要克服。光知道人民在发生战争的情况下不会反对他们是不够的；他们还必须弄清楚人民会不会支持他们、支持的有效程度如何。每一年，战争都要求更大规模的组织工作和更多的主动性。1848年时的各国军队仍然是那种老式的军队——靠残暴的纪律来维系，举行木头人式的阅兵场上的演练。在克里米亚和北部意大利进行的战斗，正如这句话——"士兵的战斗"——

---

① 布朗斯坦因以另一个名字（即托洛茨基）比伯克托尔德更出名。

所形容的,是让大批大批的人相互厮杀,没有技术,也没有指导。在这样的战争中,更落后一些的国家反占便宜。俄国在克里米亚所犯的错误和发生的疫疠要远比英军为严重,但俄国公众舆论无动于衷,而英国的阿伯丁政府却因此垮台。在索尔发利诺战场上,大屠杀的景象使拿破仑第三这位宣传家和独裁者的神经受不了,而弗朗西斯·约瑟夫看着却行素无事。立宪政体和经济进展曾被认为将使人民不那么喜欢去打仗而且还可能变得不那么适合于打仗;所以他们直到普鲁士在1866年和1870年取得胜利之后才实施。普鲁士的这些胜利的取得,铁路行车时刻表所起的作用不下于新的战术;而俾斯麦则是利用普选制来加强德国的军国主义而不是取消它。

　　在这方面,还有在许许多多其他方面,柏林会议后的一代人的时间标志着一个过渡的时期。俄国这个老式的专制国家越来越变得无用,直到它在对日战争中惨败;它此后的复苏是依靠引进新的工业力量、甚至新的舆论力量。民族主义和普及教育曾被认为将带来和平局面,结果却到处有利于增进国家权力。这方面德国领头,英法两国跟进——虽然更为缓慢。在经济上,德国在1914年比过去任何时候都更适于对它的西方邻国作战;但在政治上,它的最有利的时期是在十年或二十年之前。甚至在1914年,德国人还在指望在法英两国国内的反军国主义活动或者甚至发生内战。局势的发展证明他们错了。在第一次世界大战期间,这两个民主国家的民族团结如同德国自俾斯麦时代以来所取得的民族团结一样牢固。事实上,法国人奇迹般地建立起来的"神圣联合"使他们能在1914年比在1870年更为有效地抵抗德国——而在1870年,他们的经济资源同德国几乎是不相上下的。在更早的时候,国内的革命或者对国内革命的恐惧曾造成战争的失败;现在,没有一个国家——甚至在奥匈或俄国——在灾难性的失败降临之前经历过革命。

让我们回到出发点吧。从1848年到1918年这七十年是欧洲势力均衡的最后时期;这一时期内的许多政治和经济发展原来以为要摧毁均势的,结果反而加强了均势。最初的二十三年是一段动乱时期,旧秩序看上去像在倒塌了。这一时期以"次要的修正"而结束;德意志和意大利这些新的民族国家被纳入了势力均衡的体制;在多于一代人的时间的一段时期里,欧洲把巨大的变化同国际和平结合在一起。然后,均势变得头重脚轻了,它又受到了新的挑战。但是第一次世界大战没有产生任何传统的结局。均势没有得到恢复;没有一个强国主宰欧洲大陆;甚至没有发生普遍的革命。美国的干预推翻了所有理性的估计。从此以后,曾经成为世界中心的事物变成了只不过是"欧洲问题"。

绪言 欧洲的各大强国

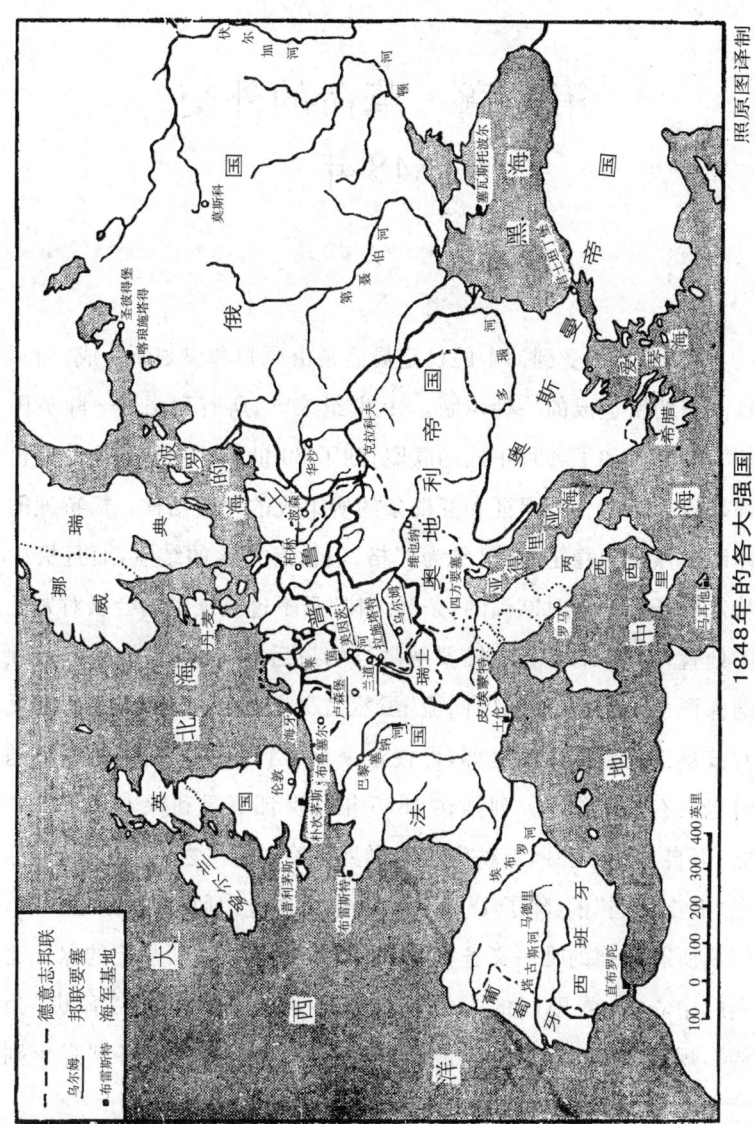

# 第一章　革命的外交
## 1848 年

1　　在1848年受到冲击的稳定局面是由原则和谋划所造成、而不是由条约所造成的一种体制。19世纪末叶，所有列强——除英国外——都参加了各种正式的联盟；到了20世纪，英国、甚至美国也都被卷进了用各项保证和互助条约所组成的复杂结构。梅特涅的体制虽然更为稳定、甚至更为严格，但没有普遍的结盟，而且极少特定的条约。当时欧洲的"条约结构"只不过是维也纳会议对领土的处置；随着1822年在维罗纳举行的最后一次会议，任何一般性的保证都消亡了。"四国同盟"虽然名义上还存在，但只是为了反对波拿巴王族在法国复辟；即使这一点，当1852年真正出现问题时也没有发生作用。列强在1815年曾保证尊重和保卫瑞士的中立；但自从瑞士在欧洲秩序中不再具有关键地位之后，就再也不存在"瑞士问题"了（除了1847年曾短暂出现过一回）。除此之外，牵涉到所有列强的唯一义务，就是1839年伦敦条约所规定的保证比利时中立；各强国间的唯一整体安排就是1841年的"海峡\*"公约"，规定和平时期外国军舰均不得通过海峡。当然，各列强个别

---

\*　指博斯普鲁斯和达达尼尔海峡。本书中所称海峡一般均指此。——译注

地同一些较小的国家订有同盟或保护条约,如奥地利同"两西西里"(那不勒斯)、英国同葡萄牙。还有,奥地利和普鲁士作为德意志邦联①的成员,负有半国际性的义务。但,在绝大多数情况下,当政治家们谈到他们的盟友时,他们的意思只是指那些同他们关系友好的列强,最多也只是指那些在反拿破仑战争中曾经同他们结盟的列强。

最接近于正式结盟的是俄罗斯、普鲁士和奥地利这三个保守的君主国家(或被奇特地称作"北方三朝廷")的联合。说得更不确切一点,这就是"神圣同盟"——虽然除名称外它没有什么是同沙皇亚历山大一世在1815年所提出的高超的基督教原则相一致的。"神圣同盟"的保守性有双重意义:它既是一个维持现状的联盟,反对改变疆界;又是一个政治上的联盟,反对各国在各自国家内作出立宪让步。虽然"神圣同盟"的政治家们以"自由主义"对国际稳定造成潜在威胁为他们反对它的依据,这两方面的态度其实是分解不开的。如果把他们要求维持现状归因于他们相信修改条约将为自由主义大开方便之门——这样说也同样的合理。就"神圣同盟"具有的涵义而言,它的条款包含在1833年梅特涅拟订的三个协定之中,这些协定被笼统地称为明兴格拉茨条约②。第一个协定由

---

① 德意志邦联的事情给国际关系史学者造成了一个尴尬的问题。因为德意志各邦在理论上都是主权国家,它们之间的所有往来都应属于国际关系史学者的研究范围,但这样一来就使德国史学者在1815—1866年这段时期里无事可做了。因此,我在本书中避免涉及德国的事情,除非有些事情对其他列强产生影响——即使在这种情况下,如果只涉及奥地利和普鲁士,也尽量把叙述的范围缩小。如本书被用作教科书,谨为这样一种不合逻辑的折中办法表示歉意。

② 这是捷克城镇姆尼霍沃·赫拉迪什捷(Mnichovo Hradište)的古老的德文名字。

俄普两国承担维持土耳其的现状,如该国必须有某种新的改变,两国将共同行动。依照第二个协定,俄奥两国相互保证各自占有的波兰土地,并承诺在发生叛乱时相互支援。第三个协定(普鲁士也参与)宣布,如任何一个独立的君主要求协助对付自由主义,三国将反对不干涉的主张。① 俄国在中东的野心由于在这些协定中具有保守主义原则而有所削弱,同时也由于这些协定显示出波兰局面稳定的前景而多少有所收敛——这些都是用不那么正式的文字表述的。普鲁士在巴尔干没有利益,只是因保守主义的团结一致而同别国结合在一起。十分奇怪的是,即使在瓜分波兰这件事上,它也被认为牵涉得不深,也许甚至于被怀疑为对波兰民族主义有些同情。

明兴格拉茨协定显示出梅特涅和他的伙伴在他们的保守主义体系中所看到的主要弱点——中东、波兰以及"革命"(特别是在法国侵略的幌子下所进行的革命)。在中东,在俄奥两国利益之间没有处心积虑的对抗,人们只是担心两国会错误地顶撞起来,除非经常提醒它们存在着其他的危险。冲突是因君主政体的团结、不是因相互威胁而避免的。在俄国南部没有集结军队,准备侵入土耳其;在加利西亚和特兰西瓦尼亚也没有奥地利军队,准备加以保卫。② 在东欧的驻军——俄军在华沙、普军在波森、奥军在克拉科

---

① 条文见柴安齐柯夫斯基著《东方战争》第1卷(ii),第8号。关于土耳其的协定于1833年9月18日签订,关于波兰的协定于9月19日签订,两者的签约地点都在明兴格拉茨;三方宣言于10月15日在柏林签订。

② 在克里米亚战争中奥地利花费不赀就是因为这个缘故。特兰西瓦尼亚并没有准备好安顿它当时动员起来的部队。

夫——是用以对付波兰起义、而不是用以相互戒备的。在任何情况下,这三个君主专制政府的军队都在向西注视着法国。奥军的大部在意大利北部,以威尼斯"四方要塞"*为基地;普军的大部在莱茵河,以德意志邦联的要塞为基地。① 从维也纳会议到1848年革命这一代人的时期内,战略家们所计划应付的唯一战争就是一次法国反对欧洲的新战争。

那些痛骂"神圣同盟"的激进分子也持同样看法。他们不关心巴尔干的基督教徒,把东方问题——如果他们想到这个问题的话——只看作是一种方便的工具,可以用来在俄国同另两个保守主义的强国之间打进一个楔子。他们所怨恨的主要是波兰问题以及奥地利对意大利北部的统治;他们心目中的伟大英雄是波兰和意大利的流亡者。德国的激进分子抱怨德意志不统一;但这一抱怨并不包括在激进分子总纲领之内。特别是被指望领导激进"改革"的法国人并没有明确的对德政策,虽然他们在波兰和意大利问题上的态度是够坚决的。法国人确实是把原则和利益结合在一起的。他们假定一个以民族国家为基础的新欧洲将是在巴黎领导之下,就像维也纳会议的体制是在维也纳领导之下一样。而统一的德意志将会摧毁这一估计。因此,他们不理会"德意志问题",除非形势的发展把这个问题推到他们鼻子底下。波兰人和意大利人支持他们,因为波兰人和意大利人也觉得一个统一的德意志同样令

---

\* 以曼图亚(Mantua)、佩斯基拉(Peschiera)、维罗纳(Verona)和莱尼亚诺(Legnano)四个要塞互相联结构成。——译注

① 与此相似,英国的海军备战工作也是完全为了对付法国的。所有海军基地都是针对法国的,以至在20世纪英国不得不临时建设基地以用于对德战争。

人不安,正如它后来真的变得使所有有关方面都感到如此。

　　1848年革命没有使任何人感到意外。梅特涅很早以前就宣布过,他是在支撑"一个摇摇欲坠的架子";而革命领导人们则到处被认为——特别是他们自己也认为——是欧洲的未来统治者。风暴的第一声闷雷是1846年波兰人在加利西亚的流产革命。到第二年,在意大利的每个国家看来都已处于革命的边缘;而十分奇怪的是,梅特涅的最后一个伟大的结合不是"神圣同盟",而是同法国外交部长基佐在意大利的保守主义伙伴关系。没有人注意在斯莱士威克①和荷尔施泰因这两个当时在丹麦国王统治下的易北河公国里德意志人的不满;而这种不满却宣告了将要凌驾于其他一切之上的德意志民族主义的崛起。

　　1848年1月,在西西里爆发了革命;它随着2月24日巴黎革命而蔓延到欧洲舞台。这些都只是国内事件。1848年更大规模的革命是反对国际稳定局面和维也纳会议的体制的。这一革命的两个象征是拉马丁的3月4日《告欧洲书》以及3月13日梅特涅的倒台。吉伦特派的浪漫主义诗人和史学家拉马丁曾是2月24日巴黎革命的显赫人物。他是临时政府成员中唯一的一位目光远大的人,无可推卸地担负了外交事务的职责。由于他的共和主义在过去——用他自己的话说——是"纯粹哲理性"的,他指派了巴

---

① 在德国学派主宰英国史学著述的时期内(这个时期正在结束),英国史学家采用了德语名称石勒苏益格(Schleswig),从而同意了德意志人的说法。另一方面,由于那里肯定有许多德意志居民,把它写成丹麦语的什列斯威(Slesvig)以回答上述不公正态度,也是不能令人满意的。因此,我恢复使用在我们的德国化热潮之前通用的英语化名称(Sleswick 斯莱士威克)。

斯蒂德(一位资深的共和主义者)任次长,作为他对激进分子的保证人。① 拉马丁和他在临时政府里的同事们意识到了——可能是过分地意识到了他们所处的地位不稳;他们的目的是避免发生一次更为激进的革命,并且试图以无害的激进姿态来阻挡它。废止死刑是这样;拉马丁的宣布革命外交政策也是这样。为了满足法国的激进舆论,他废除了1815年条约;为了使欧洲的政治家们安心,他又宣布法国将继续承认这些条约:"1815年的条约在法兰西共和国公众眼里已经没有合法的存在地位;尽管如此,这些条约的领土条款是一个事实,共和国承认这一事实,作为它同别国关系的基础和出发点。"只有在干涉瑞士或"意大利的独立邦"的情况下,才有战争的威胁。② 拉马丁还不以这些谨慎的措辞为满足;他在发表《告欧洲书》前向英国大使表示歉意,甚至给威灵吞公爵送去一封私人函件:"临时政府将对欧洲各国发出一项强有力的宣言,但威灵吞公爵将会明白它的真意。"③尽管打了这些招呼,拉马丁的宣言仍然是一个戏剧性的行动——一个强国政府第一次发表一项正式宣言,宣布维也纳会议所作的安排没有道义上的效力。拉马丁把国际关系放在既成事实的基础上,虽然他的原意并不是要这样做。

"神圣同盟"的旧世界在巴黎革命之后、被人清扫出去之前,还有一阵喘息时间。梅特涅直到最后一直把"这场革命"当作外界的事情并且高兴地说道:"形势同1792年一模一样。"他想使1792

---

① 拉马丁著《1848年革命史》,ii,7。
② 同上书,ii,28—35。
③ 斯潘塞·沃波尔著《约翰·拉塞尔勋爵的生平》,ii,第32页。

年的错误重演——要求法国宣布尊重现行条约。① 虽然腓特烈·威廉四世和沙皇尼古拉谈到要联合起来抵挡革命的蔓延,他们并不想被拖进任何一项行动计划。当然,如果发生一次革命战争,俄国人宁愿使战争在莱茵河流域而不在波兰进行。在前一种情况下,俄国只须提供一支辅助部队;而在后一种情况下,它将像1812年那样孤军作战,而且很可能要答应进行社会改革以动员群众。另一方面,俄国人知道奥地利不能作出任何贡献,也怀疑普鲁士能出多少力;而俄军如进入德意志,很可能要触发一场革命。因此,沙皇鼓励别国的保守主义,自己却并不保证要为保守主义事业竭尽一切。他的主导动机不是空洞的原则,而是俄国本身的利益。② 至于腓特烈·威廉,他的心情早已处于激烈的矛盾斗争之中。他想使自己的行动同俄国协调一致,但又要同英国协调一致;如这两国行动不一致,那么他就不采取行动。③

英国的政策当然早就同"神圣同盟"的僵硬态度不合拍了;巴黎二月革命终于使它们分道扬镳。所有列强都憎恨路易·菲力浦,大多数国家是因为他是一个过分自由化的君主,而英国却是因为他还自由化得不够。到七月王朝末期,法国同英国的关系之坏,甚于同其他任何一个强国。英国首相拉塞尔和外相帕默斯顿同法国反对派领袖都保持着亲密关系,并且都准备相信拉马丁的和平

---

① 四强宣言草案,1848年3月7日。
② 迈恩多夫(俄国驻柏林大使)致内斯尔罗德(俄国首相)的信,1848年3月2日及8日。见霍茨施著《彼得·冯·迈恩多夫》,ii,第218、219号。
③ 人们常常遗忘,虽然腓特烈·威廉不断地给沙皇写了不少歇斯底里的信,他也不断地给维多利亚女王写了不少歇斯底里的信。

保证。此外,帕默斯顿还希望在更大的规模上重复一次自维也纳会议以来英国政策的最大成功——1830年在比利时问题上的"绥靖"行动,这一行动既在情绪上使法国感到满意,又不影响列强的力量均势。因此,当梅特涅要求法国应向欧洲作出保证时,帕默斯顿却提议欧洲应当向法国作出保证。3月4日,他要求三个"北方朝廷"考虑:如果给予法国保证("只要法国不侵略,就不会发生对它的侵略"),"是否可能为和平事业取得重要的好处"。[①] 虽然所有这些行动随着革命蔓延到中欧而很快过时,但已勾画出在以后年代里列强的态度。法国对于维持1815年的决定是心怀不满的,但没有什么具体的怨言;英国相信只要法国的情绪平静下来,和平就能保持;俄国想把两个日耳曼强国推到保卫保守主义的前列,而自己则不承担任何义务;奥地利是愿意被推向前去的,如果它能得到俄国提供支持的保证;而普鲁士依附于英国和俄国但是犹豫不定——改变欧洲现状使它动心,却又担心实现这一改变使自己吃亏。

3月13日,革命从法国蔓延到中欧。梅特涅在维也纳倒台,奥地利的威望随之而垮。"1815年体制"完结了。3月18日,腓特烈·威廉四世在柏林的闹事人群面前退缩了,同意作出自由化的让步。三天后,他宣布"普鲁士并入德意志"并答应保护德意志以"免受迫在眉睫的双重危险",即:既反对法国,也同样反对俄国。这个诺言不久就不算数了。但是,在普鲁士或德意志其他地方发

--------

[①] 帕默斯顿致布洛姆菲尔德(驻圣彼得堡)、庞森比(驻维也纳)、韦斯特莫兰(驻柏林)的信,1848年3月4日。

生的事情基本上还是一件内部事务。使激进派动感情的两件最为不满之处在于波兰和意大利,这两个地方为革命年代的外交定下了格局。波兰几乎没有任何动作。俄属波兰自从1831年起义失败以来就在一支俄国驻军的牢牢控制之下;加利西亚(即奥属波兰)经过1846年的革命元气未复,只在克拉科夫发生了几起骚乱,到4月25日便被最后镇压下去。只有普鲁士的自由主义政府为波兰人做了些事情。以米洛斯劳斯基为首的波兰领袖人物自1846年后被囚禁在柏林,至此获得释放;波兰人还得到了在波森大公国(即普鲁士在瓜分中所得的部分)进行"一次民族重组"的许诺。另一方面,意大利解放了自己。威尼斯和米兰都逐出了奥军,建立了临时政府(3月23日),并且都向撒丁国王查理·艾伯特请求援助。

查理·艾伯特与腓特烈·威廉四世有许多相似之处。他们都把带有浪漫色彩的保守主义同精明估量本国利益结合起来;他们有时候又都会装做倾向自由主义,而内心却是对它十分厌恶。到1848年3月底,有一阵子看来他们似乎都要按同一个模式办事。为了保全他们的王位,他们把自己分别放在意大利和德意志民族主义领袖的位置上。撒丁要为了伦巴底和威尼西亚\*而同奥地利开战;普鲁士则要为波兰而同俄国开战。激进的法国将作两国的后盾,如同俄国曾作为"神圣同盟"的后盾一样。两国还都将得到英国的善意(如果得不到更多东西的话)。这个自由主义的梦想从

---

\* 据韦氏大字典,威尼西亚(Venetia)指以威尼斯(Venice)为首府的、曾建立城市共和国的一个区域。有些中文世界史中亦称为威尼斯,与首府同名。本书通译为威尼西亚,以资区别。——译注

未实现。普鲁士和撒丁走的是相反的道路。查理·艾伯特感到自己受到激进主义的威胁更大——如果他不开战,在热那亚将立即发生共和派的起事。此外,他的对手比较弱:奥地利看来已在解体,他可以攻击奥地利而不必冒需要法国援助的风险。他的名言"意大利将自己干"是对现实的判断(虽然是错误的判断),而不是表达一种希望。因此,查理·艾伯特在3月24日决心作战。意大利问题暂时不再是一个外交问题了。

德意志自由派反对俄国的情绪之强烈,不下于意大利人反对奥地利的情绪。意大利人能把梅特涅当作反动势力的中心;德意志人更是随时准备起而反对一个非德意志的强国。许多德意志自由派从法国雅各宾派和"恐怖统治时期"来推论,认为德意志只能在一次对外战争中统一;而在革命的条件下,这样一次战争必然是为解放波兰而进行的对俄战争。阿尼姆-苏科是一个正规外交官,3月21日出任普鲁士外相。他准备推行上述政策,并且自以为能够把法国拉到他这一边,因为他刚担任过驻巴黎的大使。但是,腓特烈·威廉一旦从3月18日的惊慌中清醒过来之后,决定不去反对俄国。早在3月22日,当自由派领导人马克斯·冯·加格恩敦促他解放波兰时,他说,"上帝作证,我决不会——在任何情况下,决不会——对俄国拔出我的宝剑。"[1]除了国王的固执以外,德意志还有其他地方和意大利不同。奥地利虽然孱弱和混乱,却曾向意大利革命挑战。俄国尽管拥有一支被认为可怕的军队,当波兰

---

[1] 帕斯托尔著《马克斯·冯·加格恩公爵传记》第234页;关于波兰问题,见纳米埃著《1848年:知识分子的革命》,第43—65页。

问题被提出来之后,对德意志——或者甚至对法国——的革命就避免作出任何挑衅性行动。沙皇尼古拉在听到二月革命的消息后曾下令军官们备战。一个月之后,他对一个非正式的法国代表说,他觉得同一个共和国打交道,比一个立宪君主国容易:"共和国和专制君主国都关心人民福利。而另一方面,宪法却只是为了少数人得到好处而制订的。"① 俄国政策的指导者本身绝大多数是日耳曼人——驻柏林大使迈恩多夫是一个波罗的海沿岸地区的贵族;首相内斯尔罗德是路德教教友,从来不学俄语。也许是由于这个原因,他们更容易地断定,只要俄国人置身事外,德意志人和波兰人就会自己争吵起来。②

这比外交上的估计要深刻得多。俄国的统治者一致相信,一个独立的波兰如果重新出现,那就意味着俄国作为一个强国的末日到来。迈恩多夫对斯特拉福·凯宁说,"波兰人心目中的波兰要从维斯杜拉河口和多瑙河口一直延伸到第聂伯河的斯摩棱斯克和基辅。这样一个波兰是在俄国内部筑起一个堡垒,将摧毁俄国在政治上和地理上的统一,把它推回到亚洲,使它倒退两百年。"他又说,"为了不让这样一个波兰建立起来,每一个俄国人都会像在1812年那样拿起武器。"③ 内斯尔罗德也有同样的信念。他在4月27日写信给迈恩多夫说,"打退波兰人发起的进攻是每个人都乐意干的。为此将出现人人争先参加的场面,哪怕波兰人的进攻得到全世界的支持。但派兵出国去恢复已被推翻的王朝或支援德意

---

① 巴普斯特著《克里米亚战争的根源》,第8页。
② 《迈恩多夫》,ii,第226号。
③ 《迈恩多夫》,ii,第229号。

志反对法国,在这里是不得人心的。"①当然,如果在普属波兰或在加利西亚发生严重的波兰人的动乱,俄国人会作出进行干涉的威胁。② 除此之外,用沙皇的话说,"除非俄国受到攻击,是不会扛枪上肩的。"③

俄国不允许别人向它挑衅;更加肯定的是,法国决不允许自己去向俄国挑衅。拉马丁的《告欧洲书》甚至于没有提到波兰。鉴于法国议会(甚至包括七月王朝的议会)每年都要通过对波兰表示同情的决议,这一省略是令人惊异的。在对一个波兰代表团的答复中,他表述他的政策道:"我们爱波兰,我们爱意大利,我们爱所有被压迫民族,但我们最爱的是法国。"④虽然他希望同普鲁士结盟,但应是在和平基础上结盟而不是为反对俄国结盟。他派往柏林的特别代表是为数极少的不同情波兰的法国人之一西库尔——一个拥护正统王权的、娶俄国人为妻的贵族。西库尔的任务是劝说普鲁士政府不要去触犯俄国,同时向拉马丁提供一些材料,用来在法国舆论中给波兰人抹黑。为了使法国舆论满意,拉马丁曾不得不允准在巴黎的波兰流亡者前往柏林,甚至还要求把他们送往波森;但他决心到此为止。3月底出现了"危机"(如果可以这样尊称它的话)。普外相阿尼姆问西库尔,如果波兰人从普鲁士境内进攻俄国、俄国人接着侵入波森,法国将如何行动。阿尼姆所要求的是,

---

① 内斯尔罗德致迈恩多夫的信,1848年4月27日。见《信函和文件》,ix,87。
② 早在4月间,尼古拉对一个奥地利代表发出过这样的警告。见吉尚著《欧洲的重大问题》,i,79。
③ 布洛姆菲尔德致帕默斯顿函,第89号,1848年4月18日。F.O. 65/348。
④ 拉马丁著《执政三月记》,第133页。

"发表一个关于重建波兰、宣布结盟和政治上一致的庄严宣言"以及"在接获请求时,法国派一支分遣队去波罗的海"。① 拉马丁以巴黎局势混乱为借口,避免作出正式的答复。他的秘书只告诉西库尔一句话,可在会谈中运用:"如果俄国进攻普鲁士,侵入普境占领波斯纳尼亚,法国将给普鲁士以军事支持。"② 这封信直到4月15日西库尔才收到,这时阿尼姆已在采取这样一条纡尊降贵的路线,即:如果法国给普鲁士足够的报偿,普鲁士很可能会支持法国对波兰的图谋。

英国的敦促可能有助于阿尼姆从短暂的自由主义热情中摆脱出来。斯特拉福·凯宁这位杰出的英国外交家,奉帕默斯顿的派遣,在欧洲作一次巡回旅行,然后返回君士坦丁堡。3月底,他到了柏林。阿尼姆要求得到"英国的容忍和支持";腓特烈·威廉则要求斯特拉福·凯宁支持他反对阿尼姆及其波兰政策。斯特拉福·凯宁虽然没有接到过明确的指示,他知道帕默斯顿的观点,认为保持和平是"开明的政治家应该努力以赴的首要目标之一"。他向所有的人宣传和平,甚至赢得了迈恩多夫的赞同。③ 英国驻都灵的公使也曾向查理·艾伯特宣传和平,但那一次并没有效果。决定性的因素是4月中旬爆发的德意志人同波兰人在波斯纳尼亚的冲突。普鲁士军队不但没有去解放波兰人,而且很快就去对他们作战;5月6日,曾经试图唤起波兰人的米洛斯劳斯基解散了他

---

① 西库尔致拉马丁,1848年3月31日。见西库尔著《出使柏林回忆录》,i.326—9。
② 尚波致西库尔函,1848年4月4日。同上书,i.329。
③ 纳米埃的书中曾引用他的一些汇报材料,见第62—63页。

第一章 革命的外交 1848 年

的指挥部。在 4 月底,阿尼姆曾对西库尔说,如果法国想援助波兰,它在经过德意志时就得杀出一条路来,因为"德意志相信,重建波兰将会帮助法国把它的邻国置于腹背受敌的境地"。① 5 月 14 日,西库尔写信给拉马丁说,"我们将要为波森而开战;我们将因放弃施特拉斯堡而获得和平。"②他的预言说得早了九十年。4 月初,拉马丁在同一个波兰代表团谈话时,他的态度是如此轻蔑,以至沙皇命令俄国代办留在巴黎以示赞许。5 月初,波兰人的希望明显破灭,引起了 5 月 15 日在巴黎的一场激进派起事。当时建立的"临时政府"只做了一件事,即宣布"它将立即命令俄罗斯和德意志政府恢复波兰;如不服从此项命令,将立即对之宣战。"巴尔贝和他的激进派伙伴们在两三小时后即被逐出市政厅;他们倒台了,波兰的解放也随之烟消云散。后来,终沙皇俄国之世,"大波兰"——1772 年的波兰——就再也得不到法国政府(包括最短暂的政府)的支持了。5 月 23 日,不再担任外长的拉马丁在议会为他的外交政策辩护;在当天的议事日程中,议会宣布赞成"同德意志订立亲善条约、重建一个自由独立的波兰并解放意大利"。但议会没有为实现任何一项目标规定任何具体行动。

这样,普鲁士的政策和日耳曼人的情绪转而反对波兰并在一定程度上反对法国,而不是反对俄国了。但在外交活动方面意外地发现了另一条途径,这条途径对日耳曼团结被认为是必要的。这就是易北河区域两个公国——斯莱士威克和荷尔施泰因的问

---

① 西库尔致拉马丁,1848 年 4 月 27 日。见西库尔著《出使柏林回忆录》,ii. 73。
② 西库尔致拉马丁,1848 年 5 月 14 日。同上书,ii. 206。

题。(后来的发展显示,德国正是围绕着这个问题而形成的。)虽然这两个公国认为它们是"永不分离"的,但只有荷尔施泰因是德意志邦联成员;两者又都处于丹麦国王的宗主权之下。荷尔施泰因在本质上是完全日耳曼型的,而斯莱士威克则只在南部是日耳曼型的。在这些民族的和历史的复杂因素之外,现在又增添了人的因素:丹麦已经没有男性的王位继承人了;这两个公国宣布,如果丹麦由一个女性继承王位,它们就要援引"舍拉法典"*。针对这一形势,丹麦的激进派——在1848年也动起来了——提议打破同这两个公国的松散的封建联系,把它们——或其大部——直接并入丹麦。尽管如此,这些情况都不过是提供了一个背景;两个公国所提出的本质问题是,日耳曼民族能否实现成为一个强国的意愿。这不可能是一个仅限于日耳曼人同丹麦人之间的问题。两个公国属于丹麦国王是国际协议所规定的;在18世纪,它们曾经成为欧洲外交的关键。英国、俄国、甚至还有法国,都曾坚持由丹麦掌握这两个公国,以使波罗的海的海口不为一个强国所控制。到19世纪中叶,波罗的海不再是列强势力平衡中的一个重大因素——这一变化的后果对德国的兴起有重要关系。随着蒸汽动力的发展,英国不再依靠来自波罗的海的木材和船舶用品,俄国的大宗出口货从木材变为小麦,它的经济中心也从波罗的海沿岸各省移至乌克兰,它的生命线从桑德移到海峡了**。早在1848年5月,俄国部长会议就决定,波兰和土耳其对俄国是生死攸关的问题,而易北

---

\* 舍拉法典 Salic law,古时法国禁止女性嗣续王位的法典。——译注

\*\* 桑德指今丹麦西兰岛与瑞典之间的桑德海峡;海峡指博斯普鲁斯海峡和达达尼尔海峡。——译注

河的两个公国则不是。①

英国的政策没有这样明确地——或者说,这样自觉地承认情况的改变。确实,虽然波罗的海本身不再重要,但这里仍然牵涉到英国的一项重大利益,即不让任何一个强国涉足北海沿岸。这也是影响未来的一个根本问题。一般说来,英国是最同情自由派民族主义的强国,而由于艾伯特亲王及其日耳曼亲属的影响,它又是最同情日耳曼民族主义的强国,但它却在一个与此有关的国际问题上带头反对这种民族情绪。在1848年革命之后四分之一世纪,意大利因英国的同情和支持而统一;而德国的统一则并未得到英国的同情和支持。造成这一差异有许多原因。不少英国政治家担心(如帕默斯顿就是最强烈的一个),统一的德国将会对英国货筑起关税壁垒;还有,英国人在感情上不喜欢德国用以实现统一的军事手段——意大利人做得好得多,他们是靠打败仗来统一国家的。但自始至终,斯莱士威克和荷尔施泰因是决定性的因素。这就几乎像是意大利民族主义者把马耳他岛作为第一个主要目标一样。英国人并不以他们自己要开战相威胁,而是以别人(俄国或法国)要开战来威胁德意志。英国人以为,在每个欧洲问题上(比利时可能除外),别国的利益总会比他们自己的利益受到更重大的影响。在通常情况下,这是确实的;但在这两个公国的问题上则不然,英国政策后来的失败显示了这一点。

这两个公国的问题作为总的革命运动的组成部分成了国际性的问题。3月24日,这两个公国的"等级会议"同丹麦决裂,请求

---

① 西曼著《尼古拉一世皇帝统治下的俄国的历史》,iv,164。

德意志邦联援助。实际上这一请求只能是对普鲁士提出的,因为只有普鲁士有力量进行一项"邦联行动"。自由主义的普鲁士政府不能拒绝这样的请求;即使是腓特烈·威廉,也欢迎有这样一件事情来代替波兰问题,因为他又想领导德意志、又怕得罪俄国。4月10日,普军越境进入这两个公国;到4月底,普军把丹麦人逐出这两个公国并在5月2日进入日德兰——丹麦君主国本土的一部。俄国人虽然对这一颠覆政策表示愤慨,但无意为丹麦去打一场他们在波兰问题上已经避免发生的战争。此外,俄国尽管公开宣布过保守主义原则,它比任何一个别的强国都较少牵涉进欧洲的条约结构;它本身是立足于民族情绪和军事实力之上的,所以准备接受任何地方——当然,波兰除外——的民族原则。结果是,内斯尔罗德成了第一个提出按民族原则划分斯莱士威克的人。要不是德意志和丹麦根据历史和法律而不是根据民族分布提出相互冲突的要求,①这个建议本来可以在一星期之内就解决掉斯莱士威克的问题。俄国于是置身事外,让帕默斯顿单独在丹麦和德意志人之间进行调停。在1848年那种理想主义的气氛中,德意志自由派自以为找到了一个对他们的事业有利的调停人;而在帕默斯顿这一方面,则自以为他使德意志免于同法国和俄国一战而对德意志帮了大忙。

  帕默斯顿稍事犹豫,就接受了内斯尔罗德关于按民族界限分治的建议。丹麦人现在倾向于保持丹麦君主国的"完整",拒绝了

---

  ① 内斯尔罗德致迈恩多夫函,1848年5月8日。见《信函和文件》,ix.93。布洛姆菲尔德致帕默斯顿函,第131号,1848年5月5日,F.O. 65/349。

这个建议。由于英国的唯一武器是发出其他列强将进行干涉的威吓，而其他列强——正像丹麦人所了解的那样——是不会干涉丹麦的，因此帕默斯顿处于毫无办法的境地；这种境地使他对于德意志人坚持那些他曾承认为正当的权利更感恼怒。这样，英国的政策就只剩下了对和平——或者至少是停战——的空泛的坚持，而实际上它对于7月间在普鲁士和丹麦之间所进行的具体停战谈判并没有作出多少贡献。进行这些谈判的唯一动力是腓特烈·威廉越来越憎恶他同德意志自由主义运动搞在一起；他虽然很想取得这两个公国，但还是决定——相当荒唐地决定——不在自由派的赞同下取得它们。因此，他推动谈判，想用谈判来把这两个公国的问题推迟到将来革命气氛不那么浓厚的某个时期。在7月间谈定的第一次停战为驻在这两个公国的普军司令官所拒绝，直到国王直接下令他才就范。8月26日在马尔摩达成了第二次停战协议。协议规定，丹麦和普鲁士都从这两个公国撤军，由一个普鲁士丹麦联合委员会暂时管理行政。协议置德意志中央政权于不顾，并背叛了德意志"民族"事业。这触发了在法兰克福的德意志民族议会在9月间的决定性危机。当议会最后得到多数默许停战的时候，它不得不靠普军的武力支持来对付法兰克福的激进派。

马尔摩停战当然是1848年德意志革命的中心事件。现在常有人说，这是外国压力强加于普鲁士的，由此又得出这样的结论：既然法国和俄国不能容忍德意志用自愿的方式实现统一，唯一的代替办法就只能是武力统一。这种看法没有什么史实根据。腓特烈·威廉的动机是因沙皇道义上的非难而感到羞耻，不是害怕法国和俄国的共同干涉。当尼古拉把腓特烈·威廉的行动说成丢脸的时候，①他向普鲁士摆出了一个在以后二十年中决定普鲁士政策的问题：怎样取得斯莱士威克、怎样统一德意志而又不同俄国闹翻？事实上，尼古拉是把梅特涅多年来在近东对他玩弄的手法回敬给普鲁士。他提出君主国家团结一致的原则，从而使腓特烈·威廉抛开在这两个易北河公国的具体政策目标。帕默斯顿可能曾经威吓说俄国将会干涉；但俄国人自己从来没有发出过这样的威吓。

来自法国的威吓就更没有踪影了。确实，当拉马丁在5月把外交部交给巴斯蒂德时，在法国外交政策的精神上出现了一些改变。拉马丁由于过去在政治立场上暧昧，在外交上不得不高谈革命；巴斯蒂德是一个无可指责的共和主义者，他用不着为自己的名声担心。此外，随着巴黎的六月事件以及卡芬雅克独裁政权的建立，极端激进主义的意见不再起作用。在左翼法兰西人中，巴斯蒂德第一个认识到整个推翻维也纳协议并不对法国有利。在他的短暂的外交部长任期内（1848年5至12月），他走在"第三共和国"政治家们的前面。他虽然派遣了优秀的共和派阿拉戈（而不是西库尔）去柏林，但指示阿拉戈放下波兰问题并保持沉默："切勿在报纸上发表任何言论；切勿刺激人民。"6月16日，巴斯蒂德写信给他在法兰克福的代表，谈到斯莱士威克："从法律、条约、领土现状、民族以及从正直和深思熟虑的政策等等观点看来，德意志议会已走上一条错误的道路。"由此可见，在巴斯蒂德心目中，民族主义的原则已降到第四位。7月31日，他又写信给阿拉戈："德意志的统

---

① 布洛姆菲尔德致帕默斯顿，第144号，1848年5月12日。F.O. 65/349。

一将使这个有三千五百多万人口的民族成为这样一个强国,它会比今天的德意志更使邻国感到可畏。因此,我不认为我们有任何理由希望出现这样的统一,更没有理由去加以促进。"

这一理论上的不赞同同实际行动完全是两回事。虽然卡芬雅克和巴斯蒂德多次成功地接近俄国,但这些行动并无实际意义;它们只是为了使沙皇相信,共和政体的法国并不意味着要发动一场革命十字军,从而防止"神圣同盟"的复活。此外,巴斯蒂德阻止德意志统一的实际做法是支持普鲁士。他同所有法国人一样,认为奥地利仍然比普鲁士强大,所以把增强普鲁士的实力看作是增强德意志的不统一。因此,尽管他关心"条约和领土现状",却从来没有想过要为斯莱士威克而去威胁普鲁士。①

为了维护马尔摩停战协议而由帕默斯顿造成的发生欧洲全面战争的前景,事实上只不过是杯弓蛇影。法兰克福的一部分自由派也认识到,就外国列强而论,把耻辱强加在他们身上的是英国,而不是法国或俄国。此外,普鲁士接受停战造成了腓特烈·威廉和德意志自由派之间的裂痕。但正如英国驻法兰克福代表考利所说,德意志在一个自由主义的普鲁士的领导下统一将是"最安全和最容易的办法"。② 创造一个"小德意志"将使英国得到一个取代

---

① 这里所作的对巴斯蒂德政策的概括是根据保罗·亨利所写的三篇文章,载《历史评论》第178、186、188卷。关于俄法两国禁止德意志在斯莱士威克行动(从而阻挠德意志统一)的论点,是埃里希·马尔克斯在《历史杂志》第142卷中提出的,阿·沙尔夫在《欧洲列强和德国革命》一书中更详尽地阐述了这一论点。

② 考利致帕默斯顿函,1848年12月3日。考利对加格恩拟利用英国对德意志各王公的影响使德意志在普鲁士领导下统一起来的计划予以支持,但为帕默斯顿所阻止。

"天然盟友"奥地利的替身——一个更为强大和相宜的盟国。但英国的政策却为了斯莱士威克而阻止了这一发展,并使法国和俄国坐收其利。帕默斯顿和其他英国政治家有意无意地看到了这一矛盾,所以他们对于法兰克福"这一帮孩子"感到很不耐烦。稍后,帕默斯顿曾对普鲁士驻伦敦公使邦森说,"对于建立一个德意志帝国的想法现在说不出任何反对意见,只有一点,就是没有人看来能够使之实现"。① 他的真正意思是在谴责那些把斯莱士威克看作一个统一的德意志所不可或缺的一部分的人。

这里还有更深一层的考虑。德意志的统一不是激进派的神话的一部分,斯莱士威克的解放就更不是了。德国问题在各方面都使欧洲政治家感到意外,他们用一种随便的态度来处理,没有紧迫感。即使是帕默斯顿,他是否严肃地看待过丹麦和普鲁士之间的冲突会带来一场全面战争的危险,也是非常值得怀疑的。在1848年,除了俄国总是被波兰问题纠缠住之外,每个人都把意大利看作决定事态发展的场所;而在历史发展中,人们的思想比客观事实要更为重要。在维也纳会议之后的两代人中间,普遍的错误是在列强中夸大法国的实力。这一错误形成之后,意大利作为法国扩张的对象,其重要性也被夸大了。此外,对法国激进派来说,要他们在意大利丢掉革命的历史,比在其他地方更为困难。在法国和波兰之间存在着严酷的地理上的现实,而在法国和意大利之间除了法国不大愿意打一场大战这一点以外,不存在任何障碍。另一方面,控制意大利对于奥地利保持其强国地位是必需的。这同斯莱

---

① 引语见普勒希特著《英国对德意志统一的立场》。

# 第一章 革命的外交 1848年

士威克的未来、甚至同丹麦的独立都是一个完全不同的问题。因此,在意大利,英国的政策是最活跃的并且显示出最大的主动性。

奥地利-撒丁战争初期的结果适合于英国的政策。虽然帕默斯顿曾经劝阻查理·艾伯特不要开战,他对于查理·艾伯特在一旦战争开始之后所要采取的方案是满意的。"意大利将自己干"——这正是英国所需要的:既把奥地利赶出去,又不让法兰西进来。英国政治家们继续表示,他们本人是赞同保持奥地利为一大强国的;但是他们认为奥地利如果抛掉伦巴底和威尼西亚将会更加强大——也就是说,奥地利在近东作为对抗俄国的平衡力量将会更加强大;在英国人看来,在近东对抗俄国是奥地利的主要作用。他们希望奥地利为了它自身的事业会遭到完全失败;他们还希望奥地利赶快失败,使整个北部意大利在法国来不及进行干涉之前就合成一个国家。在梅特涅倒台之后统治奥地利帝国的那些惊惶不安的剩下来的官员们,对这些微妙的情况是不了解的。当斯特拉福·凯宁在4月底到达维也纳并且重复那一套关于需要奥地利作为强国的老话时,临时负责外交事务的、上了年纪的官员皮勒斯多夫把这些话看得很认真。他甚至于认为,英国可能用一些自由派的言辞为掩饰,到意大利去援救奥地利。在奥国外交部工作的英国专家胡梅劳尔因而被派到伦敦去取得英国援助,几乎任何条件均可接受。奥地利人深信,他们将随时可能受到法国的进攻,所以准备放弃在意大利所占领土的极大部分,只要这样做能够赢得英国对其余部分的某种保证。5月23日,胡梅劳尔会见帕默斯顿,并提出给予伦巴底和威尼西亚完全自治。帕默斯顿认为不够,加以拒绝,胡梅劳尔就在5月24日又增加价码——伦巴底独

18

立、奥地利只对威尼西亚保留宗主权。

英国内阁认为这个价码还是不够,又一次拒绝了。6月3日,英国政府送给胡梅劳尔一个正式答复:如果奥地利不仅愿意放弃伦巴底,而且愿意放弃"威尼西亚领地中经双方协议的某些部分",英国就准备在奥地利和撒丁之间进行调停。帕默斯顿告诉他的同事们说,"某些部分"一词没有什么实在的意义:"这些部分……当然就是全部。"另一方面,他同艾伯特亲王却对胡梅劳尔把这个条件说成是对奥地利的巨大让步。胡梅劳尔带着一种空虚的安慰——如果再遭军事失败,在残局中也许多少还能留下一点什么——回到了维也纳。帕默斯顿没有欺骗任何一方。同在斯莱士威克问题上一样,他的压倒一切的考虑是结束战争,至于会议桌上发生的问题则可以慢慢解决。双方举行谈判比双方达成协议更为重要——这是英国外交中的一个普通原则。尽管如此,就帕默斯顿1848年夏季对意大利的政策而言,这个政策就是在法国来得及进行干预之前,经奥地利同意,建立一个北部意大利的联合王国。

虽然法国也在谈论调停,他们的意思正好相反。在整个1848年内,法国政客们主要关心的是找到不干涉意大利的借口。无疑地,这在根本上是由于法国非常不愿意(虽然从未明说)挑起一场大规模的欧洲战争;但即使这一点也只能说是一种借口——法国如在1848年初采取坚决的行动,可能把奥地利人赶出意大利而不冒很大风险。还有,法国人发现,法国如果在欧洲支持"民族原则",就会面临出现两个比自己强大的邻国的危险,这使他们惶惑。但在表面上却是这样一种实际的反对意见,即:意大利的运动是萨伏依王族领导的。法国共和主义者真心实意地辩解说,不能期望他们来帮助壮大一个君主国家。这在实际上也只是一个借口,因为他们同样没有做任何事情来帮助威尼斯共和国。更为实际和更为严重的是,撒丁国王虽然在领导意大利,却占有着萨瓦和尼斯。这两个地方是1815年法国所蒙受的屈辱的最为彰明昭著的象征;无论从民族的立场还是从"天然疆界"的立场上说,它们都代表着一种不公正的处置。而在德意志这方面,法国人并没有如此明确的抱怨,而只有一些关于"莱茵问题"的从未讲清楚过的模糊说法。

每一个民族运动如果要有实际行动,都需要某些明确的对现实不满的口号。它本身可能就是争取的目标,如斯莱士威克和荷尔施泰因,从地理角度来看,本身就是争取目标;或者像政治议论家试图证实的那样,法国后来对阿尔萨斯和洛林的要求是出于法国对矿石的需要。但从根本上看来,这些不满的中心——斯莱士威克、(博斯普鲁斯)海峡、蒂罗尔南部——都是民族情绪的焦点;而一个民族为之作出的牺牲往往大于其价值。因此,法国对意大利政策的最大问题随着这样一件微不足道的事情而变化:要法国人援助意大利而不要求取得萨瓦和尼斯是不可能的。1848年,法国统治者已经知道这一点;意大利人——或者,至少皮埃蒙特人——也知道,而最清楚的是撒丁国王。1848年法国在意大利方面的唯一行动是激进派对萨伏依进行了一次半途而废的攻击;这一事件当然不可能有助于促进双方进行更多官方合作。巴斯蒂德摸索着达成下述解决的途径:如果能够劝说奥地利自愿从意大利撤退,那么伦巴底和威尼斯就能成为共和国,撒丁王国就得不到好处,萨伏依和尼斯的问题也就不会产生了。因此,他提出试探性的建议,想在奥地利和伦巴底临时政府之间(而不是在奥地利和撒丁之间)进行调停,这一调停的目的就是建立"一个自由独立的伦巴底"而不是萨伏依王室的扩张。这样,虽然英法两国都宣称同情意大利,但法国的政策所要达到的目的却正是帕默斯顿要急于防止出现的事情。

意大利人本身的行动挫败了这两个强国的意图。伦巴底和威尼西亚投票赞成同撒丁合并(5月29日和7月4日),法国使这两地成为独立共和国的打算落空了。米兰的临时政府不但拒绝同奥地利单独进行谈判,并坚持任何独立计划必须包括"整个奥属意大利(包括蒂罗尔南部)"。这使帕默斯顿把争议转移到会议桌上的希望也落了空。英法两国因而被迫站到了一起。巴斯蒂德决定,他必须容忍伦巴底并入撒丁王国,只要他能防止把威尼西亚也包括进去(7月19日);这正是胡梅劳尔在5月24日向帕默斯顿所作的建议。帕默斯顿原来准备这样回答法国:他将同法国一起进行调停,条件是威尼西亚的一部分必须包括在所建议的奥地利割让的土地之内(6月3日他对胡梅劳尔就是这样答复的)。但在这时,军事形势出现了意料之外的发展。6月中旬,奥地利帝国终于有了一个坚定的政府,并且有了一位有经验、有胆略的外交家——新外长韦森贝格。新政府认识到,意大利的问题对奥地利来说是一个"不保住就全丢"的问题,决定冒一下风险,让战争来决定命运。他们的希望没有成为泡影。7月25日,奥军司令拉德茨基在库思托查击溃撒丁军队。虽然意大利"自己干"并没有成功,查理·艾伯特在失败中不再像他在胜利中曾经想过的那样希望法国支援了。他一枪不发就放弃了米兰,把他的军队撤回到撒丁国界线之内并在8月9日签订了一个单纯军事性质的停战协定。

如果事情只牵涉到撒丁一国,意大利问题也许就此结束了。但查理·艾伯特一旦撒手,伦巴底和威尼斯的共和派就向法国发出了越来越动听、越紧迫的呼吁。英国驻巴黎大使诺曼比感觉到了危机。他不待上级指示就接受了法国7月19日建议,并提出在胡梅劳尔5月24日计划的基础上由英法进行联合调停。卡芬雅克和巴斯蒂德抓住了这一避免战争的机会,接受诺曼比的提议(8月5日);两天之后,帕默斯顿批准这一提议。剩下来的就是要对抗双方接受调停了。撒丁政府已因查理·艾伯特匆忙停战而同他不和,所以立即对这样一个重新讨论意大利问题的机会表示欢迎。韦森贝格拖延了半个月之后才回复说,调停没有必要,胡梅劳尔计划在任何情况下都不能考虑。与此同时,拉德茨基准备进攻威尼斯。法国政府已到了作出决定的时刻——共和国是否信守它赞助意大利独立的一贯宣言。卡芬雅克和巴斯蒂德找到了一条出路——英法联合占领威尼斯,迫使奥地利作出让步,就像1831年在比利时问题上英法迫使荷兰作出让步那样。在时势的压力下,这两位毫无经验的外行炮制了英法两国之间的"自由主义同盟",这个同盟以后造成了克里米亚战争并取得了意大利的解放。在当时和后来,它的意图是控制法国的极端主义;它是建立在不信任和恐惧的基础上的。英国历届政府不信任法国历届政府;而这些法国政府又害怕本国的舆论。这里并不牵涉到英国的任何具体利益(除了后来在近东的利益)。为了和平和维持现状,英国必须接受对现状的攻击,或者甚至为此而战。因此,毫不奇怪,英国人企图以宣布他们的外交政策出于理想主义动机的办法来摆脱这一矛盾。在实际上,要不是害怕法国的发作,英国的政策是绝对不会为了意大利民族主义而有所动作的。即使在1848年，帕默斯顿也是准备同法国合作的："如果法国要在意大利任何地方采取行动，它应在事前用一项协议把它同我们联结起来。"(8月30日)辉格党的内阁不愿意照他的路子走，因为他们认为这样一项同法国订立的协议只会使他们的手脚被束缚起来。虽然他们之中有些人对意大利很热心，但他们所依靠的只是议会下院的少数，并且不断地受到女王的干扰，她对奥地利怀有日耳曼人的同情。

因此，法国人不得不在无助的情况下自己来下决心。9月1日，他们决定单独占领威尼斯并强使奥地利接受武装调停；9月2日，他们又决定再稍稍等待一下；9月7日，巴斯蒂德对奥地利代表说："我们发现自己——或者更确切些说，我们使自己处于一种非常尴尬的境地。"法国理想主义的日子已经过去了；伟大的革命战争不会再发动了。这一次，意大利问题确实应该结束了。但是，历史事件不是按照这样明确的模式发展的。9月2日，韦森贝格也变得六神无主了。他接受了英法调停，虽然不以胡梅劳尔计划为基础。这对法国人真是太合适不过了，既保全了法国的声誉，又防止了伦巴底并入撒丁王国。但是，韦森贝格的眼睛仍旧死盯着英国。他要赢得英国支持以反对法国，而不要使这样一种支持变得不必要。但韦森贝格的日子——奥地利帝国短暂的自由主义时期正在结束。10月初，菲利克斯·施瓦尔岑堡从拉德茨基的总部来到维也纳，接管了外交政策的控制权；11月21日，他出任总理兼外长。施瓦尔岑堡是影响以后三十年欧洲大局的"现实主义者"中的第一人；他是根据事实而不是根据原则来作出判断的(或者说，他自己认为是在作判断)。他对法国代表说过："政府形式的差别现在有什么关系呢。……有一些事情比这个更重要,那就是维持和平和重建秩序。"他的第一个行动几乎就是起草一封信给巴斯蒂德(10月5日),论证阻止北部意大利组成联合王国是符合法奥两国的共同利益的;当时他已集中注意普鲁士,所以他很可能会加上一句说,阻止德国统一也是如此。这也是另一个方案的初步轮廓:法奥两国结成"保守主义同盟"——一种以利益而不以原则为基础的同盟。对巴斯蒂德和卡芬雅克来说,这个想法是太大胆了。[23] 他们彷徨着,有时威胁说要为威尼斯而战,有时却又狂暴地拒绝答应给予撒丁王国军事援助。但是他们的日子也不长了。12月10日,路易·拿破仑以压倒多数当选为法兰西共和国总统;12月29日,他对宪法宣誓并在爱丽舍宫就位。又一个"现实主义者"来到了。

## 第二章  反动的外交
## 1849—50年

到1848年底,在欧洲各大都城里,秩序已经恢复了。维也纳在11月份被武装力量所征服;柏林的自由派也不作抗拒就投降了;在法国,路易·拿破仑的当选看来已完成了"六月时期"的工作——这位总统是"秩序的卫士"。革命所遗留下来的只是:罗马的混乱;虽被击败而仍充满愤怒的撒丁王国;在匈牙利的一个显然濒临军事崩溃的激进派政府;以及在法兰克福的全德国民议会,它虽然没有实力却仍在炮制着民族统一的计划。尽管完成恢复秩序的时间比预期的要长一些,这并非由于革命残余势力的力量,而是由于秩序卫士们自己人之间的冲突。欧洲的新统治者们不是保守的而是专制的。他们在国内依靠军事力量,在外交事务中也是从实力出发来考虑问题,完全不想去建立任何全欧洲的秩序,而是像任何一个革命者那样狂妄地去重绘欧洲的地图。唯一的一个对梅特涅的"体系"还保留一点忠诚的人就是当初这一"体系"所反对的统治者——沙皇尼古拉;他临终前对他的这一信仰深感后悔。

新改变的精神最清楚地体现在路易·拿破仑身上。他是在秩序党支持下当选总统的;他的当选是激进派和共和派的失败。他的外交部长特罗恩·德·吕伊曾经为路易·菲力浦服务并且有着同奥地利结成保守同盟的那种奥尔良派的偏爱。在他看来,德意不和对法国是有利的。他在1849年写道:"法国的优势在于她的民族团结。……一切促使各大民族分裂的事情对我们都是有用的。"① 路易·拿破仑永远不能接受这一信条。他深信,他的伯父是因为反对德意志和意大利的民族意志而失败的。他心里盘算着一些重绘欧洲地图的模糊计划。仅仅他的姓名就比拉马丁宣言的全部文字构成对维也纳会议决议的更大挑战;不管别的法国人会怎么争论,一个波拿巴家族的成员是永远不可能接受维也纳会议的。如果说在他那反复无常的心中有一点稳定的东西,那就是对奥地利——梅特涅的、稳定的国家——的愤恨。路易·拿破仑既不是革命者,也不是战争贩子。他想不用唤起革命精神而去完成一项革命的外交政策,不进行一场战争而重造欧洲。因此,他最喜欢的梦想是建立"一个由欧洲列强组成的广泛会议",用和平协议的办法解决所有争端。他是理想主义者和阴谋家的某种混合体;只有在一件事情上是始终一贯的,那就是他从来不能抗拒进行投机的诱惑。他投身于政治,就像同时代的资本家投身于铁路事业一样。他虽然厌恶战争并且担心它所包含的风险,但作为最后的办法,总是走到采取行动这一方面来。他以为这样做是反映了法国的情绪——正如他对奥地利大臣许布纳所说,"在法国有一种扩张的渴望,必须予以认真考虑。"实际上,这种渴望是在他自己心里;因此他的政策产生许多矛盾。

虽然路易·拿破仑和"合法的"君主们的出身截然相反,他们

---

① 特罗恩·德·吕伊致托克维尔,1849年8月25日。

的目的和方法却是相似。施瓦尔岑堡和他的同事们虽是一个哈布斯堡皇帝的大臣，在国内事务中是革命的——比起路易·拿破仑来，确实更是如此，后者只要去保持六十年前完成的那次革命的果实就行了。腓特烈·威廉第四虽是霍亨索伦家族成员，有着同路易·拿破仑相同的浪漫型心理——梦想伟大事业却又不敢去实行，在实际进程中在很大程度上成了一个阴谋家。1848年的事件已经摧毁了梅特涅的德意志邦联的一贯脆弱性，这是好事；1848年后，普鲁士和奥地利都是"野心勃勃"。施瓦尔岑堡的商业大臣布律克劝说施瓦尔岑堡促进建立"七千万人口的帝国"，以此来把整个奥地利帝国与德意志邦联合而为一；这样一来，奥地利就将主宰德意志并经由德意志来主宰欧洲。在腓特烈·威廉第四方面，他受到建立一"窄"一"宽"的德意志联邦的想法所蛊惑——"窄"的意思是，除奥地利所有领土外，在普鲁士领导下实现确实的联合；"宽"的意思是，同哈布斯堡君主建立一种模糊的联盟。这两个方案都是革命性的，将引起德意志的振兴；但是，奥地利和普鲁士的统治者都想达到他们的目标而不诉诸日耳曼民族情绪，这就是说，不用革命的手段。例如，建立一窄一宽的联邦的计划曾经由加格恩和法兰克福温和的自由派提出过，但直到拉多维茨（一个罗马天主教贵族、威廉的童年朋友）用一种带有浪漫色彩的、保守的方式把这个计划递呈给他，腓特烈·威廉才予以接受。

拉多维茨和施瓦尔岑堡的计划都会造成势力均衡的破坏，这种均势是在维也纳会议上确立的。德意志不管是在奥地利还是在普鲁士领导下联合起来，对法国来说，都将成为比无力的德意志邦联更难对付的邻居。德意志的实力也许能够保证奥地利在意大利

## 第二章 反动的外交 1849—50年

的控制,甚至于可能像1848年激进派所要求的那样,攫取阿尔萨斯。由于德意志邦联看来已难恢复,即使是最保守的法国人也都倾向于使对手国家自相争斗的策略。1849年4月,特罗恩·德·吕伊说,法国将欢迎普鲁士的扩张,如果这将造成神圣同盟的瓦解[1]——而这一神圣同盟(即"北方三朝廷"的联合)曾使法国在它的东部边境得到三十多年的安宁。但计划中的德意志的振兴不仅是针对法国的。布律克和加格恩的计划都是旨在使德意志的影响在多瑙河流域和巴尔干、从而最终在海峡地带和黑海都居于首要地位。布律克的"七千万人的帝国"意在导致一个包括法俄两国疆界之间全部欧洲地区的关税联盟的成立。加格恩谈到他的德意志统一计划时是这样说的(这些话得到拉多维茨的赞同):"光在我们自己的炉边使我们自己暖和起来是不够的。我们需要这样一种团结,它能使多瑙河盆地中所有既无独立能力、又无独立要求的人民都结合起来,就像我们星系里的卫星一样。"[2] 所有德意志统一的计划本质上都是反俄的。俄国的为难之处在于:如果为了保卫自己免受自由派统一计划之害而去支持施瓦尔岑堡和腓特烈·威廉第四,这会促使这些计划采取更加无情的方式。在德意志,有一种势力是痛恨这些计划的,它无意去阻止俄国在近东的扩张、也无意在意大利(甚至在莱茵河上)去同法国争吵。这就是普鲁士的贵族——容克。他们为普鲁士提供军官、许多行政官吏和一部分政治家。容克们恨奥地利,不喜欢德意志民族主义;同沙俄有坚强的

---

[1] 麦纳克著《拉多维茨和德国革命》,第255页。
[2] 麦纳克著《拉多维茨》,第191页。当然,包括马克思和恩格斯在内的德意志激进派也都认为德意志应该主宰东欧人民。

阶级联系,并对波兰人怀有共同的敌意。对具体的人,他们把拉多维茨看成是一个外国人,把腓特烈·威廉第四看成是精神不稳定的人——他确实也是如此。因此,在1849和1850年内在德意志进行的斗争既是拉多维茨和容克们对腓特烈·威廉的灵魂的争夺,又是普鲁士和奥地利之间的冲突。

1849年初发生的事件为德意志问题上的斗争准备了条件。这些事件显示出这样一条原则(1863年后又重新显示出来),即:只要波兰、意大利和近东平安无事,所有精力都会被吸引到德意志问题上来。意大利的事情在很大程度上已属于尾声的性质。法国进行干涉的危险在1848年9月已经消失,路易·拿破仑的当选并没有使这种危险重现。他的路线是"使自己在吹吹打打声中上场":在暴露出隐藏在表面下的阴谋家的面目之前,表现他作为秩序和现状的保卫者的立场。作为调解国的英法两国作出保证,要促成撒丁和奥地利在布鲁塞尔举行和谈;但施瓦尔岑堡不愿下令奥地利参加,除非调解国承诺反对领土的任何变更。两国都拒绝了。路易·拿破仑虽然对撒丁的雄心怀有敌意,但不能以同意1815年疆界作为他公务生涯的开始;此外,他从来不会放弃任何一个玩弄手腕的机会。帕默斯顿虽然承认奥地利不可能让出领土,也不愿发表会使撒丁陷于绝望的宣言。这个僵局所造成的结果是一样的。撒丁议会中激进派的意见居上风;1849年3月,查理·艾伯特被迫对奥重新开战。不到一星期,他在诺瓦拉被击败(3月23日),旋即引退。意大利再一次对法国发出呼吁,再一次传来法国干涉的谣言。

但是,革命的政策已经过去,而波拿巴的政策则尚未开始。帕

## 第二章 反动的外交 1849—50 年

默斯顿现在比 1848 年 8 月受到内阁的更严格的限制,他拒绝支持法国的任何行动;而法国也没有采取行动的热情。在施瓦尔岑堡方面,他知道必须尊重撒丁王国的独立,以便使法国不能进入意大利北部。因此,和平谈判只是围绕着撒丁偿付赔款的多少进行,经过了一度偶然的紧张之后,8 月 6 日在米兰签署了以维持现状为基础的和约。奥地利虽然得胜,却在胜利的时刻受到了一次挫折。维克多·厄马努埃尔在他父亲退位后继承撒丁王位。他当然决心制服撒丁的激进主义。在议会拒绝批准和约时,他解散议会,发布蒙卡列里文告(11 月 20 日),向温和派呼吁并收到效果——新选出的议会以 112 票对 17 票悄悄地批准了这个条约(1850 年 1 月 9 日)。但是维克多·厄马努埃尔并没有被拉进奥地利的体系。他是军人、实干家,不像他父亲那样是个梦想者。他为战败感到耻辱,要求在更有利的环境下对奥重新作战。因此,尽管他有独裁者的性格,他保持了父王所恩准的宪法,甚至对撒丁的自由派表示好感。维克多·厄马努埃尔也以他的作法成为新的现实主义者之一——又一个追求革命目标而又想要避免采取革命手段的现实主义者。

意大利出现了革命年代的最后一个奇特的产物。罗马只是到了 1848 年 11 月才转而反对教皇,并在 1849 年 2 月在马志尼为首的三执政领导下成为一个共和国。撒丁王国第二次战败之后,预期奥地利、那不勒斯、甚至西班牙都可能对罗马共和国进行干涉。法国政府决定以自己出面干涉的办法来阻止这些国家的干涉。它的主要动机无疑是要向奥地利在意大利的独占地位提出挑战。因为多数大臣都是过去的奥尔良派,他们以为他们是在重复 1832 年法国对安科纳的占领。路易·拿破仑以一种通常的投机思想默许了他的政府的决定——不可能知道他的最初意图究竟是要挽救这个共和国、还是要使教皇复辟。乌迪诺将军率领了阿尔卑斯军团的一支部队进入罗马领土（这个军团的建立最初是为了解放意大利北部，后来是为了保护威尼斯共和国）。他的部队在4月30日同加里波迪所率领的共和国军队发生冲突。革命的法国在迟疑了三十四年之后所采取的第一个军事行动，竟是对付一个由理想主义者所领导和保卫的共和国，而且是为了支持一个在欧洲最昏瞆的专制残暴政权。在法国国民议会发出了反对这一背叛共和主义原则的行动的呼声，并派德·勒舍普作为特别代表去同马志尼进行谈判。5月31日他们达成协议，罗马共和国接受法国的保护。但是，路易·拿破仑对于法国军队在罗马大门前被挡住所感到的羞辱要比背叛共和主义更伤他的心；此外，法国选举新立法议会（5月13日）的结果是反共和分子、教权主义者占了多数。于是，他给乌迪诺派去了增援部队，发出了采取有力行动的命令。他废弃了德·勒舍普的条约，发动了一场全面进攻，到6月底覆灭了罗马共和国。

这个结局虽然给路易·拿破仑带来教权主义者的支持，但对他却是最要不得的。他在外交事务中的第一个行动竟是恢复教皇的世俗权力，而他自己在1831年曾经谋划反对这样做。他责备他手下的部长们，并公布了他在8月间写给他的副官埃德加·奈伊的一封抗议信。他想借此使自己同教皇的反应脱掉干系。建议实行世俗政府和拿破仑法典，除非伴以挟制的手段，是没有用处的；而路易·拿破仑不论是现在或是往后都不能以撤离罗马来作要挟。路易·拿破仑的罗马政策在他统治期内始终显示出他的手段的最拙劣之处:在这件事情上,革命性的目标是满足意大利人在罗马问题上的民族感情,但又不使用革命性的办法,即:不同教皇决裂。当一个国家完全依赖于另一个国家时,定调子的反而是那个弱一些的国家——它可以威胁说,如果不支持它,它就要崩溃,而它的保护者却提不出什么威胁性的话来还报它。路易·拿破仑成为教皇政策的俘虏,而且从此无法摆脱。可能没有什么东西比他在罗马问题上所犯错误引起的自责,对驱使他在别处进行冒险起更大的作用。

一个比罗马大的激进主义国家在1849年夏天也被制服了;更大规模的干涉也按法国模式进行。在上一年冬天,奥军看来能够轻易地进入匈牙利——哈布斯堡君主国中不满情绪的最后一个中心。但希望落空了。1849年4月,奥军再一次被赶出匈牙利,哈布斯堡王室被宣布废黜;匈牙利成为独立国家,由科苏特任元首。匈牙利曾经试图争取自由主义欧洲的支持,那是在上一年,当时它名义上还是奥地利帝国的一部分。它的呼吁只从法兰克福德意志国民议会得到友好的回答,而在任何情况下自由主义的德意志需要来自匈牙利的支持,而不是能够给匈牙利以支持。现在匈牙利重新发出呼吁,但形势已不如上一年那么有利。法国过去没有为波兰或意大利做任何事情,现在又在忙于镇压罗马共和国,不能期望它为了一个不那么熟悉和更为遥远的事业而有所作为。帕默斯顿一直坚守这样一个信条:保全奥地利帝国对于势力均衡是必要的。因此,科苏特所得到的只是同威尼斯共和国的联盟,而这个共和国本身也已到了瓦解的边缘。

在另一方面,施瓦尔岑堡最后终于做到了使神圣同盟在实际行动中展现出来——虽然这是一个没有普鲁士的神圣同盟。在1849年5月,普鲁士确实提出过要协助镇压匈牙利革命,但附有代价,即:奥地利必须承认普鲁士在"窄一些"的德意志中的最高地位。施瓦尔岑堡所关心的却是恢复奥地利的强大,以重新确立它在德意志的地位,而不是抛弃这种地位。他的否定答复第一次显示出奥普关系的双重性格:尽管它们在欧洲事务中相互同情并有共同利益,它们在德意志内部却不断摩擦。当德意志平静时(譬如在1848年前),存在着纯真的奥普团结;当德意志处于骚乱中时,这两个强国就把欧洲、甚至它们自己的国际利益都推到一边去了。即使在1849年5月那种危险的局势中,施瓦尔岑堡还是拒绝同普鲁士结盟以反对"革命",而不是向它在德意志内部的野心作出任何让步。这里还有另外一个决定性因素。普鲁士提出在德意志内部取得代价作为援助的条件时,俄国并没有提出在中东的任何要求作为代价。沙皇愿意无条件地提供援助以镇压"革命"。这个提议的基本动机无疑是保守势力的团结一致。沙皇和他的大臣们关于他们信奉的原则的谈论是如此之多,以致他们很难规避按照他们所说的原则行动。迄今为止,使他们不敢动作的是担心这样一来会促使法国在其他地方采取行动。用内斯尔罗德的话来说,不干涉是俄国为了使法国保持中立而不能不付的代价。[1] 法国对罗马的干涉终于解开了俄国双手上的束缚。意大利和匈牙利的命运像经常出现的那样,交织在一起了。尼古拉一世在5月8日承认

---

[1] 内斯尔罗德致迈恩多夫,1849年4月1日。见《信函和文件》,ix. 228。

法兰西共和国;就在同一天,他宣布对匈牙利进行干涉。

当然,俄罗斯在行动后面有实际的考虑。主要一条是为波兰担心,许多波兰流亡者参加匈军作战,匈军两个最优秀的将军都是波兰人。① 如果匈牙利人得胜,革命将至少扩大到加利西亚(波兰的奥占部分);整个波兰问题就会很快重新出现。对于俄国在土耳其的利益也使俄国人担心,他们不愿意革命的榜样从匈牙利影响到多瑙河的侯国摩尔达维亚和瓦拉几亚。1848年7月,在这两个侯国刚出现革命运动的苗头,俄军就加以占领;1849年5月1日,当干涉匈牙利时,俄国同土耳其签订一项条约,规定在秩序恢复前共同占领这两个侯国。由此可见,俄国在匈牙利的行动是为了保护它在多瑙河口的利益;俄军驻守在这两个侯国一直持续到1851年初。

从更广泛一些的范畴来看,俄国人采取行动是为了保持奥地利作为一个强国,从而恢复德意志内部的平衡。这不是俄国为奥地利所作的"选择";它的目的在于恢复德意志平衡,而不是破坏这种平衡。4月28日,作为干涉匈牙利的外交上准备工作的主要部分,尼古拉写信给腓特烈·威廉第四,许诺在镇压德意志激进分子方面给予支持,条件是威廉不再插手斯莱士威克事务。② 与此同时,内斯尔罗德对施瓦尔岑堡表示,坚持奥地利必需同普鲁士合作。③ 俄国对奥地利的和普鲁士的统一德意志的计划都同样反

---

① 在诺瓦拉战役中指挥撒丁军队的将军也是波兰人。
② 尼古拉一世致腓特烈·威廉第四,1849年4月28日。见《迈恩多夫》,ii,第291号。
③ 内斯尔罗德致米敦(俄国驻奥大使)函,1849年4月30日。见《迈恩多夫》,ii,第292号。

对；只有俄国还在希望看到梅特涅体制的恢复。它的这一判断主要来自在波兰问题上的不安情绪，以及对出现一个强大邻国的自然而然的不快。就近东而言，俄国人草率地设想，奥地利太弱、也太依靠他们，所以不会给俄国的谋划制造什么障碍，如果这些谋划果真趋于成熟的话。无疑地，俄国人模糊地认为，奥地利会对他们感恩；虽然在国际事务中，任何一个强国都不能确保眼前为别人做点什么事就必然会在未来得到酬报。后来在1854年，当东方问题主宰着欧洲局势时，俄国的保全奥地利被认为是犯了一个极大的错误，因为奥地利成了俄国取得成功的主要障碍。

俄国的判断造成了错误的抉择。如果不支持哈布斯堡专制主义，将要出现的不是奥地利帝国瓦解成为无力的几个小邦，而是一个伟大的、民族主义的匈牙利以及（可能还有）一个伟大的、民族主义的德意志。在克里米亚战争中，奥地利以一种不怀好意的中立来回报俄国。1878年，当科苏特的失败已经逆转、他的伙伴安德拉西指导着哈布斯堡王朝政策时，奥匈帝国发出了战争威胁。1914年，当德意志和匈牙利的民族主义在中欧凌驾一切时，俄国不得不为生存而战——同样的战争1941年在更不利的情势下再次发生。当然，这些都是遥远的估量。俄国统治者像别国的政治家一样，是按照当时的情况、而不是按长远的计划来作出判断的。1849年，他们想到的只是波兰和德意志；它们有军队实际屯扎在那些侯国之中，所以他们大概不会为东方问题的未来发展而担心。

另一方面，帕默斯顿——对他来说，波兰完全无足轻重、德意志也不重要——只是从近东着眼来考虑奥、俄问题。因此，尽管他谈论自由主义原则而又欢迎俄国使奥地利恢复成为列强的行动，就不足为奇了。他的动机是很明白的;当然也不必要去争辩说他是一个内心希望反动派胜利的伪善者,或者说得更粗鲁一点,他是拿了俄国津贴的。①

俄军在5月进入匈牙利,到8月中旬就获得全胜。科苏特和他的主要支持者都逃亡到土耳其。干涉完成了,没有产生任何来自西方列强的麻烦;俄国人可以自我祝贺,他们恢复了神圣同盟体制而没有促成一个新的自由派联盟作为报应。但这一成就为俄国人所犯的一个错误毁了,而这个错误本身又是因来自波兰(经常是俄国的"盲点")的反响而造成的。尼古拉曾经呼吁宽恕那些被击败了的匈牙利人,所以对奥地利的镇压措施十分恼怒。但在逃亡到土耳其的难民中,有四个杰出的波兰人(另外还有约八百人)。1849年9月6日,沙皇要求引渡这四个波兰将军;奥地利跟着也要求引渡四千个匈牙利人。这些要求被拒绝后,俄奥两国大使宣布断交。东方问题看来又出现了。土耳其人以他们惯有的巧妙手腕来应付这场危机。一方面,他们向英国大使斯特拉福·凯宁和法国大使奥皮克要求援助——他们没有失望。另一方面,他们又秘密地派遣素为俄国所宠信的富埃德为特使去向沙皇求援——这里,他们也没有失望。尼古拉已从反波兰的一阵暴怒中平静下来;反而因奥地利在10月6日处决十三名匈牙利将领(其中绝大多数是向俄军投诚的)而被激怒。10月16日,富埃德和内斯尔罗德达

---

① 后者是当时卡尔·马克思在他的报刊文章(辑为《东方问题》一书)里的说法。他是从亲土耳其的疯子戴维·乌尔葛哈特那里听说的。当代马克思主义喜欢用更为奥妙一些的前一种解释。这种说法的唯一根据是,按照俄国报道,帕默斯顿说过,如果俄国人要在匈牙利采取行动,他们就该快些动手。

成了亲善的协议；奥地利既被俄国所抛弃，也只好罢休。

但在此期间，英国和法国却被迫采取了行动。9月29日，斯特拉福·凯宁的呼吁送达伦敦，帕默斯顿写信给约翰·拉塞尔勋爵说，"只要有一点男子汉的坚定性，我们就将成功地办好这件事情。"帕默斯顿有了意大利这一段经验之后，生怕"内阁中的哆嗦派"*会束缚他的手脚；但这一次内阁却同意采取行动——对难民的自由主义同情心加上在近东问题上的担心克服了和平主义和胆怯心理。10月6日，地中海舰队奉命驶往达达尼尔海峡附近地区。比这更为重要的是法国的回答。6月间，路易·拿破仑起用了若干在选举中失败的温和的共和分子，从而摆脱了在选举中获胜的秩序党的控制。在这些被起用的共和分子中，阿力克斯·德·托克维尔当上了外交部长。像许多大胆的空想家一样，等到要采取行动时，托克维尔是胆怯的。他曾分析过法国的衰落，可能说得过头一些；不管怎么样，他是主张建设一个强大的统一的德国的屏障法国、防止俄国侵犯的第一个法国人——这一看法太悲观了，所以直到1942年才在法国被接受。① 此外，托克维尔对于帕默斯顿拒绝响应他在7月间因惶惑和缺乏经验而发出的、支援撒丁王国的歇斯底里式的建议，心里一直愤愤不平。因此，他提议拒绝同英国在近东合作。为了支持他这个意见，他提出这样一种理论："英国要担风险的只是它的舰队，而我们要担风险的却是我们

---

\* 原文为 Broadbrims(宽边帽)，指基督教公谊会(Society of Friends)教友，他们常戴一种宽边帽。这一教派反对一切战争和暴力，主张所有人和平相处。在传道时，教友忏悔，常常颤抖或倒地挣扎因此被谑称为 Quakers(发抖的人)。——译注

① 托克维尔的回忆录("Souvenirs")全文最初发表于1942年(英译本1948年)。

的生存。"(这个理论后来常被用来反对法国作为列强之一采取任何决定性的行动。)但当他来到部长会议办公厅时,他发现路易·拿破仑已经下定决心,给法国地中海舰队的命令早已发出。① 克里米亚战争中的英法联盟在1849年10月诞生了。这一决定显示出路易·拿破仑的性格。施瓦尔岑堡可以谈论他们在恢复秩序中的共同利益,尼古拉一世谈论他对共和国的同情;这些都是姿态,只不过是空话。英国提出采取行动;而只有行动才能推翻维也纳会议所作出的安排。虽然英国在行动中涉及的利益只限于近东,但正如后来的事件所显示,在近东结成的英法联盟使路易·拿破仑能够在其他任何地方放手大干。俄国在近东的蠢蠢欲动——或者不如说是对俄国在近东蠢蠢欲动的疑虑——为欧洲的全面重建打开了大门。

1849年10月的近东危机是短暂的。在英法舰队行动之前,尼古拉已经撤回了他对土耳其的要求。虽然他已收到关于英、法采取行动的警告,他还可以宣称是出于宽大为怀而自动让步的。在许多方面,危机是在有利于俄国的情况下结束的。11月1日,指挥英国一支舰队的帕克海军上将因天气恶劣进入达达尼尔海峡避风。虽然他并没有"通过"海峡,但这是对1841年公约的一种勉强的解释。帕默斯顿立即道歉。这是为了不开先例,免得常在近处的俄国舰队援例进入博斯普鲁斯海峡。而内斯尔罗德则把封闭

---

① 托克维尔把总统的这一决定归因于他的情妇霍华德小姐的影响。这种归因于卑劣动机(托克维尔后来承认,在这一事例中这是无稽之谈)的说法是政治圈中的知识分子所常用的。

达达尼尔海峡看作一个胜利。① 还有,11月间,在危机中,土耳其人提议同英国缔结正式的防卫同盟,但帕默斯顿拒绝了,因为他认为土耳其必须有自己的实力才有资格取得外国的援助。此外,他对尼古拉公开宣扬的保守主义原则还保持信任。1849年底,英国驻俄大使布洛姆菲尔德写道:"我想我们有理由预期,不论发生什么情况,在尼古拉在位期间,俄国不会试图颠覆奥斯曼帝国。"②最后,帕默斯顿一时冲动所采的行动中断了英法联盟的发展,并且几乎使一项法俄联盟取而代之。1850年1月,帕克海军上将在从达达尼尔海峡返航途中驶入雅典,以支持英国臣民唐·帕西菲科所提的可疑的权益要求。希腊向它的另外两个保护国法国和俄国(根据1832年伦敦条约)呼吁。帕默斯顿表现得很不耐烦,他在雅典的代表更加如此。俄国人聪明地让法国去带头。帕默斯顿拒绝法国调停,当时任法国大使的特罗恩·德·吕伊就从伦敦撤走。到这宗肮脏交易解决时(1850年4月26日),"自由派列强"的联盟已名存实亡了。

不论怎样,最足以显示俄国的安全和优势的,看来还是德意志。普鲁士错过了奥地利忙于意大利和匈牙利问题的机会。在普鲁士政策中,腓特烈·威廉始终是一个决定性因素,而他的决定却是自相矛盾的。他要统一德国、自任元首,又要奥地利同意这一切。他的不可能实现的梦想是奥地利必须自愿让出权力;要他放弃这个梦想,他就宁可不顾现实。这样,他在1848年11月同他的

---

① 内斯尔罗德致尼古拉一世,1850年11月20日。见《信函及文件》,x.6。
② 布洛姆菲尔德致帕默斯顿,1850年1月27日,第37号,F.O.65/276。

自由派大臣们决裂的理由之一，就是这些大臣们建议支持撒丁王国在流产的布鲁塞尔会议中对奥地利提出的要求；但实质上普鲁士同撒丁王国有着类似的目的。在1849年4月，他又拒绝接受法兰克福议会劝他称帝的建议；而紧接着他却又想通过德意志王公们的自由协议而登上帝位。1849年5月，那些受到激进派起事威胁的王公们是对任何事情都可以同意的。拉多维茨承担起在保守主义基础上实现德意志统一的任务。他起草了一个德意志宪法，并同汉诺威和萨克森订立"三王同盟"（5月28日）。正如后来所有企图通过协议来实现统一的尝试一样，这个同盟因为如下一项保留条件而不起作用：萨克森和汉诺威坚持，如果巴伐利亚和奥地利不参与这一协议，则须与普鲁士重开谈判。

更糟的是，普鲁士再一次被卷进了易北河公国的事务。1849年3月，丹麦人已撕毁了停战协定，重新作战。普鲁士处于这样一种荒谬的境地：它虽然试图置身事外，但有一支普鲁士军队同邦联部队在一起，而邦联部队又是由一个普鲁士将军指挥的。俄英两国都对普鲁士重新施加压力——俄国派遣一支舰队去丹麦领海，英国则以普鲁士如遭俄法攻击、英将置身事外相威胁。两国都是虚声恫吓。沙皇不想"盲目地把腓特烈·威廉驱入德意志集团的怀抱"；不管怎么样，他的军队已全部投入对匈牙利的干涉行动。法国则在进行对罗马的干涉；它的政府太不稳定，不能成为吸引俄国、甚至英国的盟友。但是，腓特烈·威廉再一次屈服于俄国的不满，普鲁士在1849年7月10日签署了又一个更有利于丹麦的停战协定。普鲁士再次在德意志人眼中信誉扫地。还有，帕默斯顿也从此疏远了。他虽然承认在普鲁士领导下的德意志"将是最好的解决办法并且是在大陆列强之间树立一道坚实的障碍物",①但对于腓特烈·威廉的行为很恼火:普鲁士应该在自由主义基础上统一德意志,而不是去反对英国在斯莱士威克的利益。

到1849年8月,当匈牙利敉平时,普鲁士已失去它的机会。施瓦尔岑堡本来很想立即转而对付普鲁士,但他对俄国的态度吃不准,甚至对弗朗西斯·约瑟夫的态度也吃不准——约瑟夫9月9日刚同腓特烈·威廉在特普利策举行了一次家族会议。因此,他提出一个折中办法:由奥地利和普鲁士共同管理德意志邦联,至1850年5月1日为止。9月30日,普鲁士驻维也纳公使伯恩斯托夫自作主张地接受了这个"过渡办法"。他以为施瓦尔岑堡已经同意"普鲁士在北部和中部德意志的决定性的霸主地位"。② 实际上,施瓦尔岑堡只不过把斗争推迟到一个更为有利的时刻——像这样由一方或另一方来掩盖裂痕的情况,这是第一次,以后还有多次。普鲁士的政策继续按伯恩斯托夫的幻想行事。拉多维茨发展了在普鲁士领导下的有限的联盟。他强使设在埃尔富特的联盟议会通过了一项宪法,并在1850年5月在柏林举行了一次盛大而无实效的德意志王公大会。当过渡时期结束时,施瓦尔岑堡的回答是建议召开法兰克福的旧邦联议会。沙皇再一次被请进来了。1850年5月末,普鲁士的威廉王子和施瓦尔岑堡都去华沙谒见尼古拉。尼古拉重复了他过去讲过的主意:奥地利和普鲁士不要吵架而是应该废止它们的宪法,团结起来对付革命;普鲁士应该同丹

---

① 他在1849年7月27日天真地对特罗恩·德·吕伊这样说。见吉尚著《欧洲的重大问题》,i.367。

② 林格霍费尔著《为普鲁士的荣誉而战斗》,第113页。

麦媾和；哪一方受攻击，他就支持哪一方。他还说，"侵略者并不总是进行攻击的一方，而是挑起争吵的一方"；他将偏袒任何较为信守条约的强国。（虽然他又加上一句，说他并不清楚这些条约是什么。这样的话在尼古拉是很典型的。）由于施瓦尔岑堡从来没有实行1849年3月的奥地利宪法，而现在又愿加以废止，所以他显得最有道理。尼古拉甚至说，他将不反对"七千万人口的帝国"，只要普鲁士同意。这仍然不是为奥地利作的抉择，而是对妥协的坚持。

普鲁士同丹麦在7月2日议和；到此刻为止，它是遵循了沙皇的劝告的。在施瓦尔岑堡方面，他提出了一个值得称赞的妥协办法：他愿同普鲁士分割德意志，条件是腓特烈·威廉放弃埃尔富特联盟，并毁弃普鲁士宪法。这可能只不过是一个保守主义的装饰门面的建议，用以取悦沙皇。就在这时，施瓦尔岑堡请求沙皇同意割让格拉茨郡(1742年奥地利给了普鲁士)，并且据说因遭到拒绝而"大怒"。① 腓特烈·威廉尽管非常不喜欢普鲁士宪法，但他不愿意因奥地利的要求而加以废止。决定性的危机看来临近了。当然，核心的问题是应由奥地利、还是普鲁士来主宰德意志；起因是荷尔施泰因和黑森——前者还是有些重要性的问题，后者只是一场用来虚张声势的争吵。易北河公国即使在它们被普鲁士抛弃之后仍然继续抵抗丹麦人；在斯莱士威克最后被制服之后，抵抗仍在荷尔施泰因继续着。丹麦人用德意志邦联来反对荷尔施泰因的德意志人——由于荷尔施泰因是德意志邦联成员，丹麦国王要求邦联对他的叛乱臣民采取"措施"。奥地利已使德意志邦联复活，普

---

① 斯尔比克著《德意志的统一》，ii. 50。

鲁士则采取旁观态度。因此,采取"邦联措施"就意味着奥军进入北部德意志,这是普鲁士的"利益范围"。黑森是一个较为简单的问题——在德意志经常发生的在一个小王公同他的臣民之间的争吵。这里的选侯曾经是普鲁士同盟的成员,但又转向邦联,要求采取"邦联措施"。在互争权威的矛盾之外,这又触及普鲁士的一个敏感部位,因为连接普鲁士的莱茵地区和其他地区的军事交通线要通过黑森。于是,双方都作出了战争的姿态。1850年9月26日,拉多维茨——唯一全心全意相信普鲁士所奉行的路线的人物——出任普鲁士外交大臣;10月12日,施瓦尔岑堡同巴伐利亚和符腾堡国王签订了军事盟约。

1850年7月,德意志之外的三个列强——法英俄三国签署了一项议定书,承认丹麦在这些公国中所承继下来的统治权。① 普鲁士因为采取模棱两可的政策而使这三个国家对它都疏远了。这种情况可能不会起决定作用,如果腓特烈·威廉愿意在列强之间玩弄手腕的话。当然,路易·拿破仑是渴望在德意志内部制造麻烦的。早在1849年11月,他就曾向沙皇建议,俄国应该不管德意志而集中注意近东(这是它的利益的真正中心所在):俄国可以占有君士坦丁堡,英国可以满足于占有埃及,法国则将在莱茵河地区寻求补偿。② 因为沙皇在答复中表示不大赞同,路易·拿破仑就

---

① 普勒希特在《英国对德意志统一的立场》一书中说,帕默斯顿签署这一文件是对于他在唐·帕西菲科问题上的无礼所作的一种道歉的表示。这种说法虽然巧妙地把德意志和东方问题联系了起来,但忽视了这些公国本身关系到英国利益的事实。

② 尼古拉向普鲁士的军事全权代表劳赫是这样说的。他无疑是夸大其词以恐吓普鲁士奉行保守主义。

向普鲁士试探。1850年1月,他派遣他的私交和同谋佩西尼去柏林。有人说,佩西尼是在"旅行推销帝国主义",真是极好的写照。他赞同地谈到普鲁士的"革命"进程,并且暗示法国将给以支持,交换条件是取得莱茵河流域的领土。后来,在6月间,路易·拿破仑亲自对普鲁士公使哈茨费尔德说,如果俄国干涉,要法国保持中立是不可能的;德意志国家中哪一个给他好处最多,他就支持哪一个;他也谈到了巴伐利亚选帝侯的领地。他所得到的是一个常常加以重复的回答:普鲁士不能以割让德意志领土给法国作为代价而获得德意志的领导权。施瓦尔岑堡却不这样拘谨。他告诉法国代表,他不反对割让普鲁士的莱茵地区给法国,以换取在德意志事务上达成协议。① 也许施瓦尔岑堡像后来的俾斯麦一样,认为可以利用路易·拿破仑的贪心;但他的暗示说明了这样一个现实——奥地利实际上对德意志民意是更不在乎的。路易·拿破仑没有响应奥地利的提议;当他热衷于一项"革命的"政策时,他必须同某一个"革命的"强国来共同制定这项政策,而这正是腓特烈·威廉拒绝担任的角色。用威廉自己的狂热的语言来说:"我将永不运用革命的手段,永不同法国或撒丁王国结盟,永不同'赤党'或戈塔派②、同谋杀国王的人和拥立皇帝的人结交。"③这里就出现了僵局;只要法国政客们不成为腓特烈·威廉所描绘得淋漓尽致的那

---

① 德·拉·库尔(维也纳)致德·拉·希特,1850年8月26日。
② 指海因里希·冯·加格恩的自由派支持者。(戈塔 Gotha 原系德意志一公国,后为萨克斯-戈塔区首府。——译注)
③ 腓特烈·威廉第四致邦森,1850年11月14日。见波辛格尔著《1850—1858年间的普鲁士外交政策》,i, 18。

些人,他们也就不会对支持普鲁士的扩张产生任何兴趣。1850年10月,法国保守派的外交家们正集中注意于荷尔施泰因,以便恢复因希腊问题而搞坏了的同英国的良好关系。特鲁恩·德·吕伊在伦敦甚至于建议成立法俄英三国同盟,以便在荷尔施泰因恢复秩序——帕默斯顿和沙皇出于各自不同的原则对这一建议都采取了回避态度。

这样,部分地由于环境所迫、部分地由于缺乏意志,普鲁士仍然处于孤立境地;又由于拉多维茨的政策为大多数普鲁士大臣们所厌恶,普鲁士变得更为脆弱。施瓦尔岑堡前往华沙,再一次向沙皇呼吁,同意他放手对付普鲁士。普鲁士首相勃兰登堡伯爵迟迟才接受施瓦尔岑堡的7月建议:两国在德意志平分秋色,交换条件是普鲁士采取反动的路线。在勃兰登堡方面说来,这不是投降。他虽然骄傲,但很保守,迫切希望得到外国援助,以便使腓特烈·威廉第四(他是威廉的不合法的叔父*)摆脱对拉多维茨的迷恋。机会(如果曾经有过的话)已经失去了。使天平发生变化的是关于拉多维茨宣称如邦联军队进入黑森就不惜一战的报告:在沙皇看来,这就是侵略行动,而他曾经答应在发生这样的侵略行动时要采取鲜明的立场。10月28日,内斯尔罗德和施瓦尔岑堡以交换照会的形式达成协议,如普鲁士反对邦联在黑森执行决定,俄国将给奥地利道义上的支持;它将认为普鲁士在荷尔施泰因的抵抗为它提供了宣战的理由。结果是,普鲁士的地位由于它在易北河公国

---

\* 勃兰登堡伯爵是普鲁士王腓特烈·威廉第二(即腓特烈大帝,1712—1786)娶最后一个民女所生,同腓特烈·威廉第三是同父异母兄弟。腓特烈·威廉第四是威廉第三之子。——译注

问题上模棱两可的态度而被败坏了。

勃兰登堡回到柏林。11月2日,普鲁士部长会议在他领头下,以多数票决定让步,继续同奥地利谈判。拉多维茨辞职。勃兰登堡突然去世后,曼陀菲尔(他更保守、又更胆小)奉命主持外交。① 这个决定主要是因缺乏信心而作出的,这种缺乏信心的状态一直使普鲁士的政策处于混乱之中;现在,这种混乱为力量薄弱的饰词所掩盖。但是,懂得军事的威廉王子坚持认为普鲁士比奥地利强大;曾经看到奥军在匈牙利作战情况的俄国将领们也同意这一看法。俄国总司令帕斯基也维茨甚至于相信普鲁士可以同俄奥联合力量相匹敌。② 所有的报道一致认为,在普鲁士有战争的热情,而在奥地利则缺乏这种热情。就是这个事实使腓特烈·威廉和他的大臣们对战争感到厌恶。普军在数量上而且也许在战斗素质上都优于奥军,但这无关紧要;柏林所缺乏的是战斗意志。但在决定投降之后,腓特烈和他的大臣们又想做一件不可能做到的事情——光荣的投降。11月6日,普军动员。两天后,在黑森的布朗柴尔,四名奥军士兵受伤、一匹普鲁士军马被击毙。这是从1778年以来奥普两军第一次交锋。拉多维茨被派到伦敦去,此行除了对他安慰以外没有任何认真的目的。他只不过被授权去向英国政府提出以削减"关税同盟"的税率来换取同英国结盟——对英国的实利主义来说,这当然是一个拙劣的提议。拉多维茨因而得不到成功。他发现英国的大臣们在荷尔施泰因问题上很不耐烦,

---

① 他12月从奥洛莫乌茨回来后任首相兼外交大臣。
② 见西曼著《尼古拉皇帝》,iv.226。

他们之中更自由化一些的人则因腓特烈·威廉不领导德意志的立宪运动而感到忿怒。帕默斯顿说,他不愿同普鲁士合作,除非法国也来参加——鉴于法国的态度,这无疑只是一种巧妙的饰词。因为在11月12日,路易·拿破仑在法国立法会议开幕时的总统咨文中说,法国将在德意志事务中保持中立,除非1815年的各项条约受到威胁——波拿巴家族一个成员口中说出这样的条件来是奇怪的。路易·拿破仑指使报章发表一些倾向于普鲁士的不署名文章。这也不能说明他的上述立场有何改变。虽然"自由派联盟"并没有使普鲁士强硬起来,它也不是完全没有成果的。对它的担心有助于迫使施瓦尔岑堡走向妥协。① 还有,法军在阿尔萨斯的调动尽管规模极小,②却使腓特烈·威廉产生了组织一次反法的保守派十字军的念头,③从而激发出一种足以抵消对拉多维茨的赞佩的热情,这种热情还潜伏在他的心底。

　　实行曼陀菲尔的投降政策的道路已经扫清。他促请施瓦尔岑堡同他举行私人会晤;11月27日施瓦尔岑堡接受了这一提议。这次会晤的结果是11月29日签署奥洛莫乌茨协议。④ 据说,和平解决是年轻的皇帝弗朗西斯·约瑟夫强加给施瓦尔岑堡的(这种说法的权威性可疑)。更为重要的是,现任俄国驻维也纳大使的

---

① 迈恩多夫致内斯尔罗德,1850年11月27日。见《迈恩多夫》,ii,第363号。
② 11月为四万人,到12月打算增至六万人,到新年将增至八万到十一万五千人。
③ 腓特烈·威廉第四致弗朗西斯·约瑟夫,1850年11月26日。见《普鲁士外交政策》,i. 31。
④ 古老的德意志名称是奥尔米茨(Olmütz)。

迈恩多夫参加了会晤,并为举行这次会晤所用的房子题了纪念匾额。① 俄国政策的要素是:坚持奥普两国都应回复到1815年条约所规定的解决办法上去;一旦普鲁士准备让步,奥地利如提出更多要求就将成为"侵略者"。事实上,腓特烈·威廉的卑躬屈膝的信件已经使沙皇感到震动,生怕普鲁士让步太多会破坏德意志内部的力量平衡。不管怎样,施瓦尔岑堡对于挫败普鲁士在德意志内部的计划要比推行奥地利的计划(这些毋宁说是他部里那些前激进派的计划,而不是他自己的计划)更关心得多。因此,奥洛莫乌茨协议完全是消极的。普鲁士放弃埃尔富特联盟,同意在黑森、最后在荷尔施泰因由邦联主管,回去参加原来的德意志邦联;至于把整个奥地利帝国都包括进来的计划,交给在德累斯顿举行的"自由会议"讨论。这是一种既无热情又无信念的旧秩序的复辟。普鲁士不经过作战就接受了奥地利两次作战才使撒丁王国接受的条件。如果照撒丁王国的模式,腓特烈·威廉退位,他的弟弟威廉无疑将会采取军事报复、甚至可能采取自由主义的道路。实际情况是,腓特烈·威廉在他在位的余年里都在为那些导致奥洛莫乌茨事件的罪恶忏悔,而不是为在奥洛莫乌茨遭受的羞辱忏悔。

奥地利成就的局限性在新的一年里在德累斯顿举行的德意志事务会议上就显露出来了。普鲁士不同意把整个奥地利都包括进邦联,它得到了一些小邦的支持。这一次,施瓦尔岑堡向沙皇的呼吁没有起作用。尼古拉虽然准备接受奥普达成的任何协议,但他不愿意指挥这个协议该具有怎样的内容。从法国发来了坚决的抗

---

① 《迈恩多夫》,ii,第365号。

议，反对改变1815年的解决办法，英国支持这一抗议。路易·拿破仑甚至派出一个特使到圣彼得堡去争取俄国的支持。尼古拉再一次采取了和解的路线：虽然不想参加法国的抗议，他对于奥地利奉行的政策促成英法合作感到恼火，警告施瓦尔岑堡如果法国开战不要指望俄国给奥地利支持。①1851年3月，曼陀菲尔发现了一个双方均可接受的妥协办法。普鲁士虽然决心对它在德意志内部的地位不作任何让步，但急于同奥地利在欧洲事务中进行合作；因此，曼陀菲尔一方面拒绝把奥地利帝国包括进德意志邦联，另一方面提议同奥地利订立秘密同盟，保证奥地利现有的全部领土。施瓦尔岑堡拖延了一些时候以后接受这个提议——把帝国包括进德意志邦联的计划基本上是一桩内部政治事务，用以显示奥地利完全是一个德意志国家，而施瓦尔岑堡对于这些内部问题是不大在乎的。

奥普盟约于5月16日签署；它主要是一个反对"革命"的同盟。腓特烈·威廉甚至希望在序言里写上，这个盟约是对付法国发生新骚动的危险以及"全欧洲革命党可能试图造成的总起义"。②施瓦尔岑堡不赞成对路易·拿破仑的稳定性说三道四；盟约最后按通常条款订立，有效期为三年。它虽然最初是由普鲁士提出来的，得到好处的却是奥地利。"革命"使腓特烈·威廉的良心不安，但对奥地利却是威胁它的生存的事情。实际上，这个同盟

---

① 内斯尔罗德致迈恩多夫，1851年3月16日及4月12日。见《信函及文件》，x. 34，40。巴普斯特著《克里米亚战争的根源》，第188—90页。

② 腓特烈·威廉第四致曼陀菲尔，1851年4月24日。见《普鲁士外交政策》，i. 155。

只不过是普鲁士保证奥地利在意大利的领土,而奥地利却不能为普鲁士在莱茵河流域的领土作出相似的保证,即使普鲁士提出这样的要求。这个同盟的产生,在一方是出于实际需要,在另一方则是出于情绪上的原因——对国际合作来说,这样的基础往往是不牢靠的。连腓特烈·威廉也承认这一点,所以他把同盟期限定为三年;到期满时,他已赎了他的革命罪,良心安了。

奥普同盟看来是神圣同盟的复活,但比后者更为有效。这次复活也有一个差异。尼古拉拒绝作为第三个盟国参加,以免刺激西方也建立起一个同盟;他甚至于不同意举行三国统治者会晤。[①]用他自己的话说,他不想重复1833年明兴格拉茨的大错(它促成了1834年由帕默斯顿组成的四国同盟)。这样,尼古拉把他在1848年革命爆发时所采取的态度又向前推进了一个阶段:虽然他欢迎奥地利和普鲁士作为俄国同法国之间的缓冲地带,但他不愿意支援它们。此外,波兰运动的惨败看来给了俄国无限制的行动自由:它没有必要为了某种已证明为微不足道的危险去参加一个复活了的神圣同盟。就同俄国有关的事情而言,明兴格拉茨会谈所遗留下来的只是不打乱近东现状的诺言,而这项诺言是同援助波兰相对应的——这样的援助现在已经不需要了。尼古拉同他的顾问们对近东并没有有意识的或确切的目的;他们只不过认为,形势已朝对他们有利的方向发生了剧烈的变化。革命已被击败;奥普同盟已在意大利阻挡住法国;而在奥地利这一方面,它又为革命

---

① 尼古拉同腓特烈·威廉在华沙会晤、同法朗西斯·约瑟夫在奥洛莫维茨会晤,均在5月;腓特烈·威廉同法朗西斯·约瑟夫8月在奥地利的伊希尔会晤。

和法国两者的危险所牵制。新的平衡看来只有利于俄国：欧洲各国相互抵消力量，使俄国在近东可以自由行动。当然，尼古拉以为他将要同法国或者英国讨价还价；他置身奥普同盟之外，一个主要的因素就是他深信能同路易·拿破仑"做成交易"。但尼古拉认为他要从实力出发去进行谈判；对他也同对任何人一样，革命年代所留下的压倒一切的印象就是俄国的实力。他从来没有想到——确实，任何人都没有想到——在奥普同盟三年期满之前，需要保护的倒是俄国，而且尼古拉要为已经消失的"北方三朝廷"联盟感到遗憾。

# 第三章 神圣同盟的终结
## 1852—3年

  1851年是"欧洲和平"年,象征它的是伦敦的大博览会。英国的激进派把这种和平归功于工业主义的胜利;实际上它靠的是复活了的神圣同盟。在这一年的晚些时候,去"水晶宫"的人群向科苏特欢呼;他们不明白这样一种关系:只是由于科苏特的流放,大博览会才得以举行。一切麻烦看来都在消失。在德意志,一项邦联行动使黑森的选侯在他的臣民前复位;议会在经过一段摸索之后订出了一个毫无意义的宪法。在荷尔施泰因重新树立了丹麦的权威。1851年6月,俄国首相内斯尔罗德同丹麦解决了继承问题;在1852年5月的伦敦协定中,列强接受了这个解决办法。奥地利和普鲁士在邦联议会中多少有点勉强地合作着。内斯尔罗德得意地谈到普、奥代表俾斯麦和图恩:"好心的上帝创造出这两个人来当然不是为了解决德意志问题的。"[①]1851年12月,路易·拿破仑废弃了共和国宪法,立自己为独裁者;12月底,早成"死胎"的奥地利宪法被正式废弃。1852年初,英国的辉格党政府让位于托利党政府,由德比领导,马姆斯伯里任外相。看来反动势力胜利

---

[①] 内斯尔罗德致迈恩多夫,1852年2月26日,见《信函和文件》,x.169。

了;和平比多年来任何时候都要来得更为可靠。

唯一可担心的是第二帝国的阴影。路易·拿破仑不会满足于"亲王总统"的地位;他一旦成了皇帝,就不会满足于欧洲的现存安排。他曾亲自对英国大使考利说过:"我是满心想要遵守这些条约的——但你应该想到,它们对法国来说是何等的使人怨忿。"① 内斯尔罗德警告沙皇,一个危险的时期正在来临:"拿破仑不讲信义,同他不可能建立真正的信任关系,要保持警惕并使欧洲处于经常的警戒状态。这是和平,但却是武装的和平,要花钱,又不稳定。只有各大强国联合起来才能维持这样的和平。"② 这一联合还会改善俄国的地位,因为反法的团结必然是一种对俄国有利的团结。法国真要反对1815年的条约,就必须在莱茵河地区采取行动,而这样的威胁过去曾使普鲁士和奥地利依赖俄国的支持。1852年3月,法国政变后仅三个月,比利时的独立看来就已受到了威胁。路易·拿破仑在比利时报刊中找到可以抱怨的足够材料,而波拿巴的宣传家们这时已在放出空气,要比利时参加"关税同盟"(如果不是要它参加政治联盟的话)。俄国人看到这是一个机会,可以改善对英关系中的地位,就在1852年4月私下向英外相马姆斯伯里保证,俄国将派兵六万人以保卫比利时的独立。马姆斯伯里胆小又缺乏经验,对这个建议表示欢迎;俄国人以为他们已经加强了四大强国的团结。他们低估了路易·拿破仑的机敏:正像在国内事务中一样,他要用逐步削弱而非暴风骤雨的办法,去摧毁保守势力反

---

① 考利致马姆斯伯里,1852年11月11日。
② 内斯尔罗德给沙皇的1852年总结报告。见柴昂奇科夫斯基著《东方战争》,i(ii),第89号。

对他的同盟。他虽然在哪一方面都不如他的伯父,但他有一种重要的品质是伟大的拿破仑所缺少的,那就是他的无限的耐心。俄国人也误会了英国政策的精神:除非波拿巴的危险真的酝酿成行动,拿破仑这个名字和他的家族的存在就会使英国比在和平的路易·菲力浦时期更易于和解地、更迫切地去同法国友好相处。

施瓦尔岑堡1852年4月去世也使俄国增强了信心。施瓦尔岑堡即使在路易·拿破仑发动政变后还是一直坚持同路易·拿破仑保持友好关系,表面上是为了使法国信守反革命路线,实际上是为了使他自己得以抛开俄国。接替施瓦尔岑堡的包尔缺乏执行这项政策的勇气;他建议列强要求路易·拿破仑提出他的和平意愿的保证,然后在他建立帝国时才能加以承认。这个建议对俄国人是适合的,所以他们在5月13日就接受了;腓特烈·威廉第四怀着保守派的热情于5月22日继起接受。英国人却不愿参加。即使是一个托利党政府、即使是马姆斯伯里也看到,要求提供这样的保证(不是被拒绝、就是没有实效)是愚蠢的,正如维多利亚女王所说,"我们没有办法使路易·拿破仑说出他不愿意说的话。"① 当10月间路易·拿破仑在波尔多发表他的著名宣言("多疑的人说,帝国意味着战争;但我要说,帝国意味着和平")时,英国人采取的态度是,这已足够作为保证了。保守联盟所要做的只是订立一个文件(四大强国在1852年12月3日签署):它们已注意到拿破仑的和平宣言,相互保证一如既往地赞同维持领土现状。

---

① 维多利亚致马姆斯伯里,1852年12月2日。见《维多利亚女王书信集》,第1集,ii,492。

即使这种表面上的团结到实际承认时也不能保持了。英国人虽然对称号中的"第三"起初表示厌恶,还是迅速而无保留地承认了新的皇帝。① 这时,包尔十分害怕由英国促成法俄重新和解而牺牲奥地利的前景。为了防止这一想象中的危险,他把沙皇那些合法主义原则搬了出来,提议对拿破仑第三只能作为"朋友"而不能作为"兄弟"来欢迎。这个呼吁起了作用。沙皇指出:"兄弟!这种关系在我们同拿破仑之间是不存在的。"腓特烈·威廉第四虽然对"革命化身"感到惊慌,恐惧心理却驱使他走到另一个方向。他决定不要拒绝以兄弟相称而激怒拿破仑。当包尔听到这个消息时,他也慌了神:在取得拿破仑好感的竞争中,他不能让普鲁士走在前面。因此,到了最后关头,只有俄国大使称呼拿破仑第三为朋友。拿破仑的一些激进的顾问(特别是佩西尼)想要抓住这个机会同俄国闹翻;但拿破仑不愿用一场纯属个人的争吵来开始他的朝代,所以就用这样一句俏皮话把俄国的姿态给遮掩过去了:"上帝赐给我们兄弟;我们自己选择朋友。"② 包尔的计谋还是得逞了:在俄国和法国统治者之间关系冷淡。但更为重要和更有意义的是,法兰西帝国刚吹了一口气,三个"北方朝廷"的团结就瓦解了。事实上,称呼方式上的混乱象征着神圣同盟——特别是为这两个帝国安全所系的俄奥两国保守的伙伴关系——正临近终结。

---

① 比英国更早承认的只有两西西里王国(欧洲最信守合法主义的政府),它一直反对承认路易·菲力浦。这个那不勒斯政府此时妄想同撒丁王国竞争,以取得法国(甚至意大利)的好感。

② 这句名言有多种说法。拿破仑的原话可能是:"Si l'on Subit Ses frères, on Choisit Ses amis"。这句话要译成英语很不容易。

## 第三章 神圣同盟的终结 1852—3 年

因为,到 1852 年底,在近东真正的麻烦已经迫在眉睫。路易·拿破仑在无休止的对威望的追求中,早些时候曾想到要支持拉丁僧侣控制"圣地"\*的权利;这样做的另一好处是取悦他在法国的担任神职的支持者。沙皇的威望因而受到了挑战,因为他作为希腊教会的首脑比之路易·拿破仑作为拉丁教会的保护人要更加纯正。接着是一段进行政治买卖的时期,双方都发出了威胁。土耳其人以其一贯态度试图欺骗双方。在 1851 年这一整年里,他们对拉丁教会作出让步,然后又自相矛盾地把这些让步秘密地给了希腊教会。1852 年 4 月,法国大使乘坐配备九十门大炮、以螺旋桨推进的"夏尔蒙"号返回君士坦丁堡,坚持要通过达达尼尔海峡;7 月,一支法国海军分遣队威胁要炮轰的黎波里。土耳其人得出的结论是:"一支法国舰队将会打败一支俄国舰队,即使俄国舰队同一支土耳其舰队联合作战。"①他们把对于"圣地"的实际决定权给了拉丁教会;到了 1852 年底,整个中东就都知道这件事了。法国的胜利不仅是对沙皇宗教威望的挑战,并且威胁到俄国对土政策的基础。不管俄国人对于土耳其帝国正在来临的崩溃和瓜分谈了多少,他们在过去二十年中的实际政策是维持奥斯曼帝国作为一个保护黑海的缓冲国;而这个政策的必要条件是土耳其必须对俄国比对其他任何强国更加敬畏。现在土耳其对法国比对俄国更为惧怕;俄国人的眼前马上出现了法国舰队在黑海中巡弋的景象。毫无疑问,沙皇对来自任何一个强国的这样一种挑战都会作

---

\* "圣地"指巴勒斯坦。——译注
① 罗斯(君士坦丁堡)致罗塞尔,1852 年 12 月 28 日。

出反应；但要是这一挑战不是来自法国，他的反应不会如此强烈——在过去十年里，他终究容忍了英国在君士坦丁堡保持相当强大的影响。在他的（以及其他一些人的）眼里，法俄之间的斗争只不过是保守主义同"革命"之间更大得多的斗争的一种外表。只要俄国本身是不可侵犯的，它就能支撑欧洲的君主制度；如果它的黑海侧翼被突破，革命就可能在德意志和意大利获胜。当沙皇使自己投身于土耳其冲突中时，他真的以为他是在为欧洲的和他自己的事业服务。

他又以为这一欧洲的事业将使他的胜利更加容易和肯定一些。内斯尔罗德警告他说，不论英国还是奥地利，在一场反法战争中都不会支持俄国；[①]但尼古拉认为，只要其他国家恪守中立，他就能够对付法国，而他对于这些国家的中立是深信不疑的。1852年12月，英国组成了以阿伯丁为首的联合内阁。他不光是那个在1844年赞同地听取沙皇瓜分土耳其计划的人，更为重要的是，他非常害怕法国的侵略和法国的力量。对自己的外交才能颇为骄傲的尼古拉想重新谈论瓜分以给予英国甚至比前更大的安全保障；这是为了向他们保证，即使奥斯曼帝国瓦解了，他们的利益也会得到保障。1853年1月，尼古拉把他对于瓜分的想法告诉了英国大使西摩：多瑙河诸侯国将置于俄国保护之下，君士坦丁堡将成为自由市；英国将取得埃及以及（如果他们愿意的话）克里特岛。当然，在这些建议中尼古拉并不是完全诚实的——对未来作空洞的猜想

---

① 内斯尔罗德致尼古拉一世，1852年12月20日。见柴昂奇科夫斯基所著书 i (ii)，第97号。

时不可能如此。他没有谈到他想给奥地利的一份,也没有谈到他关于在博斯普鲁斯海峡设置俄国卫戍部队、在达达尼尔海峡设置奥地利卫戍部队的计划。更重要的是,在一个他当时随手写下的个人计划中,他建议把克里特岛给法国。但这些具体细节是不重要的。英国政府认为这一"建议"毫无意义而加以拒绝,而不是因为它还不充分。用内斯尔罗德的话说,英国政策的一个原则就是"决不在多少还不确定的未来承诺任何事情,而是等待事件发生时再决定采取什么方针"。沙皇也不把英国的答复当作"回绝"——他并没有把这些想法看成一个具体的、立即要实行的计划,因此也没有什么可以拒绝的。他真诚地以为他已经增加了英国对他自己的信心。在第二年爆发战争时,英国政府公布了"西摩会谈"以及1844 年的瓜分计划。于是,关于俄国旨在肢解土耳其帝国的神话就在那时产生了。实际上不是这么回事:不管沙皇可能制订什么长远的计划,1853 年初俄国政策的实际目标是恢复在君士坦丁堡的占主宰地位的影响力,这种影响力由于法国在"圣地"问题上的胜利而失去了。

沙皇没有用类似的瓜分计划去安抚奥地利。他没有为此费心:他认为奥地利已经依赖他。而且,1853 年 1 月,奥地利在君士坦丁堡为俄国进行干涉作出了榜样:当时有一支土耳其军队正威胁着要侵入门的内哥罗,奥地利不能允许这样做,因为它害怕由此产生的、对它自己在南部斯拉夫臣民中的影响。为此,莱宁根伯爵奉派去君士坦丁堡,向土耳其发出最后通牒,限定十天内结束同门的内哥罗的冲突。土耳其人看到比这更为严重的麻烦正在来临;而且他们能够承认奥地利在门的内哥罗的利益,而无须接受由此而来的对他们的信奉基督教的臣民任何一般性的保护权。奥地利并不威胁奥斯曼帝国的独立存在；土耳其人可以放心地作出让步。沙皇却只看到这个前例。他答应弗朗西斯·约瑟夫，如果同土耳其开战，将全力予以支持；并在等着得到比奥地利的胜利规模更大的胜利。1853年2月底，他派出了一个特别使团去君士坦丁堡，选择了"一个纯粹的俄罗斯人"门什柯夫亲王充当使节，以使俄国公众相信沙皇对"圣地"的真心关切。与法国争夺国际威望，必须联系到宗教感情才能激发信奉正教的、愚昧的公众，他们对"革命"的危险是漠不关心的。门什柯夫不只要取消法国在"圣地"上的胜利，他还要获得更加广泛和重大的成功。俄国外交官们经过一段摸索之后，得了这样一个主意，即：对土耳其境内信奉正教的人民，俄国行使保护权，据说这一权力在1774年签订的库楚克·开纳吉条约中可以找到根据。① 像通常一样，沙皇并不知道他想要执行的条约的内容究竟是什么；他后来解释说，"如果他不是受人影响、犯了错误，就不会这样做。"② 即使内斯尔罗德也没有仔细看一看1774年条约，虽然有些俄国外交官知道，他们是在坚持某种强加

---

① 在库楚克·开纳吉条约第七条中，土耳其政府"保证保护基督教及其教堂"并"允许俄罗斯教士就君士坦丁堡新教堂事提出请求"。很清楚，这里并没有提到俄国有一般的保护权，虽然积习相沿，俄国悄悄地有了这样一种保护权。1849年，帕默斯顿争辩说，俄国提出不满意见是可以的，但苏丹也可以不理。勃鲁诺夫对内斯尔罗德承认帕默斯顿的话是对的。

十分奇怪的是，1853年时把这个援用库楚克·开纳吉条约的主意向俄国人提出来的是兰希德，他当时正同俄国人合谋反法。勃鲁诺夫说，俄国影响的真正基础"在于事实而不在于字句。俄国是强大的，土耳其是衰弱的；这就是我们一切条约的前言。"内斯尔罗德未同勃鲁诺夫商量，就接受了兰希德的建议。看来他和尼古拉第一在1854年初之前都没有意识到他们的法律地位是极其靠不住的。

② 西摩尔(圣彼得堡)致克拉伦顿，第176号，1854年2月21日。

于人的要求。这些技术问题都无关紧要。沙皇要对土耳其人取得一项大张国威的胜利,而宗教保护权是第一个得心应手的主意。如果土耳其人不愿意这样做,门什柯夫就改向他们提议成立反法同盟——一个同样不受欢迎的代替办法。

门什柯夫以为炫耀一下武力就可以轻易地得手。关于俄国南部进行动员和俄国舰队在塞瓦斯托波尔举行盛大检阅的谣言传播开来。门什柯夫的第一个要求(3月2日提出)是罢黜富艾德,因为是他给了拉丁教士"圣地"的钥匙。这使英国代办罗斯感到惊惶,就直接打电报到马耳他,要求把舰队派到君士坦丁堡来。英国海军元帅转报伦敦,后来在克里米亚战争中成为"核心内阁"[①]的一批大臣决定不同意罗斯的要求。只有阿伯丁准备对俄国的任何要求采取大度包容的态度,[②] 其他人则信赖沙皇的诚意并仍然责备"法国永难满足的野心和使不完的精力"造成了所有的麻烦。[③] 罗斯提出要求的消息也传到了巴黎。在3月19日的内阁会议上,外务大臣特罗恩·德·吕伊争辩说,法国的任何行动将会增加欧洲的疑虑,应该等英国去带头;佩西尼回答说,英国舆论会迫使英国政府反对俄国,这是"发动反对国王的人民战争"的时刻。拿破仑第三不能拒绝进行冒险的呼吁;法国舰队奉命开往萨拉米

---

① 首相阿伯丁、下院领袖约翰·拉塞尔勋爵、外务大臣克拉伦顿、内务大臣帕默斯顿(克拉伦顿认为他是最有力的外交权威而加以邀请)。帕、阿两人均曾任外务大臣,拉塞尔后来担任此职。拉曾任首相,帕以后任首相。结果显示,没有什么比一个全由能人组成的委员会更坏事的了。

② 他对勃鲁诺夫说,"不管是对还是错,我们劝土耳其人让步。"见勃鲁诺夫致内斯尔罗德 1853 年 2 月 21 日函。柴昂奇科夫斯基所著书,i(ii),第 102 号。

③ 克拉伦顿致西摩尔,1853 年 3 月 8 日。

斯。毫无疑问，拿破仑第三在俄国面前必须保持威望；但他因为看到恢复1849年10月英法合作的机会来临而更快地采取了行动。

当时，情况使他感到失望。考利对特罗恩说，如果奥斯曼帝国的独立受到威胁，"这是法国的过错"。[1] 但君士坦丁堡的形势发展很快改变了这种情况。斯特拉福·凯宁（现在是斯特拉福·德·雷德克利夫勋爵）被匆匆派往君士坦丁堡，任务是以在某种意义上有利于俄国的办法解决"圣地"争端。主要由于斯特拉福的劝告，这一点在5月初就做到了。[2] 门什柯夫接着提出了他的进一步要求，即俄国对土耳其政府辖下的信奉正教的臣民有保护权。他的真正目的并不在于使法国人难堪（这一点已经做到），而是为了结束"这个雷德克利夫的穷凶极恶的独断专行"。与此正相反，他迫使土耳其人在斯特拉福引导下倒退了。他们抵制门什柯夫的要求。5月21日，他带着俄国外交人员离开。如果奥斯曼帝国还想保持一个独立强国的地位，土耳其人是必然要拒绝这一要求的；而斯特拉福也必然要劝说他们，像他所做的那样——只要维护土耳其独立是英国政策的一部分。另一方面，一旦承认土耳其并非真正独立（克里米亚战争中的每个事件都证明如此），那么俄国人是有理由为他们自己的安全而提出要求的，因为只有土耳其对俄

---

[1] 考利致克拉伦顿，1853年3月19日（第161号）。
[2] 把斯特拉福派到君士坦丁堡去部分地是出于这样一种想法，即他在外面所造成的对政府的危险将比在伦敦要小一些。后来就造出了这样的神话：他执行了不愿受别人约束的政策，从而迫使英国政府作战。这一神话在坦布莱所著《英国和近东：克里米亚》一书中已被戳穿。像克拉伦顿这样的人对斯特拉福的怨气，确实是一个颟顸优柔的人对一个把问题说得很清楚和无虚假内容的人的怨气。

国比对任何其他强国更加畏惧,俄国才能容忍土耳其作为一个缓冲国。为了维护土耳其独立——英国和法国正在为这样一个借口作战,而且他们知道这一点;但这是一个必须保持的借口,因为没有别的东西可以代替它。门什柯夫的恫吓决定性地改变了英国的政策。即使是阿伯丁也认为俄国的要求是"无理的"。拉塞尔和帕默斯顿敦促采取有力行动以对抗俄国;克拉伦顿则更关心恢复对政府的信心。[①] 6月2日,英国舰队奉命开往贝西卡湾(在达达尼尔海峡外面);几天后,法国舰队也驶抵这里。这样,英法同盟名副其实地因为一阵侧面吹来的风而产生了。

这一发展对沙皇来说倒不是使他感到惊惶,而是不悦。他在君士坦丁堡经常碰到英法的联合反对;而且他仍然觉得神圣同盟是可靠的。他对法国大使说,"你们四个可以对我发话,但我不会乖乖听命的。我能指望维也纳和柏林。"[②]5月底,门什柯夫回来后,沙皇已下令占领多瑙河诸侯国;他认为没有理由缩小这种大事恫吓的作法,命令俄军在7月2日渡过普鲁特河。帕默斯顿再次提议采取坚决行动,命英舰队通过海峡;但他的提议为内阁所否决。在拿破仑这一方面,他正在梦想采取一种戏剧性的调解行动以赢得俄国的好感,所以也反对军事行动。代替军事行动的就是外交了。这两大强国试图把"欧洲"(实际上就是普鲁士和奥地利)卷进来。由此展开了在克里米亚战争期间典型的外交格局:冲突双方都试图把中欧强国卷进来,使局面有一个决定性变化。普奥

---

[①] 他在5月31日写信给西摩尔说,有一种普遍的看法,认为政府在听任土耳其由俄国宰割,因此现在必须采取一条强硬路线。

[②] 邦森致曼陀菲尔,1855年6月29日。见《普鲁士外交政策》一书,ii.110。

两国都想实现中立,普鲁士是因为它的利益并未受到任何危险而奥地利则是因为涉及的它的利益太多了。普鲁士唯一关心的是不要在这场保守主义与"革命"的斗争中使它成为战场;只要它不使自己大规模地卷入战争,俄国看来不会在波兰威胁它,法国也不会在莱茵河上威胁它。另一方面,奥地利却感到许多迫在眉睫的、紧急的警报。如果它站在俄国一边,或者,只要它拒绝站在反对俄国的一边,法国就能使意大利爆炸——或者说,奥地利人相信会如此。象征这一威胁的是1853年秋季法国前外长布勒尼埃在意大利的长时间旅行;他做出种种使人看得到的、准备建立一个法国联盟的样子。更加紧迫的是,奥地利主要靠多瑙河同外部世界进行贸易,所以不能容忍俄军屯驻在诸侯国内;俄国提出的把西部巴尔干给奥地利的建议并不能补偿这一点——即使这个建议有吸引力也不能补偿这一点,何况并不如此。但奥地利怕同俄国开仗,因为在这样一场战争中,它将承担全部压力。它所想要的是一种不可能办到的事情,即:尼古拉放弃对土耳其的要求而又不蒙受羞辱。因此,奥地利就致力于设想出各种计划,既满足沙皇又保持土耳其独立。这种政策的结果是欺骗——或者说,试图欺骗——双方。普鲁士只是拒绝支持任何一方,而奥地利则假装支持西方列强,却始终没有给予任何真正的支持。

这种情况在1853年夏季还是未来的事。当时俄国和西方列强对于它们能从普奥两国获得支持还存在幻想。"欧洲"的第一次表态是维也纳照会。这是四强代表在包尔指导下设想出来的,8月1日取得一致意见。照会列举了四强认为土耳其可向俄国作出

## 第三章 神圣同盟的终结 1852—3年

的、不会危及其国家独立的让步。① 它事先曾被发送给俄国人,但没有送给土耳其人。② 内斯尔罗德在8月5日接受了这个照会;土耳其人就这个照会讨论了半个月,最后坚持要作修正。③ 这是一种奇怪的形势,因为这个照会本来是欧洲设计出来的一个制止俄国、保护土耳其的计谋,而现在俄国接受、土耳其反倒拒绝。两国之内,形势的发展显示土耳其人是做得对的,在维也纳的外交家们把事情办坏了。内斯尔罗德急于要显示俄国已经赢得这场国威之争,因此在9月7日发表一个声明,宣称维也纳照会授予俄国保护土耳其境内正教教徒之权。这一"粗暴解释"把维也纳照会杀死

---

① 7月20日,土耳其人发出对俄国的最后一个提议,后被称为"土耳其的最后通牒"。他们重述了苏丹曾向基督教教徒作出的各项承诺并举出其他四个强国作为土耳其"永矢信守"的见证人。克拉伦顿提议,正在维也纳谈判的四强应证实这个提议,从而使欧洲成为土耳其诚意的保人。但是拿破仑第三坚持这主要是法俄两国之间的争论;包尔接受这一说法。维也纳照会因而写明,土耳其政府在"没有事先取得法国和俄国政府谅解之前",将不改变基督教教徒的处境。土耳其人反对这种法俄保护权,而且还反对不把他们同俄国平等看待。虽然他们只要求"修正"这个照会,使之同他们的最后通牒相一致,他们的真正目的是干脆拒绝(他们做到了这一点)。

内斯尔罗德对一家德意志报社所作的"粗暴解释"宣称,维也纳照会保证"维护在奥斯曼帝国境内希腊正教教会的特权和豁免权",并迫使土耳其"考虑俄国对土耳其境内教友的积极关怀"。换句话说,他重复了俄国对库楚克·开纳吉条约的毫无根据的解释,并说成这现在已由列强所同意。

在奥洛莫乌茨会议后于9月23日提出的"包尔方案"重新肯定了维也纳照会,并由俄国声明否定内斯尔罗德的"粗暴解释":"圣彼得堡内阁给予一项新的保证,它将不以任何方式对奥斯曼帝国境内的基督教信仰实行保护。……俄国只保留其监视奥斯曼帝国在开纳吉条约中所承担的义务得到严格实施。"

② 当时的电报线只从西欧通到维也纳;同君士坦丁堡没有电讯联系。因此,聚集在维也纳的各国外交官在不断接到来自本国首都、催促他们达成协议的电讯后,只能不管君士坦丁堡的反应如何而达成协议。

③ 为了土耳其的拒绝,斯特拉福受到许多责备。即使在情况表明土耳其这样做完全正确之后,批评斯特拉福的人也没有因此就缄默下来。

了。英法两国被迫恢复军事行动,因为它们必须表示它们在抵制俄国侵略这件事上是真心实意的。9月22日,法国大使瓦卢斯基向克拉伦顿建议,两国舰队应通过达达尼尔海峡;第二天,阿伯丁和克拉伦顿没有同其他大臣们商量就批准这一建议。为这一措施编造出了各种借口。阿伯丁的说法是保护在君士坦丁堡的英国子民;克拉伦顿则说是对内斯尔罗德的一个答复;拿破仑第三甚至宣称是为了促使土耳其变得更温和一些。实际上,这不过是海上强国转向"运动"的转折点;而它们既被称为海上强国,它们只能运动它们的舰队。① 事实上,这个运动并不马上显得是决定性的:斯特拉福接到调遣舰队的命令后,故意不去执行;他还希望一次新的调停尝试可能成功。

这个最后的尝试就是9月底沙皇同弗朗西斯·约瑟夫在奥洛莫乌茨的会晤。现在,沙皇正在退却:他否定了内斯尔罗德的"粗暴解释",同意由奥地利来担保他的诚意——当西方的反对销声匿迹之后,他终究还是会有机会再度出手的。此外,这种温和态度也是一个钓饵:尼古拉现在需要他在1851年曾经回避过的"三个北方朝廷"的同盟。他死抱住原来的幻想不放,他想用新的瓜分计划来争取奥地利;他再一次谈论把君士坦丁堡作为"自由城市"、把西部巴尔干给奥地利,甚至建议对多瑙河诸侯国实行联合保护——总之,任何在事实上能破坏"欧洲"团结的事情,他都愿意做。但对

---

① 采取行动也有一个紧迫的实际原因:秋季大风开始刮起来了,两国舰队不能长期留驻在毫无屏蔽的贝西卡湾碇泊处。另一方面,他们要进入达达尼尔海峡,就必然会违反1841年公约,因此必须为破坏国际协议的这一行动,找到某种由于某项政策或某一特殊需要而必须这样做的借口。

奥地利人来说,没有什么事情比俄国人永久留在多瑙河上(即使是作为奥地利的伙伴)更使他们惊惶不安的了。弗朗西斯·约瑟夫脸色阴沉地说,"那我们就得去维持这些国家治安,这是行不通的。"只有在普鲁士也参加的情况下,他才会同意结盟。但腓特烈·威廉第四在华沙会晤这两位君主的时候,他采取逃避的态度;他的政策是"坚定的中立"。这两个德意志统治者中,谁也没有能使自己明白指出这一点,即:俄国从多瑙河诸侯国撤出是任何合作的首要条件,而俄国撤出又会使合作变成不必要的了。因此,结果是"完全等于零"。最后,尼古拉在波茨坦对普鲁士人作了一次直接进攻:俄国愿意保证反对法国的侵略。他仍然不能理解,现在受威胁的是俄国而不是普鲁士。[①] 一旦提出东方问题,神圣同盟就完完全全只是一缕幽魂了。

即使是一缕幽魂,也使西方列强吓了一跳,虽然这种恐吓产生作用的方向正相反。拿破仑想真心接受尼古拉在奥洛莫乌茨的温和表示,在包尔草拟的维也纳照会新文本的基础上,结束对抗。英国人则相信奥俄两国曾合谋瓜分土耳其,并决定——用帕默斯顿的话说——"同这些可能的瓜分主义者捣乱"。[②] 10月8日,英国内阁举行六周来的第一次会议,否定了"包尔方案",并给斯特拉福下达了把舰队调到君士坦丁堡的死命令。这一行动是一种"夸大其词"的作法,既用以满足英国舆论的要求,又使拿破仑相信同英

---

[①] 见艾克哈特著《德国问题与克里米亚战争》,第8页;波利斯著《克里米亚战争中的普鲁士》第63页及普鲁士亲王威廉的报告,第344页。

[②] 帕默斯顿致克拉伦顿,1853年9月21日。克拉伦顿也认为,只是由于曼陀菲尔的"有大丈夫气的和坚定的"行动,才防止了神圣同盟的复活。

国结盟的现实性。这后一目标是实现了:如果拿破仑要在俄国和英国之间作出选择的话,他当然愿意选择英国。他不无遗憾地放弃了"包尔方案",下令他的舰队跟随英国舰队行动。这一行动在君士坦丁堡产生了甚至更富决定性的后果。10月4日,苏丹在本国舆论驱使下向俄国宣战;在斯特拉福的一再要求下,他同意暂不采取敌对行动。但当盟国舰队通过海峡后,对土耳其人再也控制不住了。10月23日,土军越过多瑙河,杀了一些俄国人。

土耳其人最后一次失宠。克拉伦顿谈到"兽性的土耳其人";拿破仑第三则表示希望德国获胜,使土耳其人恢复理智。在维也纳,包尔起草了最后一个试图获得妥协的文件——由四强代表于12月5日签署的议定书。① 正如10月间的神圣同盟一样,这个文件也不过是一种表面文章:奥地利和普鲁士(它更甚于前者)同意这个文件是想警告沙皇,"欧洲"在反对他,但没有哪个德意志强国真要承担行动的义务。不管怎么样,12月5日议定书是个死胎。11月30日,俄国人取得了拿破仑所曾希望他们取得的胜利——不幸的是,胜利是在海上,而不是在陆上。他们在锡诺普摧毁了土耳其舰队的一支分遣队。这对于海上强国——它们的舰队开到君士坦丁堡被认为是保护土耳其人的——是一大羞辱。"锡诺普屠杀"对英国舆论所起的作用是决定性的;这是足以消除一切怀疑的象征性事件。帕默斯顿于12月16日提出辞呈,表面上是为了国会改组问题。② 拉塞尔扬言要步其后尘。内阁还在犹豫,直到拿

---

① 这个文件提醒沙皇,他曾保证不侵害土耳其主权完整,也不削弱苏丹对他的基督教臣民的权威;同时呼吁苏丹重申他对基督教徒的承诺。
② 他在12月25日撤回辞呈。

## 第三章 神圣同盟的终结 1852—3 年

破仑发出在必要时将单独行动的威胁,才被迫作出决定。①这两个海上强国自始至终都是为了要彼此证明相互之间的诚意而被拖着走的。英国在10月间带头开进海峡,现在法国又把英国舰队拉进黑海。这两支舰队要保护土耳其船舰并把俄国海军封锁在塞瓦斯托波尔基地内。当这些指示于 1854 年 1 月 12 日传达给内斯尔罗德时,这同宣战已经近在咫尺了。

沙皇以为,认真地求助于神圣同盟的时候到了。他期望于普鲁士和奥地利的不过是信守武装中立;这样,他的西部边界就安全了,从而使他能够在多瑙河上和俄国南部集中兵力。特使奥尔洛夫奉派去维也纳,带去那个老建议——不得奥地利同意,俄国将不会在巴尔干作出任何改变。但这是不够的:俄国必须在任何条件下不对巴尔干进行干涉。包尔试图把问题岔开去,借口是奥地利如宣布武装中立将促使法国在意大利采取行动。弗朗西斯·约瑟夫要比他更坦率一些。他坚持俄军不得渡过多瑙河,还说,"除非沙皇向我们正式保证维持土耳其帝国,并且答应恢复边境居民受土耳其宗主权管辖的地位,我才能点头。"②像以往的情况一样,俄国在巴尔干不做任何动作是保持神圣同盟的必要条件;而在当时的形势下尼古拉不能接受这个条件,因为他要保持威信。普鲁士也拒绝满足沙皇的要求,虽然他们这样做的理由正相反。奥地利不响应是因为它不敢在东方问题上保持中立,而普鲁士的拒绝则

---

① 几天后,这一威胁达到了目的,他又否认说过这些话。见坦布莱著《英国和近东:克里米亚》附录 vii,第 515—16 页。
② 奥尔洛夫致内斯尔罗德,1854 年 2 月 3 日。见柴昂奇科夫斯基所著书,ii(iii),第 124 号。

是因为它想不顾任何代价保持中立。腓特烈·威廉第四想出了一个做无本买卖的特别计划。他正在向英国提出这样一个建议:他保证中立;作为交换条件,英国保证反对法国在德意志或波兰进行干涉,并将帮助普鲁士在德意志称霸。对英国提出这样一个建议是徒劳的:英国需要普鲁士作为反俄盟友,而不是作为保护俄国的缓冲国。但由于腓特烈·威廉如他自己所以为的那样,正在用他的中立同英国人做买卖,他不会又用他的中立去同沙皇做买卖。这是很合情理的——虽然表面上看来不一定如此。除非英国对他保证反对法国,他是不敢向俄国作出任何诺言的、即使是保持中立的诺言。这确实就是当时形势的实质。一旦俄国在近东被缠住,它就不能保护普鲁士和奥地利,反对"革命";神圣同盟已经不再存在。

这一点对拿破仑第三是很明显的:他以此实现了他的目标。1854年1月29日,他致书沙皇,建议俄土直接谈判——这是自从维也纳照会发表以来"欧洲"一直在抵制的事情。神圣同盟一旦不再成为阻碍,拿破仑对"圣地"已不在乎;即使在克里米亚战争开始之前,他已经在思考法俄同盟,用以结束神圣同盟。但在国威之争中,沙皇不是能够这样轻易后退的。他在2月9日作了一个挑衅性的答复:"俄国在1812年是怎么样,在1854年也将是怎么样。"此外,在拿破仑向俄国的提议中,像往常那样,包含着这样一个意思,即:他要同英国继续保持良好关系。但英国在君士坦丁堡仍是俄国的绊脚石;在俄国人眼里,只有英法反目,同法国的和好才有意义。事实上,拿破仑此时所要求的正是他在以后的年代中所得到的东西,即:俄国在土耳其的野心要实现是太困难了,它应该放弃,但应该默许法国在西欧的野心。这个计划只有在俄国失败之后、而不是失败之前才有可能实现。克里米亚战争一定要打,以便使尼古拉一世认识到,神圣同盟已不复存在了。

2月27日,两个西方列强向俄国发出最后通牒,要求它从多瑙河诸侯国撤兵。俄国拒绝,战争就在实际上进行下去了。从某种意义上说,它是预先注定的,并且是有深刻的原因的。一旦国威之争开始,尼古拉、拿破仑、英国政府,谁也不能后退。尼古拉需要一个俯首听命的土耳其,以保障俄国的安全;拿破仑需要胜利,以维护他在国内的地位;英国政府则需要一个独立的土耳其,以确保地中海东部的安全。但它们之中没有一个有着有意识的侵略计划,即使拿破仑也是如此,尽管他是唯恐天下不乱的。英国担心俄国在策划肢解土耳其,俄国则担心西方列强在威胁它在黑海的安全。其实,它们的担心都是同样没有根据的。相互戒惧而不是相互侵略,造成了克里米亚战争。尽管如此,这不是一次无目的的战争。从根本上说,这是1848年事件发展的结果。要不是由于奥地利在意大利的胜利以及——更重要的——俄国对匈牙利的干涉,英国的舆论不会变得对俄国如此严厉。克里米亚战争是为了欧洲、而不是为了东方问题打的;它是为了反对俄国、而不是为了袒护土耳其打的。但是,在两个西方盟国之间,存在着在目的和看法上根深蒂固而未公开表示的差异。两国都怨恨俄国的优势地位,认为正是这一优势地位造成1848年革命的失败;但只有拿破仑第三希望把这个案翻过来。英国人当然不愿意再发生革命;他们对俄国作战是出于怨恨,并认为打败俄国将加强欧洲的均势。另一方面,拿破仑则认为打败俄国将破坏均势。因此,他虽然野心更大,却不像英国那么好战。一旦俄国放弃在中欧的利益,他就准备停止斗争。

克里米亚战争中真正的赌注不是土耳其,是中欧,也就是说,德意志和意大利。英国人希望用"欧洲的协调一致"来取代俄国的霸权;他们失败了。拿破仑第三想用他自己的霸权来取代俄国的霸权;有几年他认为他已成功了。形势的发展显示,中欧强国避免作出承诺;根据这一点来说,克里米亚战争不是决定性的。这本身就是一种决定。克里米亚战争是为了重建欧洲体制而打的。神圣同盟的旧秩序被摧毁了,但没有一种新的体制来取代它——既没有英国理想中的自由主义的"协调一致",也没有拿破仑梦想中的革命联合。代之而出现的是一段欧洲无政府状态的时期,从克里米亚战争一直延续到在近东的下一次大规模斗争。

# 第四章 克里米亚战争
## 1854—6年

当英法政府把它们的舰队一步一步从地中海开往塞瓦斯托波尔锚地时,它们没有想到会在毫无外援的情况下同俄国作战。它们曾经期望俄国屈服;俄国若不屈服,它们打算把"欧洲的协调一致"转变成军事同盟。1854年3月发生的事件使它们的幻想破灭。在奥地利,由外相包尔领导的一个大党主张同西方强国结盟。这不但将保护奥地利在多瑙河下游的利益,也会保障它在意大利的安全。但包尔的政策因为将军们的反对而不能实行。奥地利将军们清楚地看到,由于俄国同英法这两个海上强国相互都够不着,如果奥地利参战的话,俄国军事力量的全部重担将会压到奥地利身上。他们的估计无疑夸大了俄国的实力;他们反对的基本理由是正当的——对奥地利来说,这场战争将是一场生死存亡的斗争,而不是一场目标有限的战争。如果普鲁士能被动员起来进行合作,形势当然就会不同:至少这将使奥地利免在德意志内部受到普鲁士的攻击;假使发展成参战,普鲁士能给俄国重大的威胁。1854年3月22日,包尔多少带点勉强地同意推迟同西方列强的同盟,直到他同普鲁士达成协议。

普鲁士从它的立场出发也想同奥地利达成协议,虽然理由正相反。奥地利想把普鲁士拖进战争;普鲁士则想把奥地利拴在中立地位上。因为正像奥地利要为西方列强而承受战争重压一样,普鲁士将会为奥地利而承受战争重压,而这场战争却是一场不涉及普鲁士利益的战争。因此,在普鲁士外交官中最大胆的俾斯麦虽然当时位置不高,主张严守中立。对腓特烈·威廉第四来说,这是太干脆了;在他心里,只要奥地利受到"革命"的危险,事情就牵涉普鲁士的利益。① 这个论点只适用于反对法国,而不适用于反对俄国(除非俄国人胆敢提出波兰问题);它同克里米亚战争的形势毫无关系。这样,从所有实际考虑出发,腓特烈·威廉第四也决心中立。用他自己狂热的诗歌式的话说,"不是一种动摇不定的中立,而是完全自主的中立——真正是公正的、独立的和自信的。"②确实,在普鲁士也有一个党是赞成同西方列强结盟的,一个由王太子威廉亲王领导的党。这个党造成了许多外交上的骚乱,甚至在3月初造成过一次政治危机;直到威廉亲王在5月初被置于半流放的状态,这一危机才算最后解决。但是,中立的问题从根本上说从未受到怀疑,尽管亲俄的保守派发出过警告。腓特烈·威廉曾经敦促英国人同他结盟,但这是为了离间英法,而不是为了使普鲁士参战。即使到了最后关头,这个最反复无常的人在他远在1848年立下的一条原则上倒是从来没有动摇过,这条原则就是:在任何

---

① 他在1854年1月29日写信给邦森说,"我将不允许奥地利,这个麻烦的、诡计多端的、恶意的奥地利,受到革命的攻击,而不为它自己而动兵。这是为了对普鲁士的纯真的爱、为了自保"。

② 腓特烈·威廉第四致曼陀菲尔,1854年2月27日,见艾克哈特著《德国问题与克里米亚战争》,第38页。

第四章　克里米亚战争1854—6年

情况下,决不对俄国作战。

到3月底,西方列强不能再等待了。3月31日,它们对俄宣战;4月10日,签订正式盟约。拿破仑第三实现了他的第一个野心,尽管盟约中有条款载明盟国宣布放弃为它们自己谋取任何利益。英法成了盟国。但虽然结了盟并且在理论上处于战争状态,它们离开真正作战还有很长一段距离。像战争爆发之前的外交策略一样,它们的战略是假定俄国正在积极地威胁土耳其,因此它们的唯一行动就是派遣远征军去保卫君士坦丁堡。实际上,吹得天花乱坠的俄国实力一旦遇到现实考验,马上就开始缩小了;沙皇常说他能随时征集到八十万人,而现在他只有三十五万人,而且还是花了很大力气才征集到的。俄国人不但不能威胁君士坦丁堡,在多瑙河上维持自己也已感到困难了。特别是在他们必须在右翼监视奥地利的可疑行动时,就更其如此了。看来还是要等维也纳才能作出决定。俄国不能向巴尔干进军,盟国的进军不能超越君士坦丁堡;因此,只有奥地利才能使战争真正打起来。另一方面,既然盟国在理论上已经处于战争状态,奥地利人也就无需急于行动。

这使腓特烈·威廉有机会对奥地利重申他的提议。他愿意同它结盟、甚至保证它在意大利的领土,条件是它不同任何一个非德意志的强国结盟。这是腓特烈·威廉的缔结反对"革命"同盟的旧梦。包尔在答复中提出一个条款,即:俄国如拒绝撤出,普鲁士在多瑙河诸侯国的问题上将支持奥地利。这一条款看来要使普鲁士对东方的战争承担义务。腓特烈·威廉因弗朗西斯·约瑟夫的一封私信而被争取过去了,那封信上说,"现在还谈不到"在诸侯国发生冲突。事实上,普鲁士为了保持奥地利眼前的中立,冒着在将来打仗的危险。4月20日签订的普奥盟约看来完全是一次奥地利的胜利。它在意大利和多瑙河下游得到了普鲁士的支持;普鲁士不为任何自身利益而冒着风险。实际上,普鲁士是在进行一场有把握的赌博。他们假定俄国将打一场防御战;有奥军在加里西亚的调动和盟国舰队对黑海的控制,俄国也只能打一场防御战。开始时,奥地利看来一切都如愿以偿。在普鲁士支持下,奥普条约在德意志议会中强制通过;这样,整个德意志都承诺在多瑙河上支持奥地利。5月初,腓特烈·威廉企图用重新发出革命警报的办法使奥地利改变反俄路线;他的努力全部失败。6月3日,奥地利人正式要求俄国撤出多瑙河诸侯国。这是一个决定性的步骤。不到六个月时间,奥地利人已从拒绝许诺中立发展到公开发出进行敌对行动的威胁。俄国人第一次清楚地看到奥地利会在巴尔干反对他们;在圣彼得堡第一次听到这样的话:去君士坦丁堡的路要经过维也纳。但对奥作战现在非俄国力所能及。确实,俄国人面对土耳其和盟国的军队、又未得到奥地利坚守中立的诺言,即使奥地利没有发出最后通牒,也只能从多瑙河诸侯国撤退。腓特烈·威廉使事情对他们变得好办一些。在同弗朗西斯·约瑟夫会晤共商反俄措施之前三天(6月9日),他写信给沙皇,劝告他的"亲爱的、善良的尼古"怎样作出让步。[①]沙皇"最后一次"接受普鲁士的劝告。6月29日,在对奥地利要求的答复中,他表示愿从诸侯国撤退,条件是奥地利防止西方列强进入这些国家。这个答复不够完善,奥

---

① 腓特烈·威廉致尼古拉第一,1854年6月6日。见《普鲁士外交政策》,ii. 440。

## 第四章 克里米亚战争 1854—6 年

地利一本正经地准备战争。事实上,俄国人受不住不断增长的来自土军的压力,在任何情况下都想从诸侯国撤退。

战争的阴影使包尔有借口询问西方列强,他们的战争目的何在。还有,如果奥地利卷入战争,它需要同西方列强结盟,最重要的是,西方应保证战争不会以一种革命精神进行。这很合特罗恩·德·吕伊的胃口。他的观点是保守的,他怀疑法国人是否愿意打一场伟大的战争,并急于阻止拿破仑实行他的革命计划。用他自己的话说,他的愿望是"在没有俄国帮助的情况下控制革命,在没有革命帮助的情况下阻止俄国。"①另一方面,英国人不希望承担任何义务。虽然他们的战争目的是削弱俄国的优势,他们自己也还不清楚这一点具体怎样做;此外,他们不愿意限定他们的战争目的,因为获胜之后他们还可能提出更多的要求。他们主要关心的事情是打赢这场战争,而特罗恩则是使战争不再需要继续下去。他背着英国人同包尔就战争目的进行谈判,结果是以后在战争外交中起主宰作用的"四点方案"。

从消极方面来规定战争目的,这是合乎克里米亚战争特点的。按照"四点方案",俄土之间不可能建立稳定的关系,除非(一)俄国对诸侯国的保护为一项欧洲的保证所取代;(二)多瑙河上的航行"解禁";(三)1841 年海峡公约"从有利于欧洲均势出发"加以修改;(四)俄国放弃对土耳其基督教徒行使保护权的要求,代之以土耳其政府向五强保证基督教徒的安全。第四点是冲突的起因,俄国人在 1853 年 8 月接受维也纳照会时以及尼古拉一世在奥洛莫

---

① 许布纳(巴黎)致包尔,1854 年 7 月 15 日。

乌茨否定内斯尔罗德的"粗暴解释"时已经作了让步。关于第一点和第二点,俄国人在1854年8月从多瑙河诸侯国撤退时,也已经不言不语地作了让步。因此,克里米亚战争是为第三点打起来的;由于仅仅修改海峡公约是不够的,所以决定性的斗争在于俄国在黑海的海军实力问题。虽然这影响到土耳其和近东,它的根子在于"保持欧洲均势的利益"。

特罗恩和包尔起草"四点方案"是早在7月间的事。7月19日,方案送达英国内阁,但未获同意。在此期间,特罗恩和包尔又起草了一个同盟条约,以备奥地利因多瑙河诸侯国问题而参战时应用。这对于英国人更有吸引力,因为他们需要奥地利做盟国,所以不反对同它签订同盟条约。7月29日,英国内阁接受同盟条约,同时同意"四点方案"作为签订同盟条约的一项条件。英国批准的消息传到维也纳时,俄国从多瑙河诸侯国撤退的消息也传到了。8月5日,包尔拒签盟约。特罗恩拼命想要抓住包尔,就表示同意"四点方案"而不订盟约。英国大使曾奉命同他的法国同事一致行动,所以也同意了。8月8日,交换了接受"四点方案"的照会。同一天,包尔从俄国新大使高尔察科夫那里收到了俄国从多瑙河诸侯国撤退的正式声明。几天以后,奥军在与土耳其取得协议后占领了诸侯国。这样,奥地利不费吹灰之力既把俄国人屏于诸侯国之外,又缩小了盟国的战争目的。包尔甚至设想他已使诸侯国永久归属于奥地利帝国了。

俄国的撤退使西方盟国不知所措。他们开战是为了阻止俄国对土耳其的侵略,这一侵略现已中止。因此,它们就面临这样一个问题——当一个侵略性的强国不表现出侵略行为时,如何钳制它?

俄国没有像盟国所希望的那样等在诸侯国里挨打;那么现在盟国该在哪里进行攻击?如果攻击成功,要俄国接受什么样的条件?法国曾经为了避免军事行动而试用外交手段;英国现在却是为了逃避外交而要求采取军事行动。英国人有一个有利条件:虽然拿破仑在心里并不比他的大臣们更加好战,他为了保持威信不敢使这一点表露出来——在举棋不定的情况下,一个波拿巴家族的成员必须选择好战的路线。此外,在8月8日的外交失败之后,已经没有继续拖延的借口:既然盟国是处于战争状态,它们就得开始作战。仅仅越过多瑙河追击俄军不会有任何结果。战争开始以来,拿破仑就敦促恢复波兰并对俄国进行大规模的陆上战争;但是,除了英国不愿卷入一场革命战争①之外,盟国也没有足够的军事资源来进行这样一场战争,而且只要普奥两国挡道,战争也无法进行。对海上列强来说,唯一的解决办法就是在黑海发起一场"两栖"作战。如果它们能突击拿下塞瓦斯托波尔,它们就能摧毁俄国在黑海的海军力量,不用谈判就实现"四点方案"中主要的第三点。后来,法国人争辩说,克里米亚远征是单纯满足了英国的利益。如果法国人只关心欧洲的动荡而不关心土耳其的安全,那么这种说法是对的;但实际上法国是对这两者都关心的,它在政策上的矛盾是由于这样的事实产生的,即:它同时执行一种保守的和一种革命

---

① 这种思想也不是普遍的。帕默斯顿在1854年4月6日写信给克拉伦顿说,"在恢复波兰王国的情况下,普鲁士可以获得波罗的海德意志各省以抵偿它原来分得的波兰波森公国;波兰不在俄国统治下复国可能是将来德意志独立的最好保证。……奥地利获得诸侯国而放弃它的意大利属省作为交换条件;土耳其将得到克里米亚、黑海东岸和格鲁吉亚作为赔偿。"

的外交政策。

盟军对克里米亚的远征起初很顺利。9月中,盟军登陆部队已超过五万人,而俄军在克里米亚总共不过三万五千人。9月20日,阿尔马一战,俄军企图阻截盟军推进的计划受挫。几天后,塞瓦斯托波尔陷落的谣言传到了西欧。这个传闻是虚假的;盟军丧失了时机,只能进行一场旷日持久的围城战。10月中,英军统帅拉格伦写道,"在克里米亚,我们只占领着供我们立足的阵地。"①一向忧心忡忡的克拉伦顿担心要出现一次"恶魔降临似的灾难"——阿富汗和拉科鲁尼亚的混合物。②* 这些预期失败的想法同早些时候预期胜利的想法一样,都证明是没有根据的。俄军两次企图把盟军逐出克里米亚;一次是10月25日在巴拉克拉瓦、另一次是11月5日在因克尔曼,都告失败。原来想用来打破外交僵局的军事行动本身也陷入僵持状态。盟军打不下塞瓦斯托波尔,俄国人也赶不走他们。这种军事上的僵持状态带来疾疫流行,医药不继的可怕场景,从1854年11月一直延续到1855年6月。外交又重新回到国际舞台的中心位置;而所谓外交又一次意味着争取奥地利。盟国曾经想用一次军事上的胜利使它们自己得以摆脱奥地利;而现在为了只是在克里米亚站住,它们就需要奥地利发出采取行动的威胁,以便把俄军大部钉死在加利西亚。另一方面,俄

---

① 拉格伦致纽卡塞尔,1854年10月23日。见马提努著《五世纽卡塞尔公爵亨利·潘海姆的一生》,第174页。
② 克拉伦顿致考利,1854年11月17日。
\* 指1841年阿富汗起义人民重创英侵略军和1809年拉科鲁尼亚之战,拉科鲁尼亚(英文作科鲁那)在西班牙西北部,英法两军在此鏖战,英军撤退,主帅约翰·穆尔伤重身死。——译注

国人在克里米亚既一事无成,他们可能为了想使自己腾出手来而进攻奥地利,或者至少要求它正式宣布中立。双方都想把奥地利卷进来,以打破僵局。包尔的回答则是试图打破僵局,以免奥地利被卷进去。

包尔的目标是用更带永久性的方式,重演8月间曾获成功的策略:一方面他将以同西方列强合作为威胁,迫使俄国让步;另一方面他所提出的同西方列强合作的条件,必须能使俄国较易于让步。因此,在整个秋天,他以结盟的前景来引诱西方列强,而又迟迟不予实现,直到他觉得结盟肯定不会使奥地利卷入战争为止。重要的问题是俄国会不会接受"四点方案"。8月26日,俄国拒绝"四点方案",并且谈到了要向奥地利开战;包尔却仍保持低调,只是说"俄国人没有接受我们的挑战"。但一旦盟军在克里米亚站住,他不敢再对局势采取听之任之的态度了:必须使俄国接受"四点方案"以便奥地利平安无事地同西方列强结盟来实施这"四点方案"。10月22日,奥军作战争动员:由于作战的季节已经过去,这一动员是外交性质而非军事性质的。但奥地利发出采取行动的威胁,还是使腓特烈·威廉再次惊惶失措。10月24日,他写信给沙皇,请求他接受"四点方案",作为避免一次大战的唯一办法:"会议厅中铺着绿色台布的桌子是世界之舟避免海难的紧急备用副锚。"内斯尔罗德也敦促沙皇接受"四点方案";11月初,俄国人打算让步。从多瑙河诸侯国撤退的做法又重复了一遍:为了拆散看来正在形成的欧洲反俄大联合,俄国人抛弃了外交上的做作。腓特烈·威廉从他这一方面为俄国人作了最大努力。他提出,愿意保证在诸侯国的奥军不受俄国的攻击(这是一个再太平不过的提议),条件是奥地利不同西方列强结盟。包尔在11月26日接受了这一提议,但不到一个星期又翻悔了。

这是因为奥地利在意大利的脆弱地位仍然是他的一块很大心病。如果他表现得满足于俄国接受"四点方案",他可能又会受到法国的威胁;因此,在没有同西方列强妥协之前,他不敢同俄国妥协。11月20日,在维也纳已经传闻俄国将接受"四点方案";11月21日,奥地利撤销总动员——总动员的目的已经达到。包尔立即开始催促西方列强接受他自己在8月间曾予拒绝的条约草案。这里又重复了一次过去的格局:英国人不愿意承诺,而法国人则把同奥地利结盟作为继续战争的条件。英国人当时积极主动地要去克里米亚,现在他们自食其果了。没有法国支持,他们自己在那里站不住;而法国人又有一个有力论点:武装力量的大部分是他们提供的。此外,法国人还能说,这一条约将诱使奥地利参战。条约草案第五条规定,如到年底还不能在"四点方案"的基础上取得和平,三盟国将考虑"采取最好的手段以实现它们结盟的目标"。这一条款在盟约缔结前就趋于无效了,因为盟约在包尔的敦促下[1]于12月2日签字,而俄国人早在11月29日就无条件地接受了"四点方案"。

当时,拿破仑对他这笔买卖很高兴。当结盟的消息传到巴黎时,拿破仑"拥抱了皇后,并且很长一段时间把她紧紧抱在怀里"。[2] 贝内德蒂(法国驻君士坦丁堡的代表)得意地写道,"你已

---

[1] 为了安抚俄国人,包尔散播消息说他是因西方列强发出最后通牒被迫签约的。所有历史家都信以为真,直到艾克哈特所著《德国问题》一书(第125—32页)揭破了这个神话。实际上是包尔坚持要结盟的,而西方列强(特别是英国)则是勉强的。韦斯特莫兰在1854年12月2日只是写信给克拉伦顿说,"关于签约,从未发生过故障。"

[2] 见于勒纳著《九年的回忆》,i,284。

经给神圣同盟以致命的打击。"①作为对盟约的报答,法国人(虽然不是英国人)准备付出奥地利人早已要求的代价——在意大利的安全保障。12月22日,法奥签订一项秘密条约,双方同意保持意大利的现状,并规定双方在近东进行军事合作的情况下,它们的军队在意大利也将进行合作。整个安排看来是包尔的胜利。他获得了即使是梅特涅也没有得到过的巨大奖赏:同一位拿破仑家族结盟,他将阻挡住俄国但又不危及奥地利的强国地位。在特罗恩方面,他也同样高兴。他以为有了12月2日的盟约,他已在奥俄之间打开一条裂缝;有了12月22日关于意大利的条约,他又在拿破仑同"革命"之间打开了一条裂缝。但新秩序有两个致命的、互为因果的弱点。一是奥地利在法俄之间的处境:它在多瑙河及意大利都有极大的利害关系,所以它不敢明确地反对法国或者俄国。另一是拿破仑的顽强性:不管他是多么需要奥地利作为盟国,他永远不会放弃他重绘欧洲地图的计划。

"同盟关系的逆转"事实上在一个月之内又逆转过来了,这是12月22日意大利条约的产物。在意大利保持现状实际上意味着要求撒丁王国提出保证,它决不利用奥地利有事于近东的时机。这里,英国人有支持法国政策的紧迫动机:他们自身缺少有训练的士兵,所以一直在打撒丁军队的主意——撒丁军队是一支人数不多、但无可否认具有高效率的军队。如果有一支撒丁部队被派往近东,那么不但盟军实力将得到加强,同时也会使奥地利在意大利

--------

① 贝内德蒂致图弗内尔,1854年12月10日。见图弗内尔著《1854—1866年第二帝国史》,第26—27页。

得到实际的安全保障。这个计划早在1854年4月14日就提交给撒丁王国首相加富尔。他答复说,如果奥地利向俄国宣战,他将立即派遣一万五千人(撒丁全部兵力的三分之一)去近东,从而使之得到安全保障。① 加富尔作出这个答复时没有理会他的同事——他们在1849年战败受辱之后很想用他们在军事上的贡献来换取某些足以满足撒丁"荣誉"的惊人的东西。他从另一方面考虑,承认法奥联盟将使意大利一切希望归于泡影,但他要博取西方列强的好感,即使在这样做的时候牵涉到奥地利间接合作也在所不惜。在4月间,这种似非而是的设想对加富尔的同事们来说是太大胆了,他们否决了他的打算。问题就搁了下来。直到秋天来临之前没有发生重大的战斗,英国人也没有重新来同撒丁王国联系。

　　11月底,他们又再度试探。② 12月13日,撒丁内阁接到出兵的要求。加富尔再一次主张立即同意,外相达博米达则坚持提出条件:西方盟国应说服奥地利撤销对于在皮埃蒙特的伦巴底难民财产的扣押令,③并应同意"在议和时考虑意大利的情况"。英国政府如果是在单独进行谈判,它会同意这些条件。但现在法国也

---

　　① 赫德森致克拉伦顿,1854年4月14日。赫德森看来是自己主动提出这个建议的;法国人这时正同奥地利结成保守派的伙伴关系,因事先未同他们商量而感到气愤。
　　② 克拉伦顿11月29日致赫德森的信直到12月13日才送到。很可能是驻巴黎大使考利因不同意英国对意大利的热情而故意扣压了信件,使法国人有时间同奥地利商定意大利的事情。
　　③ 这从1849年以来一直是撒丁王国同奥地利之间引起争议的原因之一。在那个讲文明的时代,人们认为,允许政治难民从其不动产取得巨额收益而同时进行反对其不动产所在国家统治者的革命宣传,是合理的要求。

需要同撒丁王国达成协议，以便使它同奥地利的买卖能够兑现；而这样的协议是不能在反奥的气氛中达成的。因此，法国人坚持撒丁王国必须无条件提供援助。僵局持续了半月。达博米达建议，盟国可以把它们的承诺写入秘密条款，或用一项"改变原议的照会"的形式。但法国人不愿作任何让步。他们甚至于威胁说，要转到"保守派"方面去，支持奥地利对撒丁王国舆论的谴责。维克多·厄马努埃尔不愿意冒这个险；此外，他基本上是个军人，希望参加战争以恢复他的军队的威望，而不论参战的条件如何。1855年1月9日，他决定，既然他那些自由派的大臣们不愿结盟，他将起用保守派，从而转到奥地利阵营中去。加富尔听到这消息后作出了他一生中第一个戏剧性的决定：为了免使撒丁王国落入保守派手中，他愿意无条件地签署盟约。达博米达辞职，加富尔在1月10日兼任外相。对撒丁王国来说，唯一可以使它满意的迹象，是英法两国公使发表了一项正式声明，表示他们不能签署"任何秘密或公开的照会"。这至少可以作为一个证据，证明撒丁已经提出过要求。就这样，撒丁王国无条件地加入了英法联盟；1月26日又签订了军事协定。

撒丁王国被制服了。这看来也是包尔和法国保守派的一个胜利。实际上，1855年1月10日同撒丁王国结盟作为"自由主义"的胜利，正不亚于1854年12月2日和22日同奥地利签约作为保守主义的胜利。虽然英法两国没有承诺支持意大利的事业，加富尔也没有承诺放弃这个事业。还有，他现在有了机会在实际条件上同奥地利人竞争了；按现实主义的态度看来，这是一场他可以获胜的竞争。像普鲁士人一样（虽然出发点正好相反），他在奥地利的中立上进行赌博。普鲁士人不想同俄国作战;加富尔不想同奥地利并肩作战。奥地利的中立是免除这两种危险的保障。到1856年战争结束时,普鲁士毫无疑问得到了俄国的好感,而撒丁王国则毫无疑问得到了英法的好感。

奥地利同西方列强结盟给腓特烈·威廉第四带来的惊慌比维克多·厄马努埃尔感到的惊慌还要厉害。他作为一个"业余的"外交家重新进入了场地。奥地利紧接在11月26日协议之后采取行动,在他看来是一种"背信弃义的行径"。他想到动员西里西亚的驻军,表面上是对付俄国,实际是威胁奥地利。但这太冒险了,可能造成同西方列强之间的裂痕。他的第二个想法是在争取西方好感的竞争中比奥地利付出更高的代价。他也提出同英法结盟,但重申过去的条件:法军不进入德意志,并保证不以任何方式提出波兰问题。作为报答,用他的保守派朋友格拉奇挖苦的话来说,"普鲁士将动员一支不采取任何行动的军队"。这就是普鲁士和奥地利之间的主要差别。奥地利进行动员就不可避免地会威胁到俄国,分散它在克里米亚的军事资源。而普鲁士永远不会对俄国作战,因此它的动员只能是在俄国同西方列强之间树立一道坚强的缓冲保护带。因此,毫不奇怪,特罗恩·德·吕伊在谈到普鲁士使节时是这样说的,"他带给我们的除了他的国王的眼泪之外,什么也没有。"只要近东是时局的中心,普鲁士由于对此无动于衷,表现得像是一个二等强国;一旦注意力转移到欧洲,这种无动于衷的态度将证明成了它的力量所在。这一点在1855年初就已显示出来了。1月,奥地利在德意志邦联议会提议,邦联军队应进行动员以便使"四点方案"付诸实现,这是奥地利执行援助西方列强而实际上又不参战的政策的一种表现。普鲁士代表俾斯麦答复说,德意志唯一的利益(即多瑙河航行自由)已获保障,他把奥地利的提议改为全面保卫德意志的中立(2月8日)。① 这样做,不仅是普鲁士,还有普鲁士领导下的德意志其他部分,就不再成为对俄国的威胁,而相反地成为对法国的阻碍。这是俾斯麦后来执行的把奥地利作为一个德意志国家而不是作为一个巴尔干国家来加以保卫的政策的初次尝试。到1855年3月底,腓特烈·威廉第四在经过多次歇斯底里的惊惶之后,又回复到他开始时所采的政策——独立的中立。

英法两国政府从来没有认真看待腓特烈·威廉的外交。它们主要关心的是奥地利。特罗恩现在已同这样一个建议结了不解之缘,即:通过对和平条款的谈判,他可以把奥地利拉进战争;英国人则准备试一试这样一个想法,即:他们既不能用军事手段拿下塞瓦斯托波尔,就用外交手段来拿下它。12月2日的条约原来是想用来使奥地利参战的,相反,它却使盟国作出了在"四点方案"基础上进行谈判的承诺。但这"四点"——或者不如说第三点——意味着什么呢?英国人要求明确规定,第三点包括夷平塞瓦斯托波尔以及黑海上其他俄国要塞,限制俄国黑海舰队不得超过四艘船舰。特罗恩立刻抗议说,提出这样严酷的要求会使奥地利人吓得退出联盟;② 他还可以再添上一句:在塞瓦斯托波尔陷落之前,提出这

---

① 俾斯麦以他特有的那种无情态度甚至向俄国人建议,他们应该促请德意志邦联采取行动制裁奥地利,因为后者给了一个外国提出责备的根据。
② 考利致克拉伦顿,1854年12月12日。

样的要求是荒唐的,而在它陷落之后这样的要求也就不必要提出了。为了调和英国的坚决态度和奥地利的躲闪态度,西方列强想出了一个特别的办法。它们自己相互保证要执行英国对第三点的严厉解释(12月17日和19日的照会);但十天之后(12月28日协议)它们又同意奥地利的温和解释。这一解释只是说,"俄国主宰黑海的状态应予终止"。盟国希望俄国人会使它们摆脱困境。他们以为俄国人会反对这一温和解释,那么奥地利就会参战,以执行对第三点的严厉解释。俄国人当然没有这样做,特别是当包尔一再向他们说明除了这一温和解释之外别无他事以后。1855年1月7日,俄国驻维也纳大使高尔察科夫按12月28日协议的规定,接受了第三点。再次重演了这样的事情:盟国本来希望诱使奥地利参战,而自己却被诱使进行谈判。它们承诺参加在维也纳举行的正式和会。

这时法国人又来了个一百八十度大转弯。他们为了避免战争而促进谈判;现在他们为了避免谈判又决定进行战争。拿破仑自己坚持要拿下塞瓦斯托波尔,以维护帝国的荣誉;因此法国人想在克里米亚取得胜利之后才开和会。但拿破仑感到不耐烦了,他不能在军事上和外交上都没有取得胜利的情况下无休止地等待下去。2月16日,他戏剧性地宣布,他将亲自前往克里米亚,担任最高指挥官。这使所有人都惊慌起来。统治着法国的这帮波拿巴冒险家担心拿破仑出国期间帝国会垮台——如果他作战失利,那么垮台是可以肯定的。英国人担心拿破仑背着他们同俄国人做交易(这样的担心后来果然证明是有道理的,1859年他以类似方式停止了同奥地利的战争)。因此,法国的大臣们对和会的态度从过去

## 第四章 克里米亚战争 1854—6 年

的拖拖拉拉一变而为急急忙忙。特罗恩甚至提议,只要把俄国黑海舰队"限制"在现有数量之内就行了。英国政府拒绝了这个提议,但它自己也有促使和会早日开成的考虑。1855 年 1 月 30 日,阿伯丁的政府因作战无能而被推翻;2 月 6 日,帕默斯顿组成政府。起初,他完全受庇尔派*的控制。他们坚持及早谈判,甚至还坚持放弃摧毁塞瓦斯托波尔的要求。为了满足他们,经协商同意派遣约翰·拉塞尔勋爵任英国全权代表去维也纳。在英国大臣中,拉塞尔本来是最好战的大臣之一;另一方面,他同帕默斯顿又在开始角逐辉格—自由党领袖地位。十分奇特的是,他想作为和平天使出现的决心因 2 月 22 日庇尔派的辞职反而增强了——因为现在帕默斯顿的政府已成为一个真正的作战政府。拉塞尔想要盖过帕默斯顿的唯一希望就是"头上戴着橄榄枝环"(帕默斯顿的话)从维也纳归来。① 最后还有一点,俄国人也越来越变得和解了。他们的经济资源快要枯竭了;尼古拉第一 3 月 2 日去世,消除了作出让步的最大障碍。他的继承者亚历山大第二一开始就决定只考虑俄国的利益,而不去担当反对"革命"的斗争。

和会于 3 月 15 日在维也纳开幕。拉塞尔很快明白俄国人不会同意对他们的黑海舰队实行任何真正的限制;因此他提议去问问俄国人如何实现第三点——换句话说,让俄国人来规定盟国的战争目标。高尔察科夫大为惊讶,同意写信向圣彼得堡汇报;和会在 4 月 2 日宣布休会。这时,英国人想了这么个主意:邀请拿破仑

---

\* 指对庇尔爵士(Sir Robert Peel,1822—1895)于 1846 年在英国会提出的立法赞助的庇尔派保守党人。——译注

① 帕默斯顿致克拉伦顿,1855 年 2 月 10 日。

到温泽\*去,以便推迟他去克里米亚的旅行。特罗恩想利用这一段喘息时间亲自去维也纳并缔结一个胜利的和约。他对第三点又提出了另一个解释:黑海应"中立化",这就是说,俄国和土耳其的船舰应同样不准进入。3月30日,他同英国政府协议,要么中立化,要么实行限制,此外不再提任何建议。但当和会在4月17日复会时,拉塞尔和特罗恩发现,俄国人对两者都不接受,而奥地利也不会为了实行两者之一而参战。包尔于是又提出了他自己的另一个计划:允许俄国人保留一支其实力与战前相同的舰队;而作为"保持平衡的砝码",也应允许英法两国派船进入黑海。特罗恩非常害怕失去奥地利这个盟国,他的全部政策都是以与奥地利联盟为基础的;拉塞尔则非常害怕失去法国这个盟国;两人都非常害怕不能以和平缔造者的姿态返回本国。因此,他们不顾本国政府的训令,接受了"保持平衡的砝码"的建议,分别回到伦敦和巴黎去鼓吹这个建议。

英国政府最初的冲动是立即拒绝这个计划;后来又考虑到不能同法国决裂。到5月3日,英国内阁勉强转过弯来,接受这个看法;他们必须跟着特罗恩走。但特罗恩不再起带头作用了。4月16日,拿破仑到了英国,受到热烈欢迎。这使他深信,为了同英国的同盟关系,是值得认真打一场战争的。还有,在英国敦促下,他放弃了亲征克里米亚的想法。波拿巴的支持者们现在为了保持威望而热衷于战争,就像他们过去曾经热衷于和平一样。不去克里米亚的决定是4月26日作出的;特罗恩到巴黎是4月30日,晚了

---

\* Windsor,英国王室宫殿所在地,在伯克郡,或译温莎。——译注

## 第四章 克里米亚战争 1854—6年

四天。拿破仑起初有点犹豫,特罗恩几乎把他说得回心转意了。但在5月4日,他同特罗恩有一次决定性的会晤。英国大使考利和国防大臣瓦扬当时也在场。考利虽然没有本国政府的指示,指出包尔的建议将使俄国同这次战争爆发以前一样的强大。瓦扬则宣称,"不能想象还有什么事情对军队来说比这还要不光彩的"。①军事上的威望加上同英国的盟约得到了胜利。"保持平衡"的建议被拒绝了;特罗恩辞职。②拿破仑并不想同奥地利决裂;他对考利说,"我不想媾和,但我要作些姿态把奥地利拉住。"③至于新任外交大臣瓦卢斯基,他在"内心深处是赞成不惜一切代价谋取和平的"。④在现实生活中,这时已不能再拖延作出决定了。和会于6月4日复会,高尔察科夫拒绝对俄国舰队实行任何限制;西方代表立即中止会议。如果把条约还当回事的话,奥地利就应该在这时进入战斗;相反地,奥军在6月10日复员了。奥法之间的保守联盟存在不到六个月;帕默斯顿称它为"死婴"倒是不算大错的。

英法之间的自由主义联盟还存在着,并且又重复了1854年9月的模式。由于外交已告失败,盟国再次诉诸战争。奥军6月10日的复员对帮助俄国人来说是太晚了,他们在加利西亚的驻军来不及调到克里米亚去对付盟军的进攻。盟国6月间对塞瓦斯托波

---

① 考利致克拉伦顿,1854年5月4日。
② 拉塞尔采取的看法是,既然拿破仑拒绝了"保持平衡"的建议,他已不再受其约束;因此他留在内阁里,并且比过去任何时候都更厉害地叫嚷战争。但当包尔在和会破裂后透露拉塞尔曾支持"保持平衡"建议时,英国舆论大哗,拉塞尔被迫辞职。这是他政治生涯中一场无法补救的灾难。
③ 考利致克拉伦顿,第584号,1854年5月20日。
④ 考利致克拉伦顿,1854年5月18日。

尔采取攻势,9月8日攻陷。克里米亚战争是打赢了,但盟国仍像过去那样不知道怎样来利用这个胜利。他们对于下一步在何处发动对俄国的攻击感到茫然;在取得更多胜利之后对俄国提出什么样的媾和条款,他们对此也同样感到茫然。英国人只是简单地想继续按照这种没有战争目标的战争路线打下去,在黑海和波罗的海发起更多的两栖战斗,①直到把俄国同一切海洋都隔绝为止。帕默斯顿高兴地设想,到1856年10月间就"把俄国打翻"。② 但这个方案并不合拿破仑第三的胃口。法国舆论已表示厌战,也不会因占领格鲁吉亚和塞加西亚的要塞而感到满意。法国人已不再是一个好战的民族。第二帝国的一个很大妄想就是以为只要向法国人提出一个"革命的"方案以整个地修改欧洲的地图,他们就会恢复战争的热情。拿破仑迫切地想提出波兰问题;归根到底,如果要把俄国屏诸欧洲之外,恢复波兰是件很有理由的事情。英国人却不能容忍这个建议。不管拿破仑和瓦卢斯基怎样粉饰他们的波兰计划(说是只要采取一种温和的方式,恢复维也纳会议授予"国民大会波兰"的宪法),提出波兰问题将把奥地利和普鲁士赶回俄国一边、使神圣同盟复活,从而在意大利和莱茵河上发生一场"革命"战争。重建拿破仑第一的帝国当然不是英国的目标,而拿破仑第三既然不敢在没有英国作为盟国的条件下打仗,他的唯一出路自然只有谋和。

法国在外交上有两条谋和的途径。一条是已经试过的,即:促

---

① 鉴于即将对波罗的海进行远征,英法两国同瑞典在11月间签订了盟约。
② 帕默斯顿致克拉伦顿,1855年10月16日。

使"欧洲"反对俄国,那就又要把奥地利卷进来;另一条是背着英国同俄国直接解决。一个由拿破仑的同母异父兄弟莫尔尼领导的、颇有势力的政党主张后一种办法。莫尔尼这个第二帝国最大的投机分子已经看到,俄国可以成为"一个由法国开发的矿藏;"①他想象俄国会让法国在欧洲自由行动,作为对法国投资的报偿。莫尔尼同高尔察科夫秘密接触,并试图说服他达成一笔交易。他说,法国和英国"不久将会吃惊地发现,它们彼此是多么漠不关心";至于限制俄国在黑海的力量的建议,看起来对俄国是如此不光彩,实在是毫不足道的——这样的条款是从来不可能持久的。高尔察科夫是俄国政策中新路线的主要代表,这条路线就是只考虑俄国的利益,即使由此而产生支助欧洲革命的危险也在所不惜。② 他是愿意回答莫尔尼的试探的。但这个想法对亚历山大第二和内斯尔罗德来说是太大胆了。他们虽然也已放弃了神圣同盟,取代它的却是一种态度阴沉的孤立,而不是同拿破仑第三结盟。但是,莫尔尼的动态传进了包尔的耳朵,使他大吃一惊:他最害怕的就是法俄两国背着奥地利,并且牺牲奥地利来做交易。因此,他向法国人提议,订出一个关于"四点方案"的更为严格的说明,由奥地利以最后通牒形式迫使俄国接受;作为报答,英法参与奥地利对土耳其保持完整的保证。法国人接受了这个提议,从而又回到特罗恩·德·吕伊的老路线上来了。英国人也采取了他们的老路线:虽然他们

---

① 莫尔尼致瓦卢斯基,1856 年 8 月 8 日。
② 当高尔察科夫被派到维也纳去时,内斯尔罗德说他无能而表示反对。尼古拉一世答道,"我提名他因为他是一个俄国人。"他的前任迈恩多夫同内斯尔罗德自己一样,也是德意志人。

很不喜欢奥地利既不参战却又要别人听从他们提出的议和条款,但他们自己提不出议和条款,因此表示默认,想等奥地利同法国达成协议之后再提出反对意见。

1855年11月的阴谋对于这样一次外交活动自始至终在进行、只是偶尔被战斗所打断的战争来说,是一个合适的结局。法国人通过莫尔尼摸清俄国人可能接受的条款;然后他们向包尔提出这些条款,最后又把它们送给英国,说成是包尔愿意迫使俄国接受的条款。11月14日由包尔和法国大使布凯内协议的条款实质上就是"四点方案",规定得看来更严密一些。包尔修改了第一点,使之更有利于奥地利,规定俄国应让出比萨拉比亚的一部分,从而使俄国同多瑙河完全隔绝。第三点又回复到特罗恩使黑海"中立化"的方案;鉴于俄国在那里的舰队已不复存在,这是对俄国的一个让步,因为土耳其在黑海也不能再有任何舰队了。加之中立化只是在俄土之间的一项单独条约中载明。当英国人被告知这些条款时,他们很想全部加以拒绝——在黑海没有防范俄国的真正安全保障,也没有提到波罗的海。帕默斯顿写道:"我们坚持伟大的'解决原则',这些原则是为欧洲的未来安全所必需的。……如果法国改变他们的意见,责任在于他们,并应使英法两国人民知道这一点。"① 克拉伦顿还是像平常一样悲观失望,他认为法国将单独媾和,而英国又不能单独继续进行战争。② 经过剧烈的讨价还价,他从瓦卢斯基那里总算得到了一些让步:黑海的中立化应写入共同

---

① 帕默斯顿致克拉伦顿,1855年12月1日。
② 克拉伦顿致帕默斯顿,1855年11月18日。

条约；盟国在第五点中应明确表示他们将要求更多"特定条件"的意图——但不要求奥地利支持这些条件。这是一种老战术的新花样，这种老战术是用来引诱奥地利支持它并未同意的条款的。但即使是现在，奥地利也不想参战，它所提议的只不过是断绝外交关系，或者用包尔的话说，就是打"一场没有战斗的战争"。

奥地利的最后通牒（英国是勉勉强强同意的）是12月15日送到圣彼得堡去的。俄国人试图讲讲价钱，如同他们原来接受"四点方案"时那样；对他们所作的拖延应付的答复，包尔在1856年1月5日表示拒绝——现在俄国人已经吃了败仗，他也就不反对使他们丢脸了。1月15日俄国召集了一次决定性的御前会议。除奥地利的最后通牒外，亚历山大第二还收到了腓特烈·威廉第四发来的信件，"恳切请求"他让步，并对他发出警告：普鲁士虽然并不支持这个最后通牒，[1]如果法国以在莱茵河发动战争相威胁，它可能不再保持中立。神圣同盟确实已经解体了。但俄国人要不是在塞瓦斯托波尔保卫战中弄得精疲力尽，他们也不一定非让步不可。他们在塞瓦斯托波尔自己打败了自己；他们接受战败的条款，是因为他们不能再同盟国对抗，而不是因为他们面临着新的敌人。高尔察科夫在最后一分钟从维也纳发来电报，吁请拒绝奥地利所提条款而向法国发出直接呼吁。[2]内斯尔罗德压下了这个电报，使

---

[1] 腓特烈·威廉对法国人说，他在圣彼得堡是支持最后通牒的。这是假话。他甚至于还起草了一封致沙皇的半公开的信件来支持这种说法。这些作法反映出他的本性。

[2] 如果发出这样的呼吁，可能会成功。在俄国第一次和第二次答复（1月5日和16日）之间心神不定的等待期间，拿破仑第三曾致书维多利亚女王，主张直接同俄国人谈判，并由盟国提出某些让步。

御前会议同意无条件接受奥地利的条款。但高尔察科夫还是因此出了名。正是这个1月15日的电报导致他被任命为副首相,并开始他的同法国和解的政策。

除了英国之外,外交战斗对所有人都已经结束了。英国人还要为了"特定条件"同瓦卢斯基进行长时间的交锋,想要俄国人在和约初稿中就接受这些条件。瓦卢斯基现在倾向于安抚俄国人,他把英国这个要求说成是"第二个最后通牒"。最后达成了一项有损声誉的妥协办法:瓦卢斯基承认"特定条件"是必不可缺的,把这一点甚至于告诉了俄国人,但不把这些条件列入和约初稿之中。①但英国人在另外一个更加重要的地方占了上风。他们要把条款强加在俄国人头上而不是要安抚他们,因此坚持及早召开和平大会,以便他们到了春天就可以自由地以重启战端相威胁。这样,和约

---

① 瓦卢斯基的最后用意在于欺骗英国人或俄国人,还是两者兼而有之,对这个问题多加猜测是无谓的。像特罗恩早些时候所策划的一个接一个的妥协方案一样(这些方案都包含着对此方或彼方的欺骗),这个妥协方案也是用外交辞令来表达这样一种希望,即:某些事情可能发生。瓦卢斯基、特罗恩、莫尔尼以及拿破仑的"一群显赫的暴民"(克拉伦顿语)中的其他分子,把他们搞政变的那一套说谎骗人的手法——他们也不懂其他的手法——带进了国际事务。瓦卢斯基等人既无良心又无政策,只是简单地想要避开当时的具体问题,不管这样做的结果会给以后造成更大的问题。

同一般人的观念相反,外交是一种艺术,它尽管有它的谋略,但有赖于所有从事外交的人严格的准确性。有一个大国为许多骗子所统治和管理——这是欧洲政治家不会处理的一个独特问题。同外相(不论是特罗恩或瓦卢斯基)谈判不能把法国政策固定下来,决定还是只能从拿破仑那里作出。虽然他那伙追随者极不老实,拿破仑还是有一定的坚定性,因此能当他们的头子。但他同样是靠不住的;50年代和60年代令人惊讶的外交活动在很大程度上可以从这个事实得到解释。在一场规则复杂的比赛中,有一方不断进行欺骗(即使是在不重要的问题上),从而使比赛变得更加复杂。如果国际道德中真的出现一种败坏的现象,它的根源要从拿破仑和他的一伙中去寻找,而不能归之于俾斯麦。他只不过是实行了这句法国格言:"恶人还有恶人治。"

## 第四章 克里米亚战争 1854—6年

初稿在1856年2月1日签了字。克里米亚战争结束了。它牺牲了近五十万人的生命;①在维也纳会议以后的一百年中,任何一次战争的伤亡总数都没有超过这次战争。在近东,战争的后果看来是混乱不清和令人失望的;在欧洲,战争的后果却是决定性的。战争粉碎了关于俄国力量的神话和现实。不管战争的根源是什么,它实质上是西方对俄国的入侵;②近代对俄国的五次入侵中,③这一次是最成功的。1856年以后,俄国在欧洲事务中的分量,比起1721年"大北方战争"以后的任何时期来都要轻得多;而它在1854年前在柏林和维也纳曾享有过的主宰地位直到1945年之前就再也没有恢复过。维斯杜拉河以西的欧洲统治者和人民得以随心所欲地自由处理欧洲。如果俄国真是欧洲的暴君,那么克里米亚战争是一次解放战争。解放使欧洲起初落入拿破仑第三、后来又落入俾斯麦的手中。

---

① 法国损失近十万人,英国六万,俄国三十万以上。伤亡总数中三分之二是由于疾病和困苦而不是由于作战。

② 即使战争的热心分子金莱克也把他的历史著作题名为《对克里米亚的入侵》(*The Invasion of Crimea*)。

③ 拿破仑在1812年;英法两国在1854年;德国人在1916—18年;协约国在1919—20年;希特勒在1941年。

# 第五章　巴黎大会及其后果
## 1856—8年

从2月25日至4月16日在巴黎举行的和平大会,在理论上是1822年维罗纳大会以后第一次欧洲集会——在这次大会之间召开的所有集会都是局限于特定主题的会议。事实上,它作为一次讨论全欧事务的大会还不如作为一次解决近东具体问题的会议来得成功。由于俄国已经接受了奥地利的最后通牒、至于间接地接受了"特定条件",在和平条款上没有根本性的斗争。同英国所预期的正相反,俄国人咽下了奥兰群岛中立化这个最重要的"特定条件";他们只是对割让比萨拉比亚的领土很不愿意。他们提出了这样一个似乎有理的论据:他们应该保留比萨拉比亚以补偿他们在刚刚停战前占领的土耳其要塞卡斯。比萨拉比亚是奥地利的事情;卡斯(通向土耳其亚洲部分的门户)则是英国的事情。拿破仑第三对这两地都不在乎,急于想安抚俄国。英国人没有这样的想法,坚持不让;[①]俄国人只得屈从。这是一个初步的警告:拿破仑虽

---

[①] 英国代表克拉伦顿只是在收到了英内阁一封措辞严峻的电报之后才采取这样的立场。像通常一样,克拉伦顿有些惊慌失措,特别是他看到拿破仑倾向于言和之后。帕默斯顿也像通常一样,相信坚定就能取胜。此外,"如果允许俄国把这看成是一个可以争论的问题……同她签订任何条约又有什么用呢?"帕默斯顿致克拉伦顿,1856年2月29日。

第五章 巴黎大会及其后果 1856—8 年

- ·— 多瑙河诸侯国（罗马尼亚）
- ////// 1856年俄国割让给土耳其的领土
- ····· 1856年俄国割让给摩尔达维亚的领土
  （1878年归还俄国）
- ——— 1878年土耳其割让给罗马尼亚的领土
- +++ 1913年保加利亚割让给罗马尼亚的领土

**罗马尼亚**　　　　　　　　　　照原图译制

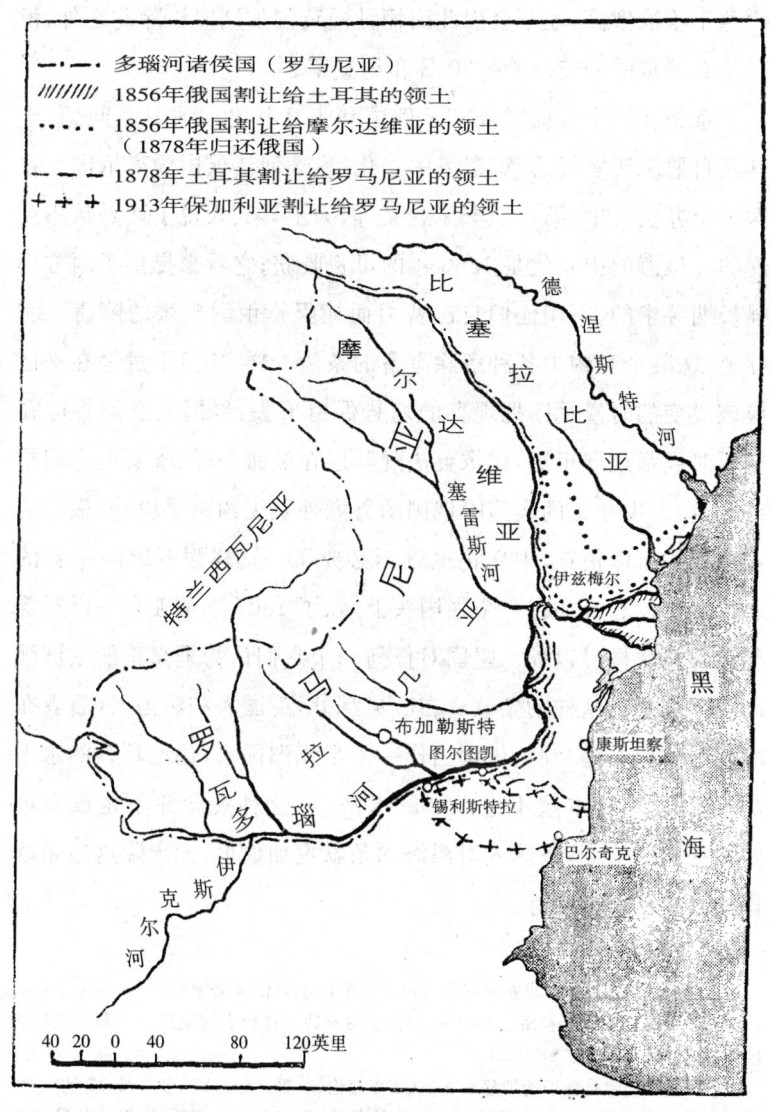

然急于争取俄国,他不会因此而牺牲同英国的结盟。除此之外,没有什么严重的冲突。3月30日和约签字。

条约在三个方面"解决"了俄国和土耳其之间的关系问题:土耳其自愿承诺实行改革;黑海中立化;多瑙河诸侯国脱离俄国。在这三个办法之中,第一个毫无意义,因为土耳其人说了话是从不兑现的。黑海的中立化是1856年的可贵收获;它看来提供了西方列强长期寻求的、不用他们自己费力而能阻止俄国扩张的障碍。实际上,像某个和约中各种解除军备的条款一样,这只不过是在平衡应该改变的时候试图把现存的均势保留下去:俄国人必须答应在任何时候都规规矩矩,就像英法舰队还在黑海一样(事实上它们早已开走)。中立化的实施除俄国的善意外别无约束手段;而俄国的善意如果可以信赖,中立化也就不必要了。这样强制解除军备的条款从来没有施加在一个强国头上,除了1807年拿破仑一世对普鲁士曾这样做过以外。盟国对任何一个它们认为是真正的欧洲强国决不会提出这样的条款。在心灵深处,英国人和法国人(后者在程度上要轻一些)都把俄国当作一个半亚洲国家,比土耳其的水平高不了多少,根本超不过中国的水平。① 这种观念并不是没有事实根据的。为此,俄国人对黑海的条款更加愤恨,把废除这些条款作为外交的主要目标。②

---

① 瓦卢斯基反对要求在黑海港口设置领事以监督俄国撤除军备,认为这是对俄国的一种羞辱。这时考利回答道,对中国就是用条约来强使它接受的。考利致克拉伦顿,第1551号,1855年11月28日。

② 帕默斯顿对俄国的抱怨回答道(致克拉伦顿,第6号,1856年2月26日),"在武力威迫下接受那些非如此强迫就会拒绝的条件,无疑是一种羞辱;但俄国蒙受这种羞辱是自己造成的。"法国为了不受羞辱,对全欧洲进行了二十年以上的战争。

多瑙河诸侯国的解放,最后导致独立的罗马尼亚的产生,是巴黎条约的真正成就。这一独立是以一项真正的约束力为基础的——俄奥两国的嫉妒。奥地利人是在1854年8月用战争威胁把俄国人轰出去的;但由于他们不愿意偿付西方支持的代价——从伦巴底和威尼斯撤退,他们自己也没有能进去。还占领着诸侯国的奥军在和约签订时不得不撤退。和平大会之后,这些诸侯国引起了新的争议:比萨拉比亚的边界要划定;诸侯国的地位——不论是否联合或是否脱离土耳其——要确定。从根本上说,罗马尼亚作为一个真正的缓冲国已经出现,它的两大邻国的对抗是使它成为缓冲国的保证。它还是防止俄国入侵巴尔干和防止奥地利主宰多瑙河的一道障碍。虽然黑海中立化的条款只保持了十五年,独立的罗马尼亚却一直存在到1941年。

近东问题解决之后,大会转而成为一个大规模的欧洲集会,但开得不如前一段那么成功。虽然英国人一向是"欧洲和谐"的主要支持者,他们坚持不让普鲁士参与和谈,因为对它的中立政策犹有余恨;至于在和谈结束之后,也只是由于一项技术性的理由,普鲁士人才得以与会——作为1841年海峡公约的签字国,在修订公约时普鲁士必须表示同意。对英国人来说,定出这样一条原则——只有参战的列强才有权利媾和——是危险的;在以后的年月里,这一论据能够很容易地被用来反对他们自己。普鲁士的处境看起来是不光彩的:它参加大会很晚,还是在奥地利的庇护之下,而且当克拉伦顿还在最后刁难的时候,它的代表不得不在接待室里等候。实际上,普鲁士的政策取得了极大的成功:在整个克里米亚战争中,它始终使自己两面都不得罪,而曼陀菲尔则已在预言俄法联盟,普鲁士也将是第三个参加者。①

拿破仑想在和约签订之后进行一次涉及全欧洲的讨论——这是他从1849年以来的梦想。进行讨论的借口是在外国土地上占领军的存在。奥地利已经答应从多瑙河诸侯国撤兵,在名单上的其他国家是波兰、希腊和意大利。俄国主要代表奥尔洛夫反对讨论。他说,只要提到波兰,就会得罪亚历山大第二,使他转而反对他正提出要在那里实行的宽大让步;波兰问题就这样不声不响地过去了。在希腊的外国军队是英国和法国的,大会上攻击这两个胜利的强国当然是不合适的。② 于是只剩下了意大利。拿破仑很乐意把讨论的焦点指向奥地利,以转移大家对法国驻兵罗马的注意。此外,他没有满足加富尔的任何一个实际要求(这些要求旨在推动意大利问题的解决),③所以更愿意让加富尔有机会来说出他的心事。但是,4月8日的会议上,使会场轰动的不是加富尔,而是克拉伦顿。无疑的,克拉伦顿是要把他从战争开始以后积累下来的

---

① 他在柏林对撒丁王国公使就是这样说的。他的用意无疑是鼓励撒丁王国从另外一面来给奥地利制造麻烦。见劳内致西勃拉里奥函,1856年2月16日。见《加富尔和英国》,i,第242号。后来盛行这样一种说法:普鲁士一直奉行一种屈从奥地利的政策,只是靠俾斯麦才把普鲁士从这种处境中解救出来。这种说法的根据是克里米亚战争期间俾斯麦写给曼陀菲尔的一些急件。事实上,曼陀菲尔没有俾斯麦的催促也知道怎么办,而俾斯麦后来的政策也并不像他想要说成的那样富于首创性。最多他不过是以更大的勇气执行早已规定的政策。

② 这些军队到那里去是在1854年5月,意在迫使希腊在克里米亚战争中恪守中立。

③ 如摩德纳公爵和帕尔马女公爵(均为奥地利附庸)应成为摩尔达维亚和瓦拉几亚的君主,而把他们的意大利土地交给撒丁王国。这将有利于奥地利,但打破了意大利的现状。后来,加富尔又建议帕尔马女公爵应同卡里南公爵(萨伏依王室成员)结婚,由他们夫妇统治联合起来的诸侯国。

对奥地利的怨气发泄出来；此外，对罗马的神职统治进行攻击，说成是"给欧洲丢脸的事"，是赢得英国新教徒好感的最容易的办法。①

虽然4月8日会议上的讲话没有提出为意大利做任何事情，使加富尔得不到丝毫慰藉，这些讲话对奥地利却是一次致命的打击：不光是临时政府的昙花一现的外交部长拉马丁，而且所有强国都已不再相信1815年各项条约在道义上的效力以及由此产生的奥地利在欧洲的使命。自从1849年以来，奥地利在意大利的统治是以强者有权为基础的；现在列强要它相信自己定下的这个原则。包尔试图进行反击。自从起草最初的"四点方案"以来，由奥地利和西方强国对土耳其作出保证一直是每次关于和平条款的谈判中必然涉及的问题；包尔在起草1855年12月致俄国的最后通牒时又重提了这个条件。他现在要求履行这个条件；拿破仑虽然很不愿意也不得不同意了。4月15日，法英签订一项条约，保证奥斯曼帝国的独立和完整，但没有具体指明反对俄国——这是拿破仑获得的一点让步。奥地利到了最后也承担了这一事业在和平时期的责任，为了这一事业打仗它是曾经拒绝的；但现在打仗的危险既已过去，它要担的风险看来不大了。包尔以为，这样一来他阻止了俄法结盟的道路；更重要的是，他以为拿破仑既然承诺维护近东的现状，那就不会反对维护意大利的现状。梅特涅曾经长期保持这样一种希望，即：他如果使俄国承诺在欧洲维护保守主义，那么俄

---

① 新教徒反对教皇的情绪在争取英国人支持意大利统一方面起了重要作用，特别是在托利党人中，他们要不是有这种情绪是不会同情民族主义事业的。这样，沙夫茨伯里成了加富尔在英国政治中的最可靠工具。当然，同样的情绪后来在争取英国人同情信奉新教的普鲁士反对信奉罗马天主教的奥地利、甚至反对法国（它结合了罗马天主教和无神论，两者都会信奉新教的托利党人厌恶）的努力中起一定作用。

国在近东也必然信守保守主义。包尔的想法是梅特涅的希望的回响,不过方向正相反罢了。一个希望的破灭导致了克里米亚战争,另一个希望的破灭则造成了1859年的意大利战争。

但是,估计错误的不仅是包尔一人。巴黎大会几乎使所有参加者都感到失望,只有普鲁士人实现了他们的希望,虽然他们到得最晚,本来也不期望有何收获。英国人尖锐地感到他们并没有称心如意:事实上他们说俄国可以轻而易举地从战败中恢复过来是夸大其词的说法。① 加富尔常被说成在大会上取得了胜利;但除了他没有被逐出会议之外,干得不能再坏一步了。至于那些他本来认为作为参战报偿必不可少的让步,他也一个没有得到。意大利没有发生丝毫变化。从表面上看来,奥地利并未同西方列强交恶;撒丁王国没有被作为强国来对待,甚至没有获得列名于4月15日"保证条约"的机会。撒丁王国的军事支援确实赢得了英国的感激;在大会期间,当英国人仍然斗志旺盛的时候,克拉伦顿和帕默斯顿确实都谈论过在未来的对奥战争中要支持撒丁王国。②

---

① 帕默斯顿1856年3月7日致克拉伦顿信中写道,"这一条约将使俄国在几年内可能成为一个可怕的强国,在这几年里它以更为明智的政策开发巨大的自然资源,将使欧洲的巨大利益处于危险之中。但将来的事将来再说吧。"

② 在4月8日会议之后,加富尔对克拉伦顿说,"意大利不能对外交寄予任何希望。"克说,"你完全正确,但你不能这么说。"加说,"你们将被迫帮助我们。"克说,"当然。这种帮助将是我们乐于提供的并将是有很大能量的。"见加富尔致达齐格里奥函,1856年4月11日。载《加富尔和英国》,i,第521号。帕默斯顿对加富尔说,"你可以去对皇帝说,对于他可能在意大利事务中采取的每一个步骤,他也许会发现我们要采取一个半步骤。"帕默斯顿致克拉伦顿,1856年4月30日。还有这样的话(1856年5月27日致克拉伦顿):"必须使包尔明白,在下一次奥地利同撒丁王国之间发生的战争中,如果战争是由奥方的过失造成的,那么撒丁王国将不会像在上次战争中那样孤立无援。"最后这句话(帕默斯顿最爱说这句话)当然也可能只是指法国进行干涉的威胁。

但是这种热情并不持久。克拉伦顿刚回到英国,他就因加富尔同反对党成员有关系而生气;一年之内(1857年4月)英国政府一直要求加富尔宣布尊重1815年的条约安排,以减轻意大利的紧张局势。在任何情况下,决定意大利未来的将是法国的政策而不是英国的政策。没有理由假定,如果撒丁王国步普鲁士的后尘,在克里米亚战争中保持中立,拿破仑后来的态度会不一样。在1856年,拿破仑还远没有打算发动一场意大利解放战争。当他要这样做的时候,也不是由于撒丁王国对克里米亚战争所作的贡献。唯一可为加富尔辩护的论点必须在国内政策中寻找:至少他防止了由一个保守的撒丁政府来进行这场战争,从而使通向未来的大门保持敞开。但克里米亚战争就意大利而言不是它时运来到的时候。

最重要的是,巴黎大会对拿破仑式的重建欧洲来说,不是时运来到的时候。毫无疑问,大会在巴黎并且在他主办下召开,这是使拿破仑第三感到十分光彩的事情。但除了开会地点以外,一切都同召开维也纳大会时一样,没有任何改变。滑铁卢战役以来的四十年中,谁会预言在一个在巴黎举行的、由伟大的拿破仑的私生子(瓦卢斯基)主持的大会上,竟然不谈到波兰、也不为意大利做任何事情?巴黎大会不是欧洲承认第二帝国的标志,而是承认法国为保守派强国的标志——事实上等于断言第二帝国并非第一帝国。拿破仑第三完成了拿破仑一世力所不及的某些事情——他实现了同英国的结盟。但这是以放弃拿破仑对欧洲的设想为代价而换来的:他没有能够把战争从近东延伸到意大利和莱茵河。拿破仑第三知道他的失败,也想到了一个补救办法。在保持同英国结盟的同时,以同俄国建立同盟的手段来摆脱前者的控制。巴黎大会应成为一个新的"蒂尔西特"*，而大会的象征则是拿破仑第一的堂妹马蒂尔德公主给俄国大使奥尔洛夫的一个响吻（为奥地利代表许布纳所听到）。同蒂尔西特一样，这次大会也是一次欺骗。在蒂尔西特，拿破仑一世刚征服全欧，亚历山大第一代表了唯一还屹立在大陆上的一个强国。当他们策划瓜分大计时，他们除了彼此的嫉妒之外没有任何障碍。在巴黎，俄国刚被排除在欧洲之外，而拿破仑第三则还没有开始征服欧洲。第二帝国自始至终装腔作势；特别是把奥地利、普鲁士和英国说成不再是强国，没有比这更加虚伪的了。此外，法俄联盟的计划也是建立在相互装腔作势之上的：拿破仑期望俄国把他们在近东的失败看成是永久性的，但又默认他对西欧现状的破坏；俄国人则希望拿破仑在西欧保持他的保守派立场，但又默认他们对近东和平解决办法的破坏。在这两者之中，俄国的希望是更为荒悖的。1856年后，俄国人自然而然地对奥地利在意大利的命运漠不关心，虽然对普鲁士在莱茵河的命运并不如此；拿破仑第三对近东的解决办法却不能漠不关心，因为这是他自己干的事情。这样，巴黎大会开始了欧洲骗局，而不是欧洲和平的伟大时期。

对大多数强国来说，克里米亚战争是一次胜负未决的交锋，巴黎大会也没有带来巨大变化。用拿破仑自己的话说，"本来应该是一场伟大的政治革命，却缩小成一场简单的比赛。"① 对俄国来说，战争是一次决定性的失败，大会是一次前所未有的挫折。因此，巴

---

\* 指拿破仑第一同沙皇亚历山大第一1807年在蒂尔西特的会晤。——译注

① 拿破仑第三致瓦卢斯基，1858年12月24日。见瓦尔塞吉著《意大利统一和1854—1859年的欧洲政治》，第336页。

黎大会之后俄国的政策有一种目标的单一性,为其他强国的政策所缺少:它专心致志于修改巴黎条约,其他都在所不计。1854年前,俄国为了欧洲普遍关心的问题几乎忽视了它的国家利益;现在,在十五年时间里,为了它的国家利益——或者不如说,为了它的国家荣誉——它忽视了欧洲的一切问题。在18世纪、甚至在19世纪初,黑海和近东是俄罗斯帝国野心的中心区域,现在不再是这样了。俄罗斯帝国的未来在亚洲,它在黑海所关心的只是防御。同在中亚细亚和远东所能攫取的利益相比,巴尔干就太微不足道了。但刚受失地和黑海被迫中立化之辱的沙皇和俄国政治家们看不到这一点。在一代人的时间里,俄国外交集中在一个错误的目标上。高尔察科夫(1856年5月从内斯尔罗德手里接掌外交)是这种新政策的象征。他在同他的驻巴黎大使基舍列夫谈话中,用简单的词句说明这一政策:"我正在寻找一个人,他将废止巴黎条约中有关黑海问题及比萨拉比亚边界的条款。我正在寻找他,我一定能找到他。"[①]高尔察科夫的心理是由他在几次维也纳会议中的经验形成的;他曾在那些会议上试图背着奥地利同法国人直接谈判,他相信俄国政策的目标应该是把奥法两国拆开。这并不难,因为对拿破仑第三来说,没有什么比在俄国帮助下逃脱同奥国结盟是他更高兴做的了——同奥国结盟本来是他的保守派顾问们强加在他身上的。但是高尔察科夫不明白,要使拿破仑同英国人分开却不是容易的。拿破仑式的梦想是第三次重建欧洲——确实,就是要一次新的蒂尔西特,但要有一个英国代表在木筏上,

---

[①] 扎布洛希著《基舍列夫》,iii,37。

而不是(像传说中那样)躲藏在木筏底下。\*

　　俄国人的错误,莫尔尼同样也犯了。他荣任驻圣彼得堡大使,显赫一时。他因有力的经济上理由,不喜欢同英国联合,想使法国取代英国为俄国的财政支持者。① 尽管他对拿破仑修订欧洲地图的计谋并不同情,他希望通过把拿破仑拴在同俄国的盟约上,以阻止他去施行这些计谋;同时,他知道拿破仑的固执,所以必须说明这一结盟将为修改条约打开方便之门。结果是,他既使俄国人误信拿破仑急于同俄国结盟,又使拿破仑误信他能从这一结盟中得到什么样的好处。大会刚一结束,俄国人在莫尔尼的怂恿下就开始在执行条约中进行欺骗。他们宣称位于多瑙河口的蛇岛未在和约中提及,应仍归他们所有;他们又利用一个误会,宣称在多瑙河一个港汊上的博尔格勒也归他们所有。② 但是英国这时还处于战胜之后出现的短暂的充满交战自信的心理状态之中。他们把舰队开回黑海,在俄国人还不知道发生什么事情之前,就把一支土耳其

---

\* 拿破仑第一 1806 年击败普鲁士、1807 年击败俄国,旋即与两国签订蒂尔西特和约。根据和约,俄国退出反法联盟,承认法国对已取得的土地的占领;普鲁士失地赔款,还须裁军。拿破仑在波兰建立华沙大公国,在德意志境内建立威斯特伐利亚王国。蒂尔西特在当时东普鲁士境内、梅梅尔河上(即涅曼河在东普鲁士境内的一段),拿破仑第一与亚历山大第一在此会晤,并在泊于梅梅尔河上的木筏上初步商定和约主要内容。——译注

① 莫尔尼的经历打破了那种认为"金融帝国主义"从 18 世纪 80 年代才开始的理论。莫尔尼在 1851 年为他的"格兰德公司"获得了在俄国建筑铁路的很大权益。这使他有足够的机会在巴黎的交易所大搞投机,虽然他的公司并没有在俄国修什么铁路。

② 这是俄国办事棘手的范例。在大会上,俄国人曾要求保留博尔格勒作为比萨拉比亚保加利亚属地的中心,得到同意。这当然就是他们现在宣称据有的那个博尔格勒。但送给大会的唯一的一张地图上的博尔格勒是另外一个不重要的、也不在多瑙河上的博尔格勒,列强认为那是他们留给俄国的。

卫戍部队送上了蛇岛。博尔格勒的问题要更困难一些。它位于单纯的海上威力圈之外。此外,拿破仑愿意接受俄国的要求。他为了4月15日同奥英签订的条约深感内疚:正当他想同俄国修好的时候,这个条约却表示出对俄国的不信任。他以为抹掉对俄国的这一不忠诚行为的最好办法,就是在博尔格勒问题上对他的盟国也采取一种不忠诚的做法。① 俄国人充分利用了这种形势。因为黑海里有英国舰队、诸侯国里还有奥地利人,他们也真的感到惊慌:他们自己想逃避和平条件,因而怀疑英国人和奥地利人也想这样做。当高尔察科夫请求拿破仑保护俄国抗拒奥英时,他不仅是试图离间盟国,而且真正以为俄国需要保护。

为了争取拿破仑,高尔察科夫提出放弃博尔格勒,由拿破仑随便指定一个地方作为补偿;还有,拿破仑应同俄国签订密约,保证巴黎条约的执行。由于巴黎条约的签订是俄国战败的结果,这看来是一个令人惊讶的建议。当高尔察科夫具体说明拿破仑应使海峡对英国人关闭并应迫使奥地利人撤出诸侯国时,这个建议的意图才明白显示出来。恐惧和狡诈典型地混合在一起,而重申黑海的中立化也不是什么值得欣慰的事情。为了使这个建议更有吸引力,莫尔尼写道,"俄国是唯一愿意事先就批准法国任何扩张行动的强国。我已经得到了关于这一点的保证。"② 莫尔尼和高尔察科夫要求得过分了。对拿破仑来说,抛弃奥地利是一回事,抛弃英国则完全是另一回事。他对基舍列夫说,"我们三方能同意吗?我们

---

① 考利致克拉伦顿,1856年6月26日。
② 查理-鲁著《亚历山大第二、高尔察柯夫及拿破仑第三》,第163页。

在一起就能统治欧洲。"此外,莫尔尼不是拿破仑私人小圈子里的唯一人物;现任驻伦敦大使佩西尼就有更大的权利来取得拿破仑的感激。就他有别于莫尔尼和特罗恩而言,他经常是同英国结盟的主要人物。他坚持认为,瓦卢斯基和莫尔尼同英国吵架在重复路易·菲力浦的错误——这个比喻常使拿破仑吃惊。

早在1856年11月,佩西尼就来到贡比涅\*,并在考利协助下占了上风。拿破仑同意英国的提议,大会复会,只讨论这样一个问题:"大会愿意把哪一个博尔格勒给俄国?"拿破仑还给加富尔送去一个密信,要撒丁王国投票时站在英国一边,这样加上英、奥、土耳其,反对俄国的票数就会占多数,拿破仑可以投票赞成俄国而又不起效用。普鲁士本来想拒绝与会,但俄国人对他们说,这样做不合强国的身份,后来他们又听说拿破仑已暗中把一切安排停当,就来参加大会,也为俄国投了不起作用的一票。莫尔尼还不肯罢休。他要求拿破仑既然不愿同俄国签订密约,至少应该写封私人信件给沙皇,答应实施巴黎条约。即使这一点拿破仑也办不到。俄国人失去博尔格勒之后所得到的只是瓦卢斯基的一封电报,重申法国忠于巴黎条约。这封电报即使拿去给英国人看也是毫无害处的。

当俄国人要求签订一个矛头指向英国的密约时,他们未能对拿破仑提出有关意大利的任何补偿——这是唯一可能吸引他的事情。正相反,1856年秋季,他们对他的意大利政策流露出不赞成

---

\* 贡比涅在法国北部,有森林、宫殿和园苑,1870年前为法国国王行宫。在拿破仑第三在位期间,每年狩猎季节行宫设在此处。——译注

的意思。拿破仑、在这件事情上还有英国人,都仍在探索用什么办法来"打开"意大利问题。加富尔还没有准备好向奥地利挑战,因此唯一能打开的缺口看来是申诉那不勒斯的失政——提出申诉的理由是很充分的。1856年10月,英法同那不勒斯断绝外交关系,并威胁要继之以舰队示威。由于两国都不准备走得更远,英国还担心那不勒斯如果来一场革命可能使拿破仑的堂兄弟米拉登上王位,所以舰队示威始终没有实现。但所做的事情已足够引出俄国的一项抗议。亚历山大第二对莫尔尼说,"这扰乱了一切政府都应加以维护的原则,舍弃这些原则就不会有安定。"虽然那不勒斯问题后来没有发展,它已经暴露出最后将摧毁法俄谅解的矛盾。俄国人坚持拿破仑应为两国取得谅解而向亚历山大第二"迈出一步",也就是说,他应放弃他的修改欧洲政治地图的计划;他们也期望他从英国人那里"后退一步"。在拿破仑这一方面,他期望俄国人支持他的计划并默许英法联盟。归根结底,他需要同俄国的谅解是为了使他在意大利的计划易于实行,而为了实行这些计划,同英国结盟是甚至更为必要的。事实上,拿破仑是反奥地利的;而俄国人则因在黑海受窘而把英国看作主要敌手。

在1857年的事态发展中,盟友的选择对拿破仑成了更为尖锐的问题。博尔格勒不过小事一桩,只是实力的考验。多瑙河诸侯国的未来却是另一性质的问题。巴黎大会对于这些诸侯国应否统一未能取得一致意见。法国人根据拿破仑对民族主义的普遍支持,赞成联合;克拉伦顿表示支持,但却是半心半意的。土耳其人和奥地利人反对联合。土耳其人害怕一个统一的罗马尼亚将很快中止它对土耳其在理论上的依赖关系;奥地利人更担心一个罗马尼亚民族国家对于哈布斯堡帝国疆域内成百万罗马尼亚人的影响。俄国人起初坐在那里一声不响,因为一个统一的罗马尼亚对他们也将是一个障碍。但当他们看到这为拆开法国和奥地利、土耳其提供机会时,就站到赞成统一的一边来了。由于大会不能取得一致意见,它采取了国际集会中通常的软弱办法,决定把问题交给一个委员会去处理,这个委员会要确定当地居民的意愿如何。等到委员会着手工作时,英国政府对克拉伦顿支持统一的立场后悔了。就像博尔格勒的事件所显示,要执行反对俄国的条约,他们所能指望的只有奥地利和土耳其,而不是法国。此外,在君士坦丁堡的斯特拉福从来就不赞成为了取得法国的好感而肢解土耳其。他鼓励土耳其用各种办法操纵各诸侯国的选举以反对统一。1857年7月,摩尔达维亚的选举是以无耻的欺诈手段进行的。法国大使图弗内尔要求宣布选举无效,但被拒绝;法国政府旋即与土耳其政府断绝外交关系。俄国大使步他的后尘。这次法俄一方是多数。撒丁王国因为明显的理由对于反奥地利的民族主义事业表示支持,而普鲁士则乐于像他们所期望的那样作为第三国参加到法俄同盟中去。

　　这样的期望又一次落空了。这是由于佩西尼的努力和拿破仑不效法路易·菲力浦的决心。佩西尼争辩说,肢解土耳其的欧洲部分并不符合法国的利益;此外,如果法国要使用武力,那必须是为了某一伟大的原则,如"莱茵诸省、意大利、波兰或匈牙利"。拿破仑在他自己这方面坚持这样一种思想,即:欧洲事务必须由英、法、俄共同来解决。1857年7月,英国又有了一个避免产生近东新危机的紧迫因素——印度叛乱爆发了,英国的武装力量显然将

## 第五章　巴黎大会及其后果 1856—8 年

会长时期被印度事务缠得脱不开身。因此，从 8 月 6 日到 10 日，拿破仑在奥斯本就成为一个受欢迎的访问者。虽然他所宣扬的全面修订欧洲地图的"固定思想"在英国艾伯特亲王那里并未得到响应，他还是解决了在诸侯国问题上的争端。"奥斯本条约"①规定摩尔达维亚的选举作废；作为报偿，法国撤回对完全统一的支持，赞成"行政统一"而把两个诸侯国在政治上仍然分开。英国人赖掉了斯特拉福的话；拿破仑赖掉了法国的政策。事实上，诸侯国的问题现在落到居民自己身上；他们在 1859 年初赞成统一，从而解决了这个问题。②

拿破仑 8 月对奥斯本的访问继之以 9 月间一次更为壮观的活动——在斯图加特同亚历山大第二的会见。这是他第一次会见欧洲大陆上有一定重要性的统治者。虽然这对他来说是一项胜利，但比之拿破仑第一同亚历山大第一于 1808 年在埃尔富特的会见就要逊色多了。俄国人是来寻求具体协议的，而拿破仑则喜欢进行关于欧洲未来的漫谈。高尔察科夫提议保证法国不会再受复活的"神圣同盟"的威胁，同时要求法国答应通过直接谈判来解决两国之间的所有问题。作为对拿破仑的又一个引诱，他表示俄国可能同意拿破仑在非洲和亚洲自由行动，并含含糊糊地说俄国并不对欧洲的现状承担义务。他又重申了他的老建议，即法国应保证

---

① 并没有什么"奥斯本条约"——这是典型的拿破仑外交。帕默斯顿起草了一个备忘录，瓦卢斯基认为准确无误，但拒不签字。后来瓦卢斯基发表声明，所述奥斯本发生的情况同那个备忘录是矛盾的。这是他常用的外交手法。

② 选举是堪称诚实的，压倒多数支持赞成统一的候选人。两个代表机构于是选出同一个亲王，从而解决了实际问题。

巴黎条约的实现。轮到瓦卢斯基讲话时,他所要求的安排很不一样:俄国明确宣布准备修改1815年的解决办法,并承诺与法国协作,如果土耳其帝国土崩瓦解的话。最后,两位外交大臣都回避达成任何书面协议。高尔察科夫除了一项可用来离间英法的协议之外对其他都不感兴趣;瓦卢斯基因为不喜欢拿破仑对意大利的梦想,所以无疑地乐于避开任何足以鼓励拿破仑在这方面的梦想的东西。会见结束之后,高尔察科夫自鸣得意地说,"斯图加特将在未来产生它的真正结果,这是首要的。"①这句话的意思只是说,他同瓦卢斯基仍在想方设法互相欺骗。

两个皇帝之间的会谈进行得还稍好一些。拿破仑是居于主宰地位的人物,所以会谈还是按他的要求对欧洲的地图漫谈一番。亚历山大本来希望在多瑙河诸侯国问题上达成一项反英协议,却被敦促默认奥斯本条约。他为了讨好拿破仑已召回了驻君士坦丁堡的大使,现在又得派他回去以取悦英国。除此之外,两个皇帝没有讨论近东事务。拿破仑小声地提了一下"波兰",亚历山大就说,他愿波兰"在俄罗斯皇帝的权杖下"繁荣昌盛。拿破仑同样含糊其词地说起意大利。亚历山大回答说,"他不会重复1849年的错误"。这是在会见中最具体的声明,但并无多大意义——即使在1849年,俄国也只是在匈牙利而不是在意大利帮助奥地利。此外,亚历山大接下去又要求拿破仑恢复同那不勒斯的外交关系。这根本不是拿破仑所希望的对1815年解决办法的废弃。简而言

---

① 包丁(法国驻圣彼得堡代办)致瓦卢斯基,1857年10月16日。见修勒著《1856—59年间的俄国与法国》,第155页。

之,拿破仑不喜欢俄国在近东的方略;俄国人不喜欢拿破仑在意大利的方略。因此,双方都避开实际的建议而满足于显示一下两个皇室的团结一致。俄国人打破了作为战败的惩罚的孤立境地;拿破仑则终止了作为一个"暴发户"所蒙受的羞辱。但实质上他们所吹嘘的谅解是以任何一方都不从中得到实利这一条件为基础的。

斯图加特会见使过去"神圣同盟"的其他伙伴感到震惊。腓特烈·威廉采取了合乎他本性的方针——对任何一方都避免作出承诺。他拒绝前往斯图加特,以免使这次会见看来像是反奥的结合。另一方面,他也拒绝邀请亚历山大第二和弗朗西斯·约瑟夫到柏林来访问他,因为"至少在亚历山大第二活着的时候,神圣同盟是死的"。在奥方不断要求下,沙皇同意在魏玛会见弗朗西斯·约瑟夫,条件是包尔不在场(10月1日)。会见并不成功。亚历山大说,"我们将根据行动、根据事实来判断奥地利。"会见之后在近东发生的无数细小问题上,俄国的政策从未如此明显地亲法。当然,俄国人在同拿破仑打交道时总是有一项保留:他们需要普鲁士作为保卫波兰的屏障,不想放弃它听任法国侵吞。但当时拿破仑没有这样的计划。事实上,由于他的政策是反奥的,他赞成在德意志内部使普鲁士坐大。法俄两国自满地宣称他们是"天然盟友"①。如果这个词有什么实际意义的话,它只能被解释为对奥地利的共同敌视。但即使这一点也只能是一个情绪上的问题。如果原则还多少应该予以考虑的话,那么俄国是赞成奥地利在意大利的地位的;如果条约还多少有点意义的话,那么法国同奥地利在近东是盟

---

① 高尔察科夫在1856年9月5日首先把这个词用于俄法两国的关系。

邦。这两个"天然盟友"带着吓唬奥地利的想法，走到一起，达成了谅解。拿破仑希望奥地利为了近东的关系自愿放弃伦巴底；亚历山大则希望奥地利为了意大利的关系而支持俄国废止黑海中立化的要求。当奥地利在这两个问题上都表现坚决时，这两个盟国就假装他们的结盟是严肃认真的。在这里，拿破仑同英国的结盟使他获得决定性的有利条件。英国人会默许他在意大利的计划；他们也会实施黑海的中立化，即使他假装出要想放弃的样子。另一方面，俄国人的有利条件只是他们同普鲁士的亲密关系，这虽然在波兰问题上很有价值，但在近东毫无用处。因此，拿破仑在使法俄谅解起实际作用的竞争中轻而易举地获胜，就是毫不足怪的了。

# 第六章 意大利战争和维也纳解决办法的破坏 1858—61年

拿破仑自从1848年当上总统之后,一直为意大利问题魂牵梦绕。这有一半是情绪问题:他是从那里发迹的;他伯父的君主生涯也是从那里开始的。法国人熟悉意大利;德意志对他们来说则是奇特而又使人反感的。意大利的解放会使法国人激动,但即使收复莱茵河左岸他们对之也无动于衷。对拿破仑来说,重视意大利又是一个谋略问题。他相信,"在帝国得了它固有的、继承性的和命中注定的病患——反对1815年条约的反应之前",他的地位是决不会安稳的。他想象(或者是他说成这样)一旦1815年的解决办法在意大利被推倒,那么不必再打一场战争,它在欧洲其他地方也会垮掉。① 鉴于梅特涅也持同样看法(虽然他由此得出的结论自然是相反的),这是一种值得称赞的、甚至于可说是合理的理论。在19世纪中叶德国工业开始巨大发展以前,意大利在欧洲的势力均衡中所起的作用自然要比后来大。即使如此,意大利在1858年

---

① 拿破仑第三致瓦卢斯基,1858年12月24日。瓦卢斯基当然是反对在意大利的冒险行动的,因此拿破仑把支持这一行动的道理说得比他自己所相信的还要强烈。

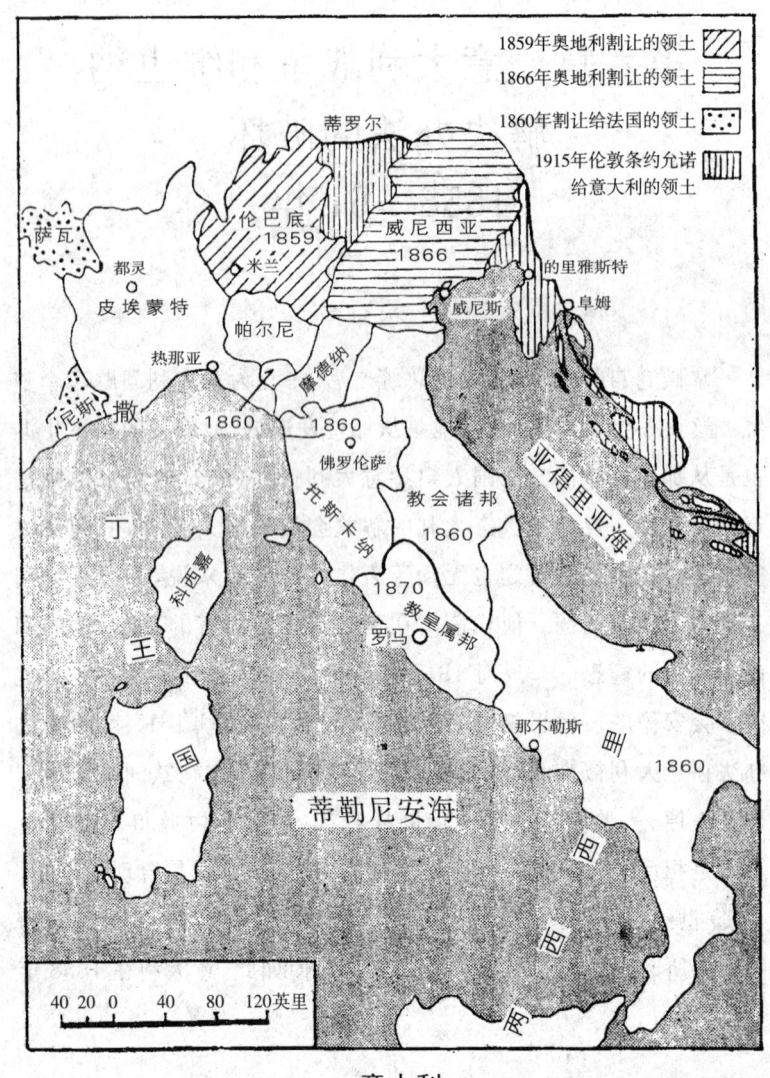

# 144　争夺欧洲霸权的斗争 1848—1918

| 图例 | |
|---|---|
| 1859年奥地利割让的领土 | |
| 1866年奥地利割让的领土 | |
| 1860年割让给法国的领土 | |
| 1915年伦敦条约允诺给意大利的领土 | |

蒂罗尔
萨瓦
伦巴底 1859
米兰
威尼西亚 1866
都灵
皮埃蒙特
帕尔尼
的里雅斯特
威尼斯
阜姆
热那亚
摩德纳
尼斯
撒
1860
1860
佛罗伦萨
亚得里亚海
丁
科西嘉
托斯卡纳
教会诸邦
1860
王
1870
罗马
教皇属邦
国
那不勒斯
1860
蒂勒尼安海
两
西
西
里

40 20 0　40　80　120英里

意大利

照原图译制

## 第六章 意大利战争和维也纳解决办法的破坏 1858—61年

也并不处于这样举足轻重的地位；拿破仑之所以看重意大利是因为他从莱茵河上的较量中退缩了（可能是无意识的），这样的较量已非法国力所能及。但摧毁法国在中欧的霸权是维也纳解决办法的最重要特点，而意大利最多也只能算是进入中欧的后门。人们只有在打不开前门的情况下才会试图从后门进去；拿破仑集中注意意大利正是法国软弱的自我表现。意大利可能起决定性作用之处是在争夺地中海霸权的斗争中；但参加这一斗争不过是进一步表示法国从中欧冲突中退缩，而法国的大国地位又有赖于参与这场冲突。当然，迷恋意大利的这些根深蒂固的原因常常是用一些战术上的考虑来加以掩饰的；在巴黎大会之后，有一个战术考虑是很有分量的，即：奥地利是被孤立的，而普鲁士则不孤立。

尽管有这一有利条件，拿破仑很可能继续混下去，用重建欧洲的模糊计划自娱，如果不是一次经济危机和一个意大利革命者促使他采取了行动的话。1857年的经济危机——从革命年代以来的第一次——对第二帝国的稳定是一次严重挑战。拿破仑一直是用这样的理论来为他的专断统治辩护的，即：他的统治通过保持社会秩序取得了经济繁荣。现在，繁荣消失了。法国中产阶级从1857年以来第一次感到不满；在1857年5月举行的选举中，尽管施加了种种官方的影响，还是有五个公开反对帝国的人当选。拿破仑深信，他只有在外交政策上取得一项重大胜利才能在国内避免作出政治上的让步；要挡开法国的革命，他必须在国外发动革命。1858年1月1日，他致书沙皇，表达了这样的希望："他们能够并肩前进的伟大时机可能到来。"这是意大利风暴来到的第一个警报。但即使是此刻,拿破仑也还是需要从外部再来一次决定性的冲击。1858年1月14日,这一冲击发生了——那一天,意大利革命者奥西尼企图对他行刺。在第二帝国的历史上,奥西尼事件正像乔治·卡杜达尔\*的阴谋在拿破仑一世的经历中一样,是转折点。正式的波拿巴家族成员从皇后以下都只关心政权的安全;对他们来说,奥西尼只不过是一个罪犯。但对拿破仑第三来说,奥西尼是一个英雄;他像对待一个英雄那样来对待他。虽然默许处死奥西尼,他发表了他的呼吁解放意大利的最后遗书,并且敦促加富尔在撒丁报纸上转载。即使对于这样一个以谋害他自己生命为目标的革命阴谋,他也居然加以庇护,这件事再好不过地显示了拿破仑的性格。

拿破仑现在相信,他从拉马丁和卡芬雅克那里继承下来的政策是行不通的。这个政策是谴责1815年的解决办法但不想去摧毁它,而在事实上则同英国结成"自由主义的"同盟。他要么回过头去同奥地利保持保守主义的同盟,要么前进一步去同意大利民族主义结成革命的同盟,二者必择其一;而他自己的偏爱是清楚的。他说,"奥地利是这样一个政府,我对它一直感到(至今也还感到)极度的厌恶。……我希望我将永远不会被迫同它结盟。"①奥西尼阴谋已首先使法国同英国的亲密关系受到了伤害。奥西尼是在英国进行准备工作的,因此拿破仑要求英国对外国阴谋分子采取更为强硬的措施。帕默斯顿试图满足这一要求,但他在下院被

---

　\*　卡杜达尔(1771—1804),法国保皇党人。——译注
　①　维拉马勒纳(巴黎)致加富尔,1858年2月6日;德拉·路卡(巴黎)致维克多·厄马努埃尔,2月13日。见《加富尔、尼格拉书信集》,i,第14,18号。

第六章　意大利战争和维也纳解决办法的破坏 1858—61年

击败(2月19日)后辞职。德比的托利党内阁(马姆斯伯里任外相)不惜同法国疏远,并公开表示同情奥地利在意大利的立场。8月间,维多利亚女王和艾伯特亲王在瑟堡会晤拿破仑。甚至于这也没有弥合两国之间的裂痕。特别是拿破仑性急地展示了以蒸汽为动力的法国新军舰,使艾伯特为之震惊。但英国的疑虑已不再对法国政策产生制约影响了。

奥西尼阴谋对于法国同撒丁王国的关系同样产生了决定性的作用。拿破仑曾要求对撒丁报刊实行严厉限制,并威胁要同奥地利联合,以便镇压在意大利进行的民族主义煽动。这是加富尔政治生涯中的一次危机。奥法联盟(即使像1854年那样局限于近东的联盟)总是意味着意大利的希望幻灭;1855年1月加富尔把自己无条件地投入克里米亚战争就是为了防止奥法两国结伙而无别国参加。拿破仑谈论的新的同盟将以压制意大利为目标,所以对意大利将是更灾难性的;而1849年的事件——从流产的布鲁塞尔会议到第二次奥撒战争后的和约——已经显示只要是奥法协议的事情,英国就帮不了意大利的忙。加富尔必须使拿破仑看到采取一项革命的政策的好处,才能挫败奥地利;他有一个最强有力的有利条件,那就是:这些好处一直是拿破仑常常想到的。还有一个进一步的考虑。自从1852年就任以来,加富尔就决心把意大利统一在萨伏伊王室之下,以挽救温和自由主义和君主制度;现在他不能以放弃自由主义制度和限制撒丁报刊来平息拿破仑的怒气。为了保持撒丁宪法,加富尔必须同拿破仑一起走。他并不是不愿意这样做。他一直认为,意大利问题是国际关系中的问题,而不是国内政治中的问题。这是他同革命者之间的鸿沟所在,也是他对意大利历史的重大贡献。意大利靠自己是创建不起来的;只有利用列强间的分歧才能把意大利创建起来并维持下去。

加富尔对拿破仑在两个方面进行诱惑,一是王朝方面、一是国家方面。他准备把维克多·厄马努埃尔的女儿嫁给热罗姆亲王——拿破仑的名声不好的堂弟;他还将放弃萨瓦以恢复"自然疆界",一旦法国帮助撒丁打败奥地利并建立一个"从阿尔卑斯山到亚得里亚海"的"上意大利"王国。这些条件正是拿破仑所朝思暮想的。经过一些初步试探之后,加富尔和拿破仑在7月20日在普隆比埃秘密会晤以制订他们未来的计划。热罗姆的婚礼将先举行,然后共同对奥作战。意大利将成为一个由四国组成的联邦,教皇任总统。这四国是萨伏伊王室治下的"上意大利"、教皇辖地、"两西西里"王国、由其他部分组成的新的中意大利王国。拿破仑希望这个方略将使他得以摆脱罗马问题的纠缠。加富尔对这事却并不十分认真。对他来讲——犹如后来对俾斯麦来讲,重要的事情是推动形势发展而不是去决定未来——到时候再决定也不晚。拿破仑说了这样一句颇具代表性的话:萨瓦问题是次要的,以后再说。从某种意义上说来,这是一句违心的话。为了法国的舆论,恢复"自然疆界"是必需的。但从深一层的意义上说来,这代表了拿破仑自己的看法:他真诚相信,法国的安全要在意大利的解放中取得,而不在于改变疆界。不幸的是,他必须要求恢复自然疆界才会被允许去完成解放意大利的工作,而一方面的成就在很大程度上毁坏了另一方面的价值。

在普隆比埃,加富尔和拿破仑还讨论了他们未来的战术,并安排了分工。加富尔要想出一个对奥开战的"体面"的(这就是说非革命性的)理由;拿破仑则须保证使奥地利在外交上陷于孤立。①这些战术性的问题后来显得比这些同谋者原先设想的要困难得多。要想出一个对奥开战的体面的理由是不可能的;除了"奥地利是一个非意大利国家、却统治着意大利"这一条以外,撒丁王国对它并无很深宿怨。按照条约和法律,奥地利拥有各项权利;反对它的唯一论点是关于民族的"革命"论点。战争爆发时,撒丁王国甚至于找不到在伦巴底和威尼西亚举行起义的借口(在1848年就有这种借口)。从一种超然的外交立场看来,1859年的战争是一次进行肆无忌惮的无端侵略的战争;如果存在任何国际权威的话,那么这样的战争应该受到国际权威的谴责。当然,上面说到的那个论点是反对建立国际权威的论点;但这不可能使加富尔的任务变得轻易,更不要说取得成功了。

有一段时间,拿破仑的境况也好不了多少。他在普隆比埃曾对加富尔说,"他得到亚历山大第二正式的、反复提出的保证,决不干涉他在意大利的计划";但在写成书面材料时,却回避了这样的保证。更有甚者,他并没有告诉瓦卢斯基他对普隆比埃的访问或者他对未来的打算,而是背着他的正式外交官进行谈判,正如路易十五在波旁王朝衰败时期所做的那样。渴望得到一个年轻妻子和进行一场革命战争的热罗姆亲王充当拿破仑的密使,于9月间去

---

① 加富尔致维克多·厄马努埃尔,1859年7月24日。见《加富尔、尼格拉书信集》,i,第51号。虽然常常提到"普隆比埃条约",实际并未签署任何文件。这个"条约"只是加富尔起草的一个协议初稿,后经作了重要修改后于1859年1月19日取得双方同意。

华沙同亚历山大第二谈判。① 他要求订立正式条约,规定亚历山大同意参战,如果普鲁士出来援助奥地利的话。但他所得到的只是一项口头承诺:亚历山大将像奥地利在克里米亚战争中对待他那样去对待奥地利和普鲁士——实际上,这不过是在奥地利边境陈兵七万人而已。② 但这一对堂兄弟并没有因这一失败而泄气。热罗姆回国后,他们起草了一个条约;根据这一条约,俄国承担牵制在加利西亚的十五万奥军的任务——这个数字归根到底同克里米亚战争时的数字还是相近的。此外,俄国应保证法国不受普鲁士的攻击,而法国则应保证俄国不受英国的攻击。如果是在两年前,这个建议对俄国将是很有吸引力的;但现在是意大利在爆炸而近东则很安静,这个建议就变得毫无意义了。拿破仑和热罗姆亲王认识到这一点。因此,他们谋划了一个采用秘密条款形式的完全不同的条约。这些条款实际是要进行一次联合反奥战争,战后对欧洲地图进行重大的改变。亚历山大应同意拿破仑同加富尔签订的关于意大利未来的条约;加利西亚应归俄国,并与(维也纳会议所规定建立的)波兰统一(这是间接地"为波兰人做点事");匈牙利应独立;有关黑海的原有规定应予修订,但亚历山大应作出保证,这一修订不会构成"对土耳其政府的威胁或对君士坦丁堡的危险"。

这些条件可能导致的局势正是俄国人希望避免出现的局

---

① 在波兰首都拜会沙皇是一个重大的和解姿态,特别因为作为使节的热罗姆亲王曾在法国参议院攻击俄国对待波兰的手段。
② 热罗姆亲王回国时把事情说成他实现了所有要求,甚至包括在地中海派出一支俄国舰队。尼格拉致加富尔,1858 年 10 月 6 日,见《加富尔、尼格拉书信集》,i,第 104 号。

第六章 意大利战争和维也纳解决办法的破坏 1858—61年

势——整个欧洲动荡起来,而他们在近东则所得甚微。他们所希望的正相反:修订巴黎条约而不至对1815年的解决办法产生重大改变。11月初,他们作出了对法国的冷淡的答复。俄国将在外交上支持法国,甚至同意在意大利作疆域上的改变;作为报偿,法国必须认为巴黎条约中有关黑海及比萨拉比亚的条款"已被废止",并协助俄国使这些条款在国际上被取消。这当然很不合两位波拿巴族人的心愿。拿破仑第三又来试用态度温和而不着边际的手法——这是他的一贯伎俩。他写信给亚历山大第二解释说,他不能单方面废止巴黎条约,但接着又说,"既然我们相互依靠,很明显,在将来媾和时任何一方都会同意支持盟邦,并尽力之所及使盟邦取得它的利益。"换句话说,俄国要在意大利战争中支持法国,而只能模糊地期望在和会上也许能得到一点什么东西。热罗姆亲王要稍微具体一些。他起草了一个新的条款,规定俄国一般地同意修改1815年解决办法,以换取法国支持修改1856年关于黑海的条款。即使到了此刻,对俄国只是要求它顺从在西方的全面改变,而关于比萨拉比亚则什么也不给它。

1859年1月2日,仍旧担任着外相的瓦卢斯基终于知道了正同俄国进行的谈判。他现在已是彻底的保守派了,不喜欢在东方或西方的修改计划。虽然他未能使拿破仑放弃意大利的事情,但他劝导拿破仑要用一种体面的方式去办意大利的事情,并且不让热罗姆亲王再参与同俄国的谈判。瓦卢斯基给予俄国人在将来某个时候修改条约的模糊希望①,以换取俄国在即将来临的战争中

---

① "两国皇帝陛下将同意在议和时从两帝国的共同利益出发,对现行条约作出修改。"

保持善意中立。亚历山大第二和高尔察科夫知道,法国正在引他们上圈套;高尔察科夫很想让谈判破裂。但亚历山大为巴黎条约所苦,认识到在意大利的战争是导致修改这一条约的必要的第一步;因此他退而采取那些在外交上一筹莫展、只得指望恶人发善心的人所常用的手法。他写信给在巴黎的基舍列夫说:"我相信拿破仑将会做他所答应的事情,即废止巴黎条约——这是一直缠住我的梦魇。"1859年3月3日,法俄最后签订了一个用词十分含糊的秘密条约。在意大利战争中,亚历山大第二"将采取最适于表现对法善意中立的政治和军事态度"。条约中没有提到将来对旧有条约的修改,不论在东方或在西方。就条约本身而言,这是拿破仑的胜利;确实,单是这个条约就使意大利的解放成为可能。虽然它并没有提供很多关于俄国支持的前景,但它使拿破仑得到了俄国不会反对的保证。他可以放手地去推翻意大利的现状,如果他觉得自己有力量这样做的话;而在俄国人方面,既然秘密条约中未能包括任何有关巴黎条约的规定,他们仍然不能放手地去推翻近东的现状——当然,不管怎么说,他们此时也没有力量这样做。简言之,俄国人希望将来某个时候能欺骗拿破仑,因此眼前给拿破仑一个机会欺骗他们。

拿破仑总算这样同俄国达成了协议,虽然多少晚了一些。但他同普鲁士和英国的关系在1858年却搞得很坏。自从巴黎大会以来,腓特烈·威廉第四一直倾向于法俄一边:对奥地利"背信弃义"的愤恨成了他的指导思想。作为君主,同一个波拿巴家族成员来往是令人厌恶的,但一想到俄国沙皇是这种伙伴关系的第三个成员时也就释然了。事实上,参加法俄联盟是普鲁士反动派的方

## 第六章 意大利战争和维也纳解决办法的破坏 1858—61年

案,得到俾斯麦的狂热支持和曼陀菲尔的巧妙运用。1858年腓特烈·威廉的身体不行了,最后完全丧失了工作能力。他的弟弟威廉继承,任摄政王。虽然威廉亲王在1848年曾以反动派闻名、在后半生又被视为反动派,但在克里米亚战争期间曾主张奉行一项"自由派"的外交政策,并因此失宠。他当时要求同俄国破裂,而同西方列强(特别是英国)紧密结盟。这个政策反映了那些来自莱茵兰的普鲁士官员们的看法:对他们来说波兰是无关重要的事情。除此之外还有一个因素,那就是:一位储君的脾气总是要反对当今君王的政策的。1858年11月任摄政王时,威廉亲王仍然把他自己看成是一个自由派,命定来开创"新时代"的。他摆脱了曼陀菲尔。新任外交大臣施莱尼茨是一个毫无主见的廷臣,渴求取悦于摄政王,更渴求太平无事。摄政王诚心要同英国结盟,想以此作为一个起稳定作用的同盟来反对法国和俄国——地处普鲁士周围的两个不安分的强国。此外,威廉在他的自由派心境中想要满足德意志的民族感情,而这就要求同奥地利团结一致,尽管奥地利事实上仍处于专制统治之下。德意志自由派相信,在意大利,一项"德意志"的事业正处于存亡关头,恰如早些时候他们坚持认为在多瑙河,一项德意志的事业正处于存亡关头。在克里米亚战争中没有起作用的奥普联盟现在看来即将完成了。但摄政王要得到一点奖赏。同腓特烈·威廉第四在他那短暂的自由派时期中完全一样,威廉亲王想利用德意志民族感情来改善普鲁士的地位。他的援奥条件是普鲁士应任在莱茵河作战的德意志邦联军队的最高统帅。既然奥地利的力量已全部为意大利所吸收,这看来是一个合理的要求,虽然实际上这将使普鲁士在德意志处于统治地位。威廉亲王从未想到,在德意志同在意大利和近东一样,奥地利竟毫不退让。

同普鲁士结盟是英国宫廷——维多利亚女王和她的丈夫的宫廷的政策,并为托利党大臣们所私下赞同。但是他们是个少数派政府;他们也深知英国舆论是绝对不会容许为保持奥地利在意大利的统治而参战的。因此,他们只能宣布一项保持公正中立的政策,字面上对1815年各项条约表示支持并呼吁双方和解。1859年2月12日,马姆斯伯里请加富尔申述他对奥地利的不满,同时要求包尔在意大利作出若干不太具体的让步。简言之,英国的政策是试图把一次因原则性的根本冲突而产生的危机转变为两个国家之间的一场外交纠纷。但即使在这样局限的范围里,英国的政策也是徒劳的。正如考利所承认的那样,防止奥地利和撒丁王国开战的唯一有效办法是英国同意支持先受攻击的任何一方;[①]但英国政府既已承诺保持中立,它除了道义上的反对以外,不可能做任何其他事情。

但是即使这一点也使拿破仑踌躇不前。他真正担心的是在莱茵河作战,在整个危机时期决定他的意大利政策的是普鲁士。他希望俄国也许能帮助他,用软硬兼施的办法使普鲁士保持中立;但这是一种微弱的希望,因为正如拿破仑所知道,同俄国的联盟只是为了对付奥地利的。但如果英国继续保持中立,那么普鲁士也许会步英国的后尘;而为了赢得这一中立,必须使奥地利以侵略者的面目出现——这不是一件容易办到的事,因为奥地利政策的目标

---

[①] 考利致马姆斯伯里,1859年4月8日。

只是想保持它所已经得到的东西。法国同撒丁王国的同盟条约最后在1月19日签订了；①紧接着，拿破仑就开始吹冷风——敦促加富尔小心谨慎，甚至建议把战争推迟到来年。拿破仑的心思不定反映在法国宫廷的冲突上——热罗姆亲王往一边拉，瓦卢斯基往另一边拉。就皇帝本身而言，这种犹疑不决完全是战术性的；在他心里，进行意大利战争是坚定不移的，在此以前和以后他都没有对任何事情这样坚定过。他告诉加富尔，他将迫使奥地利出越来越高的价钱，对每项让步都用"还有什么？"这句话来回答。他们两人继续这种分工——拿破仑要表现出和解的样子，加富尔则煽动意大利起来反对奥地利。② 因为，他们既然都想不出一个打仗的借口，他们就只能指望奥地利自己来为他们提供这样的借口了。

当加富尔和拿破仑有战争的理由而无开衅的借口时，英国政府则要把事情说成是有借口而无理由。法奥之间的紧张局势必须归因于某种"误会"，而这种"误会"是能够通过和解外交来加以消除的。在瓦卢斯基敦促下，考利自己表示愿意充当调人。拿破仑诉说了他对意大利现状以及他自己在教皇属邦的麻烦的抱怨。考利只带了这样一些不具体的抱怨作为口实于2月底去维也纳。包尔和弗朗西斯·约瑟夫不想放弃丝毫条约权利，但又要使考利不生气。因此他们对于考利精心制作的和平计划表示欢迎。这个计

---

① 这一条约的日期是倒填的，为了掩盖热罗姆亲王以此为娶妻代价的事实。它同"普隆比埃条约"不同之处在于规定将尼斯和萨瓦割让给法国并放弃成立意大利联邦的计划。

② 尼格拉致加富尔，1859年3月12及22日。见《加富尔、尼格拉书信集》，ii，第304、349号。

划是：列强同意使皮埃蒙特"中立化"；作为报答，奥地利宣布放弃对意大利中部各邦的干涉权。这样做，意大利就可以独立于列强之外。这个计划是不可能实现的。皮埃蒙特会拒绝"中立化"。另一方面，奥地利的提议则是一场骗局。包尔说，奥地利不能抛弃意大利诸邦，但如果后者要求它废除它们之间的条约，它将这样做。就在考利尚未离开维也纳的时候，包尔暗地里写信给意大利诸邦，指示他们不得要求废除这些条约。① 考利这次出使使英国政府误信奥地利的诚意，奥地利的处境当然因而暂时有所改善；至于他的计划，如果有机会尝试的话，也必然证明是行不通的。

但它并没有得到实践的检验。他刚回到巴黎，他的个人斡旋就因俄国提议召开欧洲大会以解决意大利问题（3月18日）而被抛到一边了。这是3月3日签订法俄条约的合乎逻辑的发展。② 俄国人承诺将战争局限在意大利境内，这实际上是意味着要防止普鲁士在莱茵河攻击法国。但是俄国人一直决心不因同法国的友好而被拖进对普鲁士的战争；因此他们唯一的安全道路是设法使他们自己走上同普鲁士和英国共同的中立立场。还有另外一层考虑：法俄条约在3月3日一签订，俄国人就意识到拿破仑对他们搞了鬼，他在意大利可以自由动作了，而俄国人的手足在近东还是被捆绑着的。召开欧洲大会就是使他们恢复自由的方法。即使这次大会表面上限于意大利问题，他们可以把近东问题拉进来，正如在1856年巴黎大会上以相反的方式拖进来意大利的事情。而拿破

---

① 瓦尔塞吉著《欧洲和解与1859年战争前夕侵略者的确定》，第32页。
② 常有人认为俄国提议召开这次大会是出于法国的鼓动，但看来这样说缺乏证据。

仑是很难回避支持俄国的。事实上拿破仑容忍召开这一大会是使之成为驱使奥地利开战的手段,而俄国人则希望既用以羞辱奥地利人、又用以避免战争——这样就同时挫败了奥地利和法国。

奥地利看到这次大会所包含的对他们的羞辱。打了一场十八个月的战争才迫使俄国参加巴黎大会;而对奥地利却一枪未发就要它参加大会,并且使它不可避免地默许削弱它在意大利的地位。摆脱这种局面的唯一办法是先羞辱撒丁王国一下,使事情看起来好像是撒丁王国、而不是奥地利在这场还没有开打的战争中成为失败的一方。奥地利的武器是要求迫使撒丁王国在大会开幕之前解除武装;这将确立奥地利的论点,即:撒丁王国是意大利骚乱的唯一原因。加富尔的回答是要求对奥地利和撒丁王国平等对待——两国军队都从边境撤退,实行全面解除武装,条件是允许撒丁王国参加大会。技术性问题是无关重要的,因为这不是一次外交斗争,而是在条约权利和民族自由这两个原则之间的第一次公开冲突。由于根据条约和国际法、所有权利都在奥地利一边,加富尔在技术上的处境较为困难。经过一个月的明争暗斗,他看起来是输了。即使他对巴黎的访问也没能解除拿破仑对普鲁士干涉的担心;4月中旬,拿破仑命令加富尔接受英国的最后建议,撒丁王国解除武装,条件是允许它参加大会。4月19日,加富尔表示同意,因为他相信机会已经失掉了。

但是这样的结局并不合奥地利的意。他们想要撒丁王国因奥地利的威胁而不是因英国的劝告解除武装,更不要说是因法国对未来的承诺了。从3月中旬以来撒丁王国的顽强态度当然使普英两国更倾向于奥地利,但奥地利政府却犯了一个惊人的大错,以为即使他们进而采取一项侵略性的政策,这种好感也会继续保持下去。4月12日,他们起草了一个要求撒丁王国解除武装的最后通牒,然后送给普鲁士和英国。4月19日,奥地利的政治家们再度集会决策。虽然他们可能不知道加富尔也同意让步,他们对于加富尔和拿破仑正在软下去这一点是知道的,并且生怕失去这一时机。人们从犯过的错误中所学到的常常是怎样去犯新的错误。奥地利在克里米亚战争中的错误看来是对参战犹豫不定,因此他们这一次决定迫使战争发生。他们确实希望加富尔拒绝他们的最后通牒,这样就能使撒丁王国陷于孤立而被击倒;如果同他们的期望相反,拿破仑出来援助撒丁王国,他们指望得到普鲁士,甚至英国的支援并对此满怀信心。① 一旦奥地利抛出了最后通牒,加富尔只有任其发展了。4月26日,他拒绝了奥地利的要求;4月29日,奥军越入撒丁王国边境;5月3日,拿破仑宣布他将援助撒丁王国的意愿。就这样,奥地利解决了曾使拿破仑和加富尔为难的问题:奥地利为摧毁1815年的解决办法,为中欧的民族重建工作打开了大门。

在近代史中,1859年的战争是很独特的:这是唯一的一次完全不是由于相互猜忌而引起的战争。即使是侵略战争也常常有某种预防性的因素。拿破仑第一在1812年入侵俄国时认为亚历山大第一正在准备进攻他——他这样想是有一些根据的;德国人在20世纪发动第一次和第二次世界大战时都感到他们"被包围

---

① 有一种似乎言之凿凿的说法(可能是包尔自己散布出来的),说最后通牒是奥地利将领们发出的,包尔并不知情。事实是,最后通牒是包尔提议并经大臣会议全体同意的。会议记录见恩格尔·冯·雅诺西著《1859年奥地利的最后通牒》。

了"——他们这样感觉也是有一些根据的;即使是俾斯麦,他也能言之成理地(而且还可能是使人信服地)宣称,他不过对奥地利和法国同时先发制人罢了。在1859年,法国固然没有、撒丁王国也没有任何理由担心奥地利会发动进攻;而这两国也不会进攻奥地利,除非后者给前者以进攻的口实。双方进行动员不是出于惧怕,而是借以迫使对方启衅。在1859年唯一真正担心的事是奥地利担心发生国内革命;但即使这件事也被大大夸张了。另一方面,虽然这次战争在国际法上缺乏任何可以自圆其说的根据,但却从没有一次战争像这次战争那样为后人所一致赞同。对于其他民族解放战争,如俾斯麦的战争、巴尔干各族人民反抗土耳其的战争、捷克和南斯拉夫民族反对哈布斯堡君主统治的斗争,都还有争论;唯独对于1859年战争却没有任何争论。不能指望历史学家能解释这一似非而是的现象;虽然他自己是赞同这次战争的,但他也只能记载道,这次战争同任何已知的国际道义标准都不相符合。

拿破仑达到了把战争局限在意大利的目的;现在的主要问题是他能否把这种局限性保持下去。他准备保证德意志邦联领土的完整,以换取普鲁士答应保持中立;亚历山大第二提出愿意为拿破仑的话作担保。[①] 普鲁士政府拒绝了这个建议。他们不敢使自己同德意志民族感情的联系被切断;还有,他们仍在梦想奥地利会把德意志领导权让给他们,以换取军事支持。拿破仑很想要俄国人用战争恫吓使普鲁士保持中立,但俄国人不愿这么做。如果普鲁

---

① 俾斯麦(在圣彼得堡)致施莱尼茨,1859年4月30日。见《普鲁士外交政策》,i,第353号。

士参战,俄国人想打的不是它而是奥地利;归根到底,如果普鲁士在西方打败法国,而他们则推翻巴黎大会所作的关于近东的决定,这将对他们是一个很美妙的结局。此外,他们还是愿意普鲁士对法国的威胁继续存在,以防备拿破仑翻悔,用一种革命的方式来进行意大利的战争。加富尔、甚至还有拿破仑,正在同科苏特策划在匈牙利发动一场革命。这已经很使俄国不安,因为沙皇没有一天不想到匈牙利同波兰的联系。简言之,使普鲁士不介入战争的是它在等待奥地利把德意志第一把交椅让给它的提议(这样的提议始终没有出现),而不是俄国的恫吓。

一次地区性的战争需要速胜。拿破仑的胜利虽然很快,但却不是决定性的。6月4日,奥军在马让塔战败,从而被逐出伦巴底平原。6月24日,他们试图从威尼斯"四方要塞"实行突破,在索尔发利诺又告败北。但他们的部队仍保持完整;如果拿破仑要实现他的使意大利"从阿尔卑斯山到亚得里亚海都获自由"的计划,那就还有许多仗要打。与此同时,德意志民族情绪和普鲁士的摄政王都越来越不安宁。6月24日,普军动员,普鲁士政府决定提出在1815年条约基础上实行武装调停。施莱尼茨虽然不喜欢走这一步,但也只能用建议邀请俄英合作来推迟作出决定。拿破仑从俄国得不到支援的许诺,而只听到俄国要他在失去控制之前把战争停下来的敦促。6月中旬,英国托利政府被击败,第一届"自由党"政府组成,由帕默斯顿任首相,约翰·拉塞尔勋爵任外相;英国的态度变得对拿破仑有利一些。但这届英国政府并不是曾把克里米亚战争坚持到底的那个纯粹帕默斯顿式的政府。这"两个可怕的老人"为结伙把持内阁的庇尔派保守主义者和科布登主义者

第六章　意大利战争和维也纳解决办法的破坏1858—61年

所控制。帕默斯顿和拉塞尔当然想要支持拿破仑的计划,但在内阁和女王的阻挠下,他们只能像他们的前任那样保持中立。不过奥地利政府并不赞赏。5月继任包尔为外相的雷克伯格是梅特涅的信徒,也像他的师傅一样对英国的政策怀疑,并且看不到一个自称按自由派和民族主义情绪行事的普鲁士政府会做出什么好事来。简言之,拿破仑担心普鲁士将要进行干涉来反对他,而英国则不采取任何行动来支持他;奥地利人所担心的是普鲁士、俄国和英国即将共同执行一项对奥地利利益含有敌意的调停计划。

　　接着出现了那种足以显示出拿破仑是训练有素的阴谋家的动作。7月5日,他向弗朗西斯·约瑟夫建议休战;7月11日,两位皇帝在比利亚弗兰卡会晤,7月12日签订初步和约。拿破仑关于"欧洲调停"的谈论弄得弗朗西斯·约瑟夫目瞪口呆。他拿出来原本是他自己向英国人建议的条款,硬说英国人想把它们提出来作为调停的基础,并造成这样的印象,即普鲁士将接受这一基础。他自己的条件很简单:他将把威尼西亚留给奥地利,如果奥地利放弃伦巴底(不包括威尼斯"四方要塞"地带)。弗朗西斯·约瑟夫因为战争开始时普英不来援助已感到希望幻灭和十分苦恼,现在对拿破仑的说法相信不疑。此外,由于他沉湎于条约权利,他宁可把放弃伦巴底作为战败的结果而不愿作为一次欧洲会议的裁决。拿破仑在他自己这一方面,他几乎愿意不惜一切代价取得和平,以避免在莱茵河作战的风险。他希望再耍一次他曾用以终止克里米亚战争的手段。那时,他不惜牺牲中立国奥地利来同俄国重新和好;现在,他又不惜牺牲所有中立国、甚至不惜牺牲他自己的盟友撒丁王国来同奥地利重新和好。俄国将不会在近东得到一点好处;普鲁士将不会在德意志得到一点好处。① 撒丁王国没有威尼斯"四方要塞"地带,将比过去任何时候都要更加依靠法国的支援。奥地利和法国将在意大利继续处于主宰地位;从而将使英国不能实现使意大利成为一个独立的半岛的目的。

奥法之间建立保守的伙伴关系一直是两国有头脑的人所梦寐以求的事情,这些人从1815年的塔莱朗和梅特涅到克里米亚战争期间的特罗恩·德·吕伊和许布纳。单靠这样一种伙伴关系就能稳定德意志和近东。但是要使在比利亚弗兰卡的重新和好长久保持下去,必须使意大利问题因奥地利割让伦巴底而获得解决——这是拿破仑在同加富尔的谈判中一直用的饰词(他只关心建立一个"上意大利王国")的更客气一点的说法罢了。事实上,同威尼西亚完全是两回事的,还有意大利中部诸小国、教皇属邦以及两西西里王国的问题。在战争中,意大利中部诸国起来造反,逐出了统治者。这一"革命的"表现使沙皇内心不安并成为拿破仑中止战争的原因之一。弗朗西斯·约瑟夫总是关心他的家族的权利,坚持要统治意大利的王公们复辟;拿破仑表示同意,但有一个条件:不能用武力复辟。② 此外,比利亚弗兰卡条约还规定创立一个意大利联邦(包括威尼西亚),最后又规定由一个欧洲大会来证实这一意大利新秩序。这一条代表了拿破仑这样一个常常不能实现的希

---

① 这一点也使弗朗西斯·约瑟夫感到十分满意。在返回维也纳时,他说,"有一件事使我感到欣慰,那就是普鲁士被弄得看上去像个傻瓜。"

② 弗朗西斯·约瑟夫拒绝把这个条件写成文字,但他口头上表示认可,因为他相信托斯卡纳大公不管怎么样总是能够靠自己的力量复辟的。换句话说,他并没有受拿破仑之骗,而是自己欺骗了自己。见热罗姆亲王的报告,1859年7月11日。见《加富尔、尼格拉书信集》,ii,第481号。

望,即:多少回避一下占领罗马的问题——"在我的政治生涯中唯一使我忏悔的错误"。①

比利亚弗兰卡和议的很大弱点在于拿破仑自己的性格。虽然他曾为战场上尸骨成山的惨象所震动,并且为同普鲁士开仗的前景所吓倒,他仍然是一个冒险家:一回到巴黎,他就开始策划在意大利发动新的突然袭击。此外,比利亚弗兰卡和议还有一个毛病,就是它只有双方参加。俄国能同法国合谋,不惜牺牲奥地利和英国来修改1856年的决定,那么1859年的决定也可以修改,使法国蒙受羞辱。没有过几个星期,弗朗西斯·约瑟夫就发现他上当了。意大利中部诸王公不可能回国;拿破仑毫不在乎地看着民族主义的煽动日趋激烈。法奥两国代表在苏黎世把草约改成正式条约(11月10日),但是两个皇帝之间的友谊已不复存在了。双方都准备在意大利问题上再来一次新的较量。奥地利力图同俄国重新和好;拿破仑则力图使自己免受普鲁士的新的威胁。这次交手,法国很容易地就取胜了。雷克伯格对俄国人只是相当含糊地谈到修改巴黎条约,却建议瓜分奥斯曼帝国,由奥地利独占多瑙河流域。俄国人并没有认真对待这个建议。高尔察科夫写道,"我们将从奥地利得到一副笑脸、几句安慰的话,但我们将只为那些有效地为俄国利益服务的人采取行动。"从理论上说,亚历山大第二支持奥地利王公们的合法性;但到了节骨眼上,他准备让拿破仑在意大利再胜一个回合,希望他自己借此能在近东有所成就。

---

① 尼格拉致加富尔,1860年7月13日。见《加富尔、尼格拉书信集》,iv,第966号。

在俄国政策中起限制作用的因素是担心发生一次全面的战争,特别担心出现一种迫使它必须在普鲁士和法国之间选择一方的形势。1859年秋,亚历山大终于获得了普鲁士的中立,这是他在上次战争中所未能办到的。普鲁士摄政王下令总动员后,自己处于无所适从的境地。他为奥地利对待他的轻蔑态度很气愤。此外,他掌握实权已将一年,他开始像普鲁士君主那样、而不再像一个充满浪漫主义想法的储君那样行动了。他对波兰采取了更为严肃的态度,也不再像过去那样为奥地利提出的"德意志使命"(不论是在意大利或在多瑙河)所激动。由此而来的是同俄国重新和好。威廉和亚历山大10月间在布雷斯劳会晤。这是从自由主义的"新时期"转变的决定性一步,在国内的反映是12月间任命鲁恩为陆军大臣。从感情上说,威廉倒是很愿意为神圣同盟把亚历山大争取过来;但当这个想法没有得到响应时,代之而起的是他放弃了自己对法国的敌意。高尔察科夫对法国大使吹嘘道,"我们正在把普鲁士引导到你那儿去。"威廉和施莱尼茨对俄国的政策并没有照单全收,尽管他们驻圣彼得堡的代表俾斯麦也敦促他们接受。他们不想成为法俄同盟的追随者。但是他们接受了俄国关于反对法国在莱茵河发动进攻的保证;作为报答,他们同意在意大利事务中保持中立。

俄国人提供这些服务不是没有打算的。他们始终希望把拿破仑同英国分开,而拿破仑则始终希望能在这一点上使他们失望。1859年6月英国的内阁更迭当然使英奥和解的任何前景消失,但这并不会自然而然地使法国同前一届帕默斯顿政府之间的良好关系得到恢复。拉塞尔怀疑所有的外国政府,而帕默斯顿的疑心则比以往任何时候都大。十分奇怪的是,由于1859年战争,拿破仑在英国受到了双重的不信任:从他发动战争这一点产生了对他的好战意图的恐惧;从他停止战争这一点又产生了认为他不可靠的看法。帕默斯顿和拉塞尔从比利亚弗兰卡协议签字的那一刻起就决定要破坏它。他们的第一个想法是去参加比利亚弗兰卡协议所提出召开的大会,以便迫使对法奥协议作出重大修改;到了秋天,情况已很明朗,召开这个大会只是为了同意这个协议,这时他们又策划不参加这个大会,从而破坏协议。这样,英国的政策是旨在为了意大利而摧毁法奥和解,而在过去英国为了近东是力求达成这一和解的。拿破仑省了英国的事:到1859年底他决定自己来把比利亚弗兰卡协议破坏掉。他所关心的主要不是意大利中部那些公国,而是法国国内的舆论。1859年战争及其半途而废的终结没有为他增加威望;最重要的是,由于他没有解放威尼西亚,战争的结果没有给他带来萨瓦和尼斯。现在他希望在意大利换个办法碰碰运气,也许最终会使他开始向"自然疆界"的进军。

1859年12月22日,拿破仑的一个文学侍臣出版了一本小册子,题为《教皇和大会》,主张实际上取消世俗权力。奥地利政府要求拿破仑否定此书论点被拒绝,于是就把原来提议召开大会一事抛弃了。奥地利的急性病又一次打开了通向革命的大门。1860年1月4日,一直坚持保守的外交政策的瓦卢斯基辞职,因为拿破仑已转而采取一种冒险的政策。继之而来的本来很可能是一个充满梦想和模糊打算的时期,但两周后加富尔(为抗议比利亚弗兰卡和议曾辞职)在都灵重新掌权,并且同上一年一样,把促使拿破仑采取行动作为他的任务。当拿破仑还在空谈以某种不可能实现的近东局势变化来"拯救"威尼西亚时,①加富尔已在意大利中部带头干起来了。拿破仑试图对直接并入撒丁王国这件事加以否决,加富尔的回答是举行全民投票——这个论点是拿破仑不能拒绝的。这样,拿破仑尽管害怕危机加剧也不能不提出对萨瓦和尼斯的领土要求,作为对撒丁王国扩大势力以及由此而来的他本人威信丧失的唯一补偿。1860年3月13日,法国向列强正式宣布这一计划;3月24日,加富尔在割让萨瓦和尼斯给法国的条约上签字。

在第二帝国历史上,萨瓦的割让是一个转折点。在此之前,关于拿破仑是通过解放别人而不是通过法国的直接扩张来寻求荣誉的说法往往受到赞同;现在他已采取了恢复法国自然疆界的革命政策,这个政策看来会直接导致法国称霸欧洲。英国政府对于有助于意大利统一的事态发展不能用战争来反对,但它在1860年3月丧失了对拿破仑第三的信任并且从此没有恢复过。帕默斯顿对加富尔的代表说,"我们对这个问题不能抱任何幻想。这位皇帝有许多宏大的想法要实现,这些想法将迫使我们诉诸战争。"②约翰·拉塞尔的性子总是更急一些,他为普鲁士去年没有同法国开仗表示遗憾。③但在这些强硬的言词之后并没有什么行动。奥地

---

① 尼格拉致加富尔,1860年2月13日。见《加富尔、尼格拉书信集》,iii,第543号。

② 达扎格里欧(伦敦)致加富尔,1860年4月1日。见《加富尔和英国》,ii(ii),第1128号。

③ 伯恩斯托夫(伦敦)致施莱尼茨,1860年3月10日,见《1858—1871年普鲁士外交政策》,ii(i),第94号。

利政府对英国受挫和它各项预见被证实而私心窃喜。普鲁士政府倒是愿意支持英国的抗议,如果英国答应在莱茵河问题上支持普鲁士作为报答;但英国迟迟不作表示。此外,普鲁士正受到圣彼得堡的强大压力,要它立即承认两地的割让。像通常一样,俄国人又一次丢掉了他们的原则,为的是希望西欧的加剧纷扰将为在近东问题上修改条约打开道路。最重要的是,普鲁士的态度是由于"抵抗法国势必造成同奥地利合作"这一考虑而决定的;即使是摄政王本人也不会同意进行这一合作,除非它会带给他在德意志的军事霸权。[①]

结果是,萨瓦的割让虽然给1815年的解决办法以决定性的打击,却并未造成严重的外交危机就过去了。从外表上看来,即使英法之间的失和也证明并不持久,这是很使俄国失望的。在听到关于俄罗斯南部军队调动的谣传之后,英国在法国同意下提出了抗议。1860年7月,这两个西方强国采取干涉行动,以保护叙利亚的基督教徒——使俄奥两国都感到很恼火。最坏的是,意大利中部的事态发展不但没有终止意大利革命,反而使它正经开展起来。意大利中部的诸侯都因内部起事而被逐出;加富尔的代表们进驻,表面上是为了恢复秩序而不是为了激发革命。两西西里王国则是另外一种情况;虽然在西西里也发生了叛乱,但那不勒斯军队如果不受干扰是完全有力量将叛乱镇压下去的。加富尔虽然大胆,也不敢冒风险使撒丁王国同那不勒斯公开打仗;但另一方面,如果他

---

① 普鲁士御前会议,1860年3月26日。见《1858—1871年普鲁士外交政策》,ii (i)第116号。

无所作为,那么他可能会面对意大利北部的激进革命。激进派的能量必须有一个地方发泄掉:用来反对西西里和那不勒斯,比反对加富尔本人或者甚至于反对威尼西亚和罗马都会更好一些,因为前者将引起同奥地利作战,而后者则将引起同法国作战。激进派愿意同加富尔妥协。虽然马志尼坚持他的共和主义立场,战斗的革命家加里波第同意转向西西里,5月初率部千人登船南下。8月,占领该岛后渡海登陆。

加富尔对加里波第没有作任何干预,尽管三个"北方朝廷"提了抗议;拿破仑对加富尔也没有作任何干预,尽管连他自己的外相都提了抗议。虽曾不断警告加富尔他不能支持意大利对抗整个欧洲,拿破仑在必须作出决定的时候,总是落脚到主张冒险的一边。用他自己对新外相图弗内尔的话说,"我不能谴责那些我自己往后可能需要引用和实践的原则"。[①] 拿破仑是这样一种怪人,一个犹豫不决的冒险家;无疑的,如果他处在加富尔的地位,他会假装不承认加里波第的。他对尼格拉说,"如果不是这样做,你将犯的错误等于是我让人们硬说我想要莱茵兰。"[②]

不论怎样,加富尔有一个必须行动的紧迫原因。他放手让加里波第去干,就使革命有了一个进行组织工作的机会。现在他必须显示出他能为意大利做的事情决不少于激进派许下的愿。维克多·厄马努埃尔事实上必须提出比加里波第更高的目标而不是去反对他。7月,当加里波第还在西西里时,加富尔就计划并吞那不

---

[①] 尼格拉致加富尔,1860年8月18日。见《加富尔、尼格拉书信集》,iv,第1059号。

[②] 尼格拉致加富尔,1860年7月13日,同上书,第966号。

第六章　意大利战争和维也纳解决办法的破坏 1858—61 年

勒斯,以便保持"意大利运动的民族的和君主制的性质";否则加里波第将席卷整个半岛并因进攻威尼西亚,而触发一场国际危机。① 但对加富尔来说,加里波第的行动是太神速了——在意大利正规军还没有准备好出发之前,他已渡海登上大陆。于是加富尔就策划对教会所属诸邦采取同样行动;拿破仑表示默许,条件是罗马城本身不许碰。"外交界会大叫大嚷,但还是让你干的。"② 加富尔在这些教皇属邦煽动起事,维克多·厄马努埃尔在 9 月 11 日开始进军,表面上是去恢复社会秩序。但最大的困难还在前头,那就是劝说加里波第承认维克多·厄马努埃尔对意大利南部的权威。在这当口,那不勒斯军队的实力挽救了加富尔和意大利的君主制度。加里波第和他的红衫志愿军能占领广大的不设防农村,但面对一支据守在工事里的军队就毫无办法了。所以他看到正规军来到十分高兴。10 月 26 日,他一见维克多·厄马努埃尔就说,"为意大利国王欢呼!"有了这句话,意大利实际上就建成了。下一年 3 月,从意大利全境各地(威尼西亚和罗马除外)选举产生的国会发布命令,"由于上帝恩典和人民意志",维克多·厄马努埃尔应就位为意大利国王。萨伏依王室和革命的联盟巩固下来了。

在完成这一最后阶段的过程中,并不是完全没有引起国际上的惊惶。英国政府在听到加里波第远征的消息时,担心加富尔是

---

①　加富尔致尼格拉,1860 年 8 月 1 日。见《加富尔、尼格拉书信集》,iv,第 1022 号。

②　加富尔致尼格拉,1860 年 8 月 28 日。同上书,第 1079 号。这比通常的说法("干吧,但要快干")更确实一些。拿破仑自己也"大叫大嚷",把他的驻都灵公使撤回,以抗议对教会诸邦的进攻,而私底下,他对这一进攻是同意的。

以允诺割让热那亚(就像他曾割让萨瓦那样)来买得拿破仑的好感的。他们向加富尔提议建立防御同盟,条件是他不割让热那亚,也不攻击威尼西亚;同时威胁说,如果加富尔拒绝,他们就支持两西西里国王,或者甚至于去同奥地利结盟。虽然加富尔没有接受结盟的提议,他说了许多好话去解除英国的疑惧。此后英国就不再给他制造障碍。但这一支持仍然只是促使加富尔不去理会法国的警告;抵御来自奥地利的攻击,英国实际上是帮不了忙的,而奥地利的攻击将会发生,如果它在最后时刻设法复活它同俄普的神圣同盟的话。在1860年夏,这是重大问题:在意大利完成统一之前能否使神圣同盟复活。

预期神圣同盟复活是有正经理由的。自从1821年卢布尔雅那(雷巴克)大会以来,两西西里国王一直成为反革命的象征;而现在亚历山大第二和普鲁士摄政王眼看着加里波第领导的运动,内心越来越不赞成。威廉很想在俄国支持下实行一项坚定的保守政策;但俄国不愿同法国分裂,而普鲁士又不愿同奥地利合作。威廉呼吁建立俄普同盟,亚历山大的答复是,法国应作为第三国入盟。威廉问道,"这个同盟反对谁呢?"对这问题虽然永远没有答复,但答案是十分清楚的——破坏奥地利在近东的地位。[①] 6月底,威廉为了使俄国人高兴,在巴登巴登同拿破仑会晤。但在这次会晤中,他不是默许拿破仑的扩张主义计划,却是把这次会晤作为显示德意志团结一致反法的示威,因为他邀请了所有当政的德意志土公

---

[①] 俾斯麦致摄政王,1860年6月14日。见拉施道著《俾斯麦发自彼得堡和巴黎的报告》,i,113—17。

## 第六章　意大利战争和维也纳解决办法的破坏 1858—61 年

出席。拿破仑评论道,"威廉的行事就像一个害羞的姑娘,她怕她的情人名声不好,因此避免跟他单独在一起"——从拿破仑的经历看来,这不是一种不合理的态度。

如果普鲁士不支持法国的计划,那么明显的替代办法(英国政府对此非常赞成)是同奥地利一起来反对这些计划;但这同样是不可能的。威廉同弗朗西斯·约瑟夫从 7 月 25 日至 27 日在特普利策会晤,希望再一次像奥洛莫乌茨会晤一样重归于好,不过这次不会使普鲁士蒙受羞辱。两人在一项反对法国侵略的防卫计划上达成协议。威廉提出把保卫德意志邦联领土(包括蒂罗尔和的里雅斯特)以抵御撒丁王国也添加进去。他索取的代价是指挥所有德意志军队,但这要求立即被奥地利拒绝。雷克伯格说,"弗朗西斯·约瑟夫刚刚丢掉一个宝贵的省份,他不能再主动地作出新的道义上的退让了。"[1]事实上,奥地利人从来没有认真对待普鲁士的要求;在 1866 年战争爆发之前,他们一直不能理解普鲁士真的想在德意志内部取得平等地位——如果不想取得更多东西的话。因此,在 1860 年 7 月底,弗朗西斯·约瑟夫和雷克伯格相信,神圣同盟已经在望。这样想是有一个原因的。对那不勒斯的入侵,加上英法对叙利亚的远征,使俄国一度对法国产生了短时间的反感。圣彼得堡对 8 月 15 日拿破仑诞辰毫无表示,而在 8 月 18 日弗朗西斯·约瑟夫诞辰那天却举行了庆祝,这是自从克里米亚战争以来的第一次。

---

[1] 威尔特(维也纳)致施莱尼茨,1860 年 7 月 23 日。见《普鲁士外交政策》,ii(i),第 232 号。

在三位君主能够举行会晤之前,俄国是被法国拖住,而普鲁士则被英国拖住。图弗内尔意识到,必须有所作为以恢复俄国对于同法国的协约的信心。9月底,他给高尔察科夫送去一个关于法国政策的备忘录。这个备忘录分两部分。关于意大利,法国答应在撒丁王国一旦入侵威尼西亚时保持中立,条件是普鲁士和德意志诸邦也保持中立;但不论战争及未来的命运如何,撒丁王国必须保有伦巴底,法国必须保有萨瓦。这里留下一个重要的缺口,即:法国并不承诺保持中立,如果奥地利对意大利进行干涉,以保护两西西里国王或教皇的话。反对革命的十字军仍然行不通。

备忘录的第二部分是关于近东的。如果在那个地区发生"一场灾难",法国将在同其他列强接触之前首先同俄国商定关于近东的未来的安排,前提是任何列强都不应取得领土、欧洲列强的均势不应被破坏。但这条自我克制的法令并不适用于俄国人收复比萨拉比亚。这些虚幻的计划使亚历山大第二和高尔察科夫很高兴。他们对于组织一次保守主义的十字军并无真正的兴趣,认为他们如果在威尼西亚给予奥地利一点安全保障也就够了。正像尼古拉一世在他们之前所曾显示的那样,他们所真正心爱的是在奥斯曼帝国的前途问题上进行无休止的投机;对这一点拿破仑(他自己就是个大投机分子)是愿意放手的。图弗内尔的计划使俄国人对于防止发生他们真正害怕的事情——牺牲俄国而使英奥两国主宰近东——得到了保证。这个计划所提出的是:俄国人将得到比萨拉比亚,而奥地利则将被排除在罗马尼亚之外、英国被排除在埃及或达达尼尔海峡之外。亚历山大第二对这位法国大使说,"我愿意同你——而且只有你进行谈判。"高尔察科夫确实想邀请图弗内尔到

第六章　意大利战争和维也纳解决办法的破坏 1858—61 年

华沙来,但由于他不愿同时邀请拉塞尔,这将成为某种反对英国的大陆集团,所以图弗内尔回避了这一邀请。

在这期间,普鲁士同英国越来越接近了。奥地利既不肯让步而俄国又同法国友善,那么这样做看来是保障莱茵区域安全的唯一办法了。10月初,威廉在科布伦茨会晤维多利亚女王,"新时代"中的英普友谊达到高潮。拉塞尔告诉施莱尼茨,他并不反对普鲁士对都灵提出抗议,只要不存在保守派列强的统一战线。施莱尼茨在回答时敦促拉塞尔放弃巴黎条约中有关黑海中立化的条款,这样一来就可以同俄国重新和好并建立起一个反法的真正和平同盟。他的提议登时就遭到拒绝。① 但他的话是有道理的。同时保持维也纳条约和巴黎条约是不可能的。如果英国人想在西方抵制拿破仑的扩张,那么他们就必须接受在近东问题上修改条约;如果他们在近东问题上寸步不让,那么他们在反对拿破仑时将会处于孤立无援的境地。英国人对这两条路子都下不了决心,因此不得不容忍在西欧的动荡,并且还要加上失去黑海的中立化。

三位君主10月25至27日在华沙的会谈结果远不是神圣同盟的复活。高尔察科夫只是通报了法国备忘录中有关意大利的那一部分,并且宣布他本人对此感到满意。这对奥地利人来说是破坏了会议。他们来的时候是期望组织一次反对意大利革命的保守主义十字军的,而现在却是要求他们(还有普鲁士人)保持中立,除

---

① 帕默斯顿1860年10月15日写信给拉塞尔说,他将永远不会参与修订1856年条约,"除非作为一次战争的结果,这样做是不可避免的——这个结果就是使俄国能够强令欧洲其他国家完全接受它自己定的条款。但我们现在看来还不至于落到这个地步。"

非撒丁王国确实进攻了威尼西亚。作为酬答,他们什么也得不到。他们猜得很对,奖赏是单独留给俄国的。奥地利或者普鲁士都不会在把英国排斥在外并牺牲英国利益的条件下参加法俄关于解决近东问题的协议——奥地利是为了近东,普鲁士是为了英国。结果是,华沙会谈只产生了消极的东西:奥地利在意大利不能自由行动,俄国在近东也不能自由行动。亚历山大第二以母丧为借口突然中断了会谈;三位君主分别之后就一直没有再会晤,直到1873年,那时的欧洲已是另一副样子了。

华沙会谈有一个结果是非始料所及的。英国政府害怕一个保守主义集团的复活。即使到了现在,他们还是不能相信奥地利会如此顽固,宁肯失去一个对意大利集体示威的机会也不愿在近东作出让步。因此,不是等待事情有个结局,英国政府难得一次走在时局发展的前头;为了防止关于近东的条约修改,他们对于正在意大利发生的改变表示欢迎。10月27日,当神圣同盟还在开会的时候,拉塞尔发出了他那封著名的电报:同意意大利统一,并以诉诸人民意志为之辩护。这是一个比拉马丁1848年3月传单更富有革命性的文件。拉马丁只是以法国的名义来谴责维也纳会议的决定,而拉塞尔却是以任何自认为力足以推翻这一条约的人民的名义来谴责它(或任何其他条约所定的解决办法)。拉塞尔的电报当然使意大利从此能够跻身于"国际社交场合"之中。拿破仑虽然反对加富尔的行为,但也不得不接受拉塞尔电报所提出的原则。当那不勒斯被正式并吞时,沙皇撤回他驻都灵的代表以示抗议;普鲁士拒绝参加这样一种无用的表态。事实上,奥地利已落入空虚无助的孤立状态。

## 第六章 意大利战争和维也纳解决办法的破坏 1858—61年

意大利的统一使得克里米亚战争所开始的事情——摧毁欧洲的秩序——完成了。梅特涅的体制全靠俄国的保证；这种保证一撤回，这个体制也就可以被推翻了。拿破仑以为一种新的体制（即他自己的体制）正在取而代之。这是对1859—1861年局势发展的误解。当然，意大利最应当感激的是法国的军队和英国的道义支持，但两者不可能起那么大的作用，如果没有另外两个因素的话，即：俄国对巴黎条约的愤恨和普鲁士对奥地利称霸德意志的愤恨。如果俄国采取的政策对奥地利不是这样始终怀有敌意、如果普鲁士在1859年使战争发展到莱茵河，意大利就会建不起来。1861年以后，俄国仍然以推翻1856年的解决办法为目标；普鲁士也仍然以取得在德意志内部的平等地位（如果不说是霸主地位）为目标。两国继续同奥地利作对，但这不能保证它们将继续按有利于法国的方针行事。而事实上，拿破仑看来从意大利问题上捞到的欧洲领导地位，在两年之内，因波兰问题又失掉了。

# 第七章 波兰危机及法俄和好的终结
## 1861—3 年

1861年,中等阶级的自由主义达到了高潮。意大利是在君主立宪制下统一的,它设立了一个由有限的投票人选出的国会。在普鲁士,腓特烈·威廉第四的去世看来已除掉了通向自由主义"新时期"的最后障碍。在施默尔林所设计的"二月特许令"中,奥地利接受了一个国会和某些像是一部自由主义宪法的东西。沙皇在3月间颁发了解放农奴的诏书,紧接着又试图安抚波兰的民族情绪。新闻检查看来到处都已消失;即使在法国,在立法机构中的讨论也有了越来越多的自由。拿破仑在回顾过去时开始把1860年3月同英国签订的"自由贸易"条约看成是比意大利解放还要重大的胜利。他的冒险热情正在减弱;到了此刻,他把同英国和俄国的两项协议当作保障安全的措施,而不是重造欧洲的工具。他的身体也在衰弱下去,剩下的一点精力已从欧洲转而用于叙利亚、中国以及——用得最多的是——新的在墨西哥的"帝国主义的"投机活动(这在1862年有了成果)。人们通常认为,欧洲紧张局势因海外的争夺而加剧;实际情况是,每当欧洲把它那种不得安宁的劲头发泄在——用基佐的话说——"野蛮人"(不管是中国的、非洲的或美洲

## 第七章 波兰危机及法俄和好的终结 1861—3年

的)头上的时候,欧洲大陆的和平总是更加有保障一些。

1861年的平静是空幻的。看来似乎非常奇怪的是,向来不肯安宁的强国法国感到心安理得了;除了仍由法军占领的罗马以外,拿破仑没有紧迫的心事。三个"保守的"强国全都不满;即使是奥地利,由于它怀有搞垮意大利统一的梦想,也成了一个修正主义的强国。当然,当时的人们——即使是拿破仑——对这一点是不清楚的。由于萨瓦的割让,在拿破仑从事冒险活动的时候同他欣然合作的英国政府,正当他安宁下来并趋于保守的时候,却对他产生了无可医治的疑心。帕默斯顿在1861年2月写道,"我们的政策的整个趋向就是要防止法国实现它在许许多多地方的扩张和侵略的大阴谋"。① 到1860年底,拉塞尔提出这样一个想法,即奥地利应把威尼西亚卖给意大利,从而腾出手来在莱茵河抵抗拿破仑。奥地利人作出了老一套的答复:皇帝除非战败决不放弃任何属地。他们确实常常抵制放弃威尼西亚的提议,即使是用威尼西亚来换取罗马尼亚。英国政府又敦促普鲁士不要坚持它对德意志领导权的要求,但也没有得到任何答复。相反,奥普之间的关系在1861年4月决定性地恶化了。

自从1860年7月弗朗西斯·约瑟夫同摄政王在特普利策会晤以后,两国外交部一直在试图达成一个协议;但谈论的条款证明是难以捉摸的。普鲁士提议建立在莱茵河上对付法国的防御同盟,并表示可把这一同盟扩大到威尼西亚;但奥地利即使在战胜撒丁的情况下也不能重新要求取得伦巴底,从而触怒法国。普鲁士

---

① 帕默斯顿致拉塞尔,1861年2月8日。

## 波兰

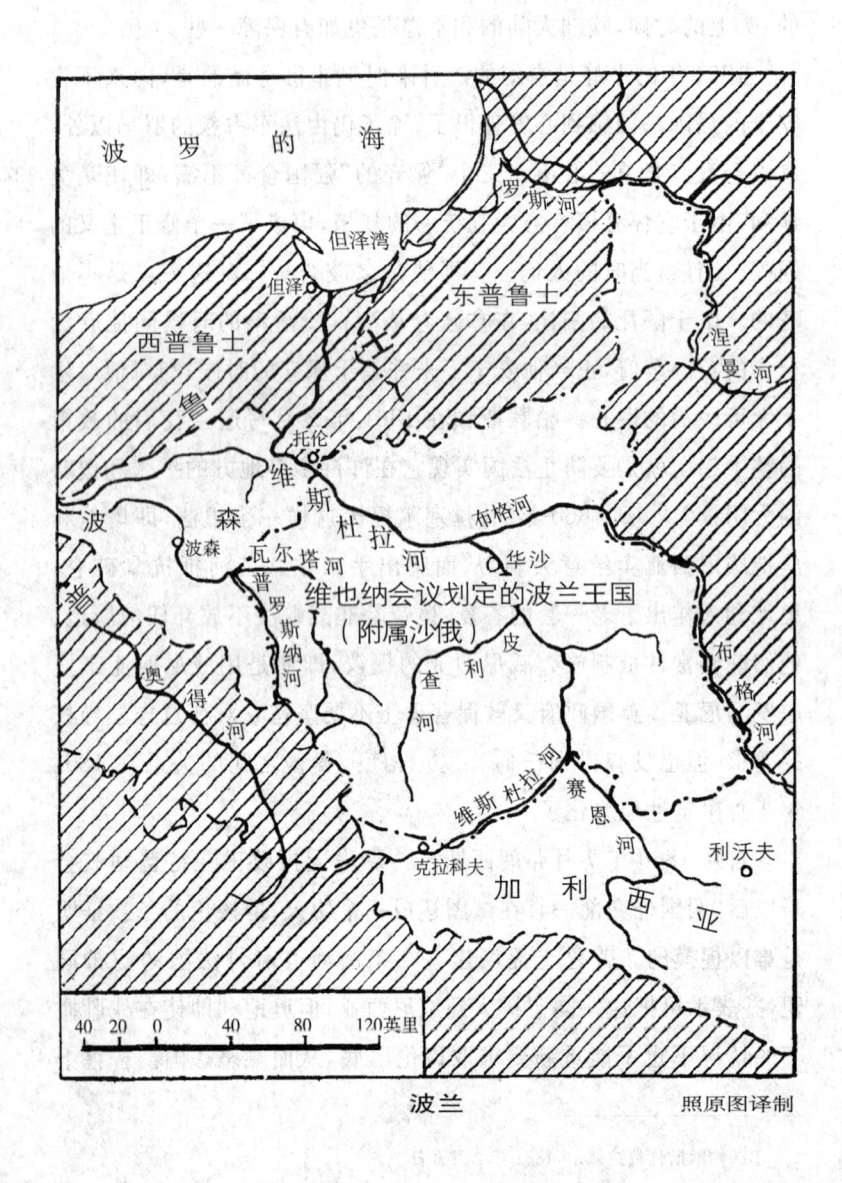

（地图）

- 波罗的海
- 但泽湾
- 但泽
- 罗斯河
- 东普鲁士
- 西普鲁士
- 涅曼河
- 鲁[河]
- 托伦
- 维斯杜拉河
- 布格河
- 波普
- 波森
- 华沙
- 瓦尔塔河
- 罗斯纳河
- 维也纳会议划定的波兰王国（附属沙俄）
- 奥得河
- 皮利查河
- 维斯杜拉河
- 赛恩河
- 布格河
- 克拉科夫
- 利沃夫
- 加利西亚

40 20 0 40 80 120 英里

照原图译制

还表示,结盟应以一项规定由普鲁士控制全部德意志武装力量的军事协定为条件。4月初,雷克伯格中断谈判。他抱怨说,普鲁士所提的条件不会使奥地利得到意大利,却将使它失去德意志。①自从克里米亚战争——或者甚至从奥洛莫乌茨协定签订以来存在于这两个德意志强国之间的僵局,本来是不很明朗的,现在说清楚了。奥地利坚持普鲁士应为"保守派"的事业服务——不论是在莱茵河、在多瑙河,还是在波河——而不思酬谢;普鲁士则要求奥地利为了它在意大利北部和近东的安全而放弃德意志霸权。因为,正如雷克伯格所抱怨的,普鲁士仍然认为他们并没有受到法国的严重威胁,而奥地利却受到法俄的两面威胁。1861年4月的破裂是决定性的。从这时起双方开始认真地进行争夺德意志领导权的斗争;在1879年以前,没有再认真进行过关于结盟的谈判。

1861年7月,惯于观望中立的施莱尼茨把他在普鲁士外交部的职位让给伯恩斯托夫。这是为未来的斗争作准备。施莱尼茨一直坚持"放手行事"的路线;只要他有一项积极的政策,他对于建立同奥英两国的稳定联盟以应付两个不安于位的邻近强国,总是不大热心。1861年4月破裂之后,同奥地利结盟的事吹了;同英国结盟的事同样是徒劳无功。60年代初期欧洲平衡的最重要因素之一是美国的内战。1861年至1865年,英国军事资源都被拴在加拿大;在那些年份里,英国政治家们在想到战争时,他们想的是同美国、而不是同任何一个欧洲大陆强国作战。英国由于它的帝

---

① 威尔特致施莱尼茨,1861年4月7日。见《普鲁士外交政策》,ii(ii),第370号。

国义务而使自己采取孤立态度,这产生了许多重大后果。伯恩斯托夫曾任普鲁士驻伦敦公使,对这种情况有所了解;此外,他虽然是一个保守派,却是拉多维茨(他在1849—50年危机中曾代表普鲁士出席维也纳会议)的弟子,急于想要重新进行同奥地利的斗争。他相信争取舆论支持的唯一办法是在斯莱士威克-荷尔施泰因问题上高举"德意志旗帜";由于俄英两国都站在丹麦一边,普鲁士的唯一出路是同法国结盟——法国是"大国中居领导地位的强国"。法国如果让普鲁士在德意志放手行事,普鲁士也会让法国在近东放手行事,作为报答。① 这个计划对普鲁士的重要性估计得过高了,因为在近东能否放手行事并不是普鲁士决定得了的。它唯一能够使法国放手行事的地方是莱茵河,而这个地方它是不会作出让步的。伯恩斯托夫还忽视了这样一个决定性的事实,即国王威廉决不会情愿同法国缔结一个反俄的(甚至于只是不包括俄国在内的)同盟。10月,威廉在无法继续回避的情况下不得不去贡比涅会晤拿破仑,但他不是想同法国缔盟,而是把时间花在挡掉拿破仑的话头上。他强调普鲁士在波兰的利益使他离不开俄国,并坚持不愿意做德意志的维克多·厄马努埃尔。②

尽管缺少盟友,伯恩斯托夫拣起了拉多维茨的1849年计划。他确实没有别的选择,因为在当时那种自由主义的气氛中,改组德意志的计划甚嚣尘上,普鲁士要是不带头就会被人牵着鼻子走。

---

① 伯恩斯托夫备忘录,1861年10月。见林格霍费尔著《为普鲁士的荣誉而战斗》,第426页。

② 威廉一世笔记,1861年10月11日。见《1858—1871年间的普鲁士外交政策》,ii(ii),第414号。

# 第七章 波兰危机及法俄和好的终结 1861—3年

1862年2月2日,奥地利在四个德意志王国的支持下,提议召开一个会议,讨论建立更坚强的邦联行政机构和代表会议。2月21日,伯恩斯托夫在拒绝这一提议的同时,坚持各邦联成员国有权在邦联内部结成更紧密的同盟。他还提出警告说,"这一次如果另一方把战争强加给我们的话,我们决心不再像1850年那样回避它而是接受它。"实际上,双方都过急地发出了挑战。在法俄两国和好仍然存在的时候,争夺德意志霸权的斗争几乎是不可能进行的。这种和好关系因俄国同新的意大利王国之间的裂痕而受到很大影响;法国热烈欢迎亚历山大对波兰的让步也无益于加强这种关系。拿破仑为此不得不在一封给沙皇的私人信件中解释他为什么不能公开否定法国对波兰的同情;他只能保证这种同情将不会变成行动(1861年5月)。此后俄占波兰的局势好转;1862年看来亚历山大第二可能实现满足波兰人(和法国人)的感情而无需牺牲俄国利益的奇迹。波兰退到后场,而近东则再一次来到前场——这是保持法俄友好的理想条件。在土耳其的欧洲部分,动乱有增无已。7月,土耳其卫戍部队轰击贝尔格莱德。俄国需要法国的友谊,为此而付出了无条件承认意大利王国的代价。① 作为报答,法国在8月间同意俄国的一项文件,规定塞尔维亚应实际上脱离土耳其,但不落入奥地利的势力圈内。这同俄国人经常希望的对近东局势的

---

① 1862年2月,伯恩斯托夫曾提出承认意大利并在意奥两国发生战争的情况下保持中立——如果意大利在普法发生战争的情况下也保持中立的话。意大利人起初接受这个提议,后来又缩回去,因为害怕触犯拿破仑第三,他会转而支持奥地利而反对他们,参阅《1858—1871年间的普鲁士外交政策》,ii(ii),第444及448号。俄国人虽然对这次流产的谈判很不满,自己却在7月间承认了意大利,事先并未同柏林商量,甚至连招呼也没有打。

大规模修正还有很大距离。但它复活了法俄友好的消极方面,即:不允许奥地利利用俄国的弱点,从而奥地利在德意志或意大利也不要想得到俄国的支持。在1862年10月,拿破仑第三还能作为决定命运的人来观察欧洲——但这已是最后一次了。

将要推翻他的这个人已经来到。9月24日,俾斯麦任普鲁士首相。这基本上是普鲁士国内政治事件而不是国际事件。俾斯麦是被召唤来击败普鲁士议会而不是改变外交政策的。同他以后所给人的印象相反,他的政策是他的前任政策的延续。同曼陀菲尔一样,他指靠俄国的同情;同伯恩斯托夫一样,他在同法国友好的问题上进行投机;同拉多维茨一样,他要普鲁士主宰一个"小德意志";同所有普鲁士大臣(除少数老式的保守派外)一样,他在取得同奥地利平起平坐的地位之前不会善罢甘休。他从伯恩斯托夫那里继承了同奥地利在改组德意志计划上的斗争,而这一斗争有更趋尖锐的危险,因为奥地利想在邦联议会提出召开一次各邦议会代表会议,讨论改革。12月5日,俾斯麦向奥地利驻柏林公使卡罗伊发出一个远期生效的最后通牒:奥地利应接受普鲁士作为在德意志内部的平等伙伴,而且把重心转移到匈牙利去;[①]普鲁士将保证奥地利在意大利和近东的重要利益作为报偿,否则"你们将招来祸殃"。[②] 这次谈话还一直被看作是划时代的;实际上,把俾斯麦那些气势汹汹的话抛开,这不过是重复施莱尼茨1861年4月对奥地利摆过的几条办法。俾斯麦所不同于他的前任的是在于地位

---

[①] 不是像一贯沿用的说法那样"转移到布达佩斯去"。
[②] 卡罗伊(柏林)致雷克伯格,1862年12月5日;俾斯麦致威尔特,1862年12月13日。见《1858—1871年间的普鲁士外交政策》,iii,第60、71号。

## 第七章 波兰危机及法俄和好的终结 1861—3 年

而不在于政策。他的几位前任依靠国王,而现在由于普鲁士的立宪斗争,国王要依靠他,而支持俾斯麦的外交政策则是威廉为击败普鲁士议会必须付出的代价。①

俾斯麦虽然遵循同他的前任们一样的路线,却很看不起他们的犹豫不决。常常表现得骄傲急躁的他,想在外交政策上取得速胜以抵消他在国内的不得人心。他多年来主张普鲁士应加入到法俄友好关系中去,现在他立即来执行这条路线。12月21日,他告知法国公使即将来临的同奥地利的冲突,并询问拿破仑将有何动作,"如果德意志的局势骚动起来的话"。② 俾斯麦的这个问题提得晚了两个月。图弗内尔作为外交大臣一直是忠实执行拿破仑自己的政策的——对意大利友好、对俄国友好,并随时准备在德意志

---

① 在德国历史学家中,关于俾斯麦对奥地利的友好表示是否"真诚"一直争论不休。一方认为他一开始就要同奥地利打仗;另一方则认为他宁肯同奥地利结成保守主义的伙伴关系以反对"革命"(意谓反对拿破仑第三、反对统一的意大利、反对德意志自由主义)。这一争论实际上毫无意义。所有普鲁士政治家都决心要取得同奥地利的平等地位,所谓"平等地位"是指至少在美因河以北的德意志获得霸权。即使国王们——腓特烈·威廉第四和威廉第一,也是如此。(正在这时,威廉告诉英国公使,他的最低条件是指挥所有德意志武装部队并由普鲁士对外代表全德意志。布卡南致拉塞尔,1863年1月29日。载《1858—1871年间的普鲁士外交政策》,iii,第152号。)普鲁士人希望奥地利在意大利和近东的困难会迫使它不经过一次德意志内部战争就同意这些条件。1848年以来的事件证明,这样的希望是空的。奥地利政策的基本原则是,除非吃了败仗,决不作任何让步。

像在他之前的曼陀菲尔一样,俾斯麦对梅特涅和神圣同盟的时代非常恋旧,因此使他比伯恩斯托夫可能要更长久地推迟同奥地利的冲突。但这不能使他放弃保卫普鲁士的利益。简言之,一旦施瓦尔岑堡作出了统治德意志的第一个尝试,俾斯麦就必然要作出第二个。就像在任何其他一种拍卖中一样,在双方中有一方夺标之前,双方都不会离开拍卖场。在这种情况下,"真诚"或"侵略"都是毫无意义的词语。

② 塔莱朗(柏林)致特罗恩·德·吕伊,1862年12月21日。载《1858—1871年间的普鲁士外交政策》,iii,第82号。

内部支持普鲁士。1862年夏,他曾试图解决罗马问题,办法是同意大利政府达成协议:如意大利把首都迁到佛罗伦萨,法军将撤出罗马。这个建议的用意是含糊的。图弗内尔把它作为意大利放弃罗马的一种表示,而意大利人则把它作为取得罗马的第一步。法国教会人士也是这样看的;替这些教会人士说话的皇后尤金妮娅因此劝说拿破仑把图弗内尔免职,10月间重新起用特罗恩·德·吕伊。在第二帝国历史中,这是最具灾难性的一步。正当决定欧洲命运的时刻,法国的外交政策却陷于混乱。拿破仑虽已衰弱下来,但仍站在冒险进取的一边——准备把赌注押在普鲁士势力扩张上。特罗恩是一个遵守传统和保守主义的人,要同奥地利结盟(这事在克里米亚战争中他没有办成)。在1859年意大利战争之前的一段时间里,在拿破仑同瓦卢斯基之间也有过类似的(虽然不那么有分量)分歧,但不像这一次那么重要。那时拿破仑有足够的力量来按他的意志行事;此外,即使在意大利犯了重大错误也不至于毁坏法国在欧洲的地位。现在就不一样了:在1863年到1866年之间,法国已把它在欧洲的霸权消耗殆尽,并且从此永难恢复。

特罗恩的第一个行动是中断图弗内尔一直在进行的同意大利的谈判;第二个是不理会俾斯麦的试探。他回答说,在德意志内部发生冲突的情况下,法国"将寻求对它的安全和欧洲和平的保证"。① 这样的答复对俾斯麦是毫无用处的。不管怎样,虽然在俾斯麦这方面没有作任何努力,重大的德意志冲突的烟云再次消散

---

① 特罗恩·德·吕伊致塔莱朗,1862年12月25日。见《1858—1871年间的普鲁士外交政策》,iii,第88号。

## 第七章 波兰危机及法俄和好的终结 1861—3 年

了。德意志邦联国会在1863年1月22日表决奥地利关于召开代表会议讨论改革的提案,以九票反对、七票赞成被否决。两天后,这些德意志内部的争论就因波兰问题的爆发(这是所有列强都担心的)而被掩盖下去了。入秋以来,俄国当局就一直为可能发生起事而担惊受怕。他们下令征召倾向革命的年轻波兰人入伍,想以此先发制人,阻止起事的发生。这一着失败了。1月23日,激进的波兰人用宣布总起义来回答。虽然起事局限在俄占波兰,它从波斯纳尼亚(普鲁士瓜分到的部分)和加利西亚(奥地利的部分)得到了很大的支持。波兰人还指望得到西欧,特别是法国的同情。俄国人希望把起事只作为一件引起国内关切的事情,不干扰国际关系,特别是同法国的和好关系。这很适合拿破仑;他从这一和好关系中得到了许多好处,并且还害怕因进行援助波兰人的干涉而势必引起的欧洲动荡。奥地利人也试图不理会这场起事。在1848年之前,他们一直是对波兰人的主要压迫者;现在,帝国处处冒烟,他们不想再把一个满怀怨气的民族弄到自己手上。还有,他们自然害怕为了波兰人而同俄国打仗,更不愿因参加镇压波兰人而得罪英法。对所有人来说,最聪明的办法看来是假装什么事情也没有发生。这种对波兰问题捂盖子的普遍愿望被俾斯麦破坏了。一个名叫阿尔文施莱本的普鲁士将军被派到圣彼得堡去,并在2月8日签订了一项协议,规定在边境地区俄普两国军事当局合作镇压叛乱分子。俾斯麦晚年宣称这一协议是一项重大的政策行动,使普鲁士取代法国得到沙皇的好感。这种说法是毫无根据的。法俄友好是针对奥地利,而从来不是针对普鲁士的;确实,一直有一个不言自明的条件,即:法国必须不在莱茵河进攻普鲁士。

波兰问题当然在法俄之间产生了隔阂,但这在任何意义上都不是阿尔文施莱本协议的结果。俾斯麦另一个说法是,由于签订了这一协议,他帮助击败了俄国宫廷中主张对波兰采取和解政策的那些人。这个说法有一点道理。这样的人当然是有的,高尔察科夫、甚至沙皇都同情他们。俾斯麦自己对于俄国撤出波兰的危险是认真看待的,公开表示普鲁士将占领波兰,如果俄国放弃它的话。[①]但在这个问题上,决定仍然不是来自阿尔文施莱本协议,而是由于后来发生的事件——西方列强的干涉和波兰人的不妥协。事实上,高尔察科夫和沙皇对俾斯麦的强聒不舍非常不快,因为这使他们想起1849年俄国对奥地利的援助而感到羞辱;他们宁肯让俾斯麦离远一点,就像奥地利现在所做的那样。看来如通常一样,最简单的解释是符合事实的解释,俾斯麦经常有狂热的反波情绪,[②]担心起义会蔓延到普鲁士统治的波兰,因此提议建立军事合作。他并没有想到由此而引起的国际影响;而当这些影响发生时,他发现这些影响是很讨厌的。

俾斯麦试图把阿尔文施莱本协议说成是"一项简单的警察措施"。对所有其他人来说,它看上去是反对波兰人的干涉行动;它使其他列强难以保持它们的不干涉界线。最主要的是,它使拿破

---

[①] 此语出自俾斯麦同英国公使布卡南的著名谈话。布卡南对俾斯麦的话表示反对,说欧洲不会允许他这样做。俾斯麦答道,"谁是欧洲?"布卡南说,"几个大国"。见俾斯麦备忘录,1863年2月11日。见《1858—1871年间的普鲁士外交政策》,iii,第174号。

[②] 1861年俾斯麦写道,"我对波兰人是充满同情的,但如果我们要生存,我们除了把他们连根拔掉之外没有别的办法;狼也是上帝创造的,这是无可奈何的事,但我们只要可能,照样开枪把它打死。"

## 第七章 波兰危机及法俄和好的终结 1861—3年

仑第三难以继续拖拉下去——这种因循敷衍现在比过去任何时候都更突出地成为他应付时局发展的首要办法。在拿破仑心里,他对同俄国的和好关系是很珍爱的,因为他以能同沙皇搞好关系而深感得意。事情还不止此。他相信同俄国的和好关系将使他能按照他的意志重造西欧。还有,他总想让普鲁士在把"小德意志"团结起来之后参加到法俄和好关系中来,从而完成重建欧洲的工作(统一意大利是重建欧洲的开始)。另一种替代办法,即奥、英与"克里米亚联合"是不合他胃口的;这是一桩毫无生气的事情,是防御性的,又没有进行冒险的前景。但是拿破仑不能坚持抵制对波兰的热情,这种热情一度把宫廷中所有派系都联合起来了。由热罗姆亲王带头的激进派想要保卫民族原则;由皇后领导的神职人员站在东欧唯一信仰罗马天主教的人民一边。特罗恩为了和平的利益起初赞同拿破仑闭眼不看波兰局势的政策;阿尔文施莱本协议使他改变了路线。法国人在波兰问题上的愤慨情绪现在有可能使之转向普鲁士。这样做,特罗恩希望拿破仑不再对"革命的"普鲁士表示同情,而回到同奥地利的保守主义联盟上来。此外,这个政策符合这样一种从实际出发的反对意见,即:不论法国如何同情波兰,它打不着俄国;而对于普鲁士,法国确实是伸手可及。

遗憾的是,拿破仑默许了这个计划。2月20日,他对普鲁士公使说,"如果签订协议的是奥地利,我一句话也不会说,……我对这个强国毫无兴趣,因此它的政府犯错误对我是无所谓的。"[①] 2月

---

[①] 戈尔特茨(巴黎)致威廉第一,1863年2月20日。见《1858—1871年间的普鲁士外交政策》,iii,第206号。

21日，特罗恩提议法英奥三国联合对柏林发出一个抗议照会。同一天，尤金妮亚第一次投身于国际政治。她大声疾呼同奥地利结盟。为了试图使之对拿破仑有吸引力，她把同奥地利结盟一事装点成修订欧洲地图的一个一揽子计划——威尼西亚给意大利，加里西亚给波兰，奥地利在巴尔干、西里西亚和南德意志得到补偿，法国则取得莱茵河左岸。① 简言之，它包括了过去曾无数次说过的所有虚妄计划。当然，对奥地利提议结成保守主义联盟而以它放弃那些它一心要保持的领地为条件，这是荒谬的；但这一联盟只有使拿破仑摆脱在波兰和意大利的困境才能变得对他有吸引力。他亲自对里夏德·梅特涅劝说法奥结盟，虽然话说得更为隐晦一些："到现在为止，我只有一些情妇，我正在找一个妻室"，②"哪个强国帮助我，我就委身于它。"

来自巴黎的消息使俾斯麦高度紧张起来。他曾想加强同圣彼得堡的联系，而不使普鲁士会受到法国的攻击。他试图使巴黎相信这个阿尔文施莱本协议是俄国倡议的；此计不成，他就不得不请求高尔察科夫来拯救他了——要么俄国答应保卫普鲁士抵抗法国，要么撤回这个协议。俾斯麦曾羞辱高尔察科夫，现在高尔察科夫能够报复了，他很高兴："俄国决不退让，……这会使人看起来是在压力下屈服的。"高尔察科夫只须说，普鲁士如果想退让，沙皇将

---

① 梅特涅（巴黎）致雷克伯格，1863年2月22日。见奥恩肯著《拿破仑第三的莱茵政策》，i，第1号。说在这个空想的提议中能看出拿破仑取得莱茵河左岸的认真、一贯的意图，这是夸大之词。

② 这是稍晚出现的一种说法。根据梅特涅当时的记述，拿破仑说的隐喻稍有不同：他同英国的出于理智的婚姻并不阻止他同奥地利发生亲密热情的关系。见梅特涅致雷克伯格，1863年2月26日。见《拿破仑第三的莱茵政策》，i，第2号。

## 第七章 波兰危机及法俄和好的终结 1861—3年

不反对；俾斯麦必须把事情说成是，由于起义活动已从普鲁士边境转移开去，所以协议本身已成一纸空文。作为争取俄国好感的工具，这个协议当然是落空了。但特罗恩想把支持波兰的法国人的敌意从俄国转移到普鲁士身上的计划也同样落空了。英国政府仍然为割让萨瓦而产生的对法国的疑虑所支配。当法国邀请英国采取反对普鲁士的行动时，英国得出的结论是，法国正在寻找"占领莱茵兰"的借口；他们坚持在波兰问题上的任何抗议应向圣彼得堡、而不是向柏林提出。奥地利政府对同法国结盟的提议也不动心。雷克伯格说，"风险是肯定的，好处却颇成问题。"但他也不愿意把波兰问题交给西方列强手里。还有，他担心法国人的情绪如果不对普鲁士发泄，可能转而在威尼西亚问题上对奥地利出气。像在克里米亚战争中那样，奥地利人为了他们在意大利的属地而同俄国疏远。英国和奥地利本来很想在波兰问题上保持沉默，但他们不得不保持某些反对俄国的姿态，以防止他们所设想的法国反对普鲁士的行动。法国人自己也弄巧成拙：由于提议采取反对普鲁士的行动，他们把波兰问题放进了国际领域，并使他们自己承担了反对俄国的义务。

克里米亚式的联合现在表面上看已经形成了。从这时开始，所有在克里米亚战争中发生过的混乱又重复一次，或者可以说，有过之而无不及。有一个重大的不同之处。英国的注意力为美国内战所分散；他们的海军衰败了；对拿破仑第三，他们怀着毫不动摇的猜疑心理。他们自始至终抱定宗旨，不参加战争。虽然在英国，对波兰的同情是很强烈的，政府同拿破仑的合作完全是为了把他拖住——当然也是为了使法俄和好关系就此完结。奥地利人则干脆走克里米亚战争时的老路（这曾给他们带来如此大的灾祸）。他们用某些外交上的姿态来抚慰法国，同时又对俄国说明这些姿态完全是做样子的——结果把双方都得罪了。威尼西亚的大门对法国敞着，加利西亚对俄国敞着；奥地利人始终决定不了究竟何者所受的威胁更大一些。不过，俄奥之间的隔阂已经存在，而奥法联盟则常常证明不过是一种迷惑人的愿望，办不成功也不会起什么决定作用。波兰危机的重大发展是俄法交恶。这是俄国人所不欢迎的，他们仍然希望一旦把波兰压服之后，重新回到近东政治斗争中去。当4月17日奥地利、英国和法国在圣彼得堡送出第一个抗议照会时，高尔察科夫特意对法国表现出比其他两国更为和解的态度。到5月初，他甚至向法国人保证，他不反对在一次欧洲大会上讨论波兰问题，如果所有其他欧洲问题（无疑包括近东问题）都提出来讨论的话。对法国公众情绪来说，这是不够的：只有先为波兰做点什么，才能讨论任何其他问题。因此，三国在6月17日重新发动攻击，递交又一份照会，要求在波兰实行停火并建立波兰自治邦。① 这些建议为高尔察科夫坚决回绝。

现在是采取行动的时机了——如果真有这样的时机的话。法国人提出了在波罗的海实行登陆的计划（也许是在瑞典帮助下）。帕默斯顿认为，一支法国部队在波罗的海不如在莱茵河那么危险，便作出英国保持中立的保证。但是，正如克里米亚战争开始时所显示的那样，只有英国的积极支持才能把拿破仑拖进这样的远征

---

① 下述六项条件应作为召开波兰问题会议的基础：大赦；按照1815年宪法建立波兰国民议会；由波籍官员自己行使行政权；解除对罗马天主教会的限制；在行政、司法及教育工作中只用波兰语文；按照法律施行兵役制度。

## 第七章 波兰危机及法俄和好的终结 1861—3年

中去。战争的念头打消了。即使到了这个时候,如果法国愿意承认他们在东欧不能有所作为并接受一次外交上的失败,那么他们仍然可能挽救同俄国的和好关系。但是,特罗恩坚持在8月初再发一份照会,宣布既然俄国无视三强,"法国也将恢复在作出判断和采取行动中的充分自由。"这是对法俄和好关系的正式废止。

在神圣同盟垮台之后,法俄和好是俄国政策的基础。现在这一同盟看来有可能再生,特别是共同对波兰怀有敌意一直是这一同盟的最强大的联系纽带。但正如过去的情况那样,现在再一次显示出,神圣同盟不能只是建立在对波兰的敌意上;每个强国都各有其他的利益,虽然普鲁士要分心的事情比奥地利或俄国少一些。这在阿尔文施莱本协议的问题上已显露出来,当时俄国拒绝保护普鲁士以对付法国。5月间再一次显露出这种情况。俾斯麦为法俄和好关系的最后一次响声警觉起来,他向奥地利人提议联合起来抵制对两国所占波兰部分的任何干涉——"我们将给你们刺刀,以换取你们的刺刀、以对加利西亚的保证换取你们对波森的保证"。① 雷克伯格答复道,同奥地利的任何盟约都必须包括一项普鲁士在威尼西亚问题上反对法国的保证。半个月之后,轮到俄国来请出神圣同盟这个鬼魂了。6月1日,亚历山大第二写信给威廉第一,要求他积极合作并遗憾地谈到同奥地利过去的伙伴关系。多年以后,俾斯麦居然声称俄国的试探包含着对奥作战的意思,但他不愿意"用外部的助力"来解决德意志冲突。这话当然是牵强附

---

① 卡罗伊致雷克伯格,1863年5月16日。见《1858—1871年间的普鲁士外交政策》,iii,第508号。

会。但如果认为俾斯麦失去了复活神圣同盟的大好机会,那也是牵强附会。神圣同盟已经垮了。俄奥在近东有冲突;不论俄国或是普鲁士都不会保证奥地利在意大利的属地。威廉在6月17日的复信中询问亚历山大第二在下述问题上是否改变了主意:他是否已放弃同法国的和好关系(这就是,在近东改变局势的希望)?他是否愿意保证威尼西亚?亚历山大第二回答说,威尼西亚同波兰问题无关。这样的答复毫无用处。不论普鲁士或奥地利都不会对俄国承担义务,除非俄国使自己承担反对法国的义务作为报答。[①]

这里有着另一个替代办法:德意志团结一致对付法俄两国。这是在克里米亚战争中普鲁士敦促奥地利实行,而奥地利也曾断断续续做过的。但这里也有一个起决定作用的障碍:奥普争夺德意志霸权的斗争。在克里米亚战争中,普鲁士曾对奥地利所有属地提出保证,并不要求在德意志取得任何好处作为报偿。这个政策是俾斯麦所强烈反对的;在1859年意大利战争中也没有重复。当然俾斯麦在1863年不会再重新执行它。如果俄国保证威尼西亚,那么对普鲁士说来风险就很小,俾斯麦会愿意参加;如果没有俄国,对威尼西亚提出保证就可能挑起在莱茵河的战争,俾斯麦只有在实现对德意志的主宰的条件下才会接受这样一种前景。奥地利人——或者,至少在外交部有那么一群人——总在梦想另外一种实现德意志团结一致的办法,即:采用使普鲁士"处于从属地位"

---

[①] 亚历山大第二致威廉第一,6月1日;威廉第一致亚历山大第二,6月17日;亚历山大第二致威廉第一,1863年7月12日。见《1858—1871年间的普鲁士外交政策》,iii,第533、557、583号。

## 第七章 波兰危机及法俄和好的终结 1861—3年

的办法,通过其他德意志国家投票,迫使它接受奥地利在德意志内部的领导地位。这一政策的实行在1863年8月达到高潮,当时德意志诸侯在法兰克福聚会,在弗朗西斯·约瑟夫主持下讨论邦联的改组——或者不如说是批准一项奥地利制订的改革计划。虽然诸侯们听从奥地利的领导,但它的政策在达到其重要目标方面落空了。威廉第一为俾斯麦所阻,没有到法兰克福来,而诸侯们又不愿意认可任何把普鲁士排斥在外的计划。虽然在法兰克福说了不少好听的话,当奥地利试图于11月间在纽伦堡把这些谈论落实到具体条款中去时,它的打算成了泡影。奥地利再一次未能赢得德意志民族感情。

法兰克福聚会及其对普鲁士的明显威胁,使俾斯麦得以在对俄交涉中改变态度。6月间,亚历山大第二曾要求普鲁士给予支援,以对付西方;9月间,俾斯麦要求俄国给予支援,以对付奥地利。他谈到"按腓特烈大帝的样式"发动一次战争;他扬言如得不到俄国支援,就到随便什么地方去寻求支援,"哪怕不得不去找魔鬼";他还说起要在莱茵河地区作出让步,以换取法国的支持。俄国人的答复推诿说,他们还在忙于波兰的事情,在反对奥地利方面除表示同情外实在不能作出更多的承诺。[①] 很难假设,俾斯麦在1863年9月真的想对奥地利作战,即使他很急躁鲁莽,就像他初入仕途时所常表现的那样。也许他只不过希望对俄国人强调普鲁士是何等忠实地、又冒着多大风险去充当俄国人对付西方的缓冲。

---

① 乌勃里尔(柏林)致高尔察科夫,9月13日、15日;洛恩(圣彼得堡)致俾斯麦,1863年9月21日。见《1858—1871年间的普鲁士外交政策》,iii,第678、693、705号。

他当然起到了这一作用。在以后岁月的德意志内部冲突中,俄国的政策从未动摇过:俄国人不再像奥洛莫乌茨时期那样坚持两个德意志强国的联合,而是起初容忍争论,后来又容忍普鲁士的胜利。他们只把普鲁士看作在波兰同西方之间一个起决定作用的缓冲国;因此他们认定普鲁士的趋于强大对他们有利,尽管他们并不积极地希望出现这一情况。另一方面,他们却是积极地希望出现奥地利的削弱,为了近东的缘故——现在又加上了波兰事务这一因素。他们所求于普鲁士的就是中立,不论是在波兰,还是在近东;作为报偿,他们十分愿意在德意志内部问题上保持善意中立。俾斯麦也准备把这笔交易维持下去,直到它发挥完作用为止。

1863年秋开始,波兰问题从国际事务中消失五十多年。起义没有外部援助,渐渐销声匿迹;从此以后,俄国完全用军事力量来统治波兰。拿破仑第三作了一次最后的、大事炫耀的尝试,企图恢复他的已经破碎的威望。11月4日,他开始了自从当权以来一直在心里盘算的计划,即召开一次欧洲大会,以讨论每一个有争议的问题并重画欧洲的地图。"1815年的条约已不复存在",必须建立一种"以统治者和人民的共同利益"为基础的新秩序。但是,欧洲各国的统治者全都以惊愕的心情来看待这个建议;他们都会一起同亚历山大第二大喊:"这真是太过分了。"所有国家(甚至包括奥地利在内)都聪明地作出了拖延推宕的答复。以条约权利和维持现状的名义对召开大会加以谴责的任务,落到了拉塞尔——欧洲自由的战士——身上。因为英国政府虽然对许多民族的要求寄以同情,他们并不准备在可能看到法国在莱茵兰出现或俄国称雄黑

第七章 波兰危机及法俄和好的终结 1861—3 年

海的风险的条件下去改善欧洲的局势。确实,只要近东的安定能够保持,他们是愿意忍受欧洲的动荡的。[1] 因此,拉塞尔答复道,讨论所有欧洲问题将不是缓和而是增加紧张局势,英国政府将拒绝参加这样的大会。这是拿破仑和平改革的乌托邦式梦想的终结,他的欧洲霸权的终结,也是法国安全所赖的同英国联盟关系的终结。

---

[1] 帕默斯顿致拉塞尔,1863 年 11 月 8 日:"如果这个大会把摩尔多-瓦拉几亚给奥地利,把威尼西亚和罗马给意大利,把石勒苏益格(即本书中通称的斯莱士威克。——译注)并入丹麦,把 1815 年的波兰从俄国分出来成为独立国家,而不涉及莱茵河作为法国边界或使俄国摆脱巴黎条约加给它的限制的问题,那么这样一个大会倒是为欧洲做好事的。"

# 第八章　俾斯麦的战争：
## 击败奥地利
## 1864—6年

自从1852年伦敦条约签订以后,斯莱士威克和荷尔施泰因的问题就一直处于一触即发的状态,一方面是继承的争议,另一方面是丹麦决心要把斯莱士威克并入一个单一的王国体制。1863年11月,这两方面的争端都突然爆发了。国王腓特烈第七在11月15日去世,他的继承人克里斯琴第九在11月18日签署了一元化的宪法。这对德意志民族舆论是一个挑战;只有各强国像在1852年那样一致反对这一民族情绪才能支撑住这个挑战。但情况并不如此,危机爆发后各强国的关系完全陷入混乱。拿破仑抓住波兰不放已使法俄和好关系瓦解;英国粗暴地拒绝了拿破仑召开欧洲大会的计划从而终止了英法同盟;奥地利失掉了同法国结盟的机会,得罪了俄国,又未能赢得全德意志。事实上,在欧洲唯一稳定的关系是俄普反对波兰的联合。即使这一联合也是一种消极性质的;哪一方都不参加反对另一方的联盟。但俾斯麦曾拒绝承诺给俄国支持,以反对法国为声援波兰而进行的对波罗的海的远征;而俄国在1864年1月能够答应普鲁士的也不过是在法国进攻莱茵

## 第八章 俾斯麦的战争:击败奥地利 1864—6 年

河地区时保持中立。①

1863 年的混乱完成了自从 1848 年后就一直在进行中的解体过程。在克里米亚战争时期,"欧洲协同"*作了一场很蹩脚的演出;只有英国和法国去援助土耳其。1859 年拿破仑在意大利得手,没有遭到列强的任何干预;1863 年俄国在波兰自行其是。局部战争而不是全面对抗已成为惯例。但,像施魔法似地把一项由所有列强签署的条约在十二年内吹得无影无踪,仍然要算是一个令人惊讶的成就。这是使俾斯麦成为无可争议的外交艺术大师的许多成就中的第一个。后来,俾斯麦居然宣称整个战役从一开始就在他头脑里想好了;在 1862 年上任的时候,他已经计划好归并各公国(并为此对奥、法作战)。更可能的是,他的计划只在于保住自己的权位,保住威廉第一的王位,并在德意志内部使普鲁士更加强大。外交大师同棋艺大师一样,不使自己迷失在对他的行动所能产生的长远结果的猜测之中,而只是问自己,"这一步是否能改善我的处境?"如果能,就走这一步。

在 1848 及 1850 年间关于各公国的第一次危机中,普鲁士因为站在德意志民族感情的立场上行事而同各强国疏远;后来又为各强国的抗议所吓坏而离开了原来的立场。1863 年,俾斯麦宣称他是在条约权利而不是在民族主义的基础上行事。德意志的民族情绪是不承认伦敦条约;它要求承认继承权的争夺者奥古斯登堡

---

① 乌勃里尔致高尔察科夫,1864 年 1 月 20 日。见《1858—1871 年间的普鲁士外交政策》,iv,第 350 号。

\* Concert of Europe,指欧洲列强协议在"东方问题"上只采取联合行动。——译注

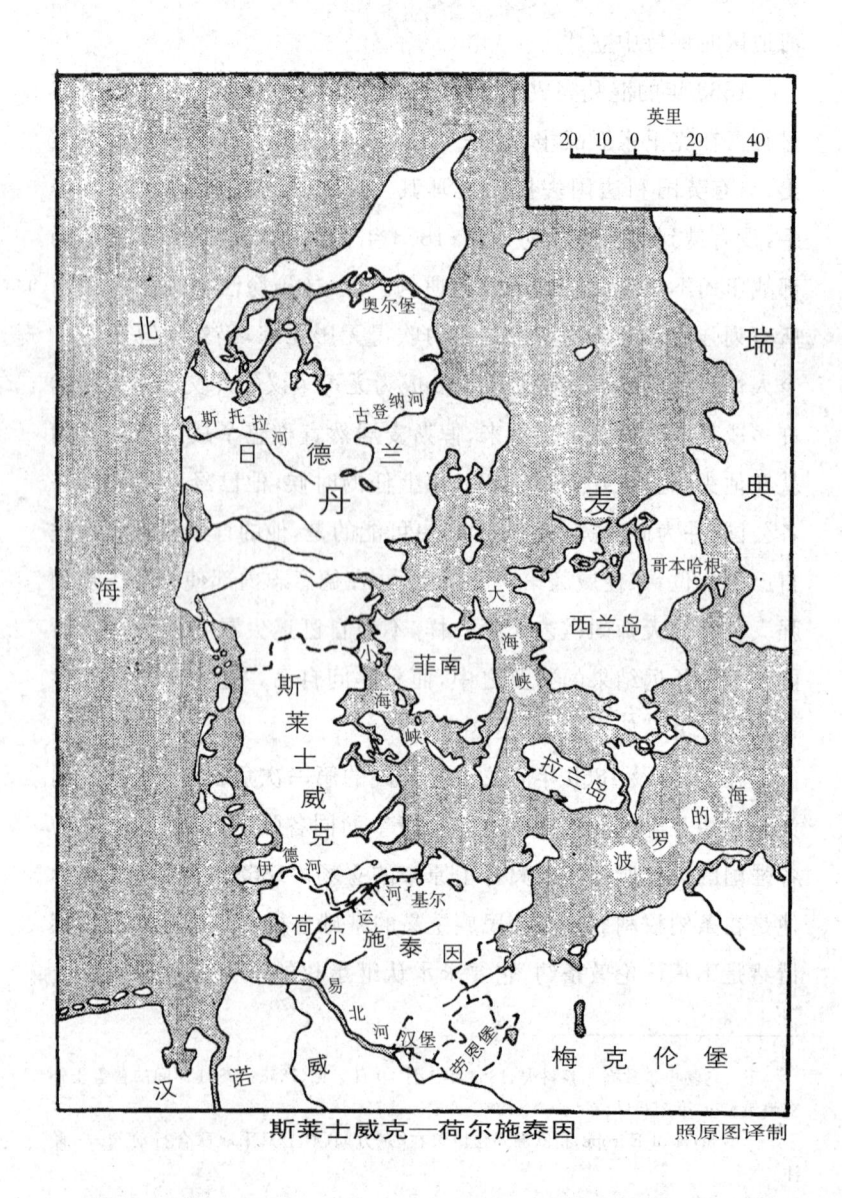

斯莱士威克—荷尔施泰因

## 第八章 俾斯麦的战争:击败奥地利 1864—6 年

公爵;要求将斯莱士威克和荷尔施泰因都并入德意志。而俾斯麦却提议承认克里斯琴第九,再向他要求实现伦敦条约允诺给予各公国的自治权。表面上,他将按国际法行事,而不是反对国际法;这样一来就使外国失去了一个最有力的把柄。俾斯麦将保护这两个公国中的德意志人,而不用同"革命"结盟;事实上,他已找到了加富尔在意大利常未曾找到的"体面的"理由。这一政策当然得罪德意志舆论;鉴于俾斯麦同普鲁士国会的冲突,这也不是什么新鲜事情。更加严重的是国王会偏向民族路线;只是由于俾斯麦向他指出这条路线会造成同拿破仑第三的革命联盟,才使国王同俾斯麦保持一致的步伐。在同奥地利打交道时,威廉的勉强态度是俾斯麦的一个筹码;他能宣称(事实也确实如此),除非奥地利人同他合作,他们很快就会面临一个自由主义的普鲁士内阁,以取得德意志领导权为目的。

像通常那样,奥地利政府总想左右逢源。他们回复到保守主义两重性的条件已经成熟。在8月法兰克福会议失败之后,弗朗西斯·约瑟夫对自由主义的幻想破灭了;雷克伯格认为"要求把斯莱士威克并入德意志同法国谋取莱茵边境没有什么区别"。[①] 他表示反对废黜克里斯琴第九的自由主义政策。在争论中,他对内阁会议说,"如果奥地利接受这个政策,它将失去所有外国盟友。法国将抓住这个难得的机会攻击德意志和奥地利,并将在意大利、

---

① 雷克伯格致黑森的亚历山大亲王,1864年1月4日。见斯退恩著《欧洲史》,ix.348。

匈牙利和加利西亚点燃革命之火。帝国的生存将处于危险之中"。①另一方面，奥地利人又不敢袖手旁观，让普鲁士单独行动；他们相信这样一来将会失去对德意志的领导权。他们以为，接受俾斯麦的结盟建议，以保证实施伦敦条约，就可以拴住普鲁士，使它不能离开保守主义路线。事实上，1864年1月16日缔结的盟约，②并没有包含任何这样明确的承诺。奥地利人原来希望写明两国除非相互同意不应抛弃伦敦条约的各项规定。俾斯麦反对；他说国王不会愿意又去提起他所憎恨的1852年条约。奥地利人只好满足于这样一种更为含糊的诺言，即：各公国的未来应由相互协议来加以解决。这对俾斯麦并不像后来说成的那样是一个决定性的胜利；他仍然还需要收买奥地利，使之同意改变计划。当然，这一条款是造成1866年战争的技术上的原因——十分奇怪，启衅是出于奥地利而不是普鲁士的行动。后来在1866年6月，奥地利要求邦联议会决定各公国未来的命运，从而破坏了它在1864年1月16日答应的交易条件，并使俾斯麦有了对奥地利及支持它的其他德意志国家开战的借口。但在当初缔盟时，更加重要的是盟约不提两个使过去所有结盟尝试归于失败的问题——普鲁士不保证威尼西亚，奥地利也不承认普鲁士在德意志内部的军事领导权。由于邦联军队不受重视（或者不如说被推在一边），规定谁来领导它们就没有意义；由于这是一个保守主义联盟，奥地利希望它会自动扩及威尼西亚。但俾斯麦知道，他还是占了便宜。当意大利公

---

① 奥地利内阁会议文件，1864年1月10日。见《奥地利德意志政策之由来》，iii，第1410号。

② 虽实际上于1月17日午后不久签署（在柏林），习惯上均作16日。

使对他说"你现在有了另一个战友,不再需要我们"时,俾斯麦快活地回答道,"噢,我们雇用了他。""免费吗?""他为普鲁士国王工作。"①

在议会经过激烈争论才解决的技术问题是对各公国究竟是"履行职责"呢,还是"占领"。"履行职责"意味着克里斯琴第九是它们的合法统治者;"占领"则意味着它们本来是无主的。1863年12月7日,议会十分勉强地同意在荷尔施泰因由邦联"履行职责";这在丹麦人没有抵抗的情况下完成了。但当奥地利和普鲁士提出占领斯莱士威克作为实行伦敦条约的具体保证时,德意志感情再也控制不住了;1864年1月14日,议会拒绝奥普建议。于是,这两个强国宣布它们将单独行动;2月1日,两国军队越过边境进入斯莱士威克。

当奥普两国为战争走到一起时,其他列强却未能为和平而走到一起。在1863年7月24日,帕默斯顿还曾宣布,企图否定丹麦的权利、干涉丹麦独立的人将会发现,他们因此而必须应付的对手将不仅仅是丹麦。这是最近三十年来帕默斯顿要援引欧洲联盟时所常用的语言。事实上,他以为他是在用法国来威吓德意志——"在普军目前状态下,……普法之间的首次严重交战对普鲁士的灾难性将不下于'耶拿之战'。"②除海军之外,英国人本身只能提供一支约两万人的陆军。他们的政策有一个要素,即:他们总能指望

---

① 塔莱朗(柏林)致特罗恩·德·吕伊,1864年1月31日。见《1870—71年战争的外交缘故》,i,第152页。俾斯麦对他的话是如此得意,他亲自复述给法国公使听。

② 帕默斯顿笔记,1863年6月27日。L. D. 斯蒂菲尔在其所著《石勒苏益格-荷尔施泰因问题》一书中曾引用。

一个大陆上的盟国——以东方列强来约束法国,以法国来约束俄国,以法俄两国来约束普奥两国。但此刻大陆盟国却都回避他们。英国对波兰事务的干涉深深得罪了俄国;对召开欧洲大会建议的轻率拒绝深深得罪了拿破仑。还有,当前利害攸关的问题使组织任何联合行动都很困难。丹麦人因通过了11月宪法而使自己理亏;奥普两国宣称它们是实施伦敦条约,所以俄国人——或者甚至于英国人——都很难对它们抵制。另一方面,这次战争虽有其法律借口,实质上是一次民族解放战争,拿破仑不可能去反对它。此外,他仍然认为,欧洲如果发生动乱,最后的受益者是他。1863年12月,在他的欧洲大会计划失败之后,他曾提议在巴黎召开一次"有限制的会议",俄国、普鲁士和意大利将在会上以牺牲奥地利的办法修改欧洲的地图。① 虽然俾斯麦回避了这个建议,并特别警告拿破仑不要干预波兰,他提出了保证,同奥地利的结盟并不包括威尼西亚。此后,在整个危机中,拿破仑主要关心的是不要把普鲁士进一步推向奥地利一边。特罗恩·德·吕伊在另一方面对普奥联盟表示欢迎,他的理由正好相反:保守主义力量的加强将会使拿破仑不再受到任何现实的诱惑。

从克里斯琴第九继位到战争爆发这段时间里,英国政府曾作了一些微弱的尝试,想劝丹麦人让步以避免危机激化。但他们无法消除他们早些时候发表的轻率声明的影响,也不能说服丹麦人相信法国不会支持他们。此外,他们又不能向丹麦人保证,如果在

---

① 戈尔茨(巴黎)致威廉第一,1863年12月11日。见《1858—1871年间的普鲁士外交政策》,iv,第202号。

第八章 俾斯麦的战争:击败奥地利 1864—6年

这个问题上让步,以后就安全无虞。在最后一步中,丹麦人无视高尔察科夫的劝告而自招失败(高尔察科夫劝他们不要像俄国在波兰问题上那样寸步不让,他说,"你们不像我们这样有七千万人口。")[①]当危机临近时,英国人开始搜寻盟友。他们从高尔察科夫那里没有得到答复。俄国人仍然一门心思想着波兰;他们不会做任何事情去打搅普奥之间的保守主义伙伴关系,这一关系看来将在波兰和法国之间重建一道坚实屏障。此外,俄国人虽然关心对桑德海峡的控制,[②]他们并不反对这种控制权从丹麦转入普鲁士手中。他们相信,普鲁士强大起来不会对他们带来损害;这是巴黎条约签订后二十年中俄国政策的关键所在。当然,如果对丹麦的威胁来自一个"全民族的"德意志,那将是另一回事。俄国人对于斯堪的纳维亚联合的建议(瑞典援助丹麦)也同样感到惊惶。虽然这是许多英国建议中最合情理的一条,它只使俄国人回想到克里米亚战争末期英法同瑞典的结盟。俄国人为斯莱士威克的事情感到遗憾;但事实仍然是,对他们而言,普鲁士的强大是他们最不反对的一项选择。

因此,英国政府被迫转回到法国身上。他们的呼吁也没有得到答复。拿破仑不会为了一个条约而去作战,即使这个条约同1815年没有任何牵连。特罗恩痛心地提到英国在波兰问题上没

---

① 高尔察科夫在1863年8月5日语。见斯蒂菲尔著《石勒苏益格—荷尔施泰因问题》一书第252页。帕默斯顿持同样看法(见致拉塞尔信,1864年1月19日):"像俄国这样的强国可以坚持不改地做错事,其他国家不大会作出必要的努力去迫使它走上正路。但是像丹麦这样的弱小国家不可能具备这种犯了错误而不受惩罚的条件。"

② 高尔察科夫说,"俄国决不会允许桑德海峡变成第二个博斯普鲁斯。"皮尔克致俾斯麦,1864年5月11日。见《1858—1871年间的普鲁士外交政策》,v,第49号。

有采取任何行动,并说,"我们必须避免参与一场将波及全欧大陆而负担则落到我们肩上的冲突。"①一旦战争开始,特罗恩和拿破仑都开始发出暗示,法国必须多少得点好处;他们含糊地指向"小莱茵"。② 这些说法不过是拿破仑常常喜欢使自己沉溺其中的胡乱设想。有一段短时间,一场危机看来要爆发了。2月19日,奥普军队在把丹麦人赶出斯莱士威克之后越过了丹麦本国边界,斯莱士威克问题的是非曲直被推到次要位置;丹麦本身看来处于生死存亡的关头。2月21日,英国内阁将海峡舰队召回。拉塞尔不同内阁商量就向俄法两国呼吁提供海军支援。高尔察科夫逃避了这一邀请,用的是一个漂亮的借口:俄国舰队在5月之前因封冻无法行动。法国人要更直截了当一些。反对特罗恩慎重政策的人——有的是亲英的,有的是只赞成冒险的——认为为莱茵河打一场有英国支持的战争的时刻来到了。他们怂恿拿破仑采取行动。特罗恩为了保持他的地位,不得不以一种威吓口吻同普鲁士公使谈话,并同考利商谈实施伦敦条约的问题。这种政策的改变没有维持到二十四小时。特罗恩和奥地利大使梅特涅把皇后请出来,他们在一起终于又把拿破仑争取过来,不再采取任何行动。到2月22日,特罗恩宣布他对来自柏林和维也纳的解释感到满意。几乎在同一时候,英国内阁否定了拉塞尔的主动行动;拉塞尔在内

---

① 特罗恩·德·吕伊致拉·图·多韦涅(伦敦),1864年1月14日、26日。见《外交缘由》,i,第78、126号。

② 戈尔茨致威廉一世,1864年2月9日。见《拿破仑第三的莱茵政策》,i,第12、13号。在当时的外交习用语中,"大莱茵"指全部莱茵兰,"小莱茵"指萨尔区。法国在第一个巴黎条约中(1814年)保持了萨尔区,在第二个巴黎条约(1815年)中又失去了它。

## 第八章 俾斯麦的战争:击败奥地利 1864—6 年

阁坚持下不得不通知俄国和法国,不存在派遣英国舰队进入丹麦水域的问题。

在以后的岁月里,许多人相信这样一种神话:拿破仑因未能响应英国 2 月 21 日的看法而失去了有关法国命运的重大时机。事实是,并没有英国的看法——只不过是拉塞尔的一种急躁姿态(他曾多次作过这种姿态),而且内阁一听说就加以否定。除此之外,英法能靠自己把它们的意志强加给中欧的日子(如果真有过这样的日子的话)早已过去了。即使同俄国在一起,这样的事情也难说;何况由于波兰危机的结果,俄国最多保持中立,也可能表示敌对。英国人可能只是打一场局部的海战,法国人则将打一场存亡攸关的战争。特罗恩说,法国不能只是为了 1852 年的条约而从事一场对一个有四千五百万人口的民族的战争;[①]他还明说,法国将愿意采取行动,如果英国答应把莱茵兰给它——"报偿相当于我们作出的牺牲"。[②] 这些不过是借口,用来遮掩法国不再强大得足以主宰欧洲的现实(无疑的,也为了欺骗自己)。法国的政策只有在德意志处于分裂状态,特别是在挑拨离间奥地利和普鲁士的条件下,才有可能取得成功;而为易北河上的公国进行的战争将使这两个德意志强国在威尼西亚及莱茵河团结一致。拿破仑和他的大臣们估计(后来的发展证明是正确的)这些公国最后将造成奥普之间的冲突。决定法国命运的时刻是在两国交战的 1866 年到来的,而

---

[①] 特罗恩·德·吕伊致拉·图·多韦涅,1864 年 2 月 23 日。见《外交缘由》,ii,第 245 号。

[②] 特罗恩·德·吕伊致拉·图·多韦涅,1864 年 6 月 10 日。同上书,iii,第 640 页。

不是在它们联合的 1864 年。

法国力量的衰落即使是法国的统治者也并没有充分意识到。在所有其他欧洲国家,对此更是毫无认识。俾斯麦在巴黎——在 1864 至 1866 年间这是他把全部赌注压在上面的一张牌——所看到的不是法国的荏弱,而是法国在政策上的分歧。拿破仑从来不愿意真心诚意地奉行保守主义的和尊重条约权利的路线,但他的顾问们和他自己的懒病又使他不能采取无情的冒险政策。俾斯麦以加富尔为自己的楷模,但又加以提高。虽然加富尔为意大利的利益而利用了拿破仑,但他还是不得不付出了萨瓦和尼斯的实际代价;而俾斯麦所付出的只是一些幻影。究竟他有没有真正考虑过把莱茵河领土割让给法国,对这样的问题进行辩论只不过是无用的猜测。他肯定吹嘘过他已把普鲁士从过去因担心莱茵诸省而被迫接受的"帝国附庸"的处境中拯救出来;[1]他肯定也谈到过同法国搞一笔交易——"巴黎离柏林要比伦敦近";[2]"谁把莱茵诸省给法国,谁就能支配它。"[3]但在莱茵诸省和萨瓦之间有根本的差异。萨瓦不属于意大利,而莱茵兰则属于德意志。如果俾斯麦把德意志领土给了拿破仑,他就永远不可能统一德意志。这也许只能证明,在 1864 年他还没有考虑过德意志统一的问题;或者证明,他总想欺骗拿破仑。更可能的是,这证明俾斯麦对未来的事情只

---

[1] 勒弗布弗勒·德·贝埃纳(柏林)致特罗恩·德·吕伊,1865 年 6 月 19 日。见《外交缘由》,vi,第 1433 号。

[2] 乌勃里尔致高尔察科夫,1864 年 3 月 9 日。见《1858—1871 年间的普鲁士外交政策》,iv,第 527 号。

[3] 格拉蒙致特罗恩·德·吕伊,1864 年 8 月 28 日。即《外交缘由》,iv,第 814 号。

在它们出现时才着手处理。

俾斯麦并不担心法国会干涉这两个公国的问题,这一点是没有疑问的。这使他能够不理英国的威胁和俄国的警告,拖着奥地利跟他一起走。向日德兰的进军使他又同奥地利在3月间举行了一次新的会议;会上,奥地利人再一次要求作出对威尼西亚的保证——如果要他们为了这两个公国冒一场全面战争的风险的话。俾斯麦辩解说,他们只需要准备应付来自法国的危险(如果这种危险发生);奥地利人也就不再坚持了。不管怎么样,法国远远不是奥地利人的危险,它很快就来帮助奥地利了。由于英国的努力,最后终于安排好召开一次会议来研究这两个公国的事情。会议终于在4月25日召开。① 英国人想使会议以伦敦条约为依据来进行,并派克拉伦顿去巴黎争取拿破仑赞同这个方案。拿破仑表示拒绝:"我不能使自己被指责在伊德河\*执行一种政策而在波河则又执行另一种政策。"这不是一种要求取得莱茵边境的绕弯子的说法,而是出于拿破仑的深刻信念——民族原则的每一个胜利不可避免地都是法国的胜利、他自己的胜利。因此,他推出了一个相反的提议,即:按民族界限来区分这两个公国。虽然这个想法甚至早在1848年就由帕默斯顿提出过并且拉塞尔本人也曾有力地在意大利高举民族的原则,它现在在伦敦却遇到了大吃一惊的反应。拉塞尔说,这个想法"在欧洲是太新了","当影响势力均衡的问题

---

① 这个会议作为唯一的一次有德意志邦联代表参加的国际会议,具有一种令人好奇的兴趣。德意志代表是俾斯麦的敌手博伊斯特。他当时是萨克森首相,后来是最后一任奥地利总理大臣。

\* 伊德河在德意志北部,长约185公里,流入北海;波河在意大利北部。——译注

需要解决时,列强是从来不同当地居民商量的"。① 俾斯麦在另一方面却从一开始就支持这个想法。拿破仑于是更进一步:建议由普鲁士和法国合作以保证这两个公国并入普鲁士,条件只是两国在其他领域也进行"真诚有效的合作"。他实际上是在让普鲁士人欺骗他,就像他在意大利问题上曾欺骗过俄国人那样:一方得了实惠,另一方却只得到几句好听的话。这样的邀请俾斯麦是早就决定要接受的。

伦敦会议发展成只是一个埋葬1852年条约的集会。奥地利和普鲁士认为它们通过对丹麦作战的行动已从这些条约中解脱出来;它们在5月12日就此发表了一个正式声明。它们提出的代替办法是在两公国和丹麦王室之间建立个人联系,丹麦人对此表示拒绝。奥地利和普鲁士要求割让两公国,这是不可避免的;但割让给谁?俾斯麦对奥地利抛出了把两公国割让给普鲁士的建议:"这是互相补偿的政策的开始。"奥地利人立即惊惶起来:他们觉得正在上俾斯麦的圈套;为了对付他,在5月25日接受了奥古斯登堡公爵的要求——这是走向1866年战争的第一步。俾斯麦表面上表示附和;②两强在5月28日正式提议两公国脱离丹麦。这是法国人提出按民族界限划分两公国的时机;其他强国没有更好的办法,都支持法国的提议。这是第一次一个国际会议抛开条约权利

---

① 拉·图·多韦涅致特罗恩·德·吕伊,1864年3月24日。见《外交缘由》,i,第368号。

② 俾斯麦在同奥古斯登堡公爵谈判中究竟有没有任何正经的打算,这在德国历史中(而不是在国际关系中)是一个有争论的问题。无疑的,只有把两公国置于依赖普鲁士的境地,他才会支持公爵的要求。

而试图实行自决原则。毫不奇怪,它遇到了从那时直到现在使国际集会经常苦恼的所有困难——如何确定民族成分?应由列强武断地划定分界线,还是征求一下居民的意见?如果是后者,那么如何进行(像拿破仑所希望的那样举行公民投票还是由他们的议会开会讨论)?这些问题也会使会议遭到挫折,即使丹麦人愿意会议取得成功;何况丹麦人的决定是让会议失败。哪怕得不到外部援助,他们也像弗朗西斯·约瑟夫在1859年时那样,宁肯由于被征服而不是由于一项协议丢掉这两个公国;这样,他们认为将来还有收复这两个公国的某些希望。① 会议在6月25日中断,战事再起。

在6月份的早些时候,曾有两次想使丹麦人免于彻底失败的尝试。一方面,高尔察科夫敦促普奥两国适可而止,以免把英国驱入法国的怀抱;另一方面,英国人作了争取法国支持的最后努力。这两次尝试均未成功。俾斯麦辩解说,他必须解放这两个公国以防止在德意志发生革命;此外,在发生法国进攻(看来不大可能)的情况下,俄国将不能不支持德意志各国,以免法军出现"在波森和克拉科夫"。② 这话非常尖锐地提醒高尔察科夫,神圣同盟只在波兰才有一个认真的目标,而高尔察科夫本人无疑地对别处的目标是并不深切关心的。到7月底,他对法国代表这样说,"在维也纳

---

① 参阅斯蒂菲尔著《石勒苏益格—荷尔施泰因问题》第251页所载1864年8月1日丹麦人的意见:"宁肯要一项人们一致公认为毫无原则的和约……我期望这场戏还有第三幕。"

② 外交部备忘录,6月13日;俾斯麦致威尔特,1864年6月14日。见《1858—1871年间的普鲁士外交政策》,iv,第136、148号。

摧毁'神圣同盟'的是我；你以为我会去把它那些碎片捡起来吗？"①在拿破仑心里也是这样想的——他何必为了一个拒绝遵守民族原则的国家去复活神圣同盟呢？从6月8日至10日，在巴黎看来进行过一些讨论，甚至有过一些疑惑；这一次，特罗恩更倾向于采取行动（在保守主义基础上），而拿破仑及冒险家们则很自然地更倾向于不采取行动。最后，法国人提出，在英国出来援助丹麦的情况下，它答应保守中立。②

但英国人已经决定不采取任何行动。6月25日，内阁以八票对六票决定不为两公国开战；他们用一种死要面子的口气补充说，"如丹麦作为一个独立王国的存在或哥本哈根的安全受到威胁，将会作出新的决定。"特罗恩评论道，"英国人办事从来都是很彻底的；他们现在正在使劲地往后撤。"③这项在1864年6月25日作出的决定常被认为是对英国威望的灾难性打击。但除了丹麦人采取硬顶态度（这使他们在1月和6月两次陷入策略上的错误）以外，很难看出英国的政策还能有什么其他途径可循。只有放弃1856年条约中关于黑海的条款才可能收买到俄国的支持（如果有这样的可能的话），而对英国人来说，波罗的海远不如黑海重要。同法国合作（即使有可能）太危险；在这里，波罗的海也没有比利时和莱茵兰重要。帕默斯顿认为，普鲁士的扩大（不管用了什么样不正当

---

① 马西尼亚克（圣彼得堡）致特罗恩·德·吕伊，1864年7月28日。见《外交缘由》，iii，第756号。

② 特罗恩·德·吕伊致拉·图·多韦涅，1864年6月27日。同上书，第700号。

③ 戈尔茨致俾斯麦，1864年6月30日。见《1858—1871年间普鲁士外交政策》，v，第190号。

第八章 俾斯麦的战争:击败奥地利1864—6年

的手段)并不违反英国利益;法国和俄国,而不是中欧列强,才是欧洲大陆上的不安定因素,并且还是在欧洲以外地区大英帝国的对手。无疑地,这一判断将会因普鲁士在1866和1871年出乎预料的决定性胜利而作了修正。但是,俾斯麦的三次战争之后,势力均衡仍然保持下来。至于对大英帝国的利益而言,1871年后新的欧洲均势实际上使得在中东阻止俄国以及后来在尼罗河击败法国更为容易。英国人在1864年的任何作为都不能阻止德意志在19世纪最后三分之一时间里的工业扩张,也不能阻止他们自己的相对衰落。如果说英国人犯了错误的话,那是在20世纪,而不是在帕默斯顿的晚年。

孤立无援的丹麦人再次被击败。7月20日,他们同意停战;8月1日,在初步和约上签字,把两公国割让给奥普一方。三星期后,俾斯麦和雷克伯格同他们的两位皇上一起,在申布龙举行会议,力求解决两公国的未来问题。俾斯麦要奥地利把它们交给普鲁士,交换条件是在其他地区普鲁士给予奥地利支持的空泛前景——那种不明确的保守主义的伙伴关系,实际上当奥地利试图在有关意大利或多瑙河问题上援用时,俾斯麦和其他所有普鲁士人都曾加以拒绝。现在是奥地利人要求某种具体利益了。于是俾斯麦又提议两公国归两强共同所有,直到有机会发动一次对意大利的战争;到时候,普鲁士将不仅保卫威尼西亚,还将协助奥地利收复伦巴底,而以得到两公国为酬谢。这个计划因两位君主的抵制而被破坏。威廉一定要以获得德意志霸权为代价才愿意面对一场为意大利而进行的战争;而弗朗西斯·约瑟夫则不愿放弃他在两公国中的份额,除非得到某些德意志领土作为补偿(他提到西里西亚地区的一部分,那是腓特烈大帝1740年攫占的)。不论什么情况,这个计划都会导致对法国以及对意大利的战争;而人们很难相信,俾斯麦会愿意仅仅为了这两个他已占有一半的公国而面对战争的风险。这个流产的申布龙条约很可能只不过是俾斯麦的一个诡计,用以拖到一个更有利的时机再来实现普鲁士对两公国的全部占有。它最多也只能证实自从1859年以来一再显示的一种局势,即:奥地利想保住自己在意大利的地位,只能付出把德意志领导权让给普鲁士这一代价;而弗朗西斯·约瑟夫除非战败是决不肯付出这一代价的。①

　　面对这一僵局,雷克伯格和俾斯麦只能同意奥普共有两公国长期化;这一点写进了10月间同丹麦签订的最后条约。雷克伯格作了一个很大的让步:他同意不在议会中提出两公国的问题,从而恪守对普鲁士的同盟,而不是去煽动德意志内部的反普情绪。弗朗西斯·约瑟夫现在对这一政策充满疑问。雷克伯格的助手贝格勒本争辩说,应该放弃这一政策,转而同法国结盟。事实上,这样做的时机已经过去了。拿破仑第三正在慢慢地使自己摆脱特罗恩的限制,而在意大利问题上走向一次新的活动高潮。9月15日法意两国取得了关于罗马问题的协议:法军在两年内撤出罗马;意大利答应不进攻罗马,并从都灵迁都佛罗伦萨。表面上,意大利放弃了对罗马的要求;实际上,它不过为了照顾拿破仑的面子而推迟

---

① 雷克伯格和俾斯麦在他们晚年时所作的关于申布龙会谈的叙述都很混乱,并使人产生误解。很长一段时间里,人们都认为没有起草过正式协议。若干年前斯尔比克发现了协议草稿,并在《历史杂志》第153卷中发表。《奥地利德意志政策之由来》(第1768号)予以转载。

## 第八章 俾斯麦的战争:击败奥地利 1864—6 年

了对罗马的占有。正是这个政策使图弗内尔两年前丢了官。特罗恩承认他失败了,对尼格拉说,"很自然,未来的发展将是你们最后走向罗马。"这一协议恢复了法意之间的良好关系,从而成为一种反奥的姿态。还有一点,随着罗马问题的推后,它使意大利人——还有拿破仑——的眼光转向威尼西亚。作为从特罗恩路线转向的又一个迹象,图弗内尔的支持者之一贝内德蒂(1862 年以来一直失宠)现在被派到柏林去担任法国大使;拿破仑告诉他,他的任务就是防止奥普之间有任何密切联系。①

奥地利政策的新动向使这个任务轻而易举。10 月,雷克伯格未能取得普鲁士设法使德意志"关税同盟"在将来某个时候接纳奥地利的承诺。虽然这一承诺本身将会是毫无意义的,但拒绝给予这一承诺却并非如此。这是对雷克伯格的最后一击;他于 10 月 27 日去职。继任的门斯多夫是一位骑兵将军,毫无政治经验。真正的政策指导者摩里斯·埃斯特哈齐是一个对前途失去希望的保守主义者;他相信奥地利已经命定要完蛋了,因此应该光荣地消亡。随之而来的政策是:对意大利不让步,同法国不结盟,而对普鲁士则在两公国问题上也不退让。埃斯特哈齐愿意给普鲁士的只是在一场反对"革命"的战争中进行合作的特权;即使是这一点也有条件,那就是普鲁士不为它自己捞什么好处。这样,奥地利在每条战线上都坚持自己的要求,却不在任何一条战线上寻求盟友。奥地利人甚至不想去同俄国和好,而俄国是唯一剩下的一个可能

---

① 贝内德蒂致特罗恩·德·吕伊,1865 年 4 月 30 日。见《外交缘由》,vi,第 1376 号。

在中欧势力均衡中多少起点作用的强国。相反地,当罗马尼亚的局势再次发生动乱时,他们像以往一样顽固地反对俄国。俾斯麦答应支持俄国的任何建议(只要它们不会导致同法国争吵),从而得到了一笔很容易的"信用贷款";[①]用法国驻圣彼得堡大使的话说,普鲁士在政治上正如在交易所中一样,行情看好。[②]夸大俄国对普鲁士好感的重要性是错误的。继克里米亚战争而来的波兰起义已经耗尽了俄国的实力,使它不可能再采取任何大规模的行动。尽管如此,在一场战争爆发前的时期内,影响力是有很大作用的,即使它没有武力作后盾。如果亚历山大第二坚持不懈地对这两个德意志强国施加压力,要它们重新和好,就像尼古拉一世在乌洛莫维茨之前所曾做过的那样,普鲁士国王的决心是会很快因之而动摇的——这种决心几乎抵挡不住维多利亚女王的规劝。而现在的现实是,来自圣彼得堡的是对普鲁士的极大同情,而不是喃喃的埋怨。

这无疑是一个次要的因素。俄国和英国实际上已使它们自己从欧洲的势力均衡中消失;这使1864至1866年这一时期在近代历史中具有十分特殊的性质。为主宰德意志而进行的斗争局限在西欧这个舞台上,而拿破仑则不得不在没有任何来自其他两个非德意志强国的帮助的情况下,代表欧洲说话。毫不奇怪,这个责任对他来说是太大了。德意志的斗争经历两个回合——1865年夏天是个假的开端(或者可能是一次演习),1866年春天才是真干。

---

[①] 纳比埃(圣彼得堡)致拉塞尔,1月2日;乌勃里尔致高尔察科夫,1865年12月14日。见《1858—1871年间的普鲁士外交政策》,v,第423号;vi,第387号。

[②] 塔莱朗致特罗恩·德·吕伊,1865年1月18日。见《外交缘由》,v,第1201号。

## 第八章 俾斯麦的战争:击败奥地利 1864—6 年

表面上是在两公国问题上的冲突,真正的问题是像在国际事务中常见的那样——用"驼背矮胖子"*的话说——"谁来当老大,这就是一切。"1864 年秋,奥地利政府不知道对两公国该怎么办,就开始重提奥古斯登堡公爵的要求。1865 年 2 月 22 日,俾斯麦作出了答复,明确普鲁士承认奥古斯登堡的条件,这些条件就是要使之完全成为附庸。贝格勒本评论说,如果是在这样的条件下充当两公国的统治者,他还不如去种红薯。4 月 6 日,奥地利鼓动议会支持奥古斯登堡——这是一个违反同普鲁士盟约的明显姿态。5 月 29 日,在一次普鲁士御前会议上举行政策辩论。俾斯麦说,"如果把同法国结盟对奥作战的话从外交词汇中除去,那就不可能再有什么普鲁士的政策。"① 尽管如此,会议并没有决定开战——也许俾斯麦也不想这样做——而只是决定重申 2 月条件,静观事态发展。紧张局势继续加剧,到 8 月达于顶点,当时威廉一世和俾斯麦都在奥地利的国土上、在加施泰因。(在那时那种文明的日子里,一个统治者可能在另一个国家度假,而不出半个月他说不定就要对这个国家开战。)到最后一分钟,奥地利政府吃不住劲了。他们既解脱不了财政困难,又面临匈牙利的宪法危机,于是在 8 月 5 日决定用妥协办法来争取一点时间。他们提出对两公国作出"临时性"的分治,斯莱士威克归普鲁士、荷尔施泰因归奥地利,俾斯麦对此表示接受。8 月 14 日在加施泰因签订了协议。

加施泰因条约像早于它的申布龙条约(以及晚于它的 1866 年

---

\* 原文为 Humpty Dumpty,是英国一首长篇儿歌中的主人公。——译注
① 这句话不载于官方纪录,但见于毛奇将军的会议笔记,因此不起很大的决定作用。参阅《1858—1871 年间的普鲁士外交政策》,vi,第 101 号。

5月加布伦茨建议)一样,一直成为一个争论不休的题目。有人把它看作只不过是在通向不可避免的战争的道路上俾斯麦精心策划的一步;也有人把它作为俾斯麦想要重建梅特涅时代那种保守的德意志伙伴关系的证据。也许这两种看法都不对。[①] 俾斯麦在外交上是一个天才,但在作战上没有经验,也不喜欢冒战争的风险。他很可能曾经希望用外交手段把奥地利排挤出两公国,或者甚至于排挤出德意志领导地位;这种神妙手法他在后半生不是办不到的。他在这段时期的外交看来是为了恫吓奥地利,而不是准备打仗。他伸向法国的钓饵只是表示,如果普鲁士得到两公国,它将实施"民族原则",把斯莱士威克北部归还丹麦;他所要求的报答也只是法国的善意中立。[②] 他对意大利做工作也是试探性的——那些通过奥地利邮局发出的电报当然主要是为了使之对维也纳起作用。法国人和意大利人都怀疑俾斯麦是在为了他自己的目的玩弄手段。意大利总理拉·玛摩拉虽然急于征服威尼西亚,但怀疑俾斯麦是否想打一场"大规模的战争"。[③] 拿破仑在危机期间故意置身事外,把法国政策交给尤金妮亚和特罗恩(两位都是保守路线的

---

[①] 有一种解释肯定是错的。没有材料证明普鲁士人对于他们击败奥地利的能力有任何怀疑;因此没有根据来假定他们要把战争推迟到能同意大利结盟的时候。妥协来自奥地利而不是普鲁士;俾斯麦接受一种妥协办法只是因为有人向他提出了一种妥协办法。即使是奥地利的决策也是出于政治上的动机而不是在军事上作了精密估量的结果。事实上,奥普双方中任何一方(确实还包括其他任何人)都没有考虑军事上胜负的可能性,这是很不寻常的。

[②] 贝内德蒂致特罗恩·德·吕伊,1865年5月7日。见《外交缘由》,vi,第1387号。据认为,俾斯麦说过,在战败的情况下他将寻求同法国结盟并且知道要为此付出一笔代价;但他在当时没有具体说明这代价是什么。

[③] 乌泽多姆(佛罗伦萨)致俾斯麦,1865年7月27日。见《1858—1871年间的普鲁士外交政策》,vi,第206号。

## 第八章 俾斯麦的战争：击败奥地利 1864—6年

倡导者）去决定；特罗恩唯一的一个起作用的行动是警告意大利在反对奥地利的斗争中不要指靠法国的援助。①

有一个强有力的论据不利于这种对俾斯麦政策的多少带有和平意味的解释；他一回到柏林就开始到处鼓吹争取法国援助。他公开宣称，他要法国"在世界上一切通行法语的地方"进行扩张。②他还不以此为满足，又亲自在10月间跑到比亚里茨去会晤拿破仑。但这次比亚里茨会晤远不是1858年加富尔对普隆比埃的访问的翻版。加富尔是决心要同奥地利打仗的，而拿破仑也想同他一起作战。每一方都想把对方拴住——加富尔想得到法国保证支援的承诺，而拿破仑则想得到萨瓦和尼斯。现在，俾斯麦和拿破仑双方都迫切要求避免承担任何义务，一切将来再看。俾斯麦所要的是防止法国同奥地利结盟而不是自己去同法国结盟；简言之，他要确保由拿破仑而不是特罗恩来决定法国政策。特罗恩曾谴责加施泰因条约是一种不道德力量的行为；他愿意看到奥地利同一些较小的德意志邦结盟以羞辱普鲁士——这是回复到奥洛莫乌茨时期的政策。拿破仑不喜欢普奥之间的任何协议，不论是在奥洛莫乌茨还是在加施泰因基础上；他怀疑——他经常这样怀疑——任何这类协议总会包含一项普鲁士对威尼西亚的保证。俾斯麦告诉他，从来没有给过这样的保证；拿破仑回过来坚持说法奥结盟是不可能的——"我不会去站在一个靶子旁边"。虽然他们也讨论过

---

① 特罗恩·德·吕伊致格拉蒙，8月1日；致勒弗布弗勒·德·贝埃纳，1865年8月15日。见《外交缘由》，vi，第1470,1493号。

② 勒弗布弗勒·德·贝埃纳致特罗恩·德·吕伊，1865年9月27日，见《外交缘由》，vii，第1590号。

"可能会不求自来的好处"①——北部德意志归普鲁士,比利时或卢森堡归法国——但这些是常见的、拿破仑式的模糊设想。比亚里茨的主要一笔买卖是双方都不对奥地利承担任何义务——俾斯麦是为了德意志,拿破仑则是为了威尼西亚。

从此以后决定外交动态的确实就是威尼西亚。拿破仑对它是念念不忘。他决心以耐心而冷酷的顽强精神去实现1859年的未完成的计划,②并且相信到他死时如果威尼西亚还在奥地利手中,"他的儿子的王座将是一座火山"。③ 对他来讲,取得直抵莱茵河的领土的前景是次要的(在1859年时甚至萨瓦和尼斯也如此);这些要求他是为了满足法国舆论、使自己获得人民好感而提出来的。④ 当然,他估计普奥之间的任何冲突都会使欧洲均势改变得对他有利;他如何实际运用这种变化则要根据局势而定。这些都不过是渺茫的前景,威尼西亚则是具体的、近在眼前的。如果奥地利人找到了某种体面的办法把威尼西亚给了意大利,那么特罗恩和他的保守主义方针路线就会大大地得到加强;拿破仑就会听任局势自然发展,而后来未能促成的反普联合阵线也会建立起来。只要威尼西亚在奥地利手中,就不可能把拿破仑争取过来支持一项亲奥的——或者甚至于只是一项和平的——政策;尽管比过去

---

① 俾斯麦致威廉第一,1865年10月5日。见《1858—1871年间的普鲁士外交政策》,vi,第313号。

② "我的唯一兴趣是用威尼斯的归并来了结意大利问题。"梅特涅致门斯多夫,1866年5月21日。见《拿破仑第三的莱茵政策》,i,第116号。

③ 他对考利的话。

④ "所有法国的眼睛都在望着莱茵河。"哥尔茨致俾斯麦,1866年5月9日。见《莱茵政策》一书,i,第87号。

任何时候都更迟疑拖沓,他始终是一个冒险家。

十分奇怪,局势决定性地转向战争倒是由于试图寻找一个和平解决威尼西亚问题的办法;而威尼西亚作为最后一着使普鲁士获得了德意志霸权。1865年秋,一个名叫马拉古志的意大利保守派贵族试图劝说奥地利政府把威尼西亚卖给意大利,而以在德意志内部获得某些利益为慰藉。谈判持续到1866年2月才破裂。正在这时,出现了一项更吸引人的代替办法。1866年2月23日,罗马尼亚亲王尼古拉·库查被推翻并被迫退位。意大利驻巴黎代表尼格拉想到由奥地利获得罗马尼亚以交换威尼西亚;拿破仑默许了这个想法——这是他素来喜爱的那种复杂的结合办法。但他认为奥地利人除非因为被吓得走投无路是决不会放弃威尼西亚的,因此他劝说意大利人同时与普鲁士谈判订立军事同盟,以迫使奥地利降服。这个劝告提得正是时候。2月28日,在一次普鲁士御前会议上决定对奥地利提出挑战(即使冒战争的风险),并寻求同意大利结盟以取悦拿破仑作为第一步。正在拉·玛摩拉决定要去接近俾斯麦的时候,俾斯麦来接近这位意大利首相了。一个意大利将军被派往柏林,表面上是去谈判,实际上是吓唬奥地利人。他们感到了威胁,但领会错了。他们把取得罗马尼亚的建议只看作是一项使他们招引俄国敌意的计谋,[①]从而在3月中旬干脆拒

---

[①] 不管怎么样,俾斯麦是为他们这样做了。他告诉俄国人说,奥地利赞同这个想法而拿破仑则为了罗马尼亚的民族主义而表示反对。乌勃里尔致高尔察科夫,1866年2月25日。见《1858—1871年间的普鲁士外交政策》,vi,第493号。亚历山大第二说,这个计划"是不能接受的,除非我打仗输了"。高尔察科夫则说,"即使我的本性像一只绵羊,对这样的主意也会起来反抗。"(塔莱朗致特罗恩·德·吕伊,1866年3月21日。见《外交缘由》,viii,第1927号。)如果还有这样的需要的话,那么俄奥之间的交恶肯定地是由此而完成的。

绝了这笔交易。

161　　这样,意大利人和他们的保护人拿破仑就把同普鲁士的谈判沾上了手;他们开始时不过作为虚张声势的事情,现在不得不当回事来做了。虽然俾斯麦同意,如果发生战争,意大利人应该取得威尼西亚,他不愿意使自己承担为此而参战的义务;他要求意大利人承诺在普鲁士对奥开战的情况下于三个月之内参战,而他自己则保留行动自由。即使如此,这对意大利人也是一个收获:虽然这不是对他们保证作战,但对他们保证了在发生战争的情况下取得威尼西亚。对拿破仑,这一论点也起了决定性作用:他劝告意大利人(虽然只"作为一个朋友,并不承担任何责任")接受俾斯麦的建议,甚至答应在奥地利进攻而普鲁士见死不救的情况下保护他们。普鲁士和意大利4月8日签订的条约在拿破仑的政策中是一个决定性的步骤。此后在三个月内,即使奥地利人愿意放弃威尼西亚,他也不能对他们在意大利问题上表示中立;即使奥地利人给他莱茵兰而俾斯麦则不给他,他也不能有效地对普鲁士进行威胁。人们常说,俾斯麦发动奥普之战而没有对拿破仑作出任何具体的许诺。实际并非如此。俾斯麦赢得这场外交斗争是因为他第一个付出了拿破仑颇为在意的唯一代价;这个代价就是威尼西亚。4月8日的条约一签订,俾斯麦无疑地听到了拿破仑关于在莱茵河取得补偿——"要是你有一个萨瓦"①——的泛泛之谈,并且不得不面对特罗恩提出的更加实际的要求;②但主要的代价已经付出了,拿破

---

① 戈尔茨致威廉第一,1866年4月25日。见《莱茵政策》,i,第71号。
② 特罗恩说,"我们有足够的威望;我们将不再为一种思想而作战。如果别人有所得,我们也必须有所得。"戈尔茨致俾斯麦,1866年5月1日。同上书,第75号。

## 第八章 俾斯麦的战争:击败奥地利 1864—6年

仑要想禁止俾斯麦走向战争(要是他决定这样做的话)实际上已经不大可能了。

4月8日条约使外交局面颠倒了过来。在此之前,问题在于能否使战争打得起来;从此以后,问题变成能否使战争避免。三个方面——奥地利、俾斯麦、最后是拿破仑——都作了尝试,但都在威尼西亚问题上碰了壁。奥地利人处于这样一种使人难堪的困境,即:他们那支尾大不掉的军队要七八个星期才能动员起来,而普鲁士人只要三个星期。因此,如果开始备战竞赛,那么首先开始的应该是他们。避免产生这种局面的唯一办法就是保证奥地利不开始这种竞赛,条件是普鲁士也这样做;如果俾斯麦拒绝,那么发生战争讯号的就是俾斯麦而不是奥地利人了。奥地利在4月7日采取了这一主动行动,俾斯麦对此难以作出能使国王满意的有效答复,因此到了4月21日无奈被迫答应在解除军备的道路上追随奥地利。同一天,奥地利大臣们收到了关于意大利准备战争的夸大其词的报告,大吃一惊。由于他们从未承认意大利王国,他们不能够去要求意大利人作出像普鲁士已经向他们作出的那种保证;加之他们知道即使克服了这一技术上的困难,意大利人的答复也将是要求割让威尼西亚。因此他们决定只对意大利作军事动员。这对俾斯麦已经够用了;他能使威廉第一信服,奥地利人是在欺骗他。确实,奥地利人发现局部动员是不可能实现的折中办法,所以在4月27日在波希米亚的北方部队也开始动员起来。这样,奥地利人对威尼西亚的担心使俾斯麦回避了发动备战竞赛的责任。

俾斯麦自己的主动行动可能只是想清除掉国王对战争的最后一些顾虑,也可能是用和平手段实现德意志双重领导的最后一次尝试。看来始终没有一个人能洞察俾斯麦的心思。在他这一主动行动中充当调解人的是安东·冯·加布伦茨——一位两重性的典型人物:自己是普鲁士人,他的兄弟又是奥地利驻荷尔施泰因总督。加布伦茨的"妥协方案"有两个条件:两公国由一个普鲁士亲王治理,但不得并入普鲁士;德意志军事领导权则由奥普两国分享。奥地利人对两公国的这一条件可能会同意,因为他们对这件事已颇厌烦,而加布伦茨建议则保持他们的荣誉。第二个条件就更严重了。在北部德意志的霸权是普鲁士在1849年、在1859年战争中以及在特普利策会议后1860—1年的谈判中一再提出的要求;这是奥地利人始终拒绝的一个重大要求。现在在困境中,他们也许会同意,如果他们能够得到普鲁士对威尼西亚的保证作为报答。即使以俾斯麦的巧妙手腕也无法满足这个条件。事实上,他的看法是,由于奥地利拒绝放弃威尼西亚、拒绝放弃德意志霸权而使自己处境艰难,现在必将鸡飞蛋打。1866年战争的结局确实就是如此;但奥地利人决不肯在战争开始之前就接受战败的后果。[①] 5月28日,加布伦茨谈判破裂。威尼西亚又一次成了取得协议的障碍。

事实是,奥地利人已经决定——太晚了——最终放弃威尼西亚,以争取法国友好和意大利中立。但他们不愿意直接把它交给意大利;5月初,他们提出把它交给法国,以换取意大利中立——他们自己将在对普战争中在德意志获得补偿。拿破仑本来想接受

---

① 俾斯麦在后半生中透露,他曾向奥地利提出参加对法作战并把阿尔萨斯给奥地利。这显然是不真实的。在1866年还没有阿尔萨斯问题;俾斯麦后来抛出这个问题是为了掩饰他不能保证威尼西亚这一事实。

## 第八章 俾斯麦的战争:击败奥地利 1864—6 年

这个提议。他曾策划战争,但现在却又在战争面前畏缩了,就像他在 1859 年初那些日子里想拖住加富尔一样。此外,他还在受着他自己的支持者特罗恩和佩西尼的干扰;影响更大的是梯也尔 5 月 3 日发表的一篇演说,指出支持普鲁士是一条错误的路线,拿破仑应该恢复 1815 年的势力均衡,而不是合成一个统一的德意志。法国舆论根本不关心威尼西亚,它所要的是把莱茵河左岸变成一个在法国保护下的缓冲国,①而要这样做,就必须把普鲁士一部分领土包括在内,因此奥地利(而不是普鲁士)应该是法国的较好伙伴。拿破仑实际上是半心半意地询问意大利人,他们是否将接受奥地利的提议。他们表示拒不接受。他们冠冕堂皇的解释是,同普鲁士签订的条约在 7 月 8 日前对他们有约束力;他们的真正条件是在公民投票后威尼西亚脱离奥地利的归宿问题应遵循民族原则——这是奥地利人不可能接受的条件。拿破仑在心底里并不因意大利的拒绝感到遗憾:他需要意大利对奥地利的压力。此外,梯也尔的批评迫使他公开表态。5 月 6 日,在事先没有向他的大臣们打招呼的情况下,他在奥塞尔宣布:"我厌恶 1815 年那些条约,而现在人们居然要拿它们作为我们的政策的唯一基础。"

拿破仑仍然以为可以有和平解决办法,那就是他经常梦想实现的讨论所有欧洲问题的大会。意大利人确实曾向他提出这个建议,作为一种争取时间(直到他们同普鲁士盟约在 7 月 8 日期满)

---

① 关于这一点的最清楚的表述莫过于佩西尼 5 月 18 日在法国大臣会议上的讲话。

的手段。两个中立的强国,英国和俄国,愿意作出一种赞成和平的空洞姿态,但两国都坚持把东方问题(同它们有关的唯一主题)排除在外:英国是为了不让俄国提出黑海中立化的问题,俄国则是为了防止奥地利获得罗马尼亚。在方案中剩下来的问题是:威尼西亚——它将归意大利;易北河两公国——它们将归普鲁士;在莱茵河建立一个中立国家——为了法国的利益。对奥地利只模糊提到给予"补偿"。奥地利人将只有得到西里西亚才会满足,但他们知道普鲁士不经一战是绝对不会放弃西里西亚的。俾斯麦自己就曾警告法国人,如果他们提议割让西里西亚,普鲁士将公布1849年法兰克福宪法以激发德意志民族感情,并将在一种革命性的基础上单独作战。① 法国人实际上是想欺骗奥地利人:如果大会能够召开,特罗恩将提议用波斯尼亚来满足奥地利(普鲁士和意大利应向土耳其将波斯尼亚买来)。② 这个建议等于是要奥地利放弃它在德意志和意大利的霸权,把它的立国重心转移到匈牙利去——这是自从1862年、甚至1848年以来奥地利人一直坚决抵制的。对于有十多个民族的奥地利来说,要它在德意志和意大利都自愿地承认民族原则是不可能的。此外,兼并波斯尼亚会遭到英国、也会遭到俄国的反对,更不要说遭到土耳其的拒绝了。结果将是奥地利在大会上成为众矢之的。奥地利人虽然不知道法国的计划,

---

① 贝内德蒂致特罗恩·德·吕伊,1866年5月19日。见《外交缘由》,ix,第2382号。

② 大会开幕词草稿,1866年5月29日,同上书,第2479号。以波斯尼亚满足奥地利的想法看来源出于梅特涅,虽然并未得到他的政府批准。特罗恩·德·吕伊致格拉蒙,1866年4月20日。同上书,viii,第2095号。

## 第八章 俾斯麦的战争:击败奥地利 1864—6 年

但对此有所疑忌;因此,他们在 6 月 1 日表示接受召开大会的提议,条件是与会的任何国家都不得由此而扩张领土或增加势力。这排除了割让威尼西亚的问题,从而使大会对拿破仑毫无用处。他唯一的替代办法就是把奥地利推进战争。奥地利人也想使战争打起来,因为这看来是实现用西里西亚交换威尼西亚(他们现在认为这是解决一切麻烦的办法)的唯一途径。这样,作为最后一着,奥地利和法国自己都来促进战争的爆发,而这场战争是要摧毁它们在欧洲的传统荣光的。对两国来说,威尼西亚都是决定因素。

但法国和奥地利仍然还要做一笔交易,虽然远不是两国保守派所曾梦寐以求的那种和平的伙伴关系。拿破仑曾从普鲁士获得关于威尼西亚的有约束作用的承诺;因此在整个 5 月内他没有做任何打击普鲁士的事情,尽管他关于取得某种给予莱茵河领土的具体提议的试探性努力并未成功。可能他确实并未在这一点上对俾斯麦施加压力,以免把他吓得不敢轻启战端,而只有战争才能使威尼西亚归还意大利。他从来没有想到,普鲁士的决定性胜利将使他自己的安全发生问题。拿破仑所最关心的事情就是要从奥地利取得关于威尼西亚的有约束作用的承诺;作为报答,他准备答应保持中立。他对梅特涅说,"在意大利给我保证(如果你们打赢的话),我愿意让你们在德意志自由行动。……否则我将被迫在轮到我的时候武装起来并最终进行干涉。"① 奥地利人决定,他们必须

---

① 梅特涅致门斯多夫,1866 年 5 月 23 日、6 月 6 日。见《莱茵政策》,i,第 120、132 号。

收买法国的中立,尽管埃斯特哈齐还在怀疑"拿破仑的手枪是否已经真的上了子弹"。6月12日法奥两国在维也纳签订密约:法国允诺保守中立并将力求使意大利也保守中立;奥地利允诺割让威尼西亚给法国,如果它打胜的话;①此外,它将不反对在莱茵河创建"一个新的独立的德意志国家"。拿破仑得到了他所要的一切:威尼西亚,还有莱茵缓冲国。但奥地利人也并不以为他们一无所获。如果打赢了,他们将在法国同意下吞并西里西亚;而法国的中立——他们这样认为——将使他们有取胜的机会。格拉蒙写给门斯多夫的信上说,"我们的友好的中立将保证你们的胜利。"有这种幻想的人不止格拉蒙一个。后来,有人出来争辩说,随便怎么样法国总会保持中立的,这是一种"事后聪明"的说法。即使是俾斯麦,在萨多瓦战役后的半个月中也很认真地对待法国可能干涉的问题;如果俾斯麦错了,那么奥地利人的错误也就可以原谅了。当然,由于威尼西亚的丢失既已不可避免,那么奥地利人还不如在几个月前(甚至几年前)把它割让掉也许还更好一些;但所有国家的本性都不愿意在面临战败之前割让领土,更不要说一个传统强国的本性了。

即使到了此刻,要发动战争还有一些技术上的困难。6月1日,奥地利把两公国的问题交到邦联议会手中;这是它同普鲁士盟

---

① 奥地利如果战败,它怎么也得丢掉威尼西亚。奥地利人想写明只有在他们在德意志取得"相等的领土补偿"(即西里西亚)的条件下才割让威尼西亚。法国人虽然拒绝了这一点,但同意准许"奥地利征服所得的任何领土",只要不打破欧洲的势力均衡。

约的正式破裂。俾斯麦以占领荷尔施泰因作报复；但使他懊恼的是，还没有来得及打一枪，奥军就已撤走了。6月12日，奥地利断绝同普鲁士的外交关系；6月14日，邦联议会通过了全邦联动员反对普鲁士的奥地利动议。普鲁士宣布"德意志邦联"终结并在6月15日入侵萨克森。没有正式宣战。当普军在6月21日到达奥地利边界时，担任指挥官的普鲁士王储通知相距最近的奥军军官，已存在"战争状态"，接着就开始入侵。意大利人做得稍好一些：拉·玛摩拉在发起攻势之前给奥军南线总司令奥尔布雷克特大公送去了宣战书。这些技术上的斟酌同1859年的情况有着同样的原因：意大利和普鲁士都是在执行某些不符合国际法的步骤。由于两国都反对保持现状，如果它们把要求写在纸面上，那么它们就必然会以侵略者的面貌出现。但如果奥地利不为它们把战争先发动起来，它们要发动战争仍很为难。1866年的战争同在它之前的1859年的战争以及在它之后的1870年和1914年战争一样，是由保守的强国、处于守势的强国发动的：它被惹得忍无可忍，只有对欺侮它的人发作起来。本书所叙述的列强之间的每一次战争都是以预防性战争而不是以征服性战争开始的。克里米亚战争总算合理地达成了它的目标；其他战争都给它们的发动者带来了灾难。这也许可以证明，发动预防性战争是一种错误；或者说，没有必胜把握而发动这样的战争只能是一种错误。

1866年战争的进程出奇地短促。意大利人于6月24日在库思托查——在此之前他们于1848年战败的同一战场——被击败。这对奥地利人没有什么帮助。7月3日，他们的主力军在波希米亚的萨多瓦被击溃。① 若干天前，他们已经提出，如果拿破仑能为他们取得意大利对休战的同意，从而使他们的南方部队能解脱出来转而对付普鲁士，那么他们愿意把威尼西亚割让给他。拿破仑不能满足这个条件，因为意大利对普鲁士承担了义务，并且他们自己想征服威尼西亚。7月4日，在收到萨多瓦战报后，拿破仑宣布——非常不正确地——奥地利已把威尼西亚割让给他；作为报答，他已同意在交战国之间进行调停。这与使意大利同意休战以帮助奥地利人完全是两回事。普鲁士和意大利——后者更为勉强地——接受法国调停；但两国都坚持在达成协议之前敌对行动将继续进行。特罗恩以为7月4日的决定意味着他的政策的成功：法国将设法强使战胜国接受温和的条款，如果被拒绝，就同奥地利结盟来对付这些战胜国。② 这样一来，特罗恩将最后取得同奥地利的盟约，而这正是他从1853年以来一直在寻求的。他的政策会被采纳是不可思议的。虽然拿破仑从来没有像现在这样迟疑拖沓，每当问题归结到民族原则时，他总是站到维护民族原则的立场上来。在战争之前，他一直抵制同奥地利结盟；在奥地利战败的时候，他自然更不会去把自己同"这具奥地利僵尸"捆绑在一起。还有，奇怪的是，冒险的政策现在是无所作为的政策：拿破仑只要无所作为就能有利于民族原则的胜利。他本人在患病，几乎连作个决定都困难，更不要说行动了；法国军队也没有准备好打一场严重

---

① 萨多瓦的德语名称是科尼克格雷茨(Königgrätz)(今属捷克。——译注)。
② 人们不清楚这一盟约除了抵挡普鲁士以外，特罗恩还认为它有什么别的用处。虽然他含糊地谈到占领莱茵河左岸，但并不主张吞并：这将是"补偿"的政策，可以在同普鲁士的协议中予以默许，而不能在一场反普鲁士的战争中达到。

## 第八章 俾斯麦的战争:击败奥地利 1864—6 年

的战争。虽然这应该是一个决定因素,但当时并非如此,因为讨论集中在政策上而不是在法国的实力上。此外,法国军队要在莱茵河上显示一下武力还是满可以的,这会影响德意志内部的势力均衡。①

俾斯麦使拿破仑很容易地抵制了特罗恩,即使特罗恩有尤金妮亚做靠山。俾斯麦不但接受了法国调停,并且提出了温和的条款:解散德意志邦联,奥地利不再插手德意志事务,普鲁士在美因河以北的德意志建立军事霸权。拿破仑怎么能反对这些他多年来一向赞成的条款呢?他反对的唯一的一点是把奥地利完全排斥在德意志之外,因为这样将使德意志内部的力量均衡产生过分有利于普鲁士的变化。俾斯麦表示同意使美因河以南的德意志诸邦保持"国际性的独立存在",拿破仑对此满意。② 这样一来,他将得到的是:1815 年关于德意志的安排被摧毁;德意志民族对他的感激之情;独立于奥普两国之外的缓冲国,用以保卫莱茵河边界;更不要提威尼西亚的归属意大利了。③ 拿破仑在 7 月 8 日获悉俾斯麦的条款。两天以后,他作出了决定:特罗恩的政策(即"7 月 4 日的

---

① 据俾斯麦说,如果法国作出威胁,他就同奥地利媾和,并将团结一致的德意志武力转而对付拿破仑。这是典型的俾斯麦式的吹牛。他不能抛弃意大利。不论在什么情况下,在萨多瓦战役之后,奥地利人宁肯同法国、而不是同普鲁士结盟。

② 作为另一个诱惑,俾斯麦同意在斯莱士威克北部举行公民投票。这一点照列在布拉格条约第五条中。但左一个借口、右一个借口,公民投票被一再推迟。1878 年,奥地利同意废止第五条。直到协约国在 1919 年取得胜利之后,公民投票才举行。

③ 有一点常常被忽视,即特罗恩的政策包含着对意大利以及对普鲁士打仗(由于意大利人是顽固的、不妥协的,这确实更有可能)。没有什么事情比假定拿破仑会对他自己创立的国家作战更加异想天开的了。

政策")是错误的,法国必须寻求同普鲁士达成协议。① 其他任何决定都将是同第二帝国的内在本质正相反背的。

7月10日的决定使大局定下来了。7月14日,拿破仑和戈尔茨起草了法国所要建议的条款,7月18日送达维也纳。奥地利大臣们虽然非常关心国家威望,对奥地利的"德意志使命"则是不大在乎或根本不在乎。一旦他们认定军事败局已难扭转,他们就只坚持要使他们的一个忠实盟友——萨克森保持完整;7月26日,在尼科尔斯堡签订了初步和约。这在一个月后成为布拉格正式和约(8月23日)。意大利人没有参与谈判:他们希望乘奥地利人在别处忙于应付的时候攫占南蒂罗尔。但只要威尼西亚许给了意大利人,俾斯麦就已完成了他的交易,所以他在没有意大利人参与的情况下就议和了。这样一来,奥地利就能以它的全部军事力量为后盾迫使意大利人在8月10日接受了奥地利提出的条款。他们得到了威尼西亚,但此外就什么也没有了。

奥地利被排除出德意志和意大利;但它仍然是一个强国。俾斯麦在获胜后的温和态度受到很多称赞;他几乎只是满足于战前所提出的条款,这当然表现出他的冷静头脑。但即使是俾斯麦,他也抬高了条件——他把奥地利排除出德意志,而不是以美因河为

---

① 我省略了关于巴黎时局发展的戏剧性说法。根据这种说法,在7月4日或5日的某个时候曾决定进行动员,但第二天就被拿破仑撤销了。即使确有其事(看来是可疑的),同普鲁士达成协议的决定也是到7月10日才作出的。从7月4日到10日,进行了反反复复的讨论———一方面是梅特涅、特罗恩和尤金妮亚,另一方面是鲁埃、热罗姆亲王,还有拿破仑自己的本心。奥地利的朋友们当然夸大拿破仑的衰弱和丧失意志力;但他在同戈尔茨谈判时显得很能干和坚决。事实上,像许多病人一样,当他需要称病时,他的病情最重。

## 第八章 俾斯麦的战争：击败奥地利 1864—6 年

界同奥地利在德意志分疆而治。还有，代替俾斯麦政策的另一办法不可能是肢解奥地利帝国，因为这将吓坏对俾斯麦的温和政策啧有烦言的威廉第一和普鲁士将领。代替办法只不过是吞并奥地利在西里西亚的一部分领土；这无损于奥地利保持它的强国地位，虽然它将是一个心怀不满的强国。它实在是够不满意的了。1866年10月，博伊斯特——萨克森前任首相、俾斯麦在德意志的主要对手——出任奥地利外相。尽管他宣布主张和平，这一任命除了作为寻机报复（或是用战争、或至少是用政策）的前奏之外，不可能有其他的用意。不寻机报复的决定是在1870年而不是在1866年作出的，而作出这一决定的理由在1866年是无法预见的。

德意志问题在头两年中，从斯莱士威克事件开始直到奥地利战败，主要是消极性质的。俾斯麦在这两年中的重大成就是击败了"大德意志"计划，这个计划只有在哈布斯堡领导下才能进行。普鲁士的政策在所要达到的目的方面总是更为有限（如果不是更为谦逊的话）；它要在美因河以北建立普鲁士霸权。实现这一点的最大障碍即奥地利势力已被排除了；但俾斯麦仍然还需要克服来自其他列强的抵抗。还有，普鲁士的胜利在它的政策中产生了一个新的复杂因素。德意志民族情绪是不会以美因河为界的；而普鲁士不论它自己是否愿意已成为一个"德意志"强国。1864至1866年间，俾斯麦没有去理会普鲁士和更广大的德意志的公众舆论，而1866年战争则是完全以运用外交来造成的最后一次"内阁战争"。1866年以后，俾斯麦在某种程度上成了他自己的成就的俘虏；他不再能够对德意志问题置之不理，即使他想要这样做。两个相邻的强国——法国和俄国也同样受到影响。直到1866年，两国都认为,正在相争的唯一问题是改变德意志内部的势力均衡;两国也都认为,如果改变得对普鲁士有利,它们也将受惠。1866年以后,它们逐步认识到,它们正面临德意志的统一而不只是一个扩大了的普鲁士。法国在1870年花了代价才懂得了这一点,而俄国则是在1878年。

# 第九章　法国的孤立
## 1866—70年

　　正如意大利在1859年那样,奥地利的战败只不过是为德意志问题扫清道路,它本身并没有解决这个问题。俾斯麦还得在没有列强干涉的条件下重新安排德意志,就如加富尔在1860年统一意大利一样。英国的政策坚定地遵循不干涉的路线;它只要保持积极的看法,那就总是欢迎任何加强中欧以反对在其周边的两大强国的发展。更为令人惊异的是这两大强国居然也容许德意志的统一。统一的进程在奥地利还处于失败过程中的时候就开始了。归根到底,普鲁士总是要同对它作战的德意志诸邦和奥地利媾和的。美因河以南的诸邦在战争中未受损伤,而且在战后它们的"国际性的独立存在"比过去更为正式。① 俾斯麦自己只要能控制美因河以北诸邦的军队就满足了;威廉第一则要增加普鲁士的领土——实际上是要吞并在美因河以北曾对普作战(不

---

① 人们常说俾斯麦在布拉格和约签订之前就同这些邦订立防御条约是破坏了这一条款。但在1866年的情况下,这些条约只是保证它们不受奥地利入侵;而且也没有理由假设拿破仑第三会表示反对,即使他当时知道有这些条约存在。当这些条约在1867年公开时,他并没有抱怨。即使到了1870年,他的政策也是保护南德意志诸邦的独立,既防备奥地利,也同样防备普鲁士。

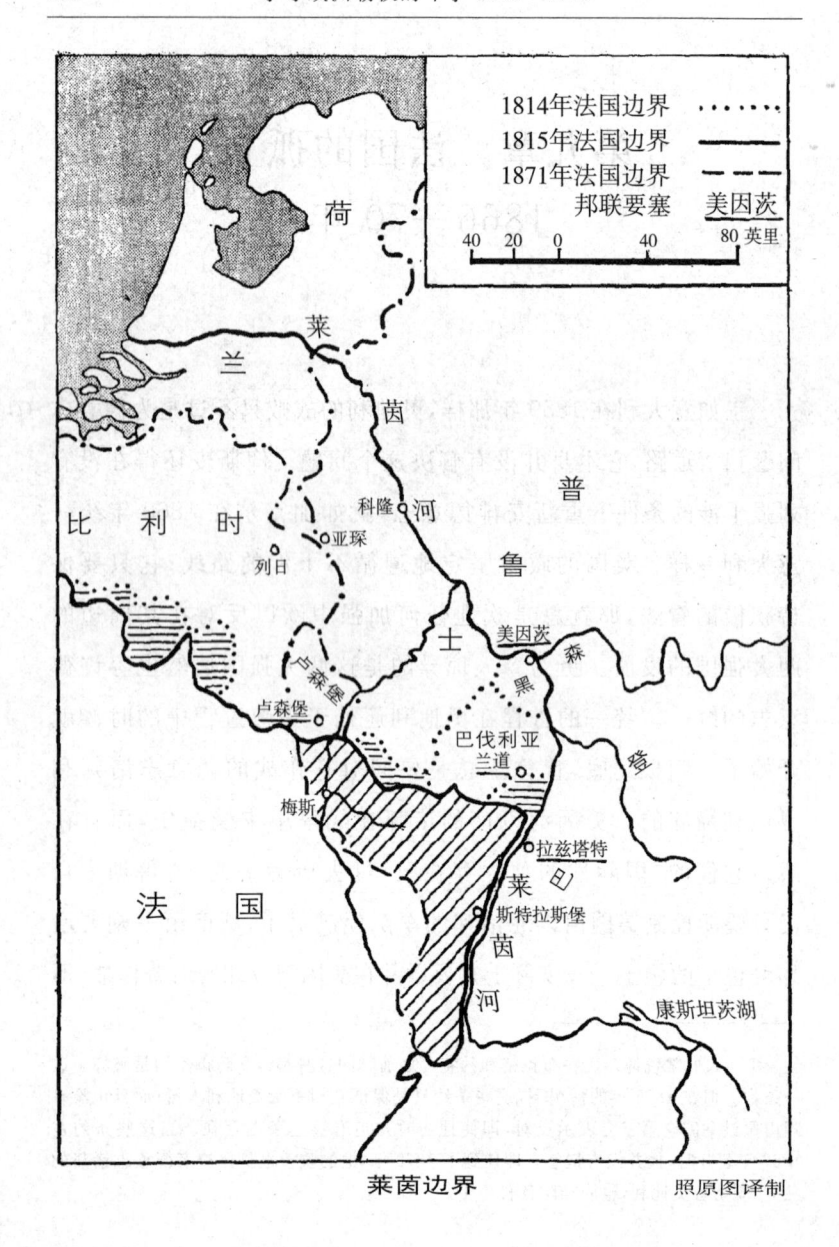

## 争夺欧洲霸权的斗争 1848—1918

图例：
- 1814年法国边界 ·······
- 1815年法国边界 ———
- 1871年法国边界 － － －
- 邦联要塞 美因茨

比例尺：40 20 0 40 80 英里

地名标注：
- 荷兰
- 比利时
- 普鲁士
- 法国
- 科隆
- 亚琛
- 列日
- 卢森堡
- 卢森堡（城）
- 美因茨
- 黑森
- 巴登
- 巴伐利亚兰道
- 梅斯
- 拉兹塔特
- 莱茵河
- 斯特拉斯堡
- 康斯坦茨湖
- 莱茵河

**莱茵边界**　　　　　　　　照原图译制

论怎样无效)的各邦。俾斯麦最初并没有想到他能够完成这个计划而无须给法国某些补偿;他反复强使法国在普奥谈判结束之前说明它的要求——甚至抛出了这样的话:比利时应该成为"法国的壁垒"。①

这根本不是拿破仑的意图。他所关心的是为意大利取得威尼西亚;此外,他以为他已在美因河以南创立了"第三个德意志",从而使德意志的势力均衡变得对法国有利。他的根深蒂固的信念在于民族原则而不在于自然疆界。当然,他希望摧毁 1815 年的解决办法,但随着德意志邦联的解散,这一点已经做到了。虽然他在 1860 年拿了萨瓦和尼斯,这主要是作为安抚法国人情绪的糖块;当加富尔得到整个南部意大利时,他并没有要求补偿。现在,他在内心里,从来没有想要取得为德意志人所居住的领土。他要的是一个满足的、感恩的普鲁士;而且他估计一个自由主义的、建立在民族基础上的普鲁士将会对俄国疏远。事情远不是俾斯麦提出要求、拿破仑加以拒绝,而是拿破仑强使俾斯麦接受德意志领土。当稍后他申斥特罗恩时,他是这样说的,"法国的真正利益不是去实现某些无关紧要的领土扩充,而是去帮助德意志以一种对它的利益和欧洲的利益最适合的方式建立起来。"②拿破仑有时怀疑他到

---

① 贝内德蒂致特罗恩·德·吕伊,7 月 15 日;勒弗布弗勒·德·贝埃纳致特罗恩·德·吕伊,1866 年 7 月 25 日(纪录 7 月 16 日的谈话)。见《外交缘由》,xi,第 3000、3143 号。

② 拿破仑致拉·瓦莱特,1866 年 8 月 12 日。同上书,xii,第 3383 号。在该书中,这一段话(显然是粗疏的草稿)有一处泄漏天机的异文:"以对我们的利益最适合的方式"。

底应否为普鲁士帮忙,为德意志的统一扫清道路。① 但一旦作出了决定,唯一合乎情理的方针就是让德意志完成统一而不为法国提出任何要求,就如拿破仑容忍了加里波第在南部意大利的胜利而没有要求取得热那亚或撒丁。7月22日,拿破仑作出了承诺。他告诉戈尔茨,他将同意普鲁士得到四百万新的臣民而不为自己要求任何东西。

不幸的是,拿破仑又聪明又软弱。他在7月22日刚刚作了一个合情理的决定,7月23日就允许特罗恩把它破坏了。即使特罗恩不能对普鲁士开战,他也决心一定要获得领土;他的动机是传统的"补偿"论,这种"补偿"论是按照他在其中成长起来的老式外交学派而产生的。贝内德蒂奉命要求恢复1874年边界,把莱茵河左岸的巴伐利亚和黑森领土割让给法国,并威胁说,否则两国势将"长期交恶"。俾斯麦的答复是拒绝放弃"哪怕是一个德意志村庄"。拿破仑感到问题严重,又改变态度,把一切归罪于特罗恩,并在8月12日予以罢黜。特罗恩离职(这次倒是离对了),处置政务的大权暂时转交给拿破仑的总管事鲁埃。鲁埃所关心的是法国舆论而不是势力均衡。他想取得某种惊人的成就,以平息日趋高涨的对专制帝国的不满,而要这样做的办法就是利用普鲁士的得势。像许多在国内政治中爬上高层的人物一样,他以为外交政策也可以用善意和甜言蜜语来执行。特罗恩试图恫吓俾斯麦,鲁埃则着手去诱骗他。他放弃对德意志领土的要求,代之以要求普鲁士在

---

① 拿破仑甚至关于意大利也曾产生过怀疑。在战争即将爆发时,他对梅特涅说,"我让革命在意大利获胜,也许是做了错事。"见梅特涅致门斯多夫,1866年5月29日。载《莱茵政策》,i,第123号。

法国获得卢森堡①和比利时时采取赞同的旁观态度;作为报答,他提出普法两强结盟,相互保证领土完整。但是,普鲁士需要法国的保护是为了对付谁呢?普鲁士不是意大利,它能够靠自己来对付战败了的奥地利。它没有理由去同俄国或英国吵架——确实是,除非它同法国结盟。如果这样,那么它将在比利时问题上被拖进同英国的冲突;它将被拖进波兰问题来损害它自己的利益;它还将被拖进东方问题,那里根本同它毫无利害关系。事实上,法国是普鲁士唯一有理由惧怕的强国,而像贝内德蒂所说的②那种结盟提议实际上是一种废弃莱茵河边界的绕弯子的办法。在这样的条件下是不能结盟的。

如果俄国对普鲁士的胜利有所警觉,局势发展将会有很大不同。在战争的全过程中,俄国人死抱住他们的这样一条原则:"一个强大的普鲁士比一个强大的奥地利好"。③ 但他们仍然觉得被排除在欧洲事务之外是难以忍受的;7月27日,高尔察科夫正式提议召开一次大会,以决定德意志的前途。"大会"这个有魔力的

---

① 卢森堡曾经是德意志邦联成员,虽然它的主权属于尼德兰国王;作为邦联的一个堡垒,它由普军戍守。在1866年战争中,它保持中立,因此没有为普鲁士吞并,也不包括在新的北德意志邦联内。但它仍然是德意志"关税同盟"的成员,直到1918年(当时它同比利时结成关税同盟)。普军卫戍部队也一直留驻到1867年9月;因此,如果法国要吞并它,普鲁士就得采取主动撤退的步骤,而如果法国要吞并比利时,它只要表示默许就可以了。卢森堡在传统上一直是一个力量雄壮的堡垒——"北方的直布罗陀",并且作为钢铁工业中心,发展很快。尽管如此,法国对卢森堡的要求基本上是一个威望的问题;他们要取得一项成就,并且要为吞并比利时创一先例。卢森堡居民说一种德意志方言,虽然在精神上他们接近阿尔萨斯人或说德语的瑞士人甚于接近德意志本民族。

② 贝内德蒂致鲁埃,1866年8月30日。见《外交缘由》,xii,第3527号。
③ 塔莱朗致特罗恩·德·吕伊,1866年7月13日。同上书,xi,第225号。

词向来包含着俄国对修正1856年解决办法的希望。不论怎样,这将毁灭俾斯麦关于在没有外国干涉的情况下重整德意志的计划。在答复中,他使用了两个对普鲁士一直非常有用的武器:在波兰问题上威胁,在近东问题上许诺。如果俄国干涉德意志,他将劝说威廉第一"动用德意志及其邻近国家的全部民族力量"[1];另一方面,"在黑海继续对俄国施加限制对我们是毫无利益的。"[2]最重要的是,他指出了威廉第一同沙皇之间的家庭纽带。也许,俄国关于召开大会的提议只不过是表示一下君王不悦的姿态;虽然俄国人总想表现他们自己,他们对普鲁士胜利的后果是从来没有担心过的。此外,作为最后一着,俾斯麦还能给他们提供一条比召开大会更可靠的、实现修正1856年决定的道路——他能把法国钉在西欧。8月21日,他打电报给圣彼得堡:在普法发生战争的情况下,俄国是否将使奥地利保持中立?[3] 8月24日,曼陀菲尔(派去安抚沙皇的特使)回复道:"虽然高尔察科夫不正面作出承诺,阁下无妨对法国采取坚定的路线。"[4]无疑地,俾斯麦提出这个问题是出于真正的担心,但他也同样估计到这样做对俄国人可能产生的影响。1870年外交结构的线条已经划出来了:俄国人将容忍法国同普鲁士之间的战争,他们从这次战争中看到他们可以放手对付奥地利的

---

[1] 俾斯麦致戈尔茨,1866年7月31日,内附致施魏尼茨(圣彼得堡)的电报。见《俾斯麦全集》,vi,第515号。

[2] 俾斯麦致曼陀菲尔(派往亚历山大第二宫廷的特使),1866年8月9日。同上书,第543号。

[3] 俾斯麦致曼陀菲尔,1866年8月21日,同上书,第582号。

[4] 曼陀菲尔致俾斯麦,1866年8月24日。见《1858—1871年间的普鲁士外交政策》,viii,第3号。

## 第九章 法国的孤立 1866—70 年

前景。

俾斯麦的行动是过早了：同法国交战的危险已随着特罗恩下台而消失。贝内德蒂带回柏林的是结盟的建议，而不是战争的威胁。但是，法国虽提出结盟，它真正要求的是要为它在那次已结束的战争中保持中立索取报偿：取得卢森堡（而不是同普鲁士结盟）才是重要的事情。这是一笔不可能成交的买卖：已经服务过了，再去向人收钱，是没人愿意付的。当俾斯麦使意大利有可能赢得威尼西亚时，他已经付出了拿破仑所要求的代价；拿破仑后悔作这笔买卖是太迟了。俾斯麦想把结盟的事推迟到以后；如果普鲁士能拿到南部德意志，他将让法国对比利时自由行动。这同样是不可能的：南部德意志的独立被法国看作是认可普鲁士在美因河以北所得的重要条件。谈判陷于僵局，只留下一份条约草案的遗迹，在 1870 年时被俾斯麦用来丢法国的脸。这不是说俾斯麦在 1866 年 9 月就决定同法国破裂。同拿破仑第三一样，他也是一个迟疑不决的人，总是要到非作决定不可的时候才作决定。现在要下决心的还是法国人。如果他们不想把同普鲁士结盟的事推到将来，那么他们唯一的和平途径就是接受已经发生的事实，不作任何保留或抱怨。拿破仑自己的政策从头到尾正是这样的。他经常不喜欢提出补偿的要求；他的最大愿望就是作为意大利和德意志的毫无私心的保护人出现。9 月 16 日，他罢黜鲁埃，就像一个月之前他曾罢黜特罗恩那样。他宣布：神圣同盟已经解体；意大利和德意志已在法国赞同下得到解放；欧洲人民正在结合成为大的国家，只有这样的国家才能同俄国和美国这两个未来的巨人保持平衡。"皇帝不认为一个国家的伟大要靠削弱它的邻国来实现；他认为只有欧洲各民族的愿望得到满足,才会有真正的平衡。"①

虽然拿破仑运用了一个阴谋家的手法,他是把这种手法同一个政治家的设想结合起来的。对法国来说,唯一的安全措施就是把民族国家德意志和民族国家意大利为了西欧的共同事业结合在一起。他的意大利政策获得成功(除了在罗马问题上的致命失误);他的德意志政策也可能成功,如果他的追随者允许他这样做。但与此对立的有一个问题:俾斯麦"这个疯狂的容克"能够被争取过来真诚地拥护西方的政策路线吗?即使法国同俄国保持良好关系,对法国的友好政策必然会包含对波兰人情绪的让步,俾斯麦能这样做吗?看来不能。在20世纪,即使是一个德意志共和政府也不愿用承认波兰边界的行动来巩固同法国的关系;俾斯麦会这样做的可能性就更小了。不管怎么样,1867年的决定性破裂来自法国人而不是俾斯麦。

1866年秋,拿破仑再次屈从于维护帝国威望的需要,但这一次的结果倒是好的。他的意志和体力都在衰退。他的最亲密的支持者——卢埃、拉瓦莱特等人——坚持认为法国舆论对普鲁士的坐大会感到愤怒,因此必须有一点实在的东西来使之满意。② 外交政策第一次不仅是讨好公众舆论,而是受公众舆论的支配。法国大臣们都醉心于取得卢森堡这一前景。光是这件事就能封住批

---

① 拉瓦莱特(代理外相)发出的通报,1866年9月16日。见《外交缘由》,xii,第3598号。

② 塔莱朗告诉高尔察科夫说,"皇帝想使法国同意他对德意志时局的看法;他没有成功,国民也没有满足。"塔莱朗致穆蒂埃,1867年4月3日。见《外交缘由》,xv,第4572号。参看戈尔特茨致俾斯麦,1866年12月28日及1867年1月11日。见《1858—1871年间的普鲁士外交政策》,viii,第156、178号。

## 第九章 法国的孤立 1866—70年

评者之口,并使拿破仑在1866年的保持中立变得合理。威望是他们的唯一动机。他们并不了解力量均势已如何改变得不利于法国;因此,他们不是为了安全的理由而去打卢森堡的主意的。要说他们有什么严肃的目的的话,那就是要把俾斯麦拴在他们的计划上,从而把普鲁士变成他们的同谋者。用贝内德蒂的话说,"我们一旦进了卢森堡,就上了去比利时的道路;有了普鲁士的中立,我们到那里就更有把握了。"① 他们从未想到俾斯麦也许会反对他们的计划。他们最多只是担心俾斯麦可能不会积极地支持他们。

这看来是了解俾斯麦在同法国谈判中的态度的关键。谈判自1866年11月拖延到1867年2月。他也许会默许法国得到卢森堡,如果这样做不至于在德国舆论或列强看来使他的声名受损;他不愿意替他们去做他们的工作。他的口头禅是:"你们自己干吧。让欧洲和普鲁士国王看到的是一个既成事实。"② 这或许是给法国设下的圈套;但俾斯麦即使是真诚的,他也没有其他的路子可走。或者不如说,他在西欧没有其他路子可走。③ 但是德意志和莱茵河已不再是国际注意力所集中的仅有的一处焦点。东方问题又出现了——这是1856年后第一次。它的象征和起因是1866年夏开始的克里特岛反对土耳其统治的起义。更深刻的原因是俄国的复

---

① 贝内德蒂致穆蒂埃,1867年1月26日。见《外交缘由》,xiv,第4115号。
② 贝内德蒂致穆蒂埃,1866年12月20日。同上书,xiii,第3949号。
③ 1866年秋天法国想到了使公众舆论接受普鲁士胜利的另一个主意:普鲁士应同法国一起保证教皇在属地中的世俗权力。这样一来,普鲁士就会无缘无故地背上一个包袱,并且同意大利交恶,而它这样做只不过是为了得到它并不需求的法国的好感,或者避免它并不害怕的来自法国的危险。这是对法国外交中基本错误的进一步说明。法国不知道普鲁士一旦击败了奥地利,它就既不害怕,也不需要法国了。

苏。在波兰被完全制服之后,俄国又能够回到列强的行列中来了。还有,随着泛斯拉夫情绪在俄国的发展,亚历山大第二和高尔察科夫再不能对土耳其内部的事情置之不理了,尽管他们自己对此并不在乎。俾斯麦最初四年外交政策的形成是由于当时不存在东方问题。这一形势现在已经改变了。如果历史车轮的转动稍微不同一些,1875—1878年东方大危机也许会在普法战争之前而不是在它之后发生。由此而产生的外交上的后果是难以估量的——或许是法俄取得瓜分土耳其帝国的谅解,更可能的是"克里米亚联合"的复活;不论何种情况,法国总会得到一些盟友。实际发生的情况却是,东方问题闹了一阵,使俄法之间产生新的裂痕,接着在法奥还没有因此而靠拢之时便又销声匿迹了。波兰帮助俾斯麦打败了奥地利;克里特——不是波兰——帮助他打败法国。

俾斯麦试图利用东方问题。1867年1月,他抛出了这样一个建议:应该用一项在近东的补偿体制使法国"满足和平静";[1]他问贝内德蒂:"为什么你那么费劲地想把近东的火焰扑灭?我们两人都能在那儿得到温暖。"[2]他希望在1863年破裂的法俄和好关系能够复活。这将平息波兰问题;并且不论发生什么情况,这对普鲁士来说,危险性比法奥结盟、或者甚至比法英结盟要小得多。[3] 有俾斯麦这种想法的人不止他一个。刚出任奥地利外相的博伊斯特

---

[1] 俾斯麦致戈尔茨,1867年1月30日。见《1858—1871年间的普鲁士外交政策》,viii,第213号。

[2] 贝内德蒂致穆蒂埃,1867年1月26日。见《外交缘由》,xiv,第4115号。

[3] 俾斯麦致戈尔茨,1867年2月15日。见《1858—1871年间的普鲁士外交政策》,viii,第242号。

梦想在巴尔干有所收获以恢复哈布斯堡的威望,并产生了这样一个虚幻的想法:奥地利如果能把波斯尼亚和黑塞哥维那弄到手,那对于俄国搞到什么就可以不必过问了。如果俄国尊重罗马尼亚作为一个缓冲国,博伊斯特准备取消黑海的中立化;他说,使奥地利维护一些正在消亡的东西,诸如合法的意大利亲王、德意志邦联或土耳其帝国的完整,那是错误的。① 这种说法忽视了这一事实,即哈布斯堡王朝统治本身也是一个"正在消亡的东西"。实现俾斯麦和博伊斯特计划的绊脚石在于他们未能提出任何真正能引诱法国的条件,以作为销毁1856年胜利成果的报答。俾斯麦只是泛泛地谈到补偿;博伊斯特则点明埃及。② 苏伊士运河作为一个法国企业这时正处在刚获成功的红火之时,所以这个建议听起来比早些时候或晚些时候都更有道理。但即使在那时也没有实现的希望。正如拿破仑所说,"很不幸,英国佬在碍我的事。"事实是,法国只有在西欧才能找到对近东的补偿;而提出东方问题,不但远不能消除法国对莱茵区的兴趣,反使之更加强烈。1867年3月1日,穆蒂埃回绝了普鲁士关于在近东保持友善而在西方没有任何补偿的提议:"你给我们菠菜,却不给盐;卢森堡就是盐。"③

由于同普鲁士的谈判趋于僵局,法国人转向俄国。在1867年初几个月里,他们为达成和好而同俄国进行的谈判,是从1857年

---

① 威尔特致俾斯麦,1866年12月10日。见《1858—1871年间的普鲁士外交政策》,viii,第126号。
② 梅特涅致博伊斯特,1867年1月7日。见《莱茵政策》,ii,第328号。
③ 戈尔茨致俾斯麦,1867年3月,见《1858—1871年间的普鲁士外交政策》,viii,第266号。

斯图加特会晤到1891年喀琅施塔得访问之间他们所作的最认真的努力。像常常发生的情况那样,两国之间存在着基本的观点分歧。法国人要俄国在西方支持他们反对普鲁士;俄国人则要法普两国搞好关系,以便两国在近东都支持俄国。法俄都是保守主义的强国,在涉及对方野心的问题上,它们都主张维持现状,但它们又都梦想不付任何代价而捞到好处。法国人希望得到比利时和卢森堡而又不牺牲土耳其帝国的完整;俄国人希望重新安排近东而又不改变西欧的均衡。俄国人准备重申他们在1857年所作并且甚至在1870年还信守不渝的诺言:他们不会参加矛头指向法国的联合——归根到底,甚至在波兰危机处于高潮的时候,他们也拒绝支持普鲁士反对法国。只要法国(不像意大利)"能自己干",这一直是满不错的了。但现在法国人需要积极支持,而又不敢这样说。穆蒂埃实际上是请俄国人开价,他们将照付:"请沙皇明确他的善意的限度,这比我们过早地承认那些还没有制订出来的计划要容易得多。"① 高尔察科夫回避作出承诺;实际上他将同意普鲁士也会同意的在西欧的任何安排。在近东,立场正好相反。法国人准备赞同由希腊并吞克里特(甚至还有大陆上的领土),但有一个条件,即:俄国将维护土耳其帝国剩余部分的完整。俄国人对克里特或总的说来对希腊人是完全不在乎的;他们感兴趣的只在于树立一个先例——如果希腊人的民族要求被承认,那么斯拉夫人民就可以步其后尘。法国人支持希腊人的要求是因为这些要求并不是要土耳其帝国瓦解,而俄国人支持则是因为这些要求将会造成土

---

① 穆蒂埃致塔莱朗,1867年2月18日。是《外交缘由》,xiv,第4180号。

耳其帝国的瓦解。还有,法国人以为他们能赞同希腊并吞克里特而不开罪于奥地利或英国;俄国人主要关心的是摧毁"克里米亚联合"。当卢森堡危机在1867年4月头上爆发的时候,在饿法两国之间没有取得任何协议。

法国人采纳了俾斯麦的劝告:他们自己干起来了。他们秘密地同卢森堡的主人、荷兰国王谈判割让卢森堡的事情。表面上的说辞是法国保证荷兰免受普鲁士侵略,真正的道理在于法国人付给国王情妇的贿赂。到最后时刻,荷兰国王惊慌失措起来:他拒绝在告知普鲁士政府之前签署条约。接着在北德意志议会爆发了一阵爱国热潮:它宣称卢森堡是一块古老的德意志土地,不能割让给法国。俾斯麦常常表示,他会默认法国并吞卢森堡,如果这样做不会激怒德意志舆论的话;对这一点必须看到另一个事实,即:正是俾斯麦自己同贝尼格森安排了在议会的一次质询,由此激动了感情。如果他真正允许让爱国情绪改变他的政策,那么这是第一次(或者说是最后一次);但对他所采取的路线很难找到什么别的解释。如果他是在给法国人设下圈套,那么一旦法国人进了圈套之后他为什么不收起套子,发动战争?法国人此时对战争毫无准备,同1866年一样;奥地利人在任何情况下不会帮他们的忙。然而俾斯麦尽一切努力来使局势得到和平的了结。他显然毫不关心卢森堡,并且临到末了还伙同英国政府设下一个骗局欺蒙德意志舆论。他从英国政府那里接受了一项"集体保证"——英国政府(以及俾斯麦自己)知道它实际上毫无意义,但却对德意志人民把它说成意义重大。也许他偶尔一次真的是在敷衍应付:在1866年战争的严峻局势中,他对法国人说话太轻率了,所以现在不得不尽可能作些弥补。

　　危机持续了个把月的样子,直到5月头上。在此期间,双方都在搜寻可能的盟友。谈到法国人对于决定卢森堡地位的1839年条约提出挑战时,高尔察科夫恶意地说,"要说一切旧条约都不再存在,我是第一个举双手赞成,……但为什么用两种砝码、两种尺度?"①就同俄国有关的事情而言,他准备给法国在卢森堡"一张完全空白的纸";②这远不是想同法国结盟反对普鲁士的意思。法国人也试图同奥地利结盟,虽然只是到了危机已快结束的时候才这样做。快到4月末,他们提议订立攻守同盟,根据这一盟约法国将取得莱茵河左岸而奥地利则取得西里西亚和对南部德意志的控制权。博伊斯特立即答复说,在奥地利有一千万德意志人,这使盟约不可能局限于德意志:他可以容忍法国对莱茵河的野心,除非他们会起而参加一场在近东的战争。③

　　俾斯麦同样空手而归。在危机开始时,俄国人一度认为他们的机会来了:他们提议派一个军团到奥地利边界附近,以防止法奥结盟;作为报答,俾斯麦应同意终止黑海的中立化并保证波斯尼亚及黑塞哥维那将永不为奥地利所有。④ 俾斯麦对黑海从来不感兴趣,但他不愿意承诺站在俄国一边去反对奥地利。⑤ 代之而起的是他再次提议自1853年后即已死亡但始终位于他的政治思想核

---

① 塔莱朗致穆蒂埃,1867年4月3日。见《外交缘由》,xv,第4572号。
② 塔莱朗致穆蒂埃,1867年4月18日。同上书,第4736号。
③ 博伊斯特致梅特涅,1867年4月27日。见《莱茵政策》,ii,第450号。
④ 罗伊斯(圣彼得堡)致俾斯麦,1867年4月1日。见《1858—1871年间的普鲁士外交政策》,viii,第380号。
⑤ 俾斯麦致罗伊斯,1867年4月6日。同上书,第436号。

## 第九章 法国的孤立 1866—70年

心的那种结合:不亚于"神圣同盟""北方三朝廷"联盟的那种结合。它将对俄国保证反对奥地利——这是不明说的。明说的是,普鲁士和俄国应对奥地利保证三年之内反对南方斯拉夫分裂行动,普鲁士还应长期保证奥地利保有其"德意志省份①"。② 这一提议规定了以后二十年中俾斯麦的政策的中心问题。当然,他并不要把奥地利的德意志部分归到他正在创造的在普鲁士主宰下的德意志之内;同样肯定的是,他也不想承诺普鲁士为了哈布斯堡帝国的完整而去作战。神圣同盟——后来被称为三帝联盟——将使普鲁士获得绝对安全,但只能在这样的前提下,即俄国放弃在巴尔干的野心、奥地利则抛掉它的疑心,而这两者都办不到。博伊斯特轻蔑地回答说,在普法交战的情况下,他将期望在德意志得到一些权益;俾斯麦不能期望他会满足于"一本写在羊皮纸上的布拉格条约的精装本"。③ 高尔察科夫拒绝保证奥地利的完整④,甚至于还拒绝同意奥、普缔结防御同盟。他所要的是俄、普结盟,再把法国也包括进来;⑤他以为只有这样的结合才会使俄国在近东得利。

这样,在近东和巴尔干将会产生的危机再一次决定了西方形势的发展。法国不愿意让俄国放手对付土耳其;普鲁士不愿意让它放手对付奥地利。但不论是法国或是普鲁士都不想同俄国破裂

---

① 在现代观念中,这些地区当然包括波希米亚。
② 俾斯麦致罗伊斯,1867年4月15日。见《1858—1871年间的普鲁士外交政策》,viii,第488号。这个提议来自巴伐利亚想把普奥拉在一起的企图。陶弗基尔申致路德维希第二,1867年4月13日。同上书,第474号。
③ 陶弗基尔由致路德维希第二,4月16日;威尔特致俾斯麦,1867年4月18日。同上书,第498及507号。
④ 罗伊斯致俾斯麦,1867年4月17日。同上书,第502号。
⑤ 罗伊斯致俾斯麦,1867年4月22日。同上书,第521号。

并使自己承诺站在奥地利一边。因此,两国都在卢森堡问题上尽可能修修补补。5月11日,列强在伦敦举行的一次会议上对一项解决办法取得协议。法国放弃它的割让条约;普鲁士撤走卫戍部队;卢森堡既已撤除了防御工事,就算不完整地中立化了。这种安排使法国舆论得到一些小小的满足,但很不够。卢森堡事件的本身虽然微不足道,但它标志着国际关系中一个时代的终结。这是寻找某些能使法国舆论容许普鲁士壮大的事物的最后一次尝试,但并不成功。在1867年5月以前,拿破仑第三一直在希望德意志在不使法国蒙受屈辱的情况下实现统一;现在他不再抱此希望,他已成为他的大臣们手中的工具了。法德亲善的梦想永远粉碎了:尤里斯·费里在1884年未能使之复活,在洛迦诺和在蒙多阿也是如此。一方是妒忌,另一方是疑惧——这些成了莱茵河边界局势的固定规律。在克里米亚战争之初奥俄交恶所开始的严峻局面扩大开来了。

俄国人并不了解所发生的一切。他们以为——正像过去常常发生的那样——他们已恢复了法普之间的良好关系。当高尔察科夫陪同沙皇在6月初来到巴黎时,他自得其乐地设想他将要为在西方扮演和平天使的角色而前来领取在近东的奖赏。他在到达边界时宣布:"我带了一个大臣班子来办事情。"但结果是什么事情也没有办。高尔察科夫在任何人谈起对"普鲁士意向"的疑惧时,总是摆摆手表示不必谈下去。虽然他装得好像对解放黑海不感兴趣("1856年条约?我们还多少记得这个名字,但它已经被糟蹋得那么厉害,我们不知道它还剩下什么"),他同时也表明俄国对土耳其帝国境内的基督徒是非常关心的。穆蒂埃回答说,他坚持认为改

## 第九章　法国的孤立 1866—70 年

革应遍及这个帝国境内的全体居民——这就是说，这些改革必须旨在加强而不是分裂这个帝国。[1] 事情沿着另外一条路子发展得很坏。迎接沙皇的是"波兰万岁"的呼声，[2]还有一个波兰流亡者企图暗杀他。巴黎会晤动摇而不是重建了法俄和好关系，其原因不在于法国在波兰问题上情绪的激荡，而是应该从高尔察科夫后来称之为"克里特问题的神秘化"中去寻找。[3]

支持俄国没有为法国在西方带来好处，因此法国人越来越不愿意支持俄国在近东的进取政策。虽然高尔察科夫抛弃了成立一个大的南方斯拉夫国家的计划，俄国驻君士坦丁堡大使伊格纳吉也夫却并不隐瞒他的信念：查问克里特的状况——这是法国同俄国现在所主张的——只不过是把它割让给希腊的前奏，而这一割让又是别处更大规模割让土地的前奏。法国对所有的人都说，他们同俄国合作只是为了"约束和减弱它的主动行动"[4]；而法俄对君士坦丁堡施加压力的效果又因土耳其苏丹在巴黎和伦敦受到热烈欢迎（土耳其统治者对任何基督教国家进行访问，这是第一次）而进一步削弱了。1867 年 7 月初，土耳其人拒绝了由欧洲人对克里特进行调查的要求。高尔察科夫悲哀地说，"像我们这样两个国家说出了话，国家的尊严要求它们一定要达到他们已着手去实现

---

[1] 蒙特贝洛（前驻圣彼得堡大使）的笔记，6 月 4 日；穆蒂埃致塔莱朗，1867 年 6 月 7 日、7 月 9 日。见《外交缘由》，xvii，第 5226、5238、5380 号。

[2]．在正义宫高呼这个口号的律师之一弗洛盖在二十年后法俄和好关系的酝酿中任首相。

[3] 弗勒里（圣彼得堡）致格拉蒙，1870 年 5 月 31 日。见《外交缘由》，xxvii，第 8178 号。

[4] 穆蒂埃致拉·图，1867 年 7 月 3 日。同上书，第 5360 号。

的结局。"①但不管怎样,法国人已经决心不再在威胁土耳其的道路上被人拖着往前走了。他们转到了另外一条路上。由于他们总不免要慢慢离开俄国,他们试图要奥地利为他们同俄国的疏远付一笔代价。这就是弗朗西斯·约瑟夫同拿破仑第三8月中旬在萨尔茨堡会晤的动机。

萨尔茨堡会晤的意图是要开始一项保守主义的政策。迄今为止,法国一直在鼓励普鲁士在德意志内部的扩张以及俄国在近东的活动,希望由此为他们自己在西方捞到好处;现在,它要同奥地利合伙来抵制普俄两国的计划。但它们在着重点上有根本性的分歧。法国人为了国内舆论需要在德意志得到某些马上看得见的收获;所谓抵抗政策实际上包含废除布拉格条约的意思。法国大使格拉蒙甚至拿出来一份准备立即对普鲁士开战的条约草案。②另一方面,奥地利首相博伊斯特也不得不听命于哈布斯堡君主国内的公众舆论。他来萨尔茨堡之前刚刚胜利地同匈牙利缔结了"协定";③根据这个协定,匈牙利人成了皇帝的伙伴,德意志人在"小奥地利"也步步高升。匈牙利人虽然坚决反俄,但他们没有理由为普鲁士的崛起感到遗憾;德意志—奥地利人钦慕俾斯麦的成功,虽然这一成功是以牺牲他们来取得的。对这两部分人而言,只有首先证明法奥和好在近东反对俄国这件事上有它的价值,他们才会

---

① 塔莱朗致穆蒂埃,1867年7月22日。见《外交缘由》,xxvii,第5461号。
② 一项法奥条约由法国方面起草的草案。1867年8月。见《莱茵政策》,ii,第510A号。
③ 从此以后,奥地利帝国成了奥匈帝国。

容许缔结反普鲁士的同盟。① 法国人假装对这一结论表示满意。实际上,他们不愿意公开同俄国破裂,除非得到奥匈帝国在德意志内部反对普鲁士以支持他们的保证。② 弗朗西斯·约瑟夫可以说,"我希望有一天我们将并肩前进。"③但这一天看来并不比以往临近。

十分奇怪,亚历山大第二对巴黎的访问和拿破仑第三对萨尔茨堡的访问都使法国人得出了同样的结论。他们曾经希望近东一触即发的危机会给他们提供某些反普的盟友——不论是俄国或者奥匈帝国;但事与愿违,这个危机正产生着使他们从西欧事务分心的危险。因此,他们所要的只是以某种既不得罪俄国也不得罪奥匈帝国的办法来了结克里特问题。高尔察科夫建议,既然土耳其政府拒绝准许对克里特进行调查的劝告,列强对土耳其事务就干脆不管。这个建议一提出,法国人就迫不及待地把它抓住。俄国人所提的这个建议的意思是,他们将允许起义之火席卷克里特及其他地区;但法国人却把它说成含有听任土耳其人放手镇压叛乱的意思。博伊斯特没有上当;他宣称,这个建议是"俄国外交政策的彻底胜利";④当10月29日法俄照会被送交土耳其政府时,它只得到普鲁士和意大利的支持——英国和奥匈帝国引人注目地表示沉默。这实际上是老的"革命"同盟的回光返照。虽然法国不愿

---

① 博伊斯特的备忘录及他起草的协议草案,1867年8月。见《莱茵政策》,ii,第506、510B号。
② 博伊斯特写道,两国政府应接触"英国政府以及在圣彼得堡的政府"。拿破仑把这一点修改为他们应首先同俄国人把政策问题定下来,然后才去同英国人协商。
③ 杜克罗回忆录,ii,185。
④ 格拉蒙致穆蒂埃,1867年10月15日。见《外交缘由》,xviii,第5795号。

意承诺支持土耳其,①它在近东已转到保守主义一边;普鲁士很快地也在东方问题上不表态,以免同俄国一起陷于孤立。②俾斯麦甚至抛出这样的建议:普鲁士和奥匈帝国应该一道反对法俄两国,以摆脱窘境。这个建议也许用意并不十分认真,但不论怎样,它的重点是在法国——奥地利人如果会加以考虑的话,那么他们所要的正好是相反的东西。③

法国人不再过问近东事务还有一个更为紧迫的理由。1867年秋,罗马问题再次爆发。威尼西亚的取得不是使意大利舆论感到满足,反而是吊起了它的胃口。1867年4月成了首相的国王宠臣拉塔齐想要挥舞加富尔的宝弓,重复1860年在那不勒斯的业绩。他要允许加里波第在教皇属邦鼓动革命,然后在派兵恢复秩序时亲自并吞它们。这个计划流产了。加里波第和他的追随者没有能够击败教皇的军队;拿破仑第三也不再是1860年时的革命者了,他在罗马承担了义务,而在那不勒斯则没有。10月26日,在1866年已撤出的法军回到教皇属邦;11月3日,加里波第的部队

---

① 土耳其政府提出让克里特自治,如果法国和奥匈帝国事先同意——这就是说,如果它们向土耳其保证不会把克里特割让出去。法国人表示拒绝:"土耳其政府只要求自己走;让它大踏步前进。"他们要土耳其政府给俄国以克里特自治的既成事实,这就将使克里特问题在俄国无法责备法国的情况下得到了结。布雷(君士坦丁堡)致穆蒂埃,1867年12月3日。见《外交缘由》,xix,第6172号。

② 布拉西尔·德·圣西蒙(君士坦丁堡)致俾斯麦,1867年11月18日。见《1858—1871年间的普鲁士外交政策》,ix,第336号。

③ 俾斯麦对奥地利代表说,"我们不再对奥地利要求任何东西,我们完全满足了,……奥地利只会从两方面受到威胁——从法国,或者从俄国。如果普奥结盟,来自法国的可能危险就会自行消失;至于能够威胁奥地利的来自俄国的危险,到那时使后者放老实些就会成为我们两国的共同任务。"温普芬致博伊斯特,1867年10月12日。同上书,第205号。

## 第九章 法国的孤立 1866—70 年

在门塔纳被击溃。拿破仑第三曾经希望以 1864 年 9 月条约摆脱罗马问题;这当然使他能在 1866 年自由地支持普鲁士和意大利反对奥地利。现在他又一次动弹不得了。在绝望中,他又转向召开欧洲大会这个老办法,邀请列强为他解决罗马问题。试探没有什么结果。只有奥匈帝国赞同教皇的立场,但即使如此,它也避免无缘无故地去开罪意大利。英普两国都拒绝与会,除非事先能协议出一个方案;但如果能这样做到的话,也就没有开会的必要了。①拿破仑经常主张召开欧洲大会,以便修订欧洲的地图,而现在他提议召开欧洲大会都是为了支持教皇的世俗统治权力。这对法兰西第二帝国不失为一个轻微的讽刺。

门塔纳完成了由卢森堡和克里特事务所构成的格局。法国曾经一度是"修正主义"的旗手;现在他却承担了"抵抗"的义务——在近东,在南部德意志,在罗马。它保卫合法性和条约权利——巴黎条约和布拉格条约。这一发展的逻辑结果应该是同另一保守主义强国奥匈帝国结盟;但这样做的时间应该是在奥地利被逐出德意志和意大利之前——现在,奥匈帝国只能提供一个限于近东的同盟关系了。这就是从 1868 年初直到 1870 年普法破裂、几乎毫不间断地进行着的外交谈判的节奏。

奥匈帝国在 1868 年 1 月首先采取了一个行动。俄国的计划在克里特流产之后,博伊斯特要转而采取攻势。他提议法国应该同英国、奥匈帝国一起谋划一个解决克里特问题的办法,然后三强

---

① 法国人又邀请了德意志一些小邦参加而不是使建议召开的大会局限于列强参加,这更冒犯了俾斯麦。法国人的目的是使大会出现同属罗马天主教的多数,以反对俄、普、英三个非天主教强国。

应把这个办法强加给克里特反叛分子、甚至于也强加给俄国,这样做的时候三强要"手持武器"。① 这个建议没有多少意义。英国人不会被拖进行动中去。外相斯坦利已把孤立主义发展到了顶峰;他对博伊斯特的提议"十分感兴趣"②——仅此而已。法国人也不想为了克里特的缘故而使莱茵河边界的防御空虚;他们坚持认为必须把普鲁士也拉进这个"和平列强"的联合。③ 俾斯麦当然不想参加任何联合——不管是和平的还是非和平的——除非这样做符合普鲁士的需要。确实,贝内德蒂相信,俾斯麦可能在近东支持法国以换取对普鲁士在德意志内部的地位的保证。④ 这是他曾在1866年显示出来过的一种老的错误想法,认为普鲁士需要法国或其他任何国家给予的保证。在这个想法的后面还有更深的一种误解,这种误解在克里米亚战争中曾迷惑过西方列强:普鲁士在波兰的利益使它不可能为了近东问题而同俄国决裂。当然,俾斯麦不想同法国发生冲突。但作为最后一着,同法国打一仗可以使他得到好处——在南部德意志,并且(像后来事实证明的那样)也在莱茵河彼岸;而同俄国打一仗,他除了损失以外什么也不会得到。

另一方面,俾斯麦对俄国同对法国一样无意作出任何承诺。

---

① 维兹特姆的备忘录,1868年1月。见《莱茵政策》,ii,第537号。
② 维兹特姆致博伊斯特,1868年2月1日。见《外交缘由》,xx,第6415号。
③ 梅特涅致博伊斯特,1868年1月16日。见《莱茵政策》,ii,第538号。穆蒂埃致格拉蒙,1868年1月18日致贝内德蒂,1月26日。见《外交缘由》,xx,第6354、6390号。
④ 贝内德蒂致穆蒂埃,1868年3月3日。同上书,xxi,第6540号。贝内德蒂当时反复坚持说,俾斯麦的目标是把普鲁士同南德意志统一起来而不同法国发生冲突:"在莱茵河这一边,没有人怀有与法国敌对的意图。"贝内德蒂致穆蒂埃,1868年1月5日及2月4日。同上书,xx,第6297、6431、6432号。

第九章　法国的孤立 1866—70 年

当关于普鲁士同法国及奥匈帝国和好的谣言传到圣彼得堡时,俾斯麦立即加以否认。① 亚历山大第二试图乘机对普鲁士做工作。他说,如果法国攻击普鲁士,他将陈兵十万在奥匈帝国边界上,使它不敢轻举妄动;如果在近东发生冲突,他指望普鲁士也这样做。② 俾斯麦强调把威廉第一同沙皇结合在一起的家族纽带,想以此来避免对沙皇的招引作出答复:在那种日子里,君主间的团结正如民主原则在我们这个时代里一样,是逃避条约承诺的好办法。③ 俄国人没有上当;1868 年 3 月,俾斯麦面临着俄普结盟以反对奥匈帝国的直接要求。俾斯麦第一次用了一句以后成为他的政策基础的话:"当然,我们两国中的任何一国都不能允许另一国被摧毁。"正如俄国将使奥匈帝国在普法之间交战时保持中立一样,他也准备使法国在近东发生战争的情况下保持中立。④ 这远非俄国人所要的反奥匈盟约,而俄国人在他们方面也不再倾向于缔结反法同盟,就如俾斯麦不倾向于缔结反奥匈同盟一样。确实,现在轮到俄国人闭口不谈结盟了;他们装得似乎满足于两国统治者的个人私交。⑤ 在这些讨论中,以后二十五年的外交史已在开始萌芽了。

俄国不能指望普鲁士的坚定支持;奥匈帝国不能指望法英的

---

① 俾斯麦致罗伊斯,1868 年 2 月 1 日。见《1858—1871 年间的普鲁士外交政策》,ix,第 550 号。
② 罗伊斯致俾斯麦,1868 年 2 月 5 日。同上书,第 560 号。
③ 俾斯麦致罗伊斯,1868 年 2 月 16 日。见《俾斯麦全集》,via,第 1064 号。
④ 俾斯麦致罗伊斯,1868 年 3 月 22 日。同上书,第 1108 号。
⑤ 罗伊斯致俾斯麦,1868 年 3 月 27 日。见《1858—1871 年间的普鲁士外交政策》,ix,第 690 号。

坚定支持。因此,刚刚露头的东方危机在1868年3月末再次消失。剩下的唯一一个危险地点看来是南部德意志,普鲁士和奥匈帝国(更为微弱一些)正在那里争取自由派的舆论。法国人想对博伊斯特反守为攻。他曾问过,如果俄国进入近东,法国人打算怎么办;现在法国人问,如果普鲁士进入南部德意志,他打算怎么办。博伊斯特坚决不松口:如果法国抵抗普鲁士,"我们也许开始时保持善意中立,但以后我们将尽一个良好盟友的义务。"①虽然博伊斯特梦想同俾斯麦在取得德意志民族感情方面进行竞争,他只能用避免对法国作任何承诺的办法来做到这一点:他必须能够说,奥法之间的任何谅解都只限于近东;而对法国人又要假装他把它局限于近东是为达到全面结盟铺平道路。② 这一僵局在整个1868年一直存在着;除非在南部德意志和近东同时爆发,这一僵局才可能打破——但事情的发生是不会这样如意的。在1868年夏天曾经有过一些关于奥法联盟的漫谈。它的重要性只在于流露了法国驻维也纳大使格拉蒙内心的幻想;③而在1870年7月危机期间,当时已升任外相的格拉蒙的主导思想仍然是这些幻想。

---

① 梅特涅致博伊斯特,1868年4月9日。见《莱茵政策》,ii,第578号。格拉蒙致穆蒂埃,1868年4月12日。见《外交缘由》,xxi,第6642号。博伊斯特致梅特涅,1868年4月14日。见《莱茵政策》,ii,第579号。

② "这种和好关系在近东表现得越多,奥地利和德意志的公众舆论将越来越接受它以及在未来局势发展中由此产生的后果。"博伊斯特致梅特涅,1868年5月12日。见《莱茵政策》,ii,第598号。但法国人却乐观地写道,"皇帝认为,奥地利在所有德意志问题上有主动权这一点是得到谅解的。"穆蒂埃致格拉蒙,1868年5月11日。见《外交缘由》,xxi,第6710号。

③ 例如格拉蒙致穆蒂埃(1868年7月23日及8月8日,同上书,第6815及xxii,第6842号)信中说,"奥地利将作为最好的盟友同法国一道行动,……盟约将缔结并将得到信守,云云。"

## 第九章 法国的孤立 1866—70 年

快到这年年底时,东方问题最后发作了。这次发作倒有更大的现实性在内。克里特叛乱的余烬未灭,在罗马尼亚却又新添了一个因素:勃拉铁努领导下的民族主义内阁容许或者鼓励反对匈牙利的、主张民族统一的煽动。博伊斯特以为他的机会来了:应该敦促土耳其在"克里米亚联合"的支持下对罗马尼亚施行惩戒。被摒除在这项计划之外的俄国将受到孤立和屈辱,或者另外一种可能是,普鲁士将被迫为了一个不得人心的原因而承担义务,站在俄国一边。俾斯麦不是能这样容易就被抓住的。① 不仅是他同俄国的关系处于何去何从的关键时刻;罗马尼亚的骚动还威胁着匈牙利,而一个主宰哈布斯堡君主国的"大匈牙利"对普鲁士在德意志的胜利是必不可少的——俾斯麦熟知这一点。当匈牙利首相安德拉西发出警告说,他将转向维也纳和巴黎寻求支持以反对罗马尼亚时,俾斯麦采取行动了。② 罗马尼亚亲王属霍亨索伦家族;来自这个家族的紧急劝告说服他在 11 月 28 日罢免了勃拉铁努。这是俾斯麦第一次介入近东政治并为未来开了先例。普鲁士在近东没有本身的利益;俾斯麦所唯一关心的事情是防止在俄国同奥匈帝国之间发生危机,这就是说,避免发生必须要普鲁士选择一方的情况。

---

① 俾斯麦在 1869 年 1 月 6 日写道(《全集》,via,第 1273 号):在重新组成克里米亚联合的情况下,普鲁士只有两种选择。一种是保卫俄国,从而被拖进一场在德意志不得人心的、看来像是侵略性的"内阁战争"的斗争;另一种是在紧急关头抛弃俄国而使自己孤立地面临类似的联合的危险,却又不能指望俄国的支援。

② 奇怪而又重要的一点是,警告是发给意大利公使,然后由他的政府转送给俾斯麦的。匈牙利、意大利和普鲁士代表了 1848 年革命的反哈布斯堡集团;只缺少波兰。由于普鲁士反对波兰,所以俾斯麦不得不最后使意大利和匈牙利同哈布斯堡君主国言归于好。

罗马尼亚的警报还产生了一个后遗症。土耳其政府在同罗马尼亚的冲突中受挫,转而对付希腊,在12月间对雅典发出了最后通牒,想以此来结束克里特的叛乱。这对博伊斯特很合适,但只对他合适。虽然俄国将受屈辱(如果希腊屈服的话),但法国和英国——希腊的另外两个保护者——也会蒙受屈辱。此外,俄国人只把希腊看成是次要的事情;随着泛斯拉夫主义的高涨,他们的兴趣集中在巴尔干的斯拉夫人身上。他们乐得同克里特起义脱掉干系,只要这样做不至于损害他们的威望。因此,尽管博伊斯特坚持说现在已是打败俄国的时候,①俾斯麦很容易地就完成了他作为"老实的掮客"的任务。按他的建议,在巴黎举行了一次会议,迫使希腊人放弃对克里特反叛者的支持(1869年2月18日)。起义在没有支援的情况下终于失败了。在1876年之前,东方问题就再也没有露头。

不管怎样,这个警报使法国同奥匈帝国结盟的讨论复活了。12月初,法国人接受了博伊斯特的条件——或者说,法国人认为他们已接受了这些条件。他们同意:奥匈帝国将参加莱茵河上的战争,如果俄国参加到普鲁士一边;同样地,如果普鲁士参加到俄国一边,法国将介入在近东的战争。② 这一点也不合博伊斯特的心意:他所要的是一种只局限于近东的谅解,并要马上有所表现。③ 他争辩说,归根到底,法国在近东也有利害关系,如果两国

---

① 拉拉蒙致拉瓦莱特,1868年12月24日。见《外交缘由》,xxiii,第7116号。
② 梅特涅致博伊斯特,1868年12月2日。见《莱茵政策》,iii,第648号。
③ 博伊斯特致梅特涅,1868年12月8日。同上书,第651号。

第九章 法国的孤立 1866—70 年

一起保卫巴黎条约,那么以后保卫布拉格条约也会变得容易一些。[①] 这非常突出地表明这两个国家的国力已下降到了什么地步,因为布拉格条约是在它们作出牺牲后才缔结的,而现在它们居然谈论起保卫这个条约来了。如果他们能够维持南部德意志的独立,他们也就满意了;虽然他们无疑地是在希望以维持现状为名而发动的一场战争将以普鲁士的瓦解而终结。这种不明说出来的推诿心理确实是使法国同奥匈帝国不能实现任何真正合作的最深刻的阻力。不管是匈牙利人还是日耳曼血统的奥地利人都不能认真地把拿破仑第三和博伊斯特看作布拉格条约的保卫者,从而妨碍了缔盟。

僵局还是像过去那样;它看来要由第三国意大利的介入来打破了。一个世纪以来,奥法协议一直是意大利政策中最害怕的事情,因为它在过去一段时间里扑灭了撒丁王国的雄心。意大利同普鲁士没有吵过架,同俄国也吵得不凶,除了它曾在那个已被废弃的"克里米亚联合"中充当过一个可以说是半心半意的伙伴。另一方面,意大利人又不敢被置于胜利的奥法和好关系之外,而鉴于他们过去的经验,他们很自然地希望这样一种和好关系能无往而不胜。此外,维克多·厄马努埃尔希望在一种保守主义的基础上获得某些国家利益,以此来支撑他的不稳的宝座,对付共和派的煽动。这就是说,通过同弗朗西斯·约瑟夫和拿破仑这两个皇帝结盟,而不是通过反对这两个皇帝的一场革命战争,从奥匈帝国取得蒂罗尔,并从法国取得罗马,甚至还有尼斯。意大利只能从牺牲它

---

[①] 博伊斯特致梅特涅,1869 年 2 月 3 日。见《莱茵政策》,iii,第 663 号。

的两个伙伴中取利；意大利人在"三方同盟"以及在以后许多情况下确实都有效地运用了这同一的基本原则。作为报答,他们宣称提供了一支二十万人的军队,但经实际考查,不超过六万人；① 即使是这几万人也很难投入实际运用,因为意大利同法国及奥匈的铁路联运设施是有限的。意大利人真正提供的东西是中立；这将保障奥匈帝国西南边境的安全,从而使它避免两面作战——这样的两面作战在1866年已证明对它是灾难性的。这有一定价值,虽然不像意大利人想象的那么大。

1868年12月,意大利的使节求见博伊斯特,他带来的建议是意大利在法普之间或奥匈帝国与俄国之间交战时保持中立并以得到南蒂罗尔作为交换条件。② 博伊斯特觉得这个价钱太高了,而且法国也应该作出贡献,因此把使节转送到拿破仑那儿。这真是完全合乎拿破仑心意的结合——一个如意算盘：所有的人都出钱,只有自己例外。这三个国家结盟将保证欧洲的和平,英国将会被拉进来,一次全欧君主大会将喝令俄普止步,而且——这是一项重要的现实考虑——南蒂罗尔将使意大利的兴趣从罗马转移开去。③ 法国的大臣们想得更具体一些：他们要建立一个反普集团,他们不在乎是意大利或是奥匈帝国要为此付出代价。把意大利包

---

① 1870年8月,意大利人说只能对法国提供六万人,并且这些人是在耽搁了三个星期之后才开拔的。马拉莱(佛罗伦萨)致格拉蒙,1870年8月8日。见《外交缘由》,xxix,第8937号。

② 很奇怪,这位使节是一个匈牙利将军——1849年的难民之一——他后来投身意大利军界。蒂尔致博伊斯特,1868年12月22日；奥意协议方案,1868年12月。同上书,xxiii,第7099、7100号。

③ 蒂尔致博伊斯特,1869年1月6日。同上书,第7165号。见奥里维埃著《自由化的帝国》,xi,205。

括进来有这样一个很大的好处:由于它同法国、又同奥匈帝国牵扯在一起,一个三方同盟能够结成;而这将使东方问题同南德意志事务之间的明显分界线(博伊斯特试图保持它)变得模糊起来。三十年之后,在地中海协议中意大利起了同样的作用——模糊了奥匈帝国同英国之间的利益分歧。

1869年3月1日,在无数次争吵之后,法国大臣们(主要是鲁埃)拿出了一个条约草案,这个草案的用意是使奥地利人在不知不觉中承担反对普鲁士的义务。在保持欧洲和平联盟的伪装下,这实际上将是一个反对俄普两国的三方同盟。在奥匈帝国被卷进对俄国的战争的情况下,法国将在莱茵河驻兵守望,如普鲁士参加到俄国一边就参战。同样地,在法普交战的情况下,奥匈帝国将在波希米亚驻兵守望,如俄国参加到普鲁士一边就参战。不论发生哪一种情况,意大利将派一支二十万人的军队支援;它将得到南蒂罗尔;它的两个盟国还将帮助它找到一个同教皇之间的临时解决办法——不管这个办法可能意味着什么。① 博伊斯特没有上当。他在4月10日写给梅特涅的信上说,"我们知道得很清楚,一旦因法普冲突而我们不得不在边境派驻守望部队,我们很快就会被迫放弃我们如此慎重地宣布过的中立。"② 现在轮到法国来提抗议了。外相拉瓦莱特对梅特涅说,"对于这样一个看来纯粹为了奥地利的利益而签订的条约,你怎么能够期望我会在议会中为它辩护呢?"③ 鲁埃是一个十分精明的生意人,他采取更为谨慎的方针。

---

① 1869年5月1日法国照会,附四个条约草案。见《莱茵政策》,iii,第671号。
② 博伊斯特致梅特涅,1869年4月10日。同上书,第684号。
③ 梅特涅致博伊斯特,1869年4月18日。同上书,第685号。

他承认奥匈帝国是抓不住的,担心意大利也会从他的手指缝里漏掉;如果允许奥地利人声明保持中立,那么意大利也会这样做。因此他提议三强只承诺在发生欧洲战争的情况时订立一项攻守条约,条件到时商定。① 对奥地利人要私下告诉他们在普法交战的情况下可保持中立,但对意大利人不要说——这样就可把他们抓住。法国将得到他们那支二十万人的军队。

这笔买卖对奥地利人是合适的。他们将在近东得到一个反俄的集团,而在有关普鲁士的问题上仍可自由行动,也不至于在哈布斯堡君主国内部损害德意志民族情绪。但意大利人同样不是容易上当的。只要法奥结盟在望,他们总是迫切希望参加进去,现在这样的结盟显然已经走火,而意大利人却还背着这样一个义务:什么时候法国或奥匈帝国一时兴起地打起仗来,他们就要出兵二十万人。因此,他们要求先付一笔账——也许他们确实是在等待这个时机的到来。6月早些时候,他们决定什么时候法军从罗马撤走(而不是在撤走之前)他们就签署这个三方盟约。博伊斯特是一个新教徒并且是一个自成一格的自由派;他认为尽管哈布斯堡传统地保护教皇统治,意大利人提的这个条件是合理的。再说,这又可以使意大利人的注意力从南蒂罗尔转移开去。对拿破仑来说,这却是一个不可能满足的条件:第二帝国正在陷入越来越大的国内困难之中,法国教权主义者对他的拥护比起任何外交上的结合来要重要得多。他退回到一个失败的外交家的最后一手上:他装得

---

① 5月10日法国草案。梅特涅致博伊斯特,1869年5月20日。见《莱茵政策》,iii,第696号。见《外交缘由》,xxiv,附录第6号。

好像他已实现了使别人上当的希望。他反复地对奥地利人说,他认为盟约"在道义上已经签署了";①1869年9月24日,他还写信给弗朗西斯·约瑟夫说,如果奥匈帝国"受到任何侵略威胁,我将毫不犹豫地把法国全部军队放在它的一边";还有,他在没有同奥地利帝国事先取得协议之前,决不同任何外国开始谈判。② 弗朗西斯·约瑟夫又一次避开了这个圈套。他回答说,他决不在不同拿破仑打招呼的情况下同别国结盟,但他没有提到博伊斯特后来所说的"法国自愿从事的约定"。③ 维克多·厄马努埃尔甚至于更加谨慎。他只是表示这样一个愿望:一旦1864年9月协议重新生效——这就是说,法军撤出罗马,盟约就能缔结。④

就这样,缔结反对俄普的三方盟约的伟大计划终成泡影。虽然最后是在罗马问题上破裂的,1869年5、6月间的谈判充其量仍只不过是一段尾声。真正在看法上有冲突的是在奥匈帝国同法国之间。尽管在哀叹已逝的盛世,哈布斯堡王室的政策正在从德意志转移开去,而像俾斯麦所劝告的那样,集中注意于巴尔干。弗朗

---

① 维兹特姆致博伊斯特,1869年10月7日。见《莱茵政策》,iii,第741号。稍早一些时候,拿破仑曾说,"我将把这个条约看作是已经签署的一样。"博伊斯特致维兹特姆,1869年8月26日。同上书,第723号。鲁埃说,"盟约已经缔结,皇帝们在信件中所承诺的事情将具有国际条约的效力。"维兹特姆致博伊斯特,1869年12月10日。同上书,第756号。

② 拿破仑第三致弗朗西斯·约瑟夫,1869年9月24日。见《外交缘由》,xxv,第7674号。

③ 弗朗西斯·约瑟夫致拿破仑的信是少数失落及毫无踪影的外交文件之一。博伊斯特在1870年7月20日致维兹特姆信中叙述(当然不准确)了它的内容。见《莱茵政策》,iii,第911号注。

④ 维克多·厄马努埃尔致拿破仑第三,约在1869年9月25日。同上书,第733号。

西斯·约瑟夫可以仍把自己看作"一位德意志亲王";[①]博伊斯特也仍然可以希望自己的声名盖过俾斯麦;但不论是约瑟夫或博伊斯特都不能在帝国内部反对匈牙利和德意志人的意见。奥匈帝国将不再试图解除布拉格条约,或者甚至不再试图把普鲁士遏制在它的界限之内。事实上,就有关德意志的事情而言,奥地利对结盟的兴趣只在于把它作为在法国取得胜利时的一种保险:如果法国打败普鲁士,他们要保证得到他们的份额。正如弗朗西斯·约瑟夫说得道貌岸然的那样:"如果拿破仑皇帝不是作为敌人而是作为解放者进入南部德意志,那么我将被迫同他协力合作。"[②]奥地利人(包括博伊斯特在内)所要的是一个只限于近东的谅解,它将在罗马尼亚挫败俄国,并将在巴尔干全境扼杀泛斯拉夫主义。虽然法国人要保持土耳其帝国,他们不愿意因此而冒把俄国赶进普鲁士怀抱的风险。高尔察科夫在 1868 年曾说,"亚历山大第二皇上不会参加任何针对法国的联合。请留意不要让博伊斯特给人以你们参加了针对我们的联合的印象。"[③]法国人要一个反对普鲁士的盟友,而奥地利人则要一个反对俄国的盟友——这两个愿望很难结合。俾斯麦曾拒绝承诺站在俄国一边反对奥匈帝国,这样就抢先一步把法国人和奥地利人的打算破坏掉了;这同他更早一些时候拒绝作出站在西方列强一边反对俄国的承诺起着同样的决定性作用。1869 年 9 月,博伊斯特和高尔察科夫在瑞士会晤。他们同意在中东保持局势平静,让法国同普鲁士在西方去较量出个结

---

① 他在 1868 年反对就克罗提亚王位。
② 1870 年 6 月 14 日的会见。见勒布伦《军事回忆录》,第 146 页。
③ 塔莱朗致穆蒂埃,1868 年 1 月 17 日。见《外交缘由》,xx,第 6351 号。

## 第九章 法国的孤立 1866—70年

果来;高尔察科夫还说明白,俄国人一有机会就将废止黑海的中立化,博伊斯特不表示反对——这是东方问题中奥匈帝国并不关心的一个方面。①

法国人并不准备接受他们的孤立处境。拿破仑第三从来没有觉得同奥地利结盟合他的胃口。蒂尔西特,而不是同玛丽·路易\*的结姻,一直是他的范本;1857年同亚历山大第二在斯图加特的会晤,而不是1867年同弗朗西斯·约瑟夫在萨尔茨堡的会晤,一直是他统治时期的辉煌胜利。1869年秋,他决定再作一次同俄国结盟的努力——只有同俄国结盟才能使他仍然有时在梦想的大规模重建欧洲一事得以实现。他的一个私人好友弗勒里将军被任命为大使,派驻圣彼得堡。他从主子那里得到的秘密指示是:煽起俄国人对"德意志观念"的怀疑并——作为交换——使他们看到可以就"在一次大动乱后"的近东的未来进行随意讨论的前景。② 俄国人尽量利用了这个机会。高尔察科夫经常把同法国的和好引为自己的骄傲,称之为他的"历史上最美好的一页";③他乐于重新建立这种和好关系,虽然在他心里有着一个老的条件——俄法和好

---

① 霍亨洛赫《回忆录》,ii,41。格拉蒙致拉·图,1869年9月29日。见《外交缘由》,xxv,第7692号。

\* 蒂尔西特是1807年拿破仑第一同沙皇亚历山大第一会晤的地点。玛丽·路易指拿破仑第一的第二个妻子、奥地利公主。——译注

② 拿破仑第三致弗勒里,1869年11月。弗勒里著《1870年的法国和俄国》,第4—6页。

③ 弗勒里致达律,1870年3月21日。见《外交缘由》,xxvii,第8024号。高尔察科夫恶意地表示同意鼓动奥地利"去想南部德意志而不是近东"(弗勒里致拉·图,1869年11月30日。同上书,xxvi,第7781号),但这更多的是为了使它离土耳其远一点而不是使普鲁士受窘。

应该针对奥匈帝国,而不是针对普鲁士。亚历山大第二走得更远一些。他对舅父\*威廉第一的成功很妒忌(他觉得威廉第一"野心稍为大了一点"),①同意提醒威廉第一,普鲁士曾经承诺在北斯莱士威克举行公民投票。当然,俄国人的意思是要普鲁士给俄国做点事作为报答:这真是特有的怪事,他们竟然想把执行布拉格条约作为修改巴黎条约的序幕。亚历山大11月23日的信件在柏林几乎没有发生作用。俾斯麦起初想在复信中提醒对方不要忘记波兰危机,后来又判断俄国政策并无重要改变,因此只是对沙皇的忠告表示感谢。②贝内德蒂非常不喜欢弗勒里那种外行的外交:如果法国试图同普鲁士争夺俄国的友谊,那么普鲁士将会参加在近东的"投标"并且会出高一点的价钱。③

弗勒里过分地夸大了他的成就。高尔察科夫说,"我们已经不再处于家庭纽带能导致结盟这样的重大成果的时代"。④ 弗勒里因此就以为他已开始使俄国同普鲁士疏远并洋洋自得。但他很快就被轰出了巴黎。1870年1月2日,拿破仑的"自由主义帝国"开张了。新外相达律不喜欢同俄国和好的政策,并同莫尔尼以来主张个人统治最力的那些人结交。像大多数自由派法国人一样,他认为除非俄国放弃在近东改变现状或进行征服的所有计划,同俄

---

\* 亚历山大第二的母亲亚历山德拉·费奥多罗夫娜在嫁给他的父亲尼古拉第一并皈依正教之前是普鲁士的夏洛特公主。——译注

① 弗勒里致拉·图,1869年11月13日。见《外交缘由》,xxv,第7751号。
② 威廉第一致亚历山大第二,废弃草约,12月3日;1869年12月12日。见《俾斯麦全集》,vib,第1458、1461号。
③ 贝内德蒂致拉·图,1869年11月30日。见《外交缘由》,xxvi,第7776号。
④ 弗勒里致达律,1870年3月23口。见《外交缘由》,xxvii,第8028号。

国和好是不可能的;还有,他也存在着这样一种在法国很普遍的幻想,即俄国人是清醒地看到德意志的危险的,"一种真正性命攸关的利益把我们结合在一起"。① 达律最多只准备在西方发生战争的情况下讨论近东问题,到时候法国也许可以用近东来收买俄国,使它认可法国肯定将在西方取得的胜利。② 这基本上是胡说。达律更关心的是不要引用布拉格条约来惹火普鲁士;最重要的是,不要给高尔察科夫任何借口提出对巴黎条约的修改,以免得罪英国人。弗勒里被突然告知不要再提北斯莱士威克问题,并绕开1856年条约。③ 他私下向拿破仑呼吁,但没有任何结果,只好抱怨拿破仑正在被他的大臣们引向毁灭,就像路易·菲力浦一样。

  达律没有什么建设性的德意志政策;他把希望寄托在同英国改善关系上。自1864年以来,两国的关系越来越远。英国的疑心是由1866年法国的扩张计划所引起的;在1867年卢森堡危机中,俄国的政策是想满足法国,而英国的政策则是挫败它。1869年开初,一个法国公司取得了对比利时一条重要铁路的控制权;两国关系到了最坏的地步。英国和比利时政府怀疑——虽然是错怪了——这是一项精心策划的吞并计划的第一步。比利时人通过了一条法律以禁止这笔交易,英国人则威胁说要参加俄普的反法联盟。④ 法国人退缩了;危机也消失了,英法关系冷淡着。到了1870

---

 ① 达律致弗勒里,1870年3月29日。见《外交缘由》,第8046号。
 ② 达律致弗勒里,1870年1月31日。同上书,xxvi,第7905号。
 ③ 达律致弗勒里,1870年1月6日。同上书,第7854号。
 ④ 俾斯麦为此很恼火:他决心在英国人作出承诺之前不作出承诺。俾斯麦致伯恩斯托夫,1869年5月4日。见《俾斯麦全集》,vi b,第1383号。

年1月,达律提出法国要用一种在道义上高于普鲁士的表现来争取英国的好感。虽然这个手法在它第一次运用时没有成功,但它在下一代人中却使英法和好获得胜利。他所挑选的方法是提议裁军——这点是很合英国人心意的——法国和普鲁士各自减少每年征兵人数。如果俾斯麦同意,自由主义将在德意志加强;如果他拒绝,他在英国人眼里就会丢脸。① 虽然英国外相克拉伦顿对法国的建议不存幻想,他还是把这个提议在柏林提出来,好像是由他主动提出来似的。俾斯麦毫无难色地作了回答。他问英国人:"如果我们裁军,你们能否保证我们已经赢得的地位?"② 他还提出了更为尖刻的问题:英国人是否欢迎关于海军裁军的类似建议?③ 但即使是俾斯麦也不免过分地装假;他提到普鲁士不能不大规模武装起来,以对付将来来自俄国的危险!④

这些论点在以后八十年中成了裁军会议上的惯用手段,并且在当时说动了克拉伦顿。1870年4月,他对法国人提出了另外一种合作的前景。他表现得好像对俄国在近东的计谋很震惊。奥地利"已在全面解体";英军都在用以保卫加拿大、防范美国;法国的"注意力不能从它在中欧的主要是节制性的任务转移开去。"⑤ 他的用意是清楚的。法国应该多多少少改善一下同普鲁士的关系,

---

① 达律致拉瓦莱特,1870年2月1日。见《外交缘由》,xxvi,第7907号。
② 拉瓦莱特致达律,1870年2月23日。同上书,第7956号。
③ 俾斯麦致伯恩斯多夫,1870年2月9日及3月25日。见《俾斯麦全集》vib,第1495、1496、1541号。
④ 达律对这个答复看得很认真,并且严肃地向弗勒里探询俄普关系是否很坏。达律致弗勒里,1870年2月25日;弗勒里致达律,3月5日及10日。见《外交缘由》,xxvii,第7967、7993、8004号。
⑤ 拉瓦莱特致奥利维埃(代理外相),1870年4月21日。同上书,第8104号。

从而可以腾出手来应付近东。达律对此想不出如何作有效的答复。这次来往再度显示出法国政策的核心问题：不论是俄国、英国或者奥匈帝国，都不关心南德意志。虽然它们之中没有一个国家希望普法打仗，但也没有一个国家害怕发生这样一次战争或估计这样一次战争会打乱欧洲的均势；在这样一次战争中谁也不愿意支持任何一方。如果法国人自己能够对付得了普鲁士，它们就不用操心；如果法国人需要盟友，那么他们只能在近东问题上找——而各国所要求的条件又是相互冲突的。英国人愿意维持黑海的中立化，而俄国人却要推翻它；奥地利人在罗马尼亚和巴尔干反对俄国，但不是在黑海。对法国人来说，这些政策都会把注意力从普鲁士转移开去，因此都是同样地可憎。到1870年，第二帝国确实又回到了它开创时的"主导思想"：法国的安全和伟大有赖于同英俄两国的友好关系。但是法国人没有发现建立这样的关系的办法，更没有办法去促使这两大强国言归于好。

# 第十章 法国主宰地位的丧失 1870—5 年

虽然 1870 年对法国的胜利确实统一了德意志,这次战争不像对奥战争那样有一个深思熟虑的过程。1862 至 1866 年之间,尽管有时发一点(也可能是真诚的)善心,俾斯麦不断地加强压力:除非奥地利人接受他的条件,一再发生的危机必然以战争告终。1866 至 1870 年之间,没有这样逐步走向战争的情况;从 1867 年卢森堡事件到三年多后战争的爆发,确实没有发生过扰乱法普关系的警报。在这些年里,俾斯麦也没有苦于法国会同别国联合的梦魇(这种梦魇后来一直压在他的心上)。他把有关法国同奥匈及意大利结盟的谣传斥为"瞎猜胡说",①事情的发展也确是如此。他对法俄友善毫不在意,因为这样的关系必须以法国放弃对波兰的同情为基础,所以普鲁士能够随时入伙。他自己这段时期的政策比过去或以后的任何时候都要更消极一些。虽然他保持了同俄国友好这一坚实基础,这也只限于对波兰的共同敌意;他从不让俄国人把他拉过去在近东支持他们。他希望最终能同俄国及奥匈帝

---

① 俾斯麦致罗伊斯,1869 年 2 月 13 日。见《1858—1871 年间的普鲁士外交政策》,x,第 517 号。

国结成保守主义同盟;①像所有以原则为基础的结盟一样,它具有提供了安全却不必为此付出代价的好处。但他知道这必须等到哈布斯堡王室对1864年战败的怒气消了之后。

事实上,俾斯麦的精力花费在建设新的德意志国家上。像加富尔一样,他的目的是满足自由派,但不向他们投降。这个政策只是在有关美因河南德意志诸邦的问题上才影响到国际关系。俾斯麦的问题不在于把它们纳入一个统一的德意志之内;不论发生任何情况,这都是不可避免的。他的问题是要确保它们的纳入以忠于霍亨索伦王朝为基础,而不是以人民的热情为基础——要从上而下的统一,不要从下而上的统一。提高王朝威望的计划之一是宣布威廉第一为德意志皇帝——他在1870年年初时曾搞了一下,后来放弃了。他鼓励由霍亨索伦王族成员继承西班牙王位(1868年反对伊莎贝拉女王的革命后一直空缺)的打算,也有着同样的为王朝着想的动机。②俾斯麦知道法国会存一点反对的表示,但这远不是说他预期这事会惹得法国以兵戎相见。他的估计看来正好相反:使法国人惦记他们的西班牙边界,他们就不会那么想为南德意志打仗了。③贝内德蒂是对德意志事务作出判断的能手,他始

---

① 他在1870年1月对安德拉西这样说过,7月间又对奥尔布雷克特大公说过。俾斯麦致施魏尼茨(维也纳),1870年1月12日及7月10日。见《俾斯麦全集》,vi b,第1474、1589号。

② 继承人选是利奥波德,属西格马林根系。这一系过去是长房,1848年归属于普鲁士王室。利奥波德的弟弟是罗马尼亚亲王。

③ 有关这个题目的争论后来是如此之多,再加上感情用事,所以不可能得出一个超然的论断。我只能说,我力求根据当时的证据来作判断,拒绝接受以后造作的神话,不论是出于法国人的愤恨,还是出于俾斯麦本人。他后来曾吹嘘说,他一手造成了对法国的战争。这只能证明他在1892年的想法,而不是在1870年的想法。

终深信俾斯麦和威廉第一不会主动越过美因河而是要等南德意志到他们那儿去。① 这有更好的实证。1870年6月1日至4日,亚历山大第二同威廉第一和俾斯麦在埃姆斯会晤。俾斯麦主要关心的事情就是劝说亚历山大相信,南德意志诸邦亲王现在同威廉第一打交道,比起将来他们被民主浪潮扫掉之后同他的更加自由化的继承人打交道要便宜得多。会晤中稍稍涉及罗马尼亚的事务;双方还一致表示不满哈布斯堡君主国正在加利西亚推行的亲波兰路线。没有提到过对法国的战争;没有要求提出保证,也没有给予保证。事实上,这次会晤有一点点反奥的气氛,却完全没有反法的气氛。

就所发生的情况来说,政策的改变是在法国,而不在普鲁士。如果"自由主义帝国"完整地维持下来,俾斯麦关于不战而收南德意志的期望也许能够实现。但在4月间,在对待教皇在罗马召集理事会一事应取什么态度的问题上,拿破仑同达律发生了争吵;② 5月间,他举行了一次公民投票,这实际上是反对他那些自由派大臣们的一次示威。他违反奥利维埃的意愿,任命驻维也纳大使格拉蒙继达律任外相。格拉蒙不但是一个厉害的教权主义者,并且狂暴地反普鲁士。虽然他不了解同奥匈帝国秘密谈判的情况,但在做了一个按照宪法勉为其难的姿态之后,他现在把过去谈过的内容当作他自己的事情。"如果我不接受,那么过去答应下来的事情就会毫无意义;但我接受。"③这样,6月初格拉蒙到达巴黎的时

---

① 贝内德蒂致达律,1870年2月25日。见《外交缘由》,xxvi,第7970号。
② 达律曾希望坚持理事会不要干预世俗事务,而拿破仑第三和奥利维埃则非常担心会开罪于法国的教权主义者的舆论。
③ 博伊斯特致梅特涅,1870年5月31日。见《莱茵政策》,iii,第622号。达律从未知悉结盟的谈判,甚至于格拉蒙也是由于博伊斯特的坚持才被告知。

候,他以为有这样一个奥法同盟存在,并决定一有机会就要把普鲁士羞辱一番。这很适合拿破仑那些私人亲信们坚持要提高威望的需要。一位名叫勒布伦的法国将军被派到维也纳去根据盟约商订具体条款;虽然他并没有取得什么实际结果,他回国时深信奥匈帝国将立即动员和牵制住一大部分普鲁士军队,如果法国侵入南部德意志的话。①

一个没有预见到的意外事件使危机爆发了。6月19日,利奥波德亲王接受了西班牙王位。西班牙代表打电报给马德里说,他将在6月26日回国,亲王可由国会选出(国会会期至7月1日)。这样,法国和全世界就将在事先毫无所知的情况下看到一个西班牙国王登位。但一个译电员把日期译错了,西班牙政府以为他们的代表将在7月9日回国;如要国会延到那时才休会,时间太长,因此国会就从6月23日开始休会直到11月。当那个西班牙人萨拉查回到马德里时,他发现的几乎是一座空城了。为了说明国会须即复会的理由,他不能不透露正在进行的事情;7月3日,消息就传到了巴黎。像这样的情况,聪明的办法是去威胁那个弱国而不是去威胁强国。但法国人更关心的是羞辱普鲁士,而不是防止西班牙有一个属于霍亨索伦家族的国王。格拉蒙告诉大臣会议,奥地利曾经答应在边界上部署一支守望军团;②根据拿破仑的建议,通知沙皇:如霍亨索伦家族继位将"意味着战争"。法国人以为,既然俄国总是不乐意看到普法交战的前景,他们将会对柏林施

---

① 勒布伦著《军事回忆录》,第83、146页。奥尔布雷克特大公3月间去巴黎进行军事会谈,得到了关于法军状况的很坏印象。

② 梅特涅致博伊斯特,1870年7月8日。见《莱茵政策》,iii,第851号。

加影响。① 这样,法国既指望奥地利的同盟,又指望俄国的支援。他们错了。但他们得到了其他的意外助力。利奥波德亲王,他的父亲安东尼亲王,还有威廉第一(在这个问题上),一直不喜欢这桩西班牙的事情;他们是被俾斯麦推进去的,现在急着想从中脱身。7月12日,利奥波德的父亲得到威廉第一的批准,代表儿子宣布放弃西班牙王位。② 他写给妻子的信上说,"我心里一块石头落了地。"

如果法国政府所真正关心的是西班牙,或者甚至于是取得一次外交上的胜利,那么这场危机应该算过去了。但是,事关波拿巴威望这个致命的主题既然已经提出来了,就很难默尔而息。格拉蒙被拿破仑赶着走;拿破仑自己则在有一点妥协的迹象时就又被他的亲信们赶着往前走。广大的法国人民群众是平静或冷漠的;起作用的是坐得满满的议院中拥护皇帝的多数派以及拿破仑的冒险家小集团。第二帝国经常是靠幻想过日子的;现在的幻想是它不用怎么费劲就能把普鲁士摧毁,抱着这个幻想等于是去自杀。在走向战争的运动中没有一个方针,也没有按照对法国更为有利的轮廓重建欧洲的想象,甚至于连取得莱茵河上的领土也没有明确的计划。阻碍德意志的统一——更不要说肢解普鲁士——是违反拿破仑政策(如果还有这样的东西存在的话)的任何一条原则的;但在怒气和急躁情绪爆发之中,这都不算一回事了。像奥地利人在1859和1866年一样(虽然更没有什么理由),拿破仑和他的

---

① 格拉蒙致弗勒里,1870年7月6日。见《外交缘由》,xxvii,第8173号。
② 危机的发生是如此出人意料,当时利奥波德正在奥地利境内的阿尔卑斯山作步行旅行,无法取得联系。

## 第十章 法国主宰地位的丧失 1870—5年

伙伴们是为战争而战争,对它的后果是连想也不想的。

导致战争的决定性一步是在7月12日采取的。那一天格拉蒙指示贝尔德蒂提出要求:威廉第一应担保利奥波德撤回继承申请并保证以后永远不再重新申请候选王位。① 提出这样的要求是有意挑起战争,或者使普鲁士蒙受不亚于战败的耻辱。直到这个节骨眼上,俾斯麦才出场。危机发生后的头几天里,他曾意识到他的手伸得太长了,他唯一关心的是尽量使自己从利奥波德候选继承王位这件事中脱身出来。现在他看到了可以在一个有关国家荣誉——而不是有关西班牙王位——的问题上发动战争,并一举解决南德意志的问题。他所害怕的一点是威廉第一为整个事情感到可耻而可能满足法国的要求。实际上不用他担心,因为威廉第一在7月13日就表示了拒绝,虽然话说得相当客气。俾斯麦对整个事情的唯一贡献是把国王的拒绝变得不像实际上那么客气。俾斯麦用缩写方式发出的"埃姆斯电报"意在向法国挑衅。② 这实在是

---

① 根据拿破仑的指示,要求的措辞变得很强硬。拿破仑第三致格拉蒙,1870年7月12日。见《外交缘由》,xxviii,第8436号。

② 俾斯麦在他的后半生中渴望使发动这场战争归功于他,因此制造了这样一个传说:他把威廉第一发自埃姆斯的电报作了编辑加工,从而挑起了战争。但俾斯麦办事经常有两手。当他在7月11日前在瓦尔津不问政事时,这当然有助于使法国人一而再、再而三地作挑衅性的盲动;但也使他可以自由地责备威廉第一,如果发生什么使普鲁士屈辱的事情。7月12日,他计划召开国会并对法国发出最后通牒。这当然将造成战争,但也同样会给他一个提出辞职的借口,如果威廉第一拒绝他的意见。他的表现自始至终是临机应变的,只有一点是前后一致的,即:危机的发生使他感到意外。此后他就胸有成竹地为对法作战进行工作以保持他自己的威望。他的另一个解决办法——把责难放到威廉第一头上,对他的本性来说是同样有代表性的,但也是同样不可信的。但所有这一切都同这样一种理论背道而驰,即:西班牙王位的候选是一个埋得很深的地雷,或者像比谢所说的"为法国设下的陷阱",倒不如说它是一大错误,俾斯

不必要的,因为法国政府想打仗并且只要抓住了最方便的借口就打。他们"轻松地"接受了他们的责任,在7月15日使自己投入战争,①也不等从贝内德蒂那里了解一下在埃姆斯究竟真正发生了什么事情。

　　法国人对于他们的军事实力盲目自信,对于他们的外交地位更加如此。他们估计英俄两国如果不支持的话也会善意地旁观;奥匈和意大利将作为他们的盟国参战;而南德意志则将保持中立。他们的全部估计都错了。虽然英俄两国政府都努力想把危机消除(它们这样做的理由是互相不同的),它们也都把努力的失败归咎于法国。英国退回到对比利时的担心中去;俾斯麦于7月25日在《泰晤士报》发表贝内德蒂1866年的条约草案之后,英国人就更感紧张了。他们同交战双方谈判新的条约,保证比利时在战争期间的中立——这些条约俾斯麦是欣然接受、格拉蒙则是很不情愿地接受的(7月30日)。在以后的年月里,英国政府受到很多责备,说它在俾斯麦在欧洲树立德意志势力的时候袖手旁观。但是在此之前的五十年间,英国政策的整个路线一直是反对法国在莱茵河作战,就像它现在所正在进行的那样。英法的伙伴关系一直只限于近东;即使在那里,法国后来也成了俄国的一个不能令人满意的

---

麦靠他的快速机变才从这个错误中逃脱。

　　对埃姆斯电报的编辑加工,当然说明俾斯麦愿意挑起对法战争以挽回他的声誉。但只是这封电报并不足以造成战争。拿破仑不得不提出越来越不可能为对方接受的要求,以满足极端的波拿巴主义者;埃姆斯电报只不过给了他一个由头,这样的由头正是他同他的追随者一直在寻找的。当然,如果俾斯麦拼命地想要避免战争,他的天才也许会使他找到实现这一点的办法。他一个人是能够掌握局势的。从这个意义上说,他不但要为1870年战争、并且要为德意志历史后来的进程负担责任。

　① 真正的宣战书是7月19日在柏林递交的。

对手。普鲁士在近东仍然不那么合作,这是确实的;但英国人被诱使认为如果普鲁士一旦对莱茵河地区放下心,它将会变得更愿意帮忙。如果英国和俄国一起来强使双方保持和平,事情就会两样;而且如果是在上一代的话,它们也许已经是这样做了。现在,由于克里米亚战争的后遗症,它们无可挽回地分开了,更不用提两国在中亚那些无休止的小争吵了。英国的欧洲政策要求它有一个大陆上的盟国。它没有盟国,因此也就没有政策可言。

俄国行事的主要动机是担心波兰,而不是在近东有野心;不懂得这一点是法国政策中的大错之一。① 俄国人预期法国会取胜并且将对之容忍,他们所怕的是法国在同奥匈帝国合作下取得胜利。在普鲁士被排除掉的情况下,这一同盟将不可避免地会提出波兰问题,并且将会比1863年更加成功。俄国人的目的是把战争"限制"在一定范围内,以使奥匈保持中立,不是为了普鲁士,而是为了俄国人自己。7月13日,高尔察科夫正巧在柏林。② 他拒绝给予俾斯麦任何有约束力的许诺以支持普鲁士和对付奥匈;他只是说,他"怀疑奥地利能否使它自己投入这样的冒险行动中去"。事实上,在战争中,俄普两国任何时候都没有订立过正式的协议。虽然俄国人欢迎关于他们在作军事准备的谣传,实际上他们并没有作

---

① 甚至在危机中,弗勒里认为用修改巴黎条约的办法就能赢得俄国的支持(致格拉蒙,1870年7月10日。见《外交缘由》,xxix,第8650号)。他不懂得在俄国的政策中,黑海是一种奢望,而波兰则是一个现实问题。当然,俄国人从一再失望的经验中也知道,拿破仑第三对1856年的解决办法是永远不会真正动它一根毫毛的。

② 他给沙皇的报告收录在《现代史丛刊》第14卷中。为进一步防止承担义务,高尔察科夫在德意志度假,一直到7月底。

任何这样的准备。① 他们所做的仅仅是表明他们的中立以奥匈帝国的中立为条件；而这个条件正适合博伊斯特的政策。② 7月23日，亚历山大第二告诉奥匈大使，只要奥匈一天不动员或不在波兰煽起事端，他就保持中立一天；此外，他还以普鲁士国王的名义保证奥地利的边界。③ 俄国经常脱口而出地以保护人的态度对待普鲁士，亚历山大作出这项保证并没有事先同威廉第一商量。俾斯麦对此马上加以证实："我们无意看到奥地利君主国垮台或使我们自己卷入难以解决的问题，不论发生什么情况。"④ 他虽然这样说，但无疑地仍决心不再继续处于被保护地位。法国人对俄国的态度感到愤怒，虽然他们想用"俄国的敌意将使他们赢得别的盟友"这一假设来安慰自己。⑤ 实际上，俄国人倒是始终如一的。虽然他们没有做任何事情来制止普鲁士——这是当然的——他们同样地没有参加任何反法的联合，就像亚历山大第二常说的那样。"如果普鲁士战败，俄国将会参战"的说法是没有根据的。

使奥匈帝国保持中立并不需要俄国的恐吓；它保持中立是算

---

① 俾斯麦利用了这样一个传说：俄国已在加利西亚陈兵三十万人吓唬奥匈帝国和南德意志诸邦。这是没有什么可靠根据的，俄国甚至并没有作过承诺。俾斯麦致威尔特（慕尼黑），1870年7月16日。见《俾斯麦全集》，vib，第1652号。

② 当然，在法国获胜的情况下，两国是会改变调子的；到时候它们将会竞相争取法国的好感，而且奥匈帝国不见得一定会赢得这场竞争。

③ 科特克致博伊斯特，1870年7月23日。见《外交缘由》，xxix，第8734号。

④ 俾斯麦致罗伊斯，1870年7月26日。俾斯麦还给安德拉西送去一个函件，说"把所谓德意志—奥地利连同它的捷克人和斯洛文尼亚人包括进北德意志邦联，就等于是取消这个邦联"。俾斯麦致施魏尼茨，1870年7月23日。见《俾斯麦全集》，vib，第1709、1701号。

⑤ 格拉蒙致拉·图，1870年7月23日。见《外交缘由》，xxix，第8724号。

## 第十章 法国主宰地位的丧失 1870—5 年

计好了的。博伊斯特从一开始就坚持认为这场危机同奥匈无关。法国人发动这场危机事先没有同他商量过;他们刺激德意志舆论而不是像他所常劝告的那样,把普鲁士从德意志孤立出来;他们甚至于连军事计划也不告诉他。他对梅特涅抱怨说,"当我看到正在发生的事情时,我问自己是不是变成个低能儿了。"[①]同俄国人一样,博伊斯特预期法国将会取胜;但他的意图是利用这次法国的胜利,而不是去协助得到这次胜利。他将只是在决定性的一战打完之后才参战;到那时,他将使南德意志恢复为哈布斯堡王朝的保护国(沙皇也曾表示愿意承认),这是法普两国都同样不愿意的。他眼前的目标是保持法国的好感,又不承担站在法国一边的义务;因此他想避免发表中立宣言——使普鲁士捉摸不定,他就是帮了法国的忙。[②] 7 月 18 日,在一次御前会议上对奥匈帝国的政策进行了辩论。安德拉西后来把事情说成是他阻止了博伊斯特参加法国一边作战,而且这种说法为一般人所接受。这是同事实不符的。[③]博伊斯特提议进行动员,为干涉作好准备,同时用无害的、表示同情的姿态使法国人满意。安德拉西也赞成作某种程度的动员;并以 1848 年的激进精神,希望法国取胜并预期其实现。他只是想在即将来到的反俄斗争——这是他同博伊斯特都在等待着的——

---

① 博伊斯特致梅特涅,1870 年 7 月 11 日。见《莱茵政策》,iii,第 871 号。博伊斯特的《回忆录》,ii,340—2。博伊斯特还建议法国人应该允许利奥波德乘船去西班牙,在路上绑架他。由于俾斯麦经常表示利奥波德的继位是一件个人的事情,同普鲁士无关,他是无法反对的。

② 德·卡佐(维也纳)致格拉蒙,1870 年 7 月 17 日。见《外交缘由》,xxix,第 8621 号。

③ 关于 1870 年奥匈帝国的政策,特别是 7 月 18 日的会议,在斯尔比克《奥地利的过去时代》(第 67—98 页)中终于得到了澄清。

中,使法普两国都站在自己一边,因此他坚持公开宣布中立,以便也取得普鲁士的好感。这是在7月20日宣布的。在其他方面都是执行的博伊斯特的政策。7月20日,他私下写信给梅特涅,以便把中立这个"药片包上糖衣"[①]送给拿破仑;弗朗西斯·约瑟夫跟着写了一封语气轻松的、表示良好祝愿而毫无实际意义的信。[②]

博伊斯特试图为法国人办一件事,至少看起来他要这样做:他想为法国人同意大利联盟扫清道路。归根到底,如果意大利帮助法国,不会有什么害处;在普鲁士获胜的情况下,奥匈帝国甚至于有可能重演库思托查而不是报复萨多瓦之役。*意大利人并没有为这个建议所吸引。他们要同奥匈结盟,让他们的盟友迈出对付普鲁士的第一步,而他们自己则可以马上占有罗马。谈判漫无目的地拖到8月10日。法国人在他们在莱茵河上被击败之前是绝对不会撤出罗马的,而到了那个时候就没有哪个国家会愿意同他们结盟了。奥匈同意大利之间的谈判只不过是试图使它们在预期中的法国胜利的情况下得到保障,所以当法国败绩的消息开始传到之后,谈判就突然结束了。这时,意大利已能自由地占领罗马,而不用再为1864年条约伤脑筋;9月20日,他们这样做了。至于奥匈帝国,安德拉西居然能够把事情说成他是经常倾向于普鲁士的,最后为奥匈帝国赢得了剩下来的唯一的反对俄国的支持者——同俾斯麦德意志的结盟。这样,他以他并不具有的远见卓

---

① 博伊斯特致梅特涅,1870年7月20日。见《莱茵政策》,iii,第911号。
② 弗朗西斯·约瑟夫致拿破仑第三,1870年7月25日。同上书,第920号。
* 库思托查,指1848年奥军在库思托查大败撒丁王国军队,1866年6月24日奥军又在这里击败意大利军队;萨多瓦之役是指1866年7月3日奥军主力在波希米亚的萨多瓦被普鲁士军队击溃。参阅本书第一章、第八章。——译注

## 第十章　法国主宰地位的丧失 1870—5年

识而得到了奖赏。博伊斯特和安德拉西都没有决定过奥匈的中立；它甚至于也不是因来自俄国的任何威胁而被迫采取的。高尔察科夫说得很对，"俄国并没有使一项尚无机会实现的支援瘫痪下来。"① 哈布斯堡王朝的政策是随时局发展而产生的，时局产生决定。8月22日，弗朗西斯·约瑟夫把他的目的规定为"我们避开"普鲁士的胜利；这个目的是达到了。像拿破仑第三在1866年一样，奥地利人对战争的结局作了错误的估计；同拿破仑不一样的是，他们及时地设法使自己从他们所犯错误的后果中解脱出来。

这样，法国就只剩下它自己来同一个团结一致的德意志作战了。南德意志诸邦参加普鲁士一方所表现出来的普遍热情，在军事力量的对比上并没有增加多少分量；但它使得法国的政治方案——姑且认定他们有过这么一个方案——变得毫无意义。解放南部德意志当然不能被认真地当作一个战争目的。法国败绩的纪录从8月4日开始，到9月2日达到了高峰，那一天法军主力及拿破仑第三本人在色当投降了。色当标志着欧洲历史中一个时代的终结；正是在这个时刻，关于"一个伟大国家"主宰着欧洲的神话永远被粉碎了。势力均衡发生了惊人的改变。1866年以前，法国人指望在中欧保持奥普之间的均衡；由此可见，在萨多瓦被打败的是法国人。同样地，英俄两国经常指望在莱茵河地区保持一种均衡；因此，在色当被打败的是他们——在程度上俄国要比英国更大一些。另一方面，萨多瓦为普鲁士的主宰德意志扫清了道路；色当只不过证实已经产生了这种局面。萨多瓦战役之后普鲁士的收获是

---

① 弗勒里致格拉蒙，1870年8月9日。见《外交缘由》，xxix，第8948号。

真正的收获:要不是解散德意志邦联和1866年的领土割让,普鲁士永远不可能成为欧洲最大的强国。色当战役之后的收获是象征性的:阿尔萨斯和洛林——法国1871年割让给普鲁士——对德国的强大并非必不可缺,实际上倒是使它产生弱点的来由。法国在1919年收复这两个地方之后,在物质上并没有改变德国的力量优势;如果奥匈能在某个时候改变布拉格条约的决定,事情倒是会变得非常不同的。

在色当战役之后,欧洲的外交有了一种新的境况。1870年9月2日之前,法国政策(姑且认定他们有这么一个政策)的目标是消除早些时候普鲁士胜利造成的影响,并在莱茵河建立法国的势力;9月2日之后,法国人接受了德意志统一的事实,并只关心保卫他们自己的国家领土完整。德意志要求取得阿尔萨斯和洛林是一切事情的关键。俾斯麦后来把事情说成是德国将军们单纯从军事安全的考虑出发,强使他提出这一领土要求。没有证据可以证明这一点;①相反地,俾斯麦从战争一开始就宣扬应该要求法国割让这一领土。他要取得某些具体成果使德意志人的热情有所寄托;还有,鉴于法国同南德意志诸邦古老的同情纽带,他也许十分欢迎出现一种使两国公众舆论长期对立的因素。他的外交政策是常常按照"容克"的需要来制定的;就此而言,有必要使沙俄——不是自由主义的法国——成为德意志统一的教父。无疑地,俾斯麦低估了法国人对此愤恨之深。他以为法国人会接受阿尔萨斯和洛

---

① 也没有证据可以证明,要求割让阿尔萨斯和洛林是因为那里有铁矿和磷酸盐。不管怎么说,当时对两地的这些矿藏都还不大了解。

## 第十章 法国主宰地位的丧失 1870—5 年

林的丧失,就像弗朗西斯·约瑟夫接受了伦巴底和威尼西亚的丧失一样。一个继位的君王能够丢掉一些省份;一个国家的人民不能如此轻易地丢弃他们的国土。色当造成了拿破仑帝国的倒台;此后,法国人民成了国家的唯一主人。[①] 9 月 2 日之后,法德战争成了第一次民族之间的战争;[②]文明交战的规则失灵了,20 世纪交战模式被创造出来了。

在巴黎建立起临时政府的自由派和激进派起初以为,在外事上历史将会重复,就像他们在国内试图使历史重复一样:正如滑铁卢战役之后盟国在 1815 年仍使法国完整无缺,俾斯麦也将在色当战役之后订下一个宽宏大量的和约。这个梦想在新外长尤里斯·法夫尔 9 月 18 日在费里埃会见俾斯麦时被粉碎了。俾斯麦宣称他对法国的政府形式并不在意,其实他所喜欢的是帝国复辟,因为他相信这样的政府将是最虚弱的、从而最依赖德国的照顾。对俾斯麦的要求,法夫尔用这样一句夸张的话来回答:"决不交出我们的一英寸土地或我们堡垒上的一块石头"。但怎样来使这句话兑现?传统所指出的是雅各宾主义的道路——群众起义和 1793 年的恐怖;这也正是冈贝塔的道路,他 10 月间从巴黎逃出,在卢瓦尔筹建新军。这些新军虽然打得不错,为法国人恢复了荣誉,但终究不能把普鲁士人打败。最后的、也是最伟大的幻想破灭了。

---

① 俾斯麦自己也承认这一点,所以他坚持要由一个包括阿尔萨斯和洛林两地代表参加的国民议会来接受和议的条款。

② 所谓反对拿破仑第一的民族起义完全是虚构的,部分地是由拿破仑自己编造出来作为他战败借口的,部分地是由德国史学家因 1870 年战争的启发而杜撰的。西班牙以及(在较小程度上)俄国的反对拿破仑第一的战争有一种民族战争性质,但两国都位于欧洲文明的外围地区。

代替的办法是寻求大国的支持,促成它们的调解(如果不能促成同它们联盟的话)。中立国家所以能不介入1859和1866年的战争,只是因为战争双方很快就媾和了。所以,如果法国人把战争延长下去,就有理由希望把中立国家拖进来。梯也尔——拿破仑的史学家并一度是莱茵河之战的倡导者——现在周游欧洲寻求支持;他的旅程勾画出了法国政策以后将循之发展的路线。过去,法国人总是在他们需要反普盟友时去找维也纳;现在在法国的政策中不再考虑奥匈了。1870年秋,维也纳人士虽然同情法国,还是同现实妥协了——他们终于承认奥匈帝国只有得到德意志的好感才能存在。10月1日,弗朗西斯·约瑟夫向施魏尼茨祝贺普鲁士胜利,接着很坦率地说,"你不能期望我会为这件事本身感到高兴。……我压根儿不会进行干涉,要发生什么事情就让它发生好了。"[①]施魏尼茨在同俄国大使谈话时把新的局势作了这样的说明,"如果你问我我们答应奥地利用什么东西来报答它的友谊,我的回答将是'生命'。它能维持下来,全靠我们的善意,因为保持它的完整有关我们的利益;在我们看来,它的完整比奥斯曼帝国的完整对欧洲均势来说是更为必要的。"[②]带有匈牙利人傲慢心理的安德拉西仍旧要把俾斯麦当作一个同自己地位平等的人来对待,坚持普鲁士必须为了匈牙利去同俄国吵架。[③] 博伊斯特的头脑更加

---

[①] 施魏尼茨著《回忆录》,第277页。
[②] 戈里雅诺夫著《博斯普鲁斯和达达尼尔海峡》,第304页。
[③] 俾斯麦于10月3日愤怒地致书施魏尼茨(俾斯麦,见《俾斯麦全集》,vib,第1844号),说匈牙利和意大利受到普鲁士一切恩惠,但是它们却对普鲁士敌意最深;如果匈牙利需要德国的同情,它必须争取它。

清楚一些:他看到争夺德意志的斗争现在已经失败,唯一的办法就是参加进俄、普友谊中去,为建立"三帝联盟"铺设道路。① 梯也尔在维也纳什么也没有听到,只有博伊斯特仿照梅特涅发出的哀叹:"我再也看不见欧洲了。"

他对伦敦的访问同样毫无结果。若干世纪以来,英国人习惯于法国的霸主地位,所以他们倾向于认为普鲁士的胜利倒是会改善欧洲的均势。比利时是他们在政策中实际上最关心的事情,现在比起拿破仑老要打它主意的日子来当然要安全得多了。英国两党人士都已在开始希望德国将取代奥地利成为他们的"天然盟友",当英国人在海外寻求财富和建立帝国的时候,把法国和俄国遏制住。而且这个盟国比梅特涅的警察国家要更为自由化和投合一些。因此,英国人积极从事于组织一个"中立联盟",不是作为进行干涉的准备,而是防止别国进行干涉。首相格拉斯顿并不同情这种回避政策,虽然他这样想是出于高度道义上的理由,而不是出于任何对均势的考虑。他认为不同当地居民协商就把阿尔萨斯和洛林转让出去是一种罪行,②并要求唤起"欧洲的良心"。他还没有看到,从实际上说,这一对良心的呼吁会导致同俄国的合作,而俄国人是不大会无代价地进行合作的——这个代价英国人远远无力偿付。

---

① 在指导哈布斯堡外交政策的所有人中,博伊斯特和梅特涅这两个来自"德意志帝国"的德意志人是对俄国最少敌意的。对其他人而言,不论是像安德拉西这样的匈牙利人还是像施瓦尔岑堡这样的贵族,与俄国为敌是压倒一切的原则。

② 在意大利的所有领土变更(包括把萨瓦和尼斯转让给法国)都经公民投票批准,至少表示宽容;俾斯麦吞并土地从不伴以公民投票,虽然他保证在北斯莱士威克要举行一次。

对梯也尔的任务来说，圣彼得堡因而成了决定性的地点。如果俄国人同奥匈和英国合作，接着就会出现由欧洲国家来进行的调停；只要它们看来打算支持普鲁士，俾斯麦就能使法国陷于孤立。在俄普之间没有具体安排什么交易，而俄国人又不愿意无所事事。早在8月7日，高尔察科夫就曾说过，"尽管其他列强没有参战，却不能把它们排斥在将来的和谈之外。"① 在俄国政策中，决心不使自己在欧洲受到冷遇、不是只被当作一个亚洲国家来对待，这经常是它行事的最深刻的动机。例如，在沙皇的眼里，没有什么东西比1859年3月3日的条约更使拿破仑第三讨好的了，因为这个条约无论如何表现出俄国在意大利事务中是有发言权的。为了对付俄国这种情绪上的愤愤不平，俾斯麦玩弄了同样在情绪上起作用的"欧洲拥护君主制的保守分子的团结一致"②（它现在要把奥匈也包括进来）。这个刷新了的神圣同盟，代表着俾斯麦自己的政治观，特别是在波兰方面；但它的实际目标同原来的神圣同盟一样，仍然是使俄国保持安静。

法国的形势加强了俾斯麦的地位。虽然普鲁士的胜利使俄国人吃惊，拿破仑第三的垮台和一个多少具有革命性的政府在巴黎的建立使沙皇更加吃惊；当波兰流亡者支持法国临时政府时，这种惊惶心理就达到顶点了。用更具体一些的话说，俄国人容忍德意

---

① 罗伊斯致俾斯麦，1870年8月7日。见来因多尔夫著《黑海问题》，第78页。
② 俾斯麦致罗伊斯，1870年9月12日。《俾斯麦全集》，vib，第1793号。埃克《俾斯麦》，ii，525）把这一建议称作"俾斯麦外交政策中的决定性变化"；但俾斯麦是经常要建立神圣同盟的，如果他能使之建立在他的条件之上，即：哈布斯堡在德意志没有野心，俄国在近东也没有野心。

## 第十章 法国主宰地位的丧失 1870—5年

志的壮大是为了他们在波兰所占有的一切。但即使是在现在,这也不是一种赞同德国对付法国的"选择",而是作为保持中立而不采取行动的选择。① 俄国人以一种相当模糊的方式希望在较晚一些的日子里能够挑拨法国起来反对德国;他们已经在预计,当他们自己在解决同奥匈的问题时,对一个充满怒气的法国的担心将会使德国表现出安静。高尔察科夫对梯也尔说,"我们以后将使自己专心致志于把法国团结到俄国这边来。"亚历山大第二也说,"我将非常喜欢得到一个像法国这样的盟友,这将是和平的同盟而不是战争和征服的同盟。"② 这些话是1870年9月29日讲的,它们规定了就像二十年后实现的那种法俄同盟。但在当时的情况下,这些话对梯也尔毫无用处。他空手回到巴黎;法国人不得不以他们自己的努力来扭转普鲁士胜利的形势。11月间,冈贝塔所组建的新军取得了暂时的成功,但不能坚持下去。巴黎被围,无法解救。1871年1月,法国人不得不按德意志人的条款求和。

俄国人没有插手西欧,因此他们想要一个"安慰奖"。这就是废止黑海中立化。他们在9月7日作出决定,10月31日向列强宣布。他们并不把黑海作为他们在西欧置身事外的补偿;这个行动最多也只是使他们的骄傲得到一些满足,使俄国湔雪一条耻辱。因此,俾斯麦关于俄国应在黑海建造军舰和等待别人来申诉的劝

---

① 这一直是法俄关系的中心问题,至少从色当战役之后是如此。一个以利益为基础的法俄同盟必须是积极的;一个以感情为基础的俄德同盟则可以是消极的。因此,在1939年,正如在1870年一样,法国人要求的是行动,而德国人则满足于中立。

② 弗·查理—鲁著《亚历山大第二、高尔察科夫及拿破仑第三》,第501、503页。

告是完全没有说到点子上。① 俄国人要其他列强承认他们在那里有驻扎军舰之权,而不是真的把军舰放在那里。他们没有在近东的行动计划;事实上,在1877年同土耳其的战争中,他们仍然没有一支黑海舰队——如果不是这样,战争将很快结束,并对欧洲历史产生出无可估量的后果。俄国的谴责是一种象征性的姿态;英国的答复也是象征性的。格拉斯顿即使在1856年②就曾反对黑海中立化;但他要求恪守"任何条约只有经国际协议始能改变"这一原则,这一次按他的意思办了。对俄国的敌意,加上一种讲究道义的高调,折服了即使是孤立主义最强的内阁;英国政府开始到处寻求支持。奥多·拉塞尔(英国驻普鲁士总部代表)对俾斯麦说,不管有没有盟国,英国将为维护条约的神圣性而战;这是一种夸张的说法。英国外相格兰维尔心里真正想的是,法国现在在近东没有用处了,普鲁士有机会成为英国的"天然盟友"了,它应该为此一跃而起,加入1856年4月15日为土耳其提供的"三方保证"。用他自己的话说,"这将是减少而不是加重英国所承担的义务,并将对俄国起到有力的制止作用,以使这些义务得以执行。"③普鲁士要同那个它刚打败的强国以及那个仍处于战争状态的强国联合起来,以制止它在欧洲的唯一友邦;而这一切又是为了它所毫不关心的近东。以后三十年的外交格局正在形成,在这些年里,德国一再

---

① 布施著《俾斯麦秘史》,i,313。
② 格拉斯顿在1856年还主张罗马尼亚的民族独立是反对俄国的最有效的障碍;这样,他已走向支持巴尔干民族主义的政策,这一政策他在1878年曾到处宣扬,并在1919年作为"威尔逊主义"在更大规模上取得胜利,俄国、哈布斯堡君主国还有土耳其则为此作出了牺牲。
③ 格兰维尔致格拉斯顿,1870年12月10日。

地被给予保卫英国利益以防止俄国侵犯的特权,而所得的奖励只是一种吝啬的保护关系。

俾斯麦对这个提议没有置复。另一方面,他承认——他的后继者却看不到——英俄在近东的冲突对普鲁士将是危险的,即使它置身事外。他准备充当一个忠实的中间人,并提议举行一次会议以修订黑海问题的解决办法。这很适合英国人,因为承认国际准则是他们所唯一关心的事情。这也适合俄国人,因为他们所要的是理论上的修正(不是某种实际权利),而这是只能通过会议来实现的。他们并不需要、也不期望出现一个严重危机。正如一个俄国外交官写道,"人们不是为一项宣言去打仗的。高尔察科夫预见到的是一场舌战,仅此而已。"[①]10月31日通报表面上被撤回了,因为有了一个心照不宣的谅解:俄国提议的措辞如果改得更为庄重,列强将会同意。会议于1871年1月至3月在伦敦举行,看起来会议开得花里胡哨,只是为了光光面子,但它产生了有着巨大价值的结果。虽然它使俄国在黑海解除了束缚,但它也逼俄国作出了一项决定性的让步,即:国际条约不能以单方面行动来改变。根据这一条,俄国在7年之后愿意把"桑·斯蒂芬诺条约"在柏林大会上送交国际审查;因此,1878年东方大危机的能够获得和平解决应部分地归功于被瞧不起的伦敦会议。

会议对俾斯麦还有更直接的好处。英俄两国都迫切希望会议

---

① 朱米尼致勃鲁诺夫,1871年5月22日。见柯里雅诺夫著《博斯普鲁斯和达达尼尔海峡》,第161页。伊格纳吉也夫在君士坦丁堡想不顾列强而直接同土耳其人打交道——这是在1875—8年东方大危机中他主张的政策的一次有趣的预演。

成功,因此同意俾斯麦提出的条件:不许法国提出同德意志媾和问题。① 这样一来,法国处境孤立了,不得不接受俾斯麦的条件。1月28日签订停战协定,以便进行国民议会的选举;② 2月26日签署和约草案;5月10日订立正式的法兰克福条约。俾斯麦这次所遇到的问题同1866年对奥地利的问题不一样。那一次战争是为了一个特定的目标——德意志内部的主宰地位。一旦奥地利同意放弃德意志邦联并撤出德意志,俾斯麦就无意再去削弱或屈辱它。1870年战争却是完全另一种情况。它没有特定的目标;它是德法之间实力的较量。虽然1870年的胜利和1871年的条款——割让阿尔萨斯和洛林,赔款五十亿法郎——证明了德国的优势,但他们不能长久保持下去。③ 英法两国在1856年曾经试过,想使它们的胜利持久化,伦敦会议证明这样的企图是徒劳的。法兰克福条约既没有限制法国的军队,也没有禁止它同别国结盟。人们常说,法国人的怒火不熄是因为割让了阿尔萨斯和洛林。俾斯麦的话倒更近乎真理:"即使他们结束战争并不割地,法国人的怨恨将同样程

---

① 德意志帝国是1871年1月18日在凡尔赛成立的。普鲁士消失了,此后同德意志合成一体,或者反过来说,德意志同普鲁士合成一体了。

② 拿破仑第三被推翻后产生了一个新问题,那就是要找到被承认的权威来议订能够生效的和约。俾斯麦曾想同拿破仑第三议和,理由是可使他由此而成为德国的傀儡;但拿破仑表示除非要他答应的条件比提给临时政府的条件优惠得多,他不能接受这样一个令人厌恶的地位。俾斯麦不愿意付这笔代价。因此,他不得不坚持要选出一个国民议会,以便同"最后的主人"——法国人民议和。对于一个保守的容克来说,采取这样的立场是颇有点奇怪的。

③ 俾斯麦(错误地)估计这笔赔款将使法国多年陷于瘫痪,或者甚至于法国人根本付不起,这样德军将长期占领法国的领土。因此,在某种程度上,这是一种想约束未来发展的企图。

度地存在。……即使是我们在萨多瓦的胜利也会在法国引起怨恨,我们战胜了他们,他们又该产生多少倍的怨恨呢。"①在以后的年代里,法国人只要看到打败德国的任何机会,就同它敌对,并且只是在他们觉得自己无力推翻德国优势的时候,才对德国的优势默尔而息(如果不说是接受这种优势的话)。如果他们没有失去阿尔萨斯和洛林,那么在敌对时期内他们的愤恨也决不会减少;在紧张局势缓和的时期内,他们的和好意愿也许倒会大一些。这两个失去的省份是一种象征,象征着已经消失的法国的伟大;因此,1919 年收复这两个地方之后并没有使法国对德国的敌意消失,法国的伟大在色当已经永远消失了,两地的收复也没有使之再现。

在 1871 年,任何一方都没有估计到法兰克福条约会存在四十多年;但不论怎么说,直到 1875 年,法国复苏的前景是欧洲政治中有力的因素。在梯也尔领导下使自己强固起来的法国人,试图打破孤立处境(这种处境造成了 1870 年的毁灭);俾斯麦则努力使欧洲强固起来以对付法国人。对德国来说,最可靠的联合是"北方三朝廷"的联合。它在 1848 年的事态发展中被削弱了,后来终为克里米亚战争所摧毁;它一度被称为"神圣同盟",现在要以"三帝联盟"重新出现。决定性的变化是在哈布斯堡君主国的政策中。色当战役之后,弗朗西斯·约瑟夫放弃了同法国结盟的全部希望,同时也放弃了恢复德意志内部霸主地位的全部希望。同柏林言归于好的道路是畅通的。但在什么基础之上?五年的失败已使幻想破

---

① 俾斯麦致伯恩斯多夫(伦敦),1870 年 8 月 21 日。《俾斯麦全集》,vib,第 1755 号。

灭的博伊斯特认为，哈布斯堡君主国能维持下去就很不错了，所以在1871年8月在加施泰因会晤俾斯麦时，准备建立三位皇帝的保守的伙伴关系。但博伊斯特在维也纳已不再受重视了。弗朗西斯·约瑟夫雇用这个陌生的新教徒单纯是为了准备向普鲁士复仇；现在这个政策已经失败，他就乐于把他甩掉了。11月间，博伊斯特被免职。他的继任人安德拉西完全是另外一种材料制成的：一个自信的匈牙利贵族，准备在一种宏大的规模上制订政策。虽然他也要同德国结盟，但应是在1848年的革命性的计划基础上——针对俄国并使英国成为第三个伙伴；①在最初向俾斯麦试探时，他甚至提议使波兰复活，以作为阻挡俄国的障碍。在他看来，如果奥匈废弃同法国的同盟，德国就应该废弃同俄国的同盟。俾斯麦可不让他抓住搞这样的联合：部分地是因为他相信英国永远不会成为一个可靠的盟友，更重要的原因是，同俄国保持良好关系对他的保守主义体系、对德国防备法国保证安全是必要的。安德拉西只好勉强地、满腹狐疑地默认三位皇帝结好。

　　1872年9月，弗朗西斯·约瑟夫完成他对1866年胜利者的承认，访问柏林；亚历山大第二急于防止一次反俄的示威，在最后一分钟提出自己也去参加会晤。自从1860年华沙会议流产之后，这是三个皇帝第一次聚在一起；此后他们就再也没有聚会了。②这次会晤没有作出什么书面协议而只是作为一次反对"革命"的示

---

　　① 安德拉西一上任就在1871年12月向英国试探结盟问题。英国政府表示不愿为了"应付（可能不会出现的）偶发事件而达成预期中的谅解"。见坦珀莱及彭桑著《英国外交政策的基础》，第345页。

　　② 亚历山大第三于1884年在斯凯尔涅维采会晤另两位皇帝。

威;为掩盖他们在任何其他事情上都难一致这一事实而做的一点粉刷门面的工作。马克思主义的"国际"*——皇帝们试图联合起来就是为了对付它——已到了它的最后阶段;很难想出还有什么时期比1871到1875年欧洲离开革命更为遥远。实际上,保守主义的团结一致只是意味着奥匈帝国不去挑动波兰、俄国也不去挑动巴尔干的斯拉夫人。

皇帝们在1873年的工作做得好一些。威廉第一5月间访问了圣彼得堡;亚历山大第二6月间访问了维也纳。① 每次访问都产生了某种条约。在圣彼得堡,新任德国总参谋长毛奇同俄国陆军元帅伯格签订了一个军事条约,条约规定一方受到攻击时另一方将派兵二十万相助(1873年5月6日)。在维也纳,亚历山大第二同弗朗西斯·约瑟夫订立了一项政治协议(威廉第一事后也同意),答应如果发生什么问题使两国有分裂危险时应即相互商谈(1873年6月6日)。俾斯麦拒绝批准毛奇和伯格之间的军事条约,以后也从未加以引用。不管怎么样,这个条约用来对付谁呢?俄国人也许有一个混乱的观念,以为德国需要保护以对付来自法国的攻击;反过来,德国将支持他们对付英国。这个提议在1848年前的某个时候也许对普鲁士有吸引力;现在俄国人已落后了整整一代。此外,他们在作出这个提议时甚至于态度也是不严肃的。

---

\* 指第一国际。1872年9月海牙代表大会后总委员会由欧洲迁往美国,事实上已停止工作。1876年正式宣告解散。——译注

① 这一轮互访还包括威廉第一10月间访问维也纳;弗朗西斯·约瑟夫1874年2月间访问圣彼得堡——他的第一件事就是去向尼古拉第一墓献花圈。

亚历山大第二对法国大使说,任何针对法国的行动他都不参加;①高尔察科夫也重复说,"欧洲需要一个强大的法国。"②俄国人把事情说成他们只不过重新恢复反对革命的武装合作,这种合作据说在梅特涅和尼古拉一世的时候曾经存在过;③实际上,他们是在希望通过这一合作将多少使德国承担了反对奥匈帝国的义务——经常为俾斯麦所抵制的另一个俄国"梦想计划"。在德俄两国之间有着很深的难言之隐。俾斯麦认为,黑海的自由化已经为俄国人1870年的友好中立作了报偿;俄国人则把它看作一个比较小的收获,并且不管怎么说是他们靠自己努力取得的;他们仍想要德国在将来某个时候付账。

付这笔账只能是反对奥匈的行动。维也纳和圣彼得堡之间的猜疑是"三帝联盟"的主要缺陷。安德拉西可以对高尔察科夫说,奥地利是"一个防御国家",特别是匈牙利,它所负荷的权利和特权已如此沉重,"只要再稍为增加一点点东西,不管是金子还是污泥,匈牙利这条船就将立即沉没。"高尔察科夫也可以回答,俄国赞成在近东奉行不干涉政策。④ 双方对挑动近东问题都害怕;双方也都相信,如果这个问题爆发,它们就要吵架。1873年6月6日协议就是证明:证明双方远未达成一项解决办法。虽然没有明说"近

---

① 贡托—比隆(柏林)致雷米萨,1872年9月8日。见《法国外交文件,1871—1914》,第1集,i,第152号。
② 贡托—比隆致雷米萨,1872年9月14日。同上书,第156号。
③ 罗伊斯致俾斯麦,1873年2月10日《1871—1914年欧洲内阁的重大政策》,i,第126号。
④ 高尔察科夫致亚历山大第二,1872年9月9日。见戈里雅诺夫著《柏林条约前夜的东方问题》,第44页。

东"一词,协议的第一款就表达了这样一个虔诚的意愿:在两帝国争吵时,也不要损害君主团结这一神圣事业。① 这样,俄德两国有了一项军事条约(实效如何尚有争议)而没有政治协议;②俄国同奥匈有一项政治协议而没有军事条约。两者实际上都是不可行的。俄国的保留意见使联盟在对付法国上毫无用处;俄国同奥匈之间的猜疑使它在近东毫无用处。虽然三位皇帝谈论了他们的保守主义原则,但他们之中没有人愿意为这些原则作出任何牺牲。联盟的建立,说是为了保持欧洲和平;实际上,它只能在欧洲平静的时候存在。它是一个只适宜于"好天气"的体系,就像在它之前的神圣同盟一样。法德之间一次新的冲突、东方问题的一次新的曲折都会把它摧毁掉。

第一个警报来自法国方面。法国人并不想发动一次新的战争;但他们仍然力求恢复军事实力,并打破外交上的孤立。梯也尔在1870年9月周游欧洲的时候已为法国的政策划出了轮廓。法国寻求盟友,不再是为了重绘欧洲的地图,而是为了抵消德国的势力。但,说起来也够怪的,正当法国变得保守的时候,最保守势力的同盟却变得远不可及了:一旦奥匈接受了德意志内部的新秩序,它在同德国的结盟(而不是敌对)中就找到了本身的安全。剩下俄英两国,虽然两国都欢迎法国的友谊,并且都需要一个强大的法国,它们谁也不怕德国:它们只想把法国用作在近东的盟友,英国

---

① 原条文是这样写的:"两陛下彼此承允,即使两国利益导致在特定问题上发生争论,也应进行谈判,俾此等争论不致对于两陛下内心中更高一层的考虑投下阴影。"

② 1873年6月6日的协议——德国也参与了——只同奥匈帝国和俄国之间的问题有关;它同俄德关系是毫无关系的,德国的参与只不过是给它的一种诚敬的祝福。

想用它对付俄国,俄国想用它对付英国。1870 年,法国以支持黑海的自由化能够赢得俄国的好感;或者以反对黑海的自由化来赢得英国的好感。不管采取什么态度都无助于反对普鲁士。法国人决心不重复克里米亚战争中的政策;另一方面,他们有重要的经济利益依赖于维护土耳其帝国,因此他们希望英国将出而保卫土耳其,尽管他们自己不会这样做。争取英国而不失去俄国,争取俄国而不失去英国,也不要把土耳其失给它们之中的任何一国——这是法国外交的核心问题。在多于一代人的时间里,这个问题证明无法解决,正如拿破仑第三已证明无法解决这个问题一样。

有一个使局势复杂化的因素。同俄国结盟,整个说来是为右派所赞同的;同英国结盟,整个说来是为左派所赞同的。除了出于政治倾向这一明显的动机之外,这种情况反映了两个集团对待法国衰落的不同态度。虽然左派在冈贝塔的感召下曾在 1871 年要求把战争继续下去,他们后来表达了法国大多数人对新的战争或冒险的厌恶情绪;因此他们所要的盟友必须具有同他们一样的和平观点。右派在 1871 年 2 月的选举中赢得胜利是由于他们愿意媾和;但他们以遗憾心情怀念过去的伟大,并幻想同俄国结盟将带来一些改变而不必诉诸战争。分歧在于重点不同,而不是一种明确的选择。外交的要领是避免作出决定性的承诺,除非战争使作出这样的承诺成为必要;法国两派的外交都是避免在俄英两国之间作出选择,正如俾斯麦拒绝在它们之间"任选一方"或者甚至在俄国和奥匈之间作出选择一样。当然,法国的外交比 1870 年前的回旋余地要小得多,只能在俄英两国之间周旋。奥地利人将不再挑选他们,他们也不会再考虑德意志。即使在这一点上也有歧异。

右派总想如何及早地打击德国；左派则默认了德国的胜利。俾斯麦认为，一个法兰西共和国是德国保持莱茵河和平的最好保证。他用这样一个荒谬的理论来为他这个看法辩护：国王和皇帝（特别是指沙皇）不会同一个共和国结盟——似乎他自己是唯一的、当国家利益需要的时候能够不顾原则的君主主义政治家。真正的理由是——俾斯麦凭直觉（而不是理智）推测——一个以人民意志为基础的共和国代表了人民反对战争的立场。但在俾斯麦的估计中也有一个深刻的错误。虽然左派以及他们所代表的小百姓比法国上层阶级更爱和平，他们在心底里对于德国在欧洲所主张的原则——军事实力的原则——也更加愤恨。冈贝塔对这种态度所下的定义一言以蔽之，那就是："经常想到它；但永远不要谈论它。"他的意思不仅是指丧失阿尔萨斯和洛林（作为两个省份），而是更多——国家团结的破坏和自决权的被否认。俾斯麦和他的继任人假设法国左派既然要求和平就必然怯懦；这个大错造成德国的毁灭。

梯也尔作为总统试图在两派之间做到左右逢源。他是一个保守的共和主义者，所以他倾向和平；但他又渴望恢复法国的伟大，而且很可能低估了他的任务的艰巨性。在1870年，他希望从圣彼得堡得到比伦敦更多的东西；战争结束之后，他继续认为同俄国结盟"在将来是最可能的。"[①] 他把英国友谊看成是第二位的最好的事情；英国表现出这种友谊是作为对付"三帝联盟"的一种平衡作

---

[①] 梯也尔致勒弗洛（圣彼得堡），1872年9月26日。见《法国外交文件》，第1集，i，第157号。

用,而不是对法国的任何真正支持。1872 年,正当皇帝们在柏林会晤的时候,英国的海峡舰队在勒阿弗尔作了一次很有排场的礼节性访问,梯也尔用一种讥讽的态度来看待这件事情。一度为帕默斯顿、甚至为路易·菲力浦(虽然不是在梯也尔当他的大臣的时候)所赞同的自由主义友好关系,不能再用老一套与神圣同盟为敌的说辞来复活了。不论什么情况,梯也尔更关心的是如何改善同德国的关系,而不是建立反德同盟。他的伟大目的是解放法国国土;1873 年他实现了这个目的:赔款付清,最后一批德军在 9 月 16 日撤离。如果梯也尔还在位的话,接下来的将是一个"实现目标"的长时期。但由于纯然是国内的原因,他在 5 月 24 日被撵下台。新的右派政府任德卡兹为外长,他们想在外交政策上取得迅速的成功,以便扫清复辟的道路。事实上,德卡兹所做的事情都证实了俾斯麦经常说的、对法国君主主义分子的怀疑,两国之间的紧张关系又出现了(虽然有一点做作)。使紧张关系有一点真实性的是俾斯麦的国内政策。到 1873 年,他同罗马教会的裂痕很深,而这一冲突证明比他预期的要更难解决一些。他是经常想要别人代他受过的;他侦察到有一个由法国指挥的国际教权主义者阴谋计划,就抓住各种借口来作为他抱怨的根据。

德卡兹是准备好来扮演俾斯麦所派给他的角色的。他以贵族的轻浮,想要把俾斯麦刺激得不能不采取一些不慎重的暴力行动,从而使全欧洲都来反对德国。他也不用心去算计一下,为了取得一场表面好看的外交胜利,法国所可能付出的代价是否值得。"革命"已证明是一个虚假的盟友;现在法国用教权主义来搞那些它错误地使之出现的民族国家。德卡兹和他的伙伴们以为他们是在重

## 第十章　法国主宰地位的丧失 1870—5 年

复黎歇留\*在 1815 年后的外交,并梦想再来一次埃克斯—拉—夏佩勒大会,以恢复法国在列强队伍中的平等地位。为此,他们需要另一个梅特涅,并以为还是要到维也纳去找一个。① 1874 年 1 月,德卡兹发出了俾斯麦正在威胁要进攻法国的警报。② 结果并不理想:奥匈和俄国都说了些表示同情的空话,却没有行动。为了争相取得德国的友谊,两国都表示他们相信俾斯麦是温和的。但是,欧洲唯一的一个超然的国家不用法国的任何催请作出了响应:2 月 10 日,维多利亚女王写信给威廉第一,敦促他"宽大为怀"。③

这是一次前哨战。1874 年,法国的处境改善了,或者说德卡兹以为是改善了。英国新的保守政府对俄国在中亚的打算是非常容易起疑心的,因此对德国也很容易怀疑它对法国的打算。还有,德卡兹有眼光看到法国对教皇的庇护正把意大利推进德国的怀抱,因此在 1874 年 10 月把一艘一直交由教皇使用的法国船撤出意大利海域。拿破仑第三遗留下来的这笔致命的遗产终于被清算掉了。法国人感到他们自己正在返回欧洲政治舞台;虽然他们玩弄得很有技巧,他们所走的每一步都使他们更加担心俾斯麦将要对他们这些小动作作出反应。他们的担心不是完全没有根据的。俾斯麦无疑地为教权主义者在德国所进行的煽动以及法国所表现

---

\*　黎歇留为法国首相。——译注

①　在 1874 年,即使共和派领袖冈贝塔也有过同奥地利结盟的幻想。见德沙纳尔著《冈贝塔》,第 220 页。

②　德卡兹致达考特(维也纳),1874 年 1 月 22 日。见《法国外交文件》,第 1 集,i,第 271 号。

③　维多利亚致威廉第一,1874 年 2 月 10 日。见《维多利亚女王书信集》,第 2 集,ii,313。

的对这些人的同情感到恼火；他对于法国在军事上恢复之快感到意外,甚至也许可以说有点感到惊慌。如果他发一顿脾气就能把法国的教权主义者压制下去或者把法国的军备增长遏止,他无疑会这样做的；要说他在认真地考虑打一场预防性战争,看来是不大可能。在另一方面,法国人虽然想把俾斯麦激怒,他们当然并不具备进行战争的条件。

  危机的序曲在1875年2月发出了音响,当时拉多维茨（俾斯麦的亲信之一）奉特殊使命去圣彼得堡。他看来只是为了去清理若干巴尔干纷争；但法国人头脑一热,以为他是去表示德国对俄国在近东的支持,如果俄国容忍它对法国发动一次新的战争。① 这样,法国人作了德国发出最后通牒的思想准备。3月,俾斯麦下令禁止德国马匹出口——这常是一个警报讯号。4月,他发动了一场宣传战,口号是"战争就在眼前？"② 很可能他是想压倒法国以便掩盖他自己在"文化斗争"\*中的越来越大的失败。他甚至可能想继恐吓之后提出同法国建立友好关系的建议,正像他曾在1866年战争结束五年之后同奥匈言归于好那样。像别的德国人一样,俾

---

  ① 法韦内致德卡兹,1875年5月25日。见《法国外交文件》,第1集,i,第373号。
  ② 俾斯麦发表声明说他对这篇文章一无所知。如果相信他这种说法就未免太天真了。
  \* 这是费尔丘(Virchow,1821—1902)创造的词(kulturkampf),用以指罗马天主教与德国政府之间的斗争,主要是后者为实行中央集权而力求掌握教育界及教会的人事任免权。普鲁士议会1873年5月通过法律,对神职人员进行管理,反对派后来迫使政府改变政策,1880—1887年通过了新的法律,对1873年法律加以废止。——译注

斯麦也把欺侮当作友好的最佳引子。① 法国人可不是这样：他们但愿把警报弄得更响一些，以便把其他列强都惊动起来。他们最初的呼吁从伦敦或从圣彼得堡都没有得到响应。亚历山大第二只是说，"如果你们有一天遭到危险——我想是不会的——你们会很快知道，……你们会从我这儿知道。"②4月21日，法国人碰到了运气。拉多维茨在酒宴之后常常失态，他在同法国大使贡托谈话中说溜了嘴，竟为打预防性战争的理论辩护起来。③ 德卡兹把贡托的报告分送欧洲各国朝廷，还向《泰晤士报》透露——这个诡计同俾斯麦在1870年透露贝内德蒂关于比利时的条约草案一样起了作用。

英国人和俄国人都紧张起来。他们都去规劝俾斯麦——德比外相是用通常的外交方法，高尔察科夫是在5月10日访问柏林时口头说的。他们还协调了行动。高尔察科夫正式对伦敦保证，俄国在中亚的扩张（这冒犯了英国人）将予以克制；奥多·拉塞尔在柏林奉命支持俄国对德施加压力。④ 德比还想把奥匈和意大利都拉进来，但没有结果。安德拉西对于俄德疏远的前景很开心。他在桌子上倒立了三次（桌子过去一度是梅特涅的，这也是他的一种

---

① 皮洛夫致霍恩洛厄（巴黎），1875年4月30日。见《重大政策》，i，第168号。德卡兹致贡托—比隆，1875年5月6日。见《法国外交文件》，第1集，i，第402号。

② 勒弗洛致德卡兹，1875年4月20日。见《法国外交文件》，第1集，i，第393号。

③ 贡托—比隆致德卡兹，1875年4月21日。见《法国外交文件》，第1集，i，第395号。拉多维茨曾想对他的话解释清楚。见1875年5月12日备忘录。载《重大政策》一书，i，第177号。

④ 德比致拉塞尔，1875年5月8日。见《英国外交政策的基础》，第137号。

练习),大喊道,"俾斯麦永远不会宽恕这件事情的!"①危机来得突然,去得也同样突然。俾斯麦坚持说,这是一场虚惊;别人也都表示满意。虚惊也好、不是虚惊也好,这场"战争就在眼前",危机第一次显示出作为俾斯麦两次大战后果的列强阵营。在1867年卢森堡危机——此事性质相似——中,只有奥地利站在法国一边;俄英两国虽然表现得彼此疏远,但都认为只有节制法国、同情德国才能维持和平。拿破仑第三被搞得陷于孤立;俾斯麦看起来成了受害的一方,得到高尔察科夫和斯坦利的"保护"。1875年,奥匈保持沉默;很显然,即使法国作为一个强国被摧毁,他们也不会在意。俄英两国——仍由高尔察科夫和斯坦利(现在已晋封为德比勋爵)代表——都对德国发出了警告;在这样做的时候,他们是自从1850年发生斯莱士威克问题那些日子以来第一次采取共同行动。对德国的疑忌这一回消除了对克里米亚战争的不快回忆。

虽然这是法国的一次胜利,但这是一次有限的胜利。英俄的行动屈辱了俾斯麦;但这一行动不过是坚持1871年的解决办法,而这一解决办法是他制订的。不论是俄国或是英国对于使法国恢复到它在1870年前所有的地位都丝毫没有兴趣,甚至于也不想帮助它收复失去的省份。确实,它们喜欢保持现在这个样子。英国人因为无需再为拿破仑第三对比利时的图谋伤脑筋而如释重负;高尔察科夫欢迎俾斯麦讽刺性地赠予他的位置:刻在一枚勋章上的题词"高尔察科夫保护法国"。如果这次危机给了法国防止德国进攻的某些保证,它也使俾斯麦得到保证,法国如果要打一场复仇

---

① 魏特海姆著《尤列乌斯·安德拉西伯爵》,ii,243。

的战争,它也不会找到任何盟国。俄国人和英国人既不要德国、也不要法国在西欧获得霸主地位。他们所要的是势力均衡,而俾斯麦准备让他们得到它。他甚至于够聪明地不对他们的行动表示愤怒——或者不管怎么样,表面上不这样做;实际上,他对高尔察科夫有了很深的积怨,这在后来的若干年中将起作用。

从本质上看,法国的行动,不论如何巧妙,是一次大错;德卡兹从拿破仑第三的成功或失败中都没有学到什么东西。第二帝国的外交史应该教给他知道,只有在近东大火熊熊的时候,法国才能得到在莱茵河上的行动自由。克里米亚战争是拿破仑一切成就的根源,而当他拒绝支持俄国改变近东状况的计划时,他就走向失败。如果德卡兹更有耐心一些,时局的发展将完成他的任务。近东危机在1875年7月爆发了,只同"战争就在眼前"危机相差两个月。5月,俄英两国为了保护法国,放下了它们在亚洲的抗衡。这一危机使它们深信法国出不了什么问题,它们可以全力投入东方问题而不至于使法国获得修改1871年解决办法的任何机会。

# 第十一章 东方的大危机
## 1875—8 年

1875年7月,黑塞哥维那的斯拉夫农民起义反抗土耳其统治,波斯尼亚的斯拉夫农民很快继起响应。这就开始了自克里米亚战争结束后人们都在预期中的东方大危机。克里米亚战争完全是列强之间的冲突;被统治的各族人民——斯拉夫人、希腊人或罗马尼亚人——与战争的发生是毫不相干的。当希腊人试图利用战争这个机会时,英法立即予以占领和压制。罗马尼亚的出现是在战后才想起来的,它是列强争夺的结果,而不是为了罗马尼亚人的利益而建立的。① 1875年,列强的利益仍处于冲突之中。俄国人仍然为海峡的关闭而感到屈辱;但他们既然没有一支黑海舰队,如果海峡开通了,他们的处境将变得更坏。奥地利人仍然依靠多瑙河的自由通航,以此作为他们同世界其他地方主要的经济联系纽带。② 英国人仍然需要奥斯曼帝国作为保障东地中海和近东的巨

---

① 对拿破仑第三来说,这个判断稍微有点不大公平。他对于解放一个民族(特别是属于拉丁系的民族)有着真诚的兴趣;而罗马尼亚人也用使布加勒斯特成为东欧的巴黎的行动来报答他。

② 的里雅斯特及通向该港的铁路使奥匈有一条直通地中海的途径;但它的货运量始终小于多瑙河水运。

大的中立缓冲国——自从 1869 年苏伊士运河开通之后,这样的需要就更大了。法国人仍然是土耳其主要的财政上的后台老板,英国人居第二位。① 他们之中没有人要提出东方问题。他们都会同意高尔察科夫对奥多·拉塞尔说的话:"处理东方问题有两种办法:第一种是彻底改造,第二种是重新粉刷一下,这将使局面再维持若干年时间。没有人能够希望得到一个全面的解决——所有人都必须希望把它拖下去,能拖到什么时候,就拖到什么时候。"② 在列强中只有德国赞成"一项全面的解决",这是为了一个听来似不合理的理由。既然德国在近东没有任何利益,俾斯麦害怕被拖进一场他将毫无所得的冲突,因此梦想实现某种不可能实现的瓜分,使问题一劳永逸地解决。

这些消极的想法当有另外一方出场时就被掩盖下去了。巴尔干的斯拉夫人单独造成了 1875 年的危机;列强的和平宣言不能抹掉他们不再忍受土耳其统治的决心。"圣地"*只为克里米亚战争提供了由头;保加利亚的恐怖是二十年后东方危机的核心。战略和势力的大问题继续存在;民族斗争的新问题穿过这些大问题,立即成为一种新的动力和一种新的危险。巴尔干斯拉夫人一旦动起来,俄国政府就不敢让他们失败;奥匈则不敢让他们成功。这是一个长时期的概括,它需要四十年时间才完全实现,但在当时已强大

---

① 法国人握有土耳其股票的 40%,英国人为 30%。奥匈所握有的数额微不足道;俄国完全没有。

② 拉塞尔致德比,1875 年 12 月 1 日。见哈里斯著《1875—1878 年巴尔干危机外交史:第一年》,第 165 页。

\* 与耶稣基督生卒、复活、升天有关的地方,由罗马天主教或东正数(或由两者共同)选定作为朝拜之地者,称为"圣地"。——译注

# 保加利亚

图例：
- ―·― 1878年圣·斯特芬诺条约提出的边界
- ——— 柏林大会所定的边界
- ····· 1913年的边界

比例尺：40 20 0 40 80 120 英里

地名：
罗马尼亚、布加勒斯特、黑海、瓦尔纳、普列文、保加利亚、东鲁米利亚、尼西、米特罗维察、索菲亚、扬博尔、弗拉涅、于斯屈普（斯科普里）、菲利普波波利斯、君士坦丁堡、马其顿、阿德里亚那堡、色雷斯、马尔马拉海、萨洛尼卡、爱琴海

照原图译制

得足以形成1875—1878年的东方危机。俄国的政策受着泛斯拉夫主义的很深影响,它在过去二十年中支配着俄国思想。这种西方民族主义和正教神秘主义的混合物,其表现形式是多种多样的,从模糊的斯拉夫同情感到组成一个在沙皇统治下的统一斯拉夫帝国的狂妄计划。重要的不是具体计划而是情绪。虽然沙皇们都是一些专制君主,但他们对于帝国内部有限的一点舆论还是很敏感的。宪政政府能够经受人们的不满;独裁统治者却对之恐惧——当他们感到在他们的背后有着政治暗杀的阴影时就更是如此。①即使是尼古拉一世在克里米亚战争时期也受俄国舆论的驱使;亚历山大第二本人个性较柔弱,不能站出来反对泛斯拉夫情绪。在他的顾问中,有几个(特别是驻君士坦丁堡大使伊格纳吉也夫)本身就倾向于泛斯拉夫主义并且急于不管怎么样都要加以利用;另外有少数人(如驻伦敦大使舒瓦洛夫)则处于另一个极端,他们主张对它根本置之不理,继续保持严格的保守主义路线。高尔察科夫站在中间,决定俄国政策的摇摆幅度:虽然他不去推进泛斯拉夫主义,他知道它的力量;而当他顺从它的时候,他是希望使之变成实际的利益的。

在奥匈也有不同的倾向。梅特涅在半个世纪之前就认为土耳其帝国对哈布斯堡王朝的安全是必不可少的;他的政治顾问根茨早在1815年就写道,"土耳其君主国垮台之后,奥地利君主国也活不了多久。"安德拉西持同样观点;在他的思想中,哈布斯堡王朝对

---

① 亚历山大第二的祖父保罗在1800年被暗杀;他自己在1881年被暗杀;他的孙子1917年被革命推翻,旋即被杀。只有尼古拉第一和亚历山大第三毋庸置疑是寿终正寝的。

民族国家的恐惧因匈牙利决心成为多瑙河流域唯一自由民族而更加剧。在1875年1月29日,即起义爆发之前举行的一次御前会议上,他明确表述了他的看法:

> 对奥匈来说,土耳其几乎具有天佑的效用。因为土耳其保持了这些巴尔干小国的现状并且阻碍了它们的〔民族主义的〕要求。要不是有土耳其,所有这些要求就都会落到我们的头上,……如果波斯尼亚—黑塞哥维那归了塞尔维亚或门的内哥罗,或者在那里成立了一个新的国家(这是我们阻止不了的),那么我们就完了,我们自己就要充当"病夫"角色了。①

这一对民族国家的恐惧因经济考虑而更加深。维也纳的德意志资本家们正计划在巴尔干兴建铁路;这些计划是把这个半岛看作处于单一政权之下而不是加以分割的。另一方面,为弗朗西斯·约瑟夫所倚重的军人在思想上仍然停留在"民族也好、铁路也好,都不算什么"的那个时代。他们欢迎任何开拓新疆土的机会以补偿所失去的意大利土地,对民族问题是毫不关心的。② 他们中间的许多人愿意把巴尔干同俄国瓜分掉;有人甚至于愿意让俄国在巴尔干放手干,以换取俄国同奥匈结成反德同盟。这些人的领袖奥尔布雷克特大公对沙皇说,除非他能有一次在战场上把普鲁士人

---

① 格·赫·鲁普著《动摇不定的友谊:俄国和奥地利,1876—1878年》,第39页。
② 斯拉夫问题对那些将级军官(在哈布斯堡军队中人数常常很多)来说特别无足轻重,他们自己就是克罗地亚人。

打败,他将死不瞑目。① 奥地利军人早在1867年就一心想要波斯尼亚和黑塞哥维那;博伊斯特不顾民族问题,对军人们的想法并不加以压制。但安德拉西想保持奥斯曼帝国的完整;只有当他不能做到这一点时,他才会去收取这两个省份,不是作为列强瓜分巴尔干的讯号,而是不让它们归属现存的斯拉夫国家塞尔维亚和门的内哥罗。虽然安德拉西在维也纳不是处于最尊的位置,他常常能够战胜军人而实行他的政策。国内的舆论不过是德意志人和匈牙利人的舆论,他们是支持他的;而弗朗西斯·约瑟夫也从失败中汲取了教训,偏向于慎重的路线。因此,维也纳比圣彼得堡摇摆要少一些,但确实有。军人的力量足以阻止安德拉西采取一贯的反对俄国的路线;在圣彼得堡,局面正相反,高尔察科夫不得不控制泛斯拉夫倾向的军人,以免同奥匈决裂。

东方问题的重点转移到民族问题上,这一新的发展改变了国际关系的结构。只要东方问题主要在海峡问题上,那么英法两国就被推到反俄的前列;在多瑙河口的安全得到合理保证的情况下,奥地利能保持中立,就像在克里米亚战争中它所做的那样。民族问题把奥匈推到前台,并且使它没有退路。英法逐渐对海峡失去兴趣——不是完全失去兴趣,但已减弱到使其他问题压倒了海峡问题。1878年,英国人在抵抗俄国方面还居于前列,此后就开始后撤,在二十年时间里,在这方面就只剩下奥匈了。这样一来,又把东方问题加到了德国的头上。1854年,普鲁士外交上的问题是阻止奥地利去帮助英法;1876年及其后若干年中,是保证英国会

---

① 鲁普著《动摇不定的友谊》,第91页。

去帮助奥匈;到了20世纪的第一个十年中,德国自己将去帮助奥匈已不过是早晚的问题了。国际事务中这一革命性的变化是巴尔干的斯拉夫人造成的;虽然俾斯麦把这些人贬称为"偷羊的人",到头来还是他们决定了他和他的继任人的政策。

南部的斯拉夫运动是一次真正的民族复苏,是形成意大利和德意志的那种精神在巴尔干的体现。它不能由泛斯拉夫煽动分子来"制造",正如意大利民族主义不能由加富尔来"制造"或德意志民族主义不能由俾斯麦来"制造"一样。政治家们可以利用人民的情绪,但不能把它创造出来。以伊格纳吉也夫为首的一些俄国外交官当然是鼓励了这一斯拉夫运动;在圣彼得堡的外交部管不了他们,这使其他国家政府对俄国的诚意发生了怀疑。但黑塞哥维那的起事是奥匈激起的,而奥匈是巴尔干发生动乱将受损失最大的强国。1875年5月,弗朗西斯·约瑟夫在他的军事顾问的敦促下,在达尔马提亚作了一次长时间的旅行,并且以各种行动炫耀自己是土耳其西部的斯拉夫人的保护者。当起义爆发时,安德拉西再次坚持他的主张,并强使达尔马提亚的奥地利当局执行不介入的政策。他还亲自来给起义泼凉水——高尔察科夫所喜欢的"重新粉刷"工作。他起初提议由奥匈、德国同俄国命令各自的领事试图就地解决。这将使"三帝联盟"得到很好的发挥:俄国人将被挟持着遵循一条安全的、保守的路线,一边是德国人、另一边是奥地利人。这个计划由于法国人在圣彼得堡大放厥词而被破坏了。德卡兹要求表明法国作为一个强国的威信。俄国人从他们自己这方面考虑,要保持在法德之间进行挑拨离间的自由;此外,他们还担心如果驳回德卡兹,他就会转向英国、重建克里米亚战争的同盟关

## 第十一章 东方的大危机 1875—8 年

系。因此,在 8 月 14 日,法国被邀请参加这一领事行动。这样就又产生了同时也邀请剩下的另两个强国英国和意大利的问题。意大利人甚至比法国人更加迫切地要求受到强国的待遇;谁只要承认他们是强国,他们就跟谁走。

英国的态度却是另外一回事。德比是英国历史上最主张孤立主义的外相。他不愿采取行动。此外,"这些政府中哪一个都不能信任。"[1]首相狄斯累利想要在政策上来几下大手笔,虽然他并不知道到底要做什么。他对自己关于近东的知识很自负——这些知识是他四十年前在对巴勒斯坦的一次访问中获得的。像梅特涅(他一度奉为师傅)一样,他希望巴尔干的乱事"在文明的界限之外就能自己消灭",并把所有关于土耳其苛政和暴行的说法一概斥之为"咖啡馆里的胡说"。任何改善巴尔干斯拉夫人处境的尝试都使他担心离自己家园更近的例子:他在 10 月间抱怨说,"让爱尔兰实行自治将会变得不那么荒谬了。"[2]但是尽管他表面上是梅特涅的学生,他的唯一的实际目的是多少对"三帝联盟"进行一些破坏,因为他认为这个联盟是对英国威望的公然冒犯。英国政府本来想拒绝俄国的邀请,后来只是由于土耳其的敦促才参加了领事行动,而参加的唯一目的是保护土耳其的利益。[3] 到了 1875 年 8 月间,"三帝联盟"早已变得没什么劲儿了;但"欧洲的协调一致"并未

---

[1] 德比致莱昂斯(巴黎),1876 年 1 月 7 日。见牛顿著《里昂勋爵》,ii,95。

[2] 狄斯累利致布赖特福特夫人,1875 年 10 月 1 日。见布克利著《狄斯累利的生平》,vi,13。

[3] 德比致伊利奥特(君士坦丁堡),1875 年 8 月 24 日。见哈里斯著《第一年》,第 88 页。"女王陛下政府勉强同意这一步骤,……不论如何,既然土耳其政府曾请求阁下不要旁观,女王陛下政府则感到别无其他办法。"

出现。

领事行动是失败的。他们的调停被拒绝；起义继续着。在君士坦丁堡的伊格纳吉也夫也想造反——反对他自己的政府。他主张由他自己领头进行一次全欧洲名义的调停，从土耳其人那里为这些起义省份取得自治权；这是建立独立的民族国家的引子。他提的另一代替办法是对土耳其人提出俄土结盟，按1833年恩贾尔·斯凯莱西条约\*的模式。俄国将保住奥斯曼帝国作为一个缓冲国，等以后准备好了再整个吃掉它。亚历山大第二和高尔察科夫拒绝了所有这些方案。虽然他们期望土耳其分崩离析，但他们决心要避免克里米亚战争中那样的孤立，因此抓住奥匈的友谊不放。安德拉西如果知道该怎么办，他就有了另一个领导欧洲的机会。结果是1875年12月30日的"安德拉西照会"——列强向土耳其推荐的一个改革计划。上一年8月出现的格局又重现了。安德拉西想把行动限制在"三帝"范围内；沙皇坚持要把法国拉进来；英国的进入是为了不让土耳其吃亏，而不是为了有个好结果。"安德拉西照会"在1月底送给土耳其人时，他们是接受的，但他们并不实行其中的提议；而叛乱分子则置改革的空谈于不顾，这些改革不管怎么说总归是不够的。

不过，"三帝联盟"的衰颓把俾斯麦推向前去了。只要俄国同奥匈能够共事，他本来满足于充当一个善意的第三者；但沙皇坚持要拉法国倒使他警觉起来。1876年1月2日，他对奥多·拉塞尔

---

\* 指1833年俄国同奥斯曼帝国签订的同盟条约。盟约规定，在奥斯曼帝国政府认为必要时俄国应出兵援助；奥斯曼帝国苏丹同意封锁达尼尔海峡，除俄国军舰外，禁止其他外国军舰通行。——译注

## 第十一章 东方的大危机 1875—8年

说,英德应在近东合作并抛出了来一次瓜分的想法,把埃及作为英国的份额。[①] 1月5日,他把同样的意思说给俄国大使乌勃里尔听。[②] 高尔察科夫马上躲闪开去:这使他想起在山上的伟大的诱人魔鬼[*],更不要说俾斯麦和拿破仑第三在比亚里茨的会晤了。英国人花了稍多一些时间来作出他们的否定意见,但到最后德比还是像他经常所表现的那样,找到了决定性的理由来反对任何性质的行动。有人把俾斯麦这一步骤当作一项实行大规模瓜分的努力。这种看法忽略了这一步骤的来由和动机。这是防止法俄友好的一种预防性措施。关于东方问题的少数几条没有争论的真理之一是:奥斯曼帝国不可能瓜分得使所有有关强国都满意。假设英国会满足于得到埃及(特别是在1875年11月英国购买了苏伊士运河的股票之后)似乎是有道理的(虽然事实上是错误的);[③]但不能设想法国会满足于得到叙利亚,或者即使它满足,英国会允许它如愿以偿。如果俾斯麦把俄英拉到一起,法国就将同俄国疏远;换个样子,如果俄国不愿意离开法国,英国就将被迫同奥匈站在一边。不管是哪一种情况都会减轻对德国的压力;这才是俾斯麦主

---

[①] 拉塞尔致德比,1876年1月2日。见哈里斯著《1876年俾斯麦对英国的亲善表示》(《现代史丛刊》第3集);皮洛夫致明斯特尔,1876年1月4日。见《重大政策》一书,i,第227号。

[②] 乌勃里尔致高尔察科夫,1876年1月5日。见柯里雅诺夫著《博斯普鲁斯和达达尼尔海峡》,第314页。

[*] 圣经故事。魔鬼曾在山上诱惑耶稣基督,耶稣不为所动。——译注

[③] 购买苏伊士运河股票是狄斯累利第一个重大行动,但对此不应作过高估计。它使英国政府对运河的财务措施(如运价、管理等)有了一点发言权(不很多,因为英国并未控制大部分股票),但运河的政治或战略控制权仍在埃及政府手中。它对未来发展的重要性只是在于使英国公众舆论为了保护投资而容忍政府进行干涉;这种干涉如果以国策为根据而进行,英国公众舆论是会反对的。

要的心事,而东方问题的解决则不是。

英国人有这样一种模糊的想法:他们越是拖延承担义务,别人就将被迫接受更多的责任;这是德比采取消极态度的部分理由。另一方面,俄国人过高估计了他们对俾斯麦的控制力。1876年4月,高尔察科夫还认为,如果同奥匈发生争执,"我们将有一支德军可供调遣。"①因此他让事情听其自然地发展下去,等待"安德拉西照会"失败,然后"该怎么办就怎么办":要么是奥匈继续同俄国一起干,要么是俄德结盟使奥匈跟着走。这些预期的结果并没有出现。5月11日,高尔察科夫、俾斯麦和安德拉西在柏林会晤,再一次试图解决东方的骚乱。高尔察科夫推出了一个由六强在君士坦丁堡进行干涉以强制实行改革的方案;他内心里是期望自治国家将由此出现。俾斯麦想拉安德拉西同意瓜分没有成功,他表示只有他的两个盟友都同意的事情他才支持。高尔察科夫再一次让步。安德拉西起草了一个新的改革计划;高尔察科夫只添了一个"尾巴":如果这些办法都失败了,"则应认可一项着眼于某些有效措施的谅解"。5月13日,这一备忘录送给了其他三强(意、法、英)的代表并敦请他们附议。

这一次,格局起了决定性的变化。意大利和法国接受了柏林备忘录,就如它们以前接受"安德拉西照会"一样。英国政府立即加以拒绝。狄斯累利对舒瓦洛夫说,"英国受到的对待就像我们是门的内哥罗或波斯尼亚"②——柏林来的函件扰乱了英国大臣们

---

① 高尔察科夫致乌勃里尔,1876年4月1日。见柯里雅诺夫著《东方问题》,第68页。

② 舒瓦洛夫(伦敦)致高尔察科夫,1876年5月19日。见《斯拉夫评论》,iii,666。

## 第十一章 东方的大危机 1875—8年

周末的宁静,因此特别引起反感。英国人对三个皇帝这种"颐指气使"的做法很生气,并且非常错误地怀疑他们的联盟是在俄国指挥下为"瓦解土耳其"而成立的联合。狄斯累利建议召开一次"以维持领土现状为基础"的会议。① 内阁只同意他的各种消极行动。英国对柏林备忘录的真正回答是派遣舰队到位于达达尼尔海峡外侧的贝西卡湾去——曾导致克里米亚战争的同一行动。狄斯累利对他的工作很得意。他以为"三帝联盟""实际上已经不再存在了,就同罗马三执政不再存在一样"。② 一两个星期之后,他有点焦急起来。不管怎么样,他主动去找舒瓦洛夫,并且建议英俄两国共同解决东方问题,把奥匈排斥在外。整个6月份都是在讨论订出一个共同方案;最后发现,原来狄斯累利是要俄国人放弃对巴尔干斯拉夫人的同情、允许土耳其人去敉平叛乱而不要加以干涉。他可能没有进一步的目的,只不过想使俄国和奥匈彻底分离,这一点他以为在拒绝柏林备忘录时已经开始做了。

俄国政府仍然渴望同其他欧洲强国都保持良好关系,因此即使对狄斯累利这样一个没有意思的提议也作出响应。6月初,高尔察科夫试图劝说法国人把他们的舰队开进土耳其领海;他的目的无疑是在法英之间进行挑拨。③ 但德卡兹不愿超越俾斯麦在类似情况下所采取的同样界线:在近东问题上,他只对俄英都同意的

---

① 狄斯累利备忘录,1876年5月16日。见巴克尔著《狄斯累利》,vi,第24—26页。
② 狄斯累利致维多利亚,1876年6月7日。见《维多利亚女王书信集》第2集,ii,457。
③ 贡托—比隆(在埃姆斯)致德卡兹,1876年6月2日。见《法国外交文件》,第1集,ii,第59号。

事情进行合作。① 在三年危机期间,这是俄国为取得同法国的和好关系而作的唯一一次认真的尝试,但没有取得任何结果——在德国的阴影笼罩下,法国不愿意在这两个保护它的强国之间一边倒。高尔察科夫因而被迫退回去同奥匈取得协议,以逃避孤立处境。土耳其的形势在恶化。5月29日,苏丹被迫逊位;在外省,起义扩及保加利亚;门的内哥罗和塞尔维亚在6月底都对土耳其宣战。奥斯曼帝国的解体看来已迫在眉睫。正是在这样的形势下,高尔察科夫和安德拉西在7月8日在扎库比②会晤。两人同意(或者他们认为如此)采取不干涉的原则,至少目前是这样。如果土耳其胜了,不应该让它从胜利中得到什么好处;如果它败了,俄国将收复比萨拉比亚的一部分(1856年从俄国手里拿走的),奥匈将获得波斯尼亚的一部或全部;③最后,如果奥斯曼帝国垮了,君士坦丁堡将成为一个自由市,保加利亚、鲁米利亚或者还有阿尔巴尼亚,将成为自治或独立国家。这个方案里没有什么新东西。高尔察科夫对1856年的"耻辱"仍然耿耿于怀,因此提出收复比萨拉比亚的要求;作为对此的报答,他总是愿意让奥匈分得一块波斯尼亚的地方。赖克斯塔特协议不是一项泛斯拉夫政策的引子,它

---

① 德卡兹致贡托—比隆,1876年6月5日、9日。见《法国外交文件》,第1集,ii,第61、65号。
② 德文名字为 Reichstadt(赖克斯塔特)。
③ 关于赖克斯塔特讨论,没有各方都同意的纪录。俄国人以为他们只把波斯尼亚的一部分让予奥匈,而安德拉西后来则要求波斯尼亚全部,还有黑塞哥维那。高尔察科夫在地理方面的细节上常常含糊不清,安德拉西可能也是大而化之地谈到波斯尼亚,对他究竟要什么地方并不清楚。归根到底,赖克施塔特会晤的重要性在于奥俄协议,而不在领土问题的各种假设(它们只是给协议添些甜头)。

## 第十一章　东方的大危机 1875—8 年

甚至于并不试图实施俾斯麦所建议的瓜分政策。这只不过是使 1873 年 6 月达成的奥俄承诺兑现的一次努力——这个承诺就是：如有分歧，两国将友善地加以解决。用这个协议，安德拉西和高尔察科夫仍然希望躲开东方问题，不使他们自己被牵扯进去。事实上，这个协议是奥俄和好关系的最后一次响动，而不是俄土战争的序曲。

它的致命弱点是：它不允许俄国参与巴尔干的冲突或对土耳其作战。迄今为止，俄国人把欧洲列强放在首位，巴尔干列为第二。1876 年秋天，这个次序倒过来了。亚历山大第二决定，他不能再继续忍耐土耳其对斯拉夫基督徒施行暴政的"耻辱"。造成这一根本改变的因素是很多的。一个实际的因素是：塞尔维亚和门的内哥罗被打败了，土耳其的胜利必须加以遏制。一个私人的因素是：亚历山大正在克里米亚，包围着他的是泛斯拉夫主义的顾问们和亲戚们，远离圣彼得堡的欧洲气氛。① 对于英国拒绝柏林备忘录的那种骄傲的独立性，他有一种妒忌思想，很想采取类似的独立路线。还有一种估计（证明是正确的）：土耳其人在保加利亚用以取得胜利的暴行将使英国人不可能去援助土耳其。最重要的是，俄国的专制统治者常常表现出来的、对俄国人感情浪潮的不可思议的敏感性。这一改变在 11 月 11 日向全世界宣布，那天亚历山大第二在返回圣彼得堡途中在莫斯科破例地发表了一次公开演说，最后一句话是："愿上帝帮助我们去完成我们的神圣使命。"

---

① 同样地，拿破仑第三在比亚里茨是最异想天开的，当时他与巴黎那些起约束作用的影响也是隔着很远的距离的。

高尔察科夫和外交官员们现在有了一项新的任务。过去他们设想出种种借口来回避东方问题；现在他们要把事情办得使俄国能够干涉巴尔干而又不至于引起全欧洲的反对。俄国人如果能够指望德国的无条件支持，他们的日子就会好过一些，因此亚历山大在作出他的伟大决策之后的第一步，就是要求德国报偿它在1866年和1870年从俄国所得到的支持。德国应以战争恫吓使奥匈保守中立，以便俄国可以放手去对付土耳其人。俾斯麦拒绝站在任何一边。他想让俄国在中东得逞，①但这样做必须取得奥匈的协议而不是用对它打仗的办法，特别是不能使这一仗把哈布斯堡君主国摧毁。"我们当然可以容忍我们的朋友们相互交锋以争胜负，但我们不能容忍在他们之中有一方受到如此严重的伤害，以至于它作为一个独立强国——在欧洲拥有发言权——的地位濒临危险。"②后来，俾斯麦编造出这样一种说法：他本来将同俄国在一

---

① 俾斯麦经常主张：由其他列强来瓜分奥斯曼帝国对德国有百利而无一害。显然，瓜分比战争强，因为德国可能卷进一场战争而毫无所获。但俾斯麦是否真正相信，瓜分会带来在参与瓜分的列强之间的持久和平，这就难说了。对波兰的瓜分也许是把俄普奥三国拉在一起了，尽管并非经常如此。其他的例子——如1907年俄英瓜分波斯、1919年后英法瓜分地中海东部地区、1939年俄德瓜分波兰和近东——就不那么乐观了。有人认为，关于在列强间保持和平的最好办法，盎格鲁撒克逊人或者还有法国人相信是设置缓冲国，而德国人或者还有俄国人则相信是实行瓜分。这不是一种没有道理的概括。

② 俾斯麦著《思索与回忆》，ii，214。他的同时代人的阐述不那么典雅却更加明确："听任俄国的地位为欧洲其他国家的联合所严重地、长久地伤害（如果俄国的武力遇到不好的命运），这是同我们的利益不相符的；但是，如果奥地利君主国作为欧洲强国的地位或者它的独立遇到如此严重的危险，以至我们在欧洲势力均衡中必须认真考虑的一个因素将受到有朝一日会消失的威胁，那么这将同样深刻地影响到德国的利益。"见皮洛夫致施魏尼茨，1876年10月23日。见《重大决策》，ii，第251号。

起,"祸福与共",如果作为交换条件,他能得到俄国对阿尔萨斯和洛林的保证。这不过是一个机灵的借口、一个俾斯麦常常喜欢用的借口——他在1877年1月用同样的计谋对付英国人,[①]还有其后许多别的例子。即使能够找到某种难能可贵的办法使未来受到约束,而且俾斯麦得到俄国将永不再支持法国的保证,他也仍然会反对肢解奥匈的。哈布斯堡君主国对俾斯麦所创建的这个有限的德国是必需的;而这对于势力均衡——俾斯麦心目中保持欧洲和平的唯一办法——又是必需的。对俾斯麦来讲,势力均衡决定一切,他甚至于使德意志民族的雄心也为此而牺牲了——后来其他民族的雄心为此而牺牲的就更多了。但俾斯麦在1876年10月给沙皇的答复并不是"选定"了奥匈;他同时给安德拉西派来的特使明希一个类似的答复(不过内容相反)。俾斯麦当然认为奥匈是两国中较弱的一方,因此他必须把德国的分量往奥匈这头多放一点;然而他的目标经常是在它们之间保持平衡而不是使任何一方取胜,正如他曾为此事而打了1866年和1870年的两次战争,以恢复欧洲的平衡。在欧洲以外,特别是在近东,俾斯麦是一位伟大的"规划者";但他从拿破仑第三的失败中懂得了切勿作出打乱欧洲列强均衡的规划。这就是俾斯麦一旦得势之后欧洲享受了一代人的和平的原因。

俄国人争取德国支持不成,就又半心半意地试图争取法国的

---

[①] 据说他提议支持英国反对俄国,交换条件是英德联盟反对法国。这则消息传到了俄国人和法国人那里——也许散播这则消息的用意就是为了让俄国人和法国人知道。

支持。他们再次失望。一旦克里米亚战争结束,即使是拿破仑第三的伟大的法国也拒绝在俄英之间作出抉择,更何况是一个战败了的法国,现在正需要这两个强国的保护来对付德国。对法国人来说,东方危机发生的时间对他们是很幸运的:刚好在1870年战争之后不久,可以拿国力衰弱作推托,但又是在"战争就在眼前"事件之后,使他们的安全得到了保障。法国人能够装死而仍受到尊敬的对待,因为别人还希望他们复活。东方危机对法国的将来只有好处。它必然要破坏"三帝联盟",也许甚至于还会使俄德疏远;但不存在使俄法疏远的危险。夏洛克·福尔摩斯所遵循的"狗在夜间不吠必有缘故"的原则在列强关系中同样适用。法国人在1875至1878年间什么也没有做——他们干得不错。

虽然亚历山大第二决心对土耳其作战,他同样决心不再重复克里米亚战争的错误——这就是说,决心不在全欧洲反对他的情况下对土作战。因此,俄国外交还有两个方面可以有所作为:复活"列强协同",或者同奥匈单独达成一笔交易。在前一个任务中,高尔察科夫没有完全失败;在后一个任务中,他是成功的。1876年11月,德比提议在君士坦丁堡举行会议强使土耳其实行改革。这个提议是违反比康斯菲尔德[①]的意愿的;他只是在未能与奥匈结成反俄同盟的情况下才予以默许。英国代表索尔兹伯里在会议上远远离开了比康斯菲尔德的路线;他相信土耳其的解体既迫在眉睫又值得欢迎,到君士坦丁堡之后就同伊格纳吉也夫密切合作。

---

① 狄斯累利在1876年7月成为比康斯菲尔德勋爵。

结果是,会议同意实行全面改革,主要是建立一个自治的"保加利亚",①由一条南北垂直线分成两个部分。土耳其人立即拒绝这些改革,办法很简单,就是宣布一部钦定宪法,然后坚持说一切改变都必须由行宪议会讨论,而这个议会永远也不召集。他们无疑地指望英国的支持,以为像1853年那样,英国为了君士坦丁堡将容忍土耳其的任何顽固态度。但比康斯菲尔德受到格拉斯顿所发动的反对在保加利亚的暴行的运动以及他的内阁成员意见分歧的牵制;特别是索尔兹伯里在君士坦丁堡对伊格纳吉也夫的支持阻止了他要打的战争。1877年3月,伊格纳吉也夫访问欧洲各国,争取它们重申对改革计划的支持;英国政府对他的提议表示默认(伦敦会谈纪要),虽然它不同意强使土耳其人接受这些提议。即使如此,俄国人还是得到了他们所要的东西。虽然他们并没有得到欧洲允许他们对土耳其人采取行动的授权,他们弄明白了一点,那就是欧洲也不会授权任何人来反对他们。即使是比康斯菲尔德也不能责备俄国人为了执行一个英国政府襄助拟订的方案而去作战。

同奥匈的谈判更具有决定性。1854年,在奥地利进行干涉的

---

① 富有讽刺意味的是,"保加利亚"是土耳其人的一项创造,而且是他们最成功的创造之一。在1870年以前,土耳其欧洲部分的斯拉夫居民在宗教上和政治上(就与土耳其政府的关系而言)都由君士坦丁堡的希腊大主教管辖。另一方面,刚出现的民族主义学说则把所有巴尔干斯拉夫人——保加利亚人、塞尔维亚人、马其顿人、波斯尼亚人、克罗提亚人、斯洛文尼亚人——都看作是单一的"南方斯拉夫"民族成员,相互之间只在方言和省界上有区别。1870年,土耳其人设立一个大主教作为保加利亚教会的独立首脑。虽然这主要是为了把保加利亚人同希腊人分开,同时却也使他们同塞尔维亚人分裂,从而开始了南方斯拉夫人之间的不团结,一直延续至今。但在宗教和政治背景上,保加利亚人同塞尔维亚人关系之亲密远胜于塞尔维亚人、克罗提亚人和斯洛文尼亚人关系之亲密,而后三者却成功地完成了联合。

威胁下,俄国人曾被迫从多瑙河诸侯国撤退;现在,他们想通过这同一个罗马尼亚"瓶颈",以便在巴尔干作战,并且比过去任何时候都更依赖于奥匈的善意,因为他们在黑海没有一支舰队。安德拉西拼命地讨价还价。奥匈没有条件对俄国作战,正像一个英国观察家刚发现的那样;[①]奥地利将领们如果想打仗的话,他们只能打算同俄国一起对土耳其作战;而安德拉西则决心避免打这样一场战争,因为它可能恢复哈布斯堡王室的威望从而危及匈牙利在这个二元制君主国内的特权。俄国人因为急于要奥匈保持中立,对这一切都视而不见。安德拉西坚持要取得整个波斯尼亚和黑塞哥维那,根据是他自己对赖克斯塔特协议的颇成问题的解释;塞尔维亚和门的内哥罗应在俄国和奥匈军队之间组成一个中立的缓冲带;如果土耳其瓦解,不应出现新的"坚实的大国,不管是斯拉夫人的还是什么其他人的"。[②] 作为报答,奥匈将在俄土战争中保持善意中立,并将对于实施1856年4月15日三方保证的呼吁不予响应。这些就是布达佩斯议定书的内容。[③] 赖克斯塔特协议发展成一种对俄国不利的形式;俄国人不得不接受这样一个方案作为他们自己战争胜利的结局,这个方案在上一年7月制订时本来是作为土耳其帝国自然解体的结局的。

---

① 1876年10月,贡尼少校报告说,奥匈对俄国只能打一场防御战,并"因缺乏作战部队,对盟国不能(或只能少量)提供支援"。11月,奥尔布雷克特大公和参谋长贝克宣称,"进行一场对俄国的战争,谁都挑不起这个担子,甚至于想都不敢想。"见鲁普著《动摇不定的友谊》,第234页。

② 这是否不包括一个"大保加利亚"(像桑斯蒂芬诺条约所建立的),不很清楚。当时不论是俄国还是奥匈,对保加利亚的将来都还没有明确的看法。

③ 军事议定书是1877年1月15日在布达佩斯签署的;政治议定书(这里所说的内容指此)直到3月17日才签署,但把日期倒填为1月15日。

但俄国人仍旧能够把布达佩斯议定书看作他们的成功。确实,他们把塞尔维亚人放弃给哈布斯堡王室去保护;他们这样做并没有引起内心的不安。他们长期以来就把塞尔维亚人看作是半西方化的、一个试图不要俄国支持而解放自己的民族;塞尔维亚人在上一年反对土耳其的斗争失败使俄国人更不喜欢他们。亚历山大第二在他那11月11日发表的煽动性演说中甚至还对这一失败作了评论。同样确实的是,俄国人保证过不在巴尔干建立一个大的斯拉夫国家;但这是按照他们自己的愿望——至少是按照那些并非泛斯拉夫热心分子的外交官的愿望。不管怎么样,没有人知道一旦俄国人摧毁了土耳其军队并进军君士坦丁堡,巴尔干的未来又将如何。布达佩斯议定书使俄国这种胜利局面成为可能。"克里米亚联合"已经无可挽回地解散了;俄国人能够肯定奥匈的中立,虽然不能肯定得到它的支持。高尔察科夫把事情处理得很好,就如拿破仑第三在1859年或俾斯麦在1866年所做的那样。俄国人可以放手地去摧毁土耳其帝国而不用担心干涉,如果他们有力量这样做并且做得干脆利落的话。

俄国人在4月24日对土耳其宣战。他们对胜利很有信心,虽然事实上土耳其人的装备要比他们好并且控制着黑海。英国人也预期俄国将会获胜,因此试图限制俄国胜利的效果;他们得到舒瓦洛夫的支持,他对泛斯拉夫计划是毫不放在心上的。他和高尔察科夫设法取得了亚历山大第二的同意,提出关于"一项小和约"的建议,其中主要的让步是保加利亚的自治只限于巴尔干山脉以北的部分。作为报答,英国应保持中立并答应不占领君士坦丁堡和海峡。① 这个提议对英国人并没有吸引力,特别是亚历山大在他这一方面拒绝承诺不对君士坦丁堡实行临时性的军事占领。不论怎么样,这一点他几乎立即就收回了。6月初,亚历山大前往设在罗马尼亚的大本营,总司令尼古拉大公立刻劝他放弃这个"小和约"。尼古拉对高尔察科夫大肆攻击:"讨厌的家伙!讨厌的家伙!简直是废物!废物!"6月14日,舒瓦洛夫奉命撤销关于限制保加利亚的提议。英国政府的回答是把舰队再次派到贝西卡湾;②7月17日德比警告俄国人,他们不能指望英国保持中立,如果君士坦丁堡被占领,"即使这种占领是暂时的并且是出于军事上的需要。"③

当德比在半心半意地想同俄国达成协议时,比康斯菲尔德则在更加起劲地追求同奥匈结成反俄同盟,但同样地不成功。他以为奥匈只是在等待一笔足够的补助——像过去一样——所以在5月1日问道,"你们要多少钱?"④在安德拉西眼前的问题中,钱的问题是最小的。他作出过保持善意中立的保证,只要俄国人遵守布达佩斯议定书;但他需要留好后路,万一他们不遵守这个议定书时就同英国合作。⑤ 他很怀疑英国人是否真的会打俄国,当然更

---

① 高尔察科夫致舒瓦洛夫,1877年5月30日。见《斯拉夫评论》,vi,第228号。
② 它像通常一样在秋季风暴期间撤回去。
③ 德比致舒瓦洛夫,1877年7月17日。见坦帕莱及彭桑著《英国外交政策的基础》,第140页。
④ 蒙特格拉斯致博伊斯特,1877年5月1日。见斯托雅诺维克著《列强和巴尔干》,第165页。
⑤ 在谈判议定书时,他说,"如果俄国人不遵守条约,俄国在巴尔干将只有一支被削弱了的部队,他们同基地的联系已被我们切断;而英国则将用它的舰队命令他们在君士坦丁堡停止前进。"见魏特海姆著《安德拉西》一书,ii,394。

## 第十一章 东方的大危机 1875—8年

不会去为英国人打仗。因此,他准备同意比康斯菲尔德提出的英国和奥匈应强使俄国接受的限度,但他不愿承诺去强使俄国接受。谈判接着这个路子一直进行到8月。然后,两国只是互相知照对方在近东所反对的事情,但并没有提出实际准备怎样做。比康斯菲尔德对这一"道义上的谅解"不大开心。① 他甚至于会更不开心,如果他知道弗朗西斯·约瑟夫刚刚给亚历山大第二写了这样的信:"不论发生什么情况,也不论战争如何发展——没有任何事情能够诱使我自食其言。英国已被斩钉截铁地告知,它在任何情况下都不能指望同奥地利结盟。"②

因此,英国如果想行动的话,就只能单独干了。比康斯菲尔德一再试图要内阁承诺支持土耳其,或者至少要强使俄国遵守"小和约"(亚历山大在6月间已经拒绝),但总是被否决。英国内阁在讨论中意见分歧,但它抓住英国政策的一条基本原则不放:英国如没有一个大陆上的盟国,就决不可能有效地对一个陆上强国采取行动。英国犹豫的另一个原因是,土耳其人比预期打得好。在6月间,看起来俄国人将在一个月之内征服整个"在欧洲的土耳其";接着他们就碰上了以前不为人知的普列文要塞,南下的路被挡住了;直到12月11日,俄国人才拿下它。绝大多数战役都不过证实事情已在照此发展的趋势;而普列文则是少数几个改变历史进程的战役之一。如果俄国人在7月就到了君士坦丁堡,那就很难看到奥斯曼帝国如何尚能在欧洲生存下去,不管它的规模缩小到什么

---

① 博伊斯特(伦敦)致安德拉西,1877年7月13日。见魏特海姆著《安德拉西》,iii,39。

② 鲁普著《动摇不定的友谊》,第405页。

程度；很可能，它在亚洲也会同样崩溃。普列文不只给了奥斯曼帝国再活四十年的寿命；在20世纪后半，土耳其人仍然控制着海峡，俄国仍然被"囚禁"在黑海之中。这一切都是普列文的保卫者奥斯曼帕夏的功劳。

普列文城外的四个月在政治上和军事上都产生了后果。在英国，这段时间抹掉了土耳其人在保加利亚的恐怖统治，而把他们变成了英勇抵抗一个强国的英雄。1878年2月席卷英国的"战争热"在1877年7月是不可能出现的。还有，土耳其军队到了年底虽已崩溃，俄国军队也好不了多少。他们到了1878年1月底才算勉强支撑着到了君士坦丁堡的城门口；接着就签订停战协定，冲劲一旦失去之后就再也抓不回来了。这是在后来几个月危机中的主要因素：俄国人没有条件对土耳其重新作战，更不要说再添上任何一个强国了。俄国人同别人一样难以认识到，一支胜利的军队却已到了强弩之末的地步；当俄国人遇到外交上挫折时，他们寻找各种原因，就是不看主要原因——他们无力再打另一次战争了。埋怨某些外交家——不论是伊格纳吉也夫、还是舒瓦洛夫——的失误或者俾斯麦的恶意，比起认识土耳其人在普列文的成就来，自然容易一些。但作出决定的是战争，外交不过是这些决定的纪录。

除了收复比萨拉比亚之外，俄国人发动这场战争没有明确的目的。人们常常预期战争会提供一项政策；但由于奥斯曼帝国没有垮台，这次战争未能做到这一点。俄国人匆匆忙忙地凑出一些条款，这些条款既能证实他们的胜利，又能为解放巴尔干基督徒有所作为。修改关于海峡的规定可以做到前一点；保加利亚实行自

## 第十一章 东方的大危机 1875—8年

治可以做到后一点。两者在俄国人于12月间起草的方案中都居于重要地位。但关于海峡问题，他们很快又有了新的考虑。高尔察科夫成功地坚持了他认为海峡问题应有一项全欧洲协定为依据的主张。此外，由于俄国人没有一支黑海舰队，开放海峡虽然对他们的自傲感是一种满足，实际上却只是对别人有好处。因此，海峡问题就被取消了，由保加利亚来达到这两个目标：俄国的张大国威和基督徒的解放。这完全不是出自预谋的。俄国人要求建立一个"大保加利亚"，即十二个月以前在君士坦丁堡会议上所规定的保加利亚。这里没有马基雅维里式的意图；一个保加利亚民族国家看来是代替土耳其统治的唯一办法。他们所划定的疆界符合于当时人种学知识的最高水平。柏林会议规定从保加利亚划出去的那一部分领土称作"马其顿"，这纯粹是为了行政管理上的方便。它本身没有民族特征，虽然在后来的半个世纪中它形成了一些民族特征，现在有了一个马其顿民族；在历史上，一个马其顿人只是一个在1878年又被放回到土耳其统治下的保加利亚人。在俄国的和平条款中有一个不必要的、起挑衅作用的重大错误。在战争期间，伊格纳吉也夫在圣彼得堡无所事事；1878年2月，他飞速南下去享受他的胜利，谈判和约。他刚刚听说布达佩斯议定书，但继俄国所作的军事努力之后，他决定对此置之不理。还有，俄国人由于为塞尔维亚做得太少（只从土耳其获得法律上的独立地位）而感到有点羞愧。因此，和约上就没有提到奥匈对波斯尼亚和黑塞哥维那的要求。这使安德拉西有了背弃同俄国所取得的谅解的口实。

伊格纳吉也夫同土耳其人的交涉办得很容易。土耳其人没有希望扭转败局,除非奥匈和英国支持他们;他们默许了俄国的条款,以便把责任转嫁给别人。因此,在5月3日签署的圣·斯特芬诺条约满足了俄国的全部要求。这只是开启了欧洲的危机。在1月,即停战协定签订之前,即已出现了第一个警号。英国人害怕俄国人真的会进入君士坦丁堡;英国舰队奉命开过海峡,但稍后这个命令被撤销了,直到2月8日又重新发出,因为收到了关于俄国人不遵守停战条款的错误警报。虽然舰队成功地开进了马尔马拉海(2月13日),但它没有一支登陆部队;英国人还在寻找盟友。他们提议同奥匈结盟,但无结果。每次他们提出请求,安德拉西的回答总是:英国人必须"向前跨一大步",他们必须宣布愿意结盟并答应他一笔补助,但不要期望他作出任何许诺相报答。安德拉西本人可能是欢迎对俄国打仗的;归根到底,他这个匈牙利老革命不是白当的。在奥匈帝国御前会议上,他以渴望的表情指出罗马尼亚"瓶颈"地带,它使巴尔干俄军的命运操在他的手中。但弗朗西斯·约瑟夫和将领们总是反对打仗,除非被迫出此一着;此外,俾斯麦一再指出,如果英国和奥匈对俄作战,这将以瓜分——而不是挽救——奥斯曼帝国而结束,而这是安德拉西所不愿见的。所以对安德拉西来说,唯一有效的路线就是无所作为。他不能使自己同英国人绑在一起;同时他又不愿对俄国人答应保持中立,从而可使他们处于心神不定的状态之中。

这一点在3月间就表现出来了。伊格纳吉也夫强使土耳其人接受了圣·斯特芬诺条约,根本没有考虑欧洲列强或者——就此

## 第十一章 东方的大危机 1875—8 年

事而言——也没有考虑在圣彼得堡的外国使团。他回到首都时受到高尔察科夫的冷遇。高尔察科夫还突如其来地告诉他,条约既然是他签订的,那就由他自己来贯彻。3月底,他去维也纳,带着争取到安德拉西答应中立的一线希望,从而孤立英国。他的访问彻底失败。安德拉西引用了布达佩斯议定书并要求肢解"大保加利亚";取而代之的应是奥匈在西巴尔干的优势。这是在安德拉西方面一种临时应付的手法。对他来说,"在欧洲的土耳其"被瓜分或被俄国统治几乎是同样可厌恶的事情;他只不过是在拖延时间,希望奥斯曼帝国能重新站起来。伊格纳吉也夫虽然热衷于泛斯拉夫主义,但也可能会被迫同意瓜分;[①]但每次他提出建议,安德拉西总是回避,这是奥俄谅解的终结。还有,俾斯麦尽管自己偏向瓜分,却拒绝迫使安德拉西妥协;既然俄国害怕英奥联合,他的中立在本质上就是一种决定性的反俄行动。俄国同普鲁士的友好曾经是一百多年来欧洲政治中最稳定的因素,现在第一次出现了动摇。俾斯麦开始为他在 1866 年所作的重大决定付出代价。他为了自己的国内政策而要保持哈布斯堡君主国;现在他不能允许削弱它。这还不是他的困难的唯一缘由。俄国,还有奥匈,比克里米亚战争时期都已削弱了。那时尼古拉一世对普鲁士守中立就满意了;现在,即使法国已不再是反俄联合中的一员,亚历山大第二仍需德国的支持。土耳其、奥匈和俄国都已是"摇摇欲坠的帝国"——样子

---

[①] 伊格纳吉也夫甚至提议建立一个在奥地利将军罗迪奇管领下的自治的"马其顿"。由于罗迪奇是一个克罗地亚人,并是一个"伟大的奥地利人",这个想法对安德拉西并不是毫无吸引力的。施魏尼茨致皮洛夫,1878 年 4 月 4 日。见《重大政策》,ii,第380 号。

各不相同——正在走向灭亡的道路上相互竞赛,争取第一名。

伊格纳吉也夫在维也纳失败了;舒瓦洛夫在伦敦却成功了。他的任务比较容易,因为他痛恨圣·斯特芬诺条约中的泛斯拉夫主义并乐于抛弃它——"这是我们所能做出的最最愚蠢的行动"。① 还有,英国政府最后确定了一条路线。德比一直留任到3月底,唯一的目的就是阻挠比康斯菲尔德的战争计划,所以外交政策大半是背着他由比康斯菲尔德、索尔兹伯里和凯恩斯所组成的三人小组执行的。3月27日,比康斯菲尔德在内阁中取得了胜利;后备役被征召了,德比也辞职了。这对保持奥斯曼帝国的完整来说,并不是一个胜利。索尔兹伯里当了外相,他"不相信有可能使土耳其政府自己重新站起来,作为一个真正的、可靠的强国。"② 他想要把俄国人挡在君士坦丁堡城外,并在小亚细亚支撑起某种土耳其国家——事实上,这种安排在很大程度上一直存在到20世纪中叶。正如俄国人当时定出足以显示他们胜利的条款很不容易,现在索尔兹伯里对于如何明确俄国人的失败也感到困惑。保加利亚又成了象征。他坚持沿巴尔干山脉划一条东西线把保加利亚一分为二,据说这是为土耳其人保卫君士坦丁堡提供军事保障。但实际上是并没有什么效用的,因为土军从未重新占领过"东鲁米利亚"。不过这倒不在乎,重要的事情是显示俄国并未主宰巴尔干;后来当保加利亚人证明他们对俄国保持独立性时,索尔兹伯里对保加利亚1885年的统一表示欢迎,这也是完全合理的。

---

① 戈提著《亚历山大·冯·巴腾贝格》,第43页。
② 索尔兹伯里致比康斯菲尔德,1878年3月21日。见格温多伦·赛西尔著《索尔兹伯里的生平》,ii,213。

## 第十一章 东方的大危机 1875—8 年

俄国人的处境已不能再打另一场战争,这是索尔兹伯里充分加以利用的决定性因素。如果对英国开战,俄国人将不得不撤出巴尔干,从而放弃在圣·斯特芬诺条约中所得的利益——即使奥匈仍然保持中立。再加上在圣彼得堡的重要人物中大多数不喜欢伊格纳吉也夫的成功,舒瓦洛夫能够按他的主张进行就不奇怪了。俄国人同意放弃"大保加利亚";5 月 30 日英俄就此签订了协议。索尔兹伯里还谈成了另外两个秘密协议。他在 4 月 1 日就任时,曾试图同奥匈结盟,但像以往各次尝试一样地失败了;他就转而直接同俄国取得协议。做到这一点之后,他就不再需要奥匈了。安德拉西迄今为止是八面玲珑的,但现在对自己的孤立感到有点惊慌了,就去求告俾斯麦。索尔兹伯里虽然现在对奥匈已不在乎了,但对德国的不偏不倚的中立仍看得很宝贵,所以在 6 月 6 日还是同奥匈订立了一个协议,以取悦俾斯麦(而不是安德拉西)。他将支持奥匈对波斯尼亚的要求,奥匈将支持分割保加利亚。实际上,正好在签约的一星期之前,签订这样一个同英国的盟约已完全不需要了;又由于这一结盟不用冒任何风险,因此它也没有做任何事情来取得英国的感激。索尔兹伯里对他同土耳其人 6 月 4 日签订——或者更精确些说,是他强加给土耳其人的——的协议要更看重得多;按照这一协议,英国保证亚洲的土耳其不受俄国人攻击,并得到塞浦路斯作"部队集结地"以为报偿。

英国的成功看起来是完美的,这是一项坚定政策的胜利。俄国被遏制了;奥匈被争取过来成了盟国;土耳其恢复了并得到了保证。但这是一次使人产生错觉的成功。俄国的军队当时已筋疲力尽,它的政策陷入混乱。英国不费吹灰之力赢得了一次不流血的胜利,一支应该进博物馆的舰只组成的海军,根本没有陆上部队,除了七千名被大吹大擂送到马耳他去的印度士兵。还有,它的获胜是在没有一个可靠的大陆盟国的条件之下:只有奥匈说的一些空话以及一个用并不存在的英国资源装备土军的计划。1878年的响当当的成就,从长远说来反而削弱了英国政策的有效性,因为它使英国公众认为,他们可以不用花钱、不作努力——不必改造海军、创建陆军,也不必找到盟友——而发挥一种伟大的作用。英国得到了一笔伸张国威的资本,供它用了整整二十年;后来它还想去用这笔资本,但已经用光了。

6月13日举行的柏林大会进行得并不顺利,尽管事先已经有了秘密协议。俄国人试图回避根据在5月30日同索尔兹伯里签订的议定书所产生的后果;在这方面,他们表现出了一种特有的机灵。他们想把土军排斥在东鲁米利亚之外,或者甚至于根本躲开分割问题。只是在经过一次多少已经表面化的危机之后,他们才被击败。当时比康斯菲尔德虚张声势地命令他的专用列车升火待发——这是第一次在外交技术中增添了这样一种武器。[①] 最后,"大保加利亚"一分为三——一个自治的诸侯国、一个半自治的东鲁米利亚省,还有"马其顿",它仍然是奥斯曼帝国的组成部分。奥匈应占领波斯尼亚和黑塞哥维那,并卫戍新帕扎尔的桑亚克,这是分开塞尔维亚和门的内哥罗的一条狭长的土耳其领土。安德拉西如果想要的话是能把这两省吞并的,但他装出不瓜分奥斯曼帝国

---

[①] 比康斯菲尔德开创的另一个先例是用英语在大会上发言。法语的垄断地位第一次遭到破坏;这也是一个讯号,古老的贵族式的世界主义正在很快消失。

这一矫饰的姿态,甚至于侈谈大约到下一代人的时候将把这些省份还给土耳其苏丹。

俄国人收复了1856年失去的比萨拉比亚领土;更重要的是,他们得到了黑海东端的巴统。索尔兹伯里在5月30日协议中曾答应不反对这一点;但英国国内认为对俄国让步太多的呼声使他有点为难。他必须做点什么以恢复黑海的海上均势,这种均势有人认为已因俄国人据有巴统而被破坏。他的第一个想法是向土耳其提出成立一个协议,根据这个协议他们将允许英国舰队通过海峡,只要"英国认为在黑海出现一支海军力量是得计的"。① 土耳其人对这样一种对俄国公开挑衅的行动不敢同意;但索尔兹伯里用别的办法取得了同样的结果。他在7月11日的会议上宣布:从此以后,关于关闭海峡的问题,英国将认为它只有义务尊重土耳其苏丹的"独立决定"。将来苏丹要么允许英国人通过海峡,要么就会被说成已丧失独立性而被置之不理。就所有实际目标而言,英国人已废弃了1841和1856年的规定义务,并宣称有权在适当时刻自由通过海峡。在这理论上的自由的背后存在一种技术上的假设(1878年2月英国人曾根据这一假设采取行动)——英国舰队有足够的力量通过海峡并部署在黑海上,而不必担心同地中海的交通问题。还有一种政治上的假设——俄国将继续威胁土耳其。这两种假设在以后的年月里证明都是不对的。

柏林的解决办法对俄国来说很明显地是一次失败。虽然俄国

---

① 索尔兹伯里致拉雅德(君士坦丁堡),1878年6月16日。见《英国外交政策的基础》,第147号。

人得到了他们在开战之前所要的一切并且比这还多——确实,比亚历山大第二在1877年6月勉强提出的"小和约"要更多——但他们被迫交出了所有胜利果实。但这是一种特殊类型的失败。俄国走向战争是出于国家荣誉和泛斯拉夫情绪,而不是要达到任何实际目的;[①]大会是对它的威望的打击,而不是它在政策上受到挫折。事实上,如果说在1878年后俄国没有像以前那样安全,那是因为它成功了而不是失败了。土耳其已不再是一个起作用的强国,一道在俄英之间的天然障碍。英国海军能随意进入黑海——或者英国人和俄国人都这样认为;但土耳其的削弱完全是俄国造成的。毫不奇怪,俄国的政策在大会之后是恐惧和愤怒的混合物。他们害怕自己的行动所造成的后果,又为自己的愚蠢生气。许多年之后,亚历山大第三作出了最好的结论:"我们在1876和1877年的不幸在于我们跟着各国人民走,而不是跟着各国政府走。一位俄国皇帝应该经常只跟各国政府走。"[②]

如果大会是俄国的一次失败,那么对奥匈、甚至对英国来说,它也不是一次全面的成功。安德拉西曾想要保持奥斯曼帝国的完整,但保持不了。"大土耳其"已经完结,而一个土耳其民族国家还没有产生。马其顿和波斯尼亚是大会的两大成就,但都埋藏着未来灾难的种子。马其顿问题在欧洲外交中纠缠了一代人的时间,后来造成了1912年的巴尔干战争。波斯尼亚起初触发了1908年的危机,后来在1914年为之爆发了世界大战,哈布斯堡君主国在

---

① 收复比萨拉比亚是一个实际目的,但这不是战争的原因,而且不打仗也能达到。

② 皮洛夫致俾斯麦,1886年8月10日。见《重大政策》,v,第980号。

## 第十一章 东方的大危机 1875—8年

这次大战中垮了台。如果圣·斯特芬诺条约得到遵守，那么奥斯曼帝国和奥匈帝国也许都能生存到今天。英国人（除了比康斯菲尔德在他最异想天开的时刻之外）原来就没有期望那么多，因此失望也小一些。索尔兹伯里在1878年底写道："我们将在巴尔干以南建立一种摇摇晃晃的土耳其统治。但这不过是苟延残喘罢了。在他们身上已不剩下什么生命力了。"[1] 未来的形成不是由于条约规定的解决办法，而是由于条约缔结之前的行动；土耳其的保卫普列文和英国的派遣舰队到君士坦丁堡。土耳其人显示出他们仍然还能进行军事抵抗；英国人主宰了东地中海和海峡。土耳其军队继续存在（除了1918至1921年）；英国人继续控制着东地中海，但不能保持对海峡的控制。自1878年以后东方问题的全部历史都在这三句话里。

柏林大会的划时代意义不在于它做了什么，而在于它在什么地方举行。1856年，普鲁士参加巴黎大会很晚而且是在屈辱性的条件之下；现在德国已呈现出作为一个欧洲强国的高大形象，随之而来的是作为一个欧洲强国的责任。它不能对东方问题再回避下去，或者只是加以利用；相反的，与这个问题有关的强国却能够利用它。俾斯麦作了最大努力来防止这种情况出现。他试图把"诚实的掮客"的角色让给法国人去当，[2] 但他逃不脱随着他的胜利而来的后果。他需要哈布斯堡君主国作为阻挡一个民主的"大

---

[1] 索尔兹伯里笔记，1878年12月29日。见苏姆纳著《俄国和巴尔干》，第565页。

[2] 他第一次提议大会应该在巴黎举行，如果不能在巴黎举行，那也应由法国人主持会议。在整个大会期间，他一直力图选派法国代表沃丁顿来作主要调解人。

德意志"出现的障碍;但他不敢让"克里米亚联合"复活,这一联合也许会抵抗俄国而不必把德国牵扯进去。奥法伙伴关系是在近东问题上开始的,它会进而对法兰克福条约、甚至对布拉格条约挑战。俄德联合反对这种企图可能会胜利;但俾斯麦害怕继续获胜几乎同害怕失败一样的厉害。他的愿望是使奥匈和法国都像目前这样保持下去——它们还都是强国,虽然地位多少降低了一些。他厌恶由德国主宰欧洲大陆的想法——不是由于任何尊重别人的高尚原则,而只是因为他相信这将标志着他所珍惜的保守主义秩序的终结。为此,他必须实行势力均衡(虽然违反他的意志),在很大程度上就像梅特涅所做的那样。他把安德拉西争取支持的要求从柏林转送到伦敦,并宣称对俄国正式保持中立;但他拒绝支持俄国反对奥匈,或者甚至容忍对它来一次进攻。不过他也需要俄国作为一个强国:对他来说,反对波兰复活的结伙正同防止"大德意志"出现一样的重要。

他可能会容忍一次局限于俄英之间的战争;虽然他不会欢迎一次以俄国失败而告终的战争——俄国如果战败了,波兰的幽灵将会立即抬头。但他怀疑一次未来的英俄战争能否"局部化",像克里米亚战争那样。奥匈将被卷进去,并且会拖住德国一起走;接着法国将设法改变1870年的结果。拿破仑第三曾拒绝以放弃法国在近东的利益来收买俄国的支持;法兰西共和国迟早要付出这笔代价。法兰克福条约已使法德重新和好不可能实现;因此,在近东如发生战争将成为一次全面的战争。正是这样一次全面的战争,所有列强在1878年对之都知难而退了。柏林大会显示,一种以德国为中心的新的势力均衡已经存在。在柏林的所有政治家中，没有人预期大会定出的解决办法会长久维持下去；如果他们知道这次大会之后会有三十六年的欧洲和平，他们定会感到惊讶。但他们将会感到更大的惊讶，如果他们能预见到四十年后的下一次欧洲大会将在巴黎举行并且"北方三朝廷"都将没有代表参加。

# 第十二章　俾斯麦的结盟
## 1879—82年

在欧洲历史上,柏林大会成了一条分水岭。在此之前是三十年的冲突和骚乱,在此之后是三十四年的和平。在1913年之前,欧洲没有改变过一条疆界;在1912年之前,欧洲没有打过一枪,除了两次微不足道的流产战争。① 把这一伟大成就完全地(或者甚至只是主要地)归功于欧洲政治家们的技巧是说不通的。决定性的原因无疑在于经济。促使英国强大的秘密已不再是秘密了。煤和钢给全欧带来了繁荣,并重造了欧洲文明。科布登\*的梦想看来已成现实了。人人都在忙着发财致富,没有工夫打仗了。虽然除英国以外保护关税还到处存在,②但是国际贸易是自由的。没有政府的干预,也没有赖债的危险。金本位制普遍推行。护照用不着了,惟有俄国和土耳其还用护照。如果有人在伦敦早上9点钟决定去罗马或维也纳,他10点钟就可以走,既不用带护照、也不

---

① 1885年塞尔维亚同保加利亚的战争及1897年土耳其同希腊的战争。

\* 科布登(1804—1865)英国政治家和经济学家,主张更大的贸易自由,并认为这是维护世界和平和团结的最好途径。——译注

② 英国同其他资本主义国家在关税事务上的对比常被夸大。20世纪第一个十年中,英国关税为总进口值的5.7%,德国为8.4%,法国为8.2%。真正实行保护主义的国家只有俄国(35%)和美国(18.5%)。

## 第十二章 俾斯麦的结盟 1879—82年

用带旅行支票,只在口袋里放一个装满金币的钱包就行了。自从两位安多尼纳斯皇帝*以来,欧洲还从来没有见到过这样和平和团结的局面。梅特涅的时代是无法比拟的。那时人们生活在对战争和革命的完全有根据的疑惧之中;现在他们开始相信和平和安全是"正常的",而任何其他情况则是意外的或失常的。在以后的许多世纪中,人们将回顾这个极乐时期,并将为做到这一步的轻而易举觉得迷惑不解。他们看来不会发现这个秘密;他们当然不能去仿效它。

民族激情和国家之间的抗衡仍然是存在的。事实上,政治家们以更高傲的神气向更广大的公众讲话。炫耀武力的表现也越来越多,因为人们越来越相信真正使用武力的情况永远不会发生。所有的强国——除了奥匈之外——都为它们的旺盛精力找到了一条安全的出路,那就是在欧洲以外地区进行扩张。它们找到这个解决办法完全是偶然的,却不是有预见的。① "帝国主义时代"是非常奇怪地由比利时国王利奥波德第二、而不是由任何一个强国的统治者来开始的;而各个帝国都是由个体冒险家、而不是以国家行动建立的。这也可以看作是一种证据,证明政治家们无足轻重——就像H.G.韦尔斯所描写的,他们是一群可笑的小人物,在事件的边缘上发点无聊的议论。外交工作仍在继续进行,外交家

---

\* 指罗马皇帝安多尼纳斯·庇护世(Antoninus Pius)和马科斯·奥莱里厄斯·安多尼纳斯(Marcus Aurelius Antoninus)(138—180),他们的统治时期都较安宁。——译注

① 帝国主义的非预见的、偶然的性质详见对费里、克里斯庇、张伯伦和利奥波德第二的研究,干连编纂《帝国主义扩张政策》。

们也仍然十分看重自己。1879年,俾斯麦开始了制造各种盟约的事业,它很快就把欧洲所有列强和绝大多数小国都牵扯进去。各国的总参谋部制订出越来越复杂的作战计划,并且严肃地议论着"当巴尔干山上的积雪消融的时候"冲突就将爆发。海军是建了又建;以百万计的男子受到作战训练。但什么也没有发生。年复一年,积雪消融了;春天变成夏天、夏天变成秋天;新的雪又下了。回顾起来真是难以相信,从1878年到1913年之间,任何时候都从未发生过在欧洲发生大规模战争的严重危险。而在此期间的复杂的外交也许只不过是一次巨大的游戏——正如布赖特所称呼的,一种施舍制度,为了让欧洲的贵族们当差领俸。在之前的三十年中,外交是事关重大、决定人们命运的。如果加富尔、拿破仑第三或者俾斯麦实行的是另一种政策,那就不会有统一的意大利或统一的德意志。但是,如果没有奥德或法俄同盟,在1878年后的那一代人的时间里会不会出现什么不同的情况?一部外交史的著作应该严肃地看待外交;也许这样说就够了:只要人们愿意保持和平,外交就帮助人们去做到这一点。

"列强之间的关系"也不那么重要了。只要这些关系还起作用,俾斯麦就加以策划。在柏林大会之前的年月里,或者甚至在大会期间,情况并不是这样。俾斯麦偶尔试图减少列强之间的紧张局势,或者充当"诚实的掮客";他并没有主宰欧洲的形势。造成1878年危机的是英国人,他们决定要对俄国进行抵抗,最后他们又从俄国那里挖得了可以满意的让步,使危机结束。土耳其和奥匈以它们的不同方式跟在英国后面走。大会之后,英国人仍然领头。他们控制着实施条约各项规定的委员会,并在奥匈和法国的

第十二章　俾斯麦的结盟 1879—82年

支持下加紧进行谈判,导致1879年7月俄军从巴尔干撤退。他们还不满足于把俄国人赶出土耳其;他们一心一意要让自己插进去。英国外相索尔兹伯里对于奥斯曼帝国能否恢复成为一个强国没有信心。他所想的倒是一种掩盖下的保护国体系:奥匈通过对波斯尼亚和黑塞哥维那的占领,将担负起西巴尔干的责任;英国应改造和保卫小亚细亚,这是塞浦路斯议定书上规定了的;或者他还以鼓励法国拿下突尼斯的行动,想让法国在北非担当一个类似的角色。这个体系有一个缺陷。君士坦丁堡是一个仍然存在的帝国的首都,但索尔兹伯里的方案却没有任何使这个首都得到保障的规定。英国同奥匈结盟将会是最简单的解决办法。但尽管俄军已经开到君士坦丁堡大门口,这一结盟仍未达成,在以后的几个月里,也还是渺茫。此外,索尔兹伯里这时对奥匈的信心比对奥斯曼帝国强不了多少。他喜欢单独干;他在大会上宣布关于海峡的规则看来指出了方向。英国人将自由通过海峡,只要他们想这样做。在1878年,当俄国人已到君士坦丁堡城外时,英国海军没有办法去救援它。但一旦俄军撤离,英国人就可以通过海峡,在黑海进攻俄国,用以保护君士坦丁堡。这是从柏林大会到1880年4月保守党政府倒台之前,在英国政策背后的一种假定。这个政策无疑是防御性的;但在需要的时候,它将以打击乌克兰——俄罗斯帝国最富庶而又最易受伤害的部分——来保卫土耳其。

　　对英国人这一假定,俄国人是清楚的。确实,在以后的十八年中,害怕在黑海受到攻击是俄国近东政策的主要考虑。俄国人没有做任何事情去恢复在克里米亚战争中被摧毁的黑海舰队。因此,他们需要某种国际联合以取代1841年的伦敦议定书——它已被索尔兹伯里的柏林宣言所粉碎了。一个位于地中海的盟国在阻挠英国舰队方面将会起些作用。俄国人想争取意大利；但意大利人不敢反对英国，尽管他们因在柏林大会一无所获而恼怒和不满。一些极端的泛斯拉夫主义分子谈论同法国结盟。这个想法也是空的。西方列强的旧"自由主义联盟"已在很大程度上恢复了；法国，还有奥匈，在巴尔干委员会上支持英国。事实上，巴黎大会摧毁了"克里米亚联合"，而柏林大会几乎把它重建了。像通常那样，俄国的最后一张牌是同普鲁士的传统友谊——用对波兰的共同敌意凝结起来的友谊。由于德国在巴尔干没有利益，它应该——俄国人争辩说——在巴尔干和海峡问题上支持俄国。还有，俄国人没有放弃这样一个古老的梦想，即：德国可以多少被用来迫使奥匈走上亲俄道路。俄国人仍旧把德国当作一个心怀感激的附属国；他们以为只要发一顿脾气就能迫使德国同它结盟。确实，发脾气是他们懂得的唯一方法。

正是这样一种形势迫使俾斯麦采取行动。同俄国结盟以反对"克里米亚联合"的想法曾一再为普鲁士政治家所摒弃；但参加反俄联盟的想法是同样可憎的。在克里米亚战争中，普鲁士回避了对任何一方承担义务，并且高兴地付出了几乎不被当作一个强国的代价。俾斯麦作为"诚实的掮客"的活动是保持这种态度的最后尝试。现在，他已使自己卷进了欧洲的结盟关系，甚至也卷进了东方问题。无疑的，他的动机一半是出于个人因素：一位大师对于别人外交上谬误的急躁心理。更深刻的是，德国在这时已承担了一个强国的全部责任。俾斯麦造出了一个新的欧洲，现在他必须把它保持下去。他不再是加富尔，而成了梅特涅。从此以后，他也成了一块"秩序的基石"。

在他的国内政策上也是如此,在1879年作了决定性的改变。俾斯麦同民族自由派分裂了,转而去完全依靠保守派政党。革命已经走得够远的了,现在该停止了。但与此同时,他同奥匈缔结的盟约对那些他在国内事务上已被抛弃的自由派是一个"打狗的肉包子"。虽然他没有给他们以"大德意志",他却给了他们以两个德意志强国在民族情绪的基础上的同盟。但他的目的远超过德国政治。他要保持欧洲的势力均衡,特别是要保持君主政体的秩序。他的保守主义的根基在于他自己的阶级利益,包含了哈布斯堡君主国和俄国的沙皇体制。事实上,他想恢复梅特涅时代的神圣同盟。做到这一点的旧有的条件是俄国在近东的克制。这在1878年以后当然还存在。新的障碍是奥匈的野心,或者毋宁说是它对俄国在巴尔干的意图的无法消释的疑虑。俾斯麦始终没有除掉这个障碍,它最后毁灭了他的"体系"。

防止奥俄冲突一直好像是魔术师在变戏法。梅特涅的办法是在沙皇眼前抬出"革命"的幽灵;俾斯麦的方法要更复杂一些。他对奥匈先提出结盟使它的安全得到保障,从而把它从"克里米亚联合"中分离出来;一旦奥匈被他抓在手里,他就要求它同俄国和好,以此作为结盟的条件。他真正担心的是奥匈的不安于现状,而不是俄国的侵略;但他在奥德结盟之前是不能把这一点公开说出来的。这样的微妙之处是威廉第一所掌握不了的。这位皇帝在当普鲁士亲王时一度曾赞成同英国结成自由派同盟;现在年纪老了,他又忠于同俄国朝廷的亲族关系。他之被催赶着去同奥匈结盟,只是因为他听说德国正处于迫在眉睫的俄国进攻的危险之中。没有

260　必要去假设俾斯麦相信这种说法——虽然像极大多数人一样,他常常承认自己炮制出来的传说,只要它合乎他的目标。只有一个年纪很老、头脑很简单的君主会相信德国正受到战争或者甚至只是包围的威胁;但俾斯麦对他主子的能力是从来看不起的,总是用一些浅薄的论述去影响他。归根到底,1866年要他相信正受到奥地利的威胁还是同样容易地就能办到的。不仅是专制君主必须要用凭空捏造的危险去迫使他们采取某种安全政策;民主国家的公众舆论也受到同样对待。俾斯麦还有另一个动机。他想说服法国人相信,奥德同盟将只针对俄国,不针对他们,并且无疑地还暗示,俄国作为一个盟国并无可取之处。① 在1879年,法国人仍然准备接受这样一种思路;不需要历史学家去这样做。

　　1879年春天,俾斯麦开始了他那用魔法召唤来自俄国的危险的精心策划的运动。第一个公开讯号是在2月4日发出的,那天他公布了一个同奥匈的协议,解除德国应在北斯莱士威克举行公民投票的义务(这是它根据布拉格条约承担的)。② 这是对亚历山大第二的挑战,因为他曾一再要求举行这一公民投票。无休止的挑衅性小动作随后不断发生,从关税限制一直到攻击俄国人性格的言辞。8月间,俄国人被惹得光火了。亚历山大第二对德国大使说的满腹牢骚的抱怨话正好给俾斯麦抓到了把柄;③当亚历山

---

　　① 圣—瓦耶(柏林)致沃丁顿,1879年4月7日、6月27日。见《法国外交文件》,第1集,ii,第406、440号。
　　② 这一协议实际是在东方危机期间于1878年4月13日签订的。当时俾斯麦渴望不得罪俄国,所以秘而不宣。现在他却渴望去激怒俄国了。
　　③ 施魏尼茨致俾斯麦,1879年8月8日。见《重大政策》,iii,第443号。

## 第十二章 俾斯麦的结盟 1879—82 年

大直接写信给威廉第一①从而使局势表面化时,他已在去加施泰因会晤安德拉西的途中。两位君主表示,双方似乎有一些误会,想举行一次会晤把事情说说清楚。会晤于 9 月 3 日在亚历山德罗夫举行,但毫无结果。俾斯麦已经安排好让沙皇同德皇吵架,他们就不得不去争吵,吵得连自己也莫名其妙,直到德国同奥匈的结盟平安无事地完成。无疑地,他们的会晤使俾斯麦更难于说服威廉第一。对这位老先生来说,既然德国并无来自俄国的危险,同奥匈结盟就无必要,这是很清楚的。但俾斯麦是毫不宽容和急不可耐的。像通常那样,当他要强使威廉第一接受一项他所不喜欢的政策时,他就走开去,进行远距离的、措辞极端粗暴的通讯。最后,普鲁士大臣们扬言要集体辞职,威廉第一被迫投降。1879 年 10 月 7 日,奥匈同德国签署了盟约。这是很快布满全欧的同盟之网的第一条织线。盟约是一种简单的、对俄国进攻的防御性同盟;如一方与其他任何强国发生战事,另一方只保证保持善意中立。虽然对威廉第一说来,这不是一笔公平的交易,但俾斯麦并没有作出认真的努力来争取奥匈支持德国反对法国。确实,他的努力只是为了促使德国支持奥匈。

他自己的解释是复杂得出奇,并且使人误解的。这一盟约当然并不增强德国在对付俄国方面的安全保障。相反的,它第一次使德国受到了危险:除奥匈之外,德俄两国本来没有引起冲突的原因。俾斯麦正在对之防卫的"联合"也是实际上不存在的。在1879 年,法俄并无立即结盟的缘由;奥德同盟倒是为之提供了由

---

① 亚历山大第二致威廉第一,1879 年 8 月 15 日。见《重大政策》,iii,第 446 号。

头。俾斯麦表明,他担心俄国同奥匈言归于好而牺牲德国,或者甚至是它的三个伟大邻邦的"考尼茨*联合"。两者都是毫无可能的。当然,人们的行动要根据他们的过去、而不是他们的未来去解释;奥德同盟排除了俾斯麦过去所最害怕的"联合"的实现——由塔莱朗或者甚至由博伊斯特所计划的法国和奥匈的联合。但为了避免这一点而去同奥匈结盟是不值得的,因为法奥联合在色当已经消失了。法兰西共和国和哈布斯堡君主国将永远不会走到一起来,为了摧毁民族主义的德意志同它的两个伙伴——民族主义的意大利和伟大的匈牙利。无疑地,哈布斯堡君主国公开承认俾斯麦对欧洲的安排是多少值得重视的事情,但自从1871年以来这种承认就已经存在着了。当时坚持不想缔结这个盟约的是俾斯麦,而不是安德拉西或弗朗西斯·约瑟夫。

这一结盟没有把奥匈从作为一个外国拉回来成为一个德意志国家;相反地,它树立了一个先例,同无可争辩地是外国的国家缔结其他盟约。另一方面,它比原来的邦联更明确地使德国对奥匈承担了义务。事实上,曼陀菲尔在1854年4月20日同奥地利结盟,俾斯麦就非常强烈地抱怨把这艘漂亮的普鲁士新战舰同那艘早已虫蛀了的奥地利旧帆船连结在一起。现在,这艘战舰比过去任何时候都更漂亮了,而那艘帆船则又被虫蛀了二十年;但俾斯麦却把它们永远地连结在一起,而当初曼陀菲尔只连结了三年。[①]

---

\* 文察尔·安东·冯·考尼茨亲王(1711—1794),奥地利外交家。——译注

[①] 俾斯麦的盟约理论上说有效期为五年,如不宣布废止就自动延长。曼陀菲尔的盟约范围较广泛,承认多瑙河诸侯国对奥地利的防御布局是必要的;但俾斯麦也承认这一点,他把盟约在1883年扩大到包括罗马尼亚在内。

## 第十二章 俾斯麦的结盟 1879—82年

大人物一旦登上高位往往执行他当反对派时所攻击过的政策;俾斯麦是在走曼陀菲尔和施莱尼茨的老路,犹如老皮特在晚年承认他对沃波尔的敬慕。\* 俾斯麦自己在谈判中就曾引用1860年在特普利策议而未成的奥普同盟作比较;① 可以这样来论辩,即:1866年的战争已迫使奥地利接受了它在1861年曾加拒绝的条件——同普鲁士的平等地位。但俾斯麦的政策还不只是传统的;它是老式的。那些使他晚上发生梦魇的危险是过去那一代人的危险,而且常常不再存在了。在国内政治中,他经常在防止1848年的革命,所以把社会民主主义者当作危险的阴谋分子来对待,其实他们早已成为受人尊敬的议员了。在外交事务方面也是如此。当曼陀菲尔同奥地利结盟时,克里米亚战争实际正在进行——至少从技术意义上说是这样。只有俾斯麦能够想象在1879年会打一场克里米亚战争。他低估了俄国的衰弱,也许又夸大了奥匈的颓势。

在1879年,唯一可能发生的严重情况是使俄国蒙受更多屈辱,而这正是俾斯麦最急于避免的。俾斯麦所代表的德意志保守主义需要俄罗斯的专制主义;他的目的是要保护俄国的威望,甚至当他看起来像是在对它挑衅时也是如此。1879年的同盟正如1854年的同盟一样,用意是使奥地利不会站在"自由主义同盟"方面作战。用俾斯麦自己的话说,"我要在它同西方列强之间挖一条

---

\* 老皮特指威廉·皮特(1708—1778),他的儿子同名(1759—1806),沃波尔指罗勃特·沃波尔(1676—1745),三人均为英国政治家。——译注

① 俾斯麦致罗伊斯,1879年9月12日。见《重大政策》,iii,第467号。

沟。"①他向威廉第一一再争辩说,这一同盟是防止"克里米亚联合"的唯一办法,它将恢复奥匈同俄国之间的良好关系。②这种说法从未为奥地利人所接受。他们用这一同盟更坚决地反俄而不是同它改善关系;俾斯麦对奥匈的最有力的装器就是威胁说要废止盟约——这是结盟的一个颇为奇特的理由。

当然,从最深刻的意义上说,德意志问题从来没有发生变化。它位于欧洲大陆的中心区域,俄国同西方的任何战争都必然使它首当其冲,不论它选择站在哪一边;除非发动一场争取欧洲霸主地位的战争,它的唯一解决办法就是中立——必须把奥匈也包括进来的中立。如果从波罗的海到黑海有一道中立的屏障,那么俄国同西方列强只能在欧亚大陆的两端作战,不会摧毁欧洲文明——甚至不会互相摧毁。也还有一个特殊的普鲁士的问题:容克们不愿意(这是俾斯麦常常说的)为了巴尔干或地中海的利益而去牺牲一个波美拉尼亚\*掷弹兵的血肉之躯。俾斯麦把这些利益说成纯属奥地利而非德意志的;他坚持同盟只限于保持哈布斯堡君主国。他的继任者常被指责为放弃这一限制;其实俾斯麦自己也不能免于这种责备。他不但把盟约在 1883 年扩大到把罗马尼亚也包括在内,还常把奥匈说成是德意志的一部分,例如他把的里雅斯特称作"德意志在南方沿海的唯一港口"。③ 一旦他给了奥匈生存的保

---

① J. Y. 辛普森著《萨布罗夫回忆录》,第 74 页。
② 俾斯麦致威廉第一,1879 年 8 月 31 日。见《重大政策》,iii,第 455 号。
\* 波美拉尼亚为普鲁士北部一省。——译注
③ 圣—瓦耶致巴泰勒米·圣—伊莱,1880 年 11 月 29 日。见《法国外交文件》第 1 集,iii,第 307 号。

## 第十二章 俾斯麦的结盟 1879—82 年

证以后,他就常常处于被拖进它的争端中去的危险。他想使它保持完好,但不支持它的巴尔干计划。但一次在巴尔干触发的奥俄战争对哈布斯堡君主国存在的威胁,将不会小于任何一次由其他原因而发生的战争;于是在这一同盟内部就开始一场在维也纳和柏林之间的"拔河赛",一直到1914年维也纳把德意志拉进战争才算了事。

俾斯麦给了奥地利最强的牌,他不是随便应承一下而是缔结正式的盟约——自从旧秩序终结以来两大强国在和平时期第一次作出的永久性安排。很可能,甚至俾斯麦本人也没有充分认识他所采取的这一步骤的决定性作用。他以为——也许是错误地——一个新的危机正在迫近:在这一危机中俄国将受到"克里米亚联合"的威胁;他要防止这一危机发生,不管用什么办法。归根到底,他常把"三方联盟"(这也同样是正式的)称作"一项临时安排"——当这样做适合他的目标的时候。在生命最后时刻,他已卸任,曾告诫他的继任者不要把奥德同盟看得太重。同盟条约对他已成为一种变戏法的花样,就像打仗对拿破仑第一一样,能使他从所有困境中脱身。如果国际关系仍旧是宫廷间的事情,这样做是可以万事大吉的。但国际关系已经成为人民间的事情。1866年的战争是历史上最后一次"内阁战争";即使如此,它还试图利用民众的热情。在过去,安排一次两国皇帝的会晤并由威廉第一个人允诺支持就可能使奥匈满足。现在却有必要把德国和奥匈的人民结合在一起;要做到这一点只能签订正式协议。条约使政府对它的人民受到约束,同时也使缔约的政府相互受到约束。同盟的条款尽管保密,但它总是可以大事宣传的题目。俾斯麦亲自公布了奥德结盟的事实,并且还很愿意把条款也公布。他把事情说成是盟约复活了奥地利和德意志其他部分的"有机联系",而这种"联系"正是他自己在1866年摧毁的。

俾斯麦的目的是在德意志做加富尔曾在意大利完成的工作:利用"革命"而不要为它所俘虏。他把德意志民族主义用来服务于普鲁士的扩张,并使之得到刚刚足够的满足,以便于驯服它。1879年,他试图叫停。同奥匈的联盟用意是把它拉到保守主义这一边来,并稳定欧洲的秩序;但即便如此,也必须用民族主义情绪的论据来使它站得住。当然,它在许多年里加强了欧洲的和平;但同样肯定的是,它把德国和全欧洲都卷进了第一次世界大战。俾斯麦所玩弄和驾驭的德意志民族主义使他的继任者成为俘虏,也使他们成了维也纳政治家们的俘虏。

维也纳同柏林之间的"拔河赛"甚至早在盟约签署之前就开始了。奥地利人认为这个盟约是英奥反俄阵线的补充,而俾斯麦则要使这一阵线成为不必要。当他还在同安德拉西谈判时,他就去问英国人,如果德国因在巴尔干支持英国和奥匈而同俄国发生了冲突,英国人打算怎么办。比康斯菲尔德回答道,"在这样的情况下,我们将使法国默不作声。"①这是一个合乎情理的回答。德国和奥匈一旦得到法国保持中立的保证,将会很快地把俄国解决掉。如果俾斯麦所要的是一个反俄联合,把欧洲的意志强加在巴尔干问题上,那么英国的答复是足够的了。但他却不满地问道,"就这

---

① 比康斯菲尔德致维多利亚,1879年9月27日。见《狄斯累利》,vi,386。明斯特尔致俾斯麦,1879年9月27日。见《重大政策》,iv,第712号。

## 第十二章 俾斯麦的结盟 1879—82 年

么多吗？"①英国人还能提供什么别的东西呢？俾斯麦对英国舰队看不上眼，英国又不是一个陆上强国。如果英国是陆上强国，奥德同盟就将是不必要的了；奥匈可以在英国的支持下保存下去，或者甚至保持中立。俾斯麦是实际上在拒绝接受这个无可回避的事实，即：在任何一次反俄战争中，德国将承受最大的负担。这一事实阻碍了 1879 年（以及以后的每个时机）的英德结盟；但一个有俾斯麦这样的见识的人不需要为了发现这一点而去进行精细的调查——在欧洲的国际关系中，这是基本事实。也许他想要对安德拉西证明，同英国结盟将不会有多大好处；也可能他是看到了王储腓特烈的反对（他是恶名昭著的亲英派），正如他在同俄国打交道时必然会想到对威廉第一所将产生的影响。但他并没有把情况告诉这两位，也确实没有对其他任何人讲过。俾斯麦在从自由主义的西方转向专制主义的俄国时，良心受到折磨，所以不得不常常以同西方结盟无益的想法来自慰。这样说是不过分的。

1879 年 9 月的空泛谈判是英德关系中那许多"失去的机会"之一——实际上，在英德关系中没有什么东西可以失去。英国人当然不认为他们失去了什么。索尔兹伯里对奥德结盟的新闻表示欢迎，说它是"令人非常高兴的好消息"。②俾斯麦对这轻率的话表示很恼火；实在地他是在对他自己的作为所将产生的后果生气。直到现在，英国人不得不带头在巴尔干反对俄国，现在他们可以把

---

① 俾斯麦在明斯特尔 1879 年 9 月 27 日致俾斯麦信上的批注。见《重大政策》，iv，第 712 号。

② 关于各个盟约的"秘密"有许多无谓的谈论。奥德盟约的存在是立即就宣布了的，虽然它的条款直到 1883 年才透露出来。

这个差使交卸给奥匈了,相信到头来德国将不得不出来支持它。难怪索尔兹伯里要高兴了:从今以后德国将为英国打仗,而不是倒转过来。从1879年10月直到他垮台,俾斯麦的全部外交就是为了挡开奥德结盟的不可避免的后果。

这方面的尝试也是在盟约签署之前就开始的。9月27日,一位有影响的俄国外交官萨布罗夫在柏林出现。他同舒瓦洛夫属于同一学派:对泛斯拉夫主义蔑视,主张以同德国结盟为基础的防卫政策。他上书沙皇:"一个友好的普鲁士使我们处于这样一种特别优越的地位——全欧洲唯一的一个不必担心会受到外来攻击的强国,而且这将可以缩减预算而不冒任何风险,就如最尊敬的主上在克里米亚战争之后所作的那样。"[1]萨布罗夫提议订立一项相互安全协议:德国将在一场俄英战争中保持中立;俄国将在一场德法战争中保持中立,并使其他国家也这样做。还有,俄国将尊重奥匈的完整,条件是它不扩充在巴尔干的势力范围。[2] 如果俾斯麦真的害怕俄国,这个提议给了他所要的一切。但他真正担心的是奥匈奉行一项"西方的"政策的欲望,俄国的侵略性只是他的借口而不是他的动机。他试图把事情说成在俄国人方面变了心:他们曾策划进攻德国,但因他同安德拉西进行谈判而缩回去了。这是不真实的。俄国的政策一直是防御性的,而萨布罗夫事实上在7月份就向俾斯麦说了他的建议。像通常那样,俾斯麦用一点个人的积怨把话题岔开去了。他硬说在1876年他是准备同俄国"祸福与

---

[1] 辛普森著《萨布罗夫回忆录》,第60页。
[2] 同上书,第83页。

共"的,只要俄国以对阿尔萨斯和洛林的保证作交换。现在为时已太晚了,他不得不到其他地方去寻求安全的保障。但萨布罗夫向德国提出的对付法国的安全保障,同奥德结盟所提供的安全保障,效力是同样的。用这些话来判断俾斯麦,那么可以说欧洲的外交常常是由他的坏脾气来形成的。俄国人对此已习惯了——他们自己也常用这同样的方法。萨布罗夫驯顺地接受了俾斯麦的论点和抱怨。俄国人只要能在对付"克里米亚联合"中得到安全保障,他们是愿意付高价的——即使是德国同奥匈结盟这样的高价。①

如果事情的发展只在于俄国,那么"三帝联盟"在1879年底就已复活了。萨布罗夫——现在是驻柏林大使——在1880年1月正式向俾斯麦提出这个问题。困难来自奥匈。安德拉西作为外相的最后一个行动是告诉弗朗西斯·约瑟夫,他"不管是作为一个大臣或者作为一个君子人",都不能建议同俄国做一笔交易。②俾斯麦曾对威廉第一说过,安德拉西是维也纳唯一的亲德派,所以结盟的事必须赶紧进行,以防奥匈新外相可能改而联俄。事情的发展正相反。当然,弗朗西斯·约瑟夫同奥地利议会中的德意志自由派决裂了,并且建立了一个靠教会和斯拉夫选票的内阁。但这远不是使奥匈政策对俄国更加友好,而是使之在巴尔干更有冒险性和更有野心。归根到底,在代表团中投票反对占领波斯尼亚和黑塞哥维那的正是自由派。新外相海默尔对俄国的猜疑更甚于安德

---

① 萨布罗夫表示独立性的唯一姿态是拒绝按俾斯麦的口授写下条约草案。无疑地,在这个伟人身上没有失去不愿充当贝内德蒂的角色的意志。

② 安德拉西致弗朗西斯·约瑟夫,1879年10月1日。见莱德纳尔著《奥匈对外政策》,第113页。

拉西。还有,他作为王朝的专业奴仆而不是一个匈牙利贵族,毫不反对提高王朝的威望。海默尔比安德拉西更渴望同英国建立神气十足的同盟关系:奥匈主宰"土耳其的欧洲部分"、英国主宰"土耳其的亚洲部分",两国的地位都由德国认可,而俄国则一无所得。对哈布斯堡军国主义者来说,这比在保守的"三帝联盟"中当第三把手当然是一种更有吸引力的前景。1880年2月,海默尔告诉俾斯麦,他的目的是在英国帮助下"永远把俄国堵住"。① 他是在指望英国的政策中保持前后一贯的动力,但同他的愿望相反,它突然逆转了。

英国在1880年4月举行的大选是1935年选举之前唯一一次以外交政策问题为竞选主题的选举。② 1880年自由党获胜以后的政策,表现出了从未有过的软弱性,直到1935年保守党获胜后才有改变——这是对民主控制外交事务的令人悲哀的论断。格拉斯顿的胜利来自两种不同思潮的会合。表面上,这是他1876年从退休后出来攻击狄斯累利以来一直在宣讲的那些思想的胜利:赞同在外交事务中遵循道义原则,赞同"欧洲协同"而不是"势力均衡",赞同信任奉基督教的俄国而不是去支撑土耳其。但实际上它不过表达了英国人通常在危机过后对执行一项积极的外交政策的厌恶。有两个完全同样的事例:一个是1822年促使卡斯尔雷自杀的反对行动;另一个是1922年推翻劳合·乔治而用一个无所作为的保守党政府来代替它。格拉斯顿想要一个更有道德的外交政策;

---

① 普里布拉姆著《奥匈的密约》,ii,5—6。
② 虽然1857年大选是因外交政策问题(帕默斯顿对华政策)引起的,但争论的核心是对帕默斯顿个人的信任问题,而不是同意或反对某项具体政策。

选民——特别是自由党——反对制定任何外交政策。格拉斯顿相信"欧洲协同"会办好事；选民认为这可以省钱。虽然格拉斯顿没有选民的那些不切实际的想法，他坚持认为狄斯累利的政策耗费不赀，从而迎合了选民。结果是他只在消极方面得到了成功。他放弃了索尔兹伯里的土耳其政策：从小亚细亚撤回"军事领事"（虽然他并没有交还塞浦路斯，这是从土耳其人那里租来的，作为英国保证他们的亚洲国土的交换条件）；迫使土耳其执行在柏林大会上对希腊和门的内哥罗作出的关于领土割让的诺言。他的政策就到此为止了。要再往前发展就必须有一项英俄协议——可能还有法国作为第三者参加——以肢解土耳其帝国。没有人要这样做。维多利亚女王和外相格兰维尔都反对同俄国进行任何单独的交易。沙皇也不信任格拉斯顿，并且同法国人也产生了隔阂，因为法国拒绝逮捕哈特曼——一个被控策划炸毁沙皇所乘列车的革命党。此外，赞成在中亚采取前进政策的那个政党此时在圣彼得堡得势。这会造成同英国的冲突（不管英国是什么政府）；而俄国人需要在海峡的安全保障以抵御英国进攻。到1880年秋，他们再次迫切要求同中欧强国达成协议。

海默尔还是不大愿意，虽然英国政策的改变拆了他的台。1880年9月，他试图使俾斯麦同意把奥德同盟扩大到包括罗马尼亚在内，交换条件是容忍同俄国做一次交易。俾斯麦表示拒绝，却用欺骗方法把俄国同奥匈搞到一起来了。对海默尔，他说这一协议只是为了控制在圣彼得堡的极端分子。当海默尔问他对俄国的意图有无信心时，他回答道，"不管怎么样，有一个条约比没有一个条约总可以增加一点信心。"①对萨布罗夫,他的话正相反:"唯一的一个不想讲信用的强国就是奥地利。有它在内,三方同盟比双方同盟好,道理就在于此。"②他甚至于暗示,俄国入伙后,奥德同盟实际上就取消了。萨布罗夫写信给吉尔斯(他现在负责俄国的外交政策)说:"依我看来,我们在这里可以听到对于去年在维也纳所做的事情的最雄辩的送葬演说!"③协议的基础是奥地利相信德国将自动支持它,而俄国则相信德国不会支持奥地利。1881年3月,海默尔最后让步了。接着又有新的事情耽搁:3月13日,亚历山大第二遇刺。他的儿子亚历山大第三是一个心胸较为狭窄的人,傲慢专横,而且没有一点他父亲那种对德国的感情上的联系。同威廉第一的亲属纽带对他无所谓,各国君主间的团结一致那就更无所谓了;从彼得大帝以来俄国几乎是第一次有了这样一位统治者,他是俄国的,此外就什么也不是了。但在目前,俄国政府还在混乱中并且还没有准备好开辟新的路线。谈判最后达成了结论;1881年6月18日"三帝联盟"签字。

新的联盟同1873年的联盟几乎没有什么一样的地方。当年的联盟是保守派进行抵抗的最后姿态。但梅特涅式的对起事的恐惧已不再有足够的力量把统治者们聚在一起了。归根到底,此时距路易十六被处死已九十年,距拿破仑的战败也已六十多年了。1848年的记忆正在褪色——这对威廉一世和弗朗西斯·约瑟夫还起点作用,对亚历山大第三就毫无作用了。甚至连马克思的"国

---

① 俾斯麦致罗伊斯,1880年12月22日。见《重大政策》,iii,第521号。
② 辛普森著《萨布罗夫回忆录》,第144—7页。
③ 同上书,第156页。

## 第十二章 俾斯麦的结盟 1879—82年

际"——对它的恐惧在1873年联盟的成立中起过某些作用——也已经解散了。社会和政治骚动还很多,但所产生的后果不同了。拿破仑第三和俾斯麦都曾用对外战争来转移对国内反对派的注意。过去,只有一个强有力的政府能冒战争的风险;很快就会出现这样一个时代,在这时代里只有一个巩固的政府才能在和平时期坚定地保持下去。俾斯麦把"三帝联盟"看作保守主义的胜利,但只有他一个人有这个看法;对俄国人和奥地利人而言,它同样地是一个外交政策行动。梅特涅得以克服奥俄之间的分歧长达三十多年,靠的只是利用对革命的恐惧;俾斯麦却不得不给两国以实惠。

因此,1881年条约是关于近东的一个实际协议,它甚至没有君主主义词藻的装饰。它的唯一总原则是一项关于中立的公约:如果三国之一与第四国发生战争,其他两国均守中立。由于德法之间不存在马上发生战争的可能性,这对俄国是一笔直接的收入,因为这等于是德国(还加上奥匈)承诺不加入英国方面。仅有的限制是关于土耳其的:在那里,只有在事先达成协议的条件下才实施中立。这是一种不必要的防止措施,因为俄国人没有意思要同土耳其打仗。还有,三国承认海峡治理具有"欧洲的和相互承担义务的性质",并坚持由土耳其来执行。这是俄国人一直在寻求的、对付英国远征黑海的主要安全保障;这是对他们大有关系的一件事情。由于俄国不可能在海峡驻军,这是退而求其次的最好的办法。俄国人的收获还不止此。奥地利人允诺不反对两个保加利亚联合,从而使他们自己同英国切断了关系,因为对英国来说,保加利亚的分裂是1878年的主要成就。作为报答,俄国人承认奥匈吞并波斯尼亚和黑塞哥维那的权利,这是他们自1876年以来一直准备作出的让步。

新的联盟是俄国人的、也许还是俾斯麦的胜利。德国不必再在巴尔干问题上苦于依违在俄国同奥匈之间了。俄国得到了黑海的安全保障,交换条件是保证采取和平态度——这一点它本来是在任何情况下都因国内虚弱而不得不做的。像海默尔所坚持的奥匈所得的好处就不那么容易看到了。支持俄国对海峡治理的解释,它使自己陷入终究要同英国决裂的处境;但它在巴尔干的地位是因英国在1878年的合作才得到的。它从俄国得到的报偿只是一些它认为毫无价值的诺言。安德拉西和海默尔同俾斯麦结盟是为了在反对俄国的斗争中得到德国的支持;俾斯麦却反过来利用结盟迫使海默尔接受一项他不喜欢的、同俄国的协议。俾斯麦实在很难发现某些实际的论点来劝说海默尔;于是一个奇怪的结果随之产生了。为了给"三帝联盟"找理由,他不得不把意大利说成是一个"强国",然后很认真地来对待他自己的这种虚假的说法。1880年2月,海默尔争辩说应该把英国纳入奥德同盟,以便使意大利老实一点,俾斯麦的回答是,意大利根本无足轻重。[①]一年以后,他却又在振振有辞地说,"三帝联盟"的重大作用就是防止意大利同俄国结盟。[②]"联盟"缔结以后,海默尔继续强烈要求得到防备俄国的更大的安全保障;俾斯麦不愿意给。作为代替,他不得不提议使奥匈在同意大利的疆界上得到安全保障;这从理论上说可

---

[①] 普里布拉姆著《奥匈的密约》,ii,5—6。
[②] 俾斯麦致罗伊斯,1881年1月17日。见《重大政策》,iii,第524号。

## 第十二章 俾斯麦的结盟 1879—82年

以使奥军集中力量防卫加利西亚。① 这样,"三帝联盟"——一个同俄国友好的条约——在绕了一个大圈子之后导致了"三国同盟"——一个含蓄地反对俄国的条约。

当然,这里面还有一个更为深刻的因素。意大利同中欧的联系在欧洲历史上是最古老的。它形成了中世纪这一时代,当时德意志的每一个统治者都称自己是罗马皇帝,有许多人还把这个头衔看得很认真。它为拿破仑的帝国提供了双重基础。民族主义的意大利对于民族主义的德意志是必要的。在1866年战争中,同意大利的结盟是起决定性作用的。而且,要不是意大利,法国同奥匈在1870年也许会团结起来反对俾斯麦。甚至在更晚一些时候,为了肢解意大利而走到一起来仍是适合这两强的要求的,奥匈是为了教皇,法国则赞成成立一个各共和国的联邦。但这终究是一个遥远的和设想中的危险。这样说更得要领:俾斯麦现在是在致力于建设一个保守主义体系,就像梅特涅在他之前所做的那样;并且正因为他自己在德意志制服了民族革命,所以他想要意大利君主国成为一个受人尊敬的国家。但他花费了很长时间才达到这个境地。在柏林大会上,意大利的要求被忽视,并受到同希腊或土耳其同一级别的待遇。奥匈得到波斯尼亚和黑塞哥维那;英国得到塞浦路斯;法国人得到所有人的鼓励去拿下突尼斯。只有意大利代表们从大会回去时两手是干净的——也是空空的。

1878年,俾斯麦希望使法国保持满意和平静;索尔兹伯里希

---

① 这个好处仅仅是理论上的。奥匈军事机器过于庞大,不能随政策造成的后果而自我调整。

望在他的近东政策中同法国拉拢。因此,两国都指向突尼斯,[①]作为满足法国野心的最恰当的目标。后来常有人说,俾斯麦不管怎么样,为了离间法意两国而曾怂恿过法国;但——即使实有其事——这当然只能是一个次要的动机。他主要关心的是使法国在那些不会同德国冲突的地区作为一大强国而采取行动:"我要使你们的目光从梅斯和斯特拉斯堡转移开去,办法是帮助你们在别的地方得到满足。"[②]事实上,帝国主义是这样一种手段,它使人享受到成为伟大人物的激动感觉,而不会碰到通常为达此目的所须克服的困难和付出的代价。法国人为了取得突尼斯而不能不碰到的一点小小的困难和代价,犹豫了很久。他们不顾俾斯麦和索尔兹伯里的忠告;他们所关心的不是把它给自己拿过来,而是不要让它被别人拿了去。不幸的是,意大利人并不接受这种自我克制的规定。在突尼斯的意大利居留民已有约两万人,而法国人只有二百;而且意大利资本家在那里利用铁路搞政治活动。法国人决心不让任何欧洲强国在阿尔及尔的邻近地方树立势力,因此意大利的争衡迫使法国人不得不采取行动。一支法军占领了这个国家;1881年5月12日,地方长官签署巴尔多条约,接受条件,成为法国的保护国。意大利人毫无办法。俾斯麦给予法国他所经常答应的"善意中立";[③]英国的自由党政府起初想发表一个调子很高的抗议书

---

[①] 突尼斯在理论上是一个土耳其附属国,实际上是由地方长官治理的一个伊斯兰小邦;它紧邻阿尔及利亚。

[②] 圣—瓦耶致巴泰勒米·圣—伊莱,1880年11月29日。《法国外交文件》,第1集,iii,第307号。

[③] 圣—瓦耶致库塞尔,1880年11月12日。同上书,第294号。俾斯麦"甚至还表示可以提供外交支持,如果我们提出要求的话"。

## 第十二章　俾斯麦的结盟 1879—82年

（这是它唯一的外交武器），但后来甚至连这一点表示也放弃了，因为格拉斯顿坚持认为，英国自己保留着塞浦路斯就不能反对法国拿走突尼斯。此外，他还以他特有的机智补充说，"我并不认为，它[①]在军事上对马耳他的制约作用要比马耳他对它的作用大。"[②]

意大利的帝国梦被粗暴地打破了。骚动情绪本来在对突尼斯的叫嚣中找到了一个出路，现在这个出路没有了，就转向共和主义以及——更加糟糕——反对教皇的煽动，这种煽动有使这个君主国在欧洲列强眼中信誉扫地的危险。教皇确实在认真考虑离开罗马，如果他不能使他的世俗权力得到恢复的话。很早以前，在1825年，撒丁国王查理·阿尔伯起初曾野心勃勃地同激进主义调情，后来自身受到威胁了，又高兴地接受梅特涅的保护；现在，这个意大利君主国（本来为了它自己的扩张很愿意同革命派联盟）也是过迟地发现了它的君主主义原则。1881年10月，意大利国王亨伯特访问维也纳进行乞求；自从加富尔那些值得骄傲的日子以来，已经走过一段很长的路程了。意大利人向奥匈提议相互保证。他们表面上是说受到法国进攻的威胁，其实是为了国内的目的——使意大利君主国在遇到共和派起事或外国列强为恢复教皇世俗权力而进行干涉时得到安全保障。奥地利人当然想支撑住意大利君主国，并且欢迎在发生对俄战争时意大利保持中立。但是做保人要有资产，而意大利却没有。奥地利人将保证意大利以对付何人，

---

[①] 指比塞大，是突尼斯主要港口，因此可能成为法国海军基地，以后的发展果然如此。

[②] 格拉斯顿致格兰维尔，1881年4月22日。见坦珀莱及彭桑著《英国外交政策的基础》，第161号。

这是清楚的；但意大利将保证奥匈来对付谁呢？亨伯特再次空手离开了维也纳。

就在亨伯特访问之前，海默尔突然死了。他的继任者卡尔诺克是一个更有力的人物。他作为一个大保守派，不愿放弃教皇；他虽然坚决反俄，但指望不要别人援助就能遏制住俄国。因此，意大利的请求在维也纳没有受到注意。1882年2月，俾斯麦忽然使谈判又复活了。正像常常发生的那样，他的政策因为一个突如其来的警报而在一夜之间重新修订——这一次的警报是说他也许不能使俄国保持和平路线，尽管有了"三帝联盟"。1881年11月，冈贝塔这位伟大的激进派爱国者成了法国的总理——这是第一次，也是最后一次。他希望最终与俄英结盟，并且同意大利言归于好（这不如前者那么遥远）。他的意图是通过这些作为来结束德国的压倒优势，使谈判解决阿尔萨斯、洛林问题成为可能。俾斯麦对这个前景并不惊慌；他自己也期望以某种隐蔽方式同法国言归于好。但冈贝塔的出场对俄国政治却产生了明显的作用。泛斯拉夫主义者同保守派这时正在新沙皇面前争宠；高尔察科夫名义上虽然仍是首相，但快要死了，伊格纳吉也夫想接他的位置。同法国结盟是泛斯拉夫主义者最强的一张牌。1882年1月，斯柯贝列夫将军——俄土战争中风头十足的英雄、本人是泛斯拉夫主义者——去巴黎，任务是显示一番。访问没有取得任何结果。他到达之前，冈贝塔已经垮台了，并且始终没有对他的说辞表示响应。此外，在回国途中，他在华沙停留，并向波兰人发出他的泛斯拉夫呼吁。这使亚历山大第三大为光火；斯柯贝列夫失宠，连带着泛斯拉夫主义者也倒了。1882年4月，祖先是德意志人的保守派吉尔斯成了俄

## 第十二章 俾斯麦的结盟 1879—82年

国外相；6月间，伊格纳吉也夫从公共生活中消失了。

尽管如此，斯柯贝列夫事件动摇了俾斯麦对俄国保守派的信任；他从这里感到一种警号——比1879年8月那一次更为真切的警号。2月17日，斯柯贝列夫发表了他在巴黎所作的最激烈的一次讲演；2月28日，俾斯麦就敦促卡尔诺克同意大利重开谈判。[①]谈判是在一种奇特的基础上进行的。只有奥匈将从意大利的中立中受益，但德国却要为此付出代价，而这个条约在很大程度上是俾斯麦一手制作的。"三国同盟"于1882年5月20日签署。奥匈和德国答应帮助意大利对付法国的进攻；意大利——但没有奥匈——对德国作出同样的承诺。如三国中有一国或两国同其他两个强国发生战争，则另两国或一国将予以协助；如同其他一个强国发生战争，则保持中立。说实在的就是：在奥匈同俄国交战时，意大利答应保持中立；在中欧强国同法俄同盟交战时，意大利参战。对意大利的奖赏包含在条约的序言里。序言宣布缔约的目的是"增加对普遍和平的保证并加强君主主义原则，从而确保在缔约各国维护社会及政治秩序"。最后，还单独发表一个宣言，说明本条约不是针对英国的——这是原来意大利关于吸收英国参加的提议的一种冲淡了的说法。

三国同盟看起来又可怕又复杂，它的真正目的却是极其有限的。表面上它使中欧熔成一体，并重建了神圣罗马帝国——在外交事务方面，相当于它的鼎盛时期。实际上它只是支撑了意大利君主国并在发生奥匈对俄战争时取得意大利的中立。奥地利人没

---

[①] 布施致罗伊斯，1882年2月23日。见《重大政策》，iii，第548号。

有付出什么报偿。卡尔诺克不允许意大利在巴尔干有任何发言权,所以也不要求它提供任何援助以对付俄国。奥匈所付的唯一代价是对意大利君主国的泛泛的赞同,并由此而来的间接取消对教皇统治的支持——这种支持是哈布斯堡家族的传统。真正付出代价的是德国:它答应保卫意大利以抗拒法国,而从意大利那里得不到任何报偿,因为意大利的支援是毫无价值的。说得明白一点,俾斯麦承担保卫意大利是为了消除奥匈对"三帝联盟"的抱怨;在他看来,即使这样做也比保证在巴尔干支持奥匈要好一些。此外,他知道法国此时无意进攻意大利,因此他并不认为他承担的义务是艰巨的。意大利人也知道这一点;他们真正需要的是被承认为一个强国,而不是受到防备法国的保护。三国同盟满足了他们这一需要;它撑持了"意大利伟大"的神话,从而挡开已持续近一代人时间的不满。在最初的盟约中有一处引人注目的遗漏。虽然在突尼斯蒙受的屈辱只不过是驱使意大利联合中欧强国的次要动机,意大利的政客们当然要别人支持他们在地中海的帝国主义意图。在1882年,他们没有得到这种支持。但正如奥地利人认为奥德同盟将逐步把德国拖过来支持他们的巴尔干计划一样,意大利人也指望三国同盟会逐步把德国卷进他们的地中海计谋。只要俄国保持和平态度、从而使意大利的中立只具有理论上的价值,他们的希望是难以达到的;一旦巴尔干的和平受到破坏,意大利有点有价值的东西可以出卖,到那时德国才不能不付出一笔实实在在的代价。

其他两个盟约使俾斯麦的"体系"完善建成。1881年6月,奥匈同塞尔维亚缔结一项密约,实际上使后者在经济上和政治上成为前者的保护国。塞尔维亚首相抱怨说,"塞尔维亚同奥匈的关系将完全像突尼斯同法国的关系"——或者人们还可以补充说,像布尔共和国同英国的关系。塞尔维亚统治者米兰向他的首相保证,条约上写的是一回事、实际是另一回事,这样才使协议偷偷地通过;而他对海默尔却又保证说,"我以荣誉和作为塞尔维亚亲王的地位担保",条约将说到做到。米兰所关心的只是要奥地利的钱和国王这个称号——1882年他在奥地利同意下称王,塞尔维亚成为哈布斯堡附庸直到他的统治时期结束。虽然同塞尔维亚的条约很难说符合于"三帝联盟"的精神,但不是对俄国直接背信的行为。俄国人在1878年对塞尔维亚很冷淡,并且一直准备承认奥匈在西巴尔干的优势地位,作为他们自己在保加利亚的优势地位的报偿。

罗马尼亚则是另外一种情况。罗马尼亚的独立是克里米亚战争的重大成就。1877年,罗马尼亚曾被拖到俄国一方参战;它所得到的唯一奖赏(多布罗加的一部分归它不能算作奖赏)是丧失比塞拉比亚。当然,罗马尼亚人需要支持以反对俄国在巴尔干进行新的冒险,而奥地利人也渴望给予这种支持。但罗马尼亚人比塞尔维亚人更为自傲和强大,而且对匈牙利人在特兰西瓦尼亚对罗马尼亚人的压迫已经领教过。他们坚持要德国参与他们同奥匈之间的任何盟约。俾斯麦接受了这个条件并且亲自促进结盟一事。1883年10月30日三国缔盟:奥匈和德国承担保卫罗马尼亚;罗马尼亚承诺参战,如果哈布斯堡君主国同罗马尼亚接壤的领土受到攻击——对俄国攻击的一种绕弯子的说法。这显然是一个反俄的防御同盟,不可能同俾斯麦一再向俄国人作出的只承担保卫奥匈的保证一致起来;而对罗马尼亚的保证在1890年曾被反对德俄

"再保险\*条约"的人当作最有力的论据。俾斯麦现在已经完成了他的对曼陀菲尔在1854年的奉行的政策的翻版;他也可以用同样的办法为自己辩护:答应支持奥匈总比让它落进西方列强的怀抱要少一些危险性。但对"克里米亚联合"的恐惧仍把它引上了奇怪的路线。事情的发展显示,同罗马尼亚结盟没有造成什么麻烦。如1878年的失败所证明,俄国通往保加利亚和君士坦丁堡的最明智的道路是海上的道路;而且把罗马尼亚作为一个中立地区来对待,对俄国也是适合的——至少在1914年紧张局势加剧之前是如此。俾斯麦本人所用的是更简单的说法:他相信大战只在列强之间发生,只要他能在列强之间维持和平的均势,他对像意大利和罗马尼亚这样的一些较小国家到处许愿,在他是无所谓的。

但俾斯麦的"体系"仍然只不过是一种变戏法的玩意,一种有意识玩弄的技巧。一旦开始走上结盟的道路,俾斯麦就把盟约看作解决一切问题的办法。他到处许愿是为了不还愿。他答应在奥匈一边作战是为了使它对俄国友好;他答应在意大利一边作战是为了使它保持中立。也许他唯一认真对待的承诺是答应在海峡问题上给俄国以外交上支持来对付英国。他的两项伟大创造:"三帝联盟"和"三国同盟"是直接相互矛盾的。前者是以奥俄合作为基础的,而后者则是为奥俄战争作准备。前者是一个反英的联合,它的最实际的条款意在通过共同外交行动使海峡对英国封闭;后者不是专门对付英国的,而且奥匈和意大利都希望最终会得到它的

---

\* "再保险"俗称"分保"。保险人将其所保业务的一部分,分给其他保险人承保,目的在于减轻其本身负担的赔偿责任或给付责任。这里是借用这一经济名词于国际政治。——译注

支持。俾斯麦自己的真心所在是毋庸置疑的：前者是出于他的真心，而后者则是出于他的谋划。他最深的感情在旧有的以瓜分波兰为基础的俄普友谊。他不喜欢奥地利人，从他在法兰克福的时候起直到他去世。他认为英国人所关心的只是"让别人为他们火中取栗"。就此事而言，比起那些不安宁的、用心计的意大利人来，他更喜欢法兰西共和国的明白事理的政客（特别的是冈贝塔和他之后的费里）。很显然，沙皇俄国是比奥匈二元君主国更为保守的力量，而法兰西第三共和国则是比不稳定的意大利王国更为保守的力量；他的外交是一种安全保障，用以对付俄国和法国的颠覆势力，而不是对付两国的正式政府——在一国是对付泛斯拉夫分子、在另一国是对付复仇分子。他对法国民族主义者的说法是众所周知的；关于俄国，他所说的话也几乎是一样的。"皇帝本人是好心的。他的大臣们是聪明的、倾向于保守主义政策的。但如果人民的热情一旦爆发出来，他们有力量抵挡它的压力吗？在俄国，主战派比其他任何地方都要来得强大。"[①]

结果是自相矛盾的。俾斯麦自称是安定的倡导者，把他的体系说成"和平的联盟"。事实上通过三国同盟，他把德国同不安于位的那些强国联系在一起，并且内在地反对保守派的强国。在同欧洲有关的问题方面（俾斯麦放在心上的就是这些问题），俄法两国所要求的只是别人不要去管它们。在柏林大会以后，俄国人在近东没有野心；他们唯一关心的事就是安全。经济上，巴尔干对他

---

[①] 库塞尔（柏林）致费里，1883年12月14日。见《法国外交文件》，第1集，v，第168号。

们来说是不值一顾的。他们要使海峡对英舰关闭,而他们自己则需要自由通过海峡以进行谷物贸易。虽然做到这一点的最好办法是自己来控制海峡,但他们知道不可能,因此感激地接受了俾斯麦向他们提出的外交联合行动。在那几年里,战略上的威胁来自英国,而不是来自俄国;索尔兹伯里在大会上的宣言甚至连格拉斯顿也没有加以撤销。来自奥匈的经济上的挑战甚至更为严重。奥地利人不愿意限制他们的经济范围。他们推行一种经济帝国主义的"文明化使命",一种任何政治上的区划所不能阻挡的计划。最重要的,他们推进修建"东方铁路干线",直达君士坦丁堡。卡尔诺克对一个比利时的询问者说,"我们确实梦想征服,……由我们的制品、商业和文明来完成的征服。……当一节普尔门式卧车车厢在三天里把你舒舒服服地从巴黎送到君士坦丁堡时,我敢相信你对我们的活动不会不满意的。是为了你们西方人,我们现在才这么干的。"① 这个计划不管对一个比利时经济学家是如何富有吸引力,必然要惊动俄国人,特别是它威胁着巴尔干各国人民的国家发展工作,而对这些人民他们在感情上是关切的。

对法国和意大利,局势也是同样的,不过程度上差一些。法国人所要求的只是不要再受德国的入侵。意大利人是地中海的不安定因素,如突尼斯事件所显示:没有他们的政治干涉和"铁路政治",法国人是不会行动的。就这方面的事情而言,意大利为的里雅斯特所进行的煽动,比法国为丧失阿尔萨斯和洛林而生的怒火,是对德国利益的更为严重、更为实际的威胁。俾斯麦选择奥匈和

---

① 拉夫雷耶著《巴尔干半岛》,i.40。

## 第十二章 俾斯麦的结盟 1879—82年

意大利来反对俄法两国,在很大程度上是他早些时候在国内事务中所作选择的翻版。当时他使自己同德国革命结盟是为了使之驯服;现在他同外国结盟是为了使这些盟国成为他的俘虏。他控制他的盟国而不是同它们合作。这里确实存在着最深刻的因素。在国际事务中,同在国内政治中一样,俾斯麦不喜欢平等;他寻求的是卫星国。虽然俄法两国都不想理会欧洲,两国仍是独立强国——对俾斯麦的网来说,鱼太大了。他的体系是一种严酷的暴政;尽管施行这种暴政是为了使别人好、为了有利于和平和社会秩序,也不可能使别人感到宽慰。一种国际秩序需要共同的原则和共同的道德观点,再加上条约义务(如果要使这种秩序有效的话)。梅特涅的"体系"是以一种政治上的保守主义为基础的,这种保守主义仍然是一种真正的力量。俾斯麦所呼吁的君主之间的团结一致即使在这些戴王冠的人中间也不受重视,而他自己却去竭力防止任何民主的代替物的出现。1879年秋,当俾斯麦在采取最初的步骤以建立他的同盟体系时,格拉斯顿正在英国的中洛锡安进行竞选活动。俾斯麦只有接受格拉斯顿所宣扬的民族自由平等的原则,他的目的才有可能达到。

# 第十三章 "自由主义同盟"的瓦解及其后果 1882—5年

柏林大会表示了对欧洲所作的一种解决办法,正像在它之前的维也纳会议所表示的那样;梅特涅和俾斯麦都建成了"体系",两个体系面临的却是同一的危险——一方面是俄奥之间的巴尔干战争、另一方面是法国要扭转败局的尝试。但这些危险的重要性次序起了变化。梅特涅的体系是朝西看:它主要是针对由法国激发起来的革命动乱,对这一革命的恐惧甚至于对俄国在近东也起了近四十年的约束作用。俾斯麦的体系是朝东看:除非发生奥俄战争,法国的复仇并不是严重的危险。滑铁卢之战发生在法国胜利二十五年之后;色当战役证实了半个世纪的衰颓——这一点许多法国人曾模糊地感觉到了。大多数法国人在1871年后认识到(在1815年他们并没有认识到),法国的伟大在于过去——它只须保持,而不须发展。他们决心在第三共和国中实现他们从1794年恐怖时期结束以来一直想要的东西:"享受革命果实"。法国的人口稳定、土地富饶,社会上实行平等主义,过去的历史很辉煌,它所要求的只是一种安宁的生活。第三共和国是建立在农民和职业中产阶级的伙伴关系上的,这两部分人都尊重财产权,因而都寻求安全

## 第十三章 "自由主义同盟"的瓦解及其后果 1882—5年

保障。农民曾经是帝国的支柱,他们已经懂得了帝国就是战争;现在他们让那些城市律师们去管理国家并发财致富,只要他们避免战争或社会骚乱。城市工人在1871年公社时期可能是既要战争也要社会骚乱;但在二十年中,他们也同社会达成某种有限的和议,并成为冒险政策的敌人。

像1866年后的哈布斯堡君主国一样,法国人需要安全;但不像弗朗西斯·约瑟夫,他们不愿意使自己处于德国保护之下作为得到安全的代价。失去的省份(阿尔萨斯和洛林)无疑是主要的障碍;而俾斯麦自己以那种相当原始的机诈常常哀叹他在1871年所犯的"错误"。[①] 真正的怨恨还要更深刻一些。虽然法国人没有希望在一次新的战争中击败德国,他们不愿意承认德国第一把交椅的地位。他们接受失败,但不接受失败的后果。结果是,任何法国政客如果看来是在走向对德开战,就会垮台;但任何政客以同德国言归于好为目的也同样会垮台,不过时间慢一点罢了。对法国的衰颓加以夸大是错误的。1871年,它的人口还是同德国一样多;它的工业资源比德国差得也有限。俾斯麦对法国的戒备比他的继任者更有理由,也更讲策略。因为他远不是试图孤立法国,而是力求把它从孤立中拉出来——这种孤立状态是法国自己强加给自己的。俾斯麦在1882年曾对法国大使库塞尔说,"我要的是息事宁人,我愿意言归于好。我们没有任何道理去想方设法伤害你们;我

---

[①] 这里的真意是这样:俾斯麦尽管常常想拿下斯特拉斯堡,对拿下梅斯却是有疑问的。他对库塞尔说(库塞尔致费里,1884年4月25日。见《法国外交文件》,第1集,v,第249号):"我本不想拿梅斯;对我来说,决定疆界划分的原则是语言。"但作为法国怨恨的主要象征的是斯特拉斯堡,而不是梅斯。(按斯特拉斯堡和梅斯分别为阿尔萨斯和洛林的重要城市。——译注)

们倒是处于还欠你们一笔补偿的地位。"① 在柏林大会中,他尊重法国,二话没说就接受了法国人提出的与会条件;会后他向他们保证——完全是真话——他的同盟体系旨在防止奥匈同俄国之间发生战争,而不是防备法国复仇。② 他对法国人提供更为积极的慰藉:除了莱茵河,在其他任何地方他都将支持他们;这一政策当法国人拿下突尼斯时他是照办了的。

俾斯麦这种恩赐态度也许是太显眼了。每个法国人都明白,如果法国把它的野心从莱茵河转向地中海,得利的是德国。但如果说法国的海外扩张主要是为主张复仇的人所牵制,那也是轻重倒置。宣扬对德国发动一场新战争的人甚至比殖民地开拓者还要不得人心。这些人中间最能干的一位,戴鲁莱德被迫害、追捕,最后被流放。殖民事业只要不用花什么力气是被容忍的。冈贝塔说,"在非洲,法国将迈出正在恢复的病人最初那种摇摇晃晃的步子";殖民政策就得保持在这样的水平上。一发生严重的麻烦,殖民事业的热心分子就会马上被赶下台。费里是第三共和国从冈贝塔到克里蒙梭之间最伟大的人物,他的前程就因为被戴上了"东京派"(tonkinois)的帽子而毁了。所谓"东京派"是指为了印度支那使法国耗费不赀的人,而印度支那却是法国帝国领地中的珍珠。事实上,法国的殖民扩张是它削弱的结果而不是强大的证明。

---

① 库塞尔致弗雷西内,1882 年 6 月 16 日。见《法国外交文件》,第 1 集,iv,第 392 号。

② 俾斯麦在谈话中常常喜欢夸张,说过头话。他曾说,他的政策的基础是"同奥地利结盟,同法国保持良好关系"。圣—瓦耶致库塞尔,1880 年 11 月 12 日。同上书,iii,第 294 号。

## 第十三章 "自由主义同盟"的瓦解及其后果 1882—5年

对法国人来说,奉行殖民政策还有一个更为实际的危险:使他们同其他列强发生冲突,这种情况除了削弱对付德国的力量外,本身是不足取的。俾斯麦一再告诉法国人(无疑是诚心诚意地),当他鼓励他们在突尼斯的行动时,他并没有想把意大利争取到他这一边来;它还是过来了,但当俾斯麦对法国人说"至于意大利,它无足轻重"时,这恐怕不会使他们听了高兴。① 对法英关系的影响就更加严重得多。虽然拿破仑第三从来没有完全失去英国的同情,在第二帝国的最后年代里,"自由主义同盟"已是千疮百孔了。它在1871年后、特别是在共和国于1877年得到巩固之后复苏了——复苏在这里只是一种以同样的机构和同样的原则为基础的情绪上的复苏。它已不再有任何想去抵消"北方三朝廷联合"的意图。法国人已决心不再同俄国(他们在大陆上的唯一朋友)作对;英国人则已对势力均衡失去了兴趣。绝大多数英国人到这时都已接受了科布登的理论:欧洲大陆上的事件与英国人无关;不管发生什么情况,英国和它的贸易是不会遇到危险的。少数仍然还想到大陆的英国人把势力均衡看作不用英国干涉、自己能起作用的东西。在过去几代人的时间里,势力均衡的理论曾是行动的动力:把英国的分量起初放在这杆秤上、然后又放在另一杆秤上,均衡才能

---

① 圣—瓦耶致巴泰勒米·圣—伊莱,1881年5月2日。见《法国外交文件》,第1集,iii,第495号。后来,俾斯麦完全用谎言来为三国同盟辩解。沃丁顿在途经柏林时曾同俾斯麦作过这样的谈话:"你是否授权我告诉我的部长,你同意大利并没有像奥地利那样结盟?——是的。我可不可以说,你同意大利所作的安排是出于一种临时的局势?——是的。我是否受权说,你同意大利之间没有什么成文的东西?——再见。你可以说,你所说的三国同盟是我从萨多瓦战役以来对奥地利所奉行的补偿政策的完成。"沃丁顿致夏莱梅尔·拉库尔,1883年5月14日。同上书,v,第315号。

保持。现在它成了无所作为的理由。由于德国、法国、奥匈和俄国经常相互抵消力量,没有必要让英国人去做任何事情。帕默斯顿——势力均衡论的最后一位倡导者[①]——在去世之前不久曾对德国的扩张表示欢迎,"以便控制那两个野心勃勃、富侵略性的强国——法国和俄国";[②]他的期望看来是实现了。在此之前或在此之后,英国人从来没有像现在这样可以不去理会欧洲的事情。在1864至1906年之间,没有一个英国政治家必须去考虑——不管问题还多么遥远——派遣远征军去大陆的问题。[③]

英国的政策完全是以欧洲以外的利益为依归的。有人说,英国的十个传统中有九个来自19世纪最后三分之一的年代;在外事方面当然也是如此。只是在这些年代里,俄法两国才被认为是英国的一贯的、永久的敌人。虽然同俄国在近东有过长时期的抗衡,人民对奥地利的敌意更为深刻和持久——正像一向老派的格拉斯顿在1880年竞选运动中所说的那些莽撞却又真实的话所证实的那样。[④] 从1815年以来,在同法国的关系中,友好是规律,敌对是例外:法国是在此期间英国曾与之建立有效的、成文的盟约的唯一国家。确实,法英两国当时还是仅有的殖民强国。但这不一定要

---

[①] 1876年狄斯累利宣称,他拒绝柏林备忘录以破坏三帝联盟的行动是为了保持势力均衡。这不过是一次恶作剧。他也许是破坏了联盟,但他并没有作出任何认真的努力去找点什么东西来代替它。

[②] 帕默斯顿致拉塞尔,1865年9月13日。见坦珀莱及彭桑著《英国外交政策的基础》,第97号。

[③] 1870年为保障比利时中立而同法、普签订的条约,从理论上说,包含着英国干涉的可能性;但没有采取任何步骤来为干涉准备。

[④] "没有一件事例——在地图上没有任何一个地点你能用手指指出来并且说,'奥地利在那儿做了好事。'"

使它们成为敌人；却常常使它们成为伙伴。在基佐时期关于太平洋岛屿问题的争执是无法同拿破仑第三和英国人在叙利亚、中国和墨西哥的合作相比拟的。在19世纪的大部分时间里，英法对外部世界（除了僻远的中亚）是代表欧洲的，这给了它们以共同的使命。每当法国在欧洲是平静而满足时，两国就靠拢在一起；当法国叫嚣要重温在欧洲称霸的美梦时，两国就疏远。1875年以后，法国虽然不是满足的、却是平静的；同英国的友谊持续着。"自由主义同盟"表达了格拉斯顿自由派和冈贝塔及其追随者（他们主宰着法国的政治）的共同情绪。虽然在欧洲以外发生了冲突（这些冲突因双方的错误而恶化），但它们有足够的共同情绪来保证以谈判而不是以战争最后解决这些争端。这是大陆上的外交家（不论德国人或俄国人）所不了解的，从而使他们犯了甚至更为致命的重大错误。

英法两国在19世纪甚至在地中海也是结盟多于敌对：希腊、土耳其和意大利都可以证明这一点。1840年的埃及危机是唯一的重要例外。但在这里有一种对待问题的看法上的矛盾。英国人在马耳他和直布罗陀确立了他们的地位，对地中海的问题只从一个海上强国的观点来作出判断。他们不是要在那里增加他们的领地，而是要在沿海布满许多独立的国家；①他们要把其他列强拒之门外，而不让它们进来。虽然对地中海的欧洲一边，法国人的看法同英国人是一致的，而且他们确实是对土耳其国家完整的最为始终一贯的支持者，他们在非洲对待事情的态度却不同了。在那里，他们希望继承波拿巴在1798年远征埃及的传统，并且建立一个新

---

① 关于塞浦路斯条约的政策（不论怎么样，同这种态度并非不一致）是一个失误，英国人在1880年把它抛弃了。

的"罗马"帝国,作为他们失去在欧洲的帝国的一种自我安慰。他们已经成了阿尔及利亚的统治者,他们还要把自己看成是北非其他几个无主的伊斯兰国家——突尼斯、摩洛哥和埃及——的最后继承人。在实行这一政策时,他们是很小心的,甚至是拖泥带水的;而且只要这是一个把别人拒之门外的问题,他们就愉快地同英国人一起干。他们开始改变态度只是在英国人试图改造这些北非国家、从而使它们达到真正独立之后——这是同俄英对君士坦丁堡政策上的冲突相类似的,只不过规模要小一些。最初出现裂痕是在1880年的马德里会议上,这个会议是英国主动建议召开的,讨论摩洛哥的改造问题,因法国的反对而被破坏了。① 但这还不

---

① 马德里会议作为俾斯麦的"在所有地方(除阿尔萨斯和洛林外)支持法国"的政策的最初表现也是很有意思的。英国人急于要保持摩洛哥作为同西班牙处于对等地位的非洲国家——两条中立地带将使直布罗陀得到安全保障;法国人则想最后使摩洛哥成为他们的非洲帝国的一部分。德拉蒙德·海曾任英国驻丹吉尔公使四十多年,当时拿破仑第三忙于欧洲的事情,他的日子很好过;现在他想在结束他的外交生涯的时候,取消"被保护人"制度,这种制度使摩尔人可以置身于外国外交官的管辖之下,从而逃避他们自己的政府的控制。同法国驻丹吉尔公使的直接谈判失败后,德拉蒙德·海提议把"欧洲"召唤进来,因为他以为只有法国愿意使摩洛哥保持软弱和无政府状态。但为此召开的会议成了对下述这样一种假设的警告(德国人在1905年应该很好注意这种警告),这种假设就是:列强可以就事论事地来判断一个问题,而不必想到它们之间的总的关系。只有西班牙人(他们自己对摩洛哥有很大的野心但没有力量去实现)支持英国的建议。所有其他列强都联合起来破坏这次会议。意大利人奉行为虎作伥的原则:在地中海麻烦越多,他们在某些地方得到好处的机会就越大;俄国人希望法国在君士坦丁堡支持它作为对它的奖赏;德国人在1879年曾支持德拉蒙德·海,现在来了个大转弯并且把奥匈也带上。改革的事一旦被阻止了,法国人就安心等待。德拉蒙德·海(1885年退休)继续宣扬列强合作的理论。有时他感到绝望,例如他在退休前不久就曾这样写道:"如果我们不能采取步骤以阻止法国实现它称霸海峡的目的,如果发现德国准备拿下这个国家以便同法国在阿尔及利亚据有的领土相对抗,我将会说:让它占领去东方和印度的大道比法国要好得多,因为法国这个国家在世界各地从未停止成为英国的最有妒忌心的和最险恶的敌人。"见伊·弗·克鲁克申克克著《摩洛哥在十字路口》,第196页。

是决定性的问题:因为摩洛哥如保持独立则虽不进行改革,英国也就满足了;而对法国人来说,只要摩洛哥不改革,则虽保持独立,他们同样感到满足。

接着而来的是一个更具决定性的问题。埃及对两国都是至关重要的——对英国政府是由于帝国的战略,对法国是由于传统和威望。埃及问题是因波拿巴1798年率军远征而造成的。英国人的回答是把他赶走,而自己也不去树立势力。这个模式在1840年又重复一次,当时法国人是把埃及当作他们的"被保护人"来对待的;英国人打败了这个"被保护人",却又让埃及保持独立。[①] 第二帝国采取的路线更加小心而又更加有效——那就是经济渗透的路线。埃及是用法国钱养肥的;世界政治地理因苏伊士运河——拿破仑第三的最永久性的纪念碑——而起了革命性的变化。虽然英国人一贯因明显的战略考虑而反对修凿运河,在它一开放之后却成了它的主要使用者;1882年通过运河的船只中有80%是英国的。这样,埃及就对英国产生了一种不可能抛开的利害关系,这种利害关系因1875年狄斯累利取得了原属埃及总督的运河股权而加深了。但英国人仍然拒绝俾斯麦一再敦促接受的办法,即由英国"拿下埃及",以俄国控制君士坦丁堡为交换条件。英国人看得很清楚,这样做将开罪法国,而且他们也不喜欢全部瓜分土耳其帝国所将造成的混乱。只要他们的海军主宰着地中海,英国人就满足于有一个稳定的埃及政府,使运河得到安全保障。但埃及不能

---

① 或者近乎如此。从理论上讲,土耳其苏丹仍然是埃及的最高统治者;英国人和法国人都在不同的时候试图利用他的宗主权。

使他们如意。1876年4月,埃及总督不能继续偿付越来越多的债息;埃及破产了。① 法国政府决心保护债券持有人的利益;英国人为了运河的利益则要求密切注视法国人。用索尔兹伯里的话说,"你可以或者放弃——或者独占——或者分享。放弃将使法国置身于我们去印度的路上。独占将很近乎冒战争的风险。因此,我们决定分享。"②英法联合财务控制从而建立起来了;埃及又步履蹒跚地走了约莫三年。

1879年4月,埃及总督伊斯迈尔企图摆脱这种控制。英国人很可能不会反对——只要把法国人撵出埃及,即使他们自己也要出去,他们也愿意,但俾斯麦组织其他欧洲列强提出抗议。除非他只不过是关心保护他私人的银行家布莱希勒德尔的利益(不是毫无道理的一种解释),他这样做是想使埃及继续成为英法之间可能发生冲突的题目。两国被迫采取进一步的行动。它们诱使苏丹(土耳其名义上的最高统治者)废黜伊斯迈尔;在更为坚实的基础上重新建立英法的控制。埃及内部的反对力量从总督转移到陆军军官和少数穆斯林知识分子身上;他们发起了最初的民族主义运动;到1881年,这个运动席卷了全国。英法的政策再次陷入混乱。此时在英国掌权的格拉斯顿曾在其他地方宣扬民族自由的思想;另一方面,他对财政上的混乱非常光火,正如他因1875年的破产(他称为"最最大的政治罪行")而反对土耳其那样。外相格兰维尔

---

① 债务总数约九千万英镑。这个小小的数额现在一个强国在一天里就能当作赏赐给了别人,但那时却决定了两个西方强国二十年中的关系。
② 索尔兹伯里致诺思科特,1881年9月16日。见格温多伦·赛西尔著《索尔兹伯里的生平》,ii,331—2。

仍像往常那样胆小怕事,想劝说土耳其人在埃及恢复秩序。这是法国人难以容忍的事情,因为他们必须抵制开创一个将来可能用于突尼斯的先例,并且仍在梦想埃及如果四分五裂就会落到他们(而不是土耳其)手中。1882年1月,冈贝塔在他那短暂的任期内试图推行英法共同干涉的大胆政策,使格兰维尔大感不安。这个计划再次被俾斯麦破坏:虽然他可能希望英法之间友好,他当然害怕在法国领导下建立起两国的积极同盟关系。不管怎么样,冈贝塔在一月底倒台了。新总理弗雷西内同意格兰维尔的想法:在君士坦丁堡举行一次欧洲会议以寻求处理埃及问题的某种办法。会议无结果而散。法国人不愿要土耳其人,而其他列强又不愿意要别人。

这时,埃及国内的民族主义运动开始反对那里的欧洲人,甚至威胁到运河的安全。5月,英法政府同意举行一次示威,派遣海军中队到亚历山大港去。但由于没有一个共同的方案,也没有得到列强的委托,英法舰只不得采取任何行动。法国人开始勉强地承认,由土耳其进行干涉可能是害处最小的作法;但除非他们得到土军将再次撤退的满意保证,他们不同意这么做。7月间,在君士坦丁堡既未达成任何协议,而在亚历山大港的民族主义骚乱又有增无已,英国舰队司令失去了耐心。他轰击各炮台,法舰撤退以示抗议。弗雷西内现在终于默许英法共同占领运河区域;但他把这个方案向议会提出后,在7月31日为压倒多数所击败。正像常常发生的那样,法国公众舆论容忍对帝国利益进以保卫,只能是在这样做既不要花钱又不会把兵力从欧洲抽调出去的条件之下。英国人继续为土耳其派兵进行拖沓的谈判;但在达成协议之前,一支英军在沃尔斯利率领下在埃及登陆,并在9月13日在特勒凯比尔击败民族主义武装。土耳其人被告知不再需要他们的帮助了。[①]

英国人现在成了埃及的主人。他们取得了从土耳其帝国瓜分来的他们的一份,但俄国离君士坦丁堡还像过去那么遥远,而法国人则连1878年所规定的那种含糊的补偿也没有。这是一种特殊的局势发展,不是按计划或预谋而出现的。英国人从未打算占领埃及,现在特向列强保证,一旦秩序恢复,他们将立即离开。格拉斯顿在1882年8月10日说,无限期的占领"将完全违背女王陛下政府的所有原则和观点,违反女王陛下政府对欧洲所作出的保证,而且——我可以说——违反欧洲本身的观点";格兰维尔在给列强的通告中答应撤退;而这个诺言从1882年到1922年共计重复了六十六次。但撤退的条件是恢复秩序;而这个条件的实现永远没有使英国人满意过。很快又产生了一个使情况复杂化的因素。英国人必须接管已被破坏的财政控制,他们的代表(属于贝林[*]——后封为克罗默勋爵——金融集团)为这工作的本身感到骄傲。因此产生了埃及作为英国的帝国主义事业的神话。非常荒谬的是,克罗默自己致力于——甚至牺牲英国人的利益——维护债券持有人和投资者的利益,而这些人主要是法国人。

但对埃及的占领摧毁了自由主义同盟二十多年。虽然法国人

---

[①] 有可能英国驻君士坦丁堡代表杜弗林故意拖延同土耳其人达成协议,以便沃尔斯利在没有土耳其人参加的情况下打赢。但土耳其人不需要杜弗林或任何其他人的鼓励就表现得十分拖沓。

[*] 伊夫林·贝林(1841—1917),1901年封为克罗默伯爵;长期任英国驻埃及"总领事",实际统治埃及达二十五年(1883—1907)。——译注

## 第十三章 "自由主义同盟"的瓦解及其后果 1882—5年

欢迎民族主义武装的失败,[①]他们却因未能取得波拿巴的遗产——这笔遗产实际上是他自己已经丢掉了的——而感到羞辱。开初时英国人是愿意同法国实行共同占领的,但法国人拒绝,所以他们的受辱是咎由自取。这使他们对英国人更加怨恨;在法国政策中,埃及问题盖过了其他任何问题。但要说英法关于埃及的冲突好像双方都在盯着同一样战利品似的(许多人这样说),仍然是错误的。法国并不想象他们能把埃及据为己有。尼罗河之战已经永远解决了这个问题。他们的最大雄心是英国遵守诺言撤退。如果做不到这一点,他们就要求补偿——可用来显示他们在埃及拥有权利的某些事物,如要他们放弃这些权利就应该偿付代价。争论是法学家式的,不是为一件真正的战利品而斗争。英国海军控制着地中海,陆军控制着埃及。他们已经得到了这个战利品而且不能被剥夺掉,除非良心的责备促使他们把它放弃。这就是他们的弱点所在。他们的战略地位是坚强的;他们在道义上的地位则是不稳当的,而这一点对英国公众、甚至对英国政客们是很重要的。英国人常常急于显示,在保卫他们自己的利益时,他们是在为所有其他人的利益服务。此外,他们还不得不否认埃及是他们的,以免授人口实,在别处瓜分奥斯曼帝国的领土;而且——从更技术性的角度来看——如果克罗默要去改革埃及财政的话,他们需要列强的同意(代表外国的债券持有人)。英国政府要装成是受欧洲委托的管理者,尽管法国反对英国的占领,而俄国则到处都反对英

---

[①] 总统格雷维说,"我认为这是非常重要的:不应该有任何怀疑——哪怕只是在一瞬间——穆斯林或阿拉伯军队在战场上是抵挡不住欧洲人的。"

国的政策。德国和它的盟国的善意因此就有了决定意义,英国变得要依赖于"三国同盟"了。但这种依赖有局限性。英国所需要的是在一个委员会里的赞成票而不是武装支持;而且他们虽然在道义上将处于窘境,如果所有大陆强国都对他们投反对票的话;但无疑的他们还是会一样地待在埃及。

"自由主义同盟"的破裂还是在欧洲造成了一种新的局势,尽管在破裂之后并未继之以英法之间的战争。俾斯麦也许不喜欢英法之间建立有效的同盟,从而使西方重获对欧洲的领导权,但是它们的良好谅解对他非常适宜:英国人曾保证这一伙伴关系不是反德,法国人则保证不反俄。[①] 现在,在埃及问题上的冲突产生了重启东方问题的危险。奥地利人很快就在算计,英国人需要他们在埃及投赞成票,那么在巴尔干一定会更直截了当地反对俄国;另一方面,法国解脱了英国的约束,看来会愿意做俄国的盟友。1883年夏出现了初步的警号,当时保加利亚宣布脱离俄国的监护。即使是秉性平和的俄国外相吉尔斯也感到"血涌上头部",想进行干涉,这样一来必然会引起英奥的抵抗。但俄国此时还不能考虑打一场大战;他们忍受了屈辱,听任局势在保加利亚继续发展了两年。俾斯麦在危机期间采取了预防措施。他把他的同盟体系扩大到罗马尼亚以使奥地利人满意;他自己出马去安抚法国人。他对法国人渲染战争的危险,并且——更为奇怪——摆出了在同俄国

---

[①] 圣—瓦耶致沃丁顿,1879 年 11 月 14 日。见《法国外交文件》,第 1 集,ii,第 476 号。

## 第十三章 "自由主义同盟"的瓦解及其后果 1882—5年

发生战争的情况下恢复一个独立的波兰的前景。[①] 这是令人惊讶的、老调子所发出的回响——顺便不妨提到,这是在第一次世界大战爆发之前在列强之间的讨论中最后一次提到波兰问题。

为了同法国的友谊而这样处理波兰问题是极为高昂的代价;但俾斯麦很快就看到,付出低一点的代价就可以了。他当然估计到1871年后法国的愤怒,但他也预期这种愤怒会消退——他的希望证明并不完全是虚的。由于法国的政客们不想再同德国打一次仗,他们倾向于搞好关系,哪怕只是暂时性的;也有些人想建立长远的友好关系。冈贝塔有时主张同英俄结盟,有时却又倾向于同德国重新和好:他认为,随着时间的流逝,阿尔萨斯和洛林的问题将会变得不那么尖锐,并用两国均感满意的办法加以解决。他以及在他之后的费里都曾认真考虑过同俾斯麦会晤,而这样的会晤将明显地象征着俾斯麦所说的"1866年前的好日子"的恢复。自从1877年以来,在德法之间没有发生过龃龉。但良好的关系还是不够的。俾斯麦需要合作——一种和好关系、如果不是结盟的话——以便使法国免受俄国的诱惑;而实现国际事务中的合作的最妙办法是牺牲别人。埃及看来提供了这一机会。德法可以合作反对英国。这样,法国将会被迫依赖德国,如同奥匈因为在巴尔干害怕俄国而被迫依赖德国一样;俾斯麦就能放手地发泄他对英国的长期的怨恨了。以奥匈相比拟是不完全合适的。奥地利人有充分理由相信,他们这个帝国的存在正受到俄国在巴尔干的谋划的

---

[①] 库塞尔致费里,1883年12月13、14、16、31日。见《法国外交文件》,第1集,v,第166、168、170、180号。

威胁(如果这些谋划有一天付诸实施);法国人只是为英国占领埃及所激怒,而不是为此而受到威胁。奥地利人面临着在一定条件下同俄国开战的可能性;他们在1878年后的全部政策都从这个前提出发,因此他们必须同德国保持良好关系。为埃及而发动战争的可能性是很小的。当然,英国为了待在埃及是不惜一战的,但法国人——更不必说德国人——是不会为了赶英国人出去而打仗的。如果法国人果真要打一场战争,那将是为阿尔萨斯和洛林,而不是为埃及。他们准备同德国搞好关系;他们将只把法德合作用于改善同英国的关系。

尽管如此,1884年和1885年的合作,双方都是认真地对待和进行的。法国人乐于在外交活动方面使英国受窘。事情还不止此。尤里斯·费里——总理和外长——是第三共和国的最伟大的殖民地开拓者。虽然他只是意外地碰上了殖民政策,但后来他就把它拿起来作为复活法国精力和给予新的帝国骄傲的手段。他第一次主政时,把法国引导到突尼斯;第二次主政时给了它印度支那和赤道非洲。俾斯麦出于国内政策的考虑,也需要同英国来一场冲突。他不喜欢英国的议会民主、特别是格拉斯顿式的自由主义;他更不喜欢德国那些崇拜英国的人。还有,在1884年,德国国会选举临近;每次遇到这样的时机,俾斯麦总要大叫大喊"德意志帝国在危险中!"——危险有时来自俄国、有时来自法国、有时来自社会民主党人——以使新选出的国会驯顺听话。他打"社会危险"的牌已经打得过分了,而在1884年他的外交政策又不让他装出面临来自法国或俄国的危险。剩下的只有英国;同它发生一点无害的殖民冲突也许会帮助俾斯麦赢得选举。这里还有一个甚至更为紧迫的考虑。俾斯麦很久一直在采取预防措施,以应付威廉第一的去世和防止新皇帝将要任命的、他所谓的"格拉斯顿内阁"。如果在腓特烈·威廉登位时德国同英国关系不好,那就能使他那一点微弱的自由主义起不了什么作用。这位霸道的总理大臣的霸道儿子赫伯特·俾斯麦在1890年向施魏尼茨透露了这一点:"在我们开始实行殖民政策时,我们将面临王储的一个很长的统治时期,在此时期中英国的影响将居主导地位。为了防止这种情况出现,我们必须推行这样的殖民政策,它既得德国的人心,又能随时同英国发生冲突。"[1]

虽然国内的需要把俾斯麦推向殖民地开拓活动,这远不是说这些活动是公众舆论迫使他进行的。当然,有些德国人需要殖民地——浪漫主义的史学家们,他们要使德国成为一个帝国而不仅是一个民族国家;汉堡和不来梅的商会需要得到帝国支持,以进行非洲贸易;冒险家们希望以帝国缔造者的面貌出现,以遮盖他们那不光彩的过去;还有那些人,他们想用模仿别人的传统的办法来弥补那些德国所缺乏的传统。在一个实行议会制的国家,这些不同思潮可能会转移德国政策的趋向。但俾斯麦的德国是一个严格控制的专制国家、不是一个实行议会制的国家。俾斯麦在1884年利用了这些要求殖民开拓的情绪;他扮个鬼脸并且装得好像他是被推着走的。等到他的目的达到了,他就马上把它们丢开;1885年后,在他的政策中殖民考虑不起什么作用,就同他取得殖民地之前一样。如果认为俾斯麦会让少数殖民热心分子转移和损害他的外

---

[1] 施魏尼茨著《通讯集》,第193页。

交政策，那是荒谬的；如果相信俾斯麦——他决不容许任何抵消德国在欧洲的野心的行为——会屈从于海外开拓的野心，那就更加荒谬了。当然，俾斯麦像所有容克一样，对于占便宜、扩充自己的土地，是从来不知餍足的；但必须确实十分便宜，任何代价如果可能削弱德国在欧洲的地位就太高了。法国和德国本质上是大陆强国；殖民事业对它们来讲不过是转移一下精力，如法国就只是在没有其他事情可做的时候才转向殖民地。对俄英两国来说，却正好相反。它们都同欧洲邻接而不是属于欧洲；它们对欧洲除了希望别管它们之外别无他求。① 因此，集中力量于"世界政策"对它们是力量和安全的表示。俾斯麦看问题就非常不同。他说，"我的非洲地图是在欧洲。这儿是俄国、这儿是法国，而我们则在中间。这就是我的非洲地图。"这句话说明了在俾斯麦同威廉第二统治期内他的继任人之间的最大差异。他只从欧洲大陆出发来考虑问题；而他们则以为德国在取得欧洲霸主地位之前也可以转向"世界政策"。为此，他们到头来在两方面都失败。俾斯麦从不为殖民问题分心。他在1884年的殖民地收获是他的欧洲政策的一步棋。他当时正在寻求同法国重新和好，而为了证明他的诚意，需要同英国起一场争执。

严格说来，这场"对非洲的大争夺"不是由任何一个强国发动的。比利时国王利奥波德第二在1876年创办的"国际刚果协会"（最初的名称略有不同）——一个海盗式的资本主义企业——触发

---

① 甚至俄国在巴尔干的利益也是如此。他们唯一关心的事是安全通过海峡——这就是说，海峡不应为任何其他强国所控制。

了这场争夺。法国大探险家德·布拉扎在刚果河北岸参加了竞争。英国人急于要对刚果盆地保持门户开放,采取了一个对策——一种典型的、占便宜的帝国主义生意经。1884年2月,他们承认葡萄牙人曾提出的要求(很久很久没人理会过),由葡萄牙人控制刚果河河口。英国人以为这样一来就可以使他们能够挫败利奥波德第二和德·布拉扎。这是英法争执的一个很好题目;俾斯麦欢迎有机会去加入这一争执。他在别处没有什么事情缠手。1883年秋,他得到一个小小的警报,说俄国人对延长三帝联盟(原有效期至1884年6月届满)可能要价会高一些;但后来发现这只不过是一个内部阴谋——在柏林的萨布罗夫想要胜过他的圣彼得堡上司吉尔斯。萨布罗夫的意见被否定;联盟在1884年3月27日宣告延长,内容不变。4月24日,俾斯麦向库塞尔提议建立反对英国的"中立联盟",以1780年的"武装中立,为蓝本;①同一天,德国驻开普敦领事宣布,在西南非洲的一处租借地受德国保护。②接着同英国进行了一场慌乱的谈判。英国人没有想到俾斯麦想插手殖民事务;由于德国的关税低于法国,他们觉得如果非洲终究要被瓜分掉的话,德国殖民地还比法国殖民地好一些。俾斯麦是要找岔子,不是要殖民地,因此他故意在英国的好望角殖民地的大门口提出要求;他没有估计到英国人会让步。而且他是用一种挑衅性的、进攻性的方式提出他的要求的;为了加强他未来的怨气,他

---

① 库塞尔致费里,1884年4月24、25日。见《法国外交文件》,第1集,v,第246、247、249号。

② 这块居留地原名安格拉·佩奎纳(Angra Pequena),这年夏天成为德属西南非洲。(安格拉·佩奎纳现名吕德里茨,Luderiz,产钻石。——译注)

警告英国不要反对德国的殖民雄心,但包含这一警告的这封电报从来没有送达英国政府。①

不论怎样,英国人没有像俾斯麦所寻求的那样同他吵架。在埃及遇到的麻烦已经把他们弄得精疲力尽了,在其他地方他们都只好后退。6月21日,他们承认德国在西南非洲的居留地;6月26日,他们放弃同葡萄牙所订的条约。他们甚至答应法国人到1888年撤出埃及,如果到时候埃及恢复了秩序、它的财政问题能在一次国际会议上得到解决的话。这个会议在6月28日举行。法国人拒绝牺牲债券持有人的利益。虽然俾斯麦装得好像他要支持法国人,实际上他认为在埃及这个题目上同英国冲突太危险了,所以让法国人自己单枪匹马去破坏这个会议。② 会议在8月2日无结果而散。俾斯麦立刻又在西南非洲问题上叫喊新的不满,③并重新邀请法国参加反英联合。正如他告诉施魏尼茨的,他希望复活拿破仑第一的大陆体系④——不过这一次柏林的法令将具有

---

① 俾斯麦致明斯特尔,1884年5月5日。见《重大政策》,iv,第738号。第二年,俾斯麦在德国国会引用这封电报,作为英国政府无视他的警告的证据。当英国人回答说他们从未看到这封电报时,他无理地把责任推在驻伦敦大使明斯特尔身上。这个不光彩的手法使英国外交部长期耿耿于怀。1907年艾尔·克罗威尖刻地谈到这个"鬼怪文件"以及用发表这一从未发出的致格兰维尔勋爵的假托的通信对德国国会及公众进行蓄意的欺骗。艾尔·克罗威,《关于英法、英德关系现状的备忘录》,1907年1月1日。见《英国文件》,iii,附录A。看来克罗威以为电报是俾斯麦在一份德国白皮书中发表的;事实上,它从未发表,俾斯麦只在一次国会演说中提到。

② 会议之后,俾斯麦训斥驻伦敦大使没有支持法国。俾斯麦致明斯特尔,1884年8月12日。见《重大政策》,iv,第749号。但没有材料证明事先对大使有过这样的指示。

③ 6月间,英国人只承认给予德国商人吕德里茨的租借地。8月间,俾斯麦要求承认在好望角殖民地和葡属西非之间的所有土地——除贪欲之外没有任何其他理由。

④ 施魏尼茨著《回忆录》,ii,283。1884年7月28日。

第十三章 "自由主义同盟"的瓦解及其后果 1882—5年

不同的意义了。这个"大陆联盟"在9月间达到了它的顶点。三位皇帝从9月15日至17日在斯凯尔涅维采会晤——这是神圣同盟在历史上的最后一次表现，而且（顺便提提）也是中欧和东欧的统治者在1945年德国的征服者波茨坦会晤之前的最后一次面对面的相见。斯凯尔涅维采会晤主要是一次保守主义的示威；所讨论的唯一实际问题是政治犯的引渡。由于俾斯麦强调会晤不是针对法国，如果要说会晤有什么国际性的话，那么它所针对的只能是英国。9月21日，俾斯麦再次向库塞尔提出建立反英海上联盟的想法："要使英国习惯于这一想法，即法德同盟不是不可能的。"①

有时候有人提出这样的解释：俾斯麦抬出法德同盟这个鬼怪来是想从英国人那里挖出一些地方来作殖民地；但英国人本来就已准备接受他的任何要求，所以这个解释说不通。更可能的是：他真的是想搞与法国的协议。回顾起来，结成海上联盟并不像它听起来那么荒唐。英国海军在1884年还保留着虚名，此外就没有什么了——它没有作出努力来跟上技术进步（从铁甲到鱼雷）；一支法德联合舰队在数量上也能超过它。从文字材料看，英国作为海上强国的地位自从1797年诺尔兵变\*以来还从来没有像现在这样不稳；1884年夏天扩大开来的、关于海上力量的恐慌促使采取了最初的胆小步骤，以建设一支新的舰队——这支舰队在以后十至十五年内要使海上的势力均衡发生革命性的变化。在1884

---

① 库塞尔致费里，1884年9月21、23日。见《法国外交文件》，第1集，v，第404、405、407号，并见鲍乔亚及帕热著《大战的起源》，第385页。

\* 诺尔为英国泰晤士河入海口，17—18世纪为战时舰只碇泊处。1797年水手因反对恶劣条件而哗变，后被镇压，首领理查德·帕克被绞死。——译注年，英国的安全依赖于法国的不愿接受俾斯麦的敦促，而不是靠海上的实力。费里在10月间写道，"俾斯麦所表示出来的倾向是要把我们往前推，同时答应跟上我们；我们的政策是等待，如果没有欧洲的支持，一步也不往前迈。"[①]法国人利用德国的支持来破坏英国1884年秋提出的埃及财政改革计划。但是他们回避了俾斯麦关于在巴黎召开一次埃及事务会议、并在会上强使英国接受某些条款的建议——到那时即使有俾斯麦的道义上的支持，他们将能在多大程度上回避战争？俾斯麦会对库塞尔说，"我要你宽恕色当，就像你们在1815年后宽恕了滑铁卢。"[②]英国驻巴黎大使莱昂斯作了这样一个有见地的评论："俾斯麦的保护人姿态使弗雷西内的内阁垮台；它也不是在加强尤里斯·费里。"[③]

法德和解的最实际的表现是11月间在柏林举行的解决刚果盆地问题的会议。俾斯麦策划举行这次会议是把它作为一个反英的姿态，但会议未能达到这个目的，甚至相反地有促使英德合作的危险。英国人远不像俾斯麦所想象的那样要垄断外部世界，他们所要的只是公平的竞争和低关税；法国人才是真正的垄断者。会议承认"国际协会"控制地区为中立的自由贸易地带；这样一来，英国人完全得到了他们所要的东西，而失败的倒是法国人。这没有阻挡俾斯麦去制造另一场同英国的殖民冲突。这一次是关于新几内亚的瓜分，时间是1885年1至3月。选择这个争吵的题目无疑

---

① 费里，与赫伯特·俾斯麦谈话笔记，1884年10月6日。见《法国外交文件》，第1集，v，第421号。
② 库塞尔致费里，1884年11月27、28、29日。同上书，第468、469、471号。
③ 莱昂斯致格拉维尔，1884年11月25日。

的正是为了激怒在澳大利亚的英国殖民者,正如把安格拉·佩奎那湾挑出来是因为它对好望角殖民地英国人的影响;由于一个新的德意志帝国议会已在秋天选出,俾斯麦的政策已很难用他对国内问题的不安来解释。在俾斯麦心里的仍然是这一争吵对法国的影响。但到3月底,费里以及随之而来的法德合作遇到了灾难。费里所真正关心的事情不是埃及或西非,而是在印度支那建立起一个法兰西帝国。这造成了同中国的战争;法军在谅山战败。这次败绩被费里的政敌在议会大事渲染,他在3月30日被推翻——正当同中国媾和已经在望的时候。虽然他曾要求德国调停,但这在当时是没有公开的。后来,费里的垮台被认为是法国对德不信任的表现;实际上,这仅仅是打了败仗的结果——很像戈登之死动摇了英国的格拉斯顿政府。

当然,俾斯麦并没有立即得出法德合作已经失败的结论。他向弗雷西内——费里的继任者——保证,德国政策不变;在5月10日,他又向库塞尔谈到他的建立"海上联盟"的计划。① 与此同时,反英大陆联盟以一种新的更有威胁性的方式真正表现出来了。3月30日(正是费里垮台的那一天),一支俄军在彭杰打败了阿富汗人,从而威胁到阿富汗——英国人把它看作印度所必需的缓冲国。人们所担心的中亚危机看来开始了。在中亚,俄国力量很早以来就在扩张。除了侵占偏僻的、无主的邻邦这一不可避免的趋向以外,俄国人还为了寻找一个新的武器以便在发生近东新危机

---

① 库塞尔致法雷西内,1885年5月10日。见《法国外交文件》,第1集,vi,第23号。

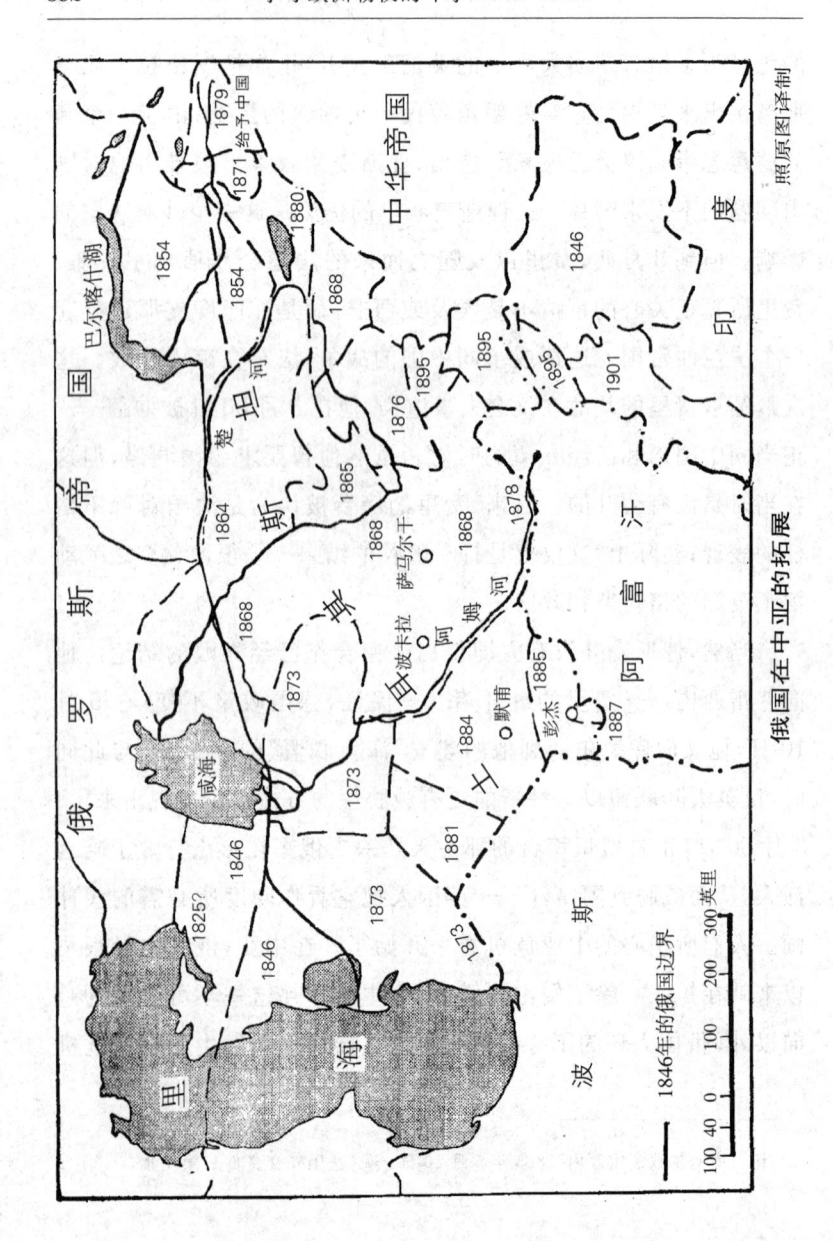

# 争夺欧洲霸权的斗争 1848—1918

俄国在中亚的拓展

时用以对付英国。用吉尔斯的话说,他们要确保"防御地位,以应付英国政府自克里米亚战争以来所表现的对俄国的敌意";①而他们所知道的唯一的防御地位就是在任何地方进行威胁。俾斯麦曾否鼓励俄国行动,这一点不清楚。后来,他向威廉第一保证,他没有做任何事情去"增加发生战争的可能性"。② 另一方面,他知悉俄国的计划并赞许地同库塞尔谈到过这些计划。③ 很明显,如果没有得到"三帝联盟"的安全保障,俄国人是不会在中亚采取这样挑衅性行动的。但即使是这一安全保障,对俄国人来说也还是不够。格拉斯顿政府在同德法的殖民地纠纷中受了屈辱,特别是戈登在喀土穆的死亡使它受辱更甚。彭杰危机给了它恢复摇摇欲坠的威望的最后机会。原来是为了援救戈登而派出的远征军从苏丹撤回了;在印度的部队被动员起来了;4月21日,格拉斯顿提出要求表决一千一百万英镑的拨款议案。

英国人不能在阿富汗的群山中给俄国人以决定性打击,在远东——他们准备对海参崴采取行动——更不可能做到这一点。利用索尔兹伯里对海峡规则的解释、在黑海攻击俄国,这样做的时机已经到来。从1878年以来,英国入侵黑海一直是俄国政策中的一项主要顾虑。俾斯麦曾宣布要给俄国人以安全保障;在这场危机中,他的宣布有了充分的理由。奥匈对于同英国争吵有点不愿意,俾斯麦说服了他们并且把法国也拉了进来。所有列强——德国、

---

① 吉尔斯致斯塔尔(伦敦),1884年7月5日。见迈恩多夫《与斯塔尔先生外交通信录》,i,40。
② 俾斯麦致威廉第一,1885年5月27日,《重大政策》,iv,第777号。
③ 库塞尔致费里,1885年3月11日。见《法国外交文件》,第1集,vi,第27号。

奥匈、意大利和法国——警告土耳其人：如果把海峡对英国人开放将是对条约义务的违反。土耳其人很乐于以此为逃避麻烦的借口，回避了英国的请求。① 虽然如此，欧洲对君士坦丁堡这一抗议仍然是在拿破仑第一的"大陆体系"和 1939 年纳粹——苏维埃条约之间发生的、大陆一致反英的最有效的表现。十分奇怪的是，这一行动的结果适得其反。俄国人一旦深信海峡仍然关闭、黑海安全无虞，他们反而失去了在阿富汗威胁英国人的兴趣。他们在 5 月 4 日同意仲裁；两国在 9 月 10 日协议划定俄国同阿富汗边界线的基本原则。英国同俄国没有满足俾斯麦的希望，在远离欧洲的地方从事一场根本性的冲突。

法德和解又持续了一段时间。1885 年 5 月，俾斯麦又制造了一个同英国的新的争端以取悦法国，这次是在东非。这对英国人是一个更为敏感的地点，因为东非可能开辟一个通向上尼罗河河谷——这个地区他们刚听之落入马迪\*之手——的后门。弗雷西内刚刚上任并有费里失败的前车之鉴，所以对于被推向反英前列一事颇为踌躇；俾斯麦表示很失望。6 月 1 日，他对普鲁士大臣们说，"法国人将永远不会成为我们的、甚至只是防御性的可信赖的

---

① 土耳其人试图利用这个机会要求英国在埃及作出一些让步。后来，他们宣称得到了成功。他们说，英国人提出允许土耳其占领埃及和苏伊士运河并可在保加利亚自由行动，作为开放海峡的报答；英国人并威胁使埃及脱离奥斯曼帝国，如果土耳其拒绝开放海峡的话。（基德伦的备忘录，1890 年 5 月 20 日。见《重大政策》，vii，第 1376 号。）这个说法是不真实的。英国人拒绝为开放海峡而在埃及付出任何代价；他们的开放要求是着眼于土耳其需要英国保护以对付俄国。土耳其人怀疑英国人会不会保护他们；而且不管怎么样，当俄国有事于中亚之际，他们并不怕它。

\* 马迪原为伊斯兰教义中的救世主，此处指穆哈马德·哈迈德（Mohammad Ahmed），他率部于 1885 年攻占喀土穆，杀死英埃苏丹总督戈登。——译注

盟友。"①但俾斯麦过去也常常退缩；而且几乎在同一时候,他对库塞尔说,"让我们保持沉默直到秋天。到时候我们再看。"②但在后来的几个月里,欧洲局势发生了很大的变化。6月间,索尔兹伯里继格拉斯顿之任,并立刻表示他对同德国合作所感到的不安。③在法国,定期10月举行的大选带来了一场红火的民族主义宣传,从而捆住了弗雷西内的手脚。但决定性的事件不是发生在法国,也不在英国,而是在菲利普波波利斯。9月18日,在东鲁米利亚发生了一场革命；第二天,保加利亚亲王亚历山大宣布东鲁米利亚与保加利亚合并。东方问题再度发生。奥地利人需要英国的支持。俾斯麦已不再有条件去疏远这两个国家；早在9月28日,他就把殖民地争端贬低为同法国的流产和解的"橱窗装饰"。④"大陆联盟"几乎在开始之前就消失了。

尽管如此,它仍然是欧洲政治中一次严肃的尝试。从1882年到1885年,俾斯麦所奉行的政策是以下述两个假设为基础的,即：大陆列强彼此没有严重的冲突,而法俄两国同英国则有着如此深刻的冲突,以至为了争胜,它们会愿意委身于德国保护之下。这两个假设都是站不住脚的。俄国同奥匈之间在巴尔干的抗衡是推迟了、而不是解决了。即使是秉性和平的吉尔斯,他在离开斯凯尔涅维采时也深信：奥地利人要阻止俄国在保加利亚享有优势,"关于

---

① 路齐尤斯·巴尔豪森著《回忆俾斯麦》,第316页。
② 库塞尔致弗雷西内,1885年5月24日。见《法国外交文件》,第1集,vi,第27号。
③ 索尔兹伯里致俾斯麦,1885年7月2日。见《重大政策》,iv,第782号。
④ 库利"与俾斯麦谈话的备忘录",1885年9月28日。赛西尔著《索尔兹伯里》,iii,257。

这一点,不能存任何幻想。"①吉尔斯是对的。卡尔诺克对俾斯麦说,奥匈不能同意瓜分巴尔干,因为它在那里有铁路权益;俾斯麦只能评论说,"那就照老样子。"②虽然俄国人乐于在中亚捞到一些便宜,他们压倒一切的心事仍然是克里米亚和乌克兰的安全。如果考虑威望的话,同君士坦丁堡——沙格勒(沙皇之城)比较起来,默甫和彭杰这两个阿富汗村庄又算得什么呢?后来,俄国的立场有所改变。随着西伯利亚大铁道的建设,他们看到在大铁道的尽头有一个皇城——北京,它能成为君士坦丁堡的真正的替身;此后他们才急于要建立一个大陆联盟。但在俾斯麦的时代,情况并非如此。

至于法国,甚至俾斯麦也难相信,说几句好话就能使他们得到安慰了。他抱怨他们不愿意在埃及大施计谋。③对法国人来说,唯一伟大的比赛就是使1870年的结局逆转;既然他们现在无力进行这场比赛,他们就不作任何比赛。库塞尔重复冈贝塔的话来说明法国的政策:"现时平静;以待将来。"④

英国人对正在发生的情况一无所知。他们以为他们确实使俾斯麦有理由产生反感。维多利亚女王写道,"格拉斯顿先生已使所有其他国家同我们疏远,这是由于他的十分多变的和不可靠的政

---

① 皮洛夫致俾斯麦,1884年9月23日。见《重大政策》,iii,第647号。
② 罗伊斯致俾斯麦,1884年7月2日。同上书,第639号。(原话是拉丁文。——译注)
③ 库塞尔致弗雷西内,1885年5月27日。见《法国外交文件》,第1集,vi,第28号。
④ 库塞尔致费里,1884年12月3日。同上书,v,第475号。

策——当然不是有意造成的;"① 这一解释看来得到了证实,因为俾斯麦的改变政策正赶上索尔兹伯里接任外相。还有,殖民地问题对英国人是严重的事情,所以他们——还有以后的盎格鲁撒克逊历史家们——以为对俾斯麦也是如此。他们甚至于相信,他们对待俾斯麦很不好。桑德森——英国外交部多年来的主要人物——在回顾以往时写道,"我们撤销了一些计划,但在其他地方我们已经走得太远而不能回头了。"② 事实上,英国人处处后退,俾斯麦得到了他要的所有东西。在1884年间,德国人取得了西南非洲、喀麦隆和东非。英国人只得了圣卢西亚湾——当然这是一个要害之地,因为它切断了布尔共和国的通海道路。但德国人对此不能有任何抱怨,除非他们想把布尔人置于他们的保护之下,从而在南非(英帝国最为重要的地方)向英帝国挑战。另一些英国政治家更有见地,不相信俾斯麦同他们争吵只是为了非洲的沙漠。索尔兹伯里,还有在他以后的艾尔·克罗威,他们认为俾斯麦是企图迫使英国加入"三国同盟"。这后来可能是事实。但在"三帝联盟"和法德和解这段时期却并非事实。当时,"三国同盟"的目的是劝说奥匈和意大利在没有英国友谊的条件下行事。还有,它确实经常在君士坦丁堡支持俄国、在埃及支持法国。在俾斯麦的大陆联合中,它是一件武器——尽管只是一件辅助性的武器。

英国的安全依靠两个因素——英国人已把它们看作是格言式的和自动起作用的——海上霸主地位和欧洲势力均衡。在19世

---

① 维多利亚女王致格兰维尔,1885年4月28日。见《维多利亚女王书信集》,第2集,iii,643。

② 桑德森的言论,1907年2月20日。《英国文件》,iii,422。

纪80年代早期,这两者的不稳程度可能超过英国人的想象;但它们仍然显得不错。英国人自己开始缓慢地改善他们的舰队。法俄两国避开"大陆联盟"。埃及和中亚不足以使它们接受德国在欧洲的霸权。为主宰欧洲而进行的斗争是推迟了,而不是放弃了;"帝国主义时期"的含义仅在于此。欧洲大陆联合一致反对英国将只在列强之一(不管是德国或另一国家)征服这个大陆之后;而英国人也能够回答德国说——用国王查理第二对他的兄弟约克郡公爵詹姆士说过的话——"他们决不会杀掉我来让你称王"。

# 第十四章　外交的胜利：
# 保加利亚危机
# 1885—7年

"三帝联盟"像它之前的神圣同盟一样,是一个只能同安乐、不能共患难的体系。虽然原来的意图是用以防止奥俄在巴尔干的冲突,事实上它只是在没有冲突的时候才起作用。在1881至1885年期间,它给予欧洲某种动人的安定表象;在俄英为了彭杰问题发生争执时,它对俄国甚至可能有一点实际的用处。但是它未能经受住新的巴尔干纠纷的重压。这些纠纷发生时,列强对之毫无思想准备。奥匈也好,俄国也好,它们都没有十年前在巴尔干进行活动时所怀有的那些不明确的野心。奥地利人在期望着"东方干线"(迟至1888年才竣工)的开通,并希望"在欧洲的土耳其"的剩余地区将多少获得一些经济力量。俄国人只有保持海峡确实关闭这一现实的心事。为了可以理解的、维护威望的理由,他们要求保持在保加利亚的政治影响,这种影响是他们在1878年取得的,并且确实是"三帝联盟"授予他们的。如果他们的智谋能使保加利亚顺从他们,就像塞尔维亚顺从奥匈一样,没有人在19世纪80年代初期会加以反对;但这个任务不是他们所能胜任的。他们对于"解放"的唯一观念就是,保加利亚应由一个俄国将军统治。还有,在圣彼得堡的外交部和陆军部之间的竞争延伸到了保加利亚,俄国的外交官支持那里的保守派,而陆军则支持自由派。这两个党派挑动各自的后台相互倾轧,为这个小小的、"柏林会议产生的"保加利亚取得了惊人的独立地位。俄国的怒气集中在巴登堡的亚历山大,他是俄国人自己加封的保加利亚亲王。当1885年9月东鲁米利亚宣布同保加利亚合并时,俄国人声明他们自己是主张恢复原状、也即柏林会议在1878年作出的、铭记着他们败绩的解决办法的主要拥护者。

奥匈政府起初采取同样的态度;俾斯麦准备支持他的两个帝国伙伴所能达成的任何协议。1885年10月,看起来似乎"三帝联盟"可以自行其是,并将授权土耳其人重行征服东鲁米利亚。这个计划为英国的反对所破坏。索尔兹伯里本来欢迎土耳其对保加利亚进行干涉,以恢复柏林会议的解决办法。但当土耳其人反向列强提出呼吁时,他得出结论:土耳其的实力不再可以信赖。土耳其的干涉将是对俄国的一个打击;奥俄的干涉则将产生一次新的东方危机,并动摇奥斯曼帝国。还有,他当时正面临着根据户主选举权法进行的第一次普选,担心各反动的强国进行干涉将会得罪俾斯麦(以他特有的夸张)所称的"共产主义的一激进的选民"。[①] 他对法国大使沃丁顿说,"这是'维罗纳会议'的方针,但是我们西方人——按民意治国的政府——不能让自己参与镇压巴尔干年轻的

---

[①] 俾斯麦致哈茨费尔德(伦敦),1885年12月9日。见《重大政策》,iv,第789号。

第十四章　外交的胜利:保加利亚危机 1885—7 年

信奉基督教的种族";①为了讨好法国人,他向土耳其提出签订一项协议,规划英国最后撤出埃及事宜。老题目又出来了:一边是神圣同盟,另一边是自由主义同盟。两个方面的联合都是摇摇晃晃、难以长久的。法国人不愿意被推向前去反对俄国。奥地利人越来越被诱使站在英国一边,为巴尔干的控制权同俄国一争高下。11月,奥匈的卫星国塞尔维亚要求为保加利亚的统一获得"补偿",并继之以交战。它在半月之内就被保加利亚人所击败。奥匈外相卡尔诺克命令保军停止前进。他在维也纳受到很大压力,要他支持亚历山大亲王在保加利亚国内反对俄国,作为对亚历山大受此屈辱的慰藉。另一方面,俾斯麦又坚持奥匈不应采取任何行动,除非英国先作出承诺:"有怀疑时就回避"。② 接着是一个妥协办法——最初由索尔兹伯里提出、此刻经卡尔诺克支持、最后为俄国人于1886 年 4 月所接受的——东鲁米利亚和保加利亚的"亲身结合"。这几乎是同二十五年前导致罗马尼亚统一的妥协办法完全一样。

　　妥协产生了保加利亚,但未能挽救"三帝联盟"。俄国人不愿对亚历山大亲王忍耐下去了。1886 年 8 月,一些军官奉俄国之命把他绑架。当 9 月间他回到保加利亚时,沙皇命令他逊位;他从历史中消失了,只是在 1888 年因为要想同威廉第二的妹妹结婚而引起一阵注意。③ 一位名叫考尔巴斯的俄国将军奉派接管保加利

---

① 沃丁顿致弗雷西内,1885 年 10 月 16 日。见《法国外交文件》,第 1 集,vi,第 94 号。
② 俾斯麦致罗伊斯,1885 年 12 月 13 日。见《重大政策》,v,第 972 号。
③ 他最后屈尊地同一个女演员结了婚。当罗曼诺夫和霍亨索伦都已消失之后,亚历山大亲王的亲属(虽然不是直系后裔)中出了最后一任印度总督和英国女王的丈夫;想到这一点是颇使人感到奇怪的。

亚；但是政客们证明他们比前任亲王更为顽固，到11月间俄国同保加利亚的关系破裂了。这看来已是入侵的前奏。卡尔诺克一直反对像俾斯麦所主张的对巴尔干实行瓜分的任何计划；这时他又为在安德拉西领导下在匈牙利进行的一场要求对俄国开战的运动所困扰。为了避免发生更坏的情况，他不得不保证一定抵制俄国使保加利亚成为保护国的计划。奥地利人对于他们能否单独同俄国作战是毫无信心的。他们向俾斯麦寻求支持。俾斯麦表示拒绝。他经常坚持奥德同盟纯粹是防御性的，德国对巴尔干没有兴趣。如果奥匈想反对俄国，它应该取得英国的支持。这是当时外交局势的核心。俾斯麦承诺保持奥匈作为一大强国。索尔兹伯里（在格拉斯顿的短命内阁之后于1886年7月复任）决心拒俄国人于君士坦丁堡门外。虽然他对君士坦丁堡的战略价值已失去信念，但他感到为了公众舆论必须承担这个义务。他认为，一个政府如果默认俄国占领君士坦丁堡将会"同诺思勋爵\*的党一样命运"；这将是"我们党的毁灭和对国家的严重打击"。①

俾斯麦和索尔兹伯里都处于某种难以转圜的境地。如果德国人宣布支持奥匈，俄国就不会攻击它；如果英国舰队开进黑海，俄国就不会入侵保加利亚。但谁先动作都一样地会招致俄国的敌意和愤恨。德国将在东部边界受到威胁；英国则将在印度受到威胁。

---

\* 诺思勋爵（1732—1792），即弗雷德里克·诺思、第二代吉尔福德伯爵，美国独立战争时期的英国首相（1770—82），后因美国独立战争胜利而垮台。——译注

① 索尔兹伯里致伦道夫·丘吉尔，1886年9月28日、10月1日。见温斯顿·丘吉尔著《伦道夫·丘吉尔勋爵》（普及版），第519页。

## 第十四章 外交的胜利:保加利亚危机1885—7年

财政大臣伦道夫·丘吉尔问道,"如果我们在近东保障了和平、从而把俄国的敌意完全吸引到我们自己身上,谁会支持我们在亚洲反对俄国?"①因此,两国各自寻找借口。索尔兹伯里争辩说,虽然舰队能够保护君士坦丁堡,但不能帮助在加利西亚的奥匈军队。"我们是鱼。"还有,舰队如进入黑海,就需要在海峡的安全保障;换句话说,德国必须放弃对关闭海峡的外交支持,这一支持是1885年4月德国大力提倡的。对此俾斯麦也表示拒绝。他想支持俄国对海峡规则的解释,因为他拒绝答应俄国在它同奥匈交战时保守中立,所以要以此给俄国一点安慰。他能给英国的最多只是使法国保持中立,索尔兹伯里对此却不感兴趣。他还没有认为法国的敌对是不可避免的、更不认为法俄将达成谅解;确实,在1886年11月,法国人向他提出过他们在保加利亚进行支持的可能性,如果他将结束英国对埃及的占领的话。②为此目的,德拉蒙德·沃尔夫奉派去君士坦丁堡谈判。

英国人试图用俾斯麦所玩弄的手段来回敬他:他们转而提出愿意保护德国、对付法国。但俾斯麦以法国来为自己的无所行动作借口。1885年大选中开始的法国爱国情绪的复苏,在1886年夏达到了高峰。它以布朗热将军这个并不完美的象征为中心——布朗热只不过是一个因调教好马戏团一匹黑色马匹而出名的军人。他没有政治头脑,布朗热主义也没有政治纲领;实际上,它只能使法国在德国人手里再吃几回败仗。谨慎的、中产阶级的市

---

① 哈茨费尔德致俾斯麦,1886年12月6日。见《重大政策》,iv,第875号。
② 沃丁顿致弗雷西内,1886年11月3、24日。见《法国外交文件》,第1集,vi,第342、358号。

民——他们治理着法国——要求避免这样的灾难；但他们在一定程度上成了民族主义煽动的俘虏。他们当然不能复活费里的同德国合作的政策；同英国在埃及问题上妥协（除非在非常有利的条件下）对他们更加困难。鼓吹"报复"的人把他们推向俄国；但他们决不愿意看到土耳其帝国瓦解和俄国人占领君士坦丁堡。另一方面，"三帝联盟"的垮台把沙皇推向法国；但他虽然要法国在君士坦丁堡支持他，他并不要同德国吵架。此外，正如亚历山大第二经常敦促拿破仑第三要"令人肃然起敬"，亚历山大第三欢迎布朗热主义的民族主义思想，但对它的煽惑民心的宣传感到"十分遗憾"。[①] 布朗热主义完全适合俾斯麦的目标：它延缓了法俄之间的同盟，又使俾斯麦能够声称德国必须积聚全部力量用以抵挡法国进攻。他对国内情况也作了筹划。德意志帝国议会每届任期三年，1887年将改选；他需要再次发出"祖国在危险中"的叫喊——最好是用这样一种方式，使之能反对"天主教中心"和左翼政党。

1886年11月25日，俾斯麦向议会提出一个新的军事法。他用以辩护的论据就是来自法国的危险，并在1月间议会否决后宣布解散议会。在新的大选中，"卡特尔"（保守派地主和自由派民族资本家的联合）获多数票，它支持俾斯麦，所以军事法在1887年3月顺利通过。这样一来，它已经发挥了它的作用了。俾斯麦在国会中的反对派为他办了许多事，但没有一件比否决军事法对他更

---

[①] 拉布雷耶（圣彼得堡）致弗雷西内，1886年11月26日。见《法国外交文件》，第1集，vi，第362号。

## 第十四章 外交的胜利:保加利亚危机 1885—7 年

有用的了。他有了抵挡英国的压力(直到 1887 年春)的借口。如果这个新法律在 1886 年 11 月就通过,那对他的外交政策将是一个灾难。用他自己的话说,"我不能发明布朗热,但他的出现正好对我非常方便。"① 对俾斯麦是否把来自法国的危险看得很认真进行猜测,这是愚蠢的。也许他经常把危险看得很认真,只要这个危险适于他的政策的需要。另一方面,他指示驻巴黎大使在大选结束之前发送危言耸听的报告;大使没有照办,他就对之训斥。还有,虽然在公开场合他说如果打仗就叫"法国流尽鲜血";在私下他承认,为了将来对英国取得海上均势,德国需要法国,所以只要德国一打胜仗,他就会向法国提出宽大的条款。② 在当时,德国的作战计划是对俄国采取攻势而对法国则采取守势;俾斯麦强调来自法国的危险在很大程度上是为了掩盖德国真正的战争准备是针对俄国这一事实。

法国人对此是有所察觉的。法国驻柏林大使埃尔贝特在 1886 年 12 月写道,"我觉得俾斯麦真的要和平";③他敦促法国在巴尔干发生战事时保持中立。④ 法国人甚至提出重建费里同德国的谅解,如果俾斯麦帮助他们在埃及反对英国的话——那将使他们不再需要俄国的支持。虽然俾斯麦因为奥匈的关系而不敢得罪英国,他提议在两国间进行调解。"类似于克里米亚战争的那样一

---

① 菲力浦著《谈话集》,第 85 页,1887 年 4 月 14 日。
② 俾斯麦致施魏尼茨,1887 年 2 月 25 日。见《重大政策》,vi,第 1253 号。
③ 埃尔贝特致弗劳伦斯,1886 年 12 月 19 日。见《法国外交文件》,第 1 集,vi,第 378 号。
④ 埃尔贝特致弗劳伦斯,1887 年 2 月 7 日。同上书,第 428 号。

种联合将减轻局势的紧张程度。……英法言归于好是使俄国尊重条约的唯一办法。"①这同1879年截然不同,当时他为奥德同盟辩护的理由就是把它作为抵挡"克里米亚联合"的手段。俾斯麦的提议为英国人所拒绝。他们在埃及已经达到这样的地位(他们经常保持这一地位):他们愿意同法国解决争端,但不要任何其他强国的帮助或者干预。因为法国的反对尽管常使他们难堪,他们知道没有一个其他强国会支持法国,如果闹到发生冲突的话。这样,法国就陷于孤立;如果俾斯麦有一天把威胁变成行动,他们就只能去求俄国的保护。但他们尽可能对俄国人隐瞒这一点,以免俄国为了保加利亚的问题去找他们。有一次法国驻圣彼得堡大使拉布雷耶询问吉尔斯,俄国是否将在法国受到德国攻击时保护法国;事后他受到法国外长的严厉训斥。② 法国人怕失去这一保护,不敢反对俄国;但他们同样地又不敢支持俄国,怕英国和中欧强国的联合会摧毁他们——这同俄国的近东计划违反法国本身利益这一事实完全不相干。因此,他们采取了这样一条路线:完全根据德国对巴尔干问题的态度行事,使任何人都不能指责他们。"确实,我们把自己同英国、意大利和奥地利分开了,但这是为了走德国前已走过的道路,我们跟着它走而不是走在它的前面。"③这当然使俾斯麦面临的局势起了变化。他曾希望把法国赶进俄国的怀抱,这样就既能迫使英国走向奥匈一边、又使他自己免于因俄国的要求而为

---

① 俾斯麦,备忘录,1886年11月19日。见《重大政策》,iv. 第806号。
② 弗劳伦斯致拉布雷耶,1887年1月29日。见《法国外交文件》,第1集,vi,第414号。
③ 弗劳伦斯致埃尔贝特,1887年1月23日。同上书,第406号。

## 第十四章 外交的胜利：保加利亚危机 1885—7 年

难。但现在法国的回避态度——比起上次东方危机来，这一次是比较积极的回避态度，但其为回避态度则一——却迫使俾斯麦担任了主角；它事实上决定了1887年的外交。

俾斯麦和索尔兹伯里都停顿下来，直到1887年初；各自希望还是能把奥匈这个包袱放到对方的身上。新年来临，他们都开始软化——但不是直接对奥匈的。像在1882年为订立三国同盟而举行的谈判中那样，意大利提供了一个作出让步的更为安全的场地：任何承诺都将是针对法国而不是针对俄国的；对来自法国的危险，不论是俾斯麦或索尔兹伯里都不当一回事。意大利人对做成一笔交易处于有利地位。英国人在埃及和摩洛哥问题上需要外交上的支持以反对法国，而只是从意大利人那里，他们得到全心全意的支持；还有，俾斯麦在公开宣扬来自法国的危险，意大利人可以很好地利用他的话——他不能揭露他们，除非也揭露自己。但他仍然不同意他们的要求，除非英国人先采取行动。1月17日，索尔兹伯里告诉意大利大使，他愿意使两国关系"更趋亲密和更有效用"。意大利人马上答复：提议订立正式的反法同盟。这超过了索尔兹伯里的意向。他准备在的黎波里（意大利人在地中海的野心所在）问题上，给予意大利人在埃及问题上给予他的同样帮助；并进一步答应给予意大利"一般的、为形势所许可的范围内的"支持，但不订立同盟。在2月12日签署的英、意协定中，索尔兹伯里力图使之显得不庄重和非正式。意大利在照会中要求达成明确的协议，维持地中海的现状。索尔兹伯里只是对合作的想法一般地表示赞许，并且加上了这样一句故意使之含糊不清的话："当形势发展有需要时,合作的性质必须由他们根据当时的情况决定。"①对索尔兹伯里来说,"他们"指的是英国人;对意大利人来说,则是指两国政府。但这不是索尔兹伯里有意要使意大利人产生误解。写上这些模棱两可的话是为了消除英国内阁的疑虑,并且避免公开某些情况,因为这样做将在下院使他这软弱的政府站不住脚。他写信给维多利亚说,"这是我们的体制的议会性质所能允许的最接近于同盟的一种关系。"②

俾斯麦一旦知道索尔兹伯里那里已经就绪,也乐于向意大利人作出承诺。意大利人对于现存的"三国同盟"(至1887年5月期满)有两点不满:一是他们在巴尔干问题上没有发言权,一是他们没有获得在的黎波里抵挡法国前进的安全保障。俾斯麦是准备满足这两方面要求的,但卡尔诺克不愿意。他不让意大利干预巴尔干事务;他决心不参加任何反法的联合;在心底里,他乐于看到三国同盟垮台,这样德国就缺少了不支持奥匈的借口。因此,俾斯麦不得不把事情全包下来,并作出一切牺牲。为了应付卡尔诺克的反对,三国同盟的原有条约在1887年2月20日原封不动地重新生效——这个日期正好是在英意顺利达成协议后一星期。奥匈和

---

① 科蒂致索尔兹伯里,索尔兹伯里致科蒂,1887年2月12日。《英国关于战争根源的文件1898—1914》,viii,1—2。意大利人提议:(1)在地中海、亚得里亚海、爱琴海、黑海保持现状,抵制在这些地区进行任何割让、占领或建立保护国;(2)未经两国事先协议,在上述地区不得作出任何变更;(3)意大利在埃及支持英国,英国在北非(特别是的黎波里和昔兰尼加)支持意大利,以反对第三国的"入侵";(4)在地中海一般地相互支持。这样一个条约针对法国(或者就亚得里亚海而言,还有奥匈)比针对俄国的程度要更大一些。

② 索尔兹伯里致维多利亚,1887年2月10日。见《维多利亚女王书信集》,第3集,i,272。

## 第十四章 外交的胜利:保加利亚危机 1885—7年

德国又分别同意大利签订新的条约。奥意条约只是表示在巴尔干现状发生变化时,双方遵循"相互补偿"的原则。奥地利人的意思是最多承认意大利对阿尔巴尼亚的某些要求;但意大利人的眼睛却是盯着蒂罗尔。奥匈不作新的反法承诺,意大利也不作反俄承诺。意德条约却是完全不同的一回事。德国答应帮助意大利,如果法国企图在的黎波里或摩洛哥"扩大占领地或保护国或主权范围",意大利为此在北非采取行动,甚至在欧洲攻击法国。还有,在同法国发生战争的情况下,德国将帮助意大利取得"领土上的保证,以保障其边界安全及海上地位"——这里的意思是指科西嘉,突尼斯和尼斯。这不大像俾斯麦用来描绘原来的三国同盟的词藻:"和平的联盟"。它同俾斯麦一再表白的除阿尔萨斯和洛林外在任何地方支持法国的诺言也大相径庭。实际上,它只不过意味着德国将帮助意大利攫取的黎波里,如果法国拿走摩洛哥的话;摩洛哥值这个价钱算是便宜的。俾斯麦真正的动机(几乎经常是这样)是决心不让自己作任何反俄的承诺。法国是他的避雷针:反对法国的承诺越大,他就越有理由要求把反对俄国的任务交给别人去完成。此外,意大利的决策人不具备加富尔所有的实力;他们也许能利用别人的冲突,但他们自己却发动不了战争。最主要的是,支持意大利的责任是由德国同英国分担;除非英国已经行动起来,俾斯麦只能找到某些借口来敷衍。

英德同意大利的协议保障了地中海现状以抵制法国,但不影响来自俄国的危险。在这方面,索尔兹伯里也准备作出某些让步;英国内阁既已被拖进了一个协议,对另一个协议的疑虑也许会少一些。2月19日,他提议奥匈应对现有英意协议表示"认可"。这

313 对卡尔诺克决不是一个有吸引力的想法,因为这将使他在埃及和的黎波里问题上承诺反法,但在保加利亚问题上别人却没有提供任何反俄的援助。还有,俾斯麦在他试图挽救三帝联盟的那些日子里,虽一而再、再而三地坚持说,英国的诺言除非伴随着起约束作用的军事合作保证,是毫无价值的;但卡尔诺克知道,一旦同索尔兹伯里交换了哪怕是最含糊的承诺,俾斯麦就有了有力的论据来反对给予奥匈任何援助。但俾斯麦祭起来的法国妖怪这个借口还是起了作用:从英国得到反对俄国的含糊的支持总比从任何人那里得不到任何支持要好一些。在主要点上,索尔兹伯里的意图得到了实现。在1887年3月24日英国和奥匈政府换文中虽然提到维持现状,特别是在爱琴海和黑海,但没有具体提到巴尔干——这一点卡尔诺克起初是很坚持的。① 还有,像同意大利的换文一样,两国换文也只说到外交合作,却没有"保证"。

1887年2月和3月的换文形成了一个"三国协约"。它保护英国在意大利的利益、意大利在的黎波里的利益以及所有三国在君士坦丁堡的利益。② 它的用意是在强化这两个大陆伙伴的意志,而不在于遏制它们的可能出现的敌人。奥德同盟的存在,俄国人从它一开始就知道。法国人至少在1883年春就知道了三国同盟,1887年4月,意大利人又明确告诉了法国人三国同盟的续

---

① 奥匈照会草稿,3月17日;奥匈和英国的照会,1887年3月24日。见《英国文件》,viii,6,3。

② 意大利和西班牙政府在1887年5月4日也交换了照会,内容是保持摩洛哥现状。德国和奥匈政府对此表示含糊的同意,英国政府也表示同意,但更加含糊。

订。① 但不论是法国人、还是俄国人都没有想到会有一个书面的"地中海协定",虽然外交合作的事实是显而易见的。另一方面,意大利人常威胁说要同法国人做交易;索尔兹伯里——虽然不是俾斯麦——则常担心奥地利人会同俄国做交易。事实上,索尔兹伯里对维多利亚说的签订地中海协定的理由是把它作为阻止"大陆联盟"的出现,这样一个大陆联盟将设法分裂大英帝国。② 这种担心是牵强附会的。索尔兹伯里的实际目标是在埃及问题上取得中欧国家的外交支持;而且,由于他不能同德国直接签署协议,他只得满足于通过它的两个伙伴来同它接触。外交合作(不附带对继之而来的行动作任何保证)是英国政策中一项巨大成就。在埃及,英国取得了反对法国的多数票;除法国外,"克里米亚联合"已在君士坦丁堡重建。但这是不同的"克里米亚联合"。上一次是在战争爆发之后组成的;这一次是为了防止战争爆发而组成的。索尔兹伯里真正关心的事情是在对法国、甚至还对俄国,加强他的讨价还价的地位。

虽然俾斯麦和索尔兹伯里作了许多相互友好的表示,但各自有一个基本的保留。俾斯麦不想同俄国吵架,索尔兹伯里则要同法国和好;地中海协定刚一签订,双方就各自着手改善同被认为是对手的强国的关系。索尔兹伯里是不成功的。5月22日,德拉蒙德·沃尔夫最后同土耳其人达成了关于埃及的协议。虽然协议规

---

① 穆伊(罗马)致弗劳伦斯,1887年4月24日。见《法国外交文件》,第1集,vi,第507页。

② 索尔兹伯里致维多利亚,1887年2月10日。见《维多利亚女王书信集》,第3集,i,272。

定英军在三年内撤退,但同时载明可以推迟撤退或撤退的部队可以重新开回,"如果秩序和安全在内地受到干扰"。在法国,布朗热运动正在高潮;法国的文官们在埃及问题上不敢妥协。在俄国支持下,他们逼迫土耳其苏丹拒绝同英国的协议草案;对他威胁说,否则法国将占领叙利亚,俄国将占领亚美尼亚。7月15日,沃尔夫离开君士坦丁堡。法国人对他们的成功立刻又翻悔了,提议协助英国谈判一个新的协议。① 但为时已太晚了。保加利亚危机也已发展到危急程度,索尔兹伯里不得不决定自己的立场。他决定站在中欧强国一边。沃尔夫协议的失败是使法国人走上同俄国结盟的道路的决定性因素。一旦英法和好破裂,他们就没有别的选择了。但是他们转向俄国是为了使英国在埃及问题上接受一项协议,而不是为了同它打仗。英法争执虽然尖锐,但这是在两个有共同的文明和共同的自由主义思想的国家之间的家庭争吵。他们在争吵时所用的是在议会辩论中的全部激烈言辞,但也不越出议会辩论的范围。法国政客们决心不被拖进同大陆君主国家的单独结伙关系。索尔兹伯里虽然挫败了法国的计划,但仍然是"伙伴共和国"*的一个荣誉会员,而且他对他在迪埃普的别墅比哈特菲尔德邸宅**更喜欢一些。但由于在1887年7月后在埃及问题上的僵

---

① 弗劳伦斯致沃丁顿,1887年7月18日;埃尔贝特致弗劳伦斯,7月26日。见《法国外交文件》,第1集,vi副页,第51、52号。

\* 原文为"the republic of pals",仅按字面直译,出处待考。pals意为伙伴。——译注

\*\* 迪埃普在法国北部海滨,与英国隔海相望,夏季游客甚多;哈特菲尔德在伦敦以北二十英里,有建于1618年的索尔兹伯里教堂及为索尔兹伯里家族所有的、建于1607年、呈"E"字形的哈特菲尔德邸宅。——译注

## 第十四章 外交的胜利:保加利亚危机 1885—7 年

局越来越僵,在若干年内真正复活"自由主义同盟"仍然没有可能。

俾斯麦较为成功地改善了他的地位。对法国,这样做并不困难。一旦他不再因想象中的危险(他自己制造出来的)感到惊慌,建立两国友好关系就没有什么阻碍。1887 年 4 月发生的一起边界事件给了他一个机会。一个名叫施纳贝勒的法国边境官员被德国人非法拘捕。① 法国政府以为俾斯麦是在挑动他们打仗,布朗热认为他的时机到了。正相反,俾斯麦释放了施纳贝勒,并作了他所能够作到的最近于道歉的表示。5 月底成立的下届法国政府中,布朗热被排斥在外。如果说曾经有过一次布朗热危机的话,那么这一危机现在已经过去了。但由于俾斯麦在其他地方的需要,同法国达成认真的谅解还不可能。他不能在埃及问题上支持法国,怕因此失去英国对奥匈的支持。从这个意义上说,索尔兹伯里为地中海协定辩护说它防止了大陆的联合是对的。俾斯麦同俄国的关系是更重要的——确实,这是他的政策中最关键的要点。在俄国宫廷中经常有两派:保守的外交家们主张同德国保持密切关系;进取心强的民族主义者要保留行动自由,以便利用法德战争——这场战争他们像许多人一样估计已迫在眉睫。亚历山大第三虽然思想是够保守的,却不喜欢依赖德国的亲善,而是希望利用威胁来得到比和好更多的东西。因此,俄国保守派的问题就是要使俾斯麦的出价高于亚历山大的要求。1878 年同索尔兹伯里达成过协议的彼得·舒瓦洛夫在 1887 年 1 月初到达柏林。他提出

---

① 施纳贝勒是因公事被邀请到德国土地上去的,这一点没有争论。此外,他可能是因试图躲开德国警察而逃到法国土地上来的。

俄国在法德战争中保持"友好中立",德国承认俄国在保加利亚有特权施加影响并答应在俄国占领海峡时保持友好中立,以作报偿。[①] 这笔买卖对俾斯麦很合适。他经常拒绝承诺在近东反对俄国;而且他还将得到俄国的中立保证作为奖励,这种保证他过去(甚至在 1870 年)是从未得到过的。但这笔买卖不合亚历山大第三的意。他不愿意放弃法国牌。他相信,俄国只能从挑拨离间法德两国中得利,而不是支持一方去反对另一方。舒瓦洛夫的试探没有下文。这一来自圣彼得堡的缄默是一个决定性的因素,它引导俾斯麦既去续订"三国同盟"、又去促进地中海协议。

拒绝德国的诱惑没有使亚历山大第三从法国那里得到任何奖赏。法国人没有明白表示要求俄国的保护;他们如果这样做本来是可以使俄国人要求他们在巴尔干支持俄国作为报偿的。相反,法国的政策变得越来越谨慎,这一点在布朗热 5 月下台一事上表现得特别明显。亚历山大勉强地转过弯来,采取了外相吉尔斯所主张的路线:与德国订个协议总比同谁都没有协议要好一些。俄国人试图扭转同俾斯麦的关系。他们提议,如果俾斯麦放弃奥匈,他们就放弃法国:双方各自保证中立,如果对方同"另一个强国"发生战争的话。俾斯麦拒绝这个提议;他真的把奥德同盟的条文念给俄国大使(彼得的兄弟,保尔·舒瓦洛夫)听。他再一次用君士坦丁堡来贿赂俄国人:"德国将不反对看到你们成为海峡的主人,博斯普鲁斯入口的占有者,甚至君士坦丁堡本身的占有者。"这个

---

[①] 德国应承诺保持友好中立,"如果为了照顾俄国的利益,俄皇陛下政府不得不保证海峡的关闭,从而掌握黑海之钥。"彼得·舒瓦洛夫和赫伯特·俾斯麦起草的俄德协定初稿,1887 年 1 月 10 日。见《重大政策》,v,第 1063 号。

提议对俄国人是没有价值的。如果他们确实有拿到君士坦丁堡的可靠前景,他们也许会放弃法国;但除非他们能放手对付奥匈,他们不可能实现这一点。不管怎么样,俄国人的考虑是防御性的和消极的:避免形成欧洲联合,防止整个巴尔干落入奥匈控制,保持海峡关闭。① 俾斯麦和舒瓦洛夫在6月18日签订的协定(通称"再保险"条约)满足了这些消极的目的。双方承诺中立——一种毫无意义的中立:俄国保守中立,除非德国进攻法国;德国保守中立,除非俄国进攻奥匈。德国重申在1881年"三帝联盟"时期曾作过的承诺,即在保加利亚和海峡问题上给予俄国外交支持。德国还增加了新的承诺:反对巴登堡的亚历山大\*以及俄国如自行占领海峡时给以道义上的支持。

在后来的年份里,这个"再保险"条约的重要性被夸大了。第一个这样做的人是俾斯麦,时间是1896年,目的是为了贬低他的继任人。实际上,这个条约没有多大作用。也许它使亚历山大第三对德国的气顺一些;而且,像俾斯麦所指出的那样,"我们同俄国的关系完全要看沙皇亚历山大第三的个人情绪。"② 但"再保险"条约并没有能够防止法俄结盟(虽然后来缔结的盟约在技术上符合这个条约的规定)。法俄结盟拖延下来(最终并未阻止实现),完全由于法国不愿同意俄国在近东可以自由行动,而俄国宣布它支持法国的意向是在1887年而不是在1891年。"再保险"条约显示出

---

① 对舒瓦洛夫的指示,1887年5月。见戈里雅诺夫著《君主联盟的终结》(《美国历史评论》,xxiii,334)。

\* 即已逊位的保加利亚亲王亚历山大。——译注

② 俾斯麦备忘录,1887年7月28日。见《重大政策》,v,第1099号。

俾斯麦的政策正在走向失败。1月间,他曾希望占有君士坦丁堡的前景将会使俄国人放弃法国。现在,在"再保险"条约中他将君士坦丁堡给了俄国人,但却不得不默认某种不明说的法俄同盟。还有,他常常拒绝在巴尔干支持奥匈,希望这样做就足以维护俄德友谊。俄国人现在表明,除非德国保证在奥俄战争中中立,他们是不会满意的;德国做不到这一点,他们就认为自己有支持法国的自由。事实上,条约白纸黑字地规定德国总有一天要两面作战,除非它放弃哈布斯堡君主国。奥德同盟把德国束缚住了;而俾斯麦还在继续梦想什么时候他能摆脱这个同盟使德国更加安全。[①] 无疑的,在俾斯麦眼里,比起蛊惑人心的"大德意志"(没有德奥同盟,它必然就会出现)来,德奥同盟是两害相权取其轻。尽管如此,"再保险"条约最多也只能作为推迟两面作战这个灾难的权宜之计,而俾斯麦的外交是不可避免地会导致这个灾难的。现在有一种时髦的说法,认为是经济发展迫使俾斯麦同俄国疏远。普鲁士地主一度是俄德友好的支柱,他们此刻要求提高关税以阻止俄国谷物的输入,这种情绪上的变化有其作用。但如果俾斯麦能保证在奥俄战争中中立,德俄友好是仍然能够继续下去的。这一政治上的冲突促进经济上的敌对,而不是倒过来。

关于俾斯麦在促成"再保险"条约中的不诚实,已说得很多了。对奥地利人,当然没有不诚实的地方。他经常坚持说他不能在保加利亚或在海峡问题上支持他们。同英国人打交道时,他采取同

---

[①] 为反对使奥德同盟永久化的建议,俾斯麦写道,"一种意味着我们不能世代保持和平的局势,将会危及和平的保持,并加强我们的反对者的希望。"俾斯麦致罗伊斯,1887年5月15日。见《重大政策》,v,第1103号。

第十四章 外交的胜利:保加利亚危机 1885—7年

样的路线。当他同俄国人开始谈判时,他采取了更多的预防性措施——捏造出同英国的一起殖民地纠纷,作为在君士坦丁堡不支持俄国的新借口;①但这是个小动作,即使他在殖民地问题上的"不满"得到解决,他也不会支持他们。英国人接受俾斯麦的说法,德国军队都被对法国的防御牵制住了;但他们如果知道他答应给予俄国确切的外交支持,仍然会感到震惊的。俄国人如果知道就在"再保险"条约签订之前,他炮制了反对他们的"地中海联合";或者,俄国人如果知道毛奇将军在俾斯麦的鼓励下经常劝告奥地利人如何改善他们在加利西亚的打击力量——俄国人将会更加震惊。"再保险"条约是对俄国人的一个骗局;或者,更确切地说,是对亚历山大第三的一个骗局,而吉尔斯和舒瓦洛夫兄弟是睁着眼睛参与这个骗局的。拿破仑第三在上一代人的时期中也玩弄过同样的骗局。亚历山大第二是好说话、心肠软的;在亚历山大第三身上要诡计可能是一个错误。

就在刚刚签订"再保险"条约的时候,保加利亚的情势进入了最尖锐的阶段。7月7日,保加利亚议会选举了科堡的斐迪南任亲王;这是违反俄国意愿的。俄国进行干涉的时机看来到了。上一年秋天所发生的那种情况又重现了:俾斯麦和索尔兹伯里各自想把支援奥匈的负担转嫁给对方。8月3日,索尔兹伯里同德国大使哈茨费尔德作了他的许多次世事漫谈中的第一次谈话;从这些谈话中,当时的德国人和后代的人都感到难以看出一个固定的

---

① 俾斯麦致普莱森(伦敦),1887年4月27日;赫伯特·俾斯麦致普莱森,4月28日;俾斯麦致普莱森,4月29日。见《重大政策》,iv,第812、813、815号。

政策。索尔兹伯里坚持认为土耳其帝国已无可救药;除非德国支持它,英国将不得不同俄国把它瓜分掉。① 俾斯麦不像他的继任人,头脑没有发热。他答复说,他将高兴地促进英俄谅解。② 索尔兹伯里赶快退兵:他说他不能抛弃意大利,而且英俄协议不管怎么样都是不可能的。③ 俾斯麦所要确立的就是这一条。

赛局现在转到三个"协约"国家驻君士坦丁堡大使们手上。正如在现场的人通常的表现那样,他们夸大了围绕着土耳其的各种危险,并深信土耳其除非得到协约各国给以支持的保证,将在俄国发出第一个威胁时就屈服。他们起草了一个"基本思想"材料,主张"给土耳其以抵抗的力量——至少是道义上的力量",并建议把这些想法告知土耳其。这个提议为意大利政府所热诚接受。新上任的首相克里斯庇是从加富尔去世后直到墨索里尼兴起前、治理意大利的最能干、至少是最有活力的人。他深刻了解意大利的弱点和不团结,并提出以"积极主义"来医治这些毛病——让意大利"跑",希望以此来教会它怎样"走"。因此,他抓住任何机会把意大利作为列强之一推向前列,特别迫切要求英国对他的侵略性殖民政策给以支持。克里斯庇得到卡尔诺克的赞同(虽然不那么迫切);卡尔诺克经常要求英国在近东作出更为明确的承诺,并且为了得到这些承诺,不惜付出"让意大利参与"这一代价。俾斯麦怀疑能否做到,即使加上德国的敦促,"但我们还是必须试一试"。④

---

① 哈茨费尔德致俾斯麦,1887年8月3日。见《重大政策》,iv,第907号。
② 俾斯麦致哈茨费尔德,1887年8月8日。同上书,第908号。
③ 哈茨费尔德致外交部,1887年8月12日。同上书,第910号。
④ 俾斯麦关于赫伯特·俾斯麦备忘录的手记,1887年10月20日。同上书,iv,第918号。

索尔兹伯里倒是接受了他8月间的挫折;他为俾斯麦的谋略所制,答复道,"同奥地利和意大利达成彻底的谅解对我们十分重要,因此我不同意根据某些可能出于想象的风险而使这种谅解破裂。"①他所要求的只是协议应包括小亚细亚以及保加利亚和海峡——这个要求很容易地就会被其他两强所接受。

英国内阁可不这样好说话。别国正在要求他们采取尚无先例的步骤:在和平时期作出承诺。他们不知道为什么三国同盟的首脑国德国倒可以在他们的盟国有麻烦时置身事外。索尔兹伯里不得不要求俾斯麦表示"道义上的认可",以便应付内阁的反对意见。②俾斯麦对这样的要求素来是慷慨的,他不愿意给的是实际支持的许诺。因此,他安排了一条虚假的线索。他把奥德盟约全文送给索尔兹伯里,接着又写了一封信,信末说,"如果奥匈的独立受到俄国侵略的威胁,或者是英国或意大利成为法军入侵的对象,德国将始终不得不采取进入战线的政策。"③索尔兹伯里在答复中宣称,他深信"在任何情况下奥地利的存在将不会因抵抗俄国的非法作为而受到危险"④——这是对俾斯麦的原话的巧妙滥用。当然,索尔兹伯里没有上当。交换信件是为了满足英国内阁的要求,不是约束德国的政策。俾斯麦和索尔兹伯里是在合伙哄骗英国内阁,正像二十年前俾斯麦和斯坦利在对卢森堡的保证问题上合伙

---

① 索尔兹伯里致怀特(君士坦丁堡),1887年11月2日。见赛西尔著《索尔兹伯里的生平》,iv.70。
② 哈茨费尔德致外交部,1887年11月11日。见《重大政策》,iv,第925号。
③ 俾斯麦致索尔兹伯里,1887年11月22日。同上书,第930号。
④ 索尔兹伯里致俾斯麦,1887年11月30日。同上书,第936号。

哄骗德国舆论一样。

英国内阁一旦得到了满足,同意大利和奥匈的协定就得以在12月12日签订了。三强同意一致保障近东的和平和现状,特别是海峡的自由、土耳其在小亚细亚的权威以及它在保加利亚的宗主权。如土耳其抵抗任何"非法作为",三强将"立即就所须采取的措施达成协议"以保卫土耳其;如土耳其默许任何此类非法作为,三强将"认为它们有理由"占领那些"经它们同意认为必须加以占领的"土耳其领土上的地方。这些都是在君士坦丁堡起草的原有内容。卡尔诺克和克里斯庇在协定得以实现的激动心情下没有注意到索尔兹伯里增添了一条——协定内容不得向土耳其透露;这一条取消了在精神上增强土耳其人的原定目标。[①] 即使因此而有所削弱,这个协定是比英国在和平时期签订过的任何协定都更接近于同一些强国结盟的文件,并且比二十年后同法国或俄国签订的任何协定都更为正式。索尔兹伯里也许仍然会坚持说,奥匈应该担任主要角色——"你带头,我跟着。"[②]事实上,他同奥匈和意大利结盟是为了保卫保加利亚和小亚细亚。

虽然常被称作第二个地中海协定,这个协定同地中海几乎没有什么关系。第一个协定旨在进行外交合作,主要是反对法国;因此它具体指明了埃及和的黎波里。新的协定是为一次可能的军事行动作准备,主要针对俄国。确实,它只有在法国置身事外的条件下才能起作用;而索尔兹伯里也曾立即向法国人保证,他没有参与

---

[①] 《英国文件》,viii,12。

[②] 卡罗伊(伦敦)致卡尔诺克,1887年12月7日。见坦珀莱及彭桑著《英国外交政策的基础》,第458页。

任何针对他们的协定。① 作为他们的政策的基础,英国人以为他们的舰队能够在任何时候通过海峡,从而在黑海威胁俄国。虽然他们还没有认识到舰队已经陈旧不堪(到1889年才觉悟到这一点),但他们知道只有在后方不受法国攻击的条件下,舰队才能进入海峡。英法在埃及问题上的僵局还没有明显地达到最后阶段——确实,他们在10月间达成了一个关于苏伊士运河中立化的、其实毫无用处的协定;因此有理由假定法国会欢迎遏制俄国,即使在埃及问题上的不满阻碍他们对此助以一臂之力。索尔兹伯里对法国的态度,同他在1879年同德国进行无结果的结盟谈判中的态度相反。那时他对德国提议结成反法同盟,相信这将有助于德国支持奥匈反对俄国。现在他已承担了支持奥匈的重任,但这是以假设法国保持中立为前提的。当然,即使是现在,索尔兹伯里的承诺也是尽可能小心谨慎的。第二个地中海协定同第一个一样,是保密的。它的目标是使奥地利人在精神上坚定起来,并取得意大利同英国舰队的合作,而不是去恐吓、甚至拦阻法国和俄国。

继第一个地中海协定而来的是"再保险"条约;继第二个协定而来的是德国对俄国的新的友好姿态。1887年12月,俾斯麦受到来自奥地利人和他自己的军界人士的压力,要他同意对俄国进行一次预防性战争。奥地利人要求德国肯定给以支持。德国将军们认为位于孚日山脉的狭窄边界在两方面都是很难攻破的,计划对法国取守势;因此,运用德军重兵和避免两面长期作战的唯一办

---

① 沃丁顿致弗罗伦斯,1887年12月17日。见《法国外交文件》,第1集,vi副页,第68号。索尔兹伯里致埃杰顿,1887年12月14日和19日。见《英国外交政策的基础》,第462页。

法就是一举把俄国打垮。俾斯麦对这种推论一点也听不进去。虽然他不侈谈爱好和平,他不想给英国解除奥匈这个包袱:"只要我当大臣,我就不会同意对俄国发动先发制人的攻击;我更不会劝告奥地利进行这样一场攻击,如果它对英国的合作没有绝对的把握。"① 匈牙利议会对战争特别叫嚣得厉害,为此俾斯麦在1888年2月3日公布了奥德盟约全文,用以证明这个盟约完全是防御性的。② 三天之后,他在德意志帝国议会发表了他的最后一次伟大的讲演,赞同俄国在保加利亚的政策,并宣布信任沙皇的善意。

俄国人在这样的鼓励下采取了一个反对科堡的斐迪南的无害步骤。2月13日,他们要求土耳其人宣布他的当选为保加利亚亲王是不合法的。俾斯麦支持这一要求。法国人一度梦想调和俄国同英国,但到1888年2月开始认识到英国人是对意大利——如果不是对奥匈——作出了承诺的,③因此他们决定不让自己在这一联合面前首当其冲。另一方面,他们又不愿意让德国在争取俄国友谊上胜过他们,因此对俄国的要求也表示支持,但只是紧跟德国。在意大利和英国的推动下,奥匈表示反对。不管怎样,土耳其苏丹是乐于申明他对保加利亚在理论上的宗主权的,因此在3月4日宣布斐迪南的当选为不合法。这一宣布对谁也不损害。斐迪南照样做他的保加利亚亲王;俄国的骄傲得到了满足。保加利亚

---

① 俾斯麦致罗伊斯,1887年12月15日。见《重大政策》,vi,第1169号。
② 奥地利人乘机敲了一记竹杠。最后一条规定盟约有效期五年没有公布。这样,俾斯麦不得不朝着承认盟约的永久化迈出了不情愿的一步。
③ 沃丁顿致弗劳伦斯,1888年4月3日。见《法国外交文件》,第1集,vii,第89号。

## 第十四章 外交的胜利：保加利亚危机 1885—7年

大危机烟消云散了。

这一和平的结局不能完全归功于俾斯麦。法国政治家们作出了同样多的贡献，索尔兹伯里也有一些。还有一个更深刻的缘由。俄国人对待巴尔干是冷漠以至厌恶的；他们的野心已转向中亚细亚和远东。他们要求在海峡得到安全保障，也为他们在保加利亚的威望受到冒犯而感到恼怒。但是，他们不会采取任何严重的步骤，除非他们得到德国的中立保证。光是德国的善意是不够的；他们需要对德国有一种来自法国的坚实的威胁，但是还没有。他们只能自我安慰道，布朗热主义已使法国不宜于充当任何人的盟友。吉尔斯板着脸写道，"在这个时刻同法国结盟是彻头彻尾的荒唐事，不仅对俄国是这样，对任何其他国家也是这样。"[①]另一方面，奥地利人没有德国的支持不敢发动攻势——即使有，也不一定敢——因为英国人那种不冷不热的支援对他们当然是不够的。意大利是唯一的不安因素。俾斯麦用繁复的参谋人员会谈（安排那些他知道毫无价值的军事援助）去满足意大利人，因为这给他们一种居于重要地位的感觉。索尔兹伯里和卡尔诺克都因克里斯庇的殖民地要求感到恼火并多次告诉法国人，他们不予支持。[②]克里斯庇却还在吹嘘他将从德国得到的陆军方面的援助和英国在海军方面的援助。他生活在一个充满幻想的世界中，并正在引导意大

---

[①] 吉尔斯致舒瓦洛夫，1888年6月15日。见迈恩多夫著《与斯塔尔先生通信录》，i，427。

[②] 沃丁顿致弗劳伦斯，1888年3月6日；致高布莱，7月12日；朱瑟朗致高布莱，10月19日；德克赖（维也纳）致高布莱，10月28日。见《法国外交文集》，第1集，vii，第69、164、247、260号。

利走向灾祸。但意大利不能向欧洲发号施令。资本主义投资带来了一代人的和平。工业扩张使所有列强倾向和平，就如它使英国从 1815 年以后就倾向和平一样。只要它们存有雄心，他们的眼睛就转向外部世界。欧洲动乱的日子已经过去了。这些日子将不会再来，除非列强之一感到它自己已强大到足以向柏林会议所建立的平衡挑战。

这个国家只能是德国。自 1871 年以来，俾斯麦执行一项克制政策；他的动机常常是恐惧，而不是征服。新德国所意识到的只有它的力量；它看不到危险，不承认存在任何阻碍。德国探险家、科学家和资本家遍布全世界。到处都有德国人——在巴尔干、在摩洛哥、在中非、在中国；在还没有德国人的地方，他们就想去。只要威廉第一还活着，俾斯麦还能拉住缰绳。一旦有一位代表新德国的皇帝登位，他的体系就完蛋了。俾斯麦当政时，他曾经是对列强的和平保证，尽管这种和平局面是由德国来组织的。现在列强不得不寻求其他的保证了——而且最后是针对德国本身的和平保证。

# 第十五章 法俄同盟的建立 1888—94年

俾斯麦在1888年初所创造的平衡是一种奇特的平衡。在君士坦丁堡，俄国得到来自法国和德国的外交支持，而为地中海协约的三强所反对；另一方面，索尔兹伯里——而不是俾斯麦——约束这一协约，不使转而反对法国。结果是更为奇特了。法国人身不由己地被驱向更密切地支持俄国；德国则——完全违反俾斯麦的意愿——根本不再支持俄国。法国人承认，支持俄国同他们在近东的传统政策相矛盾，并使他们在奥斯曼帝国的投资受到威胁；他们倒是愿意复活同英意两国的"克里米亚联合"——"唯一的、合理和有成果的政策"。但埃及挡着道，索尔兹伯里在这里是寸步不让。① 法国试图像奥匈所做过的那样，从意大利这个后门去接近英国；但他们不是去诱哄意大利，而是采用了威胁的方法——对教皇的庇护以及发动一场关税战——这些武器使克里斯庇变得比过去更加充满敌意。由此而造成的唯一实际结果是刺激英意的海上合作，发展到英国舰队对热那亚进行示威性访问这一高潮。法国

---

① 沃丁顿致斯皮莱，1889年7月1日。见《法国外交文件》，第1集，vii，第409号。

人又被赶回到俄国这边来。用保罗·康邦的话说,"如果你不能得到你所喜欢的东西,那么你必须喜欢你所能得到的东西;今天,我们唯一的一着棋就是希望得到俄国的支持,以及这个简单的希望会给俾斯麦造成的不安。"① 1888年10月,第一批俄国债券在法国上市;1889年1月,俄国人在作出不用于反对法国的明确许诺之后订购了一大批法国来复枪。结盟已露端倪。

俾斯麦的困难来自一个单一的原因:威廉第二在1888年7月登位。这位年轻的皇帝曾经一度热心支持同俄国结盟;甚至在1887年,索尔兹伯里还曾担心他登位后将使德国离开奥匈。现在,他在很大程度上为军人——特别是新任参谋长瓦德西——所左右,这些人只考虑打一场两面作战的战争,并想制定一项与奥匈合作在加利西亚进行反俄战役的计划。要这样做就必须同英国结成紧密的同盟。此外,威廉第二既要时髦、又想得民心,因此他赞成同日耳曼的奥匈实行民族主义的合作,同自由主义的英国建立民主的联系,而同俄国的保守主义伙伴关系则要使之破裂。在过去,俾斯麦常用蛊惑人心这张"牌"来对付老皇帝;现在,新皇帝用同样的"牌"来对付他。俾斯麦唯一的办法在于外交计谋。威廉第二即将登位的时候,俾斯麦就在他面前争辩说,如果他要打仗,打法国比打俄国好。②他事实上是在试图把风暴引向一个更为无害的目标。1889年1月,俾斯麦向索尔兹伯里建议订立正式的反法秘密同盟。很难相信他是认真对待这个建议的。他不怕法国。确

---

① 保罗,康邦(马德里)致斯皮莱,1889年3月11日。见保罗·康邦著《通讯集》,i,331。外长斯皮莱看来曾要求康邦对法国政策的总方针提出意见。
② 俾斯麦致王储威廉,1888年5月9日。见《重大政策》,vi,第1341号。

实,正好在他对索尔兹伯里提出建议的时候,他告诉赫伯特,他确信布朗热主义的垮台已使法兰西共和国的安定得到了恢复;他还说,如果德国对英国作出某些殖民地问题上的让步,那是因为这些德国殖民地毫无价值,而不是有所爱于英国。① 在另一方,英国在地中海的战略当然有赖于法国的中立,但索尔兹伯里想用(如果必要的话)某些友好的姿态来做到这一点,而不是用同德国结盟的办法,因为这样一来将会把法国赶到俄国一边去。此外,英国人到底采取了决定性步骤来加强他们的海军。1889年3月通过的海上防卫法案使英国的海军政策实现了革命化;它盼望着这样一个时期:那时"两强标准"*将成为现实,那时英国甚至能摆脱掉那些它还保持着的同大陆的关系。因此对它来说,此刻决不是作出新的承诺的时机。索尔兹伯里对俾斯麦的提议给了一个很客气的否定答复,甚至还利用这一拒绝行动作为赢得法国信任的手段。② 俾斯麦的战术此刻在威廉第二身上得到了成功。他已被说服了,相信英国人已经拒绝了结盟;在1889年8月访问英国时,他甚至于连建议在殖民地问题上做笔交易的话也没有说。

这些计谋只能推迟冲突。8月后半个月,弗朗西斯·约瑟夫访问柏林;威廉第二告诉他,不管奥地利进行动员的理由是什么(是保加利亚问题,还是别的什么问题),德国将在奥地利进行动员

---

① 赫伯特致高布莱,1889年1月25、26日。见《法国外交文件》,第1集,vii,第304、305号。

* "两强标准",即:英国海军实力超过其他两个最强海军国家的联合舰队。——译注

② 沃丁顿致斯皮莱,1889年3月23日。见《法国外交文件》,第1集,vii,第313号。

的同一天跟着进行动员。① 这一点奥地利人是常听瓦德西说的,但听到德国皇帝亲口这么说就是另外一码事了。10月间,亚历山大第三也来到柏林。他对他的德国主人们老是绷着脸,只对赫伯特表示友好,对赫伯特说法国军队应该更强大一些;他还用法语为威廉第二祝酒,从而得罪了众人。② 更坏的事情随之而来。11月,威廉第二访问君士坦丁堡——这是第一个(也是最后一个)基督教国家的君主去寻访奥斯曼帝国的苏丹。③ 这一行动是很难同德国作出的在近东给予俄国外交支持的诺言相调和的。圣彼得堡的保守党(以吉尔斯为首)深信只有俾斯麦在阻挡着他们同法国结盟——这是他们所害怕的事情。亚历山大第三是愿意让"再保险"条约在愠怒之下消逝的;只有吉尔斯迫切地想挽救它。1890年3月17日,保罗·舒瓦洛夫正式提议将条约延长六年,从而使之有成为永久性的可能。④ 但他太迟了。俾斯麦同威廉第二的冲突已经爆发了,他已经辞职了。这次冲突主要发生在一个国内问题上,即:是否废止帝国宪法、用军事力量粉碎社会民主党。但由于这是在保守的独裁制度和开放政治鼓动之间的选择,它就也成了在同俄国友好和在近东支持"日耳曼"事业(并联合英国)两者之间的选择。

---

① 格莱塞·冯·霍斯腾努著《佛朗茨·约瑟夫的同路人》,第337页。
② 赫伯特致斯皮莱,1889年10月12、13日。见《法国外交文件》,第1集,vii,第479、482号。
③ 威廉第二随身带了一枝克虏伯造的来复枪,打算送给苏丹。阿布杜尔·哈米德反对,说在会见时可能走火。这是一个有象征意义的故事。
④ 赫伯特·俾斯麦致威廉第二,1890年3月20日。见《法国外交文件》,第1集,vii,第479、482号。

## 第十五章 法俄同盟的建立 1888—94 年

继俾斯麦任总理大臣的卡普里维对外交一无所知；新国务卿马沙尔也不比他强多少。两人都依靠外交部的一个名叫荷尔施泰因的终身制官员，他现在树立了对德国政策的控制，直到 1906 年。造成他这种地位的原因并不神秘。他是在一个盲人国家里有一只眼还能看东西的人。他非常勤奋和有经验，甚至具有极大的坚定性；他的弱点同俾斯麦一样，就是试图在一种秘密的基础上来执行外交政策，而他们所处的时代却需要越来越多地考虑公众舆论。这一点造成了他在 1906 年的毁灭。荷尔斯施泰因同总参谋部关系密切。他接受了后者对外交政策的判断，并且多年来一直在敦促奥地利人抵抗俄国，尽管同俾斯麦的指示正好相反。[①] 同将军们一样，他不同情在海外进行扩张或计划建设一支庞大的德国海军。卡普里维虽然一度当过海军部长，也持同样的看法。他在就任时说，"在海军政策上，我要问的不是海军应有多大，而是应有多小。在我们能够建造德国、特别是皇帝（他对海军的发展是非常关切的）所要的那么多舰船之前，必定就有一场战斗，而笼罩在德国头上的这场伟大战争是非打不可的。"[②]"新方针"着眼于同英国结盟——至少在欧洲大陆被征服之前；而这一"新方针"的倡导者拒斥"再保险"条约，就是怕英国知道。他们认为，英国人对于德国允诺保持海峡的关闭一定会特别生气。[③] 卡普里维补充说，"我们必

---

[①] 见克劳斯尼克著《1886—1890 年俾斯麦时代的荷尔施泰因秘密政策》，全书各处。
[②] 哈尔加腾著《1914 年前的帝国主义》，i, 270。
[③] 荷尔施泰因的备忘录，1890 年 5 月 20 日。见《重大事件》，vii, 第 1374 号。

须比俾斯麦亲王的时期更多考虑到公众舆论。"①因此,俄国人被告知,虽然德国政策没有变,这一条约不能再延续了。吉尔斯感到绝望。他提出,俄国将接受这样一个条约,不必就近东的外交支持作出任何具体允诺,只要在德国对俄国友好这一点上作些"点缀"就行了。②但没有用:即使是不损害任何人的条款,德国人也担心它对英政府会产生影响。亚历山大第三对这一失败不当一回事,也许还对吉尔斯的狼狈处境幸灾乐祸。没有一个签了字的文件——这件事本身不是决定性的。对亚历山大第三来说,重要的是俾斯麦在德国、布朗热在法国的消失;而吉尔斯即使从德国人那里拿到一张纸片,也挽救不了他的政策。

"新方针"看来已经抹掉了整个"俾斯麦时期",回复到1858至1862年间短命的"自由主义时代"外交政策上来了。1890年8月,卡普里维同意卡尔诺克的主张:海峡问题由俄国来解决是"绝对不可能的"没有德国同奥匈的事前协议,不允许在近东作出任何改变。③迄今为止,德国人在近东还没有他们自己的利益需要保卫;他们只是把"四方同盟"的政策发展到它的合乎逻辑的结果。他们相信,他们已经解决了使俾斯麦受到挫败的问题:通过全心全意地联合奥匈,他们也将使它得到英国的支持,因此他们并不冒什么风险。当然,英德关系在1890年夏天达到了亲密的高潮。1890年7月1日,两国签署协定,德国放弃在桑给巴尔的权利并限制在东非

---

① 拉施道的备忘录及卡普里维的批注,1890年7月18日。同上书,第1609号。
② 卡普里维的备忘录,1890年9月8日。见《重大政策》,vii,第163号。
③ 马沙尔致贝特曼—霍尔威格,1911年12月4日。同上书,xxx(i),第10987号。马沙尔的回忆为威廉第二所证实。

的要求,以交换赫尔戈兰岛。① 这个协定具有使双方都满意的难得的特性。英国人加强了他们在尼罗河和红海的地位;德国人取得了赫尔戈兰,并深信他们同英国的同盟关系已经无异于正式建立起来了。持这一看法的还不止他们。俄国大使斯塔尔从伦敦写道,"(英国)同德国的和好关系实际上已经完成";②舒瓦洛夫对赫伯特说,从今以后,英德将在埃及和巴尔干合作。③ 对付法俄同盟的联合看来甚至在这个同盟订立之前就已经存在了。法国同俄国正被逼到一起,不管它们愿不愿意。

在1890年8月威廉第二访问彼得霍夫\*期间,俄国人未能使

---

① 索尔兹伯里心里主要的考虑是埃及,特别是上尼罗河流域。舰队能在地中海一边保护埃及,但一个控制了尼罗河上游的强国能从南方长驱直入,只要苏丹是在穆斯林手中。虽然英国被认为正处于帝国主义全盛时期,没有一届英国政府能够拿出一个便士来用于重新征服苏丹;为此,索尔兹伯里试图用外交手段来关上埃及的后门,争取其他列强发表一些自我克制的宣言。德国人过去曾想要一件对英国进行讹诈的武器,所以拒绝划定德属东非的内陆边界;现在他们同意的一条边界,把他们同尼罗河河源隔断;他们还承认尼罗河谷凡"在埃及疆界以内"(不管这些疆界在什么地方)者是英国的利益范围。此外,他们还承认桑给巴尔为英国的保护国,这在过去他们是经常同英国争执的。索尔兹伯里还想从北到南在德属东非和刚果自由邦之间得到一条属于英国领土的"走廊",德国人由于在欧洲老是怕"被包围",所以拒绝了这一点。不管怎么样,索尔兹伯里对这个想法并不重视。

赫尔戈兰一度属于丹麦,英国于1815年留给自己,作为对付未来的"大陆体系"的一个潜在的走私基地;一旦法兰西帝国复活的危险消失,这个岛对他们就没有价值。他们当然从未想到有一天会需要它作为对付德国的海军兵站。就此事而言,德国人也没有想到过他们自己会用它作海军兵站。他们要它只是为了显示一下国家威望。它增强了这样一个原则:由德国人居住的领土应由德国取得而不能——比如说——归还给丹麦。

② 斯塔尔致吉尔斯,1890年7月1日。见迈恩多夫著《与斯塔尔先生通信录》,ii,89。

③ 赫伯特致里博,1890年6月17日。见《法国外交文件》,第1集,viii,第83号。

\* 彼得霍夫在圣彼得堡对面、喀琅施塔得湾内,建有皇宫。——译注

德国脱离"四方联盟"。法国试图同英国打交道也同样不成功。法国人也在桑给巴尔有权益(可追溯到1862年),他们想出卖,但要价太高。索尔兹伯里只愿意承认马达加斯加为法国保护国。① 法国人要求在突尼斯解除财政上的限制,但这将得罪意大利人;索尔兹伯里表示,除非他在埃及得到财政上的自由,他不能同意法国的要求。换句话说,他需要意大利海军的支持,直到法国默许英国控制埃及——这一点现在还非常遥远。英法之间的僵局仍未打破。即使如此,索尔兹伯里内心是常常准备达成协议的,对意大利人也不给鼓励。克里斯庇对谣传法国将在突尼斯行动感到紧张,想攫占的黎波里。索尔兹伯里认为这将开创瓦解奥斯曼帝国的先例而加以抵制。他准备向克里斯庇保证,"英国还有意大利的政治利益不允许的黎波里遇到类似于突尼斯的命运",但"只要法国的计划还未具体化",不应做任何得罪土耳其的事情。② 英国同"三国同盟"的关系事实上是一种"再保险"的方式,仅此而已。

怀着同样的动机,法国人沿着同俄国达成协议的道路缓慢前进。5月30日,十四名俄国民粹主义分子在巴黎被捕,使亚历山大第三大喜。这是对法国传统地给予俄国(特别是波兰)革命者以保护的做法来了一个惊人的否定。8月间,法国总参谋部副总参谋长布瓦代弗尔访问俄国。他同俄国人进行的会谈是令人泄气的。如果德国进攻法国,俄国将进行动员,但俄国人拒绝了他提出的签订军事议定书的建议:"两个敌对的阵营将会形成,一方将试

---

① 最后就这一点以及西非的边界协定达成了协议。
② 索尔兹伯里致克里斯庇,1890年8月4日。见克里斯庇著《回忆录》,iii,468。

图摧毁另一方"。俄国的计划是攻击奥匈,即使要把俄属波兰牺牲给德国人作为代价也在所不惜。他们还敦促布瓦代弗尔也采取一种防御性的战略,那么法国就能无限期地坚持下去——没有明说的意思是,在没有俄国支持的情况下坚持下去。事实上,法国军队要起一种代替"再保险"条约的作用,[①]在俄国摧毁奥匈时把德国牵制住。法国人看到了俄国计划的逻辑发展。如果法国被德国打败了,那么法国就要为俄国在东欧的得益偿付代价。但法国人并不觉得俄国占领布达佩斯甚至维也纳,是对德国占领巴黎的任何慰藉。他们在等待着,希望得到更好的条件。

法国人在别的方面都不成功,就重新进行使意大利离开三国同盟的尝试。法意之间的良好关系将会破坏英国海军在地中海的地位。到时候,法国人或者能够强使埃及问题得到解决,或者以更好的条件把他们的友谊卖给俄国。像对待俄国一样,法国人运用了财政这个武器,不过方向却是相反的。他们给俄国贷款,哄他结盟;他们对意大利是不给它贷款,除非它离开英国和德国。意大利人不敢接受法国这一引诱,因为只要德国同英国站在一边,他们就不能自由自在地行动;法兰西共和国解决了法国同教皇的长期争吵之后,他们就更担心了。如果为了拿法国的钱,换来英国在的黎波里问题上的敌意、在东方问题上受排斥、又在国内受到教皇进行的鼓煽活动的威胁,那就太不值了。来自法国的压力使克里斯庇从来没有像现在这样狂暴,他一而再、再而三地企图从英国和德国

---

① 布瓦代弗尔(在圣彼得堡)致弗雷西内,1890年8月27日。见《法国外交文件》,第1集,viii,第165号。

得到对他在的黎波里的野心更为坚实的支持。他什么地没有得到。1891年1月底,他为了一个国内问题倒台了。新任首相鲁迪尼希望做出克里斯庇所没有做出的奇迹,用以加强他在议会中的不稳地位。他以为,要是德国人先作出承诺,再抓住英国人就会容易得多。因此,他提议"三国同盟"在1892年即将期满时应立即续订;他还添了一条,规定德国应支持意大利,如果意大利有朝一日认为拿下的黎波里对它适宜的话。① 卡普里维以他的大陆观点不喜欢这个提议;对他来说,意大利的用处只在于它作为同英国联系的一个链环。② 但意大利人坚持说,一旦他们得到了德国给以支持的保证,他们也能得到英国的支持。因此,1891年5月签字的三国同盟新约中包含一项议定书,规定签约各方将寻求使英国也参与有关北非的条款,并把摩洛哥也包括了进去。

鲁迪尼的计谋不成。他起草了一个同英国的协定,由英国答应支持意大利和德国反法,以换取意德在埃及问题上的外交支持。③ 德国人意识到,这个要价太高了,英国人当然不会对一次大陆战争承担义务。他们劝鲁迪尼用一项宣言来代替,宣言表示赞同在北非保持现状,类似于1887年12月关于土耳其帝国的协议。④ 即使这样做,索尔兹伯里也不愿意。虽然他认为同中欧列强的友谊实属"必需",但他不想为此付出代价;他还认为德国的存

---

① 如在北非维持现状证明不可能,德国应允"在事前达成正式协议后,支持意大利的任何行动,行动的方式可以是占领或取得其他保证,使意大利在彼处可为保持势力均衡或取得合法补偿而从事一切"。
② 卡普里维的备忘录,1891年4月23日。见《重大事件》,vii,第1412号。
③ 索尔姆斯(罗马)致卡普里维,1891年5月25日。同上书,viii,第1714号。
④ 索尔姆斯致卡普里维,1891年5月27日。同上书,第1715号。

在这一事实本身已足以约束法国,不必再有任何同盟。正如他对张伯伦所说,"只要法国怕德国,就不能做任何事情来伤害我们"。① 在意法之间保持平衡比同任何一方捆在一起更适合于他的政策。此外,他揣测在意大利人眼里,北非的现状意味着法国被排除出突尼斯和意大利人自己在的黎波里确立他们的地位。因此,他客气地表示赞同意大利的提议,同时在等待找个借口回避。鲁迪尼很快为他提供了他所要的借口。为了在议会里给他的政府撑场面,他吹嘘说英国已经参加三国同盟。在英国下院有一些激进的议员反对与三国同盟——事实上是反对同任何欧洲其他强国——打交道,他们就此提出了询问。索尔兹伯里就对意大利人说,谈判要等国会平静下来之后才能进行。这种情况永远没有发生。意大利人没有取得他们所要的协定——只有英国舰队对威尼斯的一次访问。② 6月28日公开宣布续订三国同盟一事没有给他们多少安慰。

虽然意大利的提议没有实现,它却使法国人警觉起来。索尔兹伯里作出了关于突尼斯是北非现状的组成部分,以及他同克里斯庇打交道只是为了"使他不要越轨"③的暗示,但他们不以为然。他们相信正在形成一种敌对的联合来对付他们。此外,他们还过

---

① 约瑟夫·张伯伦著《政治回忆录》,第296页。张伯伦这时正在充当中间人,向英国转达克里蒙梭的建议,英法结盟以反对意大利,作为法国同俄国结盟的一个代替办法。

② 索尔兹伯里还硬顶着不参加西班牙和意大利在1891年5月4日续订的保持摩洛哥现状的协定。

③ 沃丁顿致里博,1891年6月25日。见《法国外交文件》,第1集,viii,第390号。

分夸大了威廉第二乖僻性格的作用,真心害怕他会因为他们没有响应他的狂热的亲善姿态而进攻他们。① 他们唯一的希望看来就是迫使俄国订立协定。亚历山大第三也为英国与三国同盟调情很生气,赞成同法国合作。法国人对此事又最后推了一把:他们让巴黎的罗特希尔德商行*拒绝俄国的一种新债券上市,表面上是因为俄国虐待犹太人。俄国人正受到严重歉收的威胁;他们一定要拿到法国的钱,任何条件在所不计。他们向犹太人作了让步;更重要的是,他们在外交政策上作了让步。俄国总参谋长告诉布瓦代弗尔,他赞成订立一个军事议定书,规定一方如受到三国同盟中任何一国的攻击,另一方同时进行动员。② 一支法国海军舰队在 7 月最后一周访问喀琅施塔得,受到非常热烈的欢迎。

吉尔斯看到他的保守政策正在垮台。他的助手兰斯多夫写道,"从根本上说,整个同法国和好的事情得不到吉尔斯先生的同情。"但是吉尔斯从来抵挡不住亚历山大第三那种独断专行的个人意志。他老怀疑自己的判断是否正确;在作出任何决定之前,常常要派兰斯多夫到最近的教堂去祈祷。此外,同他那些前任一样,他没有私产,因此不能以辞职来要挟。他唯一的办法就是拖拉。为了防止任何更坏的情况,他对法国亲自采取主动行动。7 月 17

---

① 其中最荒唐的是派他的母亲(腓特烈大帝的寡妻)去访问巴黎。这位皇太后去访问了凡尔赛和其他曾使法国人在 1871 年受辱的场所,从而冒犯了法国人。在引起公愤之后,她不得不被偷偷地送出法国。

\* 罗特希尔德( M. A. Rothschild 1743—1812)是法兰克福的犹太人银行家,创办了罗特希尔德商行。——译注

② 布瓦代弗尔致米里伯尔,1891 年 7 月 16 日。见《法国外交文件》,第 1 集,viii,第 424 号。

日,他告诉拉布雷耶,法国人应该"在和好谅解的道路上再前进一步"。当拉布雷耶提议签订军事议定书时,吉尔斯的答复是提议签订一个两国政府间的协定;①这样一个协定无疑地会显得更加无害一些。法国外长里博马上拿出一个明确的草案:为对付来自三国同盟中任何一个成员国的威胁,法俄两国应同时进行动员;"对所有可能危及欧洲和平的问题"两国取得一致意见。② 这根本不合吉尔斯的胃口。他所要的是一种空泛的谅解,涉及整个世界——中国、埃及等等;他心里想到而不敢明说的是近东。还有,他拒绝同时进行动员,而只同意两国在遇到危险时应相互协商。③法国人意识到吉尔斯的目的是要建立一种反英的谅解,而不用以针对德国;但他们希望,如果签订了政治协定,一个反德的军事议定书必将随之产生。④亚历山大第三不想同吉尔斯公开争吵。他决定去同他的驻巴黎大使莫伦赫姆商量——一种典型的俄国手法。莫伦赫姆过着当时大使们都那样过的放荡不羁的生活,⑤很可能拿法国军火商的津贴;他当然热心赞助法国的事业。当他在圣彼得堡时,英国人无意识地帮了法国人一个忙。索尔兹伯里邀请法国舰队在离开喀琅施塔得返航时顺访朴茨茅斯港,以便向他

---

① 拉布雷耶致里博,1891年7月20日。《法国外交文件》,第1集,viii,第430号。
② 里博,致俄国政府照会,1891年7月23日。同上书,第434号。
③ 拉布雷耶致里博,1891年8月5日。同上书,第457号。
④ 弗雷西内(法国总理)致里博,1891年8月9日;里博致弗雷西内,8月11日。同上书,第480,485号。
⑤ 奥匈大使赫芬许勒被称为"大使老爷"。作者个人资料。

们显示"英国对法国没有恶感,也没有任何偏见"。① 这尖锐地提醒人们,法国还有别的路子来摆脱孤立处境。亚历山大第三和莫伦赫姆迫使吉尔斯把同法国的谅解"咽下肚子";这一谅解体现在8月27日致法国政府的一件公函中。②

法国得到了两点让步。如果和平受到威胁,两国将不仅止于进行协商;它们"同意在采取措施上取得协议"——这种提法很软弱,但总还是多了一点东西。还有,莫伦赫姆补充说,这只不过是一个开始,一定会有"进一步的发展"。这两点都是留下的空子。法国人在一年之内就是钻了这两个空子塞进他们对法俄关系的解释的。要不是这两点,这一协约是俄国的胜利,因为法国人承诺采取外交行动以反对英国(特别是在君士坦丁堡),而俄国人并没有承诺采取对德军事行动。在由夸大了的恐惧所组成的长链中,这一法俄协约是最后一环。德国人害怕俄国在保加利亚采取先发制人的行动,所以显示了他们对奥匈的支持;意大利人可能害怕法国在地中海先发制人,因此吹嘘他们同英国的同盟关系。结果是,法俄两国都害怕他们将在一种敌对的联合面前陷入孤立;这一恐惧

---

① 索尔兹伯里致维多利亚,1871年8月22日。见《维多利亚女王书信集》,第3集,ii,65。
② 莫伦赫姆的照会,1891年8月27日。见《法国外交文件》,第1集,vii,第514号。里博致莫伦赫姆,1891年8月27日。同上书,第517号。在互换的照会中可以看到以微妙形式表现出来的两国政府的不同观点。吉尔斯举出建立法俄谅解的理由是三国同盟的公然续订,以及英国多多少少附和这一同盟所追求的目的的可能性。里博只提到三国同盟的续订,而不提英国。还有,吉尔斯描述法俄两国"置身于任何同盟之外,并同样热诚地要求围绕着维护欧洲和平提供最有效的保证"。里博在信中把法俄两国描述为"同样要求给予维护和平以保证,这些保证来自欧洲各种力量之间的平衡"。吉尔斯强调英国和俄国自己置身于任何同盟之外;里博则强调三国同盟和势力均衡。

驱使他们结合在一起了。但两国都各自在留神观察。俄国人希望法俄协约将导致德国续订"再保险"条约;法国人则希望将导致英国人在埃及问题上妥协。在俄国对未来的设想中,德国和法国都将庇护俄国在近东和远东的扩张;在法国的设想中,英国和俄国都将支援法国对付德国。法国人当然不会为了把君士坦丁堡给俄国而去打仗;俄国人当然同样不会为法国去收复阿尔萨斯和洛林。事实上,这一协约只有在德国成为俄国在近东的主要对手的条件下才可能变成一种具有爆炸性的联合;而这种情况的发生还要再过二十年。但这一协约仍然是欧洲历史中的一个转折点。尽管有各种保留和矛盾,它是一项宣言,宣布俄法两国意欲避免对德国的依赖,而奥匈则已陷入这样的依赖。两国都对它们各自的原则和传统作了牺牲。全俄的专制君主在《马赛曲》乐声中立正敬礼,这个革命民族主义的乐曲是为了向波兰人的压迫者致敬而演奏的。

8月的协约是吉尔斯的"小心回避"的保守政策的失败。但他竭力使之成为一次较小的失败。秋天,他访问了巴黎和柏林,对每一国政府保证另一国政府的和平意图——这是过去那些俄国宣称先保护普鲁士、后保护法国的日子的最后的回响。[①] 德国人对法俄协约看得并不严重;他们认识到法国的敌意,但不认为俄国对他们比过去有更多敌意。事实上,这个协约如果迫使英国参加三国同盟,那将可能改善他们的地位。由于埃及问题老像要随时爆发的样子,看起来法俄协约确实有可能在君士坦丁堡要试验一番。

---

① 里博的笔记,1891年11月20、21日。见《法国外交文件》,第1集,ix,第74、76号。卡普里维和马沙尔的笔记,1891年11月25日。见《重大政策》,vii,第1514、1515号。在两国首都,吉尔斯对俄国新债款比势力均衡要更加关心得多。

刚到那里去担任法国大使的保罗·康邦认为协约错误地放弃了传统的政策,他把这事归罪于"巴黎那些头脑发热的人";[①]但既然已经订立了,他就要把它付诸实施。他提出俄国和法国应鼓励土耳其苏丹抵制英国关于埃及的提议,这将很快迫使达成妥协。[②] 这些想法没有得到里博的同意。他知道,在埃及问题上,俄国人只会给以"道义上的支持",而他们关于保加利亚的要价又是法国所付不起的。更加严重的是,法国公众的情绪不能接受在埃及问题上的任何妥协,不论这种妥协如何合理。康邦争辩说,宝贵的机会已在1882年永远失掉了。但他的争辩无济于事。在埃及问题上更甚于在阿尔萨斯和洛林问题上,法国的政策已注定只能是毫无结果地发一通脾气。法国的政客们不得不提出要求英国作出让步,这些让步他们知道英国是决不会同意的,而且,法国公众无论如何也是决不会满意的。[③]

尽管如此,里博和他的同事们还是决定不使这一法俄协约带有单纯反英的性质;做到这一点的唯一办法是落实军事议定书,他们一直认为这是政治协定的补充,或者还不只是补充、而是一种取代政治协定的办法。从本质上说,法国人不想同俄国人成立一个政治协定,为了它在近东问题上必将给他们造成的尴尬的后果;他们要一个军事议定书,保证俄军中有一定比例的部队要用来对付

---

① 康邦致布姆帕尔,1891年7月1日。见《通讯集》,i,343。
② 康邦致里博,1891年11月16日、1892年2月18日。见《法国外交文件》,第1集,ix,第69、175、209号。
③ 里博致康邦,1891年12月6日、1892年1月30日。同上书,ix,第180、191号。

## 第十五章 法俄同盟的建立 1888—94年

德国。同样地,这是吉尔斯想要回避的要害。他的意见被亚历山大第三否定了。沙皇痛恨德国政策所强加在他身上的枷锁;他要感到真正独立并且愿意看到德国被摧毁的前景(至少在他的想象中如此)。他对吉尔斯说,"在发生法德战争的情况下,我们必须立即向德国人猛扑。……我们必须纠正过去的错误,一有机会就把德国粉碎。"①当然,亚历山大第三具有真正俄国式的因循拖沓作风,他喜欢在谈判中拖拖拉拉(不为别的,就为喜欢拖拉);但到不得已时,他也会成为法国的盟友,来共同对付他的德国人外相。

为了给他们要求签订军事议定书找理由,法国人不得不装得好像德国进攻的危险已迫在眉睫;这是表面文章。里博自己承认,这个议定书是"政治多于军事";它的目的是使俄国走上反德的道路。②十分奇怪的是,当法国提出关于俄国采取攻势的要求时,在技术上是没有什么根据的。因为由毛奇将军设计的德国总参谋部作战计划,预定对俄国而不是对法国发动攻势,应付这一攻势的最好对策是撤向俄国腹地,就如俄国人打算做的那样,而不是对德国发动攻势。但德国人在1892年改变了战略计划,从而在事后为法国的要求提供了根据。像在其他一些情况中那样,法国同俄国结盟本来是防备德国的预防性措施,但结果是结盟本身造成了这一危险——至少是加深了这一危险。如果不是为了法俄这一结盟,德国对付法国的战略可能在许多年内仍将是防御性的。里博要俄

---

① 兰斯多夫著《日记》,第299页;1892年2月25日。
② 里博致蒙特贝洛(圣彼得堡),1892年7月22日。见《法国外交文件》,第1集,x,第19号。

国人集中至少半数部队对付德国;①当布瓦代弗尔在1892年8月再度赴俄时,他带着一份议定书草稿,规定俄国应采取攻势,即使法国只受到德国的单独攻击;而法国则可以按兵不动,如果奥匈在孤军作战的话。俄国将军们对这些建议很不乐意,但最后还是妥协了。俄国答应支持法国,即使是只为了对付德国;在任何情况下,俄国陆军的约三分之一将用来对付德国。作为报答,法国同意进行动员(虽然不一定参战),即使奥匈是单独动员。②里博认为这样的偶然情况不大可能发生,所以这个风险是值得冒的。③议定书的有效期限与三国同盟一致——一个奇怪的安排,因为不论是法国或是俄国都不知道三国同盟的条款。就如1891年8月的协约是俄国的胜利一样,1892年8月的议定书是法国方面对法俄关系所作安排的伟大胜利。前者是针对英国的外交上的协约;后者是针对德国的潜在的军事联合。后者没有取代前者;两者竞争了多年,各方都按自己的安排行事而不顾对方。在政治上,法国人拒绝被推向反英的前列,并且在君士坦丁堡从来没有帮过俄国的忙。在军事上,俄国人忽视对德作战的准备工作,把从法国借来的钱到处乱花,就是不去建造俄属波兰境内的战略铁路。但重大的步骤终究已经采取了:法俄结盟了。

这个提法从技术上说是不精确的。议定书还只是一个经布瓦代弗尔和俄国将军们同意的草稿,还需要亚历山大第三和法国政府批准。里博和弗雷西内仍然希望对条文作些改动,至少要使法

---

① 里博致蒙特贝洛,1892年2月4日。见《法国外交文件》,第1集,x,第182号。
② 布瓦代弗尔致弗雷西内,1892年8月10日。同上书,第447号。
③ 里博致弗雷西内,1892年8月12日。同上书,第449号。

国能够避免被卷入一场巴尔干战争。但当他们在埃克斯累班访晤吉尔斯时,他告诉他们;他的身体不好,不能看他们的建议,虽然还没有病到不能大讲和平政策的好处。① 他们困惑不解地回到巴黎。亚历山大第三可能已下定决心在12月份批准这个议定书;像蒙特贝洛所写的那样,他是以"一种近乎数学的规律性"进行工作的。② 但在1892年秋,巴拿马丑闻*在法国爆发;温和的政客们受到了不信任,里博和弗雷西内都丢了官。亚历山大第三对于这样一个可以使他继续拖延的借口自然欢迎;议定书还是没有得到批准。尽管如此,德国借以指挥欧洲事务的体系在1892年8月终结了。

德国人自己得出了这个结论。他们只有法舰对喀琅施塔得的访问和法国报刊——而不是秘密谈判——作为依据。1892年夏,总参谋长瓦德西再一次过分地玩弄政治;根据卡普里维的申诉,他被免职。他的继任者施利芬是一个严格的技术专家,又是一个比他能干的人。施利芬从未宣称曾制定过政策,但他作出重大的技术决定,德国的政策从此以后都以技术决定为依归。他比前任们

---

① 里博致蒙特贝洛,1892年9月7日。见《法国外交文件》,第1集,x,第19号。
② 蒙特贝洛致里博,1892年9月5日。同上书,第17号。兰格在所著《帝国主义的外交》(i,59)中提出,沙皇的最后批准、而不是他的拖延需要作些解释,从而制造了不必要的难题。他好像不认为沙皇从头至尾同意法国的见解,虽然他的俄国人性格太强,不愿意承认这一点。兰格的读者不论如何钦慕他的学问,不能不怀疑:假使亚历山大第三是同德国而不是同法国订约,那么对这位沙皇"无情无义、不负责任的方式"的责难大概就会少一些了。
* 1888年法国巴拿马运河公司发行彩票以筹集资金,此事曾经议会批准,次年公司倒闭。1892年秋,报纸谴责政府与公司董事会上下其手,又有议员揭露下院多数议员受贿后投票赞成该公司发行彩票。11月,议会设立调查委员会进行调查,政府被迫辞职。克里蒙梭亦因此案行贿者之一有牵连,有损令誉,暂时退出政坛。——译注

更加相信两面作战不可避免；他认为，德国的唯一答复就是在另一个敌人还未准备就绪之前先把一个敌人打垮。俄国是一个较弱的对手，因此毛奇将军常常计划在东线采取攻势。但俄国的地理条件、辽阔的疆域，使速胜不可能，即使它的全部军队都投入了战斗；当西线需要德军的时候，东方战线仍会继续存在。不管怎样，法国是可以一举打垮的，只要打击的分量足够沉重——迄今为止，德国人不认为他们能够作出这样沉重的打击。施利芬现在提议要增加德军实力，以便在西方速战速决。① 由此产生了重大的政治后果。以前，德国人曾希望限制巴尔干战争，他们自己和法国人都守中立；即使他们同俄国交战，他们只要在西部边界增加守备部队就可以了。今后他们除非先打败法国，就不能把俄国解决掉。因此，即使战争起源于巴尔干，他们也必须立即攻击法国。总之，虽然两面作战的前景产生了施利芬的作战计划，这个计划首先使这样一场两个战线的战争不可避免。②

还有一个更为直接的政治后果。卡普里维不得不在1892年11月提出一个新的军事法，以便使施利芬有一支适应他的战略要求的更大军队。俾斯麦1887年的军事法是针对俄国人的；但由于他要依靠"右翼"的赞成票，他以来自法国的危险为立法的理由。卡普里维的军事法是针对法国的，但由于他要依靠"左翼"的赞成

---

① 他在1894年设计的作战计划是在孚日进攻法国。只是到十年之后他才决定，法国的防御工事使得重演毛奇元帅在1870年的胜利成为不可能，只有通过比利时进军才能绕开这些工事。

② 这一点使得那种认为"结盟"造成第一次世界大战的理论变成毫无意义。一旦采纳了施利芬的计划，那么不管结盟或不结盟，奥俄一开战就会把西方卷进去。

## 第十五章　法俄同盟的建立 1888—94年

票,他不能不强调来自俄国的危险。不仅是"进步分子"、就是议会中的波兰议员,也在1893年7月对卡普里维的法案作最后表决时站在赞成一边;甚至社会民主党人也勉强赞同,他们的发言使人想到1848年的激进主义。卡普里维因拒绝俄国关于缔结新商务条约的试探,也赢得了农业界右翼的赞成票。但正当德国人在从事两面作战的计划时,政策的变化也许会使这些计划变成不必要的了。巴拿马丑闻给了德国人推迟(或者阻挡)法俄结盟的最后机会。吉尔斯的怀疑看来是有道理的;亚历山大第三拒绝接见法国大使,并且派他的儿子去访问柏林。但是,尽管威廉第二谈到各国君主间的联盟,①事实比情绪总是更加重要。农业上的竞争和波兰议员投卡普里维赞成票这两件事,很快就使神圣同盟最后的响动销声匿迹了。

同俄国的良好关系没有恢复,同英国的亲善——"新方针"的基石——也正在淡漠下来。1892年8月的大选使格拉斯顿以不稳当的多数重新执政。格拉斯顿本人不信任三国同盟(特别是奥匈),并把同法国重新和好看作"一项正义的事业";②他的内阁中的大部分成员除了孤立以外不知道还有什么别的外交政策。外相罗斯伯里想要保持"外交政策的连续性"——这是他自己发明的一种理论。这样,他的主要任务就是既欺骗他的顶头上司、也欺骗他的同僚。他诚心诚意地去完成他的这一任务,结果只落得使他本

---

① 马沙尔致威尔德(圣彼得堡),1893年1月30日。见《重大政策》,vii,第1527号。

② 沃丁顿致德维尔,1893年1月31日。见《法国外交文件》,第1集,x,第153号。

来神经质的脾气发展到近乎精神失常的地步。索尔兹伯里留下为他的政策辩护的论述作为对罗斯伯里的指导："欧洲当前局势的关键是我们对意大利的立场、并通过意大利对三国同盟的立场。"①虽然罗斯伯里同意这一政策，他对地中海协定连看都不看一眼，这样要是他被问起来就可以说根本没有这些协定存在。② 他愿意做的一切，就是发表"个人看法"——英国将会援助意大利，"如果发生法国无端对它进攻的情况"。③ 1893年5月，他允许即将退休的英国驻维也纳大使把奥匈描述为英国的"天然盟友"；但这个已经用滥了的词具有它原来的含义——它要成为协议的代替物而不是协议的前奏。④ 德国人在同索尔兹伯里打交道中所取得的成果在自由派政府当政的第一年里肯定都被取消了；在柏林，因为"新方针"的设想都行不通而引起的恼怒情绪在增长。

这种情况对英国人可能不产生任何影响，如果他们设法恢复同法国的良好关系；但是格拉斯顿的影响没有带来具体结果，而罗斯伯里则可能是所有外相中最反法的一位。当沃丁顿为了想在埃及问题上有所成就而越过罗斯伯里直接向格拉斯顿提出要求时，他所得到的全部结果就是在罗斯伯里提意见后被召回。⑤ 就此事

---

① 索尔兹伯里致库利，1892年8月18日。见赛西尔著《索尔兹伯里的生平》，iv, 404。

② 他显然作出过否认。格拉斯顿告诉沃丁顿："他在外交部查问过同意大利的关系；他能斩钉截铁地对我证实说，在英国同意大利之间没有书面的协定。"沃丁顿致里博，1892年12月9日。见《法国外交文件》，第1集，x，第64号。

③ 罗斯伯里笔记，1892年9月5日。见《英国文件》，viii, 4。

④ 戴姆(伦敦)致卡尔诺克，1893年6月14、28日。见坦珀莱和彭桑著《英国外交政策的基础》，第186及187号。

⑤ 沃丁顿致里博，1892年11月2日。见《法国外交文件》，第1集，x，第37号。

## 第十五章 法俄同盟的建立 1888—94年

而言,法国人对于即使是同格拉斯顿在埃及问题上达成协议也害怕,因为他所能提供的最多也就是召开一次国际会议,而在这样的会议上没有一个强国会给他们以认真的支持。① 事实上,他们自己也不清楚他们在埃及究竟想要什么;这是一种没有解决办法的抱怨。② 外交部要迫使英国人同意就埃及问题举行谈判,虽然他们不知道根据什么条件来谈;殖民部想发动一次更加直接的挑战,派一支远征军从西非到上尼罗河去,并同阿比西尼亚人携手。这实际上也是一种外交上的策略行动,因为殖民部也根本没有明确的想法,远征军到了上尼罗河之后到底干什么。他们玩弄在尼罗河上筑坝的计划,更多地是作为一种恐吓英国人的手段,而不是作为一种认真的工程方案。这将使埃及问题"流动"(隐喻的含义);因为法国的目标自始至终是同英国达成协议,而不是要摧毁英帝国。1893年5月3日,总统卡尔诺对探险家蒙泰伊说,"我们必须占领法休达。"③这个宏伟的决策暂时还没有付之行动;但法国人仍然回避同英国人谈判,直到局势变得对他们有利。

在这种密云不雨的局势下——法国人还吃不准俄国的真意、英国与三国同盟疏而不亲、埃及问题又悬而未决——传来了一个突然的警报。法国人正在完成费里在印度支那的工作,囊括其西部边疆;这使他们同暹罗发生冲突。暹罗是在他们同印、缅的英帝国之间最后一个中立的缓冲国;英法外交部事实上是同意保持这个缓冲国的,要不是印度政府反对,两国早就可以签订协议了。但

---

① 沃丁顿致德维尔,1893年5月5日。见《法国外交文件》,第1集,x,第224号。
② 关于1893年11月8日勒韦索(开罗)致德维尔函的纪录。同上书,第421号。
③ 蒙泰伊致勒邦(殖民地部部长),1894年3月7日。同上书,xi,第65号。

在1893年7月30日,伦敦收到一个报告,说法国人命令英国战舰撤出暹罗领水。罗斯贝里相信战争已迫在眉睫,惊慌失措。这时威廉第二正好在英国,罗斯伯里就向他呼吁,要求德国支援。[①] 在威廉第二还没有来得及打定主意如何答复时,发现上述来自曼谷的报告不实,警报解除了。法国人保持他们原来的意见,罗斯伯里压制了印度政府的反对,暹罗作为一个缓冲国生存下来。但是,这次危机对德国人产生了深远的影响。他们认为他们最后能够把英国与三国同盟拴在一起。迄今为止,奥匈和意大利在近东对英国支持的需要大于英国对他们的需要;因此,他们始终未能从英国人那里得到一个起约束作用的、给予支持的承诺。但除了英国人之外,没有人关心暹罗;德国人决定对他们进行勒索:除非英国人在近东作出承诺,德国就不会支持他们反对法国。卡普里维写道:"对我们来说,下一次大战最好是由一般英舰打第一枪来开始。那么我们就肯定会把三国同盟扩大为四国同盟。"[②]

这一讹诈成了德国政策的基础。它是建立在虚假的设想上的。即使英国人让自己同奥匈联结在一起,德国在暹罗或尼罗河谷还是没有它的利益;为了这些地方在欧洲打一场大战,对德国来说仍然是毫无意义的(但是德国非干不可)。如果英帝国是在危险

---

① 这个呼吁是通过女王的秘书庞森比提出的,庞的焦虑不安给德国人很深的印象。他们认为他是害怕战争,而这种恐惧在英国统治阶级中是很典型的。庞森比所怕的是一次内阁危机以及将会把他卷进去的政治骚动。想到他将不得不充当维多利亚女王和激进派之间的中间人,他就吓得脸色发白——这是不奇怪的。与此相比,同法国打仗不过是一场儿戏。

② 卡普里维在哈茨费尔德给外交部报告上的批注。1893年7月31日。见《重大政策》,viii,第1753号。

第十五章　法俄同盟的建立 1888—94 年

中,情况可能会不一样,但是并非如此。发生的不过是同法国或——像在帕米尔山脉——俄国的一些边界纠纷,仅此而已。如果德国人看得更仔细一点,他们就会看到,即使是在暹罗,英国人虽然表现得很不光彩,还是实现了他们使之成为一个中立缓冲国的要求。归根到底,法国人转向殖民扩张是以此代替在欧洲可能发生的一场大战,而这样的战争如果在亚洲或非洲打起来,那是他们所更不欢迎的。德国人没有抓到这一点,从而认为法俄同盟削弱英国的地位就是加强他们自己的地位。

　　结盟的事现在该完成了。1893 年夏,因巴拿马丑闻而造成的法俄之间的冷淡局面消散了。这一年早些时候,亚历山大第三让卡尔诺总统对于莫伦赫姆与这一丑闻有涉的指责(无疑是有根据的)以书面道歉。现在沙皇感到他在羞辱法国方面做得太过份了,同意派遣一支俄国舰队访问土伦。① 在 10 月中举行的这次访问比起两年前法国舰队对喀琅施塔得的访问来,是一件认真得多的事情。法国公众非常热情并且把这次访问看作法国"孤立"的真正结束而表示欢迎。还有,这看来是一种真正的战略姿态。法俄在波罗的海实行海军合作是没有意义的——因此法国舰队访问喀琅施塔得也没有意义。现在俄国人在谈论建立一支永久性的地中海分遣舰队,它将同法国人联合起来向英国的海上霸主地位挑战。英国人作出了一个软弱无力的答复,表示要在塔兰托举行一次英意海军会议。除了其他情况,英国人知道意大利舰队是不行的。

---

① 蒙特贝洛致德维尔,1893 年 6 月 2 日、11 日。见《法国外交文件》,第 1 集,x,第 255、264 号。亚历山大第三同意访问土伦是由于暹罗危机或德国通过军事法的说法是不确实的。

一个英国军官写道,"如果在这儿我手上有一个很重的任务,即使我自己只有一支很差的部队,我也宁肯不要意大利的帮助来试图完成它。"①

土伦访问是俄国对法俄关系的理解的申述:它纯粹是反英的而根本不是反德的——对德国人来说,没有什么比地中海更遥远的了。但这一申述并不像看起来那么完善。没有继之产生海军合作议定书。相反,法国人又重新把去年的军事议定书拿出来,并且坚持说,除非他们得到在对付德国方面的安全保障,他们不能向俄国作出承诺。这一次他们如愿以偿了。我们不知道是什么原因使亚历山大第三作出了最后决定。也许是一种无意识的对时机的感觉——他已经让法国人等够了;也许是他不断增长的信心——他们不会把他拖进一场复仇战争。12月16日,他对法国大使蒙特贝洛说,"如果你们不老想着总有一天你们能够收复失去的省份,那你们就不是好的爱国者,你们就不是法国人;但是在这种天然的感情和作出挑衅以求实现——用一个词来说就是复仇——的想法之间还有一大段距离;你们常常表示了需要和平超过一切,而且你们懂得怎样以尊严的态度来等待。"②换句话说,既不要法国打一场反德战争,也不要法国同德国言归于好。12月27日,吉尔斯通知蒙特贝洛,亚历山大第三已批准军事议定书;1894年1月4日,法国政府在答复中也给予批准。这样,盟约(虽然还是保密的)正式存在了。如果说它有一个认真的意图的话,那么这个意图就是

---

① 见马德著《英国海军政策》,第172页。
② 蒙特贝洛致卡西米尔-佩里埃,1893年12月17日。见《法国外交文件》,第1集,x,第475号。

当这两个盟国在别处追求它们的若干目标之时,要使德国保持中立。尽管如此,它仍然是只瞄准德国的一件上好了子弹的武器,不管这两个伙伴有着多少保留。

# 第十六章　流产的大陆联盟
## 1894—7年

346　　人们习惯于把19世纪最后的二十或三十年称作英国外交政策中"光荣孤立"①的时期。但这只是在有限的意义上说才是正确的。英国人当然不再去关切欧洲的势力均衡，认为这是会自我调节的。但是为了欧洲以外地区、特别是近东的事务，他们同大陆上的列强保持着密切的联系。地中海协约是比他们在本世纪早些时候所曾参加过的任何条约都更为坚实的反俄联合。直到1893年秋，他们还一直以为同法国的"自由主义同盟"仍然在他们袖子里藏着，什么时候他们真正需要就拿出来用。土伦访问摧毁了这些如意算盘；第三共和国做了拿破仑第三始终拒绝做的事情——向俄国作了承诺，同时却不和英国搞好关系。还有，欧洲的势力均衡过去是英国政策的骄傲，现在却反过来对付英国了。这一均势当然为欧洲带来了和平；确实，许多法国人正当地抱怨同俄国结盟就是含蓄地接受法兰克福条约作为应加维持的现状。但是，如果英

---

① 具有讽刺意味的是，发明这个名词的索尔兹伯里用它来描述英国所无法做到的一种境况：只有使英国人生活在"光荣孤立"之中，他们才能以道义原则作为政策的基础。

## 第十六章 流产的大陆联盟 1894—7 年

国找到了一个大陆上的盟国,那么这一均势将被推翻,而不是被加强。过去,英国同别国结盟是为了维护欧洲的和平,现在为了同样的理由,别国回避同英国结盟——一个欧洲强国同英国结了盟,离战争就更近了、而不是更远了,因为这将牵涉到英帝国的许多负担。在这样的情势下,英国人只有两种办法。他们——实际是半心半意地——试图取得德国的支持;起初是间接地通过奥匈,后来当风暴中心从近东移到远东时,直接进行讨价还价。他们也着手去加强海军,做到在没有任何盟国的情况下也能保卫帝国的全部利益。这第二条路子他们取得了成功。

英国取得成功还有另一个理由。大陆上的列强对于如何利用它们的新的安全各各不同。法国人自始至终有一个压倒一切的目标:他们要想按法国公众舆论所能接受的条件来解决埃及问题,从而恢复"自由主义同盟"。俄国人也有一个目标,为此目标其他一切都要让路。他们正在建设西伯利亚大铁道,用的是法国贷款;他们所看到的在这条铁道终端的"锦标"将是对中华帝国的统治。海上力量曾挽救了君士坦丁堡,但不能保护北京。他们在近东的利益纯粹是防御性的。他们忍受了在保加利亚的屈辱,但这并不那么是决定性的——到 1894 年,保加利亚有了一个对俄友好的政府。俄国在近东唯一关心的事是,英国不要以在黑海发动攻击来对付他们对中国的威胁,就像英国在 1885 年为对付俄国对阿富汗的威胁而提出过要这样干。由于俄国人对"海峡规则"失去了信心,他们有自己来控制海峡的模糊想法;这触发了一次勉强可以称得上危机的近东危机,直到他们在绝望中放弃了这个想法。至于德国人,他们不知道该如何来利用他们的安全处境。当然,这使他们能自由地去追求实现他们的帝国野心——在非洲、土耳其和远东;但这不是一个伟大的政策。有时,他们想迫使英国加盟,有时又想组织一个对付它的"大陆联盟"。前者太危险;后者给法国和俄国(特别是俄国)的好处要比他们自己还多。因此,他们接受了不可避免的出路,即只以"行动自由"来自鸣得意。最后,奥匈和意大利两国在新形势下都被置于孤立无援的地位:前者暴露在俄国面前、后者在法国面前。由于俄国在近东也趋于平静,奥匈还有喘息余地;但意大利却遭了灾难。

1893—4年的冬季,英国人开始认真地对待法俄同盟的问题。迄今为止,他们以为在同俄国发生战争时他们能够通过海峡;一个海军中队多多少少带有永久性地驻扎在爱琴海。在土伦访问之后还把这个中队留在那里,那完全是罗斯贝里所说的"一种保持荣誉的政策"。它说什么也不能冒采取战斗行动的风险。[①] 地中海和英吉利海峡两支舰队的全部力量都要用上才能对付法国人;即使这样,能否对付得了还有争议。常常喜欢夸张的张伯伦说,"在地中海的英国海军将不得不砍断锚索赶快逃走——如果走得了的话。"[②]此外,俄国舰队据说现在已很庞大;人们认为俄国人将能从海上到达君士坦丁堡,避开漫长的陆路——这条陆路使他们完全要受制于奥匈。英国人作出的直接回答是提出一项以海军大臣斯潘塞命名的新的海军建设计划。格拉斯顿抵制这个计划,他说,

---

① 海军大臣的备忘录,1894年4月15日。见马德著《英国海军政策》,第221页。

② 下院辩论纪录,1893年12月19日。见《汉萨德》,4,xix.1771—86。

## 第十六章 流产的大陆联盟 1894—7 年

"精神病院应该立即扩充;正是这些海军将军们老是同我过不去。"[1]甚至于他那些更为激进的同事也不支持他,他就在 1894 年 3 月 1 日辞职。罗斯伯里成了首相;他比过去能更自由地奉行他所相信的帝国主义政策了。

虽然扩大了的海军可能为英国解决问题,但这要若干年才能完成;罗斯伯里需要立即有一个盟国。以前,他对奥匈的苦苦要求置之不理,现在轮到他来苦苦要求了。1894 年 1 月 31 日,他对奥匈大使戴姆表示准备为海峡战斗:"我在使英国卷入对俄作战的危险面前决不退缩。"但这只有在法国保持中立的情况下才有可能,因此他需要"三国同盟'的帮助,把法国牵制住。"[2]当然,谈到"三国同盟"是门面话,三国之中唯一能吓唬法国守中立的是德国。这个提议如果是在"新方针"的伟大日子里,一定会一下子就被接受了;就此事而言,俾斯麦在 1889 年就曾提出过。现在时代已经变了;由于法俄结盟,德国不能对法国进行威胁而不冒同俄国同时作战的危险。此外,在德国国内政治中也在刮着另外一股风。支持卡普里维的左翼联合分裂了。许多过去的自由派现在把英国看作他们的殖民对手。在另一边,从事重工业的企业家追求俄国的市场,把农业界的抗议声压了下去,而威廉第二又同意他们的主张。"我无意为了这百来个疯疯癫癫的容克去同俄国打仗。"[3]1894 年 3 月,德国议会通过了一项同俄国的新商务条约。在巴尔干的"日

---

[1] 见阿尔杰农·韦斯特著《日记》,第 262 页。
[2] 戴姆致卡尔诺克,1894 年 2 月 7 日。见《英国外交政策的基础》,第 189 号。
[3] 见瓦德西著《回忆录》,ii,306。

耳曼事业"和同英国的自由主义同盟不吃香了。威廉第二对他的煽动者的角色已经厌烦了并且赞同"俾斯麦主义"（虽然不是俾斯麦这个人）。早在1893年9月，他对卡尔诺克说，德国不会为君士坦丁堡而战，如果俄国人占了，奥匈就去占萨洛尼卡。① 这是俾斯麦为之而被免职的那条老的路线。卡普里维如果想保住职位，就得奉行这条路线。因此，他只能向卡尔诺克提出俾斯麦那个老的答复：英国必须向奥匈作出承诺而不依靠德国。当然，他把事情说得好像英国一旦同奥匈订了正式条约，就会得到德国的支持。实际上，他是想只要一抓住英国，他就去同俄国订立一个新的"再保险"条约或者类似这样的条约的某些协定。②

卡尔诺克并不喜欢这个答复。他害怕在风暴刮到英国人那儿去之前，他自己就先陷入麻烦。德国人在维也纳没完没了的催促之下，将不再去哄英国人而是试图去威吓他们。他们将在殖民地事务上反对英国，从而迫使它同奥匈结盟。哈茨费尔德向他们保证，一点小小的不愉快就会很快驱使罗斯贝里去冲击内阁——归根到底，他现任是首相了，不能再在格拉斯顿的反对派掩护下藏身了。③ 德国人抓住了一个机会：罗斯伯里在5月12日同刚果自由邦签订了一项协定，旨在阻挡法国人，不使他们进入尼罗

---

① 威廉第二在奥伊伦堡（维也纳）致卡普里维的报告上的批注，1893年12月20日。见《重大政策》，ix，第2138号。
② 卡普里维备忘录，1894年3月8日、4月23日；马沙尔致哈茨费尔德，3月28日。同上书，第2152、2155、2153号。
③ 哈茨费尔德致卡普里维，1894年6月1日。《重大政策》，viii，第2039号。

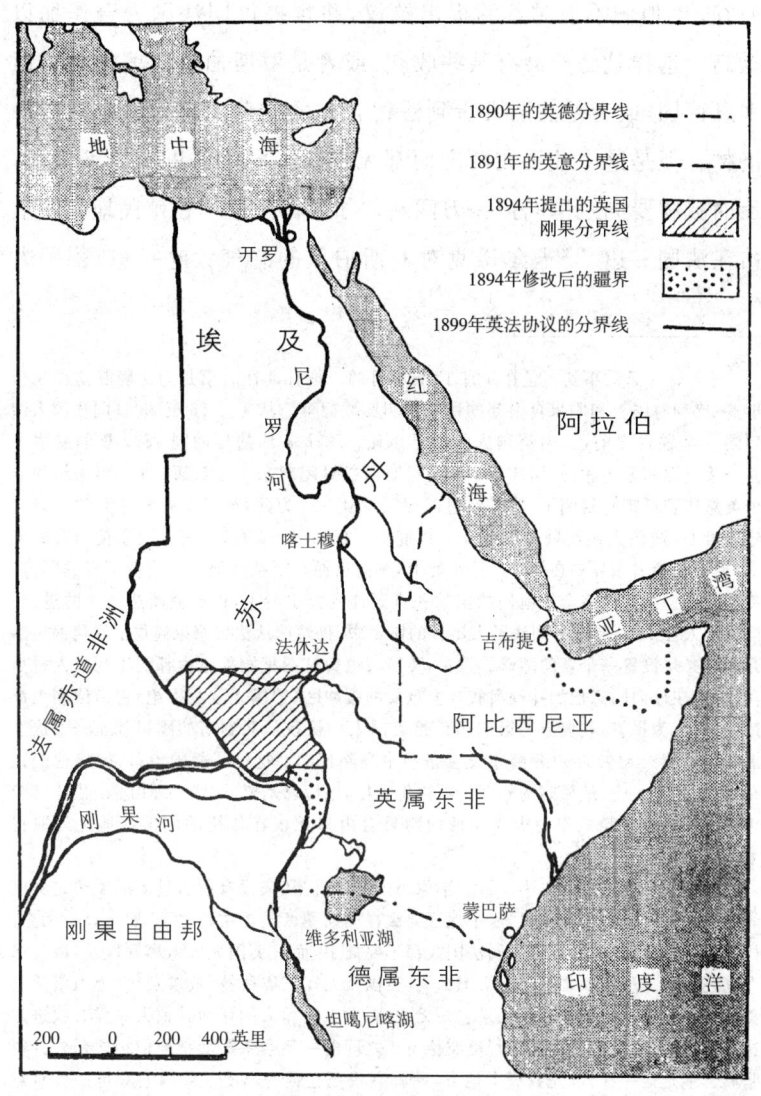

## 第十六章 流产的大陆联盟 1894—7年

图例：
- 1890年的英德分界线
- 1891年的英意分界线
- 1894年提出的英国刚果分界线
- 1894年修改后的疆界
- 1899年英法协议的分界线

地名标注：地中海、开罗、埃及、尼罗河、苏丹、红海、阿拉伯、喀士穆、法休达、赤道、法属赤道非洲、吉布提、亚丁湾、阿比西尼亚、英属东非、刚果河、刚果自由邦、维多利亚湖、蒙巴萨、德属东非、坦噶尼喀湖、印度洋

比例尺：200　0　200　400英里

**尼罗河流域**

照原图译制

河谷。① 他们不但对条约提出抗议,并且提议同法国人合作加以抵制。这样就必然会有某些收获:或者是罗斯伯里同奥匈结盟以平息德国,或者是法国人看到法德合作的价值而忘掉阿尔萨斯和洛林。但是这个政策在两方面都无结果。罗斯伯里不但不惊慌,反而威胁要同三国同盟一刀两断,"如果德国继续在殖民地问题上站在法国一边。"② 卡尔诺克对罗斯伯里的怒气大吃一惊,德国人

---

① 这个条约事实上是在4月12日签订的。把日期往后填是为了隐瞒这样一个事实:比利时国王和刚果自由邦的所有者利奥波德第二从4月16至23日同法国人谈判同一个题目之前,已向英国人作出了承诺。这个条约的目的同1890年的赫尔戈兰—桑给巴尔条约相同:用外交手段把尼罗河谷封闭起来。在东面,1890年条约和一个英意协定已把它封闭了,除了经过阿比西尼亚——为此,英国人鼓励意大利人对它施展野心,法同人则给阿比西尼亚人以庇护。1893年11月,德国人同意英国人的要求,把喀麦隆的东界划在尼罗河分水岭上,从而也抛弃了从西面进入尼罗河谷的可能。英国人希望德国人将会把他们的要求一直延伸到分水岭上,由此截断法国人的进路;但德国人在1894年3月同法国人签订的协定中,仍然使从法属刚果通往尼罗河的道路开放。必须设置一个新的障碍。过去,英国人也曾试图把刚果自由邦的比利时人排斥在外;现在他们同意把加扎勒河省这个重要的缓冲区(德国人刚刚拒绝)租借给利奥波德第二;作为报答,利奥波德第二借给英国人一长条从北到南的刚果领土——这个提议正是德国人在1890年赫尔戈兰条约中删除掉的。这给了德国借口,抱怨他们正在"被包围"——在最黑暗的非洲!不论怎么样,他们总是要反对的,理由是:根据1885年柏林法案建立起来作为中立领地的刚果自由邦无权在传统的刚果盆地之外取得土地。

法国人的反对意见更为严重。不像德国人,他们从来没有承认过上尼罗河是英国的"势力范围"。他们坚持说,这个地区要么在奥斯曼帝国的主权之下、要么就是无主。如果仍属土耳其,那么英国人同法国人都不要插手,而且英国人应该离开埃及,因为那里也还在奥斯曼主权之下。不管怎么说,英国人无权把奥斯曼(或埃及)领土租借给利奥波德第二或任何其他人。如果它是无主的,那么法国人同任何其他人一样有权进入这个地区,而不能由英国人和利奥波德第二之间的一笔空头买卖把他们拒之门外。像非洲其他地区一样,谁先到那个地方,谁就有权把它据为己有。英国人对这些反对意见置之不理。唯一的答复将是占有权,而这是在1898年英国人才到手的。

② 戴姆致卡尔诺克,1894年6月13、14日。见《英国外交政策的基础》,第192号。

第十六章 流产的大陆联盟 1894—7 年

就赶快改弦易辙。他们表现得好像他们从未想同法国人合作,①并且在英国人作了一点微不足道的让步之后就表示满意。虽然他们没有破坏英国—刚果条约(法国人在没有援助的情况下做到了这一点),他们肯定破坏了英国支持奥匈的任何机会。7月9日,戴姆为德国在近东的回避态度给罗斯伯里写了一封很长的道歉信。②罗斯伯里对此不再感兴趣。他对"三国同盟"已感绝望,提出改善同法俄的关系,以减少英国的困难。1894年7月9日是一个历史性的日子。它标志着英奥合作反俄的终结:这个政策是英国人从维也纳会议(或者甚至在1792年)就已开始的,在克里米亚战争中未能实现,在1878年押了很大赌注、在1887年押了全部赌注在它上面。事实上,正是在这一天英国的"孤立"开始了。

英国同法国的协议没有达成,虽然法国人对此将会表示欢迎。他们对于任何一个外国会在上尼罗河问题上支持他们是不抱任何

---

① 兰格(《帝国主义的外交》i.139)想要显示(1)德国人没有提出过合作,(2)法国人对于德国人退出这个问题并不生气。他在这两点上都是错的。1894年6月13日,马沙尔向赫伯特提出,法德两国"应把维持由柏林法案所确立的现状作为同英国谈判的共同基础"(《重大政策》viii,第2049号)。同一天,罗斯伯里向戴姆说了牢骚话;6月15日,卡尔诺克把这些话转达给德国人(同上书,第2054号)。6月17日,马沙尔回避同法国人进一步合作,自己并表示满意(同上书,第2061号)。这还是在英国人对德国作出让步(6月18日)之前。因此,德国人改变态度是因为奥匈的不安,而不是因为他们得到了他们所要的东西。

6月19日,法国外长阿诺托劝诫德国大使,不要同英国订立单独的协议(《法国外交文件》,第1集,xi,第161号);在6月22日又重复了他的抱怨的话(第172号)。赫伯特在柏林在6月19日劝诫马沙尔(第162号),6月25日又谈一次(第175号)。马沙尔接着就到乡间去休假,为了避开再听这些抱怨的话。他对他的行动感到惭愧是很对的。但"重大政策"一书的编辑们(他们压制了关于法国抱怨的证据)却毫无这种感觉。

② 戴姆致卡尔诺克,1984年7月9日。见兰格著《法俄同盟》,第200页。

幻想的。当德国人提议合作时,他们的回答是询问这一合作是否将扩大到包括埃及问题在内;①德国人的答复是否定的,后来德国人对这件事压根儿不提了,对此法国人也不感到意外。俄国也不比德国好。法国外长阿诺托企图引用法俄盟约。②吉尔斯在沉默了三星期之后回答道,"沙皇对共和国政府所采取的态度完全同意。"③但随之并无行动,甚至在伦敦表示点意见这样的毫无害处的行动也没有。事实上,俄国人是在赞美这场争吵,而不是造成争吵的缘由。法国人对这些拒绝支持的表示并不很感遗憾。阿诺托虽然后来获得了殖民狂热分子的美称,他的目标是同英国重新和好,而不是去羞辱它,甚至也不是去挫败它。但在他看来,只有英国人撤出埃及,和好才有可能;而英国则希望在谈论重新和好之前,法国先承认英国对埃及的占领,甚至这一占领的永久性。阿诺托试图使两国至少就此事继续谈下去。他提出讨论上尼罗河的问题,甚至承认那里是英国的势力范围——有一个代价(不指明的而且确定也发现不了的)——如果英国撤销同利奥波德第二的条约的话。英国人所需要的正好相反:只有法国承认了这个条约、从而也承认了法国的失败之后,他们才愿意谈判。僵局再一次出现。阿诺托用威胁利奥波德第二(而不是英国人)的办法来打破僵局。刚果自由邦在比利时已经声名狼藉;利奥波德的大臣们不愿意支持他同法国争吵。就此事而言,英国也不愿意。他们所要的是对

---

① 赫伯特致阿诺托,1894年6月17、24日;阿诺托致赫伯特,6月18日。见《法国外交文件》,xi,第154、174、157号。
② 阿诺托致蒙特贝洛,1894年6月1日。同上书i,第122号。
③ 蒙特贝洛致阿诺托,1894年6月21日。同上书,第169号。

付法国的缓冲,而不是包袱。如果要吵架,他们宁愿为自己的利益去搏斗。8月14日,利奥波德第二同法国取得协议,不接受英国同他交换租借地,以阻拦法国人到上尼罗河去的道路。①

法国人还是想同英国达成协议。正在进行准备的远征队接到通知,不要深入尼罗河谷。② 10月,阿诺托提出,英国也应该参与这个"自我限制法令"。③ 英国派往巴黎的谈判代表认为这是一个很好的妥协办法,但他的意见为伦敦所否定。谈判破裂了。从1882年对埃及的占领直到1904年订立协约成功,这一次是英法两国最接近于达成协议的一次。协议终于没有达成的障碍是很简单的。英国人决定在埃及待下去;他们不满足于法国答应不去接替他们的空缺。如果法国人不能把英国人从埃及赶出去——他们确实做不到这一点——那么他们必须想法得一点报酬,使法国公众舆论能够忍受英国的占领。英国不明白这个道理。稍后,保罗·康邦从君士坦丁堡写道,"如果我们能给英国人这样的印象,……我们的政府在公众舆论的推动下将能占领塞得港,这一示威行动将会有一定的效力。但是,……我们必须知道我们究竟要什么,并把它坦率地、热诚地、但又十分清楚地说出来。我们坚持自己的权利太过分了,而没有充分地考虑到事实。"④ 这样的论断

---

① 奇怪的是,法国的成功最后倒是有利于英国。要从法休达赶走利奥波德第二比赶走马尔尚会更困难些,因为他有一个头衔,而这个头衔是英国人无论怎样不能不承认的。
② 德尔卡塞(殖民部长)致蒙泰伊(阿诺托有批注),1894年7月13日。见《法国外交文件》,第1集,xi,第191号。
③ 请参看本书作者写的《法休达的前奏》,载《英国历史评论》,第lxv卷。
④ 保罗·康邦致布尔乔亚,1896年3月31日。见《法国外交文件》,第1集,xii,第362号。

太无情了。法国人仍然希望他们能改善讨价还价的地位,而又不引起一场严重的冲突。11月17日,他们的远征队奉命尽快到达上尼罗河。① 即使如此,这个行动也只是外交上的行动,而不是准备一场真正的冲突。法国人一旦到了上尼罗河,英国人将变得更讲道理一些。指挥远征队的马尔尚在出发之前写道,"归根到底,此行的目标是用和平而又确切的手段,使英国处于不得不接受(如果不是它自己提议的话)举行一次欧洲会议的境地。……难道我们不能希望,随着埃及苏丹撤退之后将自然而然地产生从埃及撤退的问题吗?"②英国人对法国远征队的准备工作没有答复。因此,他们又倒退到早已不灵的外交手段——威胁。1895年3月28日,外务次官格雷在下院说,法国派出远征队到上尼罗河去将是"一次不友好的举动"。③ 这是迟延了的宣战,它同罗斯伯里想表现给德国人看的英法和好当然是相距十万八千里的。

罗斯伯里在同俄国打交道方面也同样不成功,尽管有一些善意的迹象。他同俄国人签订了一个协定,规定两国在帕米尔山区的边界;1894年11月9日,他在伦敦市长的宴会上宣称,同俄国的关系从来没有比现在"更加亲切"。在近东发生了一系列土耳其新暴行,这一次是对亚美尼亚人的。这给了他一个机会来发起一场大事张扬的英、法、俄合作。但结果却是什么也没有办成。当英

---

① 阿诺托的笔记,未写明日期(1894年11月17日)。见《法国外交文件》,第1集,xi,第285号。
② 马尔尚笔记,1895年11月10日。同上书,xii,第192号。
③ 这就是所谓"格雷宣言"。他后来对此感到极为羞耻,以至于他把事情说成他本来是用这些强烈的言词来说尼日尔的、却错误地搬到了尼罗河上。见格雷著,《二十五年》,i,18。

国政府被公众的愤怒浪潮推向前进的时候,法国人参加进来只是为了保证不使土耳其受到损害,而俄国人(他们自己是许多亚美尼亚人的压迫者)则是为了保证亚美尼亚人不要得到什么好处。对于英国人主动来接近他们,俄国人的态度是一种带着鄙视的自满。罗斯伯里也不能退回去找三国同盟,虽然他在12月份曾试图这样做。卡尔诺克对亚美尼亚的暴行很开心,因为这样一来,风暴的中心就从巴尔干转移开去了。① 在德国,卡普里维的辞职(11月间)正式结束了"新方针"。新总理霍恩洛厄除了他本人不是俾斯麦之外几乎什么都像俾斯麦。他依靠过去的工业家和农业地主的联合,但有了一个新的敌人。重新恢复对社会民主党人的迫害的计划落空之后,霍恩洛厄不得不依靠对"世界政策"的热情——在海外进行扩张,以及建立一支针对英国的强大海军的运动。早些时候,德国对英国常常漠不关心;很快地它就要变得充满敌意了。

1895年春,当远东在世界舞台上突出在前列的时候,英国的孤立在全世界面前显示出来了。迄今为止,英国人一直满足于挟制和欺凌孤苦无告的中华帝国,实际上则垄断它的贸易。他们对海上实力的控制地位使他们能够阻止任何瓜分中国的企图,特别是在1861年和1885年两次挫败了俄国的瓜分企图。现在西伯利亚大铁道正在兴建,俄国军队很快就能从陆上到达中国。但同中国打交道的不只是欧洲列强。日本通过一项特有的业绩,使自己从一个处于衰败中的东方王国改造成一个现代的工业化国家,并

---

① 奥伊伦堡致霍恩洛厄,1894年12月4日、14日。见《重大政策》,ix,第2168、2170号。

决心要发挥作为列强之一的作用。日本人预见到在西伯利亚大铁道建成之后,俄国将集中力量于远东;他们决定把朝鲜建立为一个缓冲国(脱离中国的势力),以保护他们自己。1894年9月,他们对中国开战——第一次朝鲜战争。英国人作为中国的保护人试图组织一次欧洲列强的联合干涉,帮中国的忙。这一企图失败了。中国被打败。1895年4月,两国在马关议和。中国承认朝鲜独立,并将旅顺口和辽东半岛——满洲(其实也是整个华北)的锁钥——割让给日本。

这些事件使俄国的政策陷于混乱。六十年前,1829年,他们曾计划以和平渗透的办法去主宰奥斯曼帝国。这个计划几乎还没有开始,土耳其就受到麦哈默德·阿里的威胁;为了打败他,俄国人不得不把其他欧洲列强都找来参与这个东方问题。现在,如果日本人占有旅顺口,那么俄国人在北京取得政治上独占地位的计划势将再一次在出笼之前就遭破坏。俄国外交部——刚交到罗伯诺夫手上——从过去的失望中学乖了。这一次,俄国应该同它的直接对手搞一笔交易,把其他所有列强排除出远东。归根到底,俄国的实际需要是在北满建立一条势力范围地带,把西伯利亚同滨海省联结起来;这一点是能够同日本订立协议取得的。这样一种谨慎的政策不合财政大臣维特的胃口;他正在盘算对整个华北建立经济和政治上的主宰地位,他不需要别人来合伙。新沙皇尼古拉第二是1894年11月继位的;他为自己对远东(他确在那儿呆过)的知识很感骄傲,完全赞同进行抵抗。这样,俄国的外交就被推向在远东执行一项冒险政策,就如在1877年被推向在巴尔干进行泛斯拉夫主义的冒险。罗伯诺夫想到一个减少危险的计谋。俄国应该组织一次欧洲列强的联合抗议（但俄国自己应居于幕后），然后再以日本的保护者的面貌出现。

法国人立刻加入。虽然他们在印度支那的利益将因肢解中华帝国而得到最好的维护，但他们欢迎在任何地方——当然君士坦丁堡除外——有机会显示一下法俄同盟。此外，他们估计英国人也会再次合作，因为英国人在1894年秋就曾提议采取联合行动。使法国人大为沮丧的是，英国人置身事外而德国人却代之而入。德国人原来想同日本人联合，瓜分中国。他们来了个一百八十度转弯，是为了防止法俄同盟经历一次"炮火的洗礼"。威廉第二甚至认为，他同俄国一起干，将多少显示出俄国抛弃了法国而参加了三国同盟；不管怎么样，俄国在远东采取行动就意味着德国在欧洲东线将是安全的。①

英国采取回避态度并非来自这样的深谋远虑。九年以后，日本打败了俄国，从而至少在一段时间内使英国保持了它在中国的商业上的巨大优势——看起来似乎英国人当时具有惊人的远见。事实上，他们在远东无政策可言，在任何其他地方也谈不上有什么政策。他们对于东方诸帝国——首先是土耳其，也还有中国、波斯、摩洛哥——自我改造的能力正在失去信心，但又没有代替办法。瓜分看来是不能同意的，正如保存下去是不可能的。他们从未想到日本居然能挫败俄国对中国的谋略；确实，他们也还没有意识到一次俄国的重大侵略行动已迫在眉睫。回避只不过是一个正

---

① 威廉第二在奥伊伦堡致霍恩洛厄报告上的批注。1895年4月7日。见《重大政策》，ix，第2313号。

在完全瓦解的自由派内阁的最后一次消极表现。政府中的所有积极力量——女王、首相罗斯伯里、外相金伯利——要同欧洲列强合作；内阁则坚决主张不采取任何行动。他们一直不喜欢罗斯伯里的"帝国主义"政策；这一次，他们击败了他。还有，他们对于俄国和法国用以使"亚美尼亚谅解"毫无理想主义色彩的犬儒主义（1894年秋）很生气，决心不再上别人的当。远东本来在很长时期中是英国人独有的地区，现在它被三个大陆强国推搡到一边去了。

更确实地说，他们是被俄国单独推搡开去的。法国和德国都没有从"远东谅解"中得到任何好处。它们的联合抗议迫使日本把它在大陆上所得权益还给中国，从而使远东的锁钥留给俄国去控制。中国对日本的赔款由一笔贷款来支付——法国人出钱，俄国人得到政治上的利益；德国人被排斥在这笔贷款之外，尽管德国人提出抗议，他们后来忍受了这一排斥，因为不愿同俄国吵架。事实上，法德在为取得俄国友谊进行竞争；两国都鼓励它在远东干，这样可以使它的目光从君士坦丁堡转移开去。这一发展使法国人很尴尬，因为他们原来是要使法俄国盟保护他们、防备德国，不是迫使他们去同德国搞好关系。正如阿诺托所说，如果在远东要采取行动，那么"我们势必被迫正当我们要同德国一起去帮助俄国的时候，公开讨论我们曾经同俄国在一起为反对德国做了些什么。没有比这更一团糟的事情了"。① 但无法可想。1895年6月，基尔运河开通；这是拿破仑第三在斯莱士威克事件中初次受挫的可耻象

---

① 阿诺托致蒙特贝洛，1895年4月25日。见《法国外交文件》，第1集，xi，第483号。

## 第十六章 流产的大陆联盟 1894—7年

征。法国人想抵制国际庆祝活动。① 尼古拉第二粗鲁地命令他们参加:"在我看来,法国政府在答复德国邀请问题上犹豫不定是错误的。一旦所有列强都接受了邀请,法国同我们一起参加是必不可少的。"② 法国人唯一可引以自慰的是,他们被允许第一次在公开场合提到"同盟"。

但1895年夏天更重要的事情不是法俄同盟,而是对"大陆联盟"的试探。俄国人以为这在近东也可以行得通,就像在中国所做的那样;德法为争取俄国的友谊将支持它的一切要求。俄国人在近东没有野心,只有担心。他们想把黑海"锁上",以便毫无顾虑地把力量集中在中国问题上,而不必担心英国人会在克里米亚或乌克兰发动进攻。1895年7月,一次俄国内阁会议决定:"我们需要博斯普鲁斯海峡和黑海的入口。自由通过达达尼尔海峡可以在以后通过外交途径来实现。"③ 第二句话显露了俄国政策的缺陷。只是保障安全已经不够了。一旦法国贷款开始兑现,铁轨和机械要运进来,粮食要运出去,都得通过海峡。西伯利亚大铁道尚未完成;即使完成了,它也只有单轨。所以即使在远东,俄国也还是要靠海运;而这就意味着必须自由通过苏伊士运河以及通过海峡。军人和老式的外交家们将会满足于瓜分奥斯曼帝国,把埃及、甚至于连达达尼尔海峡都给英国。以维特为首的更具远见的政治家认识到这已行不通了:他们必须让奥斯曼帝国存在下去,并为实现苏

---

① 阿诺托蒙特贝洛 1895年2月27日。见《法国外交文件》,第1集,xi,第382号。
② 蒙特贝洛致阿诺托,1895年3月2日。同上书,第384号。
③ 柯斯托夫著《马克思主义历史》,xx,108。

伊士运河的中立化而努力——没有更好的办法。罗伯诺夫起初赞成瓜分；但他看到只有同时解决埃及问题（以及与之相联的控制苏伊士运河的问题），这个办法才过得去。因此，他鼓励法国人进行到上尼罗河的远征。①派出马尔尚的最后决定事实上是在1895年11月作出的。罗伯诺夫还以为，如果法国人在埃及得手，他们会容许俄国控制君士坦丁堡。他完全错了。法国人抓紧进行马尔尚的远征，是想在东方问题爆发之前使埃及问题得到解决。②

考虑瓜分土耳其帝国的不只是俄国人。1895年6月，索尔兹伯里在英国重新掌权。他对土耳其帝国进行自我改造的能力从来都缺少信心，现在更是毫无信心了。此外，在英国开展的反对亚美尼亚暴行的运动使他不可能支持土耳其，即使他想这样做——更何况他根本不想。他对法国大使库塞尔说，"使事情保持现在这个样子是不可能的。……土耳其正在慢慢地死去。"③还有，他对过去地中海联盟的伙伴们的希望幻灭了。奥匈看来很弱；意大利是个负担而不是一笔资产，德国则变化不定。英国"下错了赌注"。他要同俄国做一笔交易。他对库塞尔说，"我是一个老托利党人，对俄国政府不存在偏见。"他一而再、再而三地以遗憾的口气谈到1853年尼古拉一世提出的瓜分建议。"在尼古拉皇帝同汉弥尔登·西摩爵士谈的时候，如果我们听了他的话，那么在我们考虑欧

---

① 保罗·康邦后来把马尔尚的远征归因于罗伯诺夫在1895年秋对阿诺托的催促。保罗·康邦致亨利·康邦，1904年6月10日、9月6日。见《通信集》，ii，第143、159页。

② 赫伯特致贝特洛，1896年6月2日。见《法国外交文件》，第1集，xii，第264号。

③ 库塞尔致阿诺托，1895年7月12日、29日。同上书，第88、144号。

## 第十六章 流产的大陆联盟 1894—7 年

洲大陆时将会有一个愉快多少倍的看法呀！"①7月底，他对哈茨费尔德说，他准备让俄国人占有君士坦丁堡，并接受由此而产生的一切后果。② 这些提议使德国人大为惊慌。他们怀疑——确实有些道理——索尔兹伯里正在试图重复他在1887年的策略：他宣布对土耳其帝国没有兴趣是为了把对于奥匈的责任都转嫁到他们身上。他们在自己这一边则试图重复关于"再保险"条约的策略。威廉第二在10月间对罗伯诺夫说，他愿意使"三帝联盟"复活（以对付美利坚合众国！），而且"不是不愿意在近东给予俄国道义上的支持"。据罗伯诺夫说，他甚至于问道，"你们为什么不拿下君士坦丁堡？我不会有反对意见的。"③但罗伯诺夫也可能是为了吓唬法国人而夸大其辞。

不管怎么样，德国的策略没有维持多久。奥匈这个包袱是无可推卸的。那年早些时候卡尔诺克倒台了，因为他试图控制匈牙利政府的反教会立法。④ 他的继任者哥罗乔斯基是一个波兰人，因此更加反俄。他绝对不愿意看到瓜分奥斯曼帝国或重订"三帝联盟"。他坚持英国必须采取反俄立场，如果它得到三国同盟军事支持的承诺。⑤ 德国的政策突然转变了。11月14日，奥地利人被

---

① 索尔兹伯里致伊万一马勒，1896年8月31日。见《英国文件》，vi，附录4。
② 哈茨费尔德致霍尔斯坦因，1895年7月30、31、8月5日。见《重大政策》，第2371、2372、2381号。
③ 奥伊伦堡备忘录，1895年10月13日。见《重大政策》，ix，第2323号。罗伯诺夫致阿诺托，1895年10月24日。见《法国外交文件》，第1集，xii，第182号。
④ 卡尔诺克失去英国支持后决定，他的唯一办法就是同梵蒂冈结盟——一个无可奈何的补救办法。
⑤ 奥伊伦堡致霍恩洛厄，1895年11月8日。见《重大政策》，x，第2497号。

告知,如果他们的重大利益受到危险——他们自己可就此作出判断——他们可以指望德国的支持。① 意大利人同样坚持要德国帮助复活地中海协定。② 他们除了土耳其之外有自己担忧的事。十年之前,英国人鼓励他们在红海树立自己的势力,以阻挡法国人从东面向尼罗河进展的计划。现在意大利在那里的计划进行得很糟:意大利人有一个强国的野心,而无一个强国的实力。他们碰上了阿比西尼亚;阿比西尼亚人在法国帮助下是意大利人所对付不了的。他们迫切地需要英国帮助。③ 但英援迟迟不来。索尔兹伯里:要使法国离开俄国一边,但不想进一步疏远它。像罗斯伯里在1894年对利奥波德第二一样,如果他要在上尼罗河问题上同法国人争吵,那将是为了他自己的利益,而不是为了意大利人的利益。对意大利人来说,唯一的希望是——微薄的希望——如果他们能在海峡问题上为索尔兹伯里服务,那么在阿比西尼亚他们也许能得到一点报酬。

因此,奥匈和意大利就出来带头。11月1日,哥罗乔斯基提议,六强的舰队应强行开入海峡,并在实际上接管君士坦丁堡。对俄国人来说,他们想象不出还有什么比这更可怕的事情了。俄法两国立即拒绝这一建议。更引人注目的是,英国人也拒绝行动。1895年秋,索尔兹伯里曾决定,由于俄国人对他的瓜分计划表示没有兴趣,他将派遣自己的舰队到君士坦丁堡去,以挫败俄国人可

---

① 霍恩洛厄致奥伊伦堡,1895年11月14日。见《重大政策》,x,第2542号。
② 皮洛夫致霍恩洛厄,1895年11月8日。同上书,第2538号。
③ 意大利人想通过英属索马里的泽拉运送军队。索尔兹伯里表示,必须以法国同意为条件,但法国人拒绝表示同意。

## 第十六章 流产的大陆联盟 1894—7 年

能采取的侵略阴谋。11月的某个时候,这个计划被他的海军顾问们否决掉了。除非法国人有保持中立的斩钉截铁的保证,不能派遣舰队通过海峡;即使能这样做,他们也只同意占领达达尼尔海峡,而这样的占领主要是陆军、而不是海军的作战行动。[①] 11月4日,英国舰队突然撤出爱琴海。俄国人当然看不到这是英国政策的变革。他们以为英国人将随时在君士坦丁堡出现并且决定先下手占领博斯普鲁斯海峡。事实上双方的计划虽然在对方看来是侵略性的,都同样是出于恐惧心理,动机纯粹是防御性的。但对其他列强说来,这一点也不减少他们的惊慌。法国人成功地让俄国人刹车,而德国人把英国人往前推的尝试则没有得逞。

过去,法国人避免同俄国人讨论近东问题,免得损害它们之间的脆弱同盟。现在,他们得讲讲他们的条件了。俄国人提出在埃及问题上支持法国,以换取法国在君士坦丁堡支持俄国;但这还不够。即使是埃及也不能使法国人忘记阿尔萨斯和洛林。如果经所有列强同意对奥斯曼帝国进行和平瓜分,那么法国人将满足于英国从埃及撤退、苏伊士运河中立化以及法国人自己"在叙利亚享有特权"。这些条件英国人是永远不会接受的,所以显然是一种徒劳的揣想。如果近东要由"大陆联盟"——那就是由德法支持俄国——来重新安排,那么三个成员国首先必须全体接受关于解决阿尔萨斯和洛林问题的原则。最后,如果俄国单独对付奥匈或者

---

[①] 有一种说法是:海军部第一次官理查兹在内阁征求他的意见时拒绝插手派舰队到君士坦丁堡去的计划,并且突然走出了房间;另一种说法是,反对意见来自海军大臣戈申,索尔兹伯里说,如果英国船舰是瓷器做的,他就只得改变他的政策。见马德著《英国海军政策》,第 244 页。

英国，那么"在法国人民看来，只有某种伟大的国家利益（诸如对1870年后使德法之间产生如此深刻裂痕的问题作出新的解决）才足以成为采取军事行动的理由"。简言之，阿尔萨斯和洛林不仅是需要的，而且是绝对必要的。① 但是俄国政策的基本设想是同德国保持良好关系，因此法国的答复是赤裸裸的、绝对的否定。法国人永远不会允许使法俄同盟成为积极反英的同盟，除非他们首先收复阿尔萨斯和洛林。结果是俄国人按兵不动。他们的无所作为无疑地也是由于他们发现黑海舰队尚未准备就绪，而设想要运往博斯普鲁斯海峡的兵力也还一无踪影。像通常那样，俄国的力量在于吹嘘和宏伟计划，而不在于实际。

与此同时，德国人开始了他们迫使英国人支持奥匈和意大利的计划。10月24日，威廉第二告诉英国军事参赞："英国政策中的每个念头都要德国跟着走，这不符合我国的利益。这样的做法正在迫使我正式地同法国和俄国联合起来"。② 12月20日，他又说，"英国在大陆列强间进行挑拨离间的计划是不会成功的；相反的，它会发现大陆像一个坚实的整体那样反对它。"③ 马沙尔也有同样的想法："我们应该利用下一次机会——在决定我们方面对英国的合作是加码还是减码的时机——让英国人看到，在政治中，正如在生活的其他方面一样，不愉快可能是相互都有的。"④ 荷尔施

---

① 贝特洛致蒙特贝洛，1895年12月20日，1986年1月17、31日。见《法国外交文件》，第1集，xii，第241、275、292号。
② 威廉第二致马沙尔，1895年10月25日。见《重大政策》，xi，第2579号。
③ 威廉第二致霍恩洛厄，1895年12月20日。同上书，x，第2572号。
④ 马沙尔致皮洛夫，1895年12月28日。同上书，xi，第2579号。

## 第十六章 流产的大陆联盟 1894—7年

泰因一直是位"设计家",他草拟了一个建立"大陆联盟"的详尽计划:法国人将被授予刚果自由邦,俄国得到朝鲜;意大利将不再在阿比西尼亚受到法国的反对,而对奥匈则答应在巴尔干给他们一点什么。德国将假装什么都不要,但一旦其他列强都上了套,它就要在中国占一个装煤港。印度、埃及和波斯将不包括在这笔交易之内;而英国为了保卫这些地方将被迫寻求三国同盟的援助。①再有要做的就是找个岔子同英国起冲突,以此使法国和俄国深信(或者毋宁说使它们上当)德国同英国确实存在争端,而不是利用"大陆联盟",去进行讹诈。这个岔子不召自至。12月31日,消息传到柏林:塞西尔·罗得斯\*的部下詹姆森博士擅自发动袭击,企图推翻德兰士瓦共和国。②德国人决定挺身而出,担当波尔人独

---

① 荷尔施泰因备忘录,1895年12月30日。见《重大政策》,xi,第2640号。

\* 赛西尔·约翰·罗得斯(或译罗兹)(1853—1902),英殖民主义分子,曾掠夺开普敦以北地区并用他的姓氏命名这一地区为"罗得西亚"。1890—96年任开普敦殖民地总理,因德兰士瓦事件去职。——译注

② 英国在南非的主要问题是战略性和政治性的而不是经济性的。在德兰士瓦的金矿正在大规模发展,尽管布尔人不愿意,并且垄断了炸药——他们用由此而得的收入购置武器,后来用于1899年的战争。但英国人需要一个统一的、白人的南非是为了使好望角——英帝国的关键之地——得到战略上的安全保障。布尔人的两个共和国成了阻碍,而且还有一个甚至更大的危险:拥有金矿的那些"外国人"可能发动一场反对布尔人的革命,建立起他们自己的共和国。最早在1894年策划的解决办法看来是支持一次"外国人"的革命,但要确保在革命之后建立英国的治权。因此,由詹姆森博士率领的一支军队部署在德兰士瓦边境,准备"外国人"的革命一爆发,马上向约翰内斯堡进发。无疑地,英国高级专员赫尔克里士·鲁宾逊爵士和殖民大臣张伯伦知道发动一次革命的全部计划,也模糊地知道詹姆森所召集的这支军队。他们隐居幕后是为了在布尔人的政权明显地倒台之后,他们就可以用权威重建者的面貌出现。但事与愿违,"外国人"失去了勇气,不敢发动革命,而詹姆森则在不同任何人商量的情况下,自己决定向约翰内斯堡发起冲击。甚至于连詹姆森本人在事前也没有想到会有这样一次"袭击",因此张伯伦能够振振有辞地表白他在此事上是清白无辜的——虽然不一定

立的捍卫者。

有人企图说明,德国政府被拖进德兰士瓦事件是由于资本家的利益;经济上的帝国主义被认为干扰了外交政策的平稳路线。当然,在布尔人的金矿中确实有德国人投资;同样确实的是,德国宣传家们竭力渲染布尔人是条顿族的后裔,并且对迪拉果阿湾——德兰士瓦的海上大门——那块被抛弃的葡萄牙领土垂涎欲滴。但是没有证据证明有资本家对帝国政府施加压力;而荷尔施泰因——同资本家阶层接触最多的人——也是最反对以布尔人保护者自居的人。德国人在德兰士瓦的利益(不管怎么说为数甚微)同十年后他们在摩洛哥的利益一样,都与决定政策无关。在两次事件中,他们的政策都是在欧洲势力均衡这一范畴中的行动——前一个行动是为了它对英国的影响,后一个行动则是为了对法国。对德国人来说,德兰士瓦不是一个重要的问题;它本身是不重要的。这就是他们选择它的原因。还有,他们以为它对英国人也是不重要的;不管怎么说,同埃及或海峡比起来总是不重要的。这是他们的基本错误。如果发生最最坏的情况,英国人失去了经由地

---

能问心无愧(不过他是从来不为这一点而感到不安的)。但毫无疑问,他曾经欢迎并且鼓励进行准备工作,从而使袭击成为可能。同样毫无疑问的是,如果袭击成功,他也不会完全得到好处。有两个证据是可以起决定作用的。国会调查委员会谴责了鲁宾逊的秘书鲍尔,因为他知道詹姆森所作的准备。他写的材料显示,他知道的情况都告诉了鲁宾逊和张伯伦,而事实上鲍尔是被劝说牺牲自己以保护上级。作为一个前海军军官,他愚蠢地答应了。第二是检察总长(本人是联合派\* 政府成员。——译注见下)说过,根据张伯伦指示发给好望角的许多电报中有一个"是解释不过去的"。这个电报在调查中以及在卡文写张伯伦传记时都被隐瞒了。(耶恩·范·代·普尔著《詹姆森袭击事件》,第 174 页。)

\*　在英国政治中指那些主张大不列颠和爱尔兰保持原有的联合、反对爱尔兰自治的人。——译注

第十六章 流产的大陆联盟 1894—7年

中海去东方之路,他们还能够应付——1940到1943年间他们就是这样做的。但是在好望角的海运基地对他们却是根本,没有它英帝国就不能存在。

德国人当然不是想把德兰士瓦搞到自己手上;他们的意图是保护它的独立,就像十年后他们把自己装扮成摩尔人独立的保卫者一样。由于在1884年条约中布尔人承认英国控制他们的对外事务,这条路线是理论性的。不管怎么样,它实际上如何贯彻?德国人模糊地想到召开一次国际会议。威廉第二一直像一个模仿大孩子作为的不负责任的小学生,他提出派一支海军陆战队到德兰士瓦去同英国人小打一仗——英国海军保证不会干预。实际的结局是在1896年1月3日打了一个电报给德兰士瓦总统克鲁格,祝贺他"在没有向友好强国呼吁支援的情况下"保持了独立,威廉又邀请俄国人参与维护条约的神圣不可侵犯性,①并敦促法国合作保护在金矿中的利益。但是这一合作当然不包括埃及在内。同时,英国人又被告知,除非他们同德国秘密结盟"使英国只能在某些条件下才可作战",②他们将会面对一个大陆的联盟。

德国人这种怪诞的错误估计立即就显露出来了。俄国人同英国人的争吵已经够多的了,他们不想再增添新的争吵。他们也并不喜欢小国的独立。罗伯诺夫回答得很唐突:德兰士瓦是英国的

---

① 威廉第二致尼古拉第二,1896年1月2日。见《威利—尼基通信集》,第29页。
② 索尔兹伯里致维多利亚,1896年1月15日。见《维多利亚女王书信集》,第3集,iii,22。

保护国。① 埃尔贝特强调不能把埃及包括在内，并说，"我看不到对我们有什么好处。"② 英国人不但没有被吓倒，反而动用了他们的海军实力，组织起一支"飞行中队"，随时都可派遣到世界上任何地方去。这使德国自称能保卫德兰士瓦的话变得可笑。他们于是表现得好像不应该把打给克鲁格的电报看得太严重。1月10日，即发出这个电报后仅一星期，荷尔施泰因就写道，"如果事情的结束就像看来正在发生的那样：德国得到一点小小的外交上的胜利，英国得到一点小小的政治上的教训，那就让我们感到满意吧。"③
但是这个克鲁格电报不是能够这样轻易地一笑了之的。它所造成的后果中，外交上的反响还是最不足道的。它在英国和德国都触发了公众舆论的轩然大波。只是在那些有东西能够燃烧的地方，火星才会变成一场大火；但这一次燃料是现成的，这个电报带来了命中注定的火星。在本世纪末，大多数英国人都是孤立主义者，不论是由于和平主义的、还是帝国主义的情绪。仅仅一个外交上的挑战——特别是当它同近东有关时——不可能打动他们。这个电报看来却威胁到他们的帝国大业。此外，对德国作为经济竞争的对手，在英国一直有一种无意识的愤怒情绪在激荡着。例如，约瑟夫·张伯伦就同他在伯明翰的前任约翰·布赖特*一样，对势力

---

① 拉多林致霍恩洛厄，1896年1月8日。见《重大政策》，xi，第2624号。
② 埃尔贝特致贝特洛，1896年1月1日。见《法国外交文件》，第1集，xii，第254号。
③ 荷尔施泰因致哈茨费尔德，1896年1月10日。见《重大政策》，xi，第2629号。
\* 约瑟夫·张伯伦(1836—1914)，初为自由党激进派，后为保守党右翼，1895年任英国殖民大臣，推行扩张政策。他是1938年9月缔结"慕尼黑协定"的英国首相张伯伦的父亲。约翰·布赖特(1811—1889)为多次从伯明翰选区选出的议员。——译注

均衡和欧洲事务表示轻视；每当事情牵涉到市场和南非时，情况就很不一样了。另一方面，德国人中的绝大多数对俾斯麦的精心策划，甚至对"大陆联盟"都很淡漠，他们只能为"世界政策"所激动。德国人实际上一点也帮不了布尔人的忙，因此这封电报是一个没有意义的举动。但它看来多少带点光荣和戏剧性的味道，它显示出德国已成为第一流的强国。后来德国几次涉足于世界政策的行动——摩洛哥、中国和巴格达铁路——都隐含在这封电报的意思里了。建设一支强大的德国海军的计划早就订出来了；在发出这封电报之后，这个计划的实行证明已不可阻挡。就电报本身而言，它只是一个例行公事式的外交行动，它对开始一项新政策所起的作用不会大于1884年俾斯麦的殖民行动。但是俾斯麦能够人为地点燃起殖民热情，又人为地把它熄灭。1896年以后，德国的统治者再也不能够把群众的雄心限制在一定范围之内，而且他们也常常并不企图这样做。即使是官方政策也显示出变化。当俾斯麦在1885年组织"大陆联盟"时，他自己什么也不要，给别人却很多：他准备在埃及支持法国、在君士坦丁堡支持俄国。荷尔施泰因向法俄两国提议组织"大陆联盟"的条件，则是它们只能得到一些微不足道的好处。荷尔施泰因和马沙尔是奉行过"新方针"的最后的幸存者。他们真正的兴趣还是在欧洲大陆，他们也仍然希望取得英国的支持，以便对法俄有所控制。因此，这两个国家对于这样的"大陆联盟"——最后目的是削弱它们，而使德国不仅在欧洲以内而且在欧洲以外称霸——表示没有兴趣，就不奇怪了。

　　索尔兹伯里看到这一点。他虽然没有认真地接近俄国，但对于与法国和解一事还是作了一些试探。1月15日，关于暹罗问题的英法协定偶然地发表了;①2月19日,他对库塞尔甚至提到了埃及——自从1892年沃丁顿失败之后,这是第一次企图讨论这个题目。② 这一达成协议的尝试为意大利所遭到的一场灾难(倒也不是完全出乎意料)所打断。3月1日,在阿比西尼亚的意大利军队在阿杜瓦战役中惨败。意大利人吁请英国援助,但索尔兹伯里无意帮忙。另一方面,意大利人的失败看来使法国人从东西两面向尼罗河前进的道路打开。外交已经失败,剩下来只有采取军事行动了。3月13日,英国政府决定重新征服苏丹,表面上是为了援助意大利人,其实是为了对法国先发制人。意大利的灾难使"大陆联盟"的余响也完全消失了。德国人为了意大利的缘故不得不讨好英国人。索尔兹伯里仍想避免同法国交恶。他提出愿意宣布对苏丹的远征"将不影响英国留在埃及的条件和时间",并且要求在远征中允许使用埃及货币,作为报答。③ 法国人拒绝这一要求,但索尔兹伯里还是作了上述宣布。④ 这还不够。5月7日,库塞尔对他说,"你已经作出了你的选择";⑤对法国应占有叙利亚的建议,库塞尔无动于衷。⑥

英国对苏丹的远征完成了在地中海政治中的革命。过去英国

---

① 这一协定事实上是在圣诞节前就谈妥的,因此它不像德国人所想象的那样,是对克鲁格电报的回答。库塞尔致贝特洛,1896年1月15日。见《法国外交文件》,第1集,xii,第272号。
② 库塞尔致贝特洛,1896年2月19日。同上书,第306号。没有证据证明库塞尔说过——像德国人所断言的那样——"我们有一个敌人:德国。"但这是确实的。
③ 库塞尔致贝特洛,1896年3月22日。同上书,第346号。
④ 俄国人甚至对这样有限的协定也抱怨,但没有证据表明他们试图加以禁止或坚持要罢黜贝特洛。蒙特贝洛致贝特洛,1896年3月27日。同上书,第355号。
⑤ 库塞尔致阿诺托,1896年5月7日。同上书,第383号。
⑥ 库塞尔致阿诺托,1896年6月20日。同上书,第410号。

## 第十六章 流产的大陆联盟 1894—7 年

人总想在海峡同俄国对抗,因此要设法使法国保持中立。意大利的崩溃给这一政策以最后的一击。意大利舰队是无用的:意大利人不是能够支援别人而是要别人支援他们。一个海军情报军官写道,"除非它的海岸线的安全得到保证,意大利作为一场欧洲大战中的因素,完全不必加以考虑。"① 由于英国人不能通过海峡,他们决定在埃及永久待下去,并以驻扎在那儿的武装部队保卫苏伊士运河。1896 年 10 月,海军情报部长写道,"不要以为用有关达达尼尔海峡的行动就能对俄国起长期遏制作用。……唯一的办法是据有埃及以对付任何来者,并将亚历山大港建成海军基地"。② 这是一个富有讽刺意味的结局。法国当初同俄国结盟的部分原因是为了在有关埃及的问题上加强他们同英国谈判时的地位;相反地,同盟既使英国人不可能在海峡采取行动,从而又把他们更深地推向埃及。向苏丹进军使英法必然发生冲突;这一行动也使英国随着他们在埃及的地位加强而对海峡失去了兴趣。英国人曾一度以使法国守中立为目的,以便他们在海峡同俄国对抗;现在他们却是希望使俄国守中立,以便他们在尼罗河击败法国。法国的失败完全是自招的;道路从土伦直通到法休达。③ 法国人认识到结盟的好处已经倒过来了。7 月 1 日,阿诺托(此时再度出任外长)写信

---

① 马德著《英国海军政策》,第 271 页。
② 海军情报部长备忘录(关于海军政策),1896 年 10 月 28 日。同上书,第 578 页。
③ 当然同盟也使俄国人更难于攫取海峡;从这意义上说,他们也是自招失败。但他们的根本大计是加强他们在海峡的安全而不是去占领海峡;而这一点通过结盟是做到了的。如果"自由主义联盟"或克里米亚联合继续存在,英国舰船 1895 年无疑会通过海峡的。

给保罗·康邦说,①英国正计划取得埃及、克里特岛和丹吉尔,法国必须同俄国更密切地合作。但俄国人一旦感到他们在海峡安全无虞,当然对于同法国在地中海进行合作毫无兴趣。很快地,他们就拿1895年12月贝特洛给他们的答复来回敬法国人——只有像君士坦丁堡这样重大的国家利益才能使俄国有理由卷入一次大战。

东方问题在1895年12月曾十分接近于危机阶段;现在英国人转向埃及,俄国人转向远东。1896年秋发生了最后一次警报声响。对亚美尼亚人的再一次屠杀暴行复活了关于国际行动的议论。尼古拉第二在9月间访问两个西方国家时,索尔兹伯里和阿诺托都向他提议,采取对君士坦丁堡的某种形式的干涉。索尔兹伯里又插进去说,让海峡对各国军舰开放——对英国人来说,一旦他们对海峡统治者将使之对俄国关闭这一点失去信心,这是最好的代替办法。自然,尼古拉第二对此不感兴趣,"我们要让海峡保持关闭。"②国际行动也是俄国人所厌恶的:土耳其人在君士坦丁堡比列强的舰队还好些。12月5日,俄国在一次御前会议上决定以占领博斯普鲁斯海峡来促进一下"欧洲协同",即:欧洲在其东方问题上一致行动的协定。这是驻君士坦丁堡大使尼里多夫多年来一直主张的计划。尼里多夫是很可能成功的。土耳其的防御工事被忽视了;土耳其舰队从1878年以来就没有离开过碇泊地;英国人刚刚决定,即使在达达尼尔海峡实行一次登陆行动也是不现实

---

① 阿诺托致保罗·康邦,1896年7月1日。见《法国外交文件》,第1集,xii,第418号。

② 阿诺托笔记,1896年10月12日。同上书,第472号。

的。不过俄国人不知道这一点。他们需要法国支援,但再次遭到拒绝。即使为了埃及,阿诺托也不愿意牺牲奥斯曼帝国。他在1896年12月30日对俄国大使说,"在一次由于黑海和海峡问题而发生的冲突中,法国将不认为它自己承担义务";当新任俄国外相莫拉维也夫访问巴黎时,阿诺托说,"关于我们的军事援助,你不能存任何幻想。"当然,德国人提出给予俄国相当空泛的支持;但财政大臣维特坚持德国采取任何行动必须得法国同意。他需要法国的钱去实现他在远东的宏伟计划,并且准备接受海峡的现状作为交换条件。归根到底,俄国人计划占领博斯普鲁斯海峡是为了在远东有安全保障;现在他们为了同样的理由而放弃这个计划。

俄国人在近东也不是一无所获就掉头而去。1896年秋,奥匈外相哥罗乔斯基作了拼死的努力来建立一个反俄联合。他甚至于敦促德国人让阿尔萨斯和洛林实行自治,以换取法国的支持。①德国人对这些建议没有响应。1897年1月20日,索尔兹伯里最后拒绝了复活地中海协约的想法:保卫君士坦丁堡是"一种陈旧过时的观点"。②奥地利人没有别的办法,只有就他们所能得到的最好条件同俄国签订协定。1897年4月底,弗朗西斯·约瑟夫和哥罗乔斯基访问圣彼得堡。使他们惊奇的是,他们发现俄国人迫切要求在近东维持现状,即使对海峡的现存统治也使俄国"感到完全的、充分的满意"。奥地利人泛泛地谈到了将来的瓜分,他们将并

---

① 荷尔施泰因致奥伊伦堡,1897年1月22日。见《重大政策》,xii(i),第3116号。

② 索尔兹伯里致朗博尔德,1897年1月20日。见《英国文件》,ix(i),第775页。哈茨费尔德致霍恩洛厄,1896年12月10日。见《重大政策》,xii(i),第2029号。

吞波斯尼亚和黑塞哥维那;俄国人对这些建议不作响应。在1897年5月5日签订的两国协定完全是消极性的。任何一方都不去扰乱巴尔干,也不允许其他任何人这样做。奥俄协定使近东在以后十年中被"搁置"了起来。①

德法两国对这样一种结局都大大地松了一口气,并且都急忙地去对俄国表示友好。8月间,威廉第二、霍恩洛厄和新任外交大臣皮洛夫访问圣彼得堡,以证实俄德关系"不仅是友好和热烈的,并且是真正亲密的"。② 最后轮到富尔总统和阿诺托了。他们满意地听到尼古拉第二把他们两国描述为"朋友和盟国"——这是一位沙皇第一次在公开场合用后面这个词。但他加了一句:"双方都决心维护世界和平"。换句话说,俄国在君士坦丁堡不采取任何行动,但在阿尔萨斯和洛林也不会支持法国——更有实际重要性的是,在苏丹也是如此。某种"大陆联盟"存在了。所有重大的欧洲问题都"搁置"起来了。奥匈得到了一点喘息的余地,以试图解决国内问题(但未成功);但它在1908年比起1897年来更多了一点强国的样子。土耳其和意大利也得到了一点喘息余地,意大利人用来对他们的外交地位实现一场革命,而土耳其人则什么也没有做。其他国家都可以"自由行动"了。法国人放手地向法休达的失败前进,俄国人向远东的灾难前进,而德国人则集中力量于"世界政策"。英国人被孤立,并且看来处境很危险。这在很大程度上是一种幻觉。因为他们虽然被孤立了,他们的所有对手也都被孤立

---

① 普里布拉姆著《奥匈密约》,i,第185—95页。
② 皮洛夫致奥伊伦堡,1897年8月20日。见《重大政策》,xiii,第3444号。

## 第十六章 流产的大陆联盟 1894—7年

了。君士坦丁堡曾经提供了一个所有列强都能集中注意力的焦点。当然,它曾给英国带来奥匈和意大利的友谊,但也有一个遥远的远景:法国和俄国可能在那儿会合。两国真正携手只能是在"蒂尔西特"*——那就是说,在军事上彻底摧毁德国之后;但在没有做到这一点时,它们也可能在地中海实现某些真正的合作。土伦访问是这方面的象征,虽然是一个微不足道的象征。俄国的地中海舰队始终是毫无实力的;法国人在比塞大为俄国舰队准备的泊位一直空到1920年"白色的"俄国船开到那里去避难。① 1897年的"大陆联盟"是建立在相互嫉妒、而不是相互同情上的;这是一个存异的协议,而不是合作的协议。对英国来讲,真正危险的"大陆联盟"只是那种在单一强国主宰下的"大陆联盟"——拿破仑的或者希特勒的帝国。虽然英国人在寻找盟友中徒劳无功,但反对他们的同盟也没有建立成功。不过在以后的几年中将仍然显示出来,对英帝国而言,当欧洲列强彼此之间即使只是保持一种合乎情理的友好关系,它的处境也是尴尬的。

---

\* 1807年拿破仑第一和亚历山大第一在此会晤。——译注
① 这些船只仍在碇泊处锈烂着。

# 第十七章 "世界政策"的年代
## 1897—1902年

1897年5月的奥俄协定不仅把巴尔干的、并且把所有欧洲的造成紧张局势的问题都"搁置"起来了。俄国和奥匈在巴尔干的对抗曾经是1815年以后欧洲政治中最使人不安的因素；从法德战争以后则成了唯一不安的因素——若是没有一次在近东的冲突，法国就不能希望对它目前在欧洲的处境提出挑战。现在，巴尔干被置之不理了，那里发生的任何事件——克里特岛的起事、希土之间的战争、马其顿的骚乱——都不能打破平静。当然，历史上没有一件事情的因果是单纯的；列强除非已经有了它们急于去实现的野心，它们是不会听任自己去追求在外部世界的野心的。这种情况在俄国之于远东、法国之于非洲都非常清楚。1897年的重大新发展是德国也转向"世界政策"了。它的野心冲破了俾斯麦设下的界限。大多数德国人感觉到他们的力量是无穷的，要求实行一项毫无保留的世界政策；那些认识到还有其他强国存在的人则以为，这些强国之间、特别是英俄之间的竞争，将会经常阻止它们联合反德。威廉第二将是"世界的仲裁者"。① 那些处事精明、自私成性

---

① 皮洛夫致威廉第二，1898年8月24日。见《重大政策》，xiv(i)，第3867号。

的人推进世界政策，为的是把注意力从国内的困难——皇帝的乖僻、工业和农业利益集团之间的冲突、力量正在上升的社会民主党人——转移开去。世界政策是普鲁士地主们为了生存下去而付出的收买人心的代价：他们放弃了俾斯麦的外交政策，为了保持他在国内为他们所创造的地位。每一个有冲突的利益集团都被收买了。在资本家的敦促下，建设了一支庞大的海军以保护德国来自海外的食品供应；同时，关税堡垒又使德国在粮食方面自给自足，以取悦农业主。容克们追求俄国是为了波兰，也为了避免两面作战；资本家们则以他们在小亚细亚和远东寻求特权的行动向俄国挑战。

皮洛夫在 1897 年 7 月出任国务卿，1900 年底升任总理大臣。他是世界政策的象征。俾斯麦、甚至卡普里维总是想好两种可以互相代替的办法：德国必须遵循其中之一，不是这样做，就是那样做。皮洛夫却是二者并举。在国内事务中，他的任务是调和不同意见——"既满足德国，又不伤害皇帝"；他扮演了民主的政治家和拜占庭式的佞臣这样两种不同角色。因此，他的外交任务就是要提供润滑油（他自己用的词是 pomadig），用以使德国滑过它的对手，取得世界霸权。例如关于建立庞大海军——1897 年制定计划、1900 年建立——他和他的顾问们承认有一条"危险地带"：一个想象中的时期，到时候英国人也许会猜疑德国的图谋而在它的海军尚不足以自保时加以摧毁。这种"危险地带"在德国政策的每一部门都存在——例如在建设巴格达铁路的计划中。但皮洛夫有一个根本的假设，即危险地带将会过去、德国将会到达这样的地步：它将强大到没有哪一个强国、甚至强国集团敢于向它进攻。直

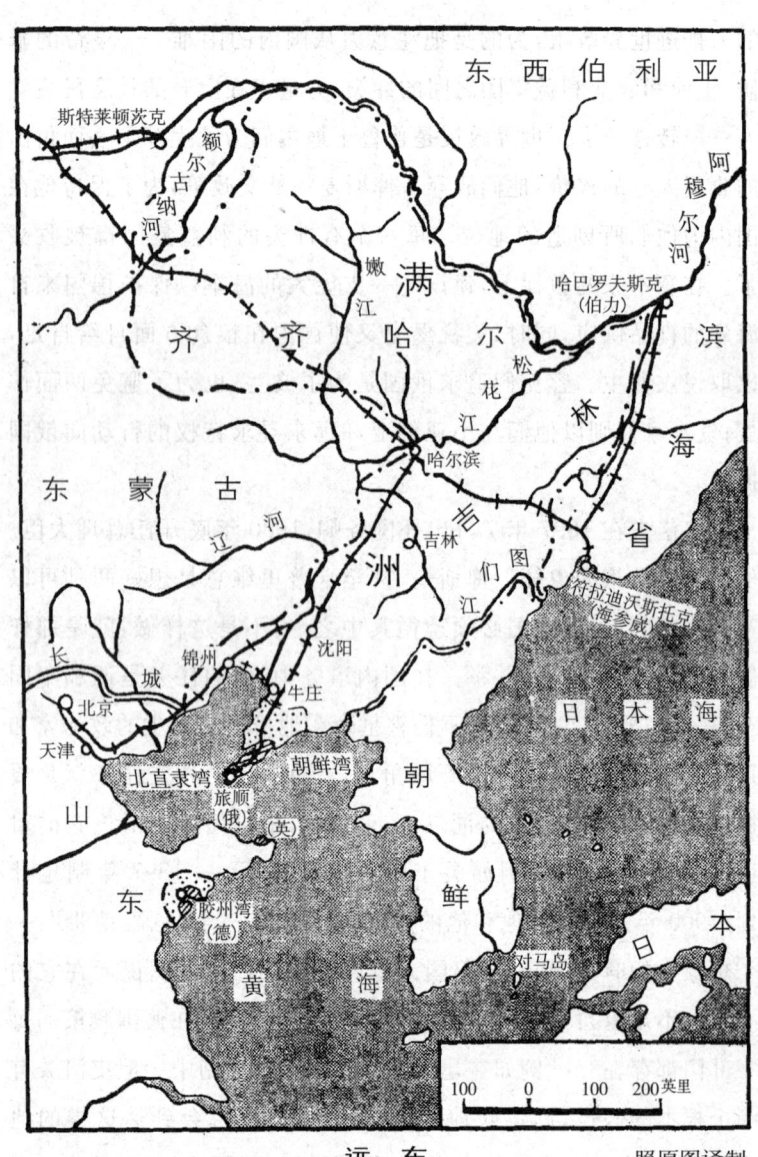

争夺欧洲霸权的斗争 1848—1918

东西伯利亚

斯特莱顿茨克
额尔古纳河
阿穆尔河
满洲里
嫩江
哈巴罗夫斯克（伯力）
齐齐哈尔
松花江
吉林省
哈尔滨
东蒙古
辽河
吉林
图们江
符拉迪沃斯托克（海参崴）
日本海
长城
锦州
沈阳
北京
牛庄
天津
北直隶湾
朝鲜湾
旅顺（俄）（英）
山东
胶州湾（德）
朝鲜
黄海
对马岛
日本

100 0 100 200 英里

远 东　　　　　　　　　　　照原图译制

## 第十七章 "世界政策"的年代 1897—1902 年

到那时以前,他在外交上的目标就是保持行动的自由,同俄英两国都保持良好关系,而又不向任何一方作出承诺。因为他私底下假定英俄冲突是不可避免的;这使"保持行动自由"的政策既安全又有利。

德国所有介入世界政策的行动都是出人意料的;在这一点上没有比它在远东的出现更突出的了。1897 年初,俄国的维特以为中华帝国已在他的掌握之中。中国的财政为他的"俄华银行"所控制;1896 年 5 月,他同中国缔结了反对日本的防御同盟——这是恩贾尔·斯凯莱西\* 的故事的重演。正如维特所说,"我的格言是:贸易和工业经常在前,军队经常在后。"这就是他希望用以击败英国的综合力量。但他的计划却被德国人打乱了:1897 年 11 月,德国人攫占了中国的胶州湾。由头是两个教士被谋杀(此后"罗马天主教中心"便支持了一次帝国主义行动);表面上的动机是德国需要为它尚未存在的舰队准备一个装煤港口——以后又需要有一支舰队来保护它的装煤港口。实际上,胶州湾是"世界政策"的首次表现:随便什么地方,只要英国和俄国占据着舞台的前沿,德国就要冲到前面去。维特想充当中国国家完整的保卫者,支持中国反对德国的要求。莫拉维也夫和军界人士否定了他的意见。俄国在远东的外交和战略都以假设在欧洲的边疆安全为前提的,不值得为了胶州湾而去危及这一安全。此外,将军们对维特的武器——财政和铁路——是没有信心的;他们急于仿效德国的榜样去占领旅顺口(入黄海的咽喉之地)。1898 年 1 月,维特在无可奈

---

\* 请参看第十一章原书第 234 页。——译注

何之际试图同英国建立反德联合。① 英国并没有去反对德国对中国的干涉;事实上他们正忙着同中国谈判给予英德联合贷款,作为对俄国在北京所占绝对优势的打击。另一方面,他们完全准备在俄德之间进行挑拨离间,就像帕默斯顿在1840年东方大危机中在俄法之间进行挑拨离间一样。索尔兹伯里对俄国提出,"不瓜分领土、只瓜分绝对优势",②双方将享有在各自的地区内取得铁路权益及从事其他资本主义事业的优先权,双方将无疑地联合起来排斥任何第三国。这在很大程度上同九年后关于波斯的那笔交易相同;在1898年,俄国人不想同任何人分享中国(或土耳其,后者也包括在英国的提议内)。他们只关心把德国挤出去;英国人在另一方面则想要阻止俄国的前进,同时推进英德贷款的事宜。这一点在3月3日得到了中国政府的同意。俄国人认为同中德双方打交道的应该是他们,而不是英国人。他们中断了同索尔兹伯里的谈判,并在半个月之后正式要求租借旅顺口。③

英国的商业利益集团长期习惯于把中国这个市场看作他们的万无一失的囊中物;他们要求作出断然的回答。如果英国的政策可以由索尔兹伯里一人作主,那么他们的叫喊是没人理会的。索尔兹伯里在稍晚一些时候曾把中国问题描写为"某种外交爆竹,发

---

① 索尔兹伯里致奥康纳(圣彼得堡),1898年1月17日。见《英国文件》,i,第5号。这个电报清楚说明采取主动的是维特。
② 索尔兹伯里致奥康纳,1898年1月25日。同上书,第9号。
③ 过去列强在远东吞并领土,如英国人之于香港、法国人之于印度支那。现在,胶州湾和旅顺口都是"租借"的———一种表示正义的空洞姿态,导致第一次世界大战后说得好听的"委任统治地"制度。帝国主义总是不得不花样翻新地精心制作出一些遮羞布来。

出的声响很大，但我想它所发出来的烟雾现在已经飘散得无影无踪了"。他还猜测——以高度的精确性——远东问题在五十年内不会具有世界性的重要意义。但索尔兹伯里不是一个人在进行统治。在那个联合的内阁里，约瑟夫·张伯伦把自己看作几乎像是另一个首相；他傲慢、自信、急躁，坚持要采取某种行动。内阁考虑了把俄国人从旅顺口赶出去；为此目的，驻中国的海军中队所属舰只奉令北驶。但法俄联盟再一次起了阻止作用：在印度支那有法国的海军中队，因此在北中国海作战的风险太大。索尔兹伯里写道，"'公众'将要求在中国得到某种领土上的或者只是在地图上的慰藉。它将毫无用处但耗费却很大；不过，作为一种单纯是情绪上的需要，我们将不得不这样干。"[①]3月25日，内阁决定向中国要求租借威海卫。[②]瓜分中国看来已经开始了。

张伯伦对此是不愿默尔而息的。他到处鼓吹，拉其他国家结盟，反对俄国得寸进尺。他先试一试美国人。他们话说得很漂亮，但什么也不做，除了在同年夏天从无依无靠的西班牙手里把菲律宾夺走。他又去试日本人。他们在1895年就已试图开始瓜分中国；现在他们一心一意想同俄国在朝鲜问题上做成一笔交易，不愿意做任何得罪它的事情。张伯伦的主要力气是花在德国人身上；在秘密谈判和公开演说中，他都用结盟的提议向德国人大事"轰击"。他唯一关切的问题是远东："我们可以向俄国说——'凡是你说你要的东西，你都已经到手了。我们准备承认你的地位，但你必

---

[①] 索尔兹伯里致张伯伦，1897年12月30日。见加文著《张伯伦》，iii，249。

[②] 威海卫作为海军基地结果表明是无用的。它只为驻中国的海军中队的水兵们提供了一个洗澡的海滩。

须到此为止。中国的其余部分是在我们的联合保护之下.'"①威廉第二给了决定性的回答:"张伯伦不应该忘记,在东普鲁士我只有一个普鲁士军团要去对付俄国的三个军和九个骑兵师,在那里既没有中国的长城来阻挡他们,也没有英国的铁甲舰伸手可及."②这一论辩尽管作为依据的统计数字不准确,却是很难回答的。像张伯伦自己的论辩一样,这些都只是为了说明问题。史学界曾有人煞费苦心地企图去发现导致1898年英德结盟失败的深刻的"社会学上的"根据——在英国这方面是厌恶德国在贸易上的竞争,在德国这方面是容克对民主制度和资本主义侵略性的敌意。这些揣测都是不必要的。如果德国向英国提出结盟,英国是求之不得。正如索尔兹伯里写给张伯伦的信上所说,"我完全同意你的看法,在当前情况下同德国保持更亲密的关系是很需要的;但我们如何才能做得到这一点呢?"③如果德国人民知道同英国结盟对他们的安全或对他们的"世界政策"的成功是必要的,那么——就此事而言——他们是会接受结盟的,如同他们已经接受同奥匈和意大利结盟一样。但是英国人所提供的条件(他们所提供的极微),不足以使德国认为值得为了英国在中国的投资利益而在欧洲对法俄两国打一场大战。自然,德国的统治者在英国人面前不承认英德结盟是不可能的。他们需要在外部世界中得到英国的好感,正如他们在欧洲需要俄国的友谊;而英国人如果一旦相信他们不能

---

① 张伯伦备忘录,1898年4月1日,《张伯伦》,iii,263.
② 威廉第二在哈茨费尔德致霍恩洛厄报告上的批注,1898年4月7日。见《重大政策》,xiv(i),第3789号.
③ 索尔兹伯里致张伯伦,1898年5月2日。见《张伯伦》,iii,279.

逆转俄国的帝国扩张趋势,那么他们也许——作为一种补偿——会限制德国的扩张。还有,德国人甚至对自己也不承认英德结盟是不可能的。他们制造出一些想象中的困难,如英国政府的不稳定;他们还指望英国人随着困难的增加将会为结盟付出高价。但结盟不是采购,而是由于重大利益的一致性。奥匈在君士坦丁堡的利益甚至比英国的利益还要来得重大,因此地中海协定成为可能。德国在中国没有如此重大的利益,因此一切关于结盟的谈论都是徒劳无功。

但不能结盟并不意味着英德之间的疏远。虽然张伯伦把他的提议描写为"稍纵即逝的良机",[①]事实上他在以后的多年中曾继续不断地拉住德国人不放;索尔兹伯里也为同德国合作而努力,虽然不用前者那样的戏剧性方式。还有,德国的"保持行动自由"政策有赖于同英国、也同俄国保持良好关系,他们想找到某些办法来讨好一方而又不得罪另一方。如威廉第二所说,"我将以最大的愉快来看待同英国达成非常良好的谅解,但应明确,德国不想为了把俄国赶出中国这一目的而去同它作战。"[②]德国人很快找到某些适合他们要求的东西。1895年底,他们曾以德兰士瓦作为同英国冲突的象征;1898年6月,他们用它作为和好的象征。英国政府现在正在趋向于同布尔人的共和国发生冲突;不经过战争而赢得这场冲突的唯一希望就在于切断布尔人同外部世界的联系,而这样做的关键是堵住从德兰士瓦经过葡属领地到迪拉果阿湾这条铁

---

① 张伯伦备忘录,1898年4月25日。见《张伯伦》,iii,273。
② 拉塞尔斯致索尔兹伯里,1898年5月26日。见《英国文件》,i,第53号。

路。张伯伦在南非的代理人米尔纳在7月6日写道,"我把占有迪拉果阿湾看作我们不经过战争而赢得我们自己同德兰士瓦争夺南非控制权这场伟大竞赛的最好机会。"①葡萄牙正处在严重的财政困难之中;英国人计划给葡萄牙政府一笔恰当的贷款,来封闭迪拉果阿湾铁路。德国人想制造一些麻烦,甚至还向法国和俄国试探能否复活"大陆联盟"。这些试探不论怎么说都不是认真的,所以也都没有结果。莫拉维也夫说,"所有这一切丝毫也没有打动我。"②6月15日,法国人终于同英国人解决了在西非的边界问题,正在预期他们到上尼罗河去的远征随时可能遇到阻挠;在遇到阻挠以前,他们的对英政策是和解,不是争吵。德国人因此可以放手地"出卖"德兰士瓦;他们实在也没有别的办法。另一方面,虽然英国人仍不承认德国人有权插手南非,但付一笔假设性的代价比争吵要简单得多。1898年8月30日,两国达成协议。德国人抛弃对迪拉果阿湾的所有兴趣,从而含蓄地放弃对布尔人共和国的兴趣;英国人同意以后将和德国共同给予葡萄牙任何贷款,并答应他们保障葡萄牙帝国的其他部分的安全。

这是第一个英德两国在殖民地问题上的协议。它比春天的结盟讨论引起了甚至更大的、然而是并不值得的兴趣。这只是英国人想不战而胜布尔人共和国的运动中的一步棋;当这一运动宣告失败时,英国人就同葡萄牙直接签订协定,封闭了迪拉果阿湾。③战争一旦不可避免,英国人也不需要收买德国人了。德国人无法

---

① 米尔纳致张伯伦,1898年7月7日。见《米尔纳书信文件集》,i,267。
② 契尔施基致外交部,1898年6月23日。见《重大政策》,xiv(i),第382号。
③ 英葡秘密宣言,1899年4月14日。见《英国文件》,i,第118号。

给布尔人军事援助；只是在南非问题还是一个外交问题时，他们才能去讹诈英国人。德国人对于英国和德兰士瓦之间争执的关心，还不如英国人对于德意志帝国和被废黜的汉诺威王室\*之间争执的关心。为了省点麻烦，英国人用一张"空头支票"收买了德国人。没有给葡萄牙任何英德联合贷款，因此也没有瓜分葡萄牙帝国。但德国人仍然没有为此而愤愤不平——除了在很久以后回顾起来的时候。给他们葡萄牙殖民地这一假设的允诺使他们感到一种"世界政策"的兴奋情绪：只是到了1912年，当重新提起这个问题的时候，他们才注意到并没有拿到葡萄牙殖民地。说"英德之间的真正和解是一堵可以骑在上面的高墙"①是把1912年的情况搬到1898年去了。1898年时这堵墙并不高：德国和英国事实上已经和好。1898年的墙是结盟，殖民地交易没有翻过这堵墙去。英国人想防止出现一个新的"克鲁格电报"，德国人想避免由于再发一个这样的电报所造成的尴尬处境。殖民地协议的现实仅此而已。德国人并不比过去更愿意支持英国去反对俄国、甚至反对法国。

　　使所有人——除了索尔兹伯里——感到惊讶的是，就同法国的关系而言，英国人到头来并不需要任何人的帮助。1898年9月2日，克其纳将军在恩图曼摧毁了苏丹伊斯兰教士的军队；四天以后，他获悉一支法国远征队在马尔尚率领下占领了尼罗河上游的法休达。英法在尼罗河谷的冲突达到了决定性的关头。这不是对

---

\* 1714年，汉诺威选侯即英国王位，称乔治一世。从血统而言，维多利亚女王及其后裔也都属汉诺威王室。1917年汉诺威王室改称温莎王室。——译注

① 兰格著《帝国主义的外交》，ii，532。

等双方的冲突。英国人已控制了埃及并决心要保持下去；法国人只想为放弃波拿巴未能传给他们的遗产得到一点补偿。他们在上尼罗河的政策自始至终是为了保持面子。每一个有点头脑的法国政客都明白,埃及已在1882年永远失去了；他们所要求的只是给一点甜头,让法国公众认了这笔损失也就算了。他们的最终目标一直是恢复同英国的"自由主义联盟"。直到1896年3月英国人决定再度征服苏丹以前,法国的政策是够合情理的：即使象征性地占领上尼罗河也会加强他们的外交地位。而且,直到意大利在阿杜瓦败绩之前,他们还能希望得到来自阿比西尼亚的合作。[①] 一旦英国人把上尼罗河的问题放在军事基础上来考虑,外交就没有它的位置了；而且法国人是注定要失败的,除非他们也准备面对一场战争,而在1898年这是他们力所不及的。他们的海军荒废了；德雷福斯案件正在使国内政局分裂；而且不管怎么样,自从1840年以来法国人就一直不同意为埃及问题打仗。

6月间,法国政府更迭。德尔卡塞出任外长,并一直任职到1905年——在第三共和国历史上,这是一个人连续任职最长的例子。在开始的时候,在他和前任阿诺托之间看来没有什么很大的原则分歧。德尔卡塞曾协助发动马尔尚的远征；阿诺托偶尔也试图同英国达成协议。德尔卡塞是冈贝塔的门徒；虽然他的师傅常常鼓吹同英俄结成三方协约,他有时也谈论同德国和解。1898年6月,德尔卡塞没有明确的计划,除了改善法国的外交地位。经验

---

[①] 此后阿比西尼亚人不需要法国帮助他们去对付意大利,所以他们自己也不帮助法国去对付英国人。

## 第十七章 "世界政策"的年代 1897—1902年

很快教育他：德国将不会做任何事情来赢得法国的友谊；从此以后，调和英俄两国而以法国为它们之间的重要联系环节，就成了他的目的。由于一种使人愉快的巧合，在1914年9月5日三国最后签订正式盟约时，他又再度出任外长。但是这一结盟更多地是德国所执行的政策造成的结果，而不是德尔卡塞或其他任何法国政治家的功绩。

在1898年9月，这样的估量看来还是遥远的事。法休达危机使德尔卡塞措手不及。他知道法国不能作战；他的唯一希望是把问题放回到外交的基础之上。一方面，他提出同英国缔结"自由主义联盟"，如果英国人能给他某些合理的补偿；另一方面，他寻求俄国、甚至德国在外交上的支持。这两个政策都失败了。英国人拒绝回复到外交上和法律上的争吵中去。索尔兹伯里说，"我们要求取得苏丹是根据征服的权利，因为这是最简单的、也是最有效的。"英国人的论据就是地中海舰队和克其纳将军的部队；他们的条件就是马尔尚的无条件撤退。没有人支持法国。虽然俄国人欢迎英法冲突，但他们除了像以前在德兰士瓦问题上支持德国人那样的作为之外，不愿更多地参与其事。10月间，莫拉维也夫碰巧经过巴黎。他给了德尔卡塞一点冷冷的安慰：空泛地保证忠于法俄同盟，甚至于还更空泛地留下这样一个希望：将来某个时候，俄国将找机会重提埃及问题——那将无疑地是它需要把英国的注意力从远东转移开去的时候。

德国人的态度甚至更加冷漠。德尔卡塞暗示，如果德国人先让阿尔萨斯和洛林实行自治，他也许会要求他们的支持。即使没有这个先决条件的阻碍，德国人也不会作出响应。1896年时，他们把埃及问题排除出他们的"大陆联盟"计划之外;现在,正当他们需要运用他们在外交上的全部灵活性穿行在英俄两国在远东斗争的夹缝中时,他们是不会为了埃及问题而去得罪英国人的。他们也在估量,从法国的屈辱和愤怒中,他们所得到的只有好处。法国越是被赶进俄国的怀抱,德国就越有"行动自由",在大陆联盟与同英结盟两者之间进行玩弄——行动自由,那就是说对两者都加以拒绝。德国人常常在英俄两国之间犹豫徘徊;他们却从来没有在英法两国之间真正犹豫过。虽然法德之间来一阵子热乎即使在1871年以后也还有可能,但两国结盟却从来不属于现实政治的范围——除非是按照只有在像1940年的法国、1945年的德国灾难性的失败以后才继之而来的那种依附与屈辱的条款;但即使是在那种时候,结盟也是虚假的。

德尔卡塞除了投降别无他法。1898年11月,马尔尚撤离法休达;1899年3月21日,英法签订协定,法国被排斥在尼罗河谷之外。但这个协定并没有解决埃及问题。法国对英国占领的态度仍然不变:他们继续抗议和阻挠克罗默的财政改组计划。这个协定只是从法国人手中敲掉了他们最有用的外交筹码;只是在这个意义上才能说这个协定向全面解决前进了一步。法休达及其后果对法国人来说是一次政治心理上的危机;对英国人来说,连这样的危机也没有。他们是以和平时期的常规军力取胜的:英国海军部为法休达而增加的额外费用只有13600英镑。这笔账当然是虚幻的。真正的"埃及之战"是在1798年打的;法国人从来没有意思要再打一次。法休达是英国"光荣孤立"政策的胜利。英国人对欧洲大陆和势力均衡早已淡漠(或者他们自以为如此),因此他们能建

## 第十七章 "世界政策"的年代 1897—1902年

设起一支无敌的海军,并主宰了地中海。法休达还进一步使"光荣孤立"更加牢固。英国人一旦把埃及问题放在军事基础之上,他们就不再需要其他列强在这个问题上给他们外交支持;而随着他们的军队紧靠苏伊士运河,他们从来没有像现在这样不把俄国占领君士坦丁堡放在心上。1898年后任何时候,在开放海峡的问题上,他们都可以像"帝国防卫委员会"1903年报告那样说:"它将不会从根本上改变地中海的现有战略地位。"① 法休达把地中海协约还剩下的东西一扫而空了。英国既不需要意大利、也不需要奥匈。意大利失去了英国的保护,就不得不寻求同法国重新和好。② 在俄国的注意力集中于远东时,奥匈得到一种虚幻的安全感;一旦俄国转回到巴尔干,德国就再也找不到一个第三者来分挑防卫奥匈的担子,而一次俄德冲突就成为几乎难以避免的了。

造成这种局面的不仅是法休达事件。就在英国退出东方问题的时刻,德国人闯进来了。1898年10月,当马尔尚还在法休达时,威廉第二对奥斯曼帝国作第二次访问。他在君士坦丁堡拜会阿布杜尔·哈米德苏丹并在大马士革宣称,全世界三亿伊斯兰教徒可以指望他作为他们的朋友。接着而来的是在近东的更实际的利益。一个德国公司在1893年就在小亚细亚开始修筑铁路;1899年春,这家公司寻求从马尔马拉海到波斯湾的更为宏大的筑路权益。由于德国是在过去年代里任何时候都没有欺侮过土耳其的唯

---

① "帝国防卫委员会"报告,1903年2月13日。见《英国文件》,iv.59。
② 意大利人担心1899年3月21日英法协定涉及将的黎波里放弃给法国。虽然索尔兹伯里拒绝向他们作出任何否定的保证,德尔卡塞据说曾口头宣布对的黎波里不感兴趣。

一强国,阿布杜尔·哈米德对"巴格达铁路"持赞同态度。英国人高兴地看到德国的铁路计划从迪拉果阿湾转移到小亚细亚——塞西尔·罗得斯对德国人在那儿的"任务"所表现的热情即由此而来。法国人不但欢迎这个维护土耳其独立的新伙伴,他们还想分享利润,提出投资百分之四十。德国外交部(皮洛夫和荷尔施泰因)把铁路说成是毫无政治意义的商业经营。① 此时出任驻君士坦丁堡大使的马沙尔更加坦率一些:如果德国在近东继续进行经济上的扩张,他预见到这样的时刻将会到来,"那时'整个近东不值一个波美拉尼亚掷弹兵的骸骨'的名言将成为有趣的历史回忆,但不再符合于现实。"② 俄国人也看到这个时刻将会到来而设法加以防备。虽然他们无意把奥斯曼帝国搞垮,他们反对任何可能使之更为强大或更有独立性的事情;在他们的帝国周围没有"中国长城"环绕,所以他们必须要使邻国保持衰弱。他们对巴格达铁路倒是愿意禁止建设的,但由于他们做不到这一点,他们就建议作出一项"安排":作为对俄国同意建筑这条铁路的报答,德国许诺俄国控制海峡。③ 事实上,这是要德国人事先就宣布放弃不可避免地会随经济成功而来的政治利益。

俄国的提议在柏林被坚决拒绝。德国人知道,俄国人不能阻挡巴格达铁路的建设,因此他们的同意并不值得花代价去收买。此外,虽然德国人曾拒绝在海峡问题上支持英国反对俄国,他们同

---

① 皮洛夫致拉多林,1899年3月24日。见《重大政策》,xiv(ii),第4015号。
② 赫尔菲里希著《乔治·冯·西门子》,iii,90。
③ 布洛夫的备忘录,1899年4月18日、26日,5月5日。见《重大政策》,xiv(ii),第4017、4018、4020号。

样不愿意承诺支持俄国反对英国。他们指望发生英俄冲突,因此很自信地坚守不束缚自己手脚的方针。但他们这样说:他们还是准备把海峡交给俄国的,代价是俄国向他们保证阿尔萨斯和洛林或者至少答应在法德交战时保持中立,那么他们将愿意冒同英国发生冲突的风险。[①] 这个条件是俄国人不可能办到的。虽然他们一定会拖住法国,不让它对德国打一场复仇战争,他们为了保持自己的独立,需要法国的同盟。如果他们废弃了这一同盟,他们事实上也不可能得到海峡。要么法国同德国和解,在这种情况下将会出现德国同奥匈和法国的联合,它的力量足以把俄英两国都排出近东。要么——这是更可能的——法国转向英国;俄国就将面临"克里米亚联合"。简言之,俄国和英国的安全都要依靠法德交恶;从长远看来,两国都不能不支持——虽然不是鼓励——法国。关于巴格达铁路的谈判无疾而终了。德国人在1899年11月得到了特许权。俄国在无可奈何之中总算得到了一点收获:1900年4月同土耳其签订了一项协定,规定除非得到俄国同意,不在小亚细亚的黑海区域修筑铁路。但后来并未产生实效。不过,巴格达铁路的修筑时间比1899年时俄国人或德国人所预期的要长得多——1914年大战爆发时只修成了一段。但这一切预示着这样的时候将会来到,到时候德国将成为俄国在君士坦丁堡的新的、更可怕的对手。

虽然俄国人不愿把法国放弃给德国,他们仍然梦想建立一个

---

[①] 荷尔施泰因备忘录,1899年4月17日;哈茨费尔德给外交部的报告,5月1日。见《重大政策》,xiv(ii),第4016、4019号。

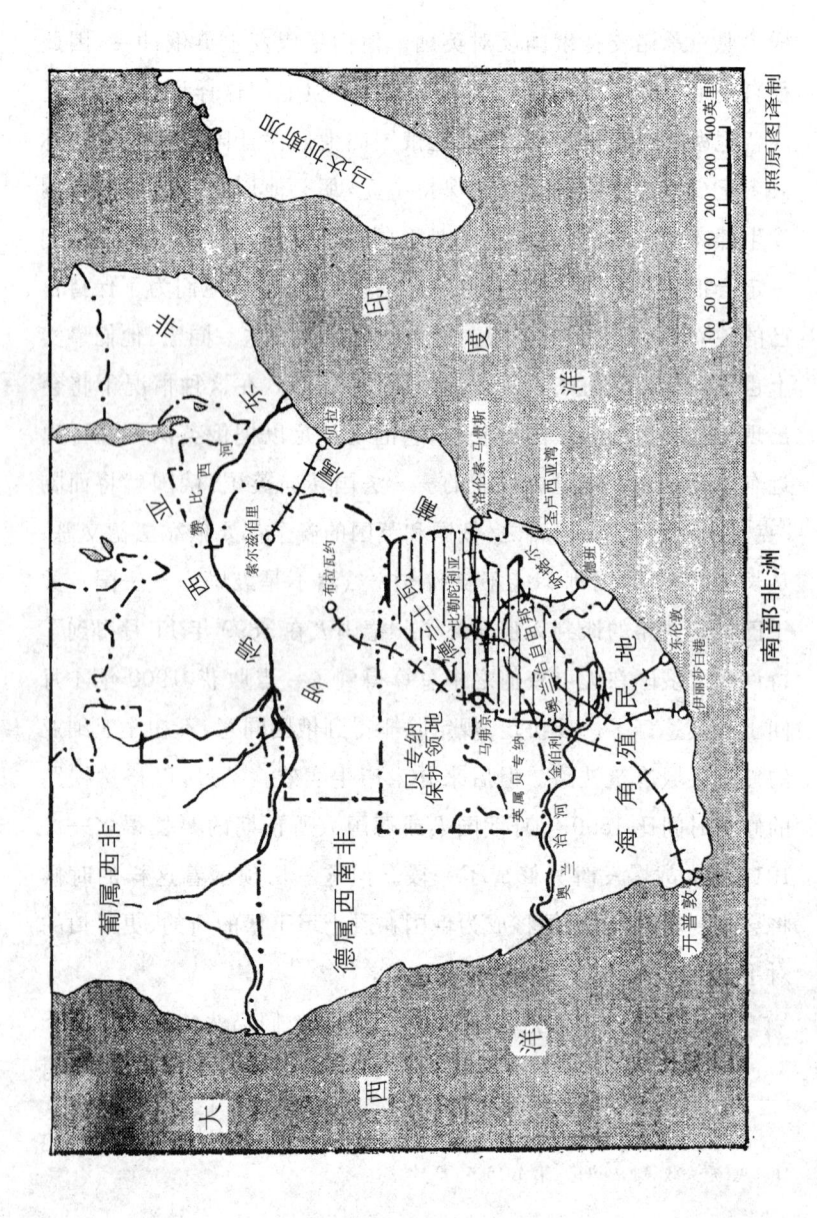

# 争夺欧洲霸权的斗争 1848—1918

"大陆联盟";在这联盟中,法德两国尽管还是彼此敌对,却都将支持他们反对英国。另一方面,德国和法国继续为取得俄国的友谊而互相竞争,除了支持它反英这一点之外,其他的代价它们都可以付。1899年8月,德尔卡塞访问圣彼得堡;这无疑地是为了使两国同盟比法休达事件发生时更令人满意。出现了一种奇怪的结局。两国之间的政治协约和军事议定书的条文都改动了。结盟是为了"维护欧洲的势力均衡"以及维护和平;军事议定书将不再随"三国同盟"的解体而取消。多年之后,当这些变动公之于世时引起了对德尔卡塞的狂暴斥责,说他使法国承诺了支持俄国在巴尔干的侵略计划,从而在1914年真的把法国卷进了战争。这是荒唐的夸大。是施利芬计划而不是法俄同盟(不论是原有的或改动过的条文),把战争带给了法国:1894年以后,德国人如果同俄国开战就一定要先把法国打垮,法国人要么自卫、要么投降,别无选择——中立是不可能的。不论怎么样,1899年的条文只有暂时的意义。从1896年到1899年,奥地利经历了一次宪法危机,它几乎把哈布斯堡君主国搞垮;有人说,不管怎么样,等弗朗西斯·约瑟夫一死,这个君主国一定解体——这样的猜测并非毫无道理。到时候,俄德两国就可能瓜分奥匈;德尔卡塞所做的全部工作就是保证在发生这样的情况时,法国能引用势力均衡原则,从而也许能收复阿尔萨斯和洛林。俄国人常常谈论这个计划;而德尔卡塞迟至1904年11月还宣称他的目的在于和平地瓜分中欧和巴尔干并同阿尔萨斯和洛林问题联系在一起。[1] 这个计划无疑是荒诞的。德

---

[1] 他对法国大使帕利奥洛格是这样说的。见帕利奥洛格著《转折点》,第158页。

国人无意同俄国分享奥匈或巴尔干,更不要说放弃阿尔萨斯和洛林了。不论在什么情况下,不会有机会来实施这个计划的。弗朗西斯·约瑟夫又活了十七年;而在哈布斯堡君主国垮台时,法俄同盟已先死掉了。在实际上,1899 年 8 月的修改没有多少作用。它最多使德尔卡塞更易于抵挡俄国要他放弃阿尔萨斯和洛林以改善同德国的关系的、本来就软弱无力的建议。

如果终究要有一个大陆联盟的话,1899 年 10 月看来是个时机。英国人在南非的和平解决计划未能实现。布尔人拒绝折腰;张伯伦的代理人米尔纳有意提高他的条件,以激起冲突。他相信可以轻而易举地取胜:"如果我们不示弱,或者倒是继续不懈地加强压力,他们就会垮掉。"[1]索尔兹伯里作了泄气的评论:"我看到在我们面前将会出现作出巨大的军事努力的必要性——而这一切却是为了那些我们所鄙视的人、为了那些不能为英国带来力量和利润的领土。"[2]10 月 9 日,布尔人宣战;随之出现的一场战争比米尔纳所预期的要艰苦得多。对大陆列强利用英国处境困难来说——在理论上——不可能有更为有利的时机了。但这个时机真的只是理论上的。英国的海军决定了局势。在近东,陆上兵力有一定作用,在远东更加如此;但在南非却不起作用。虽然大陆列强能够动员以百万计的兵员,但没有一个欧洲士兵会越过南非的瓦尔河;英国海军能够抵挡得住任何多国海军的联合——它在整个布尔战争期间继续主宰着地中海,同时控制着通往南非的海路、保

---

[1] 米尔纳致张伯伦,1899 年 8 月 16 日。见《米尔纳书信文件集》,i,516。
[2] 索尔兹伯里致兰斯多恩,1899 年 8 月 30 日。见牛顿著《兰斯多恩勋爵》,第 157 页。

## 第十七章 "世界政策"的年代 1897—1902年

卫着英伦三岛。布尔战争甚至比法休达事件更突出地成为"光荣孤立"的胜利示威。

大陆列强即使团结一致对英国也奈何不得,更何况它们并不团结。情况既然如此,它们最聪明的办法莫如对这次战争视而不见;但即使是强国也并非常常处事明智的。每个强国都不能不装得好像它是赞成大陆联盟的,不能实现要怪别人。俄国人是经常被英国人揭露得在欧洲声名狼藉的,他们想扭转这种道义上的局面;此外,如果觉得英帝国要听凭他们摆布,这可以满足他们的自大心理。尼古拉第二写道,"我确实愿意知道,南非战争的最后进程完全可以由我来决定。……我所要做的只是打个电报,下令在土耳其斯坦的所有部队进行动员并向边界前进。"但是,正如他再思之后所补充的,到塔什干的铁路还没有造好——事实上这条铁路还没有动工,而且直到布尔战争结束后又过了多年才完成。① 莫拉维也夫明知成立大陆联盟是不可能的,而单独采取反英的外交行动风险又太大,②他唯一的实际步骤只能是哀叹失去的机会。在法德两国,公众舆论都强烈地站在布尔人一边;由于在英国有许多优秀人士也"亲布尔人",这种情况是毫不足怪的。在德国,对布尔人的同情心因为学院式的"条顿主义"而更加强;在法国则因对法休达受辱的愤恨而加强。在这两个国家里,官方的政策不能不考虑到这种情绪,并且还要避免因采取反对任何亲布尔活动的主动行动而得罪俄国。法国的方针是简单的。他

---

① 尼古拉第二致他的姐姐,1899年10月21日。见《红色档案》,lxiii,125。
② 莫拉维也夫的备忘录,1900年2月7日。同上书,xviii,24。

们将愿意参加调停或者德国也作出承诺的其他任何行动。这是一种可行的安全的方针。它满足俄国人,而且德国肯定会拒绝参加,万一参加了,那么随之而来的英德交恶是值得法国去冒某种风险的。

德国的处境要更复杂一些。他们对俄国人在外交上可以作出一种万无一失的回答。他们能够同法俄两国采取共同行动,但必须三强相互保证在欧洲的领土完整[①]——从而俄国(以及法国)将为阿尔萨斯和洛林提供保证,而德国则在远东不必支持俄国。但是德国统治者也还有"世界政策"要考虑。一方面,他们为了他们的殖民地和海外贸易,想同英国处好关系;另一方面,他们又想利用德国国内的亲布尔人情绪,以便使帝国议会通过一项宏大的"海军法"。英帝国必须保持,作为对俄国起平衡作用的因素;同时,一支德国海军正在组建,它最终将对这个帝国发起挑战。结果是,"行动自由"被夸大到变成像是一个为赛马赌博提供情报者所作的姿态。在战争开始时,德国人正为对萨摩亚的控制问题同英国人发生争执,美国也参与其间。这桩微不足道的事没有什么意思,除了借以对美国进行关税战以保护德国农业界的利益。张伯伦一向是迫切要得德国好感的,这一次他又逼迫索尔兹伯里在11月间作出让步。英国人得到了报偿。威廉第二和皮洛夫访问英国——这个友好姿态是对德国亲布尔分子的公开蔑视。索尔兹伯里不在乎这一表演,并且仍然保持回避态度。张伯伦再次提出同德国结盟。过去,德国人拒绝他的建议的理由是,他们同法国或俄国没有冲

---

① 皮洛夫致拉多林,1900年3月3日。见《重大政策》,xv,第4472号。

## 第十七章 "世界政策"的年代 1897—1902年

突。现在,张伯伦想提供他们同这两个国家发生冲突的机会:他敦促德国人推进修筑巴格达铁路的计划(以便使他们同俄国争吵)并提议同他们瓜分摩洛哥(以便使他们同法国争吵)。① 皮洛夫置之不答。他为自己显得像是对一个遭难的穷亲戚施恩的保护者而感到愉快,但他无意采取任何实际行动。此外,他还猜疑,一旦出现最坏的情况,索尔兹伯里将宁肯收买法国和俄国,而不去寻求德国的支持。

但皮洛夫不能这样就算完事。他作为一个政治家,奉承是他的惯伎。他纡尊降卑地同张伯伦谈到德国同英美两国的互利关系。② 张伯伦把这话所暗示的意思看得很认真。11月30日,他在莱斯特谈到"在条顿族和盎格鲁撒克逊族两大分支之间的新的三方联盟",还说"天然的同盟是在我们自己同伟大的德意志帝国之间"。皮洛夫为了俄国、也为了德国的公众舆论,不得不掉转方向。建立大陆联盟的谈论又重新开始;皮洛夫还对帝国议会的海军委员会说,"两年前他还能说没有同英国打仗的危险,现在他不能再这么说了。"③ 1900年1月,当英国人在南非海域截住几艘德国邮轮并搜查私货时,皮洛夫、海军元帅蒂皮茨和威廉第二都为这个英国海军军官大喝香槟,因为他在促进通过第二个德国"海军法"的事情上帮了他们的大忙。法律通过了,大陆联盟自然也就烟消云

---

① 皮洛夫的备忘录,1899年11月24日。见《重大政策》,xv,第4398号。
② 张伯伦致埃卡德斯坦因,1899年12月7日。见埃卡德斯坦因著《一生的回忆》,ii,107。
③ 克尔著《战舰制造和党派政治》,第201页。

散了。① 对布尔人的同情、对英帝国的嫉妒、欧洲合作的利他主义梦想,这些可以成为谈天的有趣题目,但不能成为一个大陆联盟。俄国正集中注意于远东,而法国又在日趋衰微,德国没有理由以不利于英帝国的作为去对俄国或法国作补偿。德国已有安全保障;

---

① 在布尔战争期间曾有两次提出大陆联盟,都是德国人首先倡议的,但每次都是得罪英国人多于讨好俄国人,更不用说帮忙布尔人了。1899年10月,德国人正同英国人为萨摩亚发生争吵。10月10日,德国副国务卿对法国代表说,两国之间应有"殖民问题上的合作"。(德伦泰尔的备忘录,1899年10月10日。见《重大政策》,xiii,第3584号。)10月18日,皮洛夫重复这个建议,"除开"英德关于葡萄牙殖民地协议的"那个小三角"。(诺阿耶(柏林)致德尔卡塞,1899年10月18日。见鲍齐亚及帕热著《大战的起源》,第281页。)10月29日,威廉对法国大使诉苦说,在1896年初其他列强对他的提议没有作出响应,现在英国舰队已经太强大了。(威廉第二致皮洛夫,1899年10月29日。见《重大政策》,xv,第4394号。)因为莫拉维也夫将到德国去,这些含糊的话看来是想引出法国的拒绝表示,用以在俄国人面前说法国的坏话。但德尔卡塞的回答却是询问两国如何能够最好地进行合作。11月6日,皮洛夫回复说,他要再好好想一想。(德尔卡塞致皮欧(柏林),1905年1月13日。见《法国外交文件》,第2集,vi,第24号。)但后来就再也不提这件事了。莫拉维也夫没有对德国人提出大陆联盟,所以他们就在他到达波茨坦的那一天(11月8日)公布了他们同英国人关于萨摩亚问题的协议,以示对他的冷落。

1900年1月至3月间进行的讨论更加认真一些。这些讨论是因英国扣留德国邮轮而引起的。1月6日皮洛夫(皮洛夫致哈茨费尔德,1900年1月6日。见《重大政策》,xv,第4425号。)1月7日荷尔施泰因(荷尔施泰因致哈茨费尔德,1900年1月7日。见《重大政策》,xv,第4429号。)相继用大陆联盟来威胁英国人——说它"在几天之内"就可以缔结。1月11日,皮洛夫告诉俄国大使,他要对英国采取行动,但是"法国抱什么态度? 法国提出什么保证?"(皮洛夫备忘录,1900年1月12日。见《重大政策》,第4463号。)虽然俄国人没有成功的希望,莫拉维也夫还是询问德尔卡塞,他是否愿意参加俄国和德国的调停。德尔卡塞表示同意,条件是德国采取主动。(见鲍齐亚及帕热著《大战的起源》,第286页。)3月3日,莫拉维也夫提议三强对英国施加"一种友好的压力",要它结束战争。(皮洛夫致乌拉多林,1900年3月3日。见《重大政策》,xv,第4472号。)皮洛夫答复说,只有三强"在一段长时期内相互保证它们在欧洲的所有领土",才有可能这样做。谈判就这样终止了。简言之,在3月3日,当然是俄国人——在法国的催促下——采取了主动,但这是由1月11日德国人的主动行动所引起的。

## 第十七章 "世界政策"的年代 1897—1902年

它同别人合作去反对英国只会削弱它的安全。

法国和德国都曾装作响应俄国的敦促,继续为争取俄国好感而竞赛;它们又都把拒绝俄国的要求在英国面前表功,以争取英国的好感。威廉第二立即把俄国的建议透露给他的英国亲戚;①后来,德尔卡塞在同英国谈判英法协约时,曾试图从英国人那里得到一些好处,作为阻止成立大陆联盟的奖赏;②最后,甚至俄国外相伊兹伏尔斯基也试图用这同样的花招,虽然没有人认真地看待他。③当时,英国人在理论上同德国关系良好,而同法俄两国则当然关系不好,所以他们在很大程度上接受德国的说法;尽管索尔兹伯里常常否认英国有赖于德国的好感,从而对德国人的话是抱怀疑态度的。④后来,在缔结了协约之后,英国人在大多数情况下是大发善心,接受他们的新朋友的说法的。但是,格雷经常宣称,这些协约远非反德,而是完全因为法俄两国比德国更难对付才缔结的;因而他接受德国的说法,因为法俄两国越显示敌意,缔结协约就越有道理了。⑤在心底里,英国人不管这样或者那样,并不怎么把大陆联盟放在心上。张伯伦也许梦想同德国结盟;索尔兹伯里也许有更现实的打算,在摩洛哥对法国、在波斯对俄国作出一些让步。这两种权宜之计都不必要。英国海军控制着海洋,而布尔战

---

① 威廉第二致威尔斯亲王爱德华,1900年3月3日。见李著《爱德华第七》,i,第769页。
② 《英国文件》,iii,432。
③ 尼科尔森致格雷,1908年10月31日。同上书,vi,第126号。
④ 索尔兹伯里致维多利亚,1900年4月10日。见《维多利亚女王书信集》,第3集,iii,527。
⑤ 格雷致伯蒂(巴黎),1908年12月1日。见《英国文件》,vi,第142号。

争也可以在光荣孤立中取胜。

但是南非像尼罗河谷一样,在这个"帝国主义时代"中都只不过是插曲。盖过所有其他问题的大事是远东。中国已接替了土耳其的位置,成为杰出的"病夫";从1897到1905年,中国的未来决定着列强的关系。1898年3月的危机是以初步的瓜分来渡过的;危机十分肯定会再度发生。俄国人想设法推迟这一不可避免的冲突。1899年4月,他们同意英国人关于划分势力范围的提议:如果英国人不在"长城以北"寻求任何建设铁路的权益,他们就不在长江流域寻求这方面的权益。这是一个修补裂痕的远东版加施泰因条约\*。英国人看来处境维艰,没有人愿意帮助他们反对俄国。法国人因法休达事件而疏远了;德国人决定不让自己作任何承诺;日本人急于在还来得及的时候同俄国人达成协议。美国人表现得对于"门户开放"很热切,但当1899年9月俄国人毫不隐讳地作出否定的回答时,美国人装作感到满意。1899年10月以后,英国军队都被牵制在南非。维特认为他的和平渗透政策再次眼见就要成功。他把俄国那些主张暴力的人压制了下去;1900年6月莫拉维也夫突然去世、胆小而保守的兰斯多夫接任外相后,他的地位进一步得到了加强。

十分奇妙的是,把英国人搭救出来的却是中国人。这时,中国对外国势力深入的抵抗正在高涨。第一个标志是中国政府在1899年3月拒绝给予意大利人一块租借地。第二年,中国人民起

---

\* 指1865年8月14日在奥地利的加施泰因由普、奥两国就斯莱士威克及荷尔施泰因两公国问题签订的协定,参阅本书第八章。——译注

## 第十七章 "世界政策"的年代 1897—1902年

来干预了。乱糟糟的和自发的义和团起事\*是自从1857年印度叛乱\*\*以来，一种非欧洲文化反对基督教的西方的一次最伟大的自卫努力。这一运动起初是被限制在一定范围内的，后来受到了慈禧太后——中国的真正统治者——的鼓励。1900年6月，欧洲籍的传教士和商人受到攻击；北京的各公使馆被围困，德国传教士被害。义和团起事推翻了不止一个美妙的政策。它推翻了维特的政策。中国的暴力引起了俄国的暴力反应。陆军大臣库罗巴特金遂其所愿，入侵满洲。起事也推翻了德国的"保持行动自由"的政策。不管理智的声音是什么，一个"世界强国"不能不为它的传教士被谋杀进行报复。威廉第二完全不听皮洛夫的保留意见，坚持德国应该在一支国际讨伐军中起带头作用。在德国士兵出发时，威廉第二激励他们在中国要取得像"一千年前阿提拉\*\*\*部下的匈奴人"那样的军誉；其他列强都被哄骗得同意由年迈的陆军元帅瓦德西出任国际部队司令。所有欧洲列强的军队在一个单一的司令官率领下服役，这在历史上是唯一的一次。人们常说，全世界只有在对付另一个星球时才会联合起来；在1900年，中国却在很大程度上实现了这个目标。不论是英国人或者俄国人，这两个真正同中国关系深的强国对这支国际部队都不大在意。英国人的第一个行动是同长江流域的中国总督们谈判，以防止起事蔓延到他们的

---

\* 原文沿用西方惯称 Boxer rising，为便于读者，译作义和团。下文的慈禧太后的原文也沿用 dowager empress。——译注

\*\* 指1857—59年由印度士兵首先发动的反英民族大起义。——译注

\*\*\* 阿提拉（Attila）（约406—453）匈奴帝国国王，曾占有里海至波罗的海和莱茵河之间的广大地区，东、西罗马帝国均被迫纳贡。——译注

"范围"中来。俄国人改而采取黩武政策，实际上正中了英国人的计；因为英国人正是同俄国人一起才在8月份为北京的公使馆解了围。维特这时就劝说尼古拉二世，最要紧的事情是使所有欧洲军队尽快撤出中国。8月25日，俄国人宣布，由于秩序已经恢复，他们正在撤军并期望其他国家也这样做。

这时瓦德西还没有离开德国；因此俄国的提议损伤了德国的虚荣心。为了报复俄国人，他们不能不转向英国人。还有一个更加重要的考虑。他们——十分错误地——担心英国人正在设谋把长江流域据为己有。由于关于瓦德西的争执，他们不能同俄国人合作来反对英国人（击败这些想象中的计划）；因此，他们不能不装作同英国人合作来反对俄国人。英国人并无瓜分的计划，所以他们实在不能了解德国人到底是想干什么；但是，同德国签订任何协定，看起来一定是针对俄国的；所以英国人也欢迎有机会这样做。这些阴错阳差的想法所造成的结果就是1900年10月16日英德两国之间签订的中国协定。两国同意在中国保持门户开放及中华帝国的完整。但德国人坚持不作出任何反对俄国的行动；他们原来还希望在协定中规定一个地理上的限度，以便把俄国的利益范围排除在外。虽然他们到最后还是同意"对全部中国领土，只要他们影响能及"，都主张实行门户开放，他们从不隐瞒，只要在碰到俄国的地方，他们就不能发挥影响。简言之，德国人使英国人受到了在长江流域保持门户开放的约束，但自己却不受约束，一定要在北方对俄国人要求开放。英国人希望俄国人会上当，把这个协定看作"含有德国叛向英国之意"。① 中国协定对索尔兹伯里的"只订

---

① 哈丁（圣彼得堡）致索尔兹伯里，1900年10月26日。见《英国文件》，ii，第19页。

## 第十七章 "世界政策"的年代 1897—1902年

有限协定而不一般结盟"的政策,看来是一次重大胜利;它是1887年地中海协定在远东的翻版。这是英德两国之间订立的唯一正式的外交合作协定,因此应该开辟一个英德亲善的时期。但它没有起作用,而这一失败所引起的却是比过去任何时候都更为深刻的交恶。在英德关系中的决定性时刻是1900年10月16日,而不是1898年或1901年的谈判。虽然这两个国家看来已在结盟的中途,局势很快就证明结盟是不可能的。

解释很简单:德国的"世界政策"是虚假的,是一种借口。它的亚洲地图,像以前俾斯麦的非洲地图一样,是画在欧洲的。当地中海协定签订时,奥匈同英国同样在近东有着切身利害关系;它的近东政策和它作为一个欧洲强国的地位并无矛盾。但德国在中国没有重大利益。他的重大利益是在欧洲的安全,它不能为了中国市场而使之受到危险。在俄国方面也有一项根本差异。在近东,他们的关切是防御性的;只要一碰到反对,他们就马上往后缩。俄国在远东的政策却是侵略性的和扩张主义的。在近东出现一种敌对的联合就能加强所有有影响的俄国政治家的论点,而在远东却激不起反响。地中海协定也许只是虚声恫吓;不论奥匈或是英国都不急于打仗。但在近东,俄国人愿意受到恫吓;而在远东,恫吓却起不了作用。这一点在英德协定签字后不久就显示出来了。俄国人造成了一次同中国的新危机。在维特的敦促下,他们准备——颇不令人信服地——撤出满洲;但是库罗巴特金和将军们要中国把政治控制权交给他们才肯撤军。维特因为自己的号令不行大为震怒,就设计了一份这些人所提要求的草稿(比真正提出的要求还要激烈),并把它泄露给日本人。大家都以某种口实——虽然并不像设想的那么多——相信瓜分中国一事已在认真开始。日本人深信他们能够成功地抵抗俄国。他们的问题在于法国,因为法国在远东的舰队同俄国人联合起来能够切断他们同大陆的交通。英国必须使法国保持中立;这就是日本人在1901年3月所提出的要求。

英国人感到他们正处在作出重大决定的关头。1900年12月,索尔兹伯里离开了外交部。他的继任者兰斯多恩虽然手段圆滑,但没有他那种巨大的信念。索尔兹伯里曾经依靠他的崇高声誉来掩饰当前的困难;兰斯多恩则需要外交上的成就来弥补他担任陆军部长任内的失败——他对在南非的灾难要负责任。英国人当然想要鼓励日本;他们担心日本人如果得不到鼓励,将会同俄国达成交易,而把所有其他列强排斥在外[①]——只是为了这一点,他们也必须那样做。另一方面,同法国发生冲突在当时也是办不到的。虽然英国舰队比俄法联合舰队仍占优势,它的力量已全部用于保卫英伦三岛和通往南非的航路。在布尔战争结束之前,派不出船舰去远东。英国人多少又回到了1894年他们在地中海的那种处境:他们需要德国军队的威胁,以使法国保持中立,而他们(在目前情况下是日本人)则去对付俄国。3月8日,兰斯多恩询问德国人,是否愿意同英国一起迫使法国接受"局部化"的限制,如果俄日之间发生任何战事的话。[②]

就有关远东危机的问题而言,这对德国人是一个决定性的时

---

[①] 伯蒂备忘录,1901年3月11日。见《英国文件》,ii,第54号。
[②] 哈茨费尔德致外交部,1901年3月8日。见《重大政策》,xvi,第4829号。

刻。他们按照1900年10月16日协定,承诺了维护中国的完整；他们渴望加剧俄国在一边、英国和日本在另一边对峙的紧张局势；他们喜欢想象英国将在未来向他们提供某些东西——更多的假设的非洲殖民地、在亚洲的新的租借地——以使同它结盟成为值得做的事情。荷尔施泰因充满信心地反复说,"我们能够等待。时间正在为我们服务。"①但到了节骨眼上,下面这一无可回避的事实就摆在他们面前：英国提出的好处和他们自己的商业利益,哪一项都永远不能够使得为了远东而同俄国（因而也要同法国）冲突成为值得一试的事情。对于一个两面都有敌对的邻国的强国来说,"世界政策"不能占首要的位置。德国人再一次试图甚至对他们自己逃避这一结论,当然更多地是对英国人；但逃避不了。他们采取了一个权宜的办法,向英国人和日本人提供"善意中立"；在被追问时,他们解释说这意味着"严格的和准确的中立",别的就没有了。②3月15日,皮洛夫打消了各种怀疑；他在帝国议会宣布,1900年10月16日的英德协定"在任何意义上都同满洲无关"。这是确实的；但皮洛夫一说出来,英国以之作为政策基础的谎言就被粉碎了。英国人原来希望对英德合作的惧怕将对俄国人起制约作用；现在,这种惧怕已被显示出来是毫无根据的。这一显示对英德关系证明是决定性的,虽然对远东的历史并非如此。日本人决心制止俄国,即使没有英国或德国的支持。3月24日,他们要求撤销已建议的俄中协定。俄国人不准备发生冲突；他们收回了对

---

① 荷尔施泰因致梅特涅（伦敦）,1901年1月21日。见《重大政策》,xvii,第4984号。
② 米尔堡的备忘录,1901年3月14日。同上书,xvi,第4832号。

中国的要求,而且兰斯多夫很快宣称"从来没有什么'满洲协定'草案,有的只是一个讨论要点的提纲"。① 不能达成关于满洲的协定,他们就在没有任何协定的条件下呆在那里,相信他们的耐心会比中国或其他强国的耐心更持久些。危机的阴影在远东更浓重了。

英国的政治家们不愿让自己接受对德国无可指望的结论。他们仍然估计,只要他们打中要害,德国的支持还是能争取到的。这个看法在英德两国"高级金融界"人士中很普遍;在英国的自由主义联合派人士(以张伯伦为首)中对此特别具有信心。1月间,张伯伦告诉埃卡德斯坦因(德国大使馆成员,本人同英国财政金融界有联系),他偏向于"同德国合作并参与三国同盟"。② 由于张伯伦和埃卡德斯坦因的推动,也出于他自己的迫切心情,兰斯多恩在3月18日对英德订立防御性同盟的可能性作了试探。③ 这使德国人陷入困境。德国正在试图使自己既成为一个欧洲强国、又成为一个世界强国。它在欧洲的安全要靠同俄国保持良好关系;它的殖民地和海外贸易要靠英国的善意。它必须同这两强都搞好关系,而经受不起同其中任何一强交恶。当然,处于这种为难境地的不只是德国一国。法国人由于对它的东部边界老是惴惴不安而使他们的帝国扩张事业受到阻碍。英国人看到了他们在20世纪的进程中不得不参与的两次欧洲大战,使他们的帝国受到严重的震

---

① 桑德森致萨托,1901年4月12日。见《英国文件》,ii,第73号。
② 哈茨费尔德致外交部,1901年1月18日。见《重大政策》,xvii,第4979号。
③ 兰斯多恩致拉塞尔斯,1901年3月18日。见《英国文件》,ii,第77号。埃卡德斯坦因致外交部,1901年3月19日。见《重大政策》,xvii,第4994号。

撼,如果不是使之消失的话。即使是俄国,它在欧洲的麻烦也使它在远东放不开手脚。但德国在列强中是最有欧洲特点的,因此它也是最尴尬的——除非它能首先在整个欧洲大陆建立起它的统治。但在1901年,人们还远不能看清这一切。因此,德国又回复到缓兵之计上来。他们提出的条件是,英国必须参加三国同盟,而不是寻求只同德国结盟。这个答复是不严肃的:它的目的只是为了提高德国在同奥匈和意大利的关系中的威望,而不是为了想达成任何切实的结果。德国人真正指望的是俄英之间开战,到那时他们就可以向双方以高价出卖自己的中立。在奥普抗衡的那些遥远的日子里,拿破仑第三也曾有过同样的想法。

德国人的躲闪没有导致英国政策的任何改变。兰斯多恩继续希望结盟,并在5月间真的准备好了一份正式的防御协定草案,① 尽管索尔兹伯里表示反对。他说,"我们从历史上找不到任何理由来相信"中立会"造成任何危险"。② 兰斯多恩终于认识到他不能期望同德国缔结反俄的同盟;他建议转而同德国合作反法。摩洛哥看来是命中注定实行这种合作的地方。③ 那里的苏丹的权威正在很快地瓦解;英国人想要控制丹吉尔,以使直布罗陀的安全得到充分保障,他们准备把摩洛哥的大西洋沿岸地区给德国,以换取德国合作反法。1899年11月,张伯伦同威廉第二在温泽会晤时就已提出过这个建议,1901年1月他重申前议;7月间又更为正式地

---

① 桑德森的备忘录,1901年5月27日。见《英国文件》,ii,第85号。
② 索尔兹伯里的备忘录,1901年5月29日。同上书,第86号。
③ 哈茨费尔德致外交部,1901年6月19日。见《重大政策》,xvii,第5177号。

向德国人提出。① 德国人没有上钩。皮洛夫写道,"在这件事情上,我们必须像斯芬克斯*那样做。"②在摩洛哥,像在远东一样,英国人只有参加了三国同盟才能得到德国的支持。③ 这个"保持行动自由"的方针不光用来对付英国人。1901年6月,德尔卡塞也来寻求德国在摩洛哥问题上的合作。皮洛夫对他也有一个现成的答复:只有法国宣布放弃对阿尔萨斯和洛林的要求,德国才会帮助他。④ 这两种答复都是托词,不是想真正实行的。"保持行动自由"的本身就是他们的目的;而且在1901年夏天,他们比过去任何时候都更深信英国同法俄两国在发生越来越多的麻烦。

俄人也同样自信。1900年10月的英德协定(当时就公开宣布)曾经多少使他们感到有点紧张;但1901年3月皮洛夫把这个协定弄得毫无意义之后,这阵紧张就算过去了。9月间,尼古拉第二在但泽访晤威廉第二,他被告知可以指望德国在远东保持中立。不仅如此,两国间这一恢复了的友谊使法国人不能不出更高的价钱。对法国人来说,同德国人出同样的价钱总是不够的,他们总要出得高一些。如果德国人提出保持中立,他们就得提出支持。他们同意提供资金修筑通往塔什干的铁路,以便俄国人威胁印度;反英联合军事行动议定书已经谈妥;反英海军合作计划的工作已

---

① 埃卡德斯坦因著《一生的回忆》,ii,358。

\* Sphinx 或译作斯芬克司,希腊神话中带翼狮身女怪,传说她常叫过路行人猜谜,猜不出即将行人杀害。今常用以比喻"谜"一样的人物。——译注

② 皮洛夫在哈茨费尔德给外交部的报告上的批注,1901年6月19日。见《重大政策》,xvii,第5177号。

③ 皮洛夫致外交部,1901年8月9日。同上书,xvii,第5185号。

④ 皮洛夫致拉多林,1901年6月19日。同上书,xviii(ii),第5871号。

经开始——虽然永远没有完成。德尔卡塞不会认真地准备进行一次法俄联合反英的战争。他的意图是把满洲和摩洛哥这两个问题联系起来,①就像阿诺托早些时候曾试图把海峡和尼罗河联系起来;他的具体目标可能是迫使英国让出摩洛哥,以换取法国在远东的中立。为了使这个政策得以兑现,以同俄国合作相威胁是必要的。比这更远一些的是在英俄同意下重造欧洲大陆的宏伟设计。就当时来说,必须使英国处境孤立。德尔卡塞在7月间写道,"我们必须防止英国在远东、在日本找到它所缺乏的士兵。"②

英国的孤立毫不需要德尔卡塞鼓动。因为所有其他办法都告失败,英国人只好试一试他们的最后一着——同俄国直接打交道了。这也没有任何结果。俄国人不想收敛一点他们的野心;除了控制北部中国之外,他们又增加了一条要求:在波斯湾占有一个港口。到11月,兰斯多恩又回复到拉拢德国的老路上来。他想,如果他提出同德国人在除远东之外的所有地区——地中海、亚得里亚海、爱琴海、黑海和波斯湾——都进行合作的话,那么合作可能变成一种习惯,也许有一天他们在远东也会习惯地同英国合作起来,连他们自己也没有注意到。③ 12月19日,他把这个想法说给新任德国大使梅特涅听。梅特涅没有往心里去,他仍然表示英帝

---

① 德尔卡塞致蒙特贝洛,1901年2月19日。见《法国外交文件》,第2集,i,第88号。
② 德尔卡塞在博(北京)致德尔卡塞信件上的批注,1901年7月1日。同上书,第310号。
③ 兰斯多恩的备忘录,1901年11月22日、12月4日。见《英国文件》,ii,第92、93号。

国必须下定决心同"三国同盟"订立防御条约。[①] 在这次谈话中，没有什么决定性的东西。两人同意等布尔战争和今春的事件所造成的愤激情绪平息下去之后再试一试。决定来自其他地方、来自日本人。不像英国人，他们不能等待。英国人可以这样来安慰自己：俄国人在远东的计划要成熟起来还得很长时间；日本人却在关心着确定朝鲜的独立以及与此相关联的他们本国海岸的安全。1901年秋，他们决心孤注一掷——不是冒这个险、就是冒那个险。他们的驻伦敦大使林董负责去进行同英国结盟的试探；同时，日本最杰出的政治家之一伊藤博文负责去谋求同俄国达成交易。

伊藤通过德尔卡塞去接触俄国人。德尔卡塞看到他的政策开花结果很高兴，给日本人放了一个钓饵：如果他们能同俄国人把问题解决，法国准备给一笔贷款。1901年11月，伊藤抵达圣彼得堡。俄国人像以往一样愿意谈交易；但也像通常一样，什么也不给。维特准备让日本人在朝鲜放手干，理由很独特：所需的费用将毁了日本。兰斯多夫坚持要日本答应在中国任何地方支持俄国的计划，如果他们在朝鲜取得任何权益的话；而库罗巴特金和军人们的唯一提议是，日本如不经俄国准许不得在朝鲜采取任何行动。伊藤试图表明可以按照这些想法搞点什么名堂出来。东京政府却不像他那样抱幻想，决定采取另一条同英国达成协议的路线。林公使重申了春天曾经提过的要求：在日本同俄国算账的时候，英国要为日本在远东把守场子，不许别人干涉。这一次英国人要接受

---

[①] 兰斯多恩致拉塞尔斯，1901年12月19日。同上书，ii，第94号；梅特涅的备忘录，1901年12月28日。见《重大政策》，xvii，第5030号。

这个要求比上一次容易些。布尔战争已实际上结束,英国海军现在能够腾出手来制止法国的行动。还有,英国人知道伊藤正在同时和俄国人谈判;除非他们对日本人表示乐意相助,他们很可能会面对俄日的联合。因此,他们很爽快地同意互助的基本原则,如果其中一国在远东受到另外两个强国的攻击。但还有两点困难。兰斯多恩——或者更精确一点说,英国内阁——反对把盟约局限在远东:他们认为日本应该答应在印度给英国支援。还有一点是,他们不喜欢承认朝鲜是日本的势力范围:如果这样承认了,那就使他们公开声明的维持远东现状的政策变成废话。日本人在这两点上很坚持。最关紧要的只在于这一盟约给予英国公众舆论的印象,即俄法联合进攻印度的可能性是根本不存在的。但朝鲜对日本来说是事关重大的;它是他们同俄国争吵的原因,一个协定如果不包含朝鲜在内对他们是毫无意义的。英国在这两点上都作了让步,但成功地写进了一项重要的条款。协定第四条规定,任何一方均不得"不经与另一方协商,同其他一个强国作出有损于上述利益的单独安排"。

1902年1月30日签署的英日协定使双方都得到了它们所需要的东西。日本人获得了对他们在朝鲜的特殊利益的承认,以及在他们同俄国开战的情况下英国将使法国保持中立的保证。英国人防止了日本同俄国的任何结合并加强了阻止俄国进一步扩展的障碍。他们所付出的代价很小:现在布尔战争已经结束,英国人能容易地匀出船舰来在远东对付法国;他们唯一的牺牲是朝鲜,而这也只是牺牲掉原则而已。但是,当时的收获并不像后来那些未能预见的事件所造成的收获那么大。没有任何人——日本人也包括在任何人之内——认为他们能够经受住一场对俄国的严酷战争；双方所希望的是同俄国做一笔买卖，而不是去同它打仗。这一协定对俄国在满洲的地位也不构成威胁，最多只是使俄国的进一步扩张更加困难一些罢了。这一盟约也仍然不是标志着英国终止孤立，倒反而是加以证实。孤立意味着对欧洲的势力均衡保持冷漠，而这一点现在比过去更有可能做到。另一方面，这一盟约当然并不含有任何英国对德疏远之意。倒是相反。英国人将不再需要去恳求德国人在远东帮助他们，因此两国之间的关系将更好处一些。德国人经常向英国人建议同日本结盟，这次结盟之前他们就得到了通知。他们相信这将加剧英俄之间的紧张局势，所以非常欢迎，就如拿破仑第三曾经欢迎1866年春普鲁士和意大利结盟一样。威廉第二说，"傻瓜也有明白的时刻"。[①] 更多的一般因素看来把这两个国家连结在一起。虽然许多英国人不喜欢德国，他们更不喜欢俄国和法国。德国在经济上的竞争已经变成接受了的事情；皮洛夫的尖刻讲话——用意是说给国内听的——因威廉第二的友好姿态而被冲得一干二净：威廉第二在布尔战争期间（1899年11月）、后来又在维多利亚女王逝世时（1901年1月）访问英国。看来德国仍旧是英国在大陆的唯一朋友——一个不那么令人满意的、然而现在幸运地已不那么必不可少的朋友。1902年4月，兰斯多恩预期德国将"忠于它作为一个诚实的掮客的角色，利用——如果你愿意这样说——我们的困难，以便在我们受损的情况下推

---

[①] 他曾因英国内阁1901年3月未能同日本结盟而把英国内阁描述为"十足的傻瓜"，所以现在这样说。

## 第十七章 "世界政策"的年代 1897—1902年

行'有好处就干'的政策,但不让它的铁甲舰和法俄两国的铁甲舰合伙"。① 事实上,最虚妄的"天然同盟"仍然是他政策中唯一的一线微光。他是后来因时局的发展被抛出这个"同盟"的,而不是自己想到要改弦更张的。

---

① 兰斯多恩致拉塞尔斯,1902年4月22日。见牛顿著《兰斯多恩》,第247页。

# 第十八章　英国孤立的最后年代：英法协约的形成 1902—5年

英日协定虽然措辞谨慎，对俄国仍然是一个挑战：它结束了俄国在远东的独霸。俄国人想以搞一次"大陆联盟"的示威行动来回答它——就像1895年它同法德合伙制止了日本一样。兰斯多夫提议由三强发表一个联合宣言，表面上接受维护中国完整的原则，实际上是宣布中国为它们的保护国，不容任何别人插手——一个反对英日的三国同盟。在俄国从容不迫地蚕食掉北部中国的时候，法德两国将负责对付英国的海军。德国人不假思索就拒绝了兰斯多夫的提议。他们搬出来的是老一套的借口：只要法国拒绝宣布放弃它早已失去的省份，他们就不能支持俄国。[①] 此外，德国在远东的利益并非大得足以使它有理由去冒战争的风险。他们深信英俄两国终究会打起来，因此在1902年也要保持反对俄国的行动自由，就像自1898年以来他们一直保持着反对英国的行动自由一样。荷尔施泰因写道，"不束缚住我们自己的手脚是符合我们的利益的，这样将使陛下能够不仅为后来的支持、甚至只为保持中立

---

[①] 皮洛夫致阿尔文施莱本（圣彼得堡），1902年2月22日。见《重大政策》，xviii第5050号。

## 第十八章 英国孤立的最后年代:英法协约的形成 1902—5年

要求补偿。"①

德尔卡塞不能不采取另一种方针。如果德法提供同等的好处,俄国人常常是挑选德国——他们都是帝国,并且联合压迫波兰人。法国必须出价比德国高:给贷款,在那些只不过是朋友关系的地方变成盟友关系,甚至于表现出在远东支持俄国。德尔卡塞想使兰斯多夫的建议改得比较更易使人接受一些,但没有成功。1902年3月20日,法俄宣言发表。它表面上对英日协定表示欢迎,实际上是宣布中国为法俄的保护国。"如其他列强的侵略行动或中国国内新的乱事危及该国的完整及自由发展,成为对两盟国政府的利益的威胁,它们将就保卫此等利益的手段进行磋商。"②德尔卡塞得到的是一场空欢喜。一个俄国海军中队同法国舰队在4月间对丹吉尔进行一次访问。这是一个毫无实际内容的姿态、一个已经失败的政策的最后回光返照。德尔卡塞曾想在英俄之间挑拨离间,结果却使法国处于两面夹攻的危险之中。法俄对付英日的联合阵线一定得设法使之消失。法国需要俄国的同盟以保持它在欧洲大陆上的独立;因此它不能抛弃俄国。但同样地,它不能冒同英国作战的风险。法国要么使俄日重归和好,从而防止在远东发生一场战争,要么它自己同英国人重归和好,把他们从日本一边吸引开去——不管怎么样,阻止他们给日本以积极援助就够了。英日同盟由于迫使法国公开宣布同英国为敌,事实上反而成为英

---

① 荷尔施泰因的备忘录,1902年3月24日。见《重大政策》,xix,第5920号。
② 1902年3月20日,法俄宣言。见《法国外交文件》,第2集,ii,第145号。奥匈也对这个宣言表示空洞的支持,作为奥俄和解的一个无害的姿态。意大利则表示不支持,同样地是作为对英国的一个无害的姿态。实际上它们是以相反的行动显示出它扪都不是世界强国。

法协约的不可避免的前奏。

　　实现和解的场所将在摩洛哥。埃及问题已成僵局,这不仅是两国之间最尖锐的问题;在那里如果得到一个解决办法将会把法休达事件抹掉,并把法国主张殖民扩张的那些人争取过来——那些人是同英国敌对的核心力量。从理论上讲,达成协议似乎并不困难。英国人所关心的只是直布罗陀的安全,也就是使摩洛哥的地中海沿岸地带中立化;①法国人则想把他们的北非帝国残缺的一块补上。使它们合不在一起的是猜疑——担心任何一方都不会尊重分界线,如果已划出这么一条分界线的话。从总的国际局势来看,没有理由匆忙从事。面对英日同盟,俄国已后退了;1902年4月,它同中国达成从满洲逐年分期撤兵的协议。远东危机再次推迟了。但是摩洛哥的情况却在把德尔卡塞往前推。英法虽然都估计摩洛哥有一天将会瓦解,两国也都估计到这也可能无限期地推迟。1902年,这一估计正在证明是靠不住的。摩洛哥最后一位坚强的统治者摩利·哈桑于1894年去世,他的继任人是软弱的阿布杜尔·阿齐兹,其权威正明显地在垮台。事情不能照这样下去了。要么摩洛哥在英国的监护下进行"改革"(像英国代表尼科尔森还在计划的那样),要么另外一个办法:法国接管。为了挫败英国的计划,德尔卡塞推动法国金融界在摩洛哥投资,希望他们的损

---

　　① 摩尔人贸易的最大部分是掌握在英国人手中的,因此对法国作出的任何政治上的让步,在向公众舆论——特别是向利物浦的商界——交待时,必须要加一点甜头:在其他地方取得的政治上的好处,以及(如果可能的话)在摩洛哥本身实现门户开放。当然,同总的海外贸易相比,英国在摩洛哥这点经济利益不过九牛一毛。尽管如此,对那些从摩洛哥贸易中赚钱的商行来讲,知道这一点并不带来任何安慰。而局部利益比起公共利益来常常具有更加强大的势力。

## 第十八章 英国孤立的最后年代:英法协约的形成 1902—5 年

失将给他以进行干涉的借口;①这也可以推动外交活动,因为他的目标是同英国达成一项解决办法,而不是进行一场冲突。

德尔卡塞的外交计谋是在摩洛哥问题上使英国丧失一切同盟者,然后同处境孤立的英国谈判解决。②他反复询问德国,以确证它在那里将不发挥任何作用。他从皮洛夫那里得到的常常是同样的答复:"德国在摩洛哥可算没有什么利益,有的一点利益也太微不足道了。"③事实上,德国人唯一的利益就是使摩洛哥存在下去,

---

① 法国对摩洛哥的野心常常被人归之于经济上的动机,实际正相反。经济利益是用来掩蔽战略和政治目的的。法国的金融业和商业界知道,他们很可能把钱赔掉;他们是违背自己的意志被驱赶到摩洛哥去投下一笔赌注的。如果让他们在建设巴格达线路这宗更加安全一些的投机买卖中投资,他们毋宁会高兴得多。

② 部际咨文,1902 年 7 月 15 日。见《法国外交文件》,第 2 集,ii,第 333 号

③ 皮欧致德尔卡塞,1903 年 1 月 13 日。同上书,iii,第 24 号。1902 年夏天,在暹罗问题上也有一次德法合作的尝试,但中途流产。英日结盟之后,日本特务在暹罗出现。因此,法国想要暹罗承认,暹罗接近印度支那的那一部分为法国的势力范围(自 1897 年后,英国曾就暹罗接近缅甸的那一部分同暹罗达成类似的协议)。6 月 30 日,法国大使在显然未经德尔卡塞授权的情况下,要求德国支持。(里克托芬致梅特涅,1902 年 6 月 30 日。见《重大政策》,xviii,第 5881 号。)8 月 18 日,德国人回复说,法国可以指望他们抱"善意的态度"(米尔堡致拉多林,1902 年 8 月 18 日,同上书,第 5882 号)。9 月 18 日,德尔卡塞询问,德国人的善意将到什么程度(德尔卡塞致普里内,1902 年 9 月 18 日。见《法国外交文件》,第 2 集,ii,第 398 号)他没有收到答复。与此同时,兰斯多恩表明不反对法国在暹罗的行动;归根到底,英国在 1897 年订的条约要"苛刻得多"。10 月,德尔卡塞同暹罗订了一个条约,但在法国议会没有通过,因为那些热衷于殖民事业的分子认为它过于温和而加以反对。幸运的是,日本人为了专心致志对付俄国,没有工夫去干其他的事情。1904 年英法协约把暹罗分成两国的势力范围;从此直到 1941 年,暹罗从国际政治中消失了。

很难设想,在德尔卡塞心中有任何法德合作的认真计划。也许这一切都来自即将退休的驻柏林大使诺阿耶,他是倾向于反英联德的。德国人那种令人泄气的答复一定给了德尔卡塞进一步的证明(如果还需要这样的证明的话):他不能指望德国人给他认真的支持。在德国人那边,他们刚刚躲开摩洛哥问题,当然没有可能让自己牵涉进暹罗问题中去。

作为造成英法不和的一个因素。在意大利人方面,德尔卡塞取得了更为具体的成就。意大利人曾经是英国在地中海的一个保险的盟友;但1899年3月的英法协议使他们担心已经在他们掌心里的的黎波里又可能丢掉。1900年12月,德尔卡塞提出同他们做一笔便宜生意。法国不插手的黎波里,并且答应一旦法国自己得到了摩洛哥,意大利就可以把的黎波里拿走。作为报答,意大利把摩洛哥让给法国。意大利被排除出摩洛哥,但它那张的黎波里的支票则要到法国愿意对摩洛哥采取行动时才能兑现。1902年,德尔卡塞又进了一步:他实际上把意大利从三国同盟分离出来。他坚持说,只要三国同盟针对法国,意大利人就不能指望得到法国的政治和经济上的友好关系;他要求修改三国盟约的条文。但德国人同样坚持三国盟约必须照原样延长;由于奥俄谅解,意大利人不再处于能够进行讹诈的地位,他们一筹莫展。因此,他们采取弱者的伎俩,对双方都进行欺骗。1902年6月28日,三国盟约续订,仍保留了同德国保持反法军事合作的条款;两天以后,意大利外长同法国大使巴雷尔交换函件,向后者保证意大利没有作任何形式的承诺,参加反法的战争。① 这件事办得很轻率。答应一方推翻已向另一方作出的诺言,这有什么好处?也许三国同盟实际上并不起多大作用,那就更有理由不必去削弱它,因而使德国人恼怒,特别是实现德尔卡塞的计划要靠德国人的置身事外。他对意大利玩弄的手段首先是使德国的敌意落到了自己身上,三年以后为此而

---

① 意大利人自己对这件事也感到羞耻,因此把信件日期冒填为7月10日,后来又把它们撤回,换成1902年11月1日,内容不变。这样一来,他们几乎在签署三国盟约续约的同一天就抛弃盟约义务的行为多少被遮掩了一点。

毁了他的前程；但是几乎没有一个法国政治家能够拒绝把意大利认真地当作一大强国来对待。不管怎么样，有一个结果是肯定的：意大利既处于法德夹攻之下，他们在摩洛哥问题上支持一下英国也不会使他们的处境更为尴尬。

剩下来的还有西班牙，一个甚至比意大利更弱的国家，但处于决定性的战略地位，而且对摩洛哥怀有很大的野心——它过去作为大帝国时遗留下来的东西。德尔卡塞为了把它从英国一边拉开，不得不付高价。1902年11月，一个条约草案已准备就绪，就待签字。根据这个条约草案，所有北部摩洛哥（包括最大城市非斯）应归西班牙，其余部分归法国。[①] 到了最后一分钟，西班牙人不干了。他们知道，像这样的事情，挨打的总是较弱的一方。正如法国人用威胁利奥波德第二的办法破坏掉1894年的英国一刚果条约，英国人也会用反对西班牙的办法来破坏这一条约：不管法国人的遭遇是什么，西班牙总实现不了它在摩洛哥的野心。他们拒绝继续进行缔约的事，除非英国也来参加；另一个代替办法是，他们要求加入法俄同盟，这样法西对摩洛哥的瓜分就将获得俄国的认可。他们还威胁要把这个流产的条约透露给英国人知道——最后在1903年2月真的这样做了。运道这么一转，德尔卡塞本来是谋划着要孤立英国人的，结果却反而被驱使去同他们谈判了。

1902年夏，没有任何迹象显示，英法达成协议的可能性比过去二十年有所增长。索尔兹伯里在7月交卸了首相职务；这使法国的最亲密朋友离开了英国政府。8月早些时候，保罗·康

---

[①] 法西条约草案，1902年11月8日。见《法国外交文件》，第2集，ii，第483号。

邦——他总想跑在形势前面——对兰斯多恩说出了"清算"摩洛哥的想法。① 这引起了同行嫉妒;英国外交部里有人——可能是尼科尔森——把法国的计划"泄漏"给摩尔人。一个特使被派到伦敦。② 兰斯多恩吃惊之余后缩回去了。他告诉这位摩尔人特使,"任何一个强国都没有丝毫可能性以获得在那个国家里自由行动的权利",并且劝他把贷款额及修建铁路的权益分给英法德三国。"这个办法看来是精心设计以防止列强间争衡的。"③ 实际上,它的用意是要引起争衡,并像通常那样,给德国加上了替英国当警察的任务。"天然同盟"仍然是它的唯一法宝。

到晚秋时候,一系列因素使这个同盟破碎了。10 月,英国海军部忽然注意到,德国舰队的巡航距离短,是专门设计来对英作战的;他们采取的对策是在北海计划筹建一个海军基地。④ 海军部当时还没有预期德国海军本身就会对英国的海上霸主地位发出挑战;但他们已认识到,一旦英国对法俄开战,德国海军将构成一个巨大的危险。这确实就是蒂皮茨的"风险"理论的基础,他的海军建设方案是根据这个理论提出的。对德国人来说,不幸的是英国海军部没有得出蒂皮茨所期望的进一步的结论。他们不是去寻求收买德国的友谊,却开始急于避免同法国或俄国发生冲突;他们还

---

① 兰斯多恩致蒙森(巴黎),1902 年 8 月 6 日。见《英国文件》,ii,第 322 号。康邦致德尔卡塞,1902 年 8 月 9 日。见《法国外交文件》,第 2 集,ii,第 369 号。
② 这位名叫凯德·麦克林的特使虽然事后被兰斯多恩斥为冒险家,在 1902 年 10 月却曾被爱德华第七邀请到巴尔莫勒尔堡去并赐封为爵士。
③ 给麦克林的备忘录,1902 年 10 月 24 日。见《英国文件》,ii,第 328 号。
④ 见马德著《英国海军政策》,第 464 页。

第十八章　英国孤立的最后年代:英法协约的形成 1902—5 年

开始把海军放在"三强标准"*上,用意是要一劳永逸地把所有对手国家都抛在后面。事实上,海军政策使英国人转而离开德国,虽然当时还是更多地使他们转向孤立而不是转向同法俄和解。

1902年末,另一笔陈年老账又提起来了,并且也对德国不利。这不是别的,就是海峡问题——1897年春季以来久已被人忘怀的问题。1902年9月,俄国人获得土耳其的许可,将四艘新从法国买来的鱼雷艇经由海峡开进黑海。英国人对于向那个方向行驶舰只倒不在意,他们怕的是俄国人也可能把军舰从黑海开出来,驶向远东,那就会打破在那个地区的英日海上霸权。柏林会议后二十年中,英国人一直在打算派军舰去君士坦丁堡、甚至进入黑海,因此对海峡规则所作的解释实际是使之保持开放。现在他们想封闭海峡,因此转了一个大弯子,转到了二十年来俄国人单独对海峡规则所作的解释。他们呼吁其他列强给以支持,并且从堆放破烂的储藏室里找出早被遗忘的1887年地中海协定。① 法国人很聪明,对英国的呼吁置之不理。德国人也表示拒绝,但不如法国人那么聪明;他们翻老账,重述索尔兹伯里的罪过,作为他们拒绝的理由——这是威廉第二在11月对英国进行访问时亲口对英国人说的,说时还不免添油加醋。② 地中海协约的老伙计们也同样冷淡。奥地利人不想做任何事情来干扰他们同俄国的巴尔干协议;意大

---

* "三强标准"即:英国海军实力超过其他三个最强海军国家的联合舰队。——译注

① 它们是被忘记得如此干干净净,以至于常务次长桑德森不得不就它们的历史写了两个备忘录,1902年7月一个,1903年1月又一个。见《英国文件》,viii,第1、2号。

② 梅特涅致外交部,1902年11月17日。见《重大政策》,xviii,第5659号。

利人则希望使他们自己也挤进这个协议中去。在英国孤零零地发表了一通抗议之后,俄国船艇通过了海峡。地中海协约已经死亡;当英国人考虑他们的处境时,认识到他们已不再需要它了。海峡对俄国开放不会改变战略态势。[①] 英国人在埃及的地位稳固,在马耳他和直布罗陀又有巨大的海军资源,即使法国人以支持俄国相威胁,他们也能对俄国人封闭地中海的出口。当然,自从1898年以来,形势就是如此;但是人们总是按老一套模式去思考,即使这套模式的逻辑基础早已被摧毁。直到1903年2月,英国人的心灵深处总留着地中海协约的传统;他们有一种糊涂的想法,以为同德国联结在一起曾经有过用处,以后也会如此。归根到底,一种曾使索尔兹伯里满意的体系,对兰斯多恩也就够好的了。

现在,他们认识到这个模式已经过时。他们不需要德国——或者就此事而言还有意大利——作为同奥匈联系的环节;他们能够试图解决欧洲以外地方的争端,而不必担心在海峡地区的反响。这远不是说他们想同德国发生冲突。他们需要它的友谊,虽然已不再需要它的好感。1902年末,他们同德国人合作,对委内瑞拉进行一次要债的远征,后来只因引起美国的反对才半途而废。[②]

---

[①] 帝国防卫委员会的意见书,1903年2月13日。见《英国文件》,iv,第59页。
[②] 由于英德在委内瑞拉的联合行动是"天然同盟"少数几次实际表现之一,因此它的破裂招来了一些夸大其重要意义的议论。确实,德国人采取了毫无必要的暴烈行为,并因此而得罪了英国舆论。更重要的是它得罪了美国舆论。英国外交政策的最强原则是同美国保持良好关系。英国人因为美国有不满的议论而放弃了在委内瑞拉的行动,又接受了美国愿意提出的条件。这不能证明同德国交恶,而只是证明英国在处理同美国关系上的明智。

第十八章　英国孤立的最后年代：英法协约的形成 1902—5 年

更引人注意的是，他们继续赞同德国在小亚细亚修筑大铁路的计划。① 他们相信，不管英国参加不参加，铁路总是要修的。而且，不管怎么样，他们要它修成——它将有助于使奥斯曼帝国自己站立起来，作为抗俄的屏障。军事情报署长在 1902 年 11 月说的一段话道出了官方的一般意见："反对这个〔铁路修建〕计划将是一个重大的错误；相反地，我们应尽力加以鼓励。"② 像通常那样，德国的计划总是大于他们的实力；巴格达铁路需要外国资本，而英国政府也乐于供给。但英国在幼发拉底河上经营航运业的势力因为铁路修通后将大大损害他们的利益，在伦敦商业金融中心发动反抗，甚至还装扮出反德爱国的样子。英国参加修路的计划成了泡影，使政府深感遗憾。而且这一失败若干年后为英德交恶提供了神话

---

① 1899 年，德国公司只得到了进行勘探的初步权利。1903 年，他们到了获得最后正式权利的地步，但须负责立即开工。德国人需要外国参加有两个理由。他们在德国市场上不能筹集足够的资金；如果德国公司供应钢材赚大钱，而其他国家的资本家出钱买铁路股票只拿到一点有限的利息，这是一笔好生意。还有，这条铁路预期赚不了钱。土耳其政府要保证每一公里得多少钱（因此铁路线被弄得尽量地迂回曲折），而实现这个保证，必须先提高关税税率，因为关税是主要的收入来源。提高关税又需要列强的同意，因为土耳其过去不能按期清偿债务，所以它的财政是受国际管制的。

显然，俄国人（他们自己也缺乏资金）是反对这个计划的，有经济上的、也有政治上的理由。同样明显的是，法国资本家想得到债券持有人的地位，而德国人则只是一般的股票持有人；他们也要加强土耳其，因为法国已在这个国家投入了那么多钱。英国资本家怕他们的势力敌不过法国人和德国人；他们不喜欢只筹款修铁路而不能由他们提供钢材；最主要的是他们不喜欢经手谈判这笔交易的摩根公司。如果有可能进行调查的话，那么调查结果也许会显示，英国舆论转而反德事实上是由那些在铁路交易中失利的资本家集团所操纵的。十分奇怪，在法国是金融势力赞成参加而政治考虑则表示反对，政界得胜；在英国，政界人士赞同而金融界人士则持敌对态度，金融界得胜。但如果把这件事情看成是对英德两国之间关系起决定性作用的事件，那是荒谬的。

② 兰斯多恩的备忘录，1903 年 4 月 14 日。见《英国文件》，ii，第 216 号。

式的证据。在当时,德国人什么也没有注意到;皮洛夫仍然深信英俄之间将起争端,他作了这样一段有代表性的评论:"照我的想法,我们就是不能把事情看得太'顺当'。"① 在法国,德国人的筹款计划也落了空,但原因正好相反。财政部长鲁维埃为首的一帮资本家急切想要参加,德尔卡塞却一心不想得罪俄国人,所以反对他们。他向部长会议呼吁,并在 1903 年 10 月使他的意见得到采纳,② 鲁维埃和他的生意上的伙伴们为此大为恼火。这里,动机也不是对德国或它的帝国主义扩张怀有敌意;德尔卡塞最大的心事是要同俄国相处得好,并在争取它的友谊的竞赛中超过德国。

在他同英国的关系中,这也是决定性的因素。到 1902 年末,他确实已经知道西班牙人就要把他们之间关于摩洛哥问题的谈判情况透露给英国人。但摩洛哥国内发生的事件本身要更为重要些。1902 年 12 月,反对阿布杜尔·阿齐兹的起义广泛蔓延。虽然起义被镇压下去,苏丹的权威却从此一蹶不振。英国人原来希望摩洛哥在凯德·麦克林和亚瑟·尼科尔森爵士指导下进行改革,这个希望粉碎了;他们不得不同法国人谈判,别无他法。即使这样做也不是决定性的。英国人只要能按他们自己的条件办,总是愿意同法国解决问题的。他们从 1882 年以来就一直在要求在埃及的安全保障;从摩洛哥开始分崩离析以后,就要求直布罗陀的安全保障;现在他们也不降低要求。因此,任何人试图用英国改变政策来解释英法协约,那是文不对题的。改变完全是在法国方面,

---

① 皮洛夫致外交部,1903 年 4 月 3 日。见《重大政策》,xviii,第 5911 号。
② 德尔卡塞致鲁维埃,1903 年 10 月 24 日。见《法国外交文件》,第 2 集,iv,第 34 号。

## 第十八章　英国孤立的最后年代：英法协约的形成 1902—5 年

其动机是日益迫近的远东危机。这个危机从 1898 年导致第一次流产的瓜分以来，每年春天总要出现一回。前些年里总发生一些什么事情把局面应付过去。1899 年是临时性的英俄协定，1900 年是义和团起事。1901 年，俄国人因对英德协定产生怀疑而被吓住，1902 年又有英日同盟的现实。现在春天又来到这里，而在外交武器库中看来已没有什么新法宝了。俄国人根据他们同中国上一年所签订的协定，应在 1903 年 4 月撤出满洲的第二线。到了 4 月，他们提出新的要求，作为撤兵的条件；按照这些新的要求，他们对满洲的控制将比过去任何时候都要来得彻底。日本、英国和美国提出抗议。俄国人放弃了他们的要求，但也放弃了离开满洲的念头。远东危机向战争迈进了一大步。

　　这个危机使法国感到威胁。到一定地步，日本将会反对俄国人；俄国人就要请求法国支援。到时候法国必须同俄国决裂，否则就同英国交战——二者必居其一。唯一的出路就是英法重新和好，这样就可能使英国离开日本，至少也会使双方在远东都变得温和一些。除此之外，德尔卡塞还有一个更加复杂的想法。如果法国能为俄国在英国——由此还有日本——同意下取得满洲，那么它将使英国和俄国都对它感恩戴德。接下来，两国就会同法国一起按照民族界限来重新安排欧洲——拿破仑第三在克里米亚战后那些日子里曾经有过的那个旧的梦想。照这个原则，哈布斯堡君主国将分给德俄两国，而法国则将收复阿尔萨斯和洛林。首要的一步是同英国重新和好。这不困难。两国之间的实际冲突在法休达已经结束；唯一的问题是消除法国公众舆论的愤懑情绪。英王爱德华第七于 1903 年 5 月访问巴黎，法国总统卢贝于 7 月回访——情绪上的重新和好实现了。巴黎的示威消除了布尔战争的积怨;①这些示威是此时控制着法国国民议会的激进分子的表现。他们始终不喜欢殖民事业,并且要求同英国搞好关系,只要在埃及问题上法国所蒙受的屈辱能想个办法不再使之成为障碍。还有,他们总是不喜欢同专制主义的俄国结盟,以及这一盟约所包含的可能对德国发生的战争。当然,他们像所有法国人一样,对丧失阿尔萨斯和洛林是怨恨的;但他们赞同冈贝塔的希望,即通过国际关系的总的某些缓和、而不是通过一场新的战争来收复这些失去的省份。俄国人期望法国保持与德国为敌并随时准备进军,如果这样做适合于俄国政策的某些想头的话。另一方面,英国人没有一支大陆规模的陆军,对德国也没有根深蒂固的敌意;同他们建立友谊将使"报复"行动变得更加遥远。这一点对主张和平的法国激进分子来说是有利的。从英国人方面来说,他们一直是要同法国友好的,只要在埃及不干扰他们。他们欢迎卢贝总统是为了要像英国人常做的那样,给一个英勇的失败者以竞赛场上优胜者所得到的那种欢呼;但法国已经失败这一点必须是明确无疑的。英国人把英法之间达成谅解看作是解决了一个使人疲累的烦恼,而不是在外交政策中作根本的改变。使埃及和摩洛哥不再成为引起国际冲突的主题,它增进了而不是终止了他们的孤立。

　　实质性的讨价还价在英法两国之间进行了九个月(从1903年7月直到1904年4月)才算定局。双方同意,一些次要的争端如暹罗、纽芬兰及其他,暂时放开不管。讨价还价的核心难题是摩洛

---

① 正如柏林的示威无疑会做到的那样,如果英德和解在政治上是必要的话。

## 第十八章　英国孤立的最后年代：英法协约的形成 1902—5 年

哥。德尔卡塞原来的目的只在于取得维持现状的协议。英国人把凯德·麦克林和其他英国冒险家撤出苏丹的朝廷。法国人将不再有英国人相抗衡，而苏丹一旦认识到不能再利用英国人来反对法国人时，可能会欢迎法国人支持他去对付桀骜不驯的臣民。兰斯多恩不需要别人多少鼓励就放弃了已经破产的帕默斯顿的政策——把摩洛哥当作一个英国的傀儡国家来治理。他要求商业上的平等待遇，以便平息英国商界势力的叫喊。① 他还要求考虑西班牙的利益。归根到底，西班牙在 1902 年 11 月曾经拒绝在没有英国参与的情况下同法国单独解决，那么现在英国就必须拒绝在没有西班牙参与的情况下同法国单独解决，特别是不能给西班牙借口，到其他地方——事实上就是德国——去寻求支持。最重要的是，他坚持法国同意在摩洛哥面对直布罗陀的地中海沿岸不设防。法国人是准备接受所有这些条件的。对摩洛哥的政治控制必然早晚要使法国人获得经济上的绝对优势；他们无意去威胁直布罗陀，事实上在摩洛哥沿海也没有优良港口；他们也希望使西班牙同德国保持疏远——当然，他们不想付出像 1902 年 11 月曾向西班牙提出过的、争取它合作反英的那么高的代价。

真正的困难在别的地方。德尔卡塞曾打算只解决那些在英法摩擦中最突出的原因；在这个意义上，埃及不是最突出的——它在 1899 年的日程上已被划掉了。英国对埃及的控制在政治上是牢固的，但克罗默（他的天性和出身都是银行家）想实现重建财政的宏伟计划。国际管制机构碍着他的路，所以他坚持要法国人不仅默许英国占领埃及，还要加以支持。这堵墙要德尔卡塞骑上去实

---

① 在最后协议中，商业上平等待遇只定期三十年。

在是太高了,用康邦的话来说,他将需要足够的"度量"。① 他曾希望,得到摩洛哥将逐渐引导法国舆论忘记埃及;现在,在人们还没有看到在摩洛哥获得的任何好处之前,却要求他宣布放弃埃及——这无疑只是一种形式,但仍然是一次重大行动。难怪他试图把埃及问题搁置起来——最初是想完全避而不谈,后来又提出法国在埃及的"退"要和在摩洛哥的"进"同步进行。兰斯多恩坚执不让;从他的观点来看,他这样做是对的,因为达成的一项解决办法不包括法国最终承认英国在埃及至高无上的地位,那是很糟糕的。

因此,1904年4月8日签署的协定显然包含了某种重大的不平等:英国人在埃及的所得马上见效,而法国人在摩洛哥的所得还要靠他们将来的努力。② 这种不平等是明显的,却是虚假的。英国

---

① 兰斯多恩致蒙森,1903年8月5日。见《英国文件》,ii,第364号。
② 除了关于纽芬兰、暹罗和西非疆界调整的次要协议之外,协定对埃及和摩洛哥作了处理。法国人宣布,他们"将不用要求英国规定占领时限或其他任何方式,以阻挠英国在埃及的行动",并预先对克罗默的财政改革表示赞同。英国"承认……在摩洛哥维持秩序,为进行它可能要求的所有行政、经济、财政和军事改革的目的而提供援助,都属法国份内之事。他们宣布,法国为此目的而采取的行动,他们将不予阻挠。"在埃、摩两国都保持门户开放三十年;英法政府"同意"在摩洛哥的地中海沿海岸"不允许修筑任何工事或战略工程";西班牙在摩洛哥的利益将得到"特殊的考虑"。一方政府应给予另一方政府"以外交上的支持,以便执行本宣言的各项条款"。这一条是英国人加进去的,为了要法国人支持克罗默的计划;但一年之后却因此而使他们不能不在威廉第二访问丹吉尔之后支持法国去反对德国。除了公开发表的条文以外还有一些秘密条款,而且常有人说这些秘密条款给了法国人更多好处。实际并非如此。公开发表的条款承认法国在摩洛哥的优势地位,但只是在苏丹的权威还能保持的时候。秘密条款没有为推翻苏丹作任何安排——局势的发展会到达一步的,后来也果真如此。秘密条款只是规定,苏丹的权威垮台后北部摩洛哥连同地中海的海岸应归西班牙所有。所以这些条款对法国是一种限制,而不是给它好处。摩洛哥的独立已无可挽救。如果没有这些条款,全部摩洛哥都将为法国所有(只要不发生同英国的战争);根据这些条款,法国预先宣布放弃摩洛哥的战略要地。

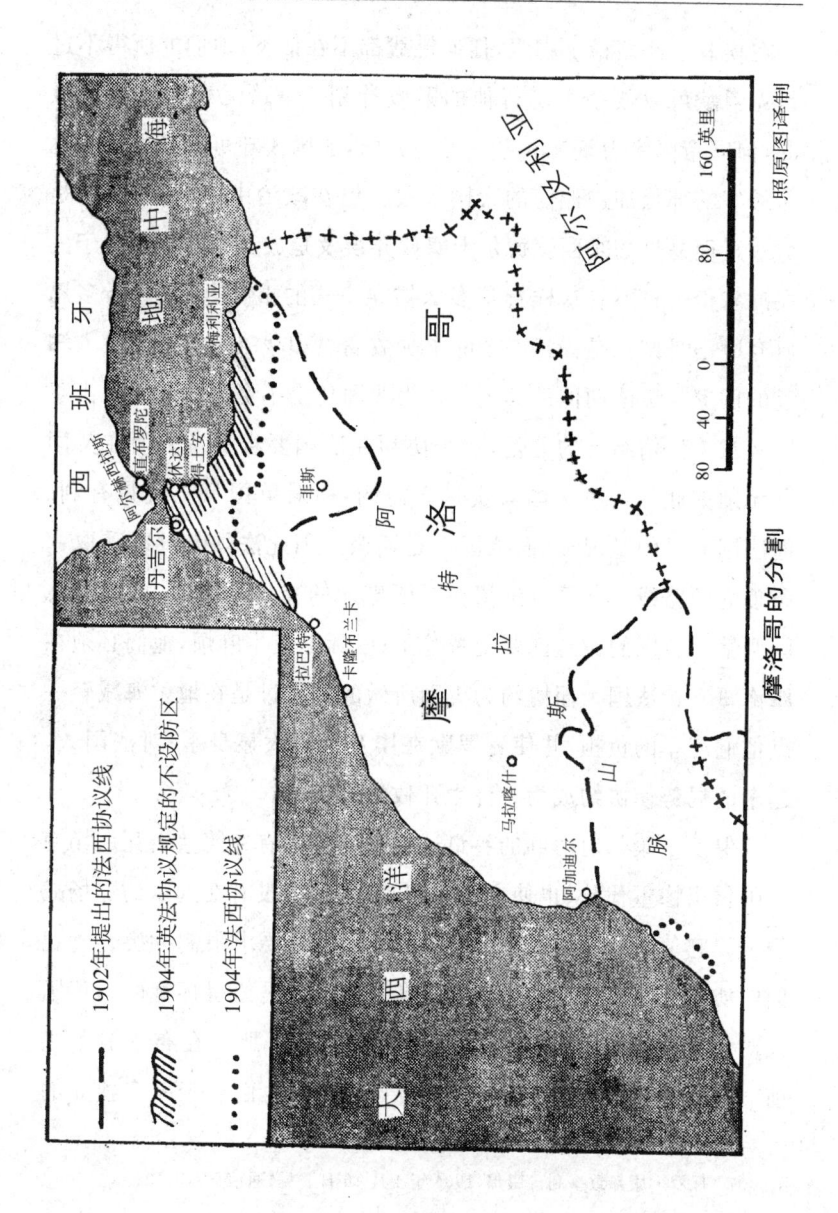

第十八章　英国孤立的最后年代：英法协约的形成 1902—5 年

人在埃及已经站稳了脚跟,任何挑战都不在话下;他们的所得不过是克罗默可以放手去实行他的财政计划——这无疑是值得欣慰的,但同帝国实力毫无关系。另一方面,法国人却可以自由地把北非最好的部分加进他们的帝国中去。但在政治中,重要的往往是那些显而易见的东西。德尔卡塞放弃埃及是放弃了一项仅次于失去的省份——不管这样看是多么错误——的重要事业;兰斯多恩放弃摩洛哥则只是丢掉一个除了少数商人和战略专家之外没人知道的国家。英法两国的舆论都认为法国付出了更高的代价。由于埃及在人们情绪上的分量,这个协约在法国要经受考验而在英国则无须如此。它对法国其实是必需的,而对英国只不过是有利。但法国人付的是现金,而英国人是期票。因此法国人可以采取一条独立的路线——可以试图在对西班牙的交易上翻悔,可以同德国调情。英国的诚意就要受考验了;国际上发生麻烦,他们必须在摩洛哥支持法国。而协约为英国所做的只不过是在地中海减轻一点他们海军的负担,并使克罗默在埃及可以大显身手;对法国人,远东的局势使协约成为一件生死攸关的事情。

保罗·康邦对协约的签订这样写道,"没有在德兰士瓦那场使英国付出惨重代价、也使它聪明起来的战争,没有在远东的那场战争——它使海峡两边反省,也启发所有的人要求限制冲突——我们的协议将是不可能实现的。"①前一条解释是值得怀疑的。英国人对他们在19世纪90年代所提的要求——那是在布尔战争之前——没有作任何削减;唯一的改变也许是他们对于一个独立的

---

① 保罗·康邦致亨利·康邦,1904年4月16日。见《通信集》,ii,134。

摩洛哥维持下去的能力失去了信心。巨大的改变是在法国方面，而在这里，康邦所作的第二个解释是决定性的。远东——只有远东——才是造成英法协约的原因；但在这件性命交关的大事上，德尔卡塞的计划也落空了。他承认俄国人很想占有满洲。这对他们很重要，因为满洲提供了通向旅顺港的安全的陆上通道。因此，正像法国驻圣彼得堡大使邦帕尔所述，"造成俄国在满洲的统治地位"和"准备撤兵"只是为了同一件事情的两个不同的公式。① 德尔卡塞估计俄国人能够不战而取满洲。这一点他是对的。英国人将会承认俄国人在那里的特权地位，条件是扩张到此为止。日本人也准备这样做，甚至于放弃同英国的同盟，如果他们能够得到对他们自己在朝鲜的特权地位的承认。

真正的问题在此。在圣彼得堡，所有官方顾问都以得到满洲为满足。经常胆小怕事的兰斯多夫只要一出现别国的反对就赞成退缩；维特只指靠经济上的侵略；即使是陆军部长、早先的极端主义倡导者库罗巴特金，现在也希望通过同日本达成协议而取得满洲，因此准备满足日本人关于朝鲜的愿望。至于公众舆论，俄国的资本家们一度是支持维特的，但现在对他的远东梦想已感到厌倦，开始从事于在波斯的帝国主义计划了。但俄国是一个腐朽的专制国家；所有主张温和的人都被一个名叫贝佐勃拉卓夫的轻率谋士和他那伙"朝鲜人"的大叫大喊所压倒，因为沙皇听信他们的话。这些"朝鲜帮"声言俄国的力量是无限的；他们提出把朝鲜纳入俄

---

① 邦帕尔致德尔卡塞，1903年4月24日。见《法国外交文件》，第2集，iii，第194号。

国的势力范围,劝说尼古拉第二制造一个朝鲜和满洲之间关于鸭绿江上木材权益的假协定,以便把士兵扮作伐木工人偷运进去。1903年4月,贝佐勃拉卓夫被封为国务秘书;从此以后,在远东实现妥协就成为不可能的事了,尽管在圣彼得堡宫廷之外没有人知道这一点。1903年8月——正当德尔卡塞第一次把兰斯多恩和俄国大使请到一起的时候——维特被赶出了财政部;"朝鲜帮"的阿历克塞也夫被任命为远东总督,同日本的谈判完全归他掌握。当兰斯多夫10月间访问巴黎时,德尔卡塞对他说,"同兰斯多恩勋爵谈谈吧,也许很多误会将会消失。"①相反,新的误会又出现了。虽然英国人在满洲问题上可能妥协,他们要想在波斯遏制俄国的扩张;但这是俄国那些更有头脑一些的资本家干的(他们不喜欢俄国在远东的冒险)。英国看来很注意在各地制止俄国;俄国那些相互争持的集团被迫回到共同的反英阵线上来。极端主义者不愿在满洲让步;批评他们的那些人不愿在波斯让步。英俄两国的关系还是很坏。

　　德尔卡塞不能敦促俄国采取温和态度,因为这样做只能更加证明德国的说法:德国是俄国唯一的真正朋友。他唯一的办法是请英国人敦促日本人温和一些。英国人拒绝这样做。他们仍然担心俄日之间做成交易,把他们作牺牲。还有,他们也像所有人一样,相信万一打起仗来,日本必败。他们决定不介入这场战争,因此必须不介入谈判。因为如果他们敦促日本让步,而这些让步并

---

① 部际咨文,1903年10月28日。见《法国外交文件》,第2集,iv,第45号。

没有达到目的,那么他们在道义上就有责任支持日本。① 到 1904年1月,德尔卡塞被迫在没有英国帮助的情况下在日俄之间进行调解。俄国外交部在提出一些慷慨的条件上向来是很大方的;这些表现同"朝鲜帮"在远东的活动却毫无相同之处。到了这时,贝佐勃拉卓夫已经确立了这条原则:朝鲜对俄国的安全是必不可少的。日本人对继续谈判已感绝望,就在 1904 年 2 月 8 日以对旅顺口俄舰的突然袭击揭开了战幕。

1月间,当战争看来还可能避免时,德尔卡塞曾用拖延他同英国的谈判的办法,试图迫使英国和解。② 一旦战争开始,他又赶快抓紧进行谈判,心里抱着一个微弱的希望:英国同法国达成解决办法之后跟着就会同俄国也达成解决办法。事实上在德尔卡塞的敦促下,英俄谈判在 4 月间重开,但像过去一样无所成。战争已经变得对俄国很不利;这些不幸事件当然使贝佐勃拉卓夫信誉扫地。但这种情况却加强了主张在波斯进行扩张的人,而英国人主要坚持的就是在这里的权益。德尔卡塞的政策流产了。法国处于在俄英两头都不讨好的危险之中,正如在克里米亚战争中奥地利开罪于俄国、也开罪于西方列强一样。保罗·康邦认为,法国应该废弃同俄国的盟约,即使冒俄德和好的风险也在所不惜。③ 虽然德尔卡塞拒绝这一主张,他也提不出代替的办法,只好等待风暴来临。

德国的打算也是如此。盼望已久的英俄冲突的高潮到底在望

---

① 见达格代尔著《鲍尔福的生平》,i,376—83。
② 1904 年 1 月 8 日,德尔卡塞甚至于把事情说成法国部长会议对谈判一无所知并威胁说要使关系完全破裂。见牛顿著《兰斯多恩勋爵》,第 288 页。
③ 保罗·康邦致亨利·康邦,1903 年 12 月 26 日。见《通信集》,ii,102。

了。皮洛夫得意地写道,"时间正在变得对法国不利。"① 同样地,时间也在变得对俄国不利。很快地它就会来寻求同德国结盟。到时候,德国该开出什么价钱？从结盟的那一时刻起,他们就会把英国——可能还有法国——的敌意所造成的全部重担都拉到自己身上；他们就不是"在俄国的旁边,而是在它的前面"。② 因此,德国必须设法回避俄国的要求。这正好是布尔战争之前和战争期间同英国之间的关系的同样局面。一方面,德国必须保持俄国的友谊；另一方面,它必须不去为俄国打仗。"保持行动自由"仍然是唯一的办法。4月13日,皮洛夫劝告威廉第二,德国必须避免两件事情:"首先是同俄国的关系因战争而受到损害。……另一方面是让我们自己被俄国推向反对日本,或者更进一步反对英国。"③ 德国和法国参与了一场俄国友谊的拍卖；一场大家都想避免先出价的拍卖。最沉得住气的人将取胜。

消极也是德国关于摩洛哥和英法协约的政策的基调。德国人仍然认为,英法早晚一定要吵架。3月23日,正在协约签署之前,德尔卡塞向德国人保证,法国将在摩洛哥的贸易上保持门户开放；④ 由于德国人经常坚持说贸易是他们在摩洛哥的唯一利益,他

---

① 皮洛夫致拉多维茨(马德里),1904年5月22日。见《重大政策》,xx(i),第6484号。
② 荷尔施泰因的备忘录,1904年1月16日。同上书,xix(i),第5944号。
③ 皮洛夫的备忘录,1904年2月14日。同上书,第5961号。
④ 德尔卡塞致皮欧,1904年5月27日。见《法国外交文件》,第2集,iv,第368号。后来有人把他没有把(已发表的)英法协定内容向德国人通报当作他的一条大罪状。既然德国人一再告诉英国人和法国人他们在摩洛哥没有政治利益,而且他们又不是一个地中海国家,那又有什么可以通报的呢？

们不可能合法地再要求作出其他的保证。不论法国或是英国都没有有意识地策划把德国人从摩洛哥排挤出去;①德国人一再地把自己排除在外。确实,荷尔施泰因不喜欢这种回避的政策:这有辱于德国的伟大。他同施利芬商量,施利芬回答说俄国没有能力援助法国。② 与此同时,施利芬正在计划通过比利时发动进攻,以确保对法战争的胜利。荷尔施泰因在6月间写道,"德国必须不仅是为了经济上的理由才去反对计划中的对摩洛哥的吞并,而是在更大得多的意义上,为了保持它的威望。"③驻巴黎使馆敦促德国政府,要么一劳永逸地放弃摩洛哥,要么在那里公开地对法国挑战。④ 但哪一种办法都没有采取。德国人不认为有必要去争取法国的友谊;另一方面,他们在等待在远东爆发更大的事件。⑤ 1904年夏,荷尔施泰因病倒了;皮洛夫可以放手地去执行他的"保持行

---

① 在谈判中,法国人常常用德国对占有摩洛哥港口有野心的各种说法去吓唬兰斯多恩,试图以此来诈取他的让步。他对这些暗示从未表态。就他对德国制造麻烦的担心来说,他所担心的是在埃及制造麻烦,而不是在摩洛哥。
② 施利芬致皮洛夫,1904年4月20日。见《重大政策》,xix(i),第6032号。
③ 荷尔施泰因的备忘录,1904年6月3日。同上书,xx(i),第6521号。
④ 拉多林致皮洛夫,1904年7月27日。同上书,第6524号。
⑤ 德国人要在摩洛哥采取行动还有两个障碍。一是他们下不了决心:是装扮成苏丹的独立地位的保卫者呢,还是宣布他的权威已经崩溃并责备法国人没有在那里维护好秩序。因为有几个德国臣民刚被绑架,前面一条办法是不可能的;后面一条却又牵涉到承认法国的优势地位。因此,最简单的办法就是什么也不做。另一个障碍要更严重一些。在德属西南非洲刚发生一次可怕的土著叛乱,结果使所有殖民计划在国内都很不得人心。如果同法国的交易中德国在殖民地方面得到好处(不管是在摩洛哥或是以法国给一块殖民地作补偿的方式),在议会中将引起轩然大波而且可能被否定。威廉第二(他永远是表达德国人情绪的工具)说出了这一点。他对西班牙国王说,"我们不要在摩洛哥的任何领土上的好处。"(威廉第二致皮洛夫,1904年3月16日。同上书,xvii,第5208号。)这个宣言在下一年大大地妨碍了德国的政策。

动自由"的政策了。他得到其他的证据——结果证明是不可靠的——英法必然要起争执。西班牙人因英法协定而处于孤立无援的境地,向德国人呼吁支持。皮洛夫深信西班牙人是在充当英国人的代理人,竟然向兰斯多恩建议联合支持西班牙反对法国。①虽然兰斯多恩没有接受这个奇怪的主意,德国人仍然深信法西谈判不是毫无结果、就是造成法英之间的裂痕。他们再一次感到失望。西班牙人为英国人所抛弃,又得不到德国人的支持,只得接受法国人愿意付给的任何价钱。1904年10月3日,法西签署协定。西班牙只得到北部摩洛哥一条狭长的地带,作为法国区同直布罗陀中间的中立地区。而且,只有在适合法国人采取行动时,②它才能获得它的份额。西班牙人既不高兴也不满意。但从外交观点看来,摩洛哥问题在1904年10月仍然算是完全结束了,犹如上尼罗河的问题在1899年3月结束了一样;只有战争的威胁才能把问题重新提出来。

1904年10月时,德国人并不为摩洛哥发愁。他们把全部希望仍然寄托在他们以为正在临近的英俄冲突上。在远东进行的战争对俄国很不利。西伯利亚大铁路是单轨,并且没有全部完成,不

---

① 皮洛夫致梅特涅,1904年5月31日。《重大政策》,xx(i),第6488号。
② 西班牙人还接受一项规定,地中海海岸线(除了已属西班牙的休达等地以外)仍不得设防。有一点,德国人所预期的倒是实现了。法国人终究舍不得放弃丹吉尔;他们塞进了一条规定,丹吉尔虽显然处于西班牙区内,仍应保持其"特性"。苏丹将继续控制丹吉尔;法国人显然是在打算,他们控制着苏丹,也就控制了丹吉尔。1912年关于摩洛哥的解决办法中不包括丹吉尔;到第一次世界大战爆发时,这个问题仍未解决。1923年英国人利用法国在鲁尔遭遇的困难,强使他们接受对丹吉尔的三国(包括西班牙)共管;到1926年意大利也参加进来,成了四国共管。这个办法在第二次世界大战中被推翻了;在本书写作时,丹吉尔的地位仍是临时性的。

能同日本人作为海上强国的长处相竞争。俄国人的唯一希望是在中国海改变力量对比,把大陆上日军同本岛基地间的联系切断。他们不敢把黑海舰队派出海峡。因为,虽然英国人出于本身的原因已不再在乎海峡的关闭,俄国人如果派舰队通过海峡,那就是实施一项符合日本盟国利益的条约规定。波罗的海舰队可以开动,没有这样的问题;但它开赴远东的航程仍然造成了一场头等的危机。它那些不称职的军官们把其他的俄国船当作日本船,并且在惊慌失措之中,在10月21日于多格尔沙洲外击沉了许多英国渔船。这就发生了那场德国人带着信心、法国人带着恐惧所等待的、已推迟了很久的英俄冲突。德国人和法国人都拼命地做工作,前者是想把俄国拖进同盟关系,而后者则是防止英俄之间关系破裂。

德国人向俄国提出结盟,以对付"由一个欧洲强国所发动的"攻击;两盟国还将"联合起来以提醒法国遵守它根据法俄盟约条款所应负担的义务"。① 德国人并不知道这些条款是什么;他们总是假定这是一个一般性的防御同盟,做梦也没有想到它完全是针对他们自己的。现在,他们正在计划组织一个反英的大陆联盟。如果法国参加进来,它就必须抛掉对德国的敌意;如果它拒绝,法俄同盟将被破坏。不管是哪一种情况,德国"两面作战"的危险都会消失。与此同时,它将加强推行"世界政策"的手腕。俄国人将被推向前去,在印度反对英国;法国的舰队则在更靠近本国的地方成

---

① 威廉第二致尼古拉第二,1904年10月30日。见《威利—尼基通信集》,第129页。

为对付英国的主力。但是,德国人希望白得这样一个重大的胜利:这个大陆联盟要等多格尔沙洲事件解决之后才生效。俄国人无疑地会抓住一个有助于他们应付眼前困难的同盟。他们这时是没有条件靠自己的力量去同英国打仗的。他们迫不及待地接受了英国关于把这一争端交付国际调查的建议,并且散播这个建议出自沙皇的神话,作为挽救他们威望的唯一手段。由于俄国的软弱,伟大的英俄冲突结果变成了一个发潮的爆竹。但俄国人仍然想从德国的提议中搞出点什么名堂。当然,他们不要法德和解。两国在阿尔萨斯和洛林问题上的交恶使俄国在西部边界上得到安全保障,且不说法国资本源源不断地流入。俄国人想回复到1895年时的情况,当时法德两国彼此争持不下,竞相讨好俄国。因此,尼古拉第二提议"介绍"法国在盟约签字之前就参加同盟。① 如果他们同意,那么一切都好;如果他们拒绝、因而拆了这个计划的台,那么他们至少会感到有一种道义上的负担该去吓唬一下英国人,使英国人对俄国更友好一点。

谈判陷入了僵局。俄国人想加强他们在远东的地位,但不使德国在欧洲称王称霸;德国人想在欧洲得到安全保障,但不被卷进远东的事情。就德国政策转而反英来说,没有比这时更坏的时机了。英国人刚刚采取最初的一些认真的步骤,建设在北海的海军力量;德国人甚至设想英国人也许会用他们的力量对正在成长的

---

① 尼古拉第二致威廉第二,1904年11月7日、23日。见《重大政策》,xix(i),第6124、6126号。

第十八章　英国孤立的最后年代:英法协约的形成 1902—5 年

德国舰队发动一次预防性的攻击。对德国人来说,唯一聪明的办法就是在他们的舰队变得更加强大以前避免同英国的一切冲突。正如皮洛夫写给威廉第二的报告中所说,"我们的处境有点像雅典人,当时他们不得不在比雷埃夫斯兴筑长的城墙,并不让更为强大的斯巴达人阻止他们完成防御工事。"①但是同俄国结盟必然不可避免地要反英。只有使法国参加或者——作为代替办法——摧毁法俄同盟,这一结盟对德国人来说才可以忍受。但这两种情况俄国人都不愿见到。他们坚持在盟约签字之前就必须告诉法国人;德国人同样坚持必须先签字、后通知法国。12 月 28 日,威廉第二写信给皮洛夫,"在两个月的老实工作和谈判之后所得到的却是一个完全消极的结果。这是我亲身经历的第一次失败。"②过去,德国人曾吹嘘"保持行动自由"政策的好处;现在他们终于认识到,"世界政策"和大陆战略这两者的相互矛盾的要求,迫使他们非保持行动自由不可,不管他们愿不愿意。

德国人的态度在一定程度上符合俄国的需要。有关消息几乎立即传到德尔卡塞那里。③ 他看来像拿破仑第三那样,面临着这样的选择:同俄国结盟还是同英国和解?他也像拿破仑第三,决定不作选择——不过他这样做要比拿破仑第三更成功些。他一而

---

① 皮洛夫致威廉第二,1904 年 12 月 26 日。见《重大政策》,xix(i),第 6157 号。
② 威廉第二致皮洛夫,1904 年 12 月 28 日。同上书,xix(i),第 6146 号。
③ 德国驻巴黎大使拉多林在 11 月 2 日说,"法国必须在俄德或英国之间作出选择。"帕利奥洛格密信,1904 年 11 月 4、5 日。见《法国外交文件》,第 2 集,v,第 424、425 号。由于在德国文献中查不到有关材料,很难说他是奉命这样说的,还是出于他自己的主动。

再、再而三地敦促兰斯多恩同俄国人和解；[①]这对于和平解决多格尔沙洲事件也许起了一点作用。但是,得以和平解决的主要原因相当简单:不论是英国人还是俄国人,都不像法国人和德国人所设想的那样急于冲突起来。英国人只想不介入远东的战争；而且他们相信能够在波斯和阿富汗制止俄国而不会引起严重争执。俄国人对远东也厌烦了；近一两年来,远东政策已成为只不过是一桩宫廷中的蠢事。贝佐勃拉卓夫和他"那一帮"已完全失势。外交部、有头脑的军人和大资本家又重新掌权；他们根本不希望扩大远东的战争,迫切要求结束这场战争,随便什么条件只要不那么刺眼地使俄国蒙受屈辱都可以接受。他们毫不重视同德国结盟,却非常重视不使俄国受德国的摆布。俾斯麦时代的经历在他们记忆里真是创巨痛深。但俄国人所要求于俾斯麦的只不过是中立；他们知道,取得德国积极支持当然还要付出更高的代价。

英国人不管在哪一方面都不考虑德国。他们不需要它的支持；他们也不怀疑它对英国的敌意。确实,多格尔沙洲事件标志着欧洲历史上一个时代的终结——在这个时代里,英俄冲突看来是国际关系中最可能的发展。这样的冲突人们在近东等待了五十年,在中亚二十年,在远东——比前两处更可能发生——十年。1904年11月之后,这个冲突被无限期地推迟了。英国人解决了他们同法国的分歧,避免了同俄国的战争。他们的安全——以及随之而来

---

[①] 德尔卡塞的主要助手帕利奥洛格被派到伦敦去对兰斯多恩说,这是从萨多瓦战役以来法国政策中的最大危机。但兰斯多恩对这种夸张的说法根本不在意,连记录上都不记。保罗·康邦的便笺,1904年11月7日；帕利奥洛格的密信,11月8日。见《法国外交文件》,第2集,v,第433、434号。

## 第十八章　英国孤立的最后年代:英法协约的形成 1902—5年

的他们脱离大陆事务的孤立,看来达到了顶点。少数新闻记者发出了"来自德国的新危险正在迫近"的叫喊,但无人理会。"天然盟友"的传统是不容易消失的。德国同英国没有争执;就为了这个理由,它们之间不存在和解问题。自由派的钦慕的眼光看着德国的工业和地方自治;张伯伦决不是唯一的一个激进派,认为英国同德国之间共同的东西比同任何一个其他欧洲国家来得多。商务上的竞争曾经引起一些波动,但现在已不如十年前那么尖锐;英国正在进入一个新的繁荣时期,在很大程度上这种繁荣是由于德国的惠顾。在海上力量平衡中,德国海军确实正在成为一个严重的因素,但其他方面的变化已把这一点抵消而有余。同日本结盟已减少了英国在远东需要部署的力量;同法国和解则减少了在地中海的需要;俄国舰队的主体已在远东被摧毁,在黑海剩下的船舰正在发生兵变。此外,英国正在用前所未有的规模建设海军。1898年,当他们最初表示孤立时,他们只能用二十九艘战列舰来对付法俄两国加在一起的二十八艘;德国的十三艘虽然不合现代战争要求,但对于作为蒂皮茨"风险"理论的根据还是有些作用的——具有讽刺意味的是,这是在实施这个理论之前。1905年初,英国人有了四十四艘战列舰。法国人有十二艘,德国人十六艘,俄国人压根儿不作数。换句话说,英国人这时享有的海上霸权,在历史上是无可比拟的;如果有这么一个"大陆联盟"存在的话,他们几乎不用作什么认真的动员就能对付它。孤立不但没有减弱,反而上升到高峰。但在十二个月之内,英国人将要认真地考虑派遣一支远征军到欧洲大陆上去——1864年后第一次。这不是一项缓慢发展的政策的高潮。这是一次革命、一次所有观察家都没有料到的革命。

# 第十九章　三国协约的形成
## 1905—9年

1905年,在欧洲事务中发生了一次革命。这不是由德尔卡塞、也不是由害怕孤立的英国政治家,而是单纯由德国的主动性所造成的。德国人没有遭受任何危险,事实上他们也比克里米亚战争及神圣同盟瓦解以来任何时候都享受着更大的安全。在远东战争中元气大伤的俄国陆军连在欧洲打一场防御战都已应付不了;俄国本身又在发生革命。在法国,掌权的现在是主张和平的激进派;而法国的将军们则都认为,一旦德国进攻,不出一个月他们就抵挡不住德国人进入巴黎。尽管如此,德国人曾指望英俄之间发生冲突;冲突没有发生,他们又寻求一样代替的东西,而这只能是"大陆联盟"。虽然他们仍在谈论安全,但他们全力以赴的事情是欺骗别人。他们的真正目标(甚至在他们自己心里也还不是很明确)是以和平方式在大陆树立他们的绝对优势地位,从而可以放手在海外向英帝国挑战。1904年秋,他们自己曾经相信同俄国结盟一事已近在眼前;俄国人拒绝在没有得到法国赞同的情况下这样做。现在,如果能迫使法国依赖德国,俄国就不得不参加大陆联盟,否则它将被排斥在欧洲事务之外。时机看来是有利的。法国军队的状况很糟,俄国对它的盟国什么忙也帮不了。1905年1月

### 第十九章 三国协约的形成 1905—9年

1日,旅顺口陷落。3月初,俄国人在旷日持久的沈阳战役中败绩。俄国国内一片混乱。革命在1月间爆发后不断高涨,到10月间到达顶点。俄国已不再作为一大强国存在了;德国人获得了欧洲的势力均衡朝有利于他们方向变化的无上良机。

对德国人来说,罗维埃1月间出任法国总理也是对他们有利的事情(虽然他们看来并不理解这一点)。罗维埃不喜欢德尔卡塞的外交政策,想结束摩洛哥问题,转而同德国在巴格达铁路建设中进行合作。① 而德国人在插手摩洛哥时,他们对于自己究竟想干什么并没有明确的想法。他们只想显示一下,对待世界上任何问题都不能无视德国。他们也希望——更为模糊地——削弱英法协约,或者还可能动摇法俄同盟。但主要地是他们想要侥幸取得某些尚不明确的胜利。他们抱怨没有得到关于英法在摩洛哥问题上签订协定的正式通知,似乎不得他们的许可,世界上任何事情都不准发生。因此,他们坚持把摩洛哥作为一个独立国家来对待,就如他们在1896年对待德兰士瓦那样。威廉第二在1905年3月31日到达丹吉尔时(这次访问是十分违背他的意愿的),就公开表达了这一点。德国人根本没有去想这一行动将产生什么样的后果,就同他们发出致克鲁格的电报时一样。荷尔施泰因可能曾同总参谋长施利芬商量过,因为他们两人私交不错;如果是这样,他一定

---

① 根据保罗·康邦的说法,罗维埃不喜欢德尔卡塞有一个个人原因。德尔卡塞希望和平,所以坚持说俄日之间不会开战,直到最后一分钟。罗维埃做投机生意,把宝押在俄国股票看涨上,结果股票大跌,他损失惨重。据保罗·康邦致亨利·康邦,1905年4月29日。见康邦《通信集》.ii,188。另一方面,德尔卡塞认为罗维埃是个"为了在证券交易所做投机可以出卖掉法国那样的人"。见帕利奥洛格著《转折点》,第237页。

了解到——实际上也是很明显的——军事形势是完全对德国有利的。但在同时代的文献中,找不到丝毫证据证明他有意识地计划迫使法国开战;看来更可能的是,他虽然侈谈德国的威力,但是一旦使用这种威力时却又不知道下一步到底会发生什么事情。归根到底,在欧洲大陆上(除巴尔干外)已经有一代人的时间没有发生过严重的战争危机了。至于皮洛夫,这将一下子提高德国的——还有他自己的——威望的说法已经使他很满意了;威廉第二则是被勉强地拖着走,他老在希望以某种和解的手法争取法国参加大陆联盟。

德皇对丹吉尔的访问完全使德尔卡塞措手不及。即使像勒努万这样超然的历史学家,[①]也严厉责备德尔卡塞的外交政策超越了法国物质资源所许可的范围:当法国军队正处于无法抵抗德国的状态时,他却去向德国挑战。但在1904年,当英法缔结协约时,不可能预见到这一危险。法国政策当时所担心的是协约在俄国身上——而不是德国身上——将要引起的后果;而摩洛哥危机只是由于在远东的惊人发展才引起的。即使是此刻,德尔卡塞仍然左右为难。他不能不听任在摩洛哥执行一项"前进的"政策,以满足法国的殖民热心分子,要不然他们就会转而反对协约;与此同时,他又不能不去安抚德国。他一再提出保持"门户开放"——德国能够要求考虑它的利益的唯一论点;如果他能开始同德国进行谈判的话,他也许还能提供在其他地方的殖民地问题上所作出的让步——或者可以恢复实施英德在葡萄牙殖民地问题上的安排,由

---

① 勒努万著《武装的和平及大战》,第485页。

法国表示赞同。这些提议将会结束危机,因此德国人置之不理。此外,鉴于在德国国内对殖民地正产生一种一时性的反感,他们也不能考虑在殖民地问题上得到的好处。因此,他们要求把摩洛哥问题送交一次国际会议来讨论。荷尔施泰因估计,意大利和奥匈帝国将会支持德国,俄国不会做任何冒犯德国人的事情,美国将支持"门户开放",而英国和西班牙则将乐于赖掉它们曾答应过法国的各种权益。他的结论是,"这样一次会议在很大程度上将不可能违反德国和美国的公议而把摩洛哥给予法国。"[①]皮洛夫表示赞同:"会议决无可能得到大多数同意把摩洛哥奉送给法国的结果。"[②]要求召开这次会议是为了显示德国的威力,而不是作为解决摩洛哥问题的手段;而一旦德国人感觉到他们的威力,他们就在很大程度上忘记了他们乞灵于此本来是为了同法国搞好关系。外交上的胜利本身成了事情的终结。

德国人忽视了德尔卡塞的准备工作。召开会议的建议远不是显示法国的孤立,而是迫使有关列强承认它们对法国所作的承诺。意大利、西班牙和英国都不能接受召开会议的建议,除非法国首先表示同意;即使是美国,它也无意在法德两国之间选定自己的立场。德国人本来是想对法国来个智取的,结果却被迫退回到采取恐吓的态度。到4月底,一扇意料之外的"门户"对他们"开放"了。德尔卡塞终于认识到罗维埃的敌意,于4月12日提出辞职,直到逼使罗维埃表示对他信任之后才撤回辞呈。罗维埃的信任表示是

---

① 荷尔施泰因的备忘录,1905年4月4日。见《重大政策》,xx(ii),第6601号。
② 皮洛夫致屈尔曼(丹吉尔),1905年4月6日。同上书,第6604号。

缺乏诚意的。他是个性很强的人,尽管他对外交一无所知。许多年以前,为了对德和平的利益,他革了布朗热的职;现在他要革德尔卡塞的职。他相信德尔卡塞正在把法国引向战争,这将带来失败,以及——甚至更坏——社会动乱:再来一次"公社"。他也相信,德国人在德尔卡塞一旦倒台之后将会欢迎同法国进行经济合作。4月26日,他把他的意图透露给德国大使拉多林。① 从此以后,德国人就有了一项提供给他们的政策:他们只要使紧张局势加剧,德尔卡塞就将倒台,到那时法国就会同德国和好。虽然没有进行认真的军事准备工作,德国人发出了战争恫吓,并把德尔卡塞的和解建议弃置不顾。

英国人起初采取了一种消极冷漠的态度:他们将给法国它所需要的任何外交支持。他们以为事情只是单纯的摩洛哥问题;"重大政策"和"势力均衡"都没有在他们的估量之内,而且从未想到法国的独立对英国的安全是必不可少的。他们唯一的不安是怕法国用摩洛哥的一个大西洋沿岸港口(也许是拉巴特)去收买德国;由于英国舰队的大部分正在调往北海,这将对英国提出一个很尴尬的战略问题。4月22日,兰斯多恩准备对德国人就他们取得摩洛哥港口之事提出"强烈反对";②5月17日,他说英法政府"应继续以最充分的信任彼此相待,应相互充分交流彼此所获悉的所有情况,并应在可能范围内事先讨论他们在局势发展中可能遭遇到的突发事故。"③这不是结盟的提议,甚至于也不是供给军事支援的

---

① 拉多林致外交部,1905年4月27日。见《重大政策》,xx(ii),第6635号。
② 兰斯多恩致伯蒂,1905年4月22日。见《英国文件》,iii,第90号。
③ 兰斯多恩致伯蒂,1905年5月17日。同上书,第94号。

## 第十九章 三国协约的形成 1905—9 年

提议,而是一项警告:法国未得英国赞同不能给予德国以任何权益。但德尔卡塞却把兰斯多恩的话利用来进行他同罗维埃之间的内部斗争。他坚持说,英国人是在提议结盟;如果加以拒绝,他们将转向德国——"那时我们将被孤立,暴露于受攻击的地位,在欧洲之战中面临失败的危险,并且迟早要被剥夺掉我们的殖民地。"罗维埃回答说,德国的威胁是确实存在的,"我们现在的状况能够打仗吗?很明显,不能。"①这两个论点都不符合事实。英国人不是在提议结盟,也不是说他们要转向德国;德国军队要到1906年6月才装备好,可以作战,这是法国专家们所公认的,②而就此事而言,倒是罗维埃自己后来惹起德国的威胁,当这样做适合他的目的的时候。正如常常发生的那样,人们用混淆视听的话互相攻击,玩弄一些伪造的东西。内在的问题依然不变——法国对德国究竟是保持疏远,还是言归于好。6月6日,法国部长会议决定反对德尔卡塞的意见,他辞职了。同一天,威廉第二赐封皮洛夫为亲王。这是从色当战役以来德国最伟大的胜利。

但是,这仅仅是国家威望的胜利;它仍有待于化为某种实际的用途。罗维埃急于想使法国资本投入巴格达铁路(1903年时曾被拒绝过);他估计德国人将让他在摩洛哥自由行动,作为报答。虽然他的政策也许符合英法协约,但必然已破坏了法俄同盟——这对德国是远为重大的收获。但这时德国的帝国主义谋略正在全盛时期,它的新海军建设计划又正在着手进行;它需要同俄国结成大

---

① 肖米埃关于部长会议的笔记,1905年6月6日。见《法国外交文件》,第2集,vi,附件 I。

② 贝托(陆军部长)致德尔卡塞,1905年5月27日。同上书,第457号。

432　法联盟,而不是联合西方列强去反对俄国。此外,皮洛夫和荷尔施泰因都为他们自己的盛名所累。他们已经表示要坚持召开关于摩洛哥的会议,现在就不能退缩回去;虽然他们也模糊地梦想在将来某个时候瓜分摩洛哥,但目前他们不能不坚持保持摩洛哥的独立。因此,罗维埃必须重新进行外交斗争,不过处境更困难了——没有朋友或盟友,并且事前已经宣布法国无力作战。他一再提出,如果德国不过问摩洛哥的事情,法国将对德友好;德国人却一再拒绝。7月8日,罗维埃让步了,同意德国的要求:召开一次国际会议以保证摩洛哥的安全和独立。这是法国外交的一次严重失败。德尔卡塞曾力求使摩洛哥脱出国际关系的范围;罗维埃却不得不比过去更为正式地把它又放回去。但是德国人为他们的胜利所付的代价太高了:他们疏远了他们在法国的朋友。罗维埃同德国合作的信心被摧毁了;主张和平的、激进的金融界被迫走上反德的道路。

紧张局势因为一个意料之外的情况而突然缓和下来。俄国在远东现在已经彻底失败了——它的最后一支舰队于5月27日在对马海峡被摧毁。维特担负起在美国调停下同日本议和的任务。威廉第二重新按他的意旨办事的时机看来成熟了。虽然他也想要搞大陆联盟,他希望用同俄国和解的办法、而不是用威吓法国的办法来实现;此外,俄国的革命震动了他的作为君主的良心(正如那些正在乌克兰建设工业的德国资本家也为之不安一样):他想极力支撑住沙皇的威望。7月24日,他同尼古拉第二在毕由克会晤;尼古拉第二被连哄带骗地同意签订一项针对任何一个欧洲列强进攻的防御性同盟条约。① 威廉第二也排除了来自法国方面的困难(这在上一年秋天还是不可逾越的):他说,摩洛哥问题已经解决了,现在"我们将成为高卢人的朋友"。② 尼古拉第二是要显示一下他对英国人的愤恨,并且希望同德国的盟约(尽管它要等俄日媾和后才实施)能在对日和谈中多少对他有所帮助。

有几个星期,德国人以为他们已经实现了他们所定的目标:同俄国已经结盟,大陆联盟将随之而来。在摩洛哥问题上再制造更多的麻烦已经没有什么意义了;相反地,应该同法国和解,使它在思想上有所准备,在宣布毕由克条约时能够接受。荷尔施泰因反对这个政策:他想把即将召开的摩洛哥会议的方案规定得如此严密,以便在会前就有把握在会上击败法国。皮洛夫不采纳他的意见:"真正关系重大的事情是从摩洛哥这乱七八糟的事态中脱身出来,这样才能保持我们在全世界的威望,并尽可能地考虑德国的经济和金融利益。"③ 荷尔施泰因一肚子不高兴地去休假了;9月30日法德两国同意的会议方案规定由会议本身去决定摩洛哥的将来。德国人无缘无故地为他们自己在下一年的失败扫清了道路。他们只要单独同法国谈判,就能不断得到胜利;如果他们在7月间充分利用他们的有利地位,他们就能够强使法国同意把这次国际

---

① 到最后时刻,威廉第二补充说,互助只限于"在欧洲之内"提供。他的用意是避免把德军派到印度去,从而保证所有作战任务都由俄国人去承担。皮洛夫本来因为威廉第二在他不在的时候采取了这么重大的行动在怄气,就抓住威廉第二这一点补充做借口,威胁要提出辞职。但这纯粹是一个私人之间的争执,以荷尔施泰因为首的德国人承认,不管是在欧洲以内或者以外,盟约是一项决定性的胜利。

② 威廉第二致皮洛夫,1905年7月25日。见《重大政策》,xix(ii),第6220号。

③ 皮洛夫致外交部,1905年9月8日。同上书,xx(ii),第6803号。

会议只是简单地开成德尔卡塞计划失败的正式纪录。他们同意举行一次真正的会议，就使自己承担了面对某种外交上联合的风险。他们的错误在很大程度上也就是一切乞灵于国际会议的人所犯的错误：他们想象在什么地方存在着一种"世界公论"，会由那些据说是中立的国家表达出来。但是造成他们的错误的还有一个因素，那就是在毕由克会晤之后，他们相信大陆联盟就同已经结成了一样，因而不再需要去吓倒法国人。

事情正好相反。毕由克条约以及随之而来的所有纸面上的结构一个晚上就土崩瓦解了。在俄国方面，这个条约是出于沙皇对英国的愤恨，以及在远东战衅再开的情况下俄国能够得到某种"再保险"的模糊希望。但在9月5日，在美国调停下，维特同日本人议和了。日本人已经精疲力尽；和约给了俄国那些稳健派所要的一切：虽然日本人将控制朝鲜，他们并不要求得到满洲。这样，如果俄国要打一场复仇战争就没有什么认真的目的。此外，这样一场战争的可能性已因英日盟约的修订而被排除；8月12日续订的盟约扩大到把印度也包括在内，并且此后如有一国——而不是原来所定的两国——对它们进攻，盟约也将付诸实施。它无意识地给了毕由克条约一个决定性的回答。如果第二次俄日战争发生，德国的威胁将不再能使英国保持中立——它已保证在任何情况下都将干预。俄国也不能计划在德国支持下在印度进攻英国，因为日本在那种情况下也保证将要干预。最后、也是最有决定性的是，俄国政府需要法国的新贷款，以扑灭革命和恢复战争的损失；他们不敢威胁法国，更不敢在没有法国的条件下证实同德国的结盟。法国是把德国计谋撞碎了的一块岩石——虽然多少已经风化掉，

## 第十九章 三国协约的形成 1905—9 年

但终究还是一块岩石。虽然罗维埃曾想同德国搞好关系,但他不再想参加一个反英的大陆联盟,就如他曾不赞成德尔卡塞关于拟议中的同英国结盟的计划。不管怎么样,到了秋天,他同德国的谈判已使他感到德尔卡塞归根到底说不定还是对的。巴黎证券交易所比各国君主的团结一致具有更强的吸引力;尼古拉第二不能不取消他自己的工作。10 月 7 日,他写道,"我认为,毕由克条约的生效一事应该搁置,直到我们了解法国对它的看法";[①]11 月 23 日,他又写道,"俄国没有理由抛弃它的盟友或突然干扰它。"[②]他还想做得面子上好看一点,提议毕由克条约不适用于对法战争的情况;实际上,这个计划已经完结了。俄国人无意于促成德法和解,更不想同德国订立广泛的同盟,这样的同盟到头来不可避免地会引起"克里米亚联合"。

摩洛哥又回到了舞台的中心位置。德国人不知道对它该怎么办。皮洛夫这样表示,"我们不能忍受法国取得外交上的胜利,我们宁肯让事情发展成为一次冲突,"[③]但他不作任何军事上的准备。他甚至不同其他国家讨论摩洛哥问题——很明显,用不着德国任何主动行动,会议将自动地击败法国。自从一项国际争端交给一次列强大会处理,已经二十年了;从那时以来,人们已经忘记柏林会议的这样一个教训:类似的国际会议如要取得成功,只有事先就协议的要点取得一致的意见。法国人对会议也没有明确的计

---

[①] 尼古拉第二致威廉第二,1905 年 10 月 7 日。见《重大政策》,xix(ii),第 6247 号。

[②] 尼古拉第二致威廉第二,1905 年 11 月 23 日。同上书,第 6254 号。

[③] 米尔堡的备忘录,1905 年 12 月 25 日。同上书,xxi(i),第 6914 号。

划,但至少他们有同英国、意大利和西班牙所签订的关于摩洛哥的协定,且不说同俄国的同盟。此外,他们已从6月间的惊慌中镇静下来。当罗维埃倾向于法德和解时,强调来自德国的危险对他是合适的;一旦法德和解不再使他感到兴趣,他变得像德尔卡塞一样充满信心,甚至于有过之而无不及。① 十分奇怪,这种对德国的新的顽固态度把罗维埃这个从不相信英法协约的人变成实现这一协约的人。德尔卡塞的下台使英国对法国的信心动摇;兰斯多恩宣称这是一件"令人厌恶的"事情。② 但他所谴责的倒是法国的软弱,而不是德国的盛气凌人,而且他所得出的结论是法国作为伙伴无用,而不是对德国应该抵抗。俄日战争的结束也使英法协约不那么必需了;在1905年秋天,英法之间几乎没有什么接触。

这一协约由摩洛哥事务中的第三者西班牙而复活起来。西班牙人经常敏锐地意识到他们的弱小,并担心法国为了它自己会把他们的摩洛哥权益牺牲给德国。12月,西班牙国王阿方索十三宣称德国人正在争取他。③ 他的真正用意无疑是想逼使法国重申对他的支持,否则他就自由地转到德国那一边去。法国人经常对西班牙这些强聒不舍的要求感到恼火,他们认为西班牙是英国的事

---

① 法国人在心理上为外交中常有的那些奇怪的误解之一而得到加强。他们曾经以为威廉第二是好战的,而皮洛夫则是平和的。事实正好相反。威廉第二讨厌摩洛哥的事情,而皮洛夫则只不过是在耍滑头。1905年秋,威廉的若干和平言论传到法国人那里,他们就十分错误地得出结论:主战的首要人物已经改变了主意。
② 见牛顿著《兰斯多恩勋爵》,第341页。
③ 马热黎(马德里)致罗维埃,1905年12月14日。见《法国外交文件》,第2集,viii,第227号。

情;保罗·康邦就同英王爱德华第七讨论西班牙的这个警报。①在英国,一个自由党政府刚刚就任;爱德华第七看到他要使这届政府奉行一项坚定的外交政策的机会来了。新任外相爱德华·格雷爵士当英国同法俄关系最为紧张的时候曾在罗斯伯里手下工作。他深知不得不依靠德国支持、而实际上很难得到这种支持的"非常不愉快的经验"。他主张,保持同法国的协约是"关系国家利益的事情,也是为了保持国家荣誉而必须做的事情"。② 还有,在英国两党之间虽然没有公认的在外交政策上的分歧,当政的联合派倾向于接受同德国的"天然同盟"作为一件日常要做的事情;而处于反对派地位的自由党人则强调同法俄改善关系的好处。格雷继承了格拉斯顿的某些道义上的热诚,"欧洲协同"对他来讲比对他的前任们要更有意义一些。兰斯多恩曾用外交家的手腕来对待德国人的粗鲁;格雷那种英格兰北部人的硬脾气却是受不了它的。

还有一个考虑对决定格雷的外交政策起了重大的作用。自由党在经历了长期内部冲突和削弱之后刚刚恢复团结。自由派的帝国主义分子——格雷、阿斯奎斯、霍尔丹——同莫利和劳合·乔治这样一些激进的"亲布尔人"分子在坎贝利—班纳曼的领导下联合起来,赢得了自"1832年议会选举法修正法案"以来最大的一次选举胜利。格雷不会做任何事情去动摇这一团结,包括外交步骤在内——除非绝对必要。另一方面,就像一个左翼政党当政后常常

---

① 保罗·康邦致罗维埃,1905年12月21日。见《法国外交文件》,第2集,viii,第262号。

② 格雷著《二十五年》,i.104。

发生的那样,他急于要显示他能像任何一个保守派那样坚定和务实;外交部工作人员很快就流露出他们的"愉快的惊讶"。格雷发展了一种令人满意的妥协办法;这无疑不是有意识地做出来的。他奉行一条坚定的路线——确实比兰斯多恩还要坚定;但他很少同内阁商量,对公众根本不发表消息。对大多数自由派来说,势力均衡这个概念在他们思想上是格格不入的,格雷自己常常批判这个提法。但在实际上,他对欧洲均势的关心是帕默斯顿以来任何一个英国外相所没有过的。他同意他的首席顾问的意见:"如果法国被抛弃,法德俄三国在最近的将来肯定会达成一项协议或者结盟。"[1]他的根本目标是防止大陆联盟以及将会随之而来的德国的主宰地位;因此,他不能不鼓励法国——后来还有俄国——努力保持独立。另一方面,为了保持自由党的团结,他不能使自己的手脚受到束缚。他的政策始终是由这两方面的考虑所决定的。他刚一上任就定下了在以后八年中基本上一贯奉行的路线:他警告德国,但不使自己对法国作出承诺。他在1906年1月3日对梅特涅说,"英国人民不会容忍由于英法协议而使法国被拖进一场对德战争;如果发生这样的情况,任何英国政府——不论是保守派的还是自由派的——都将被迫援助法国。"[2]

当康邦谈到德国侵略的危险时,要对他作出回答则更困难。在早些时候,英国政府曾经派遣舰队访问海峡或某些意大利港口,以满足他们的朋友们的要求;现在对法国来讲舰队是没有用

---

[1] 哈丁在格雷备忘录上的批注,1906年2月20日。见《英国文件》,iii,第299号。

[2] 梅特涅致皮洛夫,1906年1月3日。见《重大政策》,xxi(i),第6923号。

## 第十九章　三国协约的形成 1905—9 年

的——像罗维埃早先说过的那样,"它不能装上轮子跑。"格雷想出一个新招。1906 年 1 月 31 日,他授权在英法两国参谋总部之间进行会谈;但他没有通知内阁,因为他认为这并不涉及政策问题。① 确实,格雷以为他实际上增加了英国的行动自由。当时普遍认为在下一次战争中,决定性的战斗将在战争开始的第一个月内进行;因此只有事先把计划准备好,英国才能援助法国。用格雷自己的话说,②"我们必须能自由地去援助法国,也能自由地取旁观态度。……如果事先没有做好军事计划,我们就不能及时支援它。……我们实际上就不是保留了援助法国的自由,而是切断了自己这样做的可能性。"

这是一个很好的论点。但它说不动英国内阁中的激进派。理由很简单:不管从技术上讲怎样有道理,军事会谈总是一个政治上的行动。虽然有西班牙所发的警报,在 1906 年 1 月并无迫在眉睫的战争危险;而事实上在阿尔黑西拉斯为摩洛哥事务进行的斗争所使用的纯粹是外交武器。虽然法国人接受格雷的说法——"没有一个英国政府会根据某种假设来使自己承担义务",会谈是结盟的代用品——而且在某些方面比结盟更有决定性。一旦英国人预见到它将参与一场欧洲大陆上的战争(不论如何遥远),他们就必定会把法国的独立而不是摩洛哥的未来,作为决定性的因素。已

---

① 格雷后来对这一疏忽感到丢脸,把它说成是意外事故。事实上是有意这样做的。格雷和坎贝利—班纳曼在同爱德华第七商量之后作了这一决定,以免惊动那些激进派。"对于进行这样的会谈,某些部长将会感到惊讶,……最好还是保持沉默,谨慎小心地进行准备工作。"保罗·康邦致罗维埃,1906 年 1 月 31 日。见《法国外交文件》,第 2 集,ix(i),第 106 号。

② 见格雷著《二十五年》,i.75。

经被忽视了四十年的"欧洲均势"重新主宰了英国的外交政策;从此以后,德国的每一个行动都被解释成为对大陆霸权的争夺。这种疑忌不管有没有道理,一旦产生之后是很难抹掉的;举例说,多年来认为俄国人对土耳其怀有野心,这种疑心就很难抹掉。在这种情况下,不论俄国人作出多少保证都不能消除这种疑忌;在前面说的那种情况下,不论德国人作出多少保证也是同样。接踵而来的是极为重要的重点转移。虽然从摩洛哥到波斯,帝国的利益仍须重视,但是从今以后这些利益要适应同欧洲列强关系的整个结构,而不是像过去那样,由这些利益来决定同列强的关系。在索尔兹伯里的时期,英国同欧洲列强作出安排以保卫英帝国;现在它在欧洲以外地方作出让步以加强势力均衡。在法国方面,军事会谈就不那么重要了。法国人并不重视英国陆军,甚至直到1914年还一直认为他们不能不全靠自己来对付德国的进攻。只要作为一大强国的独立能够保持,他们是乐于付出任何代价来促成同德国的妥协的。但如果做不到这一点,他们对英国在外交上的支持则感激不尽。要是打起仗来,俄国是他们唯一的希望。他们也知道必须再等许多年,俄国才配同德国较量——在1906年,它甚至于在面对一场同奥匈的交锋时也没有信心。①

摩洛哥会议于1月16日在阿尔黑西拉斯举行。② 德国人要

---

① 穆兰(圣彼得堡)致埃蒂安纳(陆军部长),1906年1月27日。见《法国外交文件》,第2集,ix(i),第77号。
② 会议在此举行无疑地使西班牙代表非常满意,主要的旅馆就是他开的。会议由列强及对摩洛哥贸易有兴趣的国家参加(德国、奥匈帝国、比利时、西班牙、美国、法国、英国、意大利、摩洛哥、荷兰、葡萄牙、俄国以及瑞典)。

## 第十九章 三国协约的形成 1905—9 年

维护摩洛哥的独立;法国人要掌握摩洛哥的银行和警察。僵局持续了六个星期:不论是法国或对它作出保证的列强都不愿意主动触怒德国。3月3日举行了一次关于未来程序的投票,结果显示只有奥匈和摩洛哥支持德国。皮洛夫沉不住气了。他从荷尔施泰因手里把主事的权力接了过来(荷尔施泰因在两周内就离职了),并同意法国的要求:3月31日签署的协议给法国以警察控制权,由西班牙充当次要的伙伴。4月5日,皮洛夫在帝国议会为他的政策辩护时心脏病发作,有好几个月不能工作——这同十个月前他接受亲王封号时一样富有象征性,不过情况不同。阿尔黑西拉斯挫败了德国不战而屈法国的计谋。确实,荷尔施泰因把事情说成他是不惜冒战争风险的,并且抱怨他对"领导者们"作了错误的判断:"我应该认识到,要皮洛夫决心采取最后手段是困难的、要皇帝陛下这样做更是不可能的。"[1]这是一种见识短浅的解释。荷尔施泰因忽视公众舆论,玩弄"密室外交";皮洛夫则看得更加清楚一些,他承认"德国人民不能理解为什么要为摩洛哥去打仗"。[2]必须教育德国人民认识到,他们处于"被包围"的境地,正如其他各国人民必须被灌输进德国正在威胁着要统治他们的思想一样。即使是俾斯麦也必须准备他的战争;在这样一个有着群众性政党和由征兵制建成的军队的时代,这就更加必要了。

法国人自鸣得意,认为阿尔黑西拉斯会议显示出"欧洲协同",

---

[1] 见兰肯著《我的三十年经历》,第55页。
[2] 皮洛夫致斯佩克·冯·斯特恩堡(华盛顿),1906年3月19日。见《重大政策》,xx(i),第7118号。

反对由一个国家来发号施令。① 这也是一种夸大的说法。虽然阿尔黑西拉斯使门户对法国人开放,他们并不能进去。过去,德国人除了作为一大强国之外在摩洛哥没有任何地位;现在,如果法国超越了在阿尔黑西拉斯所获得的权利,德国人就可以要求给他们报偿。会议也没有真正显示出"欧洲协同"。没有一个国家是从抵制德国发号施令考虑的。(在某种程度上说,英国是例外。)倒不如说,它们是勉勉强强地信守了过去同德尔卡塞所达成的交易;②而意大利和西班牙两国都为它们被耍弄得必须在一场法德争吵中表态而生气。即使在英国,也很少人相信"均势"正处于危急关头。近年底时,外交部成员艾尔·克罗威写了一个有力的备忘录,论证德国正在争取主宰欧洲;但绝大多数英国人都把摩洛哥看成是一次不幸事故,打断了英德关系的平稳发展。梅特涅在8月间写道,"英国的政策是建立在同法国的合作上的。……只有英国的政策在促成法德协议上取得成功,英国的友谊在政治上才对我们有用。"③英国政治家们将会同意梅特涅的看法,只是在摩洛哥问题上的法德争执才使他们两国疏远了。

从威廉第二访问丹吉尔起直到阿尔黑西拉斯会议结束为止的

---

① 比利,报告,1906年5月1日。见《法国外交文件》,第2集,ix(ii),附录,第993页。

② 直到会议顺利结束,法国人用拒绝贷款的办法来促使俄国保持坚定。正好就在皮洛夫沉不住气的时刻,格雷试图压法国人妥协。英国驻巴黎大使伯蒂把这一行动透露给法国报界,然后又引用报章上的抗议作为妥协不可能实现的证明。格雷不得不坚持说,他并不是在抛弃法国,这又转过来使法国政府认为他是在敦促他们不要让步。在危机中,事情都是一触即发的:如果荷尔施泰因继续主事一周,法国人是会让步的。

③ 梅特涅致皮洛夫,1906年8月23日。《重大政策》,xxi(ii),第7195号。

## 第十九章 三国协约的形成 1905—9年

摩洛哥问题上的冲突,对未来的局势发展作出了第一个暗示,并且预兆了世界大战。但这只是一个暗示、一种兆头。不论是皮洛夫还是格雷,都只是在谨慎的私人谈话中才作出战争威胁;没有为走向战争采取任何实际步骤——没有动员士兵,也没有派遣船舰到出发作战的地点。但这是一次真正的"危机"、欧洲历史中的一个转折点。它粉碎了长时间的俾斯麦式和平。自从1875年以来,人们第一次严肃地——虽然还是模糊地——思考了法德之间的战争;俄国人还不得不第一次设想如何信守他们在法俄盟约中的义务——对这一前景他们并不喜欢;英国人则自1864年以来第一次思考在欧洲大陆上进行军事干涉的问题。这一切都不为公众所知或影响社会舆论。甚至政治家们也装作什么事情都没有发生。在阿尔黑西拉斯曾经反对德国政策的人宣称他们不想对英德关系造成任何损害。英法之间的军事会谈变得无声无息,被人遗忘了。意大利人表现出他们对三国同盟的忠诚。例如,他们过早地就表示同意续订盟约(到1907年才届满),不撤销针对法国的军事议定书,甚至于不恢复1882年所作的盟约绝不用于反对英国的原始宣言。① 英国人和俄国人都作出友好姿态。英国陆军大臣霍尔丹让自己被骗去在色当战役周年纪念时访问德国军队;② 而新任俄国外相伊兹伏尔斯基在10月间去柏林,却拒绝访问伦敦。

---

① 德国人对意大利是不相信的,但还是续订了盟约,以免让人看来他们只靠奥匈。皮洛夫写道,"我们必须尽量不要使奥地利人注意到我们的相对的政治上孤立处境。"皮洛夫致威廉第二,1906年5月31日。见《重大政策》,xxi(ii),第7154号。
② 1907年1月,霍尔丹告诉梅特涅,他"不知道在英国和法国军人之间是否举行过不承担义务的会谈"。梅特涅致皮洛夫,1907年1月31日。同上书,第7205号。当然,格雷是让霍尔丹了解所有情况的。

尽管如此,在阿尔黑西拉斯之后一段时期中发生的一件大事是对德国的又一打击,这就是英俄重新和好。主要的动机倒不是对德国的敌意。确实,在阿尔黑西拉斯会议期间,格雷曾论证说,对抵抗德国来说,这是一个很不合宜的时机;他们应该等到他同俄国取得协议之后:"在俄法和我们之间成立协约将是绝对安全的。如果有必要制止德国,到那时才能做到。"① 巴格达铁路以及——在更大程度上——德国深入波斯的初步征象使俄国人感到惊惶。他们担心英德两国在中东建立起伙伴关系,拿他们的利益作牺牲;因此他们决定乘现在还来得及的时候同两国妥协。在远东的战败使俄国人变得比通常稍为温和一些、也更明白一些了。1906年5月出任外相的伊兹伏尔斯基比他那几位前任要更能干些;他的观点带一点自由派的色彩,他多少懂得一点西欧的事情,他也不为斯拉夫情绪或各国君主团结一致的原则冲昏头脑。俄国在中东的实际需要是沿着它的高加索边界建立一条中立地带;作为对此的报偿,它将容忍巴格达铁路的修筑,并同英国分享对波斯的控制权。② 但俄国人非常不愿意在英德两国之间选择自己的立场,他们倒是希望同两国都保持良好的关系,就像十年以前他们同时对法德两国都很亲密那样。在欧洲,他们没有理由担心德国。在1905年,德国军队可以轻而易举地拿下俄国,但德国人不是威胁俄国而是逼它结盟,现在又在帮助它建立它的工业力量。除了德

---

① 格雷的备忘录,1906年2月20日。见《英国文件》,iii,第299号。
② 俄国大臣会议文件,1907年2月14日。见西贝尔特著《班肯多夫伯爵外交书信集》(1928),第1号。

国发出摧毁法国的威胁,[①]俄国人还想不出任何会同德国打仗的原因;即使为了法国,要他们打仗也是勉强的。在1906和1907年,在英国人方面,情形几乎也是如此。

这样,英俄协议同德国就没有什么关系了。英国人多年来就想妥协,并且从1903年以来就积极地为此而努力。改变心理的是俄国人,正如1904年的协约是由于法国人改变心理才造成的。交易是有限的,只限于波斯(出于所有的实际目的)。远东战争已经消除了英俄在那个地区的争衡。伊兹伏尔斯基本来想要求英国对日本施加压力作为俄国在波斯让步的代价,但后来发现没有必要这样做。日本人不用英国施加压力就愿意妥协;在英俄谈判结束之前,日俄在1907年7月30日签订了一项协定,实际上是共同占有满洲。在亚洲的另一端,伊兹伏尔斯基在讨论中提出了海峡问题。这纯粹是一个威望问题。俄国没有黑海舰队,关闭海峡对它很合适。但最后伊兹伏尔斯基希望得到理论上的俄国军舰可以通过海峡的许可,以显示一个"自由派"的外相能比他的反动的前任做出更好的成绩。在英国方面,从战略上说没有反对的必要,只是担心会得罪公众舆论——"会有一场风波"。格雷回答说,如果两国之间的谅解在其他地方证明是有价值的,那么满足俄国人在海峡问题上的愿望就会容易一些。"同俄国的良好关系意味着我们过去那种对它封闭海峡,以及在任何列强会议上总是全力反对它

---

[①] 1906年4月,俄国人同意撤销他们同法国在1900和1901年制定的反英军事议定书;他们还同意,如果意大利或奥匈单独动员,应进行"事先协调"而不是采取行动。见鲍乔亚致邦帕尔,1906年6月25日,包括4月21日的笔录。见《法国外交文件》,第2集,x,第119号。

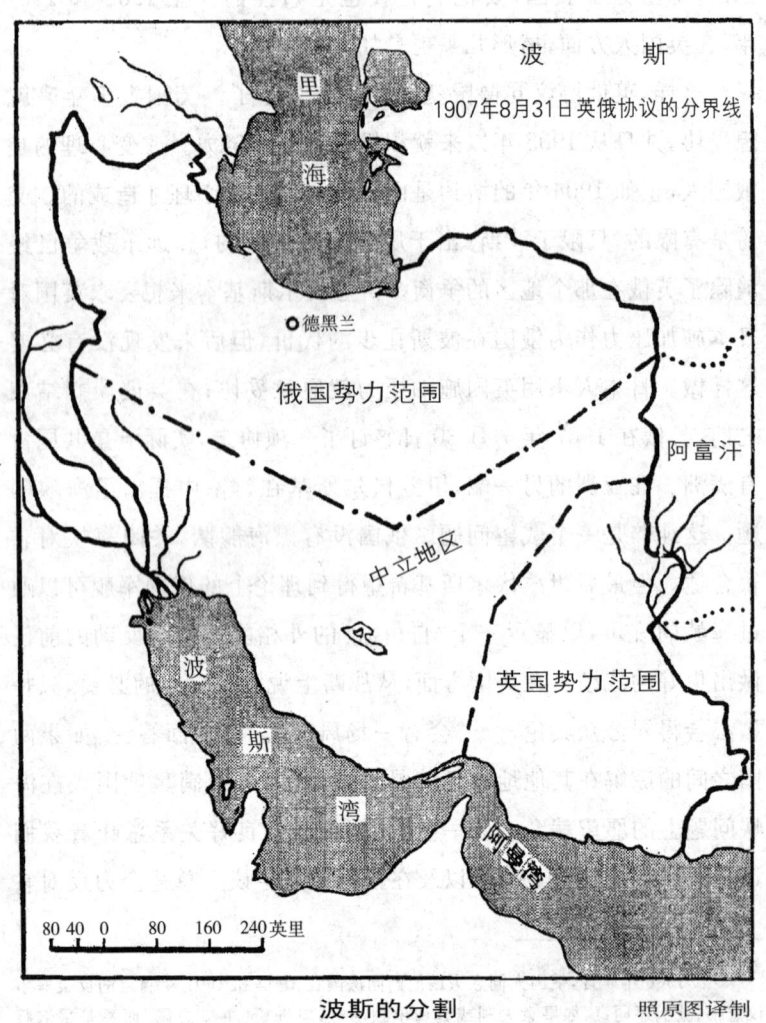

波 斯
1907年8月31日英俄协议的分界线

里海

○德黑兰

俄国势力范围

阿富汗

中立地区

英国势力范围

波斯湾

阿曼湾

80 40 0 80 160 240 英里

波斯的分割    照原图译制

## 第十九章 三国协约的形成 1905—9 年

的老政策,必须加以抛弃。"①伊兹伏尔斯基试图把这话解释为英国承诺在未来的会议上支持俄国,但格雷拒绝使自己承担义务:"如果现在进行的谈判达到一项满意的结果,它对英国公众舆论所产生的将是这样一种影响,它会极大地便利海峡问题的讨论,如果这个问题往后被提出来的话。"②虽然伊兹伏尔斯基宣称对此表示满意,但在这里存在着某种闪烁其词的地方,到下一年就引出了麻烦。

1907 年 8 月 31 日签订的协定消除了两个次要的问题。西藏被作为一个中立的缓冲区;俄国人宣布放弃同阿富汗的直接接触,从而使印度在西北边境上得到安全保障。主要的讨价还价是关于波斯。它的北部与高加索接壤,应作为俄国的势力范围;它的东南部与印度接壤,应作为英国的势力范围;中部包括海湾为中立地区。这样的划分纯粹是从战略上考虑;③双方都没有提到或考虑到波斯的石油,后来发现英国人的地盘接近石油资源,这是完全偶然的。两国所关心的是不让对方在战略上占便宜;排斥德国是次要的考虑,而且伊兹伏尔斯基在签订协定之前还小心地取得了德国的赞同。当然,德国人不再能指望英俄交战了,但这种情况自 1904 年 11 月以来就一直存在。在一件事情上,协定给俄国人带

---

① 格雷的备忘录,1907 年 3 月 15 日。见《英国文件》,iv,第 257 号。
② 格雷致尼科尔森,1907 年 5 月 1 日,同上书,第 268 号。
③ 这是一种典型的俄罗斯特性;总参谋长反对放弃对印度的战略威胁地位,并且公开地对尼科尔森这样讲了。但他既没有士兵来实行这种威胁,也没有一条铁路来运输这些士兵。但除此之外,俄国和英国被认为是在建立友好的关系。当然,如果英国人认真看待同俄国的谅解,那么他们在下一年拒绝允许俄国军舰通过海峡,同样是荒谬的。

来了立竿见影的好处。1907年秋威廉第二访问英国时,他再次提出给英国人在巴格达铁路中一定份额,而英国人也愿意接受,以便控制铁路最后通达波斯湾的一段。但他们急于向俄国人表示出自己的诚意,所以答复说他们只能邀法俄两国一起、由四家共同讨论铁路问题。将来可能出现的一票对三票这样一种前景对德国人当然是没有吸引力的,他们就再也不提这个问题了。在后来的年代里,法国人和俄国人都不能像格雷曾经表现的那样谨小慎微:一项事关荣誉的义务常常比一项正式的保证更为沉重。

但这仍然不是协约的决定性的一面。协约主要是解决分歧而不是成为一种伪装的同盟。它的两个重要弱点来自英俄两国的内部原因,而不是任何德国威胁。一方面,俄国人发现要长期压制他们自己的野心是困难的。他们很快又回复到自认为俄国是世界上最伟大的——甚至是唯一的——强国:波斯首都德黑兰在俄国区内这一事实更加诱使俄国人进行诈骗。不管外交部在圣彼得堡怎么说,在德黑兰的俄国人经常侵犯波斯的独立。在英国方面,协约引起了帝国主义分子的反对,激进派的反对更强烈。激进派对俄国的敌意存在已非一日,但在过去,在俄国和中欧各国之间无可选择,而且格兰斯顿甚至于设法制造出这样的印象:俄国按某种方式来看还多少有些"基督徒"样子,而奥匈则没有。结果是,索尔兹伯里不得不把他同奥匈打交道的事装作是通过"自由派"的意大利进行的。现在,俄国已明显地成为欧洲最反动的强国。1905年革命在英国激起了很强烈的同情,甚至首相坎贝尔—班纳曼也公开地对它的失败表示惋惜。另一方面,两个日耳曼国家的声誉却上升了。奥地利刚建立普选制,而马扎尔人在匈牙利的暴政在英国是毫无所知的。1907至1909年间,在德意志帝国议会中左派占多数,皮洛夫以自由派联合内阁总理的姿态出现。英国同俄国的协约看来像是一种"强权政治"的无原则行动;当俄国人反对波斯议会时,看起来就更是如此了。激进派甚至对法国也有反感。它同俄国的联系,不是使俄国受人尊敬,倒是使法国显得反动和有军国主义色彩。法国在摩洛哥的野心因被认为造成了1905年危机而受到谴责;而德国则被作为一个爱好和平的国家,受到法国对阿尔萨斯和洛林的渴求以及俄国对巴尔干和海峡的计谋的威胁。如果德国人保持沉默,"三国协约"也许很快就会瓦解;但相反,他们的行动把它变成了现实。

1907年8月,当英俄签订协约时,双方都认为除了在对待法国的问题上它们同德国并无争执。俄国人已保证要保卫法国的独立;英国人则在摩洛哥问题上承担着义务。但这两点看来都不是什么危险的问题。德国人不再试图使法国屈服;而法国人则正在摸索途径,以便同德国在摩洛哥问题上做成一笔交易;法国人取得政治上的主宰权,交换条件是让德国人分享经济利益。1907年7月,朱利·康邦赴柏林任大使。他无疑地想在作为协约缔造者方面同他哥哥的成就较量一下,所以很快就开始进行谈判——它最后爆发成1911年的危机。

在此之前,摩洛哥问题为意料之外的德国同英俄的冲突所掩盖了。一是海军竞赛,另一是波斯尼亚危机。在这两个问题上,冲突的引起不完全是德国造成的。虽然不断增强的德国海军迟早会引起英国的嫉妒,在1906年前德国海军会对英国发出任何严重挑战仍然是遥远的将来的事情。1906年,英国海军部制造了"无畏号"军舰,这是第一艘"全用大炮"的军舰;这一发展使所有现存的军舰(包括英国本国的军舰)都过时了。英国人不得不重新开始进行一轮海军竞赛,处境比过去不利而又耗费不赀的竞赛。1907年,他们缩减建舰计划,本来是想对别人立个榜样,结果反而对德国人增加了赶上英国的诱惑力。1907年11月,蒂皮茨提出一项补充的海军法,规定进行大规模建造"无畏"舰的计划。英国政府不得不在1908年3月增加海军预算,而且——更坏的是——预期到第二年还会有更大的增长。对英国人来说,这一海军竞赛是毫无意义的。他们相信能够取胜,尽管要花费很大代价。但另一方面,他们同德国没有争端(或者他们自以为如此),因此他们不能理解何以德国不愿依靠英国的善意来开展它的海外贸易和殖民地事业。他们所能找到的关于德国这样建设海军的唯一理智的解释,就是蓄意要摧毁英国的独立。实际上不存在任何理智的解释。德国人随波逐流地走上扩张海军的道路一半是出于国内政治的原因,一半是出于张大国威的总的愿望。他们当然希望一支宏伟的海军会使英国人尊敬——甚至惧怕——他们;他们永远不了解,除非他们能够真正在海军建设上超过英国,这一海军竞争的唯一效果就是使英国人同他们交恶。

  英国人对打破僵局无计可施。他们唯一的建议是,德国人应该自动地降低建设速度。这会缓和紧张局势并为双方节省开支。① 这

---

① 英国人永远不了解两国之间在政治上的差异。在英国,纳税人也就是统治阶级;节约对他们有直接的利益。在德国,统治阶级不付税;节约不给他们带来好处,反而——由于减少了他们用以使帝国议会称心的政府合同——给他们增加政治上的麻烦。还有,英国海军计划是每年3月决定的,而德国的计划则在多年以前就订定了。

个提议是由刚刚上任的财政大臣劳合·乔治在1908年7月提出来的①;8月间常务次长哈丁陪同爱德华第七访问威廉第二时又重申一次——虽然不像前者那样具有诚意。②德国人的反应是干脆拒绝,威廉第二带着很大的火气,而皮洛夫和梅特涅则较为圆滑。唯一可以尝试作为答复的说法是,英国如果同德国结盟,它就不用害怕德国舰队了。皮洛夫含糊地表示,德国在海军建设上可能作出某些让步,如果它能得到政治上的报偿;但究竟是怎么样的政治报偿此时还没有试图去搞清楚。在1908年夏天,英德交恶已是全世界都看得清清楚楚的了。

虽然法俄两国盼望英德合作的终结必定已经多年,它们现在对于被夹在英德冲突两方之间的前景却感到惊惶。从1906年至1909年任法国总理的克里蒙梭,在所有法国人中,是最充满自信的、主张同英国合作的人;但他也相信,如果德国同英国打起仗来,它将把法国作为"人质"来对待。他敦促英国集中力量加强陆军,③同时试图在摩洛哥问题上同德国和解,借以减少这一危险。在这里也有各怀鬼胎的情况。法国人想要同德国改善关系,以便在它和他们的朋友之间进行调停;德国人则不愿对法国作出任何

---

① 梅特涅致皮洛夫,1908年7月16日、8月1日。见《重大政策》,xxiv,第8217、8219号。

② 哈丁主要关心的是能向英国政界证明有必要制订一个庞大的海军计划。同威廉第二会晤后,他写道,"我并不认为,在德皇和德国政府面前清楚地阐明本政府在海军军备问题上的看法,是一件值得遗憾的事情,因为他们的答复向国会及全世界证明,陛下政府在最近的将来可能决定采取的任何反措施都是完全有道理的。"哈丁的备忘录,1908年8月15日。见《英国文件》,vi,第116号。

③ 克里蒙梭致皮松,1908年8月29日。见《法国外交文件》,第2集,xi,第434号。戈申致格雷,1908年8月29日。见《英国文件》,vi,第100号。

让步,除非它抛弃它的朋友。皮洛夫在 1907 年把这一点说出来了:"要我们放弃在摩洛哥的地位,唯一代价是同法国结盟。"①俄国人甚至更渴望不让自己对任何一方承担义务。1908 年 6 月,爱德华第七和尼古拉第二在雷维尔会晤,身边带着哈丁和伊兹伏尔斯基。无疑,这是一种言归于好的象征,而且就为了这一点,受到英国激进派的许多指责;但唯一的实际结果只不过是就马其顿的一项改革方案达成协议。哈丁敦促俄国人把陆军建设起来,以便"在七八年时间里"如果发生严重的局势就可以作为和平的仲裁人采取行动。但伊兹伏尔斯基不开这个口."俄国应对德国以最慎重的态度行事,不给它以任何口实,抱怨英俄关系的改善带来了俄德关系的相应恶化,这是绝对必要的。"②此后不久,他对克里蒙梭说,不存在签订"一项英法俄协定"的问题;③而俄国总参谋部则坚持同法国达成一项协议:德国如进行反英动员将不实施法俄盟约的规定。④

这种小心谨慎的态度反映了俄国的软弱。它需要长时期的和平,而它如果能使自己在中东和远东得到安全保障,那么它就能得到这样的和平。1897 年的奥俄协定把近东问题搁置起来;继续保持这种状态是符合俄国利益的。但伊兹伏尔斯基的手痒,想取得

---

① 皮洛夫致威廉第二,1907 年 6 月 27 日。见《重大政策》,xxi(ii),第 7259 号。
② 哈丁的备忘录,1908 年 6 月 12 日。见《英国文件》,v,第 195 号。
③ 克里蒙梭致皮松,1908 年 9 月 2 日。见《法国外交文件》,第 2 集,xi,第 441 号。格雷也不喜欢"三方协约"一词,虽然是为了另一种原因:"如在国会蓝皮书中出现,它将被认为具有某种特殊的官方含义,可能引起造成不便的评论或询问。"哈丁致尼科尔森,1909 年 4 月 30 日。见《英国文件》,ix(i),第 7 号。伊兹伏尔斯基是怕德国,格雷是怕国会下院中的激进派。
④ 笔录,1908 年 9 月 24 日。见《法国外交文件》,第 2 集,xi,第 455 号。

## 第十九章 三国协约的形成 1905—9年

某种戏剧性的成功。1908年2月3日,他对大臣会议建议进行一次对土耳其的英俄联合军事行动,"它可能产生令人震惊的结果"。别的大臣一听吓坏了:俄国没有钱,没有海军,没有武器。首相斯托雷平宣称,"只有经过若干年的彻底平静之后,俄国才能再像过去那样说话。"①伊兹伏尔斯基不顾这个警告。他决定靠自己来进行这场赌博,并使尼古拉第二批准了他的使海峡向俄国军舰开放的计划。俄国并没有军舰;这个计划唯一的一点道理是它将使接近乌克兰铁矿的尼古拉耶夫造船厂有更多的活儿可干。不管怎样,伊兹伏尔斯基不在乎有没有道理;他所要的是成绩。

使近东动荡起来并不一定需要俄国的行动。奥斯曼帝国的欧洲部分正在自行分崩离析。马其顿年年有动乱,1903年爆发了一次全面的起义;像通常那样,采取国际行动的尝试只不过显示出列强之间的相互嫉妒。1908年7月,由"青年土耳其"党发动的一场革命结束了阿布杜尔·哈米德的早已风雨飘摇的专制统治。此外,奥匈帝国很好地利用了它同俄国的协约使巴尔干问题搁置起来的十年。奥地利资本深入地渗透进巴尔干各地:看起来如果没有外来干扰的话,土耳其的欧洲部分势将成为哈布斯堡的势力范围。但奥匈政策越来越为一个重大的国内问题所左右,这个问题使哈布斯堡的政治家们都感棘手。君主国内的"南方斯拉夫人"在匈牙利受马扎尔人的压迫,正在变得骚动不宁。由于无法动摇马扎尔人对权力的垄断,唯一的"解决办法"是打破塞尔维亚——在

---

① 波克洛夫斯基著《三次会议》,第17—31页。

维也纳被当作"南方斯拉夫人的皮埃蒙特*"的一个独立国家——的自信心。维也纳所说的那种危险在很大程度上是虚幻的。塞尔维亚人没有加富尔,他们的全部历史传统使他们同奥匈帝国境内的西方化了的塞尔维亚人和克罗特人不合。确实,远不是塞尔维亚的野心挑起了南斯拉夫人的不满,而是这种不满把塞尔维亚卷进了哈布斯堡的事情。一旦人们想象出某种危险,他们很快就把它变成现实。现在维也纳和贝尔格莱德的情况正是如此。奥匈着手摧毁塞尔维亚的独立,从而使塞尔维亚人除了向奥匈帝国的存在提出挑战之外,没有别的路走。

1906年秋季的两项人事更动象征着这条新的路线。康拉德继贝克之后任奥匈帝国总参谋长;艾伦泰尔继哥罗乔斯基任外相。作为军事顾问,贝克一直很谨慎,确实胆小怕事;他怀疑奥匈有没有能力打一次大战。康拉德常常会超越君主国资源所允许的范围去制定计划。他想要打破那个据说正在完成的对奥匈的包围圈,赞成趁俄国还弱的时候对塞尔维亚或意大利发动战争。具体对手是谁无关紧要,重要的是显示一下君主国的作战实力;因为对康拉德来说,战争本身就是一种解决问题的办法。与此相仿,哥罗乔斯基只要太平无事就满意。在摩洛哥危机时期,他跟在德国后面,亦步亦趋;但在阿尔黑西拉斯,当出现僵局的时候,他坚持妥协。艾伦泰尔像康拉德,想要以某些惊人之举来恢复君主国的威望。他骄傲、好虚荣、不沉着、急于事功。他得意地看到德国在阿尔黑西

---

\* 皮埃蒙特是撒丁王国在意大利半岛上最早的领土,后来撒丁王国统一了意大利,建立意大利王国。——译注

## 第十九章 三国协约的形成 1905—9 年

拉斯的孤立处境,尤其是 1908 年德国同英国的疏远。他想利用这一局势为自己谋利;他相信德国将不能不支持奥匈,不管它在巴尔干采取什么行动。他认为自己"了解俄国"(在外交家中常见的一个失着)而颇自负,并且以为只要笼统地引用"三帝同盟",他就能使俄国同他保持步调一致。他的惊人之举①将是吞并波斯尼亚和黑塞哥维那,这两个地方自 1878 年以来就一直是由君主国管辖的;这样一来将结束塞尔维亚想把这两个省份加进他们这个民族国家的梦想;②而且——这一点更加模糊——将使君主国能够显示出,在没有马扎尔人干预的情况下,君主国会何等慈善地治理斯拉夫人民。然后,在更为遥远的将来,他计划同保加利亚瓜分塞尔维亚。

伊兹伏尔斯基说出了艾伦泰尔心里想说的话。7 月 2 日,他提出支持奥匈吞并波斯尼亚和黑塞哥维那,如果奥匈支持俄国在海峡的打算。③ 这两个人 9 月 15 日在布克洛夫(Buchlov)④见面,并且做成了他们的交易。伊兹伏尔斯基以为这两方面的问题都牵涉到更改柏林条约,所以应该送交一次欧洲会议讨论;他慢条斯理地去征集其他列强的同意。但艾伦泰尔在 10 月 5 日就宣布了吞并这两个省份;这时伊兹伏尔斯基刚到巴黎,什么都还没有办成。

---

① 精确一点说,他的第一着是计划修筑一条铁路通过新帕扎尔的桑亚克(自 1878 年后即在奥匈军事控制之下)。这也是"威望政治"。铁路计划是不可行的;艾伦泰尔在吞并波斯尼亚和黑塞哥维那时即从桑亚克撤出。

② 直到 1912 年,所有人(包括塞尔维亚人)都认为马其顿大部地区的居民是保加利亚人。因此波斯尼亚和黑塞哥维那看起来对塞尔维亚很重要,但在后来的南斯拉夫,它们并不是显得那么重要的。

③ 俄国备忘录,1908 年 7 月 2 日。见《奥匈对外政策》,i,第 9 号。

④ 德语旧称,布赫劳(Buchlau)。

使事情更糟的是,他被自己的政府所否定。斯托雷平对海峡满不在乎,却非常关切斯拉夫民族情绪;他以辞职相威胁,尼古拉第二不得不装作对伊兹伏尔斯基的计谋一无所知。① 伊兹伏尔斯基仍然希望在海峡问题上得到点什么东西来挽救自己。法国人不愿作这样或那样的承诺,②但伊兹伏尔斯基一到伦敦就遇上麻烦了。英国舆论以为土耳其经过了"青年土耳其"党的革命已经走上自由主义道路,因此不愿意做任何事情去削弱它。更为严重的是,格雷1907年曾经含含糊糊地设想,俄国人在波斯如果表现得好一点就会给人以好印象;但他们表现得很坏,因此在海峡问题上坚执己见看来是迫使他们信守波斯交易的唯一办法。格雷坚持说,如果修改海峡规则,"那就必须有某种对应措施",这就是:俄国按照某些规定可以通过海峡出来,那就应该允许其他国家按照同样规定通过海峡进去。对俄国来说,没有什么别的提议比这个提议更刺激它的了。不管怎样,这只是像哈丁所承认的那样,"一件橱窗陈列品":"对我们来说,这已是一条定下来的海战原则:在任何情况下,我国舰队决不进入海峡。"③真正的阻碍在于那些激进派而不是海军部。阿斯奎斯和格雷在爱德华第七支持下想对伊兹伏尔斯基做些让步;但内阁只考虑对公众舆论的影响,否决了他们的意见。伊兹伏尔斯基的全部收获就是从格雷那里得到了这样一个保

---

① 查里柯夫著《政坛一瞥》,第 269 页。
② 人们常说法国也是反对开放海峡的。事实不然。皮松"没有表示意见"。伯蒂致格雷,1908 年 10 月 13 日。见《英国文件》,v,第 368 号。
③ 哈丁致尼科尔森,1908 年 10 月 13 日。同上书,第 372 号。

证:格雷说他将创造奇迹,"我积极地希望看到作出安排,按照俄国所能接受的条件开放海峡,……同时这些条件又不会使土耳其或其他列强处于不公平的不利地位。"[①]伊兹伏尔斯基不得不改变路线。在返回圣彼得堡时,他要求把合并波斯尼亚和黑塞哥维那一事提交各国会议讨论,并且使自己表现得像是塞尔维亚人的卫士,而他对塞尔维亚这个民族的过去却是一无所知。

这样一来,情况就起了变化。艾伦泰尔原来是想要折辱塞尔维亚而不是俄国;他引用"三帝同盟"是十分真诚的而且他甚至于希望以他在巴尔干的独立行动摆脱对德国的附庸关系——哥罗乔斯基在阿尔黑西拉斯所显示的就是这样的关系。关于在布克洛夫的交易,他对德国人一字不提,而对波斯尼亚和黑塞哥维那的吞并由于得罪了土耳其,因此直接侵犯了德国在近东的利益。在德国人方面,他们在过去那些年里几乎已经把奥匈忘记了——例如,他们谁也没有想到,毕由克条约同他们和奥匈的盟约之间的矛盾正不下于同俄法盟约之间的矛盾。现在他们决定站在奥匈一边不仅是为了使它坚定地同他们在一起,而是在更大程度上为了折辱俄国,因为俄国同英国订立了协约。皮洛夫说明了这一点,"由于俄国在雷维尔耀武扬威地同英国联成一气,我们不能放弃奥地利。欧洲的局势已经发生了这样大的变化,我们对俄国的愿望必须采取比我们过去惯常采取的要更为保留的态度。"[②]德国人一下子就跳回到"新方针"的政策上;这条"新方针"卡普里维和荷尔施泰因

---

① 格雷致伊兹伏尔斯基,1908年10月15日。见《英国文件》,v,第387号。
② 皮洛夫的备忘录,1908年10月27日。见《重大政策》,xxvi(i),第9074号。

在1891年曾经奉行过,①他们答应在巴尔干支持奥匈,不管它采取什么行动。皮洛夫在10月30日写信给艾伦泰尔,"不论你作出什么样的决定,我都将认为是恰当的";②1909年1月,伟大的毛奇元帅的侄子、新任德国总参谋长经皮洛夫准许,写信给康拉德,"只要俄国一动员,德国也动员,并且毫无问题,要动员全军。"③主张"新方针"的人曾经以为他们确实受到俄国的威胁;皮洛夫和毛奇则明知俄国打不了仗——他们是在想以此轻易地取得一次外交上的胜利。

对俄国的敌意理所当然地促使对英法和好,正如——方向正好相反——1905年对德尔卡塞的攻击用毕由克条约来加以平衡一样。英法两国都准备响应:它们无意被牵涉进一场巴尔干战争,希望德国同它们一起在俄国和奥匈之间进行斡旋。德国人却是另外一种意图:把俄国孤立起来,慢慢收拾它。然后,用皮洛夫的话说,"长期以来一直软弱无力的包围圈将一劳永逸地被摧毁。"④德国人在同英国人打交道中没有取得多少成就。皮洛夫小心翼翼地想最后对英国人提出某些在海军建设方面的让步,但未能取得蒂皮茨海军元帅的同意,又怕引起两人之间的冲突,就缩回来了。不管怎样,在10月28日英国《每日电讯报》发表了对威廉第二的访问记(这次谈话的本身也是试图和好)并在德国议会引起舆论大哗

---

① 事实上荷尔施泰因仍是皮洛夫的顾问,并在临终前提名基德伦为他的继任人。
② 皮洛夫致艾伦泰尔,1908年10月30日。见《重大政策》,xxvi(i),第9079号
③ 毛奇致康拉德,1909年1月21日。见康拉德著《我的从政年代》,i.379。
④ 皮洛夫致契尔施基(维也纳),1909年2月6日。见《重大政策》,xxvi(ii),第9372号。

之后,同英国和好成了政治上的一张坏牌。① 此外,英国人并不关切用支持俄国的办法来确保均势;他们为艾伦泰尔冒犯条约的尊严所激怒,正如俄国在1870年废止黑海条款使他们激怒一样;而一旦摆出了一副维护原则性的架子,他们就下不了台——即使德国削减海军计划也罢。

在同法国人打交道上,皮洛夫遇到的情况要好一些。法国人比英国人要惊慌得多,又不如英国人那样讲原则性。他们利用所处的有利地位最后敲定了在摩洛哥问题上的交易,这是从1907年夏季以来他们一直在希望着的。1909年2月9日,法德两国签署了一项宣言:德国承认法国在摩洛哥的绝对优势地位,法国答应不损害德国的经济利益。同一天,爱德华第七到达柏林,在访问结束

---

① 这件事情——它在德国国内政治中比在国际关系中更为重要——是威廉第二个人外交的不可思议的高潮。他常常为他所作的和解努力自负,现在梦想说几句好话就把英德两国之间的敌对一笔勾销。早在1908年,他就想在一封给英国海军大臣特威穆斯信中把德国海军的问题解释过去。正如爱德华第七所说,这是"一个新招"。现在,他对一个英国相识者解释说,他是英国在德国的少数朋友之一;在布尔人战争期间他阻止了反对它的大陆联盟,并向英国将军们提供了一个成功的作战计划;德国舰队是为了在远东使用而设计的——这就是说,用来对付日本的。访问记在发表之前曾送给皮洛夫看过,他又转送给外交部,外交部改正了几个事实上的错误。

这篇访问记发表之后,在英国除了使人开心以外没有什么效果。在德国却引起了极大的愤慨,特别是因为威廉谈话中的内容是真实的。他确实比他的大多数臣民更为亲英。德国政界人士责备威廉承认了这一点,也责备他造成了德国的孤立。皮洛夫装作他事先未能读到这篇访问记并利用这个危机来实现他的"宪法职责"——以及随之而来的对威廉第二的控制。有些权威人士提出,皮洛夫是故意让这篇访问记发表以便贬低威廉的,但由此而引起的德国国内这场风波事先是不可能预见的。更可能的是,皮洛夫像他通常那样是马虎而又无能的;当危机发生时,他狡猾地使之转而为他谋取政治上的好处。从长远来看,这对他并无好处。威廉第二对他极为嫌弃;当第二年他在议会中失去多数派地位时,就把他免职了。在国际方面,这次危机只是暴露出德国舆论是反英的,但这一点除少数英国激进派以外已是尽人皆知的了。

时发表了一项官方声明,宣布——相当含混地——"在英国和德国之间存在着彻底的谅解"。事实上,德国人拒绝了在俄国和奥匈之间进行斡旋的所有建议。当这一点为人所知之后,法国人沉不住气了。2月26日,他们告诉俄国人说,波斯尼亚的事情是"一个不牵涉到俄国重大利益的问题","法国公众舆论不能理解这样一个问题会导致一场法俄两国军队都必须参与的战争。"①格雷打算坚持要求召开国际会议,但对伊兹伏尔斯基这不是办法。在会议上,艾伦泰尔将会透露,伊兹伏尔斯基曾经同意奥匈吞并这两个省份;而俄国则仍得不到海峡的开放。伊兹伏尔斯基要求给塞尔维亚以"补偿",但在这一点上格雷又不愿支持他。3月初,俄国政府正式决定不干预奥匈和塞尔维亚之间的战争;这在实际上一直是很明显的。

这样,奥地利人如果想要征服塞尔维亚,他们就可以毫无顾忌地这样做了。但局势的发展却是另外一种样子。有一件事情使艾伦泰尔对他自己的政策所将产生的后果害怕起来。如果奥匈同保加利亚把塞尔维亚瓜分掉,那么它将背上一个有几百万心怀不满的臣民的大包袱,民族问题将比以往任何时候都严重。他决定——这使康拉德大为恼怒——由塞尔维亚承认奥匈吞并波、黑两个省份就算了。这对德国人可不合胃口。他们不在乎是不是折辱塞尔维亚,他们所在乎的是折辱俄国。此外,他们不想让艾伦泰尔独立地取得胜利。刚被召到外交部工作的基德伦想重复一下1905年荷尔施泰因对付德尔卡塞的胜利,"把伊兹伏尔斯基先生

---

① 法国大使馆致俄国政府,1909年2月26日。

逼到墙角里去"。① 3月21日，德国人要求伊兹伏尔斯基对是否承认奥匈吞并两省一事"给一个明确的答复——是或否"；否则"我们就不管了，让事情自己去发展了"。② 伊兹伏尔斯基没有别的选择，只好忍辱；十天之后，塞尔维亚人也这样做。波斯尼亚危机过去了。

奥德同盟取得了一次重大的胜利，但这不是一次对局势有重大改变的胜利。吞并波斯尼亚和黑塞哥维那没有解决南方斯拉夫人的问题，倒反而是制造了这个问题。没有做任何事情去改善这两个省份的状况；塞尔维亚被迫采取敌对态度；奥匈最后不得不在更为不利的条件下对它作战。虽然俄国人受到了羞辱，但他们并不比德尔卡塞下台后法国的作为更多地采取对德国屈从的路线。相反，他们在1909年开始大规模重建武装力量。此外，德国人很快对他们所曾做的事情感到后悔。无条件地支持奥匈是违反德国外交政策的全部传统的（除了1889至1892年这个短时期外）。同俄国敌对只在激进派和社会民主党人中间受到拥护；而皮洛夫集团的自由主义甚至于比卡普里维联合派的自由主义还要飘摇不定。老派的普鲁士人总是对波兰比对俄国谷物的竞争更加担惊受怕。大工业家正在开发南部俄罗斯，因而要同俄国保持友好关系，而海军的订货合同和对海外权益的寻求又使他们把英国看成敌人。职业军人只关心大陆上的战争，当然是反俄的，要求同英国保

---

① 赛根尼（柏林）致艾伦泰尔，1909年3月21日。见《奥匈对外政策》，ii，第1299号。

② 皮洛夫致波塔莱斯（圣彼得堡）（由基德伦起草），1909年3月21日。见《重大政策》，xxvi(ii)，第9460号。

持友好关系；但就政治影响而言，海军元帅蒂皮茨要比他们强得多。1909年6月，农场主和工业家联合起来把皮洛夫赶下了台。在辞职时，他作出了自己对他的最伟大的胜利的判决。他对威廉第二说，"不要重复波斯尼亚的事情"。①

---

① 皮洛夫著《回忆录》，ii，288。这句话可能是皮洛夫后来想出来的；没有当时的材料可作证据。如果他当时确实这样说了，那么他就比平时更聪明一些了。

# 第二十章 英德敌对的年代
## 1909—12 年

波斯尼亚危机第一次给欧洲带来了一场全面战争的阴影。对摩洛哥的争夺，几乎完全是以外交手段来进行的。就连1905年搞的那次战争虚声恫吓，也无非只是德国对孤立的法国的进攻罢了。甚至在1908年10月到1909年3月这段期间，也没有作任何具体的战争准备。但是，如果不是艾伦泰尔在2月底后退的话，奥匈就会同塞尔维亚以兵戎相见了。俄国人也把基德伦在3月21日所采取的行动看成是一种战争恫吓；虽然这是一场可能发生在奥匈同塞尔维亚之间的战争，而不是他心里所想到的、发生在德国和俄国之间的战争。即使是虚张声势的威胁也足以使所有强国退却并试图修改它们的方针。奥匈又回复到在巴尔干奉行谈判政策；德国在1909年1月曾答应无条件地给以支持，现在却又缩了回去。英国、法国和俄国都在设法谋求改善同德国的关系。大陆上的两个大国都毫无顾虑地这么做了。它们认为，英德之间的对抗是主要的，他们将乐于付出任何代价（只要不丧失独立），使自己不卷进这个矛盾中去。它们还各有打算，使它们更想摆脱已存的各国协约，俄国想取得整个波斯，而法国则想获得整个摩洛哥（包括已答应分给西班牙的那一部分）。

英国的那些决策人——格雷、阿斯奎斯（现任首相）以及外交部的官员——都从摩洛哥和波斯尼亚危机中汲取了教训。他们认为，德国正在谋求主宰欧洲，它采取的策略是使独立自由的列强各不相顾。因此，他们觉得同德国和解必须是在这种和解并不意味着要削弱他们与法、俄关系的前提下才是可以接受的。这并不是说，他们推行"三国协约"是作为对德国进行战争的准备。恰恰相反，他们认为，它可以防止战争，而孤立则可能导致战争的发生。格雷曾这样写道："如果我们把其他强国作为对德国的牺牲品，那么，到头来我们就会挨打。"① 当然，他们认识到，在协约里头他们占了很大便宜，而且对德国企图动摇这些协约感到气愤；但是，他们虽然肯定会支持法国和俄国的独立，他们从来都没有想到过要赞助这两个朋友旨在反对德国的任何侵略计划，哪怕是为了他们在波斯、埃及和摩洛哥的已得利益。

在1909年3月以前，英国的公众并不同意官方对德国所持的那种怀疑态度，英国的激进派更是如此。从德国人方面来说，他们在波斯尼亚事件中还脱不了身，因此急于想同英国人和解。但蒂皮茨无意中使英国人对德国的疑虑有了根据。1908年秋，他秘密地把两条船的营造合同分配了出去，而这两条船本来是批准要到1909年才建造的。很难判定他这样做究竟为什么，真是像他所声称的那样仅仅是为了要打破承包商的"圈子"而采取的行动呢？还是想偷偷地抢在英国人之前在1911年实际上拥有一支比英国更

---

① 格雷就戈申（柏林）致格雷的信所写的批注，1909年4月2日。见《英国文件》，vi，第169号。

第二十章　英德敌对的年代 1909—12 年

为庞大的舰队呢？不过,他的意图倒没有什么关系,而由此引起的后果却是难以逃避的。从此以后,英国海军部不得不以德国潜在的造船能力、而不是以它所公开发表的方案来作为制定计划的根据了。严格地说,蒂皮茨的行动并没有什么不老实的地方。不管怎么样,至少就同英国有关的问题而言是如此。德国的方案只不过是向德意志帝国国会而并不是对其他各国政府作出的保证;如果蒂皮茨决意要违反宪法,那也完全是德国人自己的事情。但像这些微妙之处,一般人是难以明白的。德国人"加快速度"的警报在英国人中间引起了不安。他们自从 1860 年拿破仑第三并吞萨瓦以来还一直没有这样激动过。保守党发起这场煽动,有他们自己的目的;但是,他们之所以能够获得成功,是由于这一煽动是有事实作根据的。过去,舆论和官方政策的步调总是不一致。后来,"我们需要八艘,我们不愿等待"这一呼声把他们的步伐给统一起来了,或者甚至可以说,使公众舆论走到前面去了。此后就经常出现这样的情况:官方的政策要谋求同德国改善关系,而舆论仍然反德,并延续了超过一代人的时间。①

　　英国人的大喊大叫是德国人所没有预料到的。皮洛夫和他的顾问们力图把这种抗议转化成有利的事情。他们虽然不敢提出削

---

　　①　德国人的意图被发觉以后,他们就不再"加快速度"了。当然这并不能证明他们从来都没有想要这么干。英国公众终于得到了他们的"八艘"——3 月份四艘战列舰,随后又是四艘"分遣舰队"的舰只(事实上是 7 月份才批准的)。为了避免再发生"战争恐慌",格雷向德国人建议交流关于造舰计划的情况,甚至可以把两国的军舰修造所置于中立国的监察之下。谈判一直拖延到爆发了阿加迪尔危机才中断;在霍尔丹的使命失败了以后,德国人最终放弃了谈判。德国人用这个办法来满足英国舆论的要求,不但没有丢掉任何东西,而且还得到了他们所想得到的一切。在谈判过程中他们始而拖延、终至拒绝的态度,来自他们的骄傲自大和缺乏机智,而不是来自国策大计。

减海军计划以免触怒威廉二或帝国国会,但他们希望不再以扩充海军的提议来换取英国人在政治上的让步。基德伦在4月间建议"订立一个海军公约,规定英德两强都应在一个确定的期限内接受约束。(1)彼此都不发动反对另一方的战争,(2)不加入矛头针对两强中任何一国的联盟,(3)如两强中任何一国与第三国(或更多国家)进行敌对行动,另一国应遵守善意中立。"①德国人认为,如果他们减少自己的舰队,而英国人则答应不发动反对他们的战争,这是合乎情理的;从这点出发,他们又很容易地想到,即使他们的舰队不缩减,他们也应理所当然地得到这种承诺。英国人所听到的只是"保持善意中立"的要求;而这就证实了他们的怀疑:德国正在企图分裂协约国。格雷写下了这么一段话:"同德国签订如基德伦先生所勾画出来的那样的协约,将有利于德国在欧洲建立霸权,等到它完成了这个任务以后,那它也就快完了。"6月3日,皮洛夫为了从蒂皮茨那里得到一些让步,作了最后一番努力;但他所得到的回答却是这样一个意见:现在把造船的步子放慢一点,目的是为了将来造得快一些。② 在三个星期以后,皮洛夫在帝国国会里被击败而辞职。他的下台主要是由于他在处理《每日电讯报》事件这个问题上种下了威廉第二对他不信任的根子。也许他对英德海军竞赛(这是他亲自致力开展起来的)的失望,使他情愿离职而去。更有可能的是,"这条泥鳅"(基德伦这样称呼他)乐于从一个十分难办的处境中溜之大吉。

---

① 戈申致格雷,1909年4月16日。见《英国文件》,vi,第174号。
② 1909年6月3日会议记录。见《重大政策》,xxviii,第10306号。

## 第二十章 英德敌对的年代 1909—12年

新任首相贝特曼·霍尔威格虽然心眼好,却没有外交经验。基德伦也给他起了个诨名:"蚯蚓"。他是第一个在本世纪晚些时候所常常见到的那种典型人物——"老实的德国人"。这种人既不能阻止德国军事力量的发展,对由此引起的后果发出叹息,却又跟着往前走。他这种态度表现在1912年就军备计划给基德伦的信中:"整个政策都是我所不能与之合作的政策。但是,我一再自问,要是我辞职不干(到那时可能还不只我一个人),局势是否就不至于变得更加危险呢?"①19世纪50年代,他的祖父曾经是主张联英反俄的普鲁士保守党人——同容克没有联系的行政官员——的领袖;比起对任何其他强国来,贝特曼自己也更多地同情英国。尽管他没有希望可以同蒂皮茨相抗衡,但是,他对"放慢速度"的用意还是心领神会的。即使将来还得多造些船,只要眼下可以少造一点,英国人也感到满意了。德国将在理论上承认英国的海军优势,但是,正因为英国人想在任何情况下都要保持这种优势,而且相信可以做到这一点,所以,这个建议对英国人没有什么吸引力。不管怎么说,贝特曼确实关心同英国签订一个政治协定来加强他在帝国国会中的地位。格雷准备发表声明,宣布"我们的目的并不是要孤立德国;在我们与法国和俄国的谅解中没有这样的目标"。② 但格雷的话只能到此为止。他不能承诺,如果德国和法国同俄国交战,

---

① 贝特曼致基德伦,1912年1月2日。见叶克所著《基德伦—威希特》,ii,174,阿斯奎斯把贝特曼同亚伯拉罕·林肯相提并论;格雷虽然没有和他见过面,但却说,"我听到有关他的事情越来越多,就越发对他产生好感。"门斯多夫(伦敦)致艾伦泰尔,1912年2月16日《奥匈对外政策》,iii,第834号。

② 格雷笔记,1909年8月31日。见《英国文件》,vi,第193号。

英国将不介入；他甚至于不能发表一个表示赞成欧洲维持现状的声明，因为"任何看来是确认丧失阿尔萨斯和洛林的安排，法国人都不可能参加"。① 如果英国人同法国和俄国有正式的同盟关系，他们的处境就会好一些；因为那样一来，他们向两个盟友作出的保证，就像德国向奥匈所提供的保证一样，可以作为例外。事实上，英国玩弄了反复无常的花招，时而宣称承担着义务，时而又说并不承担义务——怎样对它有利就怎样讲。格雷提到"两个大国集团，我们同法国和俄国为一方、'三国同盟'为另一方"。② 就在同一时刻，哈丁写道："英国由于自己的地理位置保险，又没有同任何一个欧洲强国结成联盟，所以独立一旁。它是欧洲列强结成友好集团的和平的主张者。"③

谈判从1909年8月到1911年6月时断时续，哪一方都没有改变自己原来的立场。贝特曼表示，只有英国愿意签订一个全面的政治协定，他才会在海军方面作出让步；他又认为，如果有了这样的协定，在海军方面作出让步就不必要了。（不管怎么说，让步是不可能的，因为他对蒂皮茨这样的强人是毫无办法的。）英国人方面则只有德国无条件削减海军计划才会满意；④削减了海军计划，即使不签订正式的协定，政治关系也会得到改善。在两个势均

---

① 格雷致戈申，1909年9月1日。见《英国文件》，vi，第195号。
② 格雷在戈申致格雷的信上的批注，1909年8月21日。同上书，第187号。
③ 哈丁写的备忘录，1909年8月25日。同上书，第190号。
④ 从来没有人问过英国海军部什么条件才能使他们满意。克罗威就戈申致格雷的信所写的附记，1911年5月9日。同上书，第462号。还有一个困难：英国不能单独同德国签订协议。他们担心的是，如果他们同意在协议的基础上让英国的海军比德国占有一定的优势，那么，奥匈帝国就会建造无畏战舰，并在地中海上建立"三国同盟"的优势。

## 第二十章 英德敌对的年代 1909—12年

力敌的强国之间讨论裁军问题,这在历史上还是第一次。可是这场讨论所得到的唯一结果却是大大增加了彼此之间的猜疑。英国人由此深信,德国决心要向他们的海上优势挑战,并且还要在欧洲建立统治地位;德国人也同样深信,英国在盘算着"包围"他们,而且最后还要同法国和俄国联合起来打他们。在这两个国家中,德国在估计上犯的错误更大一些。事实上,只要在欧洲大陆上存在着两个独立的大国,德国人就不可能向英国挑战。倘若他们放弃自己庞大的海军计划而集中力量加强陆上的军备建设,他们就很有可能使英国保持中立,同时必然会在欧洲大陆的战争中赢得胜利。事实就是如此,当1914年战争爆发的时候,德国的无畏战舰都泊在港湾里毫无用处;如果德国人把造军舰的钢铁用来铸造重炮和搞机械化运输,那么,他们在陆上战争中就可能稳操胜算。

英国对法俄两国的忠诚,并没有得到这两个伙伴的应有回报。尤其是俄国人,他们从来无意把自己置于反对德国的轨道上。他们同法国的结盟,只不过是一项防止孤立的"再保险"条约;除此而外,他们并不担心德国会统治欧洲。波斯尼亚事件是俄国外相伊兹伏尔斯基的个人冒险行动;俄国的有识之士把德国人对这一事件所作出的反应归咎于他犯的错误。除了海峡仍应归独立的土耳其管辖而外,他们在近东地区并没有什么迫切的利益。事实上,他们对近东和欧洲都不想多加理会。亚洲仍然是他们主要关注的地方:在这里,在中国和波斯,他们一方面忧心忡忡,一方面又野心勃勃。在中国,那个满洲帝国正处于风雨飘摇之中,到1910年,革命已使之瓦解。俄国人企图浑水摸鱼,并想阻止中国从混乱中恢复过来;他们还得到了日本人的支持,法国人——除了在遥远的南方,他们没有多大利害关系——为了法俄同盟,也跟在俄国人的屁股后面打转转。德国、英国和美国这些强大的资本主义国家则让中国恢复秩序并繁荣兴旺起来,因为这样做符合它们的共同利益。这同俄国人的算盘却大相抵触。因此,俄国人欢迎英德之间出现紧张关系,因为这将使先进大国在中国搞不成统一战线;另一方面,他们又希望避免在同德国人的关系上出现紧张,担心德国人将会因此同英国人妥协而专门来对付他们,使他们精疲力尽。在德国和英国之间播种仇恨,而在德国和俄国之间则大讲友谊,这是俄国人的需要,而在这方面,波斯帮了他们的忙。波斯人为了把他们自己从俄国在德黑兰的控制下解放出来,坚持斗争。1909年的革命推翻了俄国保护下的反动国王;自由党人在英国很大的同情下企图建立一个议会制的国家。在这里,俄国人再次寄希望于英德之间的对抗:给德国一些好处,从而使它不同英国合作;英国政府须抛弃波斯自由党人,才能在反对德国的总天平上继续保留俄国的分量。萨佐诺夫就任外相之后不久便这样写道:"在欧洲追求极为重要的政治目标时,英国人必要时将放弃他们在亚洲的某些利益。这样做只是为了保持对他们如此重要的同我们的协约关系。"①

只要伊兹伏尔斯基继续担任外相,俄国人在这方面就没有多大进展。他对在波斯尼亚事件中个人所蒙受的羞辱,仍然耿耿于怀;他牢骚满腹地在欧洲漫行,仍然渴望着海峡的开放。1909年

---

① 萨佐诺夫致波克劳维斯基(德黑兰),1909年10月8日。见《班肯多夫书信集》,第1页。

## 第二十章 英德敌对的年代 1909—12 年

10月,他甚至在拉科尼奇同意大利人做成了一笔交易:意大利人默许俄国人在海峡地区的图谋,以换取俄国人同意他们对的黎波里的野心。① 但是这笔交易不能算什么俄国人的胜利,因为就像1900年和1902年同法国的交易一样,它来自意大利这样一种决心:在还没弄清楚到底哪一边得胜之前,决不使自己承担义务。不管怎么样,伊兹伏尔斯基只是在等待一个有油水的大使职位;1910年9月,巴黎的位置终于空出来了。萨佐诺夫已为出任外相作了一段时期的准备,他是一个更加谨慎小心的人,对海峡地区不大关心,但同亚洲有更多的接触。他一上任就同尼古拉第二一起到波茨坦去会见威廉第二。他们向德国人提出做一笔实际的交易:如果德国人尊重俄国对波斯北部铁路的垄断权,俄国便许可德国的货物运到那里去,对巴格达铁路的修建也不再反对。这可以满足俄国人的战略需要,但对德国人来说,并没有什么便宜可占,因为即使没有俄国人的认可,他们照样可以修建巴格达铁路。他们所真正关心的是要干扰英俄协约。基德伦说,德国不支持奥匈在巴尔干的侵略政策,但要求俄国做出一项让步作为回报:"俄国政府宣布它不承担义务,而且也不打算支持英国可能奉行的敌视德国的政策。"② 德国人知道俄国是不会支持英国采取这样一种政策

---

① 这个协定一签订(1909年12月19日),意大利人马上就同意同奥匈达成一项协议,承诺在"第三国提出可能与不干涉原则或维持现状相抵触的任何建议时"相互通报。

② 贝特曼致波塔莱斯,1910年11月15日。见《重大政策》,xxvii(ii),第10159号。

的;他们所要的只是有一个书面的证据给英国人看,并诱导英国人也来发表一个类似的声明。基德伦写道:"俄国在同英国的关系问题上所作的保证,我认为就是整个协定的全部内容。这个协定必须这样措辞,让英国人一旦得悉时会把俄国人搞臭。"① 德国人对安全问题尚且满不在乎,波斯和巴格达铁路就更不用说了。他们所希望的只是使各独立的国家分裂,以便他们把自己的意志逐个地强加于它们头上。萨佐诺夫是个颇有一点外交头脑的人,他对德国人这个意图是一清二楚的。所以他拒绝基德伦的草案;没有这个草案,德国人不愿签署关于波斯和巴格达铁路的协定。一切依然悬而不决。

关于所谓"波茨坦协定"的消息很快就传到了英国人那里。② 他们对俄国人在波斯的所作所为,本来就感到很生气了,现在更加恼火,因为他们在1910年整整一年里,一直都在坚持反对单独在巴格达铁路问题上同德国搞交易。格雷对班肯多夫说,他打算辞职,以便让一个能同德国就海军军备问题达成协议的人来担任外交大臣的工作,然后英国和德国联合起来反对俄国在波斯和土耳其的行径。③ 议会里的激进派都反对格雷关于波斯和德国海军的政策;1911年初,对德关系问题由一个内阁委员会来掌握,这在更

---

① 基德伦致波塔莱斯,1910年12月4日。见《重大政策》,xxvii(ii),第10167号。基德伦附笔说:"你最好把这封信烧掉。"
② 这一"泄漏"是法国新闻记者塔迪厄安排的。他当时在搞一个法德和解的计划,因此,他对德俄之间的友好关系心怀忌妒。他买通了俄国驻巴黎使馆的一个外交官员,可能伊兹伏尔斯基也帮了忙。
③ 班肯多夫致萨佐诺夫,1911年2月9日。见《班肯多夫书信集》,ii,第342号。

大程度上是为了控制格雷,而不是为了加强他的地位。① 他不得不放弃过去所坚持的这一主张:必须先削减海军军费,然后才谈签订政治协定。3月8日,他向德国人提出了一个"总的政治纲领",同时还提出了关于巴格达铁路和波斯铁路的交易条件。②

"三国协约"看来处于分崩离析的过程之中。德国人想要改善同第三个伙伴——法国——的关系,却又把这个协约给扶持起来了。法德和解,肯定会给德国带来安全:无论是俄国或英国,如果没有法国的帮助,要反对德国都很难有所作为。即使是法俄联盟和英法协约对德国也不会有什么危险,除非通过法国结成一个反德的联合。另一方面,在"全球政策"的范围内,法国没有什么东西可以提供给德国;而在那个范围里,近东和海洋才是具有决定意义的。俾斯麦曾经谋求安全;新德国所要的则是收益,只有像荷尔施泰因和基德伦这种老式的"俾斯麦派"才会把法国仍然包括在他们的算计之内。荷尔施泰因沉湎于这方面的研究,造成了1905年的危机;在罗马尼亚呆了十二年的基德伦对外界情况很隔膜,他在1911年又重复了这一危机。

在法国方面,出现了一股走向和解的强大潮流。罗维埃派的激进分子渴望法国和德国在财政金融上结成伙伴关系,在这种关系里头,德国将承担一般股东所要承担的风险,而法国则成为可靠

---

① 这个委员会由阿斯奎斯、格雷、劳合·乔治、莫利、克鲁和朗西曼组成。(尼科尔森致哈丁,1911年3月2日。见《英国文件》,vi,第440号。)阿斯奎斯同格雷是一致的,他们得到克鲁的支持。朗西曼和劳合·乔治都是激进派,莫利是个孤立主义者,对波斯的问题也都感到不满。

② 格雷致戈申,1911年3月8日,同上书,第444号。

债券的持有者。财政部长凯欧当时是这一派的领导人；他们得到社会党人的支持,这些社会党人不喜欢反动的俄国,而对德国社会民主党人(欧洲最强大、最正统的马克思主义的政党)[1]则投以钦佩的目光。1909年2月9日所签订的关于摩洛哥的协定就是这一派所赢得的胜利。但是由于这个协定是匆匆忙忙搞出来使德国人在波斯尼亚危机中占些便宜的,所以很不严谨。再有一点就是,德国政府当时所搞的宣传,反倒束缚了它自己的手脚。在1905年和1906年这两年当中,在德国没有什么人关心摩洛哥问题——荷尔施泰因的政策因而遭到了失败;即使法国无条件地把摩洛哥拿走,也不会有人出来嚷嚷的。现在,由一些私人企业[2]搞起来的一个旷日持久的运动使德国人民认识到,摩洛哥是各国竞相角逐的一个重要经济目标。虽然德国政府曾经承认过法国在那里的优势地位,但是,只有在他们获得一些可以用来制止公众煽动的具体报酬的情况下,才能同意结束摩尔人的独立。机灵的法国投机家们

---

[1] 保罗·康邦对班肯多夫说:"饶勒斯就像一切社会党人和极端的激进派一样,反对同俄国结盟,并直言不讳地力主同德国和解"。班肯多夫致萨佐诺夫1911年1月15日。见《班肯多夫书信集》,ii,第324号。

[2] 摩洛哥有时被说成是法国和德国的钢铁企业在经济上发生冲突的地方。实际情况并非如此。在冲突的最后阶段,主要矛盾已转到相互竞争的德国企业之间了。德国的大企业蒂森和克虏伯同法国的施奈德·克罗索特公司在"矿业联合组织"中建立联系,这个联合组织开发摩洛哥的所有铁矿。曼内斯曼兄弟这家来抢生意的公司想要打破克虏伯-蒂森的垄断,炮制出它在摩洛哥有某些权利的无稽之谈,并以维护德国国家利益的姿态出现。曼内斯曼和"泛德公司"合作,在德意志帝国国会内组织鼓动;他们从来没有在摩洛哥开过一处铁矿。事实上,他们倒是那些首先发现在政治上制造事端要比认真干工业更有利可图的人之一。摩洛哥的危机是这些人的胜利,却是要求法德合作的钢铁巨头们的失败。

设计出了层出不穷的方案,①但都被法国下院反对掉了。议会里的右翼虽然赞成资本主义,但对联俄是忠诚的,因此不喜欢同德国进行任何交易;左翼虽对俄国心怀敌意,但也不愿做任何让法国资本家得到好处的事情。

与此同时,摩洛哥的形势每况愈下。1911年5月,法国占领了非斯这个最重要的城市;随之而来的,必然是一个法国保护国的出现。基德伦所担忧的是,法国人没有对德国付出任何代价便把摩洛哥弄到手;要求补偿的种种计划都没有兑现,看来这证明了他的顾虑不是没有道理的。另一方面,他认为法国也陷入了孤立的境地:英国和俄国的关系不好,彼此都在谋求改善同德国的关系。因此,只要他采取坚定的方针路线,法国终归是会给予补偿的;这么一来,两国的舆论都会感到满意,持久的和解就可以达成。6月21日,他告诉茹尔·康邦,德国必须获得补偿:"给我们从巴黎捎点东西回来吧。"按照俾斯麦派的方式,他以为法国只有在威胁面

---

① 这些方案中最精明的是关于恩哥科·桑嘎公司的。这家法国企业在法属刚果拥有一大片用于种植橡胶的租借地(按照1885年的柏林法案也许是不合法的),但从未开发,后来有一些德国抢生意的人从喀麦隆闯了进来。恩哥科·桑嘎公司在德国的法庭上没有得到损失赔偿,后来便要求法国政府给予补偿。为了在政治上给它所提出的非分要求装扮一下,这家公司提议,它所租借的这块地方应当让给德国(作为德国撤出摩洛哥的报酬),然后它就和德国竞争者合并——德国人把在这块土地上的投资作为股份,而恩哥科·桑嘎公司则把从法国政府那里得到的损失赔偿费作为股份。(原来给这家公司造成损失的德国人,现在却成了它的伙伴!)后来又给这个方案披上了另一件外衣:修筑一条穿越法属刚果和喀麦隆的法—德铁路。这两个计划都是塔迪厄搞出来的——他既是政府官员、大商人,又是《时代》报的政论主笔。他所搞的这两个方案都被财政部长凯欧给打破了;凯欧虽然亲德,但不喜欢在经济上搞鬼。塔迪厄在其方案失败之后,便变成了一个狂热的爱国者。恩哥科·桑嘎公司后来根据凡尔赛条约从德国政府得到了补偿;但从刚果到喀麦隆的铁路始终没有修成。

前才会让步。用他自己的话说:"拍桌子是必要的,但目的不过是为了使法国人谈判。"①7月1日,德国炮舰"豹号"碇泊在摩洛哥南部港口阿加迪尔。②

基德伦的这一着犯了估计上的错误,而且也不合时宜。就在"豹号"驶抵阿加迪尔的当天,凯欧当上了法国总理。虽然他肯定地曾经挫败过收买德国的不正当计划,但他却是主张法德和好的主要人物。他的计划就是罗维埃的老一套,即:如果德国放弃它在摩洛哥的利益,那么,在修筑巴格达铁路的问题上他将提供法国的合作。凯欧还有一个想法:如果法国在德国的认可之下得到摩洛哥,那它就可以不管它以前向英国和西班牙所作的承诺,而把整个摩洛哥都拿到手,对于那个拟议中的西班牙区也可以不管了。这样一来,法国的舆论将被争取过来;法德之间的和解就可以实现。但这类谈判要有一种友好的气氛;可是基德伦却居然认为,要是首先向凯欧施加威胁,那就会使凯欧觉得反更易于妥协——这真是

---

① 兰肯著《我的三十年经历》,第96页。
② 据说"豹号"是去保护那些可能"遭受危险"的德国人的。阿加迪尔是一个关闭的港口,离这港口最近的一个德国人在摩加多尔。他奉命到阿加迪尔去是为了遭受危险。他于7月4日到达那里,但没有能引起"豹号"的注意,因为舰长曾被告知,要避免同本地人发生麻烦,所以这艘炮舰停泊在半英里以外的地方。7月5日,舰上的一位军官说,有一个"本地人"反背着手,在海滩上昂首阔步,看样子大概是个欧洲人。于是,这个遭受危险的德国人便被救了出来。

基德伦经常声称,他根本不想让"豹号"呆在阿加迪尔,而只把这一行动作为一种"保证"。尽管如此,这仍然含有"再保险"的成分。要是其他一切都失败了,德国还可以赖在阿加迪尔,并以此来平息国会中的煽动。阿加迪尔是通向拥有巨大财富的苏斯河谷的大门,而且位于距直布罗陀以南很远的地方,不会引起英国人惊惶。另一方面,基德伦早在一个德国代表报告说阿加迪尔及其腹地毫无价值之前就放弃了对它的任何野心。当然,德国人并没有预见到,这里虽没有矿藏,但有朝一日,它将拥有世界上最大的沙丁鱼罐头厂。就连法国人也是在第二次世界大战期间才发现这一点的。

## 第二十章　英德敌对的年代 1909—12年

俾斯麦主义达到了疯狂的程度。"豹号"的行动并没有在法国引起多大不安；但凯欧不能不给人们这样的印象：他是不会被威胁所吓倒的。他的唯一希望就是期待这种威胁所产生的影响消失。他根本没有想到要对德国进行抵抗；除了其他考虑之外，他深信无论俄国还是英国都不会支持法国。他打算继续进行秘密会谈，并希望以达成一个使双方都满意的妥协办法来消除这种紧张局势。茹尔·康邦回到柏林去摸清楚基德伦究竟想要得到什么样的补偿，而凯欧这个常常对自己的外交才能颇为自负的人，则以不那么正式的方式同德国人进行谈判。

俄国人当然没有辜负基德伦和凯欧的期望。俄国驻柏林大使同意基德伦的看法，只有法国在引用"三国协约"方面成功，才存在战争的危险。① 随后，伊兹伏尔斯基在8月份怀着满意的心情，逐字逐句地重复了法国在1909年2月间向他提出的警告："俄国舆论不会同意使一场殖民地争端成为全面冲突的原因。"② 俄国总参谋部坚持认为，他们的军队，在少于两年的时间里，不可能作好对德战争的准备。③ 俄国人很好地利用了这次危机。8月19日，他们终于迫使德国人证实了关于波斯和巴格达铁路的"波茨坦协定"，而不发表德国人所一直坚持要求的总的政治声明——这是法国于1909年2月同德国签订摩洛哥协定这一行动的回响。俄国的行动更有效力。凯欧向德国人作出的主要让步就是：在巴格达

---

① 奥斯滕·萨肯致尼拉托夫，1911年7月8日。见《帝国主义时代的国际关系》，第2集。xviii(i)，第197号。
② 伊兹伏尔斯基致尼拉托夫，1911年8月21日。同上书，第358号。
③ 军事议定书，1911年8月31日，同上书，第384号。

铁路问题上给予合作；而俄国人现在放弃了他们反对修筑这条铁路的立场，从而也就打掉了凯欧手中的这张牌。① 实际上，"三国协约"的每一个成员都希望同德国搞好关系，而同时又对其他两个成员国谋求和解的企图表示遗憾。在另一方面，奥匈在摆出中立样子时也同样装腔作势，表示抗议德国对俄国所作的让步；②但这种抗议毕竟算不了什么，因为德国没有奥匈的帮助也能打败法国，而法国如果没有俄国军队的支持，是不能抵挡住德国的——在1911年，即使有俄国的帮助，能否顶住也还是个问题。③

英国外交部对法、德达成谅解的前景也同样惶惶不安，特别是这种和解如果危及直布罗陀的安全的话，在这一点上，他们甚至超出了自己的海军专家。海军部决定不反对德国人获得阿加迪尔，④驻巴黎大使伯蕾却拒不接受这个意见而对法国人说："英国政府决不会允许。"⑤另一方面，内阁中的激进派同情德国在摩洛哥问题上的申诉，而且决定不卷入反德战争。他们用以弥补的办法是，建议召开一个新的国际会议，在这个会议上，法国必须为自己违反了阿尔黑西拉斯法案的行为对所有人（包括英国人）给予补

---

① 凯欧像他的前任罗维埃一样，是反对联俄的。毫无疑义，俄国人也反复地说过一些他们不愿支持凯欧的话。除此而外，凯欧曾企图在中国发起建立一个反对俄国的财经联合体。

② 艾伦泰尔致赛根尼，1911年7月14日。见《奥匈对外政策》，iii，第277号。艾伦泰尔希望向他开放巴黎证券交易所以作为对他保持中立的报偿。

③ 霞飞对凯欧说，法国获胜的可能性连百分之七十都没有。当然，将军们倘若不想打仗，他们总是预言打起来就会失败的。

④ 格雷致伯蒂，1911年7月6日和12日。见《英国文件》，vii，第363、375号。

⑤ 伯蒂致格雷，1911年7月11日。同上书，第369号。伯蒂不得不佯称他没有及时收到格雷7月6日的指示。

## 第二十章 英德敌对的年代 1909—12 年

偿。格雷一面受到外交部、另一面又受到内阁的牵制。7月1日,德·塞尔维这个新上任的、没有经验的法国外交部长建议派遣一般军舰赴阿加迪尔,停靠在"豹号"旁边,或者开到附近的摩加多尔港口去。要是法国准备进行冲突,则说这是一种惯常的调动。凯欧不许这样做;但德·塞尔维——在他那些职业外交官员的敦促下——仍然要求英国人派出一艘他们自己的军舰。对这个要求,格雷马上表示同意;①可是第二天,他的这个意见被内阁否决了。②他们只允许他向德国提出警告:"对于在没有我们参与的情况下所做出的任何安排,我们一概不予承认。"③这个警告不但没有使基德伦惊慌,而且产生了相反的效果:他打算提出对法属刚果的要求,这样一来,关于摩洛哥的一切争端就会完全变成英法之间的纠纷了。7月15日,他向茹尔·康拜说明了他的要求;他已做好了"强制实行"的准备。④威廉第二立即抗拒。他对摩洛哥事件仍像1905年所表现的那样厌恶,并决心不为此打仗。基德伦以辞职相要挟。结果,威廉第二虽然暂时不加反对,但自此以后,基德伦也就无力斗争,因为手脚都被捆住了。

英国和法国政府都不了解这个情况。法国对德国所提的要求大加渲染——德·塞尔维和外交部想得到英国的帮助,而凯欧则希望英国不予支持,从而表明他同意德国的要求不是没有道理的。

---

① 格雷致伯蒂,1911年7月3日,见《英国文件》,vii,第351号。格雷在接到法国的要求之前就已决定派出一艘军舰。格雷就萨利斯(柏林)致格雷信所作的批注,1911年7月2日。同上书,第343号。
② 尼科尔森致哈丁,1911年7月5日。同上书,第359号。
③ 格雷致萨利斯,1911年7月4日。同上书,第356号。
④ 贝特曼致威廉第二,1911年7月15日。《重大政策》,xxix,第10607号。

英国内阁不愿向法国作出保证。① 对他们来说,势力均衡仍然是同他们格格不入的;大多数人肯定都会否定格雷所持的这一"基本"原则:"给予法国一定的援助,使它不至于沦入德国的实际控制之下并同我们疏远。"②他们所重视的是"在我们的商路上建立一个巨大的海军基地。"③正像绝大多数孤立主义者一样,他们的重要原则在于海上优势;此外,他们在想到靠近直布罗陀出现一个德国海军基地所将带来的大为增加的预算开支时,感到十分懊丧。

他们的忧虑是毫无根据的。德国人从未觊觎阿加迪尔以北的任何摩尔人基地,而阿加迪尔则是英国海军部认为没有危险的地方;甚至他们对阿加迪尔的野心也不过是一时的心血来潮。基德伦已经提出了对法属刚果的要求;如果英国内阁知道这个情况的话,他们是会对此表示容许的——无疑正因为这一点法国才对此事保持缄默。尽管英国内阁不知道这回事,实质上,他们是同意了德国人的要求的。他们希望召开一个会议,在这个会议上,法国可以作出自己的抉择:要么把摩洛哥的一部分领土交给德国;要么回到阿尔黑西拉斯法案上来;倘若德国得到了摩尔人的领土,英国也会为自己提出某些要求来的。④ 正如伯蒂和外交部所认为的那

---

① 要是他们知道了陆军部作战处处长威尔逊已在 7 月 20 日同法国人谈妥了军事合作的技术细节,他们准会感到愤慨。这件事究竟是谁批准的,没法说清楚。1911 年 7 月 21 日的备忘录,见《英国文件》,vii,第 640 号。
② 格雷同 C.P. 斯科特的谈话,1911 年 7 月 25 日。见哈蒙德著《C.P. 斯科特》,第 161 页。
③ 劳合·乔治同斯科特的谈话,1911 年 7 月 22 日。同上书,第 155 页。
④ 格雷致伯蒂,1911 年 7 月 20 日。见《英国文件》,vii,第 405 号。

## 第二十章 英德敌对的年代 1909—12年

样,与其开会,还不如由法国人私下同德国人进行交易。① 因此,他们作出了最大的努力来挫败英国内阁的计划,而格雷也帮了他们的忙。7月21日,激进派领袖劳合·乔治不是在内阁会议上,就是在会后不久,提出了一个妥协方案。② 当天晚上他将在伦敦市长官邸发表演说,宣布在英国"在其利益受到严重影响的地方"是不容许被忽视的,由于他是一个激进派,他的这一表示当然要用英国为"人类自由的事业"服务这样的话来装饰一番。然而,这实质上并不是支持法国反对德国的保证,而恰恰是对法国提出警告:对摩洛哥进行任何新的瓜分活动不能把英国排除在外。它是针对凯欧而不是针对基德伦的。③ 公开演说是一种危险的外交武器:它总会打击到某些人,但却往往打击错了。这篇官邸演说,英国和法国的公众以及他们的政治家们都读到了;它使得在这两个国家里都不可能达成妥协。基德伦不得不步步紧逼地提出他的要求,并且认真地谈到战争的问题。凯欧则不得不从他原先准备好了的妥协方案后退。曾经和凯欧一起合作过的茹尔·康邦"对劳合·乔治先生的演说在法国殖民沙文主义者身上所起的作用感到很震

---

① 伯蒂致格雷,1911年7月21日。见《英国文件》,vii,第407和408号。

② 根据格雷、丘吉尔和劳合·乔治本人的说法,这篇演说是劳合·乔治在内阁会议之后自己主动起草的。所有这些都是事后的说法,而政治家的记忆力一向是坏得出了名的。同政府成员们在一起共度周末(7月21日是星期五)的门斯多夫听说这篇演讲是在内阁里决定下来的。门斯多夫致艾伦泰尔信。见《奥匈帝国对外政策》,iii,第283号。

③ 7月21日,格雷见到了梅特涅。后来有人批评他在德国人还没有来得及作答的情况下就批准发表了这篇官邸演说。但这篇演说是对法国人要求给予支持的回答,而并不是一篇反德声明。因此,演说的发表是不能推迟的。

惊";①但对德国人的影响却没有引起他的不安。本来旨在使法德和解的企图结果却变成了英德对抗,而法国则跟在英国后面。英国舰队作好了战斗准备;而对于未来尤为重要的是,英国海军部迫于形势,第一次使自己的计划服从于运送远征军去法国北部的需要。参加欧洲大陆战争的决策已经具体化。1911年,英德战争的苗头已明显地露了出来。然而,十分奇怪的是,法德战争却还看不到一点儿迹象。基德伦心里一直明白,威廉第二是决不会同意为了摩洛哥而去打仗的;他甚至也没有1905年荷尔施泰因那种迫使皇帝表态的朦胧愿望。凯欧所关切的只是想摆脱英国那不受欢迎的支持,重新进行私下交易。7月25日,他背着德·塞尔维②和茹尔·康邦开始了秘密谈判活动;尽管有关于危机的谈论,谈判继续进行着。然而,这个重大的行动失败了:摩洛哥问题虽有可能解决,法德之间的和解却没有随之俱来。

9月,基德伦——也许由于德国财政危机所促使——决定减少他的损失。他同意摩洛哥归法国保护;交换条件是,德国获得法属刚果的两块狭长领土,这样它就取得了到达刚果河的通道。③这个协定在11月4日签署。④两国舆论对此都愤愤不平。凯欧在法国之所以受到抨击,并不是因为他得到了什么或失去了什么,

---

① 戈申致格雷,1911年7月27日。见《英国文件》,vii,第431号。
② 法国特务机关破译了德国描述这些谈判情况的电报。因此,从这以后,德·塞尔维便想方设法来击败和搞臭凯欧。
③ 基德伦这样安慰自己:德国总有一天会把比属刚果拿到手,到那时就可以建立起一个从大西洋直到印度洋的帝国了。
④ 凯欧试图最后采取一个反英的行动,要求西班牙交出它在摩洛哥占领区的一部分土地(包括丹吉尔)作为对法国的补偿。伯蒂满怀敌意地挫败了他的这一企图。

而是由于他以偷偷摸摸的方式办事。对他那套开明的财政政策表示厌恶的右翼分子,已同克里孟梭这样一些敌视德国的雅各宾激进党人联合在一起了。1912年1月,凯欧被赶下台;继之而起的是一个由彭加勒领导的爱国主义内阁。这是法国"民族觉醒"的开始。

在德意志帝国国会里,贝特曼和基德伦的日子都不好过;对他们的种种攻击,王储都公开拍手称快。这种现象自从腓特烈·威廉于1863年在但泽公开发表讲话反对俾斯麦的政策以来,还是头一次。尤其糟糕的是,蒂皮茨在跃跃欲试:"我们越受屈辱,反抗的呼声就会越大。制定新海军法的可能性就会变得更加近在眼前了。"① 10月,他得到了皇帝的批准,把一年建造两艘无畏战舰的定额改为一年建造三艘。贝特曼束手无策。他唯一的办法就是想以鼓励陆军提高要求来作为回答,希望财政上的压力将使国会感到难以负担。这个策略在国内和国外都引起了许多新的困难。陆军还确实有话说:二十年来,征召入伍的士兵一直没有达到过满员。可是,要拥有一支庞大的军队意味着一场社会革命;将来没有足够的普鲁士容克来充当军官。鲁登道夫既是一位作战处长,又是毛奇所领导的总参谋部的智囊,他本人就是这一情况的象征:他只是一个技术专家而不是一个贵族。不仅如此,一支充分利用德国在人力和工业方面优势的陆军对法国和俄国的严重挑战,将如海军对英国的挑战一样。贝特曼本来是想要缓和一下欧洲和海外的紧张局势的,但他实行的政策所引起的结果却是适得其反。

---

① 1911年8月3日,见蒂皮茨著《政治文献》,i,200。

阿加迪尔危机是比 1905 年首次摩洛哥危机或 1909 年波斯尼亚危机都更为严重的事件。虽然大陆列强都没有进行战争准备，但英国却已经在这个方面部署停当了。更有意义的是，自 1878 年以来，公众舆论在外交上第一次起了决定性的作用。在英国，劳合·乔治 7 月 21 日在市长官邸发表的演说把舆论动员起来了；紧接着在下一个月份，他又指出了战争的危险，从而结束了铁路工人的罢工。在法国，因受辱而发愤的民族感情挫败了凯欧的和解政策。德国发生的变化就更引人注目了。1905 年，德国的舆论对摩洛哥问题是漠不关心的；荷尔施泰因的坚定政策由于得不到公众的支持而被破坏。1911 年，基德伦曾企图扮演一个强人的角色；但是，德国人的感情超过了他，他和贝特曼都由于他们的软弱而在国会里受到了斥责。1905 年和 1909 年所发生的冲突都是外交上的危机；1911 年，各国相互之间已处于剑拔弩张的"临战"状态。

然而，欧洲的爆炸看来仍为时尚早。1911 年秋，只是英德之间的紧张关系显得加剧了些。大陆列强试图尽量利用这个局势。尽管凯欧没能同德国达成谅解，法国却仍得到了摩洛哥，作为英德冲突的副产品。艾伦泰尔在阿加迪尔危机中做出了中立的姿态并要求法国巴黎证券交易所向奥匈债券开放。他还夸大其词地佞谈奥匈同法国之间的"完美关系"，颇有梅特涅和塔莱朗的精神。[①]凯欧倒是乐于接受这个建议。但是，他在台上的日子已屈指可数了；他已被指责动摇了同英国的协约，因此就不敢再冒犯同俄国的

---

[①] 克罗齐埃(维也纳)致德·塞尔维，1911 年 11 月 19 日。见《法国外交文件》，第 3 集，i，第 152 号。

## 第二十章 英德敌对的年代 1909—12 年

联盟了。意大利干得好得多。"三国同盟"早就同意它在的黎波里可以自由行动；俄国人在拉科尼奇也已作出过同样的诺言。法国人在 1900 年所作的承诺则是有条件的：只有在法国拿到了摩洛哥以后，意大利才可以行动。这个时机现在已经来到了。1911 年 9 月 29 日，意大利找了一个不成其为理由的理由向土耳其宣战，并侵入了的黎波里。各国都众口一词地对这场战争表示遗憾，因为大家都希望土耳其能够继续存在下去，从而把东方问题尽可能往后拖延。但谁也不肯承担失去意大利友谊这个风险。维也纳的康拉德因为鼓吹对意战争而被撤职；在君士坦丁堡的马沙尔建议同土耳其结盟而遭人白眼。只有英国人没有正式表态。但是鉴于他们在海军方面正与德国抗衡，因此不可能抽调出任何舰只开赴地中海。格雷抱憾地写道："最要紧的是，无论是我们还是法国，现在都不应站在反对意大利的一边。"[①]他还向《泰晤士报》施加影响，让它对意大利的立场表示更多的同情。[②]尽管发动这场战争没有丝毫借口（意大利常常如此），但却没有任何一个大国向它提出抗议。

俄国人也认为他们的时机到来了。他们有一个采取行动的迫切原因。意大利人在的黎波里没有取得进展，于是很快便转而决定把反土战火烧到海峡地区去。这对俄国人来说是不能容忍的，因为俄国的经济生活有赖于俄国的粮船通过海峡驶往西方世界，生产资料则由此从西方流向俄国。他们必须让自己来取得对海峡

---

[①] 格雷致尼科尔森，1911 年 9 月 19 日。见《英国文件》，ix(i)，第 231 号。
[②] 格雷就罗德（罗马）致格雷信所作的批注，1911 年 9 月 30 日，同上书，第 256 号。

的控制。而且，鉴于阿加迪尔危机期间俄国所采取的模棱两可的政策，没有一个大国肯站出来反对它——英、法是由于害怕它即将背弃它现在的伙伴，而德国和奥匈则是希望它这样做。萨佐诺夫在瑞士患病；在巴黎的伊兹伏尔斯基和在君士坦丁堡的察里柯夫可以无拘无束地一试身手。尼古拉第二对此"十分同意"。① 伊兹伏尔斯基要求法国在海峡地区给予支持，以换取俄国承认它在摩洛哥的保护国。② 察里柯夫的设想更加大胆。他向土耳其提出给予维持现状的保证，交换条件是海峡对俄国军舰开放；这一点如果土耳其不反对，其他国家也就很难表示异议了。这将不仅仅是一个反对意大利的保证。察里柯夫还以某种含糊的方式提议促使土耳其同巴尔干各国结盟。那样一来，土耳其在欧洲的安全就不成问题了；这个大同盟将成为一道阻挡奥匈的牢靠屏障。

这只"察里柯夫风筝"始终没有能飞得起来。土耳其人只有在英国参与的条件下才有可能同俄国结盟。但是英国人婉言谢绝了这个建议。③ 不管怎么说，土耳其人很清楚，无论俄国还是英国都不会对他们作出反对意大利的保证，尽管有可能会作出支持他们反对两国之中的另一国的保证。法国人又重新实行他们在1908年实行过的政策：他们同情俄国人的愿望，但除非英国人也这么做，他们不愿作出承诺。俄国大使班肯多夫只得很不情愿地把察

---

① 尼古拉第二就尼拉托夫致伊兹伏尔斯基信所写的批注，1911年10月5日。见《帝国主义时代的国际关系》，第2集，xviii(ii)，第531号。
② 伊兹伏尔斯基致德·塞尔维，1911年11月4日。见《法国外交文件》，第3集，i，第18号。
③ 格雷备忘录，1911年11月2日。见《英国文件》，ix(i)，附录lv。

里柯夫的想法告诉格雷。但他这样做的时机却是再坏不过的了。1908年,英国人拒绝以宽容俄国人在海峡地区的野心来平衡奥匈在波斯尼亚的非法行径;他们对意大利的非法行径也采取了同样态度——土耳其应当得到支持,而不应当进一步遭到削弱。还有,在摩洛哥问题上支持法国已对激进派触犯得够厉害了,他们肯定不会容忍在海峡地区支持俄国。尤其重要的是,在1911年间,在波斯问题上,英俄关系更加恶化了。一个名叫舒斯特的美国顾问一直在力图使波斯的财务和行政上轨道;尽管格雷准备配合把他搞掉,但为了照顾到英国舆论,他坚持要把这件事情办得多少体面一点。12月2日,他又以辞职和容许取消同俄国的协约来威胁。①班肯多夫以为,只要俄国放弃波斯,它在海峡地区的愿望就能够实现;②不过,对俄国来说,这个代价是太大了。格雷准备重申他1908年的主张:海峡向各国开放;超出这一点,他是不干的。

这对俄国人来说没有什么用处。察里柯夫想一下子解决问题,对土耳其人提出条件,几乎像发最后通牒。土耳其人以为重大的危机已经到来,向德国大使马沙尔呼吁。他曾经是反俄政策的积极支持者,达二十年之久;后来,他又成功地主持了德国在小亚细亚的经济渗透工作。他在12月4日写道:"我们奉行了二十年之久的东方政策同在海峡问题上与俄国共谋的作为是不相容的";③他威胁说,除非给土耳其以支持,否则他就辞职。基德伦坚

---

① 班肯多夫致尼拉托夫,1911年12月2日。见《帝国主义时代的国际关系》,第2集,xix(i),第139号。
② 班肯多夫致尼拉托夫,1911年11月11日。同上书,xviii(ii),第836号。
③ 马沙尔致贝特曼,1911年12月4日。见《重大政策》,xxx(i),第10998号。

持认为,英法两国将会为了土耳其去做德国要做的事情;①事实很快证明他的看法是对的。12月6日,萨佐诺夫在从瑞士回国途中到达巴黎。他第一次了解到伊兹伏尔斯基同察里柯夫的阴谋,并加以指责。他说,察里柯夫并没有得到什么指示,他所谈的只是"他个人的一点意见"。②毫无疑问,萨佐诺夫认为他这两个部属的主动行动是冒犯了他;他也清楚俄国既需要和平,也需要英国和法国的钱。除此之外,他自己有一个关于巴尔干国家的计划,这个计划很快就会获得意想不到的结果。君士坦丁堡的惊慌暂时消失了。

阿加迪尔危机的两个具有决定意义的特点是:英德之间的紧张关系和"三国协约"内部的不一致。在新的一年里,出现了解决这两个问题的一些尝试,结果是:一个成功,另一个不成功。在英国,总有那么一些人在谋求同德国和解。激进派不喜欢按照劳合·乔治官邸演说所制定的政策,迫切要求英国作出新姿态。英国政府大概也想吓唬一下俄国人,要他们在波斯问题上表现得好一点。在英国人看来,三国协约还远远不是一种完善的安排。他们对法国必须忠诚,然而俄国对他们则有二心。他们希望同德国改善关系将会缓和德法之间的紧张关系,同时也会使英国易于在波斯问题上反对俄国。正如马沙尔所指出,在海峡问题上,如果德国和英国都反对俄国的话,那么在德国方面来说,同英国合作是非

---

① 基德伦致马沙尔,1911年12月7日。见《重大政策》,xxx(i),第10984号。
② 德·塞尔维致保罗·康邦和邦帕尔,1911年12月9日。见《法国外交文件》,第3集,i,第326号。

常合乎逻辑的了。① 贝特曼还有一个更急切的野心。他希望从英国人那里得到一些政治上的让步，以便对蒂皮茨的进一步扩充海军的新计划在正式提交国会之前就予以抵制。

事实上，两国的动机主要都是内部的，这是一个国内政治问题。贝特曼想击败蒂皮茨，格雷则希望把激进派压下去。这对谈判产生了奇怪的影响。贝特曼希望谈判成功，但是由于怕蒂皮茨而不敢作出让步；格雷为了讨好激进派不得不作出某些让步，却希望谈判失败。德国人要求格雷或现在已是海军大臣的丘吉尔到德国去访问；英国内阁却决定派霍尔丹去，他虽然对德友好却是一个自由派的帝国主义分子。② 他2月8日到11日在柏林曾同贝特曼和威廉第二举行了长谈。虽然他谈话比受过训练的外交家要更加随便些，并且后来引起了一些混乱，但是分歧的主线还是十分清楚的。英国人放弃了他们原先所提的要求，即：德国的海军计划应当削减，而他们在政治上却不必作出任何让步；他们甚至不再谈论海军方面的限制应当和签订政治协定联系在一起。只要德国不再进一步扩充它的计划，他们就感到心满意足了。作为交换条件，他们还提出了殖民地的转让和政治协定的签订。德国人坚持把当时还没有公布的"海军法"作为现行海军计划的一部分来看待；同时，作为德国承诺不超出这个计划限度的交换条件，德国人所要的并不是一个简简单单的表示友好的声明，而是一旦德国卷入欧洲大陆

---

① 马沙尔致威廉第二，1911年12月1日。见《重大政策》，xxx(i)，第10998号。

② 这几次会谈都是由汉堡—美洲航运公司首脑巴林和德籍英裔金融家、爱德华第七的朋友卡斯尔安排的。这引起了一些混乱，因为英德两国政府都各自认为是对方采取主动的。

上的战争,英国将保持中立的承诺。

不管怎么样,德国在海军计划上新的增长总是会使谈判破裂的。甚至莫利也说,如果正当他们不得不扩充自己的海军计划的时候对德国作出让步,那么,英国政府在人们的心目中就会被看成是"傻瓜"了。① 撇开这一点不谈,签订政治协定的可能性也同过去一样渺茫。英国人随时准备发表这样的声明:"英国不会无缘无故向德国发动进攻,也不会对德国采取侵略政策。"②虽然如此,他们不愿意宣布放弃作出决定的自由。然而德国人打的算盘则是要使英国在势力均衡中消失。正如蒂皮茨所写的那样,英国"应当抛弃它现有的各项条约,我们应当取代法国的地位"。③ 可是,即使做到这一步,蒂皮茨也不会削减他的计划,因为他认定,只有在德国拥有一支强大海军的威胁下,才能迫使英国向德国靠拢,并使它同德国站在一起。3月初,贝特曼曾打算辞职,可能是想以此来动摇蒂皮茨;但结果适得其反,蒂皮茨也以辞职来要挟,而且威廉第二站到了蒂皮茨一边。3月22日公布新的海军计划,蒂皮茨胜利了。贝特曼撤回了辞呈并且很快就来解释"为了保持德国的大国地位这个总目标",德国需要有自己的舰队。④ 3月底,英德谈判偃旗息鼓并且此后再也没有以这种全面的形式恢复。

谈判的失败,看来不可避免地会把英国更加推向法国一边。

---

① 梅特涅致贝特曼,1912年3月11日。见《重大政策》,xxxi,第11398号。
② 格雷致戈申,1912年3月14日。见《英国文件》,vi,第537号。
③ 1912年2月26日。见蒂皮茨著《政治文献》,i,299。
④ 格兰维尔(柏林)致尼科尔森,1912年10月18日。见《英国文件》,ix(ii),第47号。

第二十章　英德敌对的年代 1909—12年

每当英国同德国进行谈判时，法国政府就感到紧张，而英国外交部的职业外交官又推波助澜，以加剧他们的惊恐情绪。也可能是两者对形势都很了解，不过是想乘机从英国政府那里得到某种承诺来满足法国的舆论要求。彭加勒一听到霍尔丹到柏林访问的消息，便建议发表一项声明："如果有必要的话，英国和法国将合作维持欧洲的均势。"①但是，格雷却只想表示一下"在维护欧洲和平方面进行合作"的愿望。②对彭加勒来说，这当然很不够，不过，他最后还是只好满足于一般地引用两国协约。3月底，英德谈判已经破裂，驻巴黎大使伯蒂却又大惊小怪起来；也许是当时任外交部常务次官的尼科尔森在鼓动他，想对局势发展最后推动一下。他私下会见了彭加勒，敦促他在伦敦提出抗议。他在谈到格雷时说，"我再也弄不清楚他的政策了，我很不安。"③彭加勒采纳了他的意见。格雷对法国人的抱怨感到很恼火；他说："俄国和法国都在单独同德国搞交易。使英德之间长期存在比德法两国之间或德俄两国之间更为紧张的形势，这是没有道理的。"④然而伯蒂仍然继续对法国人煽风点火。他说："某种难以消除的误解即将产生"，彭加勒讲话应当"有力一点"。⑤ 4月15日，保罗·康邦向尼科尔森建议，英国应重申结盟的建议，这样的建议他现在相信英外相兰斯多

---

① 彭加勒致保罗·康邦，1912年2月26日。见《法国外交文件》，第3集，ii，第105号。
② 保罗·康邦致彭加勒，1912年2月28日。同上书，第119号。
③ 彭加勒笔记，1912年3月27日。同上书，第266号。
④ 格雷在伯蒂致格雷信上的批注，1912年4月3日。见《英国文件》，vi，第564号。
⑤ 彭加勒为帕利奥洛格写的附记，1912年4月10日。见《法国外交文件》，第3集，ii，第319号。

恩在1905年5月曾经提过。尼科尔森说:"这个激进派和社会主义派的内阁"是不会同意这样做的。他带着轻蔑的口气提到了那些希望同德国关系更密切的"金融家、和平主义者、追随时尚的人以及其他各种人物",而且断言,"这个内阁长不了,它完蛋了;从保守党人那里你会得到一些明确的东西。"①这番话出自一个据认为是没有政治倾向的文官之口,是令人愕然的。难怪此后法国人对英国的政策有时心存疑虑;就当时来说,他们不能不满足于格雷一再重申的保证:"虽然我们不能保证在任何情况下都会同法国一起进行反对德国的战争,但我们也肯定不会向德国保证不向法国提供援助。"②

实际上,德国海军的扩充使英国人要想避免承诺站在法国一边是更加困难了。3月12日,海军大臣丘吉尔不但宣布了英国的一项更加庞大的计划,并宣布把地中海舰队的大部分舰只从马耳他抽调回英国本土领海,其余舰只在直布罗陀集结。地中海不得不自己来照管自己了,或者毋宁说,希望法国会来加以照管。伯蒂和尼科尔森都认为这是再次压英国同法国联盟的好机会;尼科尔森说:"他提供了最廉价、最简单、而且是最稳妥可靠的解决办法。"③丘吉尔虽然现在也赞成英国有一支强大的海军,但他仍是一个激进派,反对这个解决办法。他准备授权海军同法国举行会

---

① 保罗·康邦致彭加勒,1912年4月18日。见《法国外交文件》,第3集,ii,第363号;尼科尔森的记录,1912年4月15日。见《英国文件》,vi,第576号。阿斯奎斯如果知道尼科尔森所说过的一切,他恐怕就不会说,"我完全赞同阿·尼科尔森爵士所使用的语言。"

② 格雷致尼科尔森,1912年4月21日。同上书,第580号。

③ 尼科尔森致格雷,1912年5月6日。同上书,x(ii),第385号。

## 第二十章 英德敌对的年代 1909—12年

谈,但又希望插进这么一句话:"这些部署都是独立自主地进行的,因为它们是符合各自国家利益的最好措施。"①这是真话。对英国人来说,德国人的威胁压倒一切。法国的海军对德国人虽然不能有所作为,但是足以对付奥匈、甚至意大利;此外,保护他们同北非之间的航路对他们至关重要。然而法国人却不承认这一点;因为如果他们承认了,那么,结盟的事就将再次落空。9月初,布雷斯特的法国舰队被调到土伦;康邦再作努力。他要求签订这样一个协定:"如果两国政府中的任何一方有理由认为有发生侵略行动的危险或者和平受到威胁,两国政府将对局势进行磋商,并寻求各种办法,以便协调一致地维护和平,和消除发动侵略的任何企图。"②英国内阁为了保持其行动上的自由,巧妙地把这个提法进行了修改,③还加上了这么一段前言:"专家之间所进行的协商,不是——也不应当认为是——表明任何一方政府承担了在某种尚未发生及可能永不发生的意外情况中采取行动的义务。"④格雷和康邦按期

---

① 英国海军部草案,1912年7月23日。见《英国文件》,vi,第602号。
② 格雷致伯蒂,1912年9月19日。同上书,第410号。彭加勒草拟了一个比较明确的提法,但没有得到英国赞同。他的拟稿是:"两国政府预见到将会产生这样的情况,即:其中一方有严重的理由担心第三国发动侵略或发生危及普遍和平的某个事件,它们同意立即磋商如何共同行动以防止侵略和保卫和平。"帕利奥洛格致保罗·康邦,1912年9月26日。见《法国外交文件》,第3集,iv,第301号,注。
③ "如果两国政府中一方有严重理由,预期将受到第三国的无端攻击,或预见到某种危及普遍和平的事情,该方政府应立即同另一国政府磋商两国政府是否应共同行动以防止侵略和维护和平;如应共同行动,则准备采取什么共同措施。"
④ 保罗·康邦设法塞进了提及总参谋部计划的最后一句话。但是,即使在这里,最后还是格雷说了算——或者更确切些说,最后还是他的沉默起了作用。他在1914年8月3日向下院宣读这封信时略去了最后这句话。他说,"我认为也许最后这句话是无关紧要的。"见格雷著《二十五年》,ii,16。

于11月22日就此交换了信件。法国人可以因为两国间的协议已建立在更加正式的基础上而感到满意;但在另一方面,这个基础却又正式说明了两国之间并不存在什么联盟。1912年8月,彭加勒对萨佐诺夫说,英法之间"有一个口头上的协定,按照这个协定,英国声明一旦法国遭到德国攻击,英国准备以陆军和海军兵力对法国加以援助"。[①] 他对这个协定是不大相信的;但俄国人如果相信,那无疑对他是有用的。不管怎么样,法国人从来没有依据这样一种自信的假设——英国将在一次大陆战争(不论起因如何)中支持他们——来采取行动。

从阿加迪尔危机爆发到霍尔丹访德使命失败这一时期当然标志着英德之间的紧张局势达到了最高峰。后来,这种紧张局势有了一些缓和,尽管德国建设海军的势头并未稍减。英国内阁中有一批亲德派,现在在殖民部大臣卢罗·哈考特的领导下,继续在争取按照1904年同法国协约的模式同德国签订一项协定;即使海军问题没有解决,他们也准备在殖民地方面作出让步,而且他们成功地这么做了。在巴格达铁路和葡萄牙殖民地问题上的讨价还价,本来是以一项总协议为先决条件的,现在已分开来进行谈判了;[②]英国的激进派认为,德国能放下架子来商谈这些问题,就表明了它的善意。这些谈判使得激进派心平气和下来;但对德国方面没有

---

[①] 萨伊诺夫致尼古拉第二,1912年8月17日。见《伊兹伏尔斯基外交书信集,1911—1914》,ii,第401号。

[②] 格雷对谈判默然同意,而不愿因此引起内阁危机。但当艾尔·克鲁揭发他怂恿哈考特时,他还是感到非常尴尬。见克鲁关于1912年4月1日殖民部致外交部函件的笔记。见《英国文件》,x(ii),第285号。

产生任何影响,除了使他们重新产生英国最终可能保持中立的希望。

说来奇怪,限制海军军备谈判的结束反使两国之间的气氛变得比较松动了。过去,英国人曾为德国人拒绝放慢海军建设速度而感到恼火;德国人则为英国人提出这一要求而生气。现在双方都已恢复了常态。英国人虽然有时还发怨言,但他们发现在造舰上可以胜过德国人。1911年,英国的海军优势降到最低点;在此以后,却又稳步上升了。不管怎么样,德国海军的挑战,还是加深了(虽然不是产生了)同英国的矛盾。海上威胁反而使英国政府比较容易地奉行一种不论什么情况下它总要奉行的政策,除非发生激进派的反抗。英国改变政策的根本动机,在于德国对法国的独立所造成的威胁,这种威胁曾在摩洛哥的两次危机中都出现过。在摩洛哥问题结束、法国在彭加勒领导下变得更加独立和自信的时候,英国人才不那么担心了,英德之间的关系也随之自动得到了改善。

英国人在德国和法国之间所作的抉择是很清楚的;他们在德国和俄国之间却不那么坚定。1912年春,俄国在波斯的作为总算比过去好了一点(尽管是暂时的);就这个意义来说,英国同他们的关系也变得松动了一些。但是,甚至那些主张同俄国合作的人,也根本不明白究竟为什么他们要这样做。有人争辩说,俄国是个弱国,为了维持欧洲的均势,必须对它支持。另一些人,尤其是尼科尔森,却争辩说俄国是个强国,所以必须支持它,否则它就可能制造麻烦。他在1912年10月写道:"这种理解,对于我们来说,要比对俄国人更加重要,当然这一点是用不着让他们知道的。"[①]他在1913年2月又写道:"如果我们破坏了这种伙伴关系,那么吃大亏的将是我们。"[②]这是一种极端的看法。绝大多数英国人都会站出来对付俄国,如果他们相信德国不会乘机在欧洲大陆称霸。他们毫不怀疑为了支撑法国,英国应和俄国合作;但是,他们绝对不会这样坚决地认为,英国应同法国合作以支撑俄国。1912年秋,巴尔干爆炸了;俄国很不情愿地被推上第一线。结果是:英国和德国之间的关系比本世纪初以来的任何时候都好,虽然发生一场全面战争的危险比柏林会议以来的任何时候都大。

---

[①] 尼科尔森致布卡南(圣彼得堡),1912年10月22日。见《英国文件》,ix(ii),第57号。

[②] 尼科尔森致卡特莱特(维也纳),1913年2月19日。同上书,x(ii),第632号。尼科尔森在很大程度上把英俄协约看成是他搞成的东西,因此,他在运用多种论据来证明这个协约的正确性时是不那么严谨的。

# 第二十一章　两次巴尔干战争及战争以后 1912—4年

外交政策很少是循着一条直线发展的。它经常是国内各种利益相互冲突的产物，这些不同利益有时处于平衡状态，有时又互相触犯。以英国为例，由于对海军和对大陆形势感到不安而产生的对德国的敌意，因为同俄国继续在波斯和中国的竞争而得到了缓和。而另一方面，德国那些两眼盯着海外、主张扩充海军和发展殖民地的人，同另外一些把扩张野心集中于奥斯曼帝国的帝国主义分子握手言和；这两方面的人都同意把英俄协约看成是一种不可动摇的、敌对的结伙。俄国的政策也同样受到了来自各方面的牵制。1897年，俄国人为了在中国和波斯谋求更大的利益，有意不去理会欧洲的事情；甚至日本在远东战胜以及俄英就波斯问题签订了协约以后，这些传统的"帝国建设者们"——军事冒险家们和金融投机家们——还在继续寻求上述利益。在1905年或1907年以后，俄国的政策仍未回到以欧洲为主的方向上来；俄国人很善于在同一时间内做两件事情，外交部的大部分精力都花在中国和波斯上了——直到欧洲大战在1914年爆发。俄国政策的动机也不是为了天真地尝一下"温水"的滋味①——一种政治上的海水浴。自从克里米亚战争以来(如果不是在这之前的话),俄国在海峡地区的关注还是防御性的,尽管传统的保持威信的动机把问题搞得复杂化了。俄国人希望他们的海军独霸黑海;这一点只要土耳其把海峡关严,他们是能轻易地如愿以偿的。

到了1912年,这个政策就行不通了。奥斯曼帝国看来已濒于崩溃。"青年土耳其"党人的革命并没有使情况得到改善;同意大利进行的战争使土耳其资源竭蹶;巴尔干各国都迫切要求结束土耳其在欧洲的统治。再者,在海峡实行战略性关闭,再也不能满足俄国的需要了:它还必须为商船的航行获得比土耳其所能提供的更为可靠的通道。这个问题在1912年4月就被着重提出来了:当时土耳其人为了防止意大利可能发起的进攻而把海峡关闭了两星期,结果使俄国发生了一场严重的经济危机。这是因为俄国现在必须从敖德萨把数量不断增加的粮食运出去,以偿付外债利息;而且,具有头等重要意义的工业革命正在乌克兰全面展开,为此它亟需从国外进口设备。只要土耳其人对海峡管理得当,俄国人是愿意接受土耳其对海峡的控制的;他们不能容忍任何大国在那里主宰,因为这将等于是对俄国作为一个独立国家宣判死刑。他们对"欧洲的土耳其"没什么野心,对巴尔干各国也没有什么利害关系,除了把它们作为对奥匈和德国的中立缓冲国之外。在那里,值得争取的利益同在中国或波斯的相比,不仅微不足道,而且难于得

---

① "若干世纪以来,俄国外交政策的关键就是急切要求获得不冻港。"见古奇著《大战之前》,i.287。

## 第二十一章　两次巴尔干战争及战争以后 1912—4 年

手。在那里,没有俄国人开的银行,没有俄国人拥有的铁路,实际上完全没有俄国人经营的商业。俄国在 1905 年革命以后、甚至在那次革命失败了以后,中产阶级的意见有了更大的分量;知识分子们对俄国的保护斯拉夫人或占有君士坦丁堡的任务谈论很多,就像英国的自由主义报人谈论英国促进自由的使命,或者像法国教授们那样一心向往莱茵河上的边界。这种情绪是产生不了什么实际影响的;俄国政策的主导思想是担心在海峡被人卡住脖子。1911 年秋,伊兹伏尔斯基和察里柯夫曾试图解决这个问题,但没成功。贝尔格莱德的哈特维格和索非亚的尼克卢多夫干得好一些。他们充分发挥自己的主动性,帮助塞尔维亚和保加利亚改善了关系;两国于 1912 年 3 月 13 日进而结盟。这在俄国人眼里是建立了一道防御的屏障。萨佐诺夫听到这个消息时说,"好!再好也没有了!现在有了五十万把刺刀来保卫巴尔干了——这将永远堵塞德国渗透、奥地利入侵的道路。"[①]

可是这并不是这两个巴尔干盟国的意图。保加利亚不但无意同奥匈打仗,甚至也不愿以和平方式来反对它。而塞尔维亚人倒确是把奥匈当作敌人来看待的。塞尔维亚外交部长说,"是呀,如果有朝一日奥匈的解体和清算土耳其一起发生,问题的解决就简单得多了。"[②]这种情况当然是不大可能发生的。因此,塞尔维亚人准备同保加利亚联合起来肢解土耳其;他们希望一旦这个联盟在行动上显示出团结一致,将来在他们反对奥匈的时候,保加利亚

---

[①] 尼克卢多夫著《回忆录》,第 45 页。
[②] 古叶晓夫著《巴尔干联盟》,第 22 页。

也就有可能出于感激之情而同他们合作。这一联盟看来最后是要解决两国对马其顿地区提出的有争议的要求。自从签订了圣·斯特芬诺条约以来,保加利亚就一直认为整个马其顿地区属于他们——大多数人种学者同意这个说法。塞尔维亚人虽不能宣称马其顿地区的居民是塞尔维亚族(住在最北边的那部分人除外),但他们却创造了这样一个理论:马其顿大部分地区的居民既非保加利亚人,也不是塞尔维亚人,而是"马其顿—斯拉夫人";这个新创造出来的民族最后得胜。①

在塞、保两国的盟约中就已规定马其顿北部一条狭长地带划归塞尔维亚。另一块被误称为"争议区"的地方则留待沙皇来仲裁(按照秘密达成的谅解,除斯特鲁加附近一小片地方外,沙皇将把它全部赏给塞尔维亚人)。这是为了照顾保加利亚民族情绪的一个保全面子的办法。保加利亚之所以愿意妥协是因为他们相信:反对土耳其的战争一打响,他们就可以席卷全部色雷斯,甚至夺取君士坦丁堡。而塞尔维亚人也有自己的打算,他们想把土耳其在亚得里亚海沿岸领土搞到手。这个地方居住的是阿尔巴尼亚人,而不是塞尔维亚人,但他们认为这个问题无关紧要,就像许多热心的民族主义者那样,很容易无视其他民族的存在。② 没过多久,希

---

① "马其顿—斯拉夫人"这个理论并不妨碍塞尔维亚人在征服了马其顿地区的居民之后把他们当做塞尔维亚人来对待。

② 甚至"旧塞尔维亚"的中心地区(这是塞尔维亚野心的第一个目标,他们最有历史意义的科索沃古战场也在这里)大部分居民也都是阿尔巴尼亚人,这就更有理由来否认他们的存在了。(科索沃在今南斯拉夫境内,1389年6月土耳其军大败巴尔干各国联军于此,联军首领、塞尔维亚大公拉萨尔被俘杀,战后塞尔维亚即被并入奥斯曼土耳其版图。——译注)

第二十一章　两次巴尔干战争及战争以后 1912—4 年

腊也加入了塞、保联盟。虽然它还没有明确的领土要求,但它也希望能够得到萨洛尼卡、甚至君士坦丁堡,而这两个地方都已被保加利亚人私下划归他们自己了。巴尔干联盟不是俄国一手造成的。这个联盟的矛头指向土耳其;对于这一点,俄国人是非常不欢迎的。尽管如此,萨佐诺夫不敢开罪于巴尔干各国,而在这件事情上,他也不敢冒犯俄国国内的情绪。他一开始就知道巴尔干联盟不是一种防御性的安排,而是一个旨在摧毁"在欧洲的土耳其"的联合。由于他自己不能出面来制止,他试图让法国人来代他制止。1912 年 1 月 24 日,伊兹伏尔斯基提议:法国同俄国"应当一起来检讨近东可能发生的一切情况";[①] 2 月 15 日,萨佐诺夫提出这样的问题:"要是土耳其和巴尔干某个国家之间发生了武装冲突",他们应当怎么办。[②]

　　如果在早些时候,法国人会不假思索地回答道:法俄都不插手,或者是一起来制止这场战争。可是在 1912 年初,法国的政策已经根本改变了。阿加迪尔危机是转折点。法国的民族自豪感使它不能忍受德国的压力,并导致彭加勒上台。他的几个前任——从罗维埃到凯欧——都代表主张和平的农民和主张和平的银行家,这些人的利益同俄国在中国和土耳其的野心是相抵触的。随着彭加勒(他是施奈德—克罗索特公司的法律顾问)上台,重工业界掌权了。这样一来,俄国的军备合同和铁路就变得比土耳其的贷款更加重要了;而且在海峡自由通航问题上,法国也有了起决定

---

[①] 彭加勒笔记,1912 年 1 月 24 日。见《法国外交文件》,第 3 集,i,第 513 号。
[②] 路易(圣彼得堡)致彭加勒,1912 年 2 月 15 日。同上书,ii,第 43 号。

作用的利害关系。除了这些经济上的动机之外,彭加勒还有一项明确的政治任务,那就是要重新表明法国作为大国的平等地位。彭加勒是个性很强的人,头脑清楚,逻辑性强。他的家乡在洛林,他从来没有忘记过1871年的耻辱。他当然不希望爆发一场欧洲大战;但是,他不同于1875年以来他的那些前任,他想让人们知道法国并不比德国更怕战争。法国在军事计划上同时出现的变化也突出地表明了这个新的姿态。从前,法国的计划是防御性的,只要能够阻止德国人夺取巴黎,法国的将军们就心满意足了。现在,这位未来的总司令霞飞相信他确实能够打败德国人,因而制定了一个从孚日山脉越莱茵河的大规模攻势计划。①

彭加勒的新路线使法国对于同俄国的同盟采取了新的态度。以前的法国政府都把这一同盟看作是对抗德国的"再保险";它们所深切关注的是不要被卷进俄国在巴尔干的冒险行动中去。彭加勒要俄国像他那样不受德国的影响,但他当然又力图避免为之付出代价。他对俄国的态度实际上很像英国对法国的态度:他要俄国对德国保持坚定而他自己却又要保持行动的自由。结果是,他

---

① 这一新的战略实际上使英国的支援对法国人来说不像过去认为的那样必要了。只要他们的计划是打一场防御战,他们就欢迎英国在他们的左翼增援。当他们的计划改变为攻势时,他们对于德国打算通过比利时进攻一事就不大在乎了,尽管他们听到关于德国这一计划的一点风声。他们的假设是比军将能顶住德国人,直到法军打赢在阿尔萨斯的决定性战斗。即使德国人在比利时突破了,这也只能在法军抵达南部德国时加重他们的灾难。法国人因而对英国远征军失掉了兴趣。具有讽刺意味的是,英国人也放弃了派遣一支单独的部队去安特卫普的想法,而代之以同意和法国人在法国北部进行协同作战——这时正是这一协同作战在法国战略中已不再作为一个必要部分的时候。当然,法国人在1914年是竭力要求英国参战的;但当时的压力主要来自外交家和政府——而在1906年和1911年压力却是来自法国的军人。霞飞十分自信,他能够在没有英国援助的条件下打败德国人。

对俄国是鼓动多于约束,很像英国人在阿加迪尔危机期间对法国的态度。虽然在俄国人不同他先打招呼就允许巴尔干联盟成立时他曾作过劝诫,当尼古拉第二同威廉第二在6月中旬于波罗的海港会晤时,他提出了更多的劝诫。"我们不得不要求事先得到正式的保证:除非我们参与,在会晤中将不提出有关近东或其他任何主题的政治问题。"①

这是一个新的姿态。过去,俄国以及——就此事而言——法国都曾同德国进行过谈判而没有事先通知它的伙伴——波茨坦协议是一方面的证据,在阿加迪尔危机之前和伴随着危机进行的讨论是另一方面的证据。彭加勒现在要求俄国、也要求英国同他保持一致。以前的法国政府都阻挠俄国在近东的作为。虽然它们以公众舆论为借口,它们真正的动机是法俄两国在海峡利益上的冲突。这一冲突已不再存在,或者毋宁说,彭加勒已不再强调。②现在,南部俄国而不是奥斯曼帝国,成了法国资本主义所追逐的利益所在。除此而外,随着英国舰队撤出地中海,法国人将会欢迎俄国人同他们在那里进行合作,7月间双方签署了一项海军协定。③因此,彭加勒同他的前任们不同,不允许俄国怪罪他不愿意在近东采取行动。当萨佐诺夫在8月间把塞尔维亚和保加利亚的同盟条约全文送给他看时,他惊呼道,"这是一个准备打仗的协定";他强调指出,法国舆论不会允许政府"单纯为了巴尔干问题而决定采取军

---

① 彭加勒致路易,1912年6月7日。见《法国外交文件》,第3集,iii,第72号。
② 当然,旧的利益仍然存在。例如法国大使邦帕尔就继续从君士坦丁堡鼓吹萨佐诺夫不堪信任。
③ 海军协定方案,1912年7月16日。见《法国外交文件》,第3集,iii,第206号。

事行动"。但他添上了这样一句非常关键的附言:"除非德国进行干涉,并由于它本身的主动行动而导致产生'履行盟约的场合'"。①一个月之后,他对伊兹伏尔斯基证实了这一点:"如果同奥地利的冲突造成德国的干涉,法国将履行它的义务。"②为了进一步鼓励萨佐诺夫,他夸大了自己对英国的信心,并敦促俄国也同英国订立一项海军协定。萨佐诺夫因而在9月间访英时采取了这一方针。

彭加勒后来宣称他只不过表明忠于同俄国的盟约,而这一盟约是所有法国政治家们都接受的。但还是有一些新的东西。盟约规定,法国将援助俄国,"如它遭到德国的进攻或在德国支持下的奥国的进攻。"那么,如果是俄国去进攻奥匈,从而自己去惹来德国的进攻(根据众所周知的1879年奥德条约,这是必然会发生的),下文又如何呢? 过去的法国政治家们都回避这个问题。彭加勒却作了回答:法国将会开仗。这一对盟约规定的"延伸",一点也不像德国在1890年和1909年给予奥匈、1913年和1914年又加以重申的保证那样有力;它的目的无疑地主要在于使俄国不要依赖德国。尽管如此,它也反映了法国的新的信心。俄国总参谋部仍然怀疑他们靠自己能否顶住德国;③法国总参谋部却相信,在这样一场战争中即使奥地利人在战争过程中占领巴尔干,也将会解放波

---

① 萨佐诺夫致尼古拉第二,1912年8月17日。见《伊兹伏尔斯基书信集》,ii,第401号。

② 伊兹伏尔斯基致萨佐诺夫,1912年9月12日。同上书,第429号。

③ 笔录,1912年7月13日。见《法国外交文件》,第3集,iii,第200号。

第二十一章　两次巴尔干战争及战争以后 1912—4 年

兰,或者解放洛林。①虽然彭加勒不想挑起战争,法国此刻比1870年以来任何时候都更愿意像一个独立大国那样行动;而在德国经历了轻而易举的四十年优势之后,这就足够变成一种挑衅的表示了。结果是,三个协约国中没有一国做任何事情来阻止巴尔干局势即将出现的爆炸。彭加勒不愿重复1909年的政策,以致冒抛弃俄国的大不韪。英国人专心致志于波斯,因此也避开巴尔干问题,以免同俄国发生麻烦。②萨佐诺夫不想打一场巴尔干战争,但是不敢加以阻止,因为对俄国舆论有顾虑。他在谈到巴尔干各国时对尼古拉第二说,"我们已经给了它们独立,我们的任务已经完成了。"他和首相古科符卓夫自始至终决心除海峡问题外不为任何问题打仗:"在博斯普鲁斯海峡,只能要么是土耳其人的、要么是我们自己的。"③如果巴尔干国家取胜,这将加强对奥匈的屏障;如果它们战败,俄国不妨在海峡采取行动,但它不愿挑起一场欧洲战争。

三个同盟国几乎同样采取消极态度。意大利欢迎巴尔干的风暴:它迫使土耳其人在利比亚让步,意土之间在10月15日——正当巴尔干战争爆发的时候——媾和。④德国人对巴尔干一直是三心二意的。他们对土耳其以保护人自居,并且在维护奥匈的大国地位上承担了极大的义务。另一方面,德国是最大的民族国家;德国人正确地认为,巴尔干民族主义的胜利将为他们带来好处,正如

---

① 法国总参谋部的纪录,1912年9月2日。见《法国外交文件》,第3集,iii,第359号。
② 格雷的备忘录,1912年9月24—27日。见《英国文件》,ix(i),第803号。
③ 路易致彭加勒,1912年12月21日。见《法国外交文件》,第3集,v,第105号。
④ 土耳其放弃利比亚。土耳其军队离开利比亚后,意大利将从它所占领的爱琴海岛屿上撤退。但由于这个或那个理由,这一撤退从未实现。

意大利民族主义所曾起的作用一样。他们从不理解奥匈对民族主义的恐怖,至多认为这会防止维也纳再有任何新的独立行动的表现,如艾伦泰尔在阿加迪尔危机中所显示的那样。事实上,他们的政策很像彭加勒的对俄政策;他们要使奥匈被拖住,但不让自己被卷入战争。如果奥匈采取一条坚定的路线,他们会支持它。但奥地利政治家们做不到这一点。这些人总是认为奥斯曼帝国毁灭、民族国家新兴之后,哈布斯堡君主国的日子也就不长了。但他们对巴尔干没有任何政策。1908年,艾伦泰尔曾计划摧毁塞尔维亚;到了最后时刻,他判定这一"疗法"比"疾病"更坏而缩了回去。他什么也没有办成,1912年就死了。他的后任伯克托尔德比他还不知所措,对巴尔干局势的发展只是无可奈何地叹息。这里再一次出现这样的情况:如果德国坚定地推它一把,奥地利人是会让他们自己被推进战争的。但实际上他们唯一的决定只是君主国必须置身于战争之外。① 伯克托尔德作了一些微弱的努力。8月13日,他提议各大强国应敦促土耳其实行改革——这是安德拉西1876年政策(它本身也不成功)的最后回响。没有一个国家欢迎这一提议。到了最后关头,欧洲的统治者们都嫌恶巴尔干国家把他们拖进麻烦中去。在一阵由基德伦和彭加勒带头的外交活动之后,奥匈和俄国受托担负了这样一个任务:以列强的名义警告巴尔干国家不得改变现状。这是奥俄伙伴关系(它曾一度使欧洲和巴尔干国家获得多年和平)的一种奇特的临终前的回光返照。

奥俄的照会是在10月8日送达的;同一天,门的内哥罗对土

---

① 大臣会议文件,1912年9月14日。见《奥匈对外政策》,iv,第3787号。

## 第二十一章 两次巴尔干战争及战争以后 1912—4年

耳其宣战。保加利亚、希腊和塞尔维亚在一星期内相继宣战。到月底,土耳其在欧洲的军队都被击败,只有阿德里亚那堡〔又名埃地尔内——译者〕、斯库台和亚尼纳还在土耳其手中。列强都惊呆了。它们之中没有一个国家准备打仗,但又不能对东方问题置之不理。奥地利人不能不下定决心有所作为。1908年撤出桑亚克时,他们曾宣布不容许这个地方落入塞尔维亚手中;现在,他们没有采取行动重新加以占领。基德伦竭力鼓励他们:"像在兼并时一样,奥匈能够无条件地指望得到德国的支持。"① 在波斯尼亚的经历教育了他们,获得更多的斯拉夫臣民是没有用的;此外,他们从来不能作出迅速的决定,因此错过了趁塞尔维亚人忙于他事之时进入桑亚克的机会。奥匈袖手旁观,听任在"欧洲的土耳其"进行民族复兴。当然,这不是在1912年10月突然发生的事情。当安德拉西和狄斯累利在1878年未能保持奥斯曼帝国的完整时,或者更早一些,当梅特涅在19世纪20年代未能阻止建立一个独立的希腊时,这件事情就已被定下来了。一旦奥斯曼帝国崩溃,民族国家的诞生就是不可避免的了——除非奥匈自己去征服巴尔干,而这是从克里米亚战争结束以后它就无力完成的。合乎逻辑的发展是,奥地利人必须同塞尔维亚言归于好,并设法同它进行合作。塞尔维亚人对此将会表示欢迎,因为他们已经预见到将同保加利亚为马其顿问题发生一场冲突,而且还有一点,"巴尔干的"塞尔维亚人并不真正乐于同哈布斯堡君主国内的那些更有教养的塞尔维亚

---

① 赛根尼致伯克托尔德,1912年10月10日。见《奥匈对外政策》,iv,第4022号。

人联合,更不愿意联合那些世故很深的、信奉罗马天主教的克罗地亚人了。充当中间人的是托马斯·马萨里克,一位梦想把奥匈改造成自由民族的民主联合体的捷克教授。伯克托尔德以为"他是一个'可怜虫',可能想要点佣金",所以对他说,"我们在这里不是为了要帮助人们赚点回扣。"[①]马萨里克最后赚到的"回扣"是成为捷克斯洛伐克的总统和解放者。

巴尔干民族主义的胜利对奥匈君主国来说是无法挽救的灾难。伯克托尔德多方寻找一些可以用来重申君主国"威望"的事件。10月底,他找到了一个题目:他不允许塞尔维亚在亚得里亚海获得一个出海口,[②]并将坚持建立一个独立的阿尔巴尼亚。这是表现某种立场的一个好题目。对塞尔维亚和奥匈都嫉妒的意大利将对此表示支持,因为担心会出现另一种情况。此外,阿尔巴尼亚是一个纯真的民族,它同其他任何民族一样有权获得自由。这当然影响英法的舆论,虽然让奥匈以民族独立的捍卫者的面貌出现未免有点奇特。最重要的是,俄国人对这样一个生僻的问题是不在意的。从这个问题出现的第一天起,萨佐诺夫就对塞尔维亚

---

① 卡内尔著《灾难性的政策》,第112页。
② 为使这一决定合理化曾作了一些尝试。有一个论点是,奥匈将能压制塞尔维亚贸易,如果后者没有出海口的话。但都拉斯及其他地方除非出于对国家威望的考虑,对塞尔维亚是没有什么用处的。这些地方同塞尔维亚之间有大山横亘,没有铁路,而且看来也不会修建铁路。像斯普利特(南斯拉夫在世界大战后取得)这样一些达尔马提亚港口从来没有对它的贸易发挥过任何作用。不管怎么样,在希腊允许塞尔维亚人可以利用萨洛尼卡之后,奥匈的压制手段已被有效地打破了。更为荒谬的说法是,亚得里亚海上的某一港口将会成为俄国的海军基地。俄国人要维持他们在波罗的海和黑海的局面已经左支右绌;他们甚至于从未用过法国人提供给他们的在比塞大的设施。较为严肃的一个论点是,如果塞尔维亚人到了都拉斯,这将引诱达尔马提亚(沿海岸再往北)的塞尔维亚人;但这些塞尔维亚人早已怀有二心了。

人说,俄国不会为了亚得里亚海上一个塞尔维亚港口去打仗。①俄国人有一个更为紧迫的烦心的问题。他们担心保加利亚人会攫占君士坦丁堡。为防止这种情况出现,他们准备"在二十四小时内"开仗。②萨佐诺夫写道,"〔保加利亚〕占领君士坦丁堡将迫使我们的全部黑海舰队在这个土耳其首都前面出现。"③这也是一种奇特的发展:俄国在1912年所作的唯一的认真的战争准备是针对一个斯拉夫民族国家的。

人们曾经期望巴尔干战争将会造成俄国同奥匈之间的冲突。相反,它看来把两国拉到一起来了——俄国将在君士坦丁堡反对保加利亚,而奥匈则在阿尔巴尼亚问题上反对塞尔维亚。在另一方面,德国人则敦促英法合作,不让俄国人得到君士坦丁堡。这个想法格雷倒并非不欢迎:如果土耳其帝国分崩离析,④他是希望把君士坦丁堡搞成一个自由城市的——而俄国人则厌恶这个解决办法。彭加勒认识到,如果他采取这一方针,法俄同盟就会瓦解,而奥德同盟则仍存在,德国将主宰欧洲。但同时他也希望把俄国人拒之于君士坦丁堡城外。他的解决办法是敦促俄国人支持塞尔维亚,并更加强调地指出法国将给以支持。他在11月17日对伊兹

---

① 萨佐诺夫致哈特维格,1912年11月9日。见《国际关系》,第2集,xii(i),第195号。

② 路易致彭加勒,1912年10月28日。见《法国外交文件》,第3集,iv,第258号。

③ 萨佐诺夫致伊兹伏尔斯基,1912年11月4日。见《国际关系》,第2集,xxi(i),第157号。萨佐诺夫还反对保加利亚占领阿德里亚那堡;尼古拉第二更富于斯拉夫感情,倒是赞成的。

④ 班肯多夫致萨佐诺夫,1912年11月7日。同上书,第173号。

伏尔斯基说,"如果俄国开仗,法国也会继起,因为我们知道,在这个问题上德国是站在奥地利背后的"。① 就是这句话,在以后的年代里使彭加勒受到了"贩卖战争"的控诉。这话当然比以往的法国政治家们所说过的话都要重得多,但用意并不是要挑起战争。它的用意是在于防止俄国占领君士坦丁堡或者奥俄结伙——这一结伙必然会导致"三帝联盟"的复活。彭加勒决心要保持法俄同盟,只有这一同盟才保证了法国的独立,而一个大国如果想保持独立,就必须准备为此而面对战争。

不管怎么样,这个警报证明发得早了些。保加利亚人未能拿下阿德里亚那堡,更不用说君士坦丁堡了;而俄国人也能重新保护巴尔干民族主义而不必危及他们自己的利益。巴尔干国家不能继续取得进展,12月3日他们同土耳其达成了停火协议。在伦敦——在各主要首都中最"中立"的一个——召开了和会。巴尔干国家的意思是想不必等待列强的同意就得到它们的收获。但列强

---

① 伊兹伏尔斯基致萨佐诺夫,1912年11月17日。见《国际关系》,第2集,xxi (i),第268号。彭加勒不喜欢伊兹伏尔斯基的措辞,所以伊兹伏尔斯基在第二天作了修改:"在出现盟约所规定的'履行盟约的场合'的情况下,即德国给予奥地利军事支援的情况下,法国将进军。"伊兹伏尔斯基致萨佐诺夫,1912年11月19日。同上书,第280号。甚至对这样的措辞彭加勒还觉得不妥,在第二天他又试作修改:"在'履行盟约的场合'出现的情况下,法国将尊重盟约并将支持俄国,甚至在军事上加以支持。"彭加勒致路易,1912年11月19日。见《法国外交文件》,第3集,iv,第494号。彭加勒多次试图去做做不到的事情,说明了他的难处。他要俄国采取一项独立的方针并顶住奥匈;但一想到他会因为把法国卷进一场发自巴尔干的战争而受到责备,他又退缩了。在法国能够参战之前,德国将会干预,而势力均衡的问题将会被明确地提出来。彭加勒未能解决这个难以解决的问题;但1912年11月间,存在的危险是俄国将抛弃同法国的同盟,而不是不负责任地启衅。因此彭加勒不得不强调法国是不会抛弃俄国的。

## 第二十一章　两次巴尔干战争及战争以后 1912—4 年

为了保全面子,举行了一次驻伦敦大使会议,由格雷主持,以决定它们将容忍何种改变。① 形势看来仍然危险。奥匈动员了一部分军队;俄国人也不解散那些到年底即将服役期满的义务兵组成的部队,作为报复。但是,当奥匈在10月间未能干涉塞尔维亚时,当俄国人在他们这方面拒绝支持塞尔维亚对亚得里亚海港口的要求时,反对一场大战的重大决定就已作出了。当然,两国都责备它们的盟国胆怯。俄国人一再试图让彭加勒表示如果他们是为塞尔维亚而战,他就不支持他们。彭加勒不愿上当。他的国防部长米勒兰说,"我们不该受到责备;我们是准备好了的,而这个事实必须牢记心头。"② 这不是鼓励俄国去打仗,而是坚持它必须决定自己的外交政策。与此相类似,德国也不愿为奥匈的犹豫不决所拖累。哈布斯堡帝位继承人弗朗茨·斐迪南在会见威廉第二后报告说,"一旦有必要保持我们的威望时,我们就必须有力地干涉塞尔维亚,而且能确信获得他的支持,"③ 但对塞战争完全不在斐迪南的谋算之中。他梦想一旦登位就用和解的办法来解决"南部斯拉夫人"的问题;他对康拉德(12月间重任总参谋长)说,"我不想从塞尔维亚得到一株果树、一只羊。"④ 他主动派遣霍恩洛厄亲王——一位奥地利大贵族——于1913年2月去圣彼得堡,呼吁王朝间团

---

① 原来提议在巴黎举行大使会议;但德国人和奥地利人不想在彭加勒主持下开会。而所有人(包括俄国人在内)都不想让伊兹伏尔斯基参与其事。

② 伊格纳吉也夫致泽林斯基,1912年12月19日。见阿达莫夫著《欧洲列强和土耳其》,i,56。

③ 弗朗茨·斐迪南致外交部,1912年11月22日。见《奥匈对外政策》,iv,第4571号。

④ 康拉德备忘录,1913年2月10日。见康拉德著《我的从政年代》,iii,127。

结一致。这个呼吁产生了效果,双方的战争准备都缓和了下来。

大使会议在表面上引人注目地显示了"欧洲的协同一致",但它不能消除巴尔干战争所引起的后果——也未能防止战争在3月间再度爆发,这次战争使土耳其丧失了阿德里亚那堡,虽然为时不长。大使们不得不把这些战争后果对俄国和奥匈说得合乎它们的胃口。俄国所深切关注的只有一个问题:不让保加利亚进入君士坦丁堡。但是土耳其自己有足够的力量来做到这一点,不需要列强帮忙。这样一来,俄国就能表现得和解和讲理。会议唯一的严重任务就是把奥匈所坚持而为俄国所同意的条件,即建立一个独立的阿尔巴尼亚,付诸实现。这在原则上表明是奥匈赢得了胜利;但是一涉及细节的讨论,俄国就在诸如迪勃拉和贾科沃这样一些边境村庄问题上争执不休,而奥匈则似乎坚持不肯让步。在这些争论中,格雷常常站在奥匈一边。正如艾尔·克罗威带着无意识的讽刺口吻所说的:"英国在世界上的地位很大程度上是依靠它所赢得的这样一种信任,即:至少在那些不涉及它本身重大利益的问题上,它是按照一般人所接受的是非标准,严格地实事求是来处理的。"①

格雷想以实际行动表明"法国、俄国和我们自己都不会联合在一起或单独地执行反对德国或其盟国的敌对性或侵略性政策"。②德国人这一方面则迫使奥匈接受妥协,但动机不同。格雷希望表明"三国协约"和"三国同盟"能够和平共存,德国人却是希望把英国同它现在的友邦拆开。这是贝特曼自己所喜欢的想法。基德

---

① 克罗威在邦森(维也纳)致格雷函上的批注,1912年12月12日。见《英国文件》,x(i),第100号。
② 格雷致戈申,1914年7月30日。同上书,xi,第303号。

第二十一章　两次巴尔干战争及战争以后 1912—4 年

伦——他很可能被诱使在某个时刻重复他 1909 年 3 月在波斯尼亚所使的一招——在 1912 年底死了；继任国务卿的雅古是一个普通外交官，不可能想出什么高明的政策来。因此，贝特曼面前的道路已经廓清；这位来自法兰克福的显贵总在梦想同英国结成反对俄国的保守派同盟，并且念念不忘地回顾在克里米亚战争开始时 1854 年"失之交臂的机会"。虽然贝特曼未能制止德国那些热衷于海军扩军的人，他仍然希望以殖民地问题上的讨价还价和在巴尔干的和平方针——就当时而论——来绥靖英国。他在 1913 年 2 月写信给伯克托尔德："如果我们能心平气和地渡过目前的危机，我们有可能找到英国政策的某种新动向。……我认为如果我们试图采取武力解决，这将是一个后果不堪设想的错误，……特别是在这样一个时刻，使我们在对我较为有利的条件下参与这场冲突的前景是极渺茫的。"① 与此相似，毛奇写信给康拉德也说，他们应该等待，直到巴尔干联盟瓦解。但他毫不怀疑，战争正在迫近："一场欧洲战争早晚将会发生，在这场战争中，最后的斗争将是日耳曼主义同斯拉夫主义之间的斗争。"②

德国人在 1913 年 1 月更加有力地表明了他们的政策；当时他们草拟了一个新的陆军法案，并由贝特曼于 3 月间正式提出。这个法案大大扩充了他们的武装部队，并且第一次创建了集团军；更有甚者，扩军的费用是用一种财产税来抵充的。1909 年劳合·乔治提出的预算只不过增税一千五百万英镑就引起了英国的一场宪

---

① 贝特曼致伯克托尔德，1913 年 2 月 10 日。见《重大政策》，xxxiv (i)，第 12818 号。
② 毛奇致康拉德，1913 年 2 月 10 日。见康拉德著《我的从政年代》，iii, 144—7。

法危机。德国比英国穷,却要在十八个月内额外征集五千万英镑。这是可一而不可再的努力。到1914年夏天,德国的战备将达到高峰;利用他们的优势来对付法俄两国这样一种想法的诱惑力将是很大的。贝特曼的政策(就他能执行一项政策的时候而言)的目标就在于确保英国在发生决定性的危机局势时不站在法俄一边,从而更加增强这种诱惑力。

因此,大使会议的成就是虚幻的;但它也还算是暂时的成功。巴尔干战争没有导致列强之间的冲突。会议最大的胜利是在4月份取得的,当时门的内哥罗攫占了斯库台,而这个地方列强决定应归阿尔巴尼亚所有。列强同意对门的内哥罗举行一次海军示威行动;俄国人请求英法参加,自己却避免这样做(这表现出俄国的特性)。这个姿态起了作用;门的内哥罗国王用制造战争谣言在证券交易所发了一笔大财之后表示让步。到1913年5月,当伦敦条约结束第一次巴尔干战争时,阿尔巴尼亚在国际上存在了,虽然它的内部秩序直到今天还没有安顿就绪。这对奥匈来说是某种胜利:阿尔巴尼亚是哈布斯堡君主国作为一个大国仍能实现它的意志的证据。更为重要的是,伦敦条约带来了巴尔干联盟的解体。当保加利亚人在阿德里亚那堡城外苦战、不能分身的时候,塞尔维亚人占领了全部马其顿;他们现在坚持要在马其顿占有保加利亚的部分以及他们自己的部分和"争议区"。[①] 他们主要关心的是控制向

---

[①] 塞尔维亚人争辩说,他们曾派兵到阿德利亚那堡去支援保加利亚,而保加利亚人在他们那一方面却从未提出要支援他们反对奥匈。塞尔维亚人还宣称,他们应该取得更多的马其顿地方,以补偿他们对亚得里亚海的希望未能满足(这一点在塞保盟约中从未明确)。他们真正的动机是,既然已经占领了马其顿的绝大部分,他们就不愿意再从那里撤退了。

下通往萨洛尼卡的铁路,萨洛尼卡现在在希腊人手中,并且是他们通往外部世界的唯一出口(他们想打通亚得里亚海已被阻止)。萨洛尼卡还是保加利亚人又一个积怨所在。他们的军队到那个地方比希腊人只晚四个小时;而希腊人还不以此为满足,把手伸到爱琴海岸更远的地方。

对土耳其的作战绝大部分是由保加利亚人担当的;他们以为他们可以同时对付希腊和塞尔维亚,于是在事先不作任何警告的情况下于6月29日对两国发动进攻。这个计划失败得很惨。希腊和塞尔维亚不止于顶住了进攻。迄今一直保持中立的罗马尼亚参加了对保战争,以便取得多布罗加。甚至土耳其也夺回了阿德里亚那堡。对奥匈来说,这也是个决定性的时刻。德国人曾不断告诫伯克托尔德,他应该等待,直到塞尔维亚同保加利亚翻脸吵架;而他在自己这方面也经常坚持不允许塞尔维亚再作任何新的扩张。有一阵子他说了些大话,还以战争相威胁。可是真正到了该动手的时候,他却不愿冒同罗马尼亚吵架的风险。更有甚者,德国人都反对战争。他们希望在争取罗马尼亚、希腊、甚至塞尔维亚的友谊的竞赛中得胜,而把保加利亚看得很低。他们对奥匈的民族问题毫不同情。贝特曼希望"维也纳别让一个'大塞尔维亚'的噩梦来扰乱它的和平"。① 伯克托尔德又一次无所作为。后来奥地利人抱怨德国不许他们趁条件还有利的时候打垮塞尔维亚。伯克托尔德在谈到进攻塞尔维亚时曾说过这样的话:"我的心是想干

---

① 齐默曼致契尔施基(维也纳),1913年7月7日。见《重大政策》,xxxv,第13490号。

的,但我的头脑却不赞成。"①他的话倒是更近乎事实。

8月间,第二次巴尔干战争的交战国在布加勒斯特会晤并在那里议和。保加利亚不得不对所有国家都付出某种代价:多布罗加给罗马尼亚,阿德里亚那堡给土耳其。塞尔维亚人得到了马其顿的大部分,其余部分和色雷斯西部(包括萨洛尼卡)给了希腊。总而言之,它只得到了四十万新的臣民,而塞尔维亚和希腊则各得一百五十万。布加勒斯特和约没有送请列强同意。伯克托尔德要列强坚持对保加利亚作出让步。德国人坚决拒绝这个意见;他们准备同罗马尼亚、希腊、甚至塞尔维亚结盟。他们因为在小亚细亚有重大的经济上利害关系,所以欢迎土耳其由于收复阿德里亚那堡而得到加强。威廉第二认为维也纳"完全疯了",②而且在布加勒斯特和约签订后立即予以承认。十分奇怪的是,俄国人也向着保加利亚。他们希望为上一年秋天不让它进入君士坦丁堡有所补过;此外,他们也不喜欢希腊在爱琴海扩张,因为这看来像是为了在海峡地区建立一个新的拜占庭帝国铺平道路。但是他们从英国和法国同样得不到任何支持。萨佐诺夫愤愤不平地说,"把钱送给土耳其支配的是法国,土耳其用这笔钱才重新拿下了阿德里亚那堡;"③关于巴尔干各国,他说,"它们躲开了我"。④

---

① 康拉德同伯克托尔德的谈话,1913年9月29日。见康拉德著《我的从政年代》,iii,444。
② 威廉第二在波塔莱斯致贝特曼函上的批注,1913年8月7日。见《重大政策》,xxxv,第13740号。
③ 布坎南(圣彼得堡)致格雷,1913年8月9日。见《英国文件》,ix(ii),第1228号。
④ 杜尔采特(圣彼得堡)致皮松,1913年9月10日。见《法国外交文件》,第3集,viii,第136号。

## 第二十一章　两次巴尔干战争及战争以后 1912—4 年

这是真的。巴尔干各国已经变得真正独立了；它们不是任何国家的卫星国了。虽然布加勒斯特和约常常被轻蔑地说成只不过是一个停战协定，什么问题也没有解决，但这一和约所规定的边界直到今天没有改变，除了保加利亚在 1919 年失去了它在爱琴海的出海口；而大陆上列强的边界则改变得更为厉害。那句"巴尔干属于巴尔干各族人民"的古话成了现实。除奥匈外，所有列强都接受这一局势发展。即使是俄国也有理由感到满足：虽然巴尔干各国离开它而独立了，但这总比它们依附任何一个其他国家要强一些。只有奥地利人绷着脸，愠怒地看着这一局面，正如他们在 1861 年后拒绝承认意大利王国，或在 1866 到 1870 年间无力地梦想对普鲁士进行报复一样。但这是一种情绪，不是政策。在 1913 年 10 月，伯克托尔德作了最后一个要使用暴力的姿态。塞尔维亚人为游击队的进攻惹恼了，越过了阿尔巴尼亚的临时边界，以恢复秩序。10 月 18 日，伯克托尔德发出一个最后通牒，要求塞尔维亚人于一周内撤退。康拉德像通常那样希望这将是采取行动的前奏；匈牙利首相、君主国中的最强人蒂萨则同样坚决地反对任何超过外交胜利的事情；伯克托尔德不知他自己到底要什么。塞尔维亚人自知理亏，并且不打算打仗：他们从阿尔巴尼亚撤出。这一次感到失望的不止是康拉德一个人了。威廉第二虽然过去鄙视奥地利的政策，赞成强硬的方针。他对伯克托尔德说："你完全可以肯定，我是给你撑腰的，并且准备一旦你们的行动需要，我就动手，……对我来说，任何来自维也纳的声音都是命令。"[①]这也许只不过是威廉第二在听到一项挑战的最初消息时所常常作出的反应——冲

---

[①]　伯克托尔德的备忘录，1913 年 10 月 28 日。见《奥匈外交政策》，vii，第 8934 号。

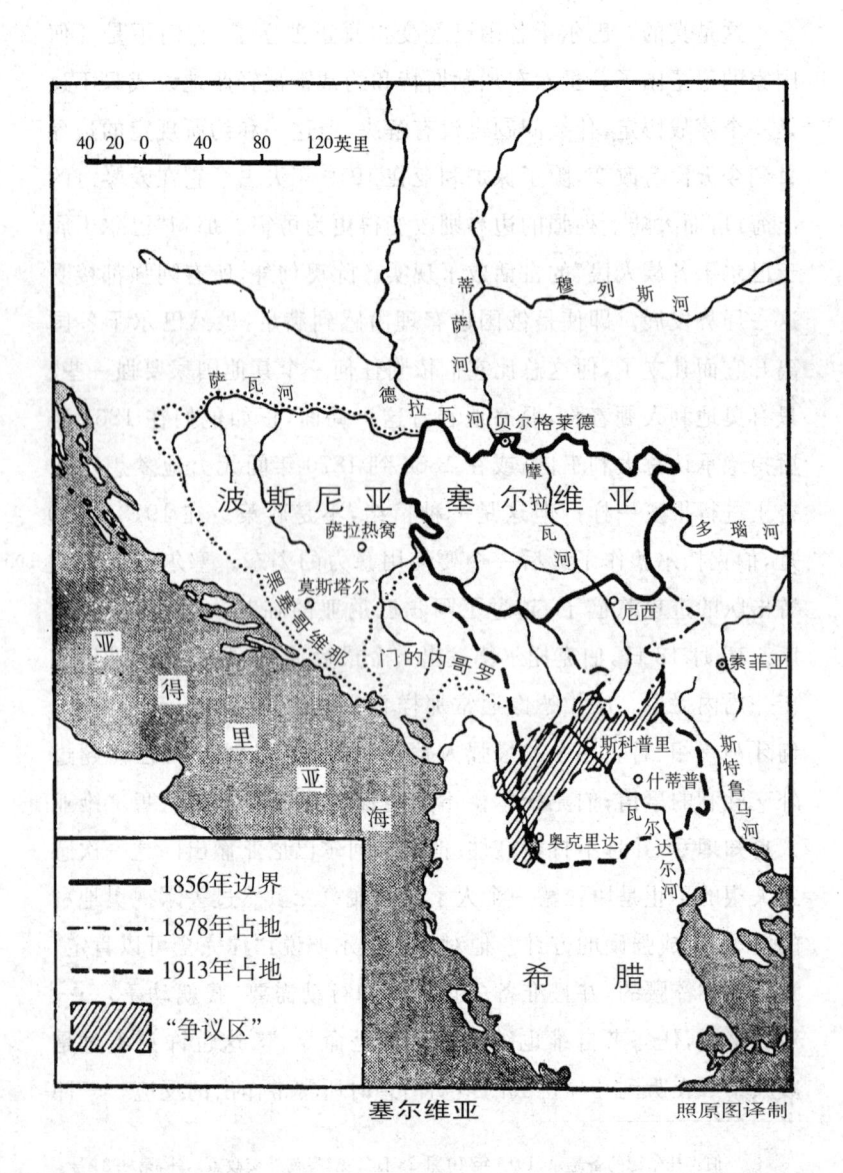

# 争夺欧洲霸权的斗争 1848—1918

地图比例尺：40 20 0 40 80 120 英里

地名标注：
- 蒂萨河
- 穆列斯河
- 萨瓦河
- 德拉瓦河
- 贝尔格莱德
- 波斯尼亚
- 塞尔维亚
- 萨拉热窝
- 摩拉瓦河
- 莫斯塔尔
- 黑塞哥维那
- 门的内哥罗
- 多瑙河
- 尼西
- 索菲亚
- 斯科普里
- 什蒂普
- 斯特鲁马河
- 奥克里达
- 瓦尔达尔河
- 亚得里亚海
- 希腊

图例：
- —— 1856年边界
- —·— 1878年占地
- --- 1913年占地
- ▨ "争议区"

塞尔维亚

照原图译制

动性的狂暴;但像在其他一些事件上所表现的那样,如果危机真正要爆发了,他就可能又会重新作出谨慎的考虑。但他的最初反应还是在伯克托尔德身上打下了印记。

这一发生在10月间的警报是巴尔干问题(在它的原来意义上)的最后的响动。两次巴尔干战争加剧了列强之间的紧张关系;但由于这两次战争直到结束并未引起一场普遍的冲突,对现存的安排作些变动看来会在战后出现。当然,备战工作到处都在加紧进行。在巴尔干战争中发生了自1877年普列文失陷之后欧洲第一次激战。① 战斗都是快速而起决定作用的;所有的观察家都以为未来在列强之间发生的战争都将按这同一模式进行(他们忽视了俄日战争的教训,沈阳之役曾拖延达数周之久)。② 因此,在列强间就开始了一场为初战作好准备的竞赛,发动这场竞赛的是德国人在1913年制订的陆军法。法国人不能征召更多人入伍,因为法国的人口增长停滞,没有更多的人可征。他们的反应只能是在8月间宣布延长服役期为三年。③ 到了1915年或1916年(在此之前不可能做到),他们所拥有的第一线兵力将同德国相等;而且他们相信,即使在此之前,他们也能成功地对付德军攻势,如果德军分兵去应付俄国入侵的威胁的话。④ 因此,法国人坚持俄国必须

---

① 1885年的塞尔维亚—保加利亚战争和1897年的希腊—土耳其战争都没有打起来。

② 如果观察家看得更加仔细一些,他们就会看到,即使是巴尔干战争,当土耳其人进入君士坦丁堡前的堡垒防线之后,战事也陷入僵持状态。

③ 从1905年服役期开始缩短到两年。

④ 法国人忽视了德国人用机关枪加强陆军装备的另一步骤。法国较多的人力结果造成了一场灾难。如果他们的军队小一些,他们就不会在战争爆发时在洛林采取攻势,这一攻势破坏了他们的战斗力。

推进它建设通往西方的战略铁路的工程,并增加它和平时期可用于作战的兵力,否则它就拿不到新的贷款。①

但与此同时,法国人却在一次全面大战的前景面前退缩了。在德国,军备增长加强了贝特曼在帝国议会中的地位;在法国,三年的服役期受到了社会党人和越来越多的激进派的反对。1月间出任总统的彭加勒和他在外交部的继承人不得不遵行一条比1912年11月所奉行的路线更为谨慎的路线。他们越来越不愿意给俄国无限制的支持。1913年2月,班肯多夫写道,"法国将是以比较起来最为平静的心情走向战争的大国。"②年底,俄国首相古科符卓夫在访问巴黎之后向尼古拉第二报告说,"所有法国政治家都要求安静、和平。他们准备同德国在一起商量,他们比起两年前来更和平了。"③

英国的政策显示了同样的两重性——一方面增加军备,另一方面又更愿意同德国和解。关于限制海军,他们不再试图达成协议,除了丘吉尔提议规定"一个海军假期"——在"假期"里建造战列舰的工作应完全停止。他最初是在1912年3月作出这一建议的,后来在1913年提出海军预算时又说了一次。德国人始终未作

---

① 德·凡耐依致皮松,1913年7月7日。见《法国外交文件》,第3集,vii,第134、309号。他对俄国未来的判断是很有意思的:"我们在未来的三十年中将在俄国看到十分巨大的经济扩展,这种扩展将相等于(如果不是超越的话)19世纪最后二十五年中在美国发生的巨大运动。"

② 班肯多夫致萨佐诺夫,1913年2月25日。见《班肯多夫书信集》,iii,第896号。

③ 古科符卓夫致尼古拉第二,1913年12月13日。见《伊兹伏尔斯基外交书信集》,iii,第1169号。

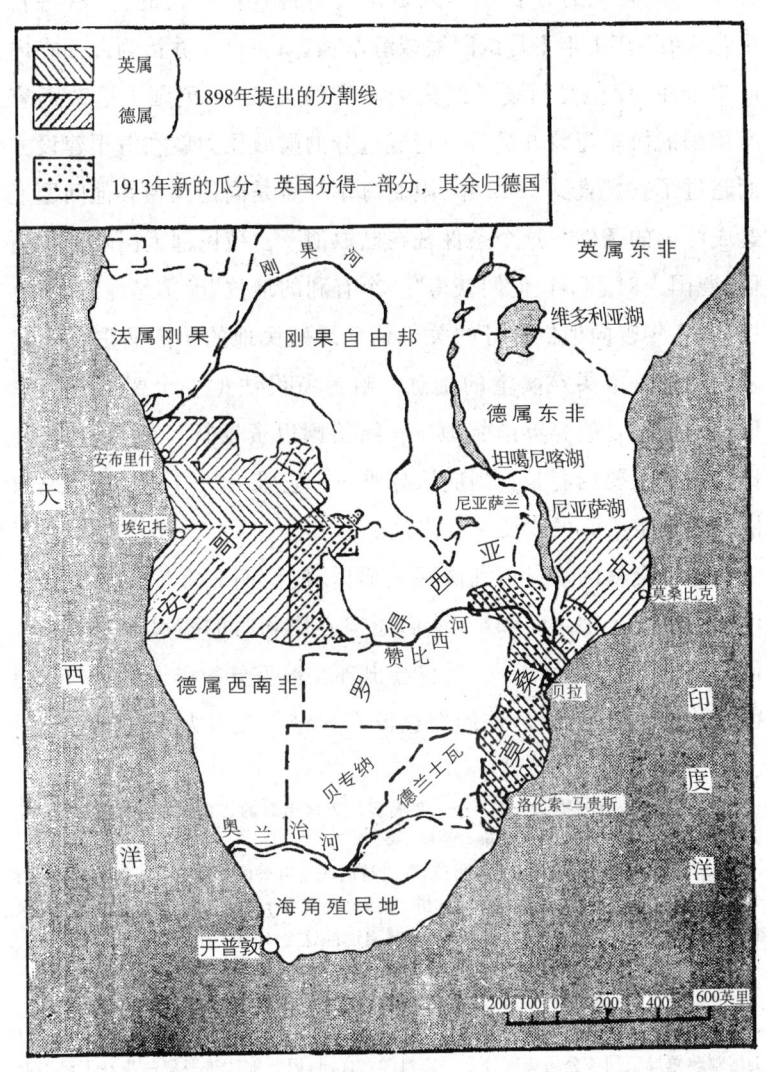

第二十一章　两次巴尔干战争及战争以后 1912—4 年　　645

| 图例 | |
|---|---|
| 英属 | |
| 德属 | } 1898年提出的分割线 |
| 1913年新的瓜分，英国分得一部分，其余归德国 | |

刚果河
英属东非
法属刚果
刚果自由邦
维多利亚湖
德属东非
坦噶尼喀湖
安布里什
尼亚萨兰
尼亚萨湖
埃纪托
莫桑比克
赞比西河
德属西南非
贝拉
贝专纳
德兰士瓦
洛伦索-马贵斯
奥兰治河
大西洋
印度洋
海角殖民地
开普敦

200 100 0　200　400　600英里

**葡属非洲**　　　照原图译制

答复,也可能只有丘吉尔本人是认真对待这件事情的。① 有些自由党人在1914年1月试图缩减海军预算;劳合·乔治为此而在内阁中奋斗。② 但是问题已经失去了它的尖锐性:英国人已改而容忍德国的海军建设并且没有造成过分的财政压力就在海军建设方面超过了它。直到1912年,限制海军一直是同德国在其他问题上达成协议的条件。这个条件现在已取消了。殖民部大臣哈考特相信,德国人对于不让他们获得"一个有利的地位"确实是抱怨的;他把1898年曾同他们签订的关于葡萄牙殖民地的协定又重新捡起来。这是一笔买空卖空的生意。哈考特设法把一个盟国的殖民地——而不是放弃英国领地——给德国以资安抚。确实,这一安排的一个主要内容是英国应该分赃——它唯一的"让步"是比原来协定中规定给它的少要了一点。

这笔交易的消息传到法国人那里,使他们非常惊惶。他们不单是不喜欢英德之间和解,他们还担心比利时的殖民地——甚至他们自己的殖民地——随后将会出现在被瓜分的单子上——就与德国计划有关者而言,他们倒也没有大错。在很大程度上和法国

---

① "这值得好好推动一下。……我确实认为这是对的。"丘吉尔致格雷,1913年10月24日。见《英国文件》,x(ii),第487号。

② 法国代办把劳合·乔治的行动看成是他恢复声誉的手段,借以掩盖他刚被卷入的马可尼丑闻\*。"我们从经验中知道,没有必要对一个既不稳定又很无知的政治家的话看得过重"——对于曾发表过市长邸演说的这个人说这样的话是无情无义的。弗勒里奥致杜梅尔格,1914年1月2日。见《法国外交文件》,第3集,ix,第5号。

\* 马可尼(1874—1937),意大利工程师,以研究和实验无线电通讯成功而著名。劳合·乔治任财政大臣期间曾购买马可尼公司美国分公司价值一千英镑的股票,当时英国邮政总局正同该公司英国分公司谈判订立合同,因此他购进股票一事在下院引起了轩然大波,后来虽然由下院投了信任票而平息下来,但他的地位大受影响。——译注

人相同，奥地利人也老担心在德俄之间签订某一协定之后哈布斯堡君主国将被瓜分。奥匈和法国都是濒于衰亡的传统强国；要把它们变成在较小国家群中的最大国家并不费事。因此，当法国保卫小国的利益——如葡萄牙和比利时的利益——时，它是为了保卫它自己的利益。尽管有法国人的多方反对，在英德之间还是在1913年6月达成了一项协议。一个事先没有料到的困难这时出现了。格雷耻于做这笔交易，想归咎于他的前任索尔兹伯里和鲍尔福，因为是他们签订了原来的1898年协定的。还有，虽然他厌恶葡萄牙对殖民地的恶劣统治，他要明确表示：葡萄牙不应在违背其本身意愿的情况下被剥夺掉它的殖民地。因此，他坚持在新协定签订后必须公开发表，同时发表1898年的协定和英国在1899年所作的、保证葡萄牙所有权的声明。德国人正确地认为，这将破坏他们的目的。他们将会既得不到葡萄牙的殖民地，也不能作一次示威，使法国对英国疏远。德国大使利希诺夫斯基对格雷说，他看来置身于葡萄牙帝国的"医疗顾问"的位置，"而德国所想的倒是它的继承人的地位。"①协定一直没有签署，但它仍不失为一种引人注目的和解姿态。

更为引人注目的是英德两国趋向于在巴格达铁路问题上达成协议。巴尔干战争结束后，"在亚洲的土耳其"的未来就成了国际关系中的决定性问题。巴尔干的权益是微不足道的；而在亚洲所能获得的权益看来是巨大的。这个问题同现存的同盟关系是抵触

---

① 格雷致戈申，1913年6月13日。见《英国文件》，x(ii)，第337号。格雷对法国人说——有点不大明智——由于他们的反对，协议搁浅了。保罗·康邦致杜梅尔格，1914年2月19日。见《法国外交文件》，第3集，ix，第333号。

的。俄国在土耳其没有经济上的利害关系——同它没有贸易、它的国债中没有俄国的份,也没有任何一项铁路权益。事实上,俄国的政策是阻止建设铁路,以便保证它的高加索边界的安全。在另一方面,它在海峡通航自由的问题上有重大的利害关系。它的出口额中有50%——在谷物出口额中占90%——是通过海峡运输的。它宁愿让土耳其留在海峡,这比任何一个强国在海峡要好得多;只有土耳其崩溃了,俄国才会试图去把海峡攫为己有。俄国这样的计划过去曾受到英法的反对。现在这两个国家分道扬镳了。英国人一旦在埃及确立了他们的地位之后,对关闭海峡已失去兴趣。虽然他们还占了土耳其贸易的最大份额,但这并不要求土耳其非在政治上复苏不可——不管政治当局是什么,生意总还是要做的。在土耳其的国债中,法国占了60%,而他们只有14%。他们在小亚细亚有一条已经废弃的铁路。如果他们能在波斯湾得到安全保障,他们准备抛掉他们在奥斯曼帝国的、相对来说较为微小的利益。1913年7月29日,他们同土耳其订立了一个协定,这个协定就与土耳其有关的问题而言给了英国在波斯湾以安全保障。他们想要从德国得到同样的保障——交换条件是他们不再反对德国修筑通达巴格达的铁路。比起正在衰败的奥斯曼帝国来,德国将是抵挡俄国的更为有效的屏障;而且这将使英国能放手地同俄国重启在波斯的争端——这一争端在1914年又突然发作起来了。

在另一方面,法国人在对奥斯曼帝国承担义务方面陷得很深。虽然他们在君士坦丁堡的原有经济利益同他们在俄国的新的利益相比,显得十分微小,但这些利益仍然存在;而反对服役期延长为三年的鼓动又在国内产生了新的政治势力。随着彭加勒被削弱,

第二十一章 两次巴尔干战争及战争以后 1912—4年

凯欧变得强大起来:他在1913年12月当上了财政部长,还梦想成为一个激进派—社会党联合政府的首脑,这个政府将在经济上同德国合作。法国人不愿意考虑瓜分奥斯曼帝国,因为如果这样做,其他国家最多也只会拿叙利亚来敷衍他们一下。即使是外交部的帕利奥洛格,虽然狂热地支持同俄国的同盟,也在1913年4月对伊兹伏尔斯基说,"你们想把土耳其搞垮;我们要它仍然在亚洲能够活下去,或者还能够复原起来。"①驻柏林的茹尔·康邦和驻君士坦丁堡的邦帕尔都鼓吹同德国合作,反对俄国。②

德国人从来没有认真对待这个想法。当然,他们在土耳其有很大的利害关系,在某些方面比所有其他列强都大。因为他们的利益处于土耳其的心脏地区(在君士坦丁堡和小亚细亚),而不是在边缘地带,如英国之在波斯湾。但他们不相信法国会抛弃同俄国的同盟。在这一点上,他们是对的。法国人三十年来已设法多多少少使他们同俄国的同盟和他们在土耳其的利益协调起来,他们现在当然不会轻易地抛弃这种努力。此外,德国的民族主义热情随着军备增长而增长,在阿尔萨斯引起了骚乱,在萨维恩事件中达到高潮(在萨维恩,一个德国军官对当地实行军法管制)。两国国内的群众情绪要比在君士坦丁堡的金融家们的联合更有力量。贝特曼倾向于改而同英国合作:"我们只有同英国在一起才能以一

---

① 帕利奥洛格的笔记,1913年4月7日。见《法国外交文件》,第3集,vi,第222号。

② 茹尔·康邦致皮松,1913年5月26日、6月4日、9月25日、11月27日;邦帕尔致皮松,4月4日、11月30日。同上书,vi,第621号;vii,第31号;vii,第192、537号;vi,第196号;viii,第554号。

种有利于我们的办法解决小亚细亚问题,正如未来的殖民地问题要求我们同英国合作一样。"①但这个想法也是行不通的。英国人希望控制波斯湾,而不去全面地瓜分"在亚洲的土耳其";同德国达成的关于巴格达铁路的协定显然是在用一种公平的方式处理这件事情。他们不会反对德国在小亚细亚的谋划;另一方面,他们也不会支持他们去反对俄国。他们也许会更乐于帮助德国,如果后者缩减了它的海军;如果它能对法国的安全作出某种保证,那自然就更好了。但这是办不到的,除非德国人缩小他们的人口出生率和经济增长率,而法国人则增长这些比率。不管怎么样,即使是这些因素也不是决定性的。在亚洲,英国人怕俄国甚于德国,因此更加迫切地希望同俄国保持良好关系。如果德国主宰小亚细亚,对英国人没有什么害处;但要是俄国主宰波斯湾,那对他们就是一场灾难了。而更大的灾难则是两国同意瓜分中东。尼科尔森在1914年4月写道,"这对我来说将是如此可怕的一场梦魇,我几乎会不惜任何代价去保持俄国的友谊。"②

英国人夸大了德俄协议的危险。二十多年来,德国的决策者一直坚持认为,他们在土耳其的经济利益并不为他们在那里产生任何政治利益;即使在1911年,基德伦还否定了马沙尔关于抵制俄国在海峡问题上的计谋的意愿。他们这样做的真正用意是:土耳其将不用德国援助自行抵抗俄国——不是用它自己的力量、就是在西方列强的支持下。现在,这个打算破灭了。英法不会抵抗

---

① 贝特曼的备忘录,1913年1月30日。见《重大政策》,xxxiv(i),第12763号。
② 尼科尔森致邦森,1914年4月27日。见《英图文件》,x(ii),第540号。

俄国,而两次巴尔干战争已使土耳其自身无力抵抗。① 剩下来的唯一办法看来是在君士坦丁堡成立一个德国的保护国——不论是瓜分或者维持奥斯曼帝国都可以。德国人是在不知不觉中走到这一步的。建设一支庞大的海军也是深刻的经济冲突在很大程度上不知不觉地发展而来的结果;但它至少还有一条政治上的理论作为借口——这一"冒险"将增加德国在同英国讨价还价中的力量。在巴格达铁路以及由此而来的所有问题上却并没有任何政治上的计谋。② 德国人搞这个工程只是"为了使德国强大这个总的目标"。但结局是一样的。过去,德俄两国只是因为奥匈而间接地交恶;现在这两国有史以来第一次有了发生冲突的直接原因。对德国人来说,他们在土耳其的经济利益是"一些具有奢侈品性质的东西"(温斯顿·丘吉尔形容德国海军的话)。对俄国人来说,这是存亡攸关的问题。萨佐诺夫给尼古拉第二写道,"把海峡抛弃给一个强大的国家,就等于是使南部俄国的经济发展从属于这个国家。"③

俄国人并没有比英国人更强烈的意愿要去"摧毁"德国——事实上他们的意愿更为微弱,因为英德之间还有经济上的对抗,而俄国人则需要德国和法国的资本以发展工业。此外,德国同西方列

---

① 这也是一种夸大的说法。虽然俄国吹嘘自己是个强国,他们的黑海舰队的实力在 1914 年还不如土耳其的舰队。

② 马沙尔当然明白他在干什么,但他的意见在柏林被忽视。他承认,他的政策只有在英德同盟(像他在 1890 年曾试图促成的那样)的基础上才行得通;为了实现这一点,他在 1912 年赴伦敦任大使。但甚至还没有来得及发现这一工作的困难之前,他就在 1912 年 9 月病故了。

③ 萨佐诺夫致尼古拉第二,1913 年 12 月 8 日。见《伊兹伏尔斯基书信集》,iii,第 1157 号。日期在其他资料中作 12 月 6 日。

强之间的平衡是俄国安全的基础。确实,对俄国人来说,使德国去威胁法英,比使之威胁他们自己要更为重要;只有这样,西方列强才会容忍俄国在小亚细亚、波斯和远东的谋划。对德国的恐惧驱使法国寻求同俄国结盟并且不管怎么样,有助于使英国欢迎英俄谅解。如果德国不再存在,俄国立即就会再次面临"克里米亚联合",正如在1919年及以后的年份中所发生的情况。因此,俄国人曾力争——像在1899年谈判中那样——避免在海峡问题上同德国冲突;巴尔干联盟本身就是为了做到这一点而使用的策略——俄国人想用以阻塞奥匈的扩张道路,而不是削弱土耳其。但一旦冲突发生了,它就变得是无可回避的、决定性的了;俄国人注定要走上反德的道路。

这样的冲突果然在1913年11月、在并无预谋的情况下爆发了。在希腊人和塞尔维亚人用法国装备击败了德国训练的土耳其军队之后,德国军备的信誉大受损害。德国人迫切希望恢复这一信誉。还有,他们经常在为克虏伯公司(威廉第二自己是个大股东)寻找军备合同。因此,当土耳其人要求德国派出使团去重新组建土军时,他们很高兴。当这一要求在1913年5月提出时,保加利亚人已到君士坦丁堡城下;所以甚至俄国人也祝愿加强土耳其抵抗力的想法得以实现。尼古拉第二本人在访问柏林时表示赞同。[①]到11月,俄国人不再害怕保加利亚了。当一个名叫里曼·冯·桑德斯的德国将军受命统率土军并在君士坦丁堡指挥作战

---

① 威廉第二在温根海姆(君士坦丁堡)致外交部函件上的批注,1913年12月3日。见《重大政策》,xxxviii,第15461号。

## 第二十一章　两次巴尔干战争及战争以后 1912—4 年

时,俄国人大怒。他们请求"三国协约"的伙伴给以支持。法英两国表示支持,但不无犹豫。法国人在使土耳其财政以至军备的恢复中有共同的利益;英国人的处境更为尴尬,因为一个英国海军上将正在重组土耳其的海军——无疑地,这是想由此捞到一些造船的合同,但重组土耳其的海军,如果不是对付俄国,又是对付谁呢?在德国人这一方面,他们在自己不聪明地挑起来的冲突面前退缩了。1914年1月,他们找到了个下台阶的办法:里曼·冯·桑德斯晋升土军陆军元帅,从而因位阶太高而不适于再指挥君士坦丁堡的部队。

眼前的危机算是过去了;潜伏着的冲突却还在继续。萨佐诺夫对一个德国新闻记者说,"你知道,我们在博斯普鲁斯海峡有着何等样的利益,我们对这一地点又是何等样的敏感。整个俄国南部都靠它,而你们现在却在我们的鼻子底下扎下了一支普鲁士戍军!"[①]在关于里曼·冯·桑德斯事件的警报期间,俄国人仔细考查了他们的战略地位。他们的结论是:他们没有足够的力量去拿下君士坦丁堡;他们没有运输军队的手段,他们的舰队在1917年前比土耳其舰队处于劣势。他们甚至不能从陆上、在高加索威胁土耳其人,除非把西线兵力全部调空。因此,在1913年12月,他们计划大量增加和平时期的兵力;但这个方案也要到1917年才能见效。俄国第一次需要它的伙伴来反对德国,而不是它们需要它这样做。总参谋长泽林斯基说,"除非打一场大战,要进行争夺君士坦丁堡的斗争几乎是不可能的";总的说来,大臣们都同意:"除

---

[①] 罗西恩(圣彼得堡)致贝特曼,1914年4月11日。见《重大政策》,xxxviii,第15531号。

非有把握使法英两国积极参加联合行动,看来不能够采取诸如可能导致对德作战这样的施加压力的措施。"①

俄国人于是着手来巩固"三国协约",因为它在此之前从未得到巩固。此外,他们还努力恢复针对中欧列强的巴尔干防线——它在第二次巴尔干战争中被粉碎了。同保加利亚和塞尔维亚必须多少变得和好起来;甚至更为重要的是,对罗马尼亚——自克里米亚战争以来一直受到双方尊重的中立区——要争取它作为一个黑海国家采取一种反土的、现在也就是反德的政策。最引人注目的是,俄国人使波兰问题也复活起来。1914年1月20日,在讨论关于里曼·冯·桑德斯的问题时,萨佐诺夫敦促尼古拉第二为取得波兰人的好感而同奥匈竞争:"我们必须创造某种把波兰人同俄罗斯国家联结起来的真正利益。"②这一武器如果装上子弹,它对罗曼诺夫同霍亨索伦两个王室间传统友谊、将比对哈布斯堡君主国产生更大的毁灭性作用。俄国人不想同德国打仗,正如英国人也不想打仗一样,尽管有德国海军问题。俄国也好、英国也好,在欧洲都不能有所得。但英国有制海权,而俄国则有商船在海峡的自由通航作依靠。正如尼古拉第二所说,"我们的目标不在君士坦丁堡,但我们需要得到保证:海峡将不对我们关闭。"③

---

① 大臣会议纪录,1914年1月13日、2月21日。见《国际关系》,第3集,i,第291号。
② 萨佐诺夫致尼古拉第二,1914年1月20日。同上书,第52号。
③ 德尔卡塞(圣彼得堡)致杜梅尔格,1914年1月29日。见《法国外交文件》,第3集,ix,第189号。尼古拉第二还说,"随着俄国资源的开发——这是铁路之功——和我们人口的增长(三十年内将超过三亿),我们的贸易将会发展。"俄国人的夸张并不始自布尔什维克:时隔四十年之后,俄国的人口仍未超过两亿大关。

如果两次巴尔干战争只不过是加强了那些民族国家，那么除了奥匈之外，这对任何人都没有害处；而奥匈已不再被作为一个强国来对待。但是，由于削弱了土耳其，这两次战争给了德国在海峡处于主宰地位以可乘之机。这种诱惑是不可抗拒的，而且，如果德国作为一大强国继续沿着它的路线走下去的话，这也是不可避免的。波美拉尼亚的掷弹兵已被人遗忘了。旧的普鲁士已经消失了；1848年时激进派所鼓吹的"大德意志"已经取代了俾斯麦的帝国的位置。威廉第二在1914年2月作出了一个确实的判断："俄普关系已经永远死去了！我们已经成了敌人！"①

---

① 威廉第二在波塔莱斯致贝特曼信上的批注，1914年2月25日。见《重大政策》，xxxix，第15841号。

# 第二十二章　欧洲战争的爆发
# 1914年

511　　1914年春天,由里曼·冯·桑德斯事件所引起的德俄之间的新对抗支配着欧洲各国的关系。双方都在寻求加强各自的外交地位,但目的根本不同。俄国人要同英法两国建立起如此坚强的同盟,以致德国会对战争畏缩不前;德国人则要乘他们还在军事上领先的时候,赶在对方的同盟得到巩固之前对俄国进行挑战。俄国外相萨佐诺夫在2月19日写信给驻英大使班肯多夫说,"只有在三国协约……变成一个没有秘密条款的防御同盟之后,世界和平才有保障。那时,德国称霸的危险将最后消除,我们每个人都能致力于自己的事务:英国人能去寻找解决他们的社会问题的办法,法国人在不受外来威胁的条件下能去力求致富,我们则能巩固我们自己并为我们的经济改组而努力。"[①]班肯多夫答复道,"如果格雷能够的话,他明天就会这样做。"[②]这说法是夸张的。虽然英国外交部的常任官员主张同俄国结盟——既为了取得它的好感、也为了遏制德国——格雷却一点也不愿意。他用公众舆论作挡箭牌;

---

① 萨佐诺夫致班肯多夫,1914年2月19日。见《国际关系》,第3集,i,第232号。

② 班肯多夫致萨佐诺夫,1914年2月25日。同上书,第328号。

任何同俄国结盟的建议肯定会使自由党的政府瓦解。但是,保持行动自由的政策代表了格雷自己的观点。他希望同俄国保持良好的关系;他无疑地也会敦促支持法国,如果它受到德国的攻击的话。但他再不向前走下去了。他不懂得把结盟作为和平的保障;像绝大多数英国人一样,他认为一切结盟就是承担战争的义务。512此外,虽然他欢迎在势力均衡中增添俄国的分量,他不相信俄国在近东的利益对英国来说是一件应予十分关切的事情——也许让俄国同德国在那儿拼个你死我活、两败俱伤还更好一些。4月间,他陪同英王乔治第五去巴黎——他以外相身份第一次访问欧洲大陆——在那里对法国人这样阐明了他的态度:

> 如果德国真对法国发动一次侵略性、威胁很大的进攻,很可能英国公众的情绪会认可政府援助法国。但是,德国对俄国是不大会发动一次侵略性、威胁很大的进攻的;即使发生,在英国人们会倾向于认为,虽然德国开初也许会得到胜利,但俄国的资源是如此充沛,从长远来说,即使我们不去援助俄国,德国也会弄得精疲力尽的。①

法国人并不喜欢这个回答。他们感到自己对英俄两国来说成了对付德国的人质。自从德尔卡塞在俄日战争之前那些日子里开始抛出三国协约的方案以来,法国人从来没有像现在这样迫切要求把英俄两国拉到一起来。

---

① 格雷致伯蒂,1914年5月1日。见《英国文件》,x(ii),第541号。

格雷作了一些让步,讨好法国人的成分比讨好俄国人还多一些:他同意按照1912年同法国所进行的讨论的模式,进行英俄海军会谈。① 这不是什么认真的计划,因为两国舰队在任何地方都不能合作。正如格雷后来所述,这样做"对于安抚俄国、不要因为拒绝而开罪它这一目标"是有用的。② 英国内阁认为他们并不因同法国的海军协定而承担义务,因此授权进行同俄国人的类似会谈。另一方面,在同俄国人的会谈中又夸大了英国对法国所承担的义务,从而认为俄国人将得到某些确有价值的东西。即使就这一点让步,格雷也逼使俄国人付出了代价。他重复了他的老要求:如果俄国想使协约更趋有效,它在波斯必须表现得更好一些。这次俄国人真的采取了一些行动来满足格雷的要求。萨佐诺夫试图对他在波斯的代理人加以约束。此外,他还提出把中立地带让给英国,③甚至向英国作出有关印度的保证——以相应的条件为代价——只要海军协议能够谈妥。④ 但到6月底,谈判仍是拖延不决:没有订立英俄盟约,甚至于它们在波斯的争执能否平息也还难说。⑤

俄国没有改善它对付德国的外交处境。相反地,德国人通过俄国驻伦敦使馆一个工作人员的叛卖行动(他经常提供俄国大使

---

① 这一次格雷采取了谨慎的步骤,一开始就先取得内阁的同意。
② 格雷著《二十五年》,i,284。
③ 萨佐诺夫致班肯多夫,1914年6月24日。见《国际关系》,第3集,iii,第343号。
④ 萨佐诺夫致班肯多夫,1914年6月25日。同上书,第361号。
⑤ 乔治第五写给尼古拉第二的和平时期的最后一封信(1914年6月16日)是呼吁在波斯改善关系。见《英国文件》,x(ii),第549号。

## 第二十二章 欧洲战争的爆发 1914 年

班肯多夫的信件内容）获悉拟议中的海军谈判，并在一张德国报纸上发表了这条消息。由此而在英国国内引起舆论大哗，使格雷当时无法进行会谈。更有甚者，政府中的激进分子仍然相信，同德国的关系正在改善。丘吉尔以为他自己同德国海军元帅蒂皮茨的会晤"可能有益处，而不可能有任何害处"。[①] 劳合·乔治走得更远。7月23日他在下院发言时曾谈到德国："我们两国之间的关系比几年前好得多了。……这两个伟大的帝国开始认识到，它们能够为共同目标合作，可以合作的地方比起那些可能发生争论的问题来要大得多、多得多而且重要得多。"[②] 英国大选正在临近；[③] 虽然一个历史学家对于没有发生的事情永远不应该妄加猜测，但劳合·乔治正在策划作为激进党—工党联盟的领袖来进行竞选——这样的猜想是很难抵制的。同德国和好，在波斯抵抗俄国，这两条必须成为这一联盟的纲领的一部分。在法国，舆论也在变化。4月大选的结果是大多数人反对三年兵役制；6月间，法国总统彭加勒不得不违心地任命维维安尼组织一个左翼政府。只是由于一件肮脏的私人丑事[④]才使他得以摆脱凯欧——凯欧得到饶勒斯和社会党人的支持，并有一个法德彻底和好的纲领。事实上，三个先进的西方强国为反对俄罗斯巨人而进行的联合看来已是十分临近的事情了。

---

[①] 丘吉尔备忘录，1914年5月20日。见《英国文件》，x(ii)，第511号。
[②] 见《汉萨德》，第5集，lxv.727。
[③] 根据1911年的国会法案，大选必须在1915年12月之前举行；实际情况使之更可能在1914年秋天或至迟在1915年春天举行。
[④] 凯欧的第二个妻子杀死了巴黎一家报纸的编辑，以免把她的丈夫在他们婚前写给她的那些情书发表出来。这使凯欧当时不可能出任总理。

至少德国总理贝特曼承认局势正朝着对德国有利的方向变化。他在 6 月 16 日写道,"欧洲会不会燃起熊熊战火全在德国和英国的态度。如果我们作为欧洲和平的捍卫者站在一起(不论是参与三国同盟或协约都不妨害这样做),只要我们从一开始就按照一个共同的计划来追求这个目的,战争是能够避免的。"①德国人对奥匈也不抱任何幻想。驻维也纳大使契尔施基在 5 月间写道,"我几乎时常在考虑,究竟是否值得把我们自己同这样一个每个环节都已失灵的国家机器如此紧密地结合在一起,并继续从事于把它拖着前行的艰难任务。"②如果完全是德国人的唯一目标,他们本来是可以抛掉这个任务的,只要接受英法两国主张和平的激进主义的友谊就行了。但单纯为争取和平而结盟不合他们的胃口。德国人一心要在全世界向前进;而他们如果要取得对近东的控制,奥匈对他们就必不可少。奥匈驻君士坦丁堡大使曾经以尖刻的得意心情对德国人摆出这一抉择:"要么放弃博斯普鲁斯海峡以及德国在近东的地位,要么同奥地利并肩前进,祸福与共。"③像常见的那样,德国的野心使它成了比它弱小的伙伴的俘虏。德国人着手使奥匈作为一大强国东山再起;对它的野心必须给以鼓励;它的资源也要撑持起来用于争衡。5 月 12 日,奥匈总参谋长康拉德同德国小毛奇将军在卡尔斯巴德(卡罗维发利)会晤。过去,小毛奇曾敦促康拉德维持和平,等待更有利的时机。现在,他却宣称等待英

---

① 贝特曼致利希诺斯基,1914 年 6 月 14 日。见《重大政策》,xxxix,第 15883 号。
② 契尔施基致雅古,1914 年 5 月 22 日。同上书,第 15734 号。
③ 帕拉维奇尼致伯克托尔德,1914 年 7 月 6 日。见《奥匈对外政策》,viii,第 10083 号。

国答应保持中立是会一场空的,因为英国永远不会作出这样的承诺:"任何拖延都意味着我们的机会在减少;我们在人力方面无法同俄国竞争。"① 结论是明显的:德国和奥匈必须在俄国扩军计划落实之前动手。

这两个中欧强国仍然远没有得出一个双方同意的方案。德国人对于哈布斯堡君主国的民族问题既不同情、也不了解。当然,他们要保持它作为一大强国;他们甚至承认匈牙利是它的核心部分。威廉第二在3月间曾对匈牙利首相蒂萨说:"一个日耳曼人的奥地利和一个匈牙利人的匈牙利是君主国的两大坚实支柱。"② 但是他们认为这同争取塞尔维亚和罗马尼亚到他们一边来的政策是一致的。他们从来没有想过对塞尔维亚怎么能够做到这一点,除了"就像在星系中一样,小的要依靠大的"这类空谈之外。③ 在他们看来,罗马尼亚掌握着巴尔干的钥匙:如果它忠于1883年的盟约,它就能迫使塞尔维亚走同一条路线。这个政策早已过时。罗马尼亚曾经一度寻求对付俄国的安全保障;现在它作为一个小麦的大出口国,在自由通过海峡这一点上同俄国有了共同的利益。更有决定作用的是,巴尔干国家的胜利激起了它的民族要求。不像这些国家,罗马尼亚的民族要求不能从反对土耳其来实现,而是只有把在匈牙利统治下的特兰西瓦尼亚的二百万罗马尼亚人解放出来。这对哈布斯堡君主国来说是一个比"南方斯拉夫人运动"更为危险

---

① 康拉德著《我的从政年代》,iii. 670。
② 特罗特勒致外交部,1914年3月24日。见《重大政策》,xxxix,第15716号。
③ 伯克托尔德的备忘录,1913年10月28日。见《奥匈对外政策》,vii,第8934号。

的挑战。如果弗朗茨·斐迪南登位,一个南方斯拉夫人的王国(或者,至少是一个克罗地亚王国)也许会建立起来。匈牙利的统治者是永远不会放弃特兰西瓦尼亚的,那里有他们的最富饶的产业并且居住着近一百万匈牙利人。

威廉第二宣扬"一个匈牙利人的匈牙利";但他也主张同罗马尼亚人和好,而这必然要造成同匈牙利人的直接冲突。对这一点,只有弗朗茨·斐迪南是有准备的;但即使是他,也不敢对威廉第二明说。王储这一派为实现他们的政策作了一些微弱的努力。1913年秋,这个集团的成员之一切尔宁作为公使去布加勒斯特。他很快报告说,"盟约的价值还不如书写它所用的纸张墨水。"[1]他提议伯克托尔德向罗马尼亚和塞尔维亚提供一项"保证",[2]从而把事情弄妥贴——好像这样一来这两国中的任何一国都能满足。这样的保证只能是针对保加利亚的;而伯克托尔德如果要说他有什么政策的话,他所常常梦想的正是同保加利亚结盟。切尔宁还敦促对特兰西瓦尼亚的罗马尼亚人作出某些让步。匈牙利首相蒂萨把这些一概置之不理;他认为同德国的结盟应该用来迫使罗马尼亚循规蹈矩。[3] 德国人要匈牙利对罗马尼亚和塞尔维亚作出让步以加强奥德同盟;而蒂萨的回答却是既然有了这一同盟就没有必要再作让步。最后是他的主张得逞。在维也纳,没有人能控制他;德国人也为他的坚定性所折服。威廉第二发现他是"一个真正伟大

---

[1] 切尔宁致伯克托尔德,1913年12月7日。见《奥匈对外政策》,vii,第9062号。
[2] 切尔宁致伯克托尔德,1914年4月23日。同上书,第9600号。
[3] 蒂萨的备忘录,1914年3月15日。同上书,第9482号。

## 第二十二章　欧洲战争的爆发 1914 年

的政治家"。①

6月13日,弗朗茨·斐迪南在科诺皮特最后一次会晤威廉第二。②他鼓起勇气斥责蒂萨是造成他们所遇到的一切麻烦的根源。威廉第二只是回答道,他将指示他的大使再次对蒂萨说,"阁下,请记住罗马尼亚人。"③匈牙利人不受约束地继续执行他们的顽固路线;作为最后手段,他们主宰了哈布斯堡君主国——从而也主宰了德国,并且拖着这两大强国同他们一起走。6月24日,伯克托尔德完成了一个源出于蒂萨的、关于奥匈政策的备忘录,主张同保加利亚结盟以反对塞尔维亚和罗马尼亚。这不是什么新东西——从巴尔干战争开始以来,伯克托尔德就一直在鼓吹这样做,只是效果不大。但现在俄国的幽灵被请进来了。这使这一提议对德国更富吸引力:"俄国包围哈布斯堡君主国的公开企图,其最后目的是在于使德意志帝国不再有可能反对俄国的取得政治和经济霸主地位的长远目标。"④

奥地利人叫喊俄国的直接目标是摧毁他们,已叫了三十年了。德国人总是可以回答说,只要奥匈在巴尔干不采取侵略行径,它就不会有危险;而实际的答复也常常就是如此。这在目前来说,比过去任何时候都更加确实。不论是塞尔维亚或是罗马尼亚,俄国人对它们的壮大都不在乎;他们只是要使这两个国家成为在德国同

---

① 特罗特勒致外交部,1914年3月27日。
② 这就是据说两人曾策划欧洲大战的那次会晤。实际上,他们只讨论了罗马尼亚问题。不论怎么样,很难设想弗朗茨·斐迪南如何能够策划一次以他的遇刺为开端的大战。
③ 特罗特勒致齐默曼,1914年6月15日。见《奥匈对外政策》,vii,第15736号。
④ 伯克托尔德的备忘录,1914年6月24日。同上书,viii,第9984号。

海峡之间的具有独立性的藩篱。但现在奥地利人却能争辩说,俄国的真正的挑战是针对德国的,因此德国必须为了它自己而去支持奥匈的巴尔干计划。德国人和俄国人一样对巴尔干没有兴趣。他们到君士坦丁堡的通路主要是在海上——通过英吉利海峡到地中海。他们也想要使塞尔维亚和罗马尼亚保持独立,虽然他们——这是必然的——希望通过牺牲奥匈、要它作出让步的办法来使这两个国家对德友好。但事与愿违,他们为了维持他们唯一的一个可靠盟国而被扯进了巴尔干的争端。正像威廉第二在另外一个场合所说,"大道理包含了小道理。"德国人所预期的是为争取欧洲和中东的霸权而斗争;奥地利人想的却只不过是终止两个巴尔干国家——德国同它们毫无芥蒂——的民族主义煽动。在他们之间,双方唯一都同意的一点,就是相信这两方面的问题都能用战争来解决。

奥地利人在事实问题上是对的:中欧列强已经失去了塞尔维亚和罗马尼亚两国。就塞尔维亚而言,这一点长久以来已很明显;虽然奥地利人夸大了塞尔维亚的危险,以便为他们自己在对付南斯拉夫人中不可救药的无能找个借口。罗马尼亚的叛变则是一个更富戏剧性的打击;它象征着自克里米亚战争以来在多瑙河下游曾经存在的不稳定的均势已告终结。6月14日,尼古拉第二和外相萨佐诺夫在康斯坦察访晤罗马尼亚国王。萨佐诺夫在一次汽车旅行中越过了匈牙利边界进入特兰西瓦尼亚。这个多少有欠考虑的、对罗马尼亚收复失地主义赞同的表示,得到了回报:罗马尼亚保证在奥俄发生战争时保持中立——虽然还不是武装支援。萨佐诺夫注意到了"罗马尼亚将会试图跟着那显得更强大并能使之取得更大利益的一方走"。① 至于给它什么样的利益,萨佐诺夫无意在战争真正爆发之前去认真考虑。就巴尔干而言,他的政策是包围,不是侵略;或者,用更为高雅的现代词语来说,就是遏制。英国在西方也正是如此。三国协约中的任何一国都不想引起一场全欧的大动荡;②三国都愿意把欧洲置诸脑后,而一心追求它们在亚非的帝国主义扩张。另一方面,德国开始感到它只能在摧毁了欧洲的均势之后才可能去扩大它在海外的帝国;奥匈则想以一场巴尔干战争来维持它自己的生存。

但是,夸大同盟体系的严肃性或认为欧洲战争不可避免都是错误的。任何战争在爆发之前都不能说它是不可避免的。所有现存的同盟也都是靠不住的。意大利只不过是一个最为极端的例子——一方面它续订了三国盟约,并且对德国作出了提供军事支援的、夸大其辞的诺言,另一方面它却又寻求同法英谈判订立一个地中海协议。在法国,同俄国结盟一事越来越不得人心;这一同盟关系受到凯欧的激进派和饶勒斯的社会党的联合势力的威胁(这一联合在1914年夏天看来已难避免)。这两人却是反俄的,或者至少是反对沙皇的;两人又都对德友好。在英国,在爱尔兰自治问

---

① 萨佐诺夫致尼古拉第二,1914年6月24日。见《国际关系》,第3集,iii,第339号。

② 人们常说,法国打算作战是为了收复阿尔萨斯和洛林。这是毫无根据的。法国人知道,如果打起仗来,他们要在德国人面前维护独立已很困难,遑论得到好处。当然,他们在战争爆发后要求收复阿尔萨斯和洛林,正如英国人要求摧毁德国海军和俄国人要求取得君士坦丁堡一样。但不是这些要求造成了战争,而是战争使他们提出了这些要求。

题上的危机正达到高潮。如果这一危机爆发,随之而来的不是一个对德友好的激进派政府,就是——可能性要小一点——一个软弱到不可能有什么外交政策的保守派政府。还有,1914年6月,英政府最后同德国就巴格达铁路达成了协议,而法国则早在2月间已经这样做。两国看来在重大的"亚洲的土耳其"问题中,同德国站在一边反对俄国;俄国人当然对两国这一立场有充分理由感到不满。俄国宫廷中的保守派既不喜欢同德国交恶,也不喜欢对塞尔维亚保持那种笼络人心的保护人地位;俄国的帝国主义分子则对英国在波斯的政策(特别是对油田权益的追求)感到很不满。① 如果德国人给他们在海峡的安全保障,那么他们会乐于转向反英的路线。② 有些更大胆的俄国人甚至于想到同土耳其结盟来反对三个西方"资本主义"强国;1914年5月,一个土耳其代表团在利瓦吉亚拜会尼古拉第二。如果"恩贾尔·斯凯莱西"*得到复活,必然会继之发生一次外交革命。但事实是,俄土之间的结盟要直等到1921年才实现。

很多德国人知道,他们四周的包围圈并不结实。贝特曼和外交部正确地估计到,如果法国没人理会的话,英国将离开俄国而转向他们。德国的大资本家们则正在不战而赢得对欧洲的霸主地位:南俄的工业、洛林和诺曼底的铁矿已经大部分在他们的控制之

---

① 1914年春,由英国海军部控制的英国—波斯石油公司同德国企业界成立了一个协议,以排斥俄美的竞争对手。

② 这常常是尼科尔森、也是驻圣彼得堡大使布卡南所担心的事。"俄国也许会同德国做一笔交易,然后恢复它在土耳其和波斯的行动自由。到那时,我们的地位就岌岌可危了。"布卡南致尼科尔森,1914年4月26日。见《英国文件》,x(ii),第588号。

* 见第11章原书第234页译注。——译注

下。德国的每个集团都有它的单一的敌人,也都愿意同其他的人谋和。但德国缺乏一个决定优先顺序的指导者;默许所有侵略性的意图并随波逐流地应付局势的发展要来得更容易一些。德国位于欧洲的中心,它可以运用这一地理位置来对它的邻国进行挑拨离间,就像俾斯麦所曾做过和希特勒以后将要做的那样;或者,它也能因为滥用这一地位而使所有邻国都一起来对付它——不是由于它执行某项政策,而是由于没有政策。海军元帅蒂皮茨和支持他的资本家们要求同英国作一次海上较量,并为德国对法俄的敌意而叹惜。陆军的职业军人和支持他们的资本家们则要求打一场大陆上的战争——特别是对法国,并为德国同英国的海上对抗而叹惜。群众党派——社会民主党和"罗马天主教中心"——对英法都友好,只赞同对俄作战这个老的激进方案。在德国的政策中,决定性的因素究竟是强大的海军,还是巴格达铁路,还是争取大陆霸权,要讨论这个问题是徒劳的。但就欧洲大战的成因而言,争取大陆霸权肯定是决定性的。如果德国摧毁了法国,使之不再成为一个独立强国,它在同俄英进行对抗以扩张帝国势力的斗争中才有某些取得胜利的机会。俄英两国都认识到这一点,因此早在德国建成海军或巴格达铁路之前很久就维护法国的独立。尽管如此,如果德国不直接向它们挑战,它们也不会这样乐意去同法国合作,并根本不愿意进行它们两国之间的合作。德国的政策——或者毋宁说,缺乏政策——使三国协约成为现实。德国的软弱的统治者——威廉第二和贝特曼总理宁肯受外国敌人的包围,也不愿国内发生麻烦。

人们竭力争辩说,德国是经过深思熟虑,把发动战争的时间定在1914年8月的。① 这种说法没有什么证据,倒是有一个足以推翻这种说法的决定性论据。贝特曼和威廉第二没有能力执行一项始终一贯的政策;总参谋长小毛奇指挥不了一次战役,更不用说指挥一次战争了。德国人是被奥匈拖进战争的,但他们是自愿跟着它走的。同奥匈合作是易事,要拒绝同它合作却需要有一个政治家才会这样做。6月28日,弗朗茨·斐迪南在波斯尼亚首府萨拉热窝被一个波斯尼亚的塞尔维亚人所刺杀。② 奥匈外相伯克托尔德对于总参谋长康拉德老是嘲笑他优柔寡断和软弱无能,早已感到厌烦。还有,当"亚洲的土耳其"取代巴尔干作为国际纷争焦点的地位以来,奥匈也被搁置到一边去了,而且德国人曾不耐烦地拒绝了伯克托尔德在小亚细亚取得势力范围的要求。③ 萨拉热窝的谋杀事件使巴尔干问题重新复活,并使奥匈得以给人错觉,重新以

---

① 例如R.C.K.恩索尔在他所著《英国,1879—1914年》一书中就这样说,见该书第469—70、482页。

② 关于塞尔维亚政府是否了解这一阴谋的问题,已经有了连篇累牍的论述。有一个叫做柳巴·乔瓦诺维奇的人宣称,5月间塞尔维亚首相帕斯克曾告诉他这一阴谋。后来发现,他也曾说过有人告诉了他1903年谋刺国王亚历山大的阴谋。他显然是一个很精明的"水晶球占卜家"(凝视水晶球,借其中图像以占卜未来的迷信活动。——译注)。塞尔维亚政府对战争是毫无准备的;战争发生的时机是再坏不过的了,因为它的军队还没有按巴尔干战争的要求重新改组。他们当然想到,如果弗朗茨·斐迪南去萨拉热窝,从而激起民族主义情绪,那么谋刺这样的事情是可能发生的;而且,早在6月初他们就对主管波斯尼亚事务的奥匈财政部长比林斯基发出警告,不要进行这次访问。但这次访问的用意本来就是要激发民族主义情绪,或者毋宁说是要向这种情绪挑战,所以把访问的时间故意安排在塞尔维亚的国庆节日——科索沃战役周年纪念。如果一个英王室成员在爱尔兰动乱高潮时选择爱尔兰民族节日"圣帕特里克日"去访问都柏林,他也可能会被人开枪打死的。

③ 雅古致契尔施基,1914年1月25日。见《重大政策》,xxxvii(ii),第15100号。

一个强国的姿态出现。这一次,它要占据舞台的中心位置,只有真正挑起一场战争。德国人关于把奥匈一笔勾销并多少改善一点对俄关系的谈论,也没有为奥地利所忽视。哈布斯堡君主国不惜酿成使它送命的一场危机来证明它还是活着的。

伯克托尔德决定把战争强加给塞尔维亚,尽管他没有关于塞尔维亚参与其事的证据,并且永远也找不出这方面的任何证据。[①]匈牙利首相蒂萨反对他。伯克托尔德要恢复君主国的威望,而蒂萨则只关心"大匈牙利"。同在他之前的科苏特一样,作为匈牙利的盟友,他把眼睛盯着德国而不是维也纳,并且对这个二元君主国的垮台满不在乎——只要"大匈牙利"能够存在下去。[②]伯克托尔德为了消除蒂萨的反对,向德国要求支援;如果敦促开战的是柏林而不是维也纳,蒂萨是顶不住的。伯克托尔德推出了他的6月24日备忘录,敦促与保加利亚结盟;还加了一个附记,谴责塞尔维亚的谋刺事件。此外又附了一封弗朗西斯·约瑟夫给威廉第二的信,又联系到俄国的泛斯拉夫主义,谴责了一番。结论是,"塞尔维亚作为巴尔干的一个政治因素必须加以消除。……友好的解决办法现不复考虑。"这两个文件于7月5日呈交给威廉第二。

在柏林没有进行严肃的协商。威廉第二邀请奥匈大使在波茨坦共进午餐。起初他说还要等贝特曼的意见;但饭后他就改变了

---

[①] 所有权威人士都同意这一点。因此后来关于塞尔维亚参与其事的证据,即使加以接受,同判断伯克托尔德的政策也没有关系。

[②] 蒂萨因为弗朗茨·斐迪南偏向南方斯拉夫人和罗马尼亚人,所以在私交上也不喜欢他。在听到他的死讯时,蒂萨说,"这是我主上帝的意思,而我们为一切事情都只有对上帝感恩。"

主意,让自己作出了承诺。奥地利大使赛根尼报告道,"对塞尔维亚的军事行动不应再延迟了。……即使这一行动发展成奥俄之间的战争,我们仍可深信,德国将会以它作为盟国的一贯忠诚,站在我们一边。"①贝特曼下午到了。他同威廉第二一道在公园散步并对后者说过的话表示赞同。第二天,他向奥大使赛根尼正式证实,"奥地利须作出判断,采取什么行动来澄清它同塞尔维亚的关系;但不管作出什么决定,奥地利可以万无一失地指望德国将作为盟国给以支持。"②伯克托尔德关于同保加利亚一起瓜分塞尔维亚的计划也向贝特曼作了介绍;贝特曼表示赞同并补充说,"如果战争一定要爆发的话,现在就打比一两年后再打更好,因为到那时协约国将会变得更加强大了。"

威廉第二和贝特曼所做的还不止于给奥匈自由行动的权利;他们还鼓励它对塞尔维亚开战,并甘冒后果更为严重的风险。他们已变得习惯于伯克托尔德在巴尔干战争中的犹豫不决,并且决定不要使自己因此而受到指责。他们预计,一切动作的最可能的结果就是奥匈同保加利亚结盟。还有,他们两人都以为俄国并不准备打仗,它在作出一些没有什么效果的抗议之后就会听任塞尔维亚受辱;那么,在以后同俄国进行讨价还价时,他们就会处于更强有力的地位。在另一方面,如果发生战争,他们对于现在打赢这场战争比以后打赢更具信心。他们没有决定作战;但他们在7月5日确实就已决心运用他们的优势力量,或是打赢一场战争,或是

---

① 赛根尼致伯克托尔德,1914年7月5日。见《奥匈对外政策》,viii,第10058号。

② 赛根尼致伯克托尔德,1914年7月6日。同上书,第10076号。

取得一项惊人的成就。贝特曼曾常说，德国和英国应该合作以保障和平。如果他想要使当前危机得到一个和平的解决，那么他是会立即去接触英国人的。但他什么也没有做。他不想去惊动他们。他的目的——如果他有什么目的的话——是使英国人在一场大陆战争中保持中立，而不是为实现普遍和平取得他们的支持。

德国的答复使伯克托尔德得到了他所要的东西：使他能够改变蒂萨的态度。他现在可以争辩说，德国正在敦促他们打仗。7月14日，蒂萨让步了，因为"大匈牙利"必须保持德国的好感。他提出了一个条件：奥匈不应取得塞尔维亚的任何领土。虽然伯克托尔德接受了这一条件，他的用意是在欺骗蒂萨。一旦塞尔维亚被打垮，它的南部领土将被阿尔巴尼亚和保加利亚瓜分，其他部分也将成为哈布斯堡君主国的附庸，即使不被直接吞并的话。① 奥匈能够取胜的机会在于迅速行动。与此相反，伯克托尔德却行动迟缓，就像维也纳通常的作风那样。给塞尔维亚的最后通牒到7月23日才送出；到了这时，全欧洲对斐迪南大公被谋杀的愤慨情绪早已消失。塞尔维亚人在7月25日作出答复，比预期更为顺从地接受伯克托尔德的条件。但事情没有因此而起变化。奥地利人已决心要打仗；德国人又鼓励他们采取行动。7月28日，奥匈对塞尔维亚宣战。这样做的动机不是出于军事上的理由：即使对塞作战，奥匈军队也直到8月12日才准备就绪。但正如伯克托尔德所说，"外交形势不会这样长久不变"。他需要宣战，以便拒绝所有

---

① 这个瓜分计划在第一次世界大战中始终没有实现，但在1914年却由德国人（其中很多是奥地利人）执行了，保加利亚取得了马其顿，阿尔巴尼亚得到了科索沃平原。

进行调停或实现和平解决的尝试。现在,"形势的发展已远远跑到了我们的前头了"。

奥匈对塞宣战是决定性的行动;其他的一切都是随之产生的。从6月28日弗朗茨·斐迪南遇刺到7月23日奥匈发出照会,没有出现什么外交活动,因为在奥匈的要求公布之前,不可能采取任何外交行动。接着,政治家们就来试图避免危机的产生。俄国人劝告塞尔维亚不要抵抗,而要信任列强;①格雷提议在塞尔维亚和奥匈之间进行斡旋。但俄国人曾一再宣称,他们不会听任塞尔维亚被搞垮;如果他们想要保持独立的巴尔干国家作为缓冲,他们就只能这样办。就在奥匈致塞尔维亚的照会发出之前,彭加勒和总理维维安尼正在圣彼得堡。他们再次强调法国对盟约的忠诚,但没有证据证明他们曾鼓励俄国挑起战争,如果能找到某种和平解决办法的话。当奥匈向塞尔维亚宣战时,俄国人试图只针对奥匈进行动员工作,尽管他们除了全面动员之外没有其他的动员计划。事实上,他们仍在采取外交活动;他们只是在提高他们的赌注,而不是准备作战。德国人此时上场了。他们曾向奥地利人保证,不容俄国人干预其事;他们现在就着手这样做。7月29日,他们警告萨佐诺夫,"俄国的动员如再继续进行下去,则将迫使我们也进行动员了。"②

这次俄国人决定不再后退。他们更加提高了他们的开价。7月30日,他们决定实行总动员。这也只不过是一个外交上的姿

---

① 俄国大臣会议,1914年7月24日。见《国际关系》,第3集,v,第19号。
② 贝特曼致波塔莱斯,1914年7月29日。见《德国文件》,第342页。

态;俄国部队准备就绪还得好多个星期。但是——按照雅古的说法——"德国的本钱是速度"。他们唯一的军事计划就是在六星期内击败法国,然后在俄国还来不及充分准备好之前挥师东向。因此,他们必须加快局势的发展,并对俄国和法国打它们个措手不及。威廉第二不妨同尼古拉第二继续保持私人电讯往还(甚至一直延续到宣战以后),贝特曼也不妨继续寻求不可能实现的外交成就,但他们都被将军们推到一边去了;对于"立即发动战争对德国安全是必要的"这一军事论点,他们也作不出任何回答。然而即使是将军们,他们所要的也不是战争,而是胜利。当贝特曼敦促在维也纳谨慎从事,而毛奇同时却又敦促更快行动时,奥匈外长伯克托尔德叫喊道,"开什么玩笑! 在柏林到底谁说了算?"答复是:谁说了也不算。德国政治家们同将军们一样,都屈从于技术的要求。

7月3日,德国人在他们自己这一方面采取了进行总动员的最初步骤。[①] 从这时开始,就有关欧洲大陆列强而言,外交活动是停止了。德国唯一关心的事是尽快进行战争。7月31日,他们要求俄国制止一切备战措施;这一要求被拒绝后,随之而来的就是8月1日的正式宣战。他们要求法国作出在俄德战争中保持中立的承诺;如果法国人同意,德国人就会进一步要求法国放弃在边界上的主要堡垒——图尔和凡尔登——作为信守中立的保证。法国总理维维安尼只是回答道,"法国将根据本国利益采取行动"。德国

---

[①] 由于德国的敦促,奥地利人在得悉俄国实行动员之前,也在7月31日决定总动员。

人不具有对法国发动战争的站得住脚的理由,因此捏造了关于法国侵扰德国领土的谣传,并利用这些谣传在 8 月 3 日抛出了宣战书。

德英之间的谈判拖得更长一些。在德国方面,他们的目的是要取得英国的中立,而不是避免一场大陆战争。贝特曼曾经敦促伯克托尔德表现得和解一些——不是为了找到一个妥协办法,而是为了装给英国人看。7 月 29 日,他提出如果英国保守中立,德国就不兼并任何法国领土(不包括海外殖民地)。德国还将在战后尊重比利时的完整,只要"它不采取反对德国的立场。"[①]格雷始终坚持他自己的政策路线。他一再试图通过谈判解决奥、塞争端;后来他又试图召开一次列强会议。他警告德国不要指望英国中立;同样地,他警告俄国和法国不要指望英国支持。

有时有人说,格雷如果以一种或他种方式明确他的政策,战争也许能够避免。实际不然。德国总参谋部早就计划通过比利时入侵法国,不会由于英国的恫吓而改变。确实,他们常常假设英国会参战;但他们瞧不起英国的陆军力量,而海军方面的问题他们又不在乎。贝特曼要英国宣布中立是为了使法俄两国泄气;一旦弄清楚俄法不论怎么样都将开战,英国政策如何他就不再感兴趣了。从感情上说,他对于同英国决裂是感到惋惜的,但他没有为避免出现这种情况而有任何作为,而且无论如何他想影响德国的将军们是无能为力的。另一方面,法俄两国在决定打仗时也没有一定指靠英国的支援;法国人相信他们能够打败德国,而俄国人则不能冒

---

① 戈申致格雷,1914 年 7 月 29 日。见《英国文件》,xi,第 293 号。

他们自己外交上失败的风险。英国宣布中立不会影响他们的政策。此外,格雷坚决认为,俄法两国应该在没有他的任何鼓励的条件下自己决定政策;战争必须来自他们自己的独立决断。

那些要求英国应有明确路线的人是从各种互相矛盾的动机出发的。尼科尔森担心俄法打了大胜仗之后,英帝国就得对他们俯首听命。艾尔·克鲁更能代表官方的意见,他担心法国被打败,英国随后也将俯首听命于德国。不论怎样,要格雷作出任何明确的宣布是不可能的;公众舆论也不会允许他这样做。如果要对格雷提出批评的话,那么应该批评的是他在以往几年里对英国公众的教育不够。无疑地,他不敢做任何事情去增剧欧洲的紧张局势;但在他心里,自由党内部的团结和自由党政府的存在下去也确是比制定一项决定性的外交政策要更为重要。对讨论外交问题表示遗憾是常见的事。例如,艾尔·克鲁就"哀叹所有关于外交事务的公开演说";①而格雷是同意他的。结果是,在 1914 年 7 月,内阁否决了任何承诺。7 月 27 日,劳合·乔治说,"首先,不可能出现我们参战的问题。我没有听说过哪一位内阁大臣是赞成这样做的。"②

此外,格雷也认为英国的干预不会起多大作用。他只想到海上作战,在他看来,即使派一支远征军去法国也是不可能的,③当

---

① 保罗·康邦致皮松,1913 年 10 月 21 日。见《法国外交文件》,第 3 集,viii,第 367 号。
② 斯各脱的备忘录,1914 年 7 月 27 日。见哈蒙德著《C.P. 斯各脱》,第 177 页。
③ 他对班肯多夫在 8 月 2 日曾这样说,对康邦在 8 月 4 日也这样说。(前者见致萨佐诺夫函,1914 年 8 月 2 日,《国际关系》,第 3 集,v,第 456 号;后者见致杜梅尔格函,1914 年 8 月 4 日,《法国外交文件》,第 3 集,xi,第 754 号。)

然更是从未想到在整个大陆的规模上进行军事干涉。8月2日，内阁授权他警告德国，其舰队不得在英吉利海峡对法国进行攻击。即使这个条件也不是起决定作用的；德国人会很乐意地表示同意，以换取英国的中立。但8月3日他们对比利时发出最后通牒，要求德军自由通过比利时以入侵法国；8月4日英国就作出回答，要求尊重比利时的中立。在这个问题上，又有人批评格雷没有更早一些采取行动，认为他早就应该以尊重比利时为英国中立的条件。但这不会产生什么实质上的差异。德国给比利时的最后通牒是7月26日起草的，那就是说，甚至还早于奥匈对塞宣战。入侵比利时是他们的计划中的一个重要部分——实际是最重要的部分。如果格雷更早一些采取行动，也许除了造成自由党政府的破裂之外，他不会得到任何结果；如果他更晚一些采取行动，那么他将挽救不了比利时，并且丧失掉道义上优势这一无可估量的价值。

8月4日，为期很长的俾斯麦式和平终止了。它已延续了超过一代人的时间。人们已习惯于把和平视作正常的事情，所以当和平终止时，人们就去探求某些深刻的原因。但造成这次战争的直接原因要比其他战争简单得多。例如，造成克里米亚战争的明确责任应由谁来担负？什么时候这一战争变得不可避免？这些都是问题。在1914年，一切都很清楚。奥匈无法解决它的民族问题。它为南方斯拉夫人的不满去责备塞尔维亚；如果说这种不满情绪使塞尔维亚违心地卷进了哈布斯堡事务，那倒是更符合实际情况一些。1914年7月，哈布斯堡政治家们采取了以暴力对付塞尔维亚这样一种轻而易举的方针，就像他们的先辈在1859年用以对付撒丁王国一样（尽管有更充分的理由）。伯克托尔德在1914

年发动战争就像奥地利外相包尔在1859年、法国外相格拉蒙在1870年所做的一样，都是有意识这样做的。有一点不同：包尔指望普、英的支援，而格拉蒙则指望奥匈。他们的指望都落空了。伯克托尔德指望德国的支援却是做得对的；要不是有来自柏林的一再鼓励，他原本是不会坚持这样一条强硬路线的。德国人并不确定要在1914年8月发动战争，但当时机出现时，他们是欢迎的。现在打，他们能取胜；再晚些时候打，他们就不那么有把握了。因此他们就很容易地听从军事行动时间表的摆布了。奥匈正越来越衰弱，德国则相信它正处于鼎盛时期。所以，这两个国家决定打仗是出于相反的动机，而它们的决定凑到一起就造成了一场欧洲大战。

协约国的参战都是为了自卫。俄国人作战是为了保障海峡的自由通行，这关系到他们的经济命脉；法国是为了维护三国协约——它正确地认识到只有三国协约才能保证它作为一个强国存在下去。英国人则是为了维护主权国家的独立以及——更深远一些——为了防止德国独霸大陆。有时有人说，这次战争是由于各种同盟体系或者——更空泛地——由于势力均衡而造成的。这是不符合实际情况的概括。没有一个列强是不折不扣地按照他们的承诺行事的，虽然如果它们没有提前实现承诺的话，它们也许是会严格按照承诺行事的。德国保证，一旦俄国进攻奥匈，它就参战；但相反地，它在俄国采取任何行动之前就宣战了，而奥匈则是在此后一星期才万般无奈地同俄国决裂。法国保证，一旦德国进攻俄国，它就参战；但相反地，它面临着德国提出的要它无条件保持中立的要求，以至即使没有法俄同盟，它也不能不接受战争——除非它准备放弃强国的地位。英国有同法国站在一起的道义上的负担,还有保卫英吉利海峡沿岸地区的更重要负担;但它的参战却是为了比利时,而且即使没有英法协约和格雷—康邦1912年11月的换文,它也会这样做。只不过在那种情况下,英国的干涉将会变得甚至于还不如现在这样有效罢了。

至于势力均衡,更切合实际的说法应该是:战争是由于它的被破坏而不是它的存在所造成的。在法俄同盟的最初十年中,确实存在着真正的欧洲均势,随之而来的是和平。俄国在对日作战中削弱以后,这一均势被破坏了;德国就开始习惯于用恫吓手段来实现它的要求。这种情况到阿加迪尔危机时终止。俄国开始恢复力量,法国开始恢复勇气。两国都坚持,应该像在俾斯麦时期那样对它们平等相待。德国人感到很恼怒,决定以战争来结束这种状况——如果没有其他办法的话。他们担心均势正在重新形成。他们的担心是夸大了的。当然,如果俄国的军事计划得以实现,并且国内骚乱得以避免——这是两项极难做到的假设——它到1917年将会是一个更加可畏的强国。但在法国,三年的兵役制看来是不大会维持下去的;而且,不论怎么样,俄国人如果不受到干扰,他们倒是宁愿用他们的实力在亚洲对付英国,而不是去进攻德国。事实上,和平局面必然会在若干年内使德国取得欧洲霸权。但德国外交的习惯作法以及——更为重要的——德国人民的精神状态(他们使自己养成了一种侵略的心理)阻止了这一情况的出现。

德国的军事计划发挥了重大的作用。其他列强都只从自卫着眼。没有一个法国人认真地思考过收复阿尔萨斯和洛林;巴尔干的斯拉夫人和条顿人的斗争,对绝大多数俄国人而言,是十分无谓的事情。德国的将军们要得到一次决定性的胜利——为胜利而胜利。虽然他们抱怨德国受"包围",但造成这一包围的正是德国的政策。十分荒谬的是,德国人在1871年吞并了阿尔萨斯和洛林之后,却给自己带来了问题。① 他们想要建立一道固若金汤的边界,而且建成了这样的边界——如1914年8月所显示,一小队德军在那里顶住了法军大部队的进攻。1871年以后,德国人就能容易地做到一面同俄国作战,一面在西方固守;这实际上正是老毛奇将军的战略计划。这不是一种保证取得最后决定性胜利的战略,因而史里芬弃置不用。1892年,他坚持应先打败法国;十年以后,他得出了进一步的、不可避免的结论:德军必须借道比利时。如果老毛奇的战略得到遵守,那么由此而产生的政治后果将会使得劝说法英舆论赞同援助俄国十分困难。但在1914年出现的情况却是俄国出来帮助法国、甚至帮助英国。史里芬起初促成了法俄同盟,后来又促使英国必然参战。德国人抱怨没有能使战争在1914年"局部化",而起阻碍作用的正是史里芬的战略。除非获得全面胜利,他是不会满足的;因而他使德国陷入全面覆灭的境地。

这里还有更深一层的解释。在1914年,没有人认真看待战争的危险,除了单纯从军事角度考虑。虽然除少数作战人员以外所有人都怕战争造成的流血,但无人预期战争会产生社会灾难。在梅特涅的时代,甚至在他之后的时期,政治家们曾担心战争会产生"革命"——而革命者有时正是为了这个道理而支持战争的。现

---

① 当然,这在政治上也是如此。虽然法国即使不丧失阿尔萨斯和洛林,也会有意于维持俄国的强国地位,但它的公众舆论对俄国的承诺将不会像现在这样陷得深;而德国人也不会认为只要他们同俄国一开战,法国就会不可避免地攻击他们。

在,政治家们却倾向于认为战争将推迟社会和政治问题的爆发。在法国,它产生了"神圣联合会";在德国,威廉第二能这样说,"我不再看到党派,我只看到德国人。"所有人都以为战争将会适合现存的文明结构,正如1866年和1870年的战争所曾经过的那样。确实,在这两次战争之后出现的是更稳定的货币、更自由的贸易和更合乎宪法的政府。战争只有在拖延的情况下才会打破平民生活的平稳规律。格雷以一种极端的形式来表达这一看法。8月3日,他在下院说,"如果我们参与战争,我们将要忍受的痛苦不会多于我们因袖手旁观而将忍受的痛苦。"[①]而他所说的痛苦只不过是指英国与大陆贸易的中断。没有一个国家为战争进行认真的经济准备工作。在英国,发出了"照常做生意"的呼声,以减少预期战争会造成的失业现象。德国人对"总体战"的理解是如此之差,以至于他们在1914年8月放弃入侵荷兰,为了使他们仍能同世界其余部分自由地进行贸易。

巴尔干战争给了人们一个起欺骗作用的教训。大家都以为战争一爆发就会立即发生决定性的战斗,然后即可由实现一种在人颐指气使下的和平。德国人期望拿下巴黎;法国人期望在洛林实行突破。俄国的兵力将所向披靡,直捣柏林;从俄国的观点看来,更重要的是俄军将越过喀尔巴阡山攻下布达佩斯。即使是奥地利人也期望"粉碎"塞尔维亚。英国人则期望在一次立即发生的海战中一举摧毁德国舰队,然后对德国海岸实行严密封锁;此外他们就没有什么军事计划了——除了欢呼盟军的胜利以及可能从这些胜

---

[①] 格雷著《二十五年》,ii,306。

## 第二十二章 欧洲战争的爆发 1914 年

利中捞到一些好处。

所有这些预期中的事情都没有发生。法军未能突入洛林,伤亡惨重。德国人借道比利时进军,远远地望见了埃菲尔铁塔。9月6日,他们在马恩河被阻并被击退。法国人虽然赢得了马恩河战役,却未能扩张战果;德国人既未被摧毁,也未被赶出法国领土。到11月,从瑞士直到海岸出现了一条战壕防线。俄国人入侵东普鲁士;他们于8月27日在塔宁贝格遭到惨败,[①]而他们在加利西亚的部队也未能到达喀尔巴阡山。奥地利人占领了贝尔格莱德,塞尔维亚人撤出;但奥军在11月又被逐出,塞军进入南部匈牙利。德国舰队仍留在港内;英国舰队也同样被"关"起来,以便同前者保持力量平衡。到处都是攻防战超过决定性的战役。机关枪和铁锹改变了欧洲历史的进程。最初的巨大冲突曾使政策的运用停顿下来,但在1914年秋天,外交活动又重新开始了。所有列强都设法加强他们的同盟、吸收新盟员并且——更为微弱无力地——去动摇敌方的联合。

---

① 俄国的进军使毛奇将军从西线调了两个军团到东普鲁士去。从这个意义上说,法俄同盟有存在的必要,并且俄国人帮助了法国赢得马恩河战役。但这对德国的战败来说,只是一个次要的原因。主要的原因是德国领导所犯的重大错误和法国总司令霞飞在战略上的复振。当然,如果不存在法俄同盟,德国就将会有更多力量用于西线;但在这种情况下,法国同德国也就根本不会交战了。

# 第二十三章　战争的外交
## 1914—8年

在1914年,战争局限于各大强国之间。在较小的国家中,只有塞尔维亚和比利时是从一开始就卷了进去。即使是意大利,也在这一年的大半年时间里保持中立,显示它处于列强阵营边缘的暧昧地位。起初,这种情况对英法是适宜的;它们所关心的是在西线击败德国,并且不想背上保卫小国的包袱——为了保卫比利时,它们的负担已经够大的了。英国甚至婉拒了它的最老盟国的帮助。葡萄牙人生怕他们的殖民地被用来作为换取德国人退出比利时的"廉价货柜",因此希望参战;格雷坚定地告诉他们,"暂时"不需要他们干涉。俄国人则又是另一种情况。虽然他们为了法国盟友而入侵东普鲁士,他们对德国本身并没有重大野心;他们所关心的是摧毁德国同近东的联系纽带——哈布斯堡君主国,并欢迎任何有助于达此目的的帮助。此外,由于他们的武装无法援助塞尔维亚,他们不得不依靠外交。意大利在8月3日宣布中立,理由是三国同盟只适用于进行自卫战争,并且奥匈没有对它提出任何"补偿"。俄国外长萨佐诺夫立刻来弥补这个不足:他提出把蒂罗尔、的里雅斯特和发罗拉(在阿尔巴尼亚)给意大利,如果后者进攻奥地利人的话。这还不够,因为意大利人把自己看作威尼斯共和国的继承人，从而要求取得"亚得里亚海的霸主地位"。但萨佐诺夫希望把马其顿的一部或全部许给保加利亚，收买它参战；而马其顿在1913年已为塞尔维亚攫占，所以他想把哈布斯堡在亚得里亚海的属地给塞尔维亚作为交换。他同意大利的谈判因而毫无结果。

他在巴尔干进行的谈判同样不成功。他把塞尔维亚和保加利亚的领土许给罗马尼亚，把罗马尼亚、土耳其和塞尔维亚的领土许给保加利亚，把保加利亚领土许给土耳其——如果它们之中任何一国参战的话。所有这三国都在观望，想等到发生一次决定性的战斗之后再说。只有在俄国获胜已成定局的情况下，它们才会站到俄国一边，但到那时它们的援助就变成不必要的了。8月3日，罗马尼亚像意大利一样宣布废弃它对三国同盟所负的义务。这当然使俄国方面得分，但同俄国外交并不相干。罗马尼亚的全部民族愿望集中在特兰西瓦尼亚，而且它决不会做任何有助于使哈布斯堡得胜的事情。与此同时，罗马尼亚人希望像在1913年所做的那样按兵不动，不经过一场严重斗争就取得特兰西瓦尼亚。萨佐诺夫助长了这种希望。为了急于保障俄军在加利西亚的左翼阵地，他愿意为罗马尼亚的中立付出高昂代价。10月1日，他答应给罗马尼亚特兰西瓦尼亚，其唯一交换条件为它在战争中保持"善意中立"。这笔交易使俄国所费不赀；此后罗马尼亚就能让别人来为他们作战了。

同土耳其的关系发生了更有决定性、并更具灾难性的变化。1914年5月，有些迹象显示土耳其人正在靠拢俄国；但是，虽然他们可能想联俄制德，但他们仍然指望联合英法以制俄。战争的爆发使这样的保持平衡变得不可能了。而且土耳其人深信,三国协约如果获胜,将会瓜分奥斯曼帝国;如果失败,也会这样做聊以自慰。另一方面,德国却向他们提议结盟,以保障奥斯曼帝国的完整,正如类似的同盟保障了奥匈帝国的完整一样。由于形势的某种奇怪的发展,德国虽然是从革命的民族主义中汲取了它自己的力量,却成了两个非民族主义的大帝国的保护人,而且——要是事情发展有一点不同的话——还可能成为俄国沙皇制度的保护人。此外还有一个更为实际的论点:在德国受训的"青年土耳其党人"相信德国必胜。8月2日,土耳其同德国签订了反俄的同盟。这是一个极端严重的错误,它促成了奥斯曼帝国的垮台。土耳其人一直利用在列强之间挑拨离间的巧妙外交手段来弥补它内部的弱点,现在他们却毫无道理地使自己卷进了欧洲的冲突。也许他们没有别的路子可走。德国将军里曼·冯·桑德斯和他的部属牢牢地控制着土耳其军队;8月后半个月,从地中海逃到马尔马拉海的两艘德国巡洋舰"葛本号"和"布雷斯劳号"使君士坦丁堡处于它们的大炮火力之下。

但是土耳其人是心甘情愿的俘虏。不管他们同其他列强的关系如何,他们的政策总是围绕着俄国转,对它是又恨又怕。现在他们以为最后的抉择已经来到了:不是他们在黑海摧毁俄国的实力,就是俄国将要把他们摧毁。像维也纳的政界人物一样,他们放弃了曾经保障过他们的拖拉作风而下决心孤注一掷。在一种混乱的情况下,他们对德国和俄国的力量都作了过高的估计。他们希冀德国会打倒俄国,但同时又害怕俄国会打倒他们。他们不相信这样的情况:一旦俄国卷入欧洲的战争,它就没有余力来对土耳其进行一次远征——但实际情况正是如此。

萨佐诺夫并不存这样的幻想。他对土耳其提出了使之保持中立的无比宽厚的交换条件——保证土耳其领土完整、把希腊和保加利亚在爱琴海上的属地给土耳其,把德国的铁路权益也给它,甚至撤销有关的约定条款。这些提议使萨佐诺夫的两个盟友感到吃惊。法国人不喜欢开创放弃欧洲权益的先例。格雷自己迫切想用牺牲土耳其的办法来收买希腊参加战争;他说,"土耳其的决定不会受那些向它提出的条件的价值的影响,而是在于它自己对何方可能获胜、何方有能力使这些条件兑现的看法。"① 但萨佐诺夫还是提出了这些条件,不过没有发生效果。9月26日,土耳其关闭海峡,断绝商业航运。10月28日,那两艘在君士坦丁堡附近的德国巡洋舰开进黑海轰击敖德萨,事先并未征得土耳其允许。三天后,参加三国协约的列强同土耳其断绝关系并向之宣战。11月1日,正如9月6日(德军在马恩河一线被迫停止进军的日子)一样,以其各自的作用成为欧洲历史上决定性的日子。第一个日子决定了德意志军国主义君主国的命运;第二个日子则决定了古老的俄罗斯帝国的命运。在马恩河战役之后,德国已不可能速胜,因此它后来被逐步调来对付它的优势兵力压迫得喘不过气来。在海峡被封闭之后,俄国逐渐不再成为一个强国。没有来自西方的供应,它无法使它的军队得到补给,通过阿尔汉格尔以及后来通过摩尔曼斯克的路线根本不能代替海峡的通道。12月18日,俄军总司令

---

① 班肯多夫致萨佐诺夫,1914年8月15日。见《国际关系》,第3集,vi(i),第95号。

尼古拉大公不得不通报他的盟友,俄国的军需品已经告竭,此后它只能采取守势;它所能希望做到的最大限度是当英法两国设法打赢这场战争的时候勉强站稳。

最初几次战役之后出现的僵持局面促使所有列强考虑它们的战争目的究竟是什么。在参战的时候,没有一个国家具备任何明确的目的——除了取胜之外。人们期望胜利会产生一项政策;事实上胜利就是政策。奥匈最接近于形成一项目标:它至少想要结束南斯拉夫民族主义的挑战。但即使连这一点它也不知道如何去完成,除非进行征服;不论怎么样,它被德国拖着在这场重新安排欧洲的更大规模斗争中跟着走。在所有国家,人们不仅认定这场战争将以一项决定性的结果而终止,并且决心要使之这样做。他们已经趋向于把和平看成是"正常"的;因此他们只能容忍一场"以战止战"的战争。任何具体的收益都不会使他们感到满足。例如,1914年12月,德国人曾试探性地提出从比利时撤退,并且甚至愿意用高出其价值三或四倍的代价收买比属刚果,以作为对比利时的赔偿。这个提议无疑是欺骗性的;格雷不仅加以拒绝,并宣布英国及其盟国"必须获得安全保障,以防止将来发生任何来自德国的攻击"。① 问题的核心就在这里。一个条约一旦遭到破坏,只修复它是不够的。德国人既可以把1839年所作的保证当作"一团废纸"扔掉,他们所作的任何新的承诺就毫无价值了。这是一个老问题:一百年前,革命的法国曾经引起这个问题;以后,共产主义的俄

---

① 布卡南备忘录,1915年1月15日。见《国际关系》,第3集,vi(ii),第759号。根据其他报道,德国人不是提议为撤出比利时付给赔偿而是要求给它赔偿。不管怎么样,这个提议的用意是制造麻烦,因为法国对比属刚果有优先收买的权利。

国又引起这个问题。一个国家如果由于它的政治哲学而认为它自己可以随心所欲地撕毁条约,那么同这样一个国家签订条约又有什么好处呢?梅特涅曾经作出过答复,那就是为了对付这个国家而保持一种坚不可摧的联合。这个答复没有使英国人满意。虽然他们为了作战而放弃孤立,但他们还是想一旦战争结束就回复到孤立状态。就此事而言,俄法两国也想能抛弃欧洲。因此,所有这三个国家都决心要摧毁德国,使之不再成为一个强国。

这又产生了另一个困难。在过去,当交战各方缺乏共同的道德标准并宣传要打到底的时候,它们之间的冲突是真正的、根本性的冲突;两种"生活方式"在真刀真枪地进行交战。伊斯兰和基督教——像雅各宾派和老保皇党一样——彼此把对方看成"异教徒""异端",这在他们自己来说是对的;在他们之间只能有休战而不能有信任。但是,1914年的战争明显地是在性质类似的主权国家之间的一场冲突;它应该是为了明确的、实际的目标而打起来的。但这样的目标却并不存在,最多不过是对根本冲突作些解释,而不是说明造成冲突的原因。要找到真正的原因并不难:在上一代人期间德国的国力有了巨大的增长,它在欧洲的现有地位已同它的国力资源不再适应。但是所有欧洲列强——正如这一名称所包涵的意义所指——都是为取得强大力量而组成的联合体。那么,它们怎能责备一个国家奉行它们全都遵循的唯力是视的规则呢?最简单的解决办法是把德国人说成不论在作战或平时统治中都采取一种特别野蛮的态度——这种说法有一点(不是很多)事实根据。更为巧妙一点的说法是把威廉第二说成一个要征服世界的人,就如匈奴王阿提拉或拿破仑的样子——虽然后面这种比喻当然法国人是不爱听的。由此就引伸出这样的假设：如果霍亨索伦王室被推翻、德国成为民主共和国，德国问题就将消失。但法国人不管怎么样对哈布斯堡王室总是心肠要更软一点，尽管在这两个王室之中它是更加不合时代潮流的。

德国的"怨恨"同协约国正好相反。后者抱怨德国是为了进一步扩大力量而运用它的力量，德国则抱怨协约国反对它这样做。但是德国人也得为这种怨恨找到某种道义上的依据；因此，他们不得不宣称他们代表一种优越的文化形式。德国人曾一度渴望显示他们同西方文化的一致；现在他们又同样迫切地想要强调他们同西方文化的差异。这种差异自然是存在的；但双方都要把它说得比实际更夸大，为的是说明双方有着根本的冲突。

在协约国方面，这次战争本质上是一次为了使它们能作为独立的强国生存下去的战争。但这个理由缺乏感情上的魅力。因此，必须使这次战争变成"一次为了民主的战争"。但即使下列说法也很难站得住脚：如果德国不再作为一个强国存在，国际冲突就不会发生了。因此，协约国又不得不表示，它们都将接受一项国际道义的更高标准，只要德国能让它们这样做。这是一个缓慢的过程，在战争的头一年里几乎觉察不到。但随着斗争的拖延，协约国发现它们自己——其实是违反它们意愿的——承认了"国际秩序应以法律而非实力为依据"的主张。近代最大的一次权力之争却越来越成了为废弃"强权政治"而进行的斗争。这是颇为奇怪的。

因此，协约国的"战争目的"就从一堆互相矛盾的动机中产生出来。每个国家都要求改善它的地位——既为了对付德国，也几乎在同样程度上为了对付它现在的伙伴。每个国家都接受"德国作为一个强国应予摧毁"的观点,虽然每个国家都很自然地强调最适于它本身需要的应予摧毁的某个方面。隐蔽在这观点后面的是那种摧毁德国以后总会出现一个较好世界的模糊希望。英国人从一开始就坚持要摧毁德国舰队,并且要求取得德国的殖民地,因为他们记得德国人在以往的战争中常常在殖民地方面得到好处。法国人要求阿尔萨斯和洛林;虽然他们不愿意为这两个失去的省份打仗,但得不到这两个省份他们不愿意媾和。这个要求使法国的政策有一种虚幻的现实主义色彩:法国人看来是在要求某些具体的东西,而英国人和俄国人则在空谈安全。事实上,法国人要求收复阿尔萨斯和洛林是把它们作为德国失败的象征;他们不会满足于把它们作为胜利的全部代价。俄国人要想出一些对德国的具体要求是最难的;实质上他们除了要德国在他们摧毁奥匈的时候袖手旁观之外别无所求。他们取自德国的领土都将是波兰人的居留地;虽然他们在8月14日已经答应恢复波兰国家——"宗教信仰、语言文字和内政上都给予自由",但内心很不愿意把这一诺言兑现。因此,他们又倒回去空谈"摧毁德国军国主义":普鲁士必须予以肢解,并且——作为讨好据认为是英国人感情需要的手段——必须重建汉诺威\*。英国人和法国人根本上也是同样模糊:他们也希望德国的战败将会以某种方式使德国问题解决,或者至少会使德国"洗心革面"。结果是,确定胜利以后应采取的政策的尝试又回复到原来的出发点:胜利本身将会产生政策。

---

\* 请参看第17章原书第379页译注。——译注

德国人应该会好办一些。如果他们在战争结束时变得比开战时更强大,那么这次战争对他们来说就是一次胜利。但是他们同样不能接受这样一种极其有限的结果;他们也坚持要取得最后的胜利,摧毁所有反对他们的力量。战前,他们由于没有做到"一次只走一步"而招来了各国的反德联合;现在他们又由于拒绝放弃任何一项要求而使这一联合保持下去。一旦失去了速胜的可能性,他们唯一获得成功的希望就在于同俄国或西方强国单独媾和。但他们没有抓住这一线希望。1914年秋,对英法两国无疑地已无可转圜。战争加强了德国的军人和资本家,这些人主张在西方必须取得决定性的胜利:一旦德国主宰了资本主义世界,它就将镇住俄国。1914年的战役使德国占领了比利时和法国北部,这本身对德国的政策就是一个灾难。在西线恢复原状的提议不管怎么样都会动摇英法的舆论;但德国人自己不可能做到放弃安特卫普或洛林的铁矿。他们毫无预谋地承担了打一场征服西方强国的战争的重任。

因此,推迟在东线的斗争就更有理由了。而在俄国,也存在着做工作的条件。同西方合作只有自由主义的中产阶级赞成,而这个阶级在俄国是没有什么力量的。萨佐诺夫、可能还有尼古拉第二,看到如果同德国单独媾和,那只不过是把冲突推迟到某个对俄国更为不利的时刻;但他们也知道,一场旷日持久的战争可能会使俄国的全部生命终结。那些没有政治头脑的官僚仍然在希望置欧洲于不顾而在亚洲树立俄国的势力。这些人的主要发言人是维特。他总是在渴望回到1895年的、甚至于1905年毕由克条约的那种格局:德法两国势均力敌,竞相争取俄国的友谊,而这一复活

## 第二十三章　战争的外交 1914—8 年

了的大陆联盟应以全部力量来对付英帝国。① 当然,维特是希望同德国媾和的,并且对它没有任何要求;但他的根本条件是保持大陆均势。而另一方面,德国人只是为了要摧毁这一均势才愿意同俄国媾和。因此,他们得出了同协约国的相同结论。他们不是要寻求一个只使他们获得部分胜利的和局,而是指望取得将给他们最后和平的胜利。

1915 年开始时,协约国抵挡住了德国武力的最初冲击以及德国在外交上的较为微弱的努力。这一点是三个国家各管各地做到的。9 月 5 日,它们协议不单独媾和、未经事先同意不提出媾和条款。三国协约的这一加强来自德尔卡塞的创议(这是非常合适的),他于 8 月 26 日重新出任法国外长。但这几乎没有什么实际效果。尽管法俄之间进行了二十年的军事会谈,它们并没有制定出任何共同作战方案或实现战争目标的步骤。两国的总司令霞飞和尼古拉大公彼此都不把战略透露给对方,也不试图配合作战。霞飞不了解俄国物资缺乏,抱怨俄国没有尽到它在战斗中的一份责任;尼古拉大公则担心如果德军撤至莱茵河法国就会媾和。② 占领波属加利西亚的俄国军界人士很不喜欢这样做,③并敦劝说,他们从打败德国中得不到任何好处;对他们说来,似乎控制海峡才是唯一值得为之战斗的目标。但他们实在没有多余的兵力可以用

---

① 与帕利奥洛格的谈话,1914 年 9 月 12 日。见帕利奥洛格著《沙皇的俄国》,i. 120;卡洛蒂(圣彼得堡)致索尼诺,1915 年 1 月 19 日。见《国际关系》,第 3 集,vii(i),第 37 号。

② 萨佐诺夫致伊兹伏尔斯基,1914 年 9 月 17 日。同上书,vi(i),第 269 号。

③ 俄国军官们对手试图在那个地区进行正教宣传特别生气:"我们要求的是枪炮,而你们送给我们的却是传教士。"

来对土耳其作战。俄国最高统帅部敦促萨佐诺夫必须通过外交手段取得君士坦丁堡；而他则同样坚持认为只有用军事突击才能拿到这个城市。然而够荒唐的是，甚至俄国军界也不是真正想要君士坦丁堡。所有的专家一致认为守卫君士坦丁堡和海峡将是一项不堪忍受的军事负担。① 但除此之外还有什么别的办法呢？土耳其是敌人，不能再信任了；国际化则将置俄国于其他列强的宰制之下，是"各种可能的解决办法中最坏的一种"。此外，俄国国内自由派的舆论要求取得君士坦丁堡；在军事失利的情况下，尼古拉第二不能不对这种舆论加以安抚。

1914年12月30日，尼古拉大公向西方列强抛出了海峡问题。他在总部对英国代表说，俄国在高加索的驻军正受到土耳其攻击的威胁，要求盟国援助。这是一个政治行动。高加索的危险完全是想象。大公是想借此转移人们对他无力发动对德攻势的注意力；更为重要的是，他想迫使萨佐诺夫以外交手段取得君士坦丁堡，因为他自己不能靠武力来做到这一点。俄国的呼吁在伦敦受到欢迎，因为英国许多大臣害怕在西线僵持下去，想运用海上力量来加以突破。英国官方对海峡问题早已淡漠。在战前，为了英国的公众舆论，他们不能不坚持；现在，为了俄国的舆论，他们已准备让步，相信这样做将防止俄国退出战争。此外，他们也想加强他们在埃及的地位，因为现在土耳其已是敌人；这就消除了他们反对俄国控制海峡的最后一个理由。11月13日，英王乔治第五预料到

---

① 巴西利、尼米兹和尼拉托夫的备忘录，1914年11月14日和12月27日。见《君士坦丁堡和海峡》，ii，第2、3、4号。

## 第二十三章 战争的外交 1914—8年

事态的发展,对班肯道夫说,"至于君士坦丁堡,那很清楚,它是你们的。"① 到了11月18日,英国人就宣布已提议由英国兼并埃及。②

这些事态发展对法国人来说是最不受欢迎的。他们担心当他们自己的力量全部用在西部战线上的时候,他们的盟国就把奥斯曼帝国分掉了。帕利奥洛格在圣彼得堡抱怨说,"英国已经把君士坦丁堡给了俄国;今天俄国把埃及给了英国。尼古拉第一的方案已经实现了。"③德尔卡塞则想把所有这些问题都推迟到战争结束以后再说,到那时法国也可以把突尼斯和摩洛哥吃掉。④ 当1915年1月英国人提出进攻达达尼尔海峡以满足尼古拉大公的要求时,法国人对于这样从西线转移兵力表示惋惜。他们后来是默许这样做了,不是为了讨好俄国人,而是为了想抢在俄国人的前头;他们希望把俄国人挡在君士坦丁堡城外,而不是把这座城市交给他们,并且实际上是在对他们的盟国保密的情况下进行远征的准备工作。英国人却不那么沉默。他们对俄国人吹嘘即将进行的远征,目的是为了不使他们退出战争——事实证明,这样张扬是不必要的,因为单独媾和的主要鼓吹者维特已在3月13日去世了。

萨佐诺夫被迫采取外交行动——不论他是否愿意。当英国人

---

① 班肯多夫致萨佐诺夫,1914年11月13日。见《君士坦丁堡和海峡》,ii,第25号。
② 布卡南致萨佐诺夫,1914年11月18日。见《国际关系》,第3集,vi(ii),第533号。结果是英国人满足于战争期间将埃及作为英国的保护国。
③ 1914年11月18日。见帕利奥洛格著《沙皇的俄国》,i,194。
④ 伊兹伏尔斯基致萨佐诺夫,1914年11月18日。见《国际关系》,第3集,vi(ii),第543号。

提出使用希腊军队进攻君士坦丁堡时,他更直接地感到必须行动,因为希军参战这件事带来了一个复活了的拜占庭帝国的古老魔影。3月4日,他正式向两个盟国提出把海峡及两侧属地归入俄罗斯帝国版图的要求。① 英国人一点也不作梗。格雷在3月12日——在取得了反对党领袖们的同意之后——同意俄国的要求;②作为报偿,他要求波斯的中立区应归英国所有,俄国也不反对中立国家——特别是希腊——参加战争。③ 法国人则更加顽固一些。德尔卡塞只愿意答应在和会上提出这个问题时对俄国的愿望表示"友好态度";④彭加勒亲自写信给帕利奥洛格——对一个法国总统来说,这是没有先例的行动——敦促他不要作出任何让步。⑤ 俄国人的反应是恐吓和贿赂。萨佐诺夫以辞职和让位于一个"三帝联盟"支持者相威胁。⑥ 尼古拉第二则对帕利奥洛格说,"你们把莱茵河左岸拿去吧,把美因茨也拿去吧;要是你们愿意,再往前也行。"⑦几天以后,他同意法国可以占有叙利亚、西里西亚和巴勒斯坦。⑧ 我们不明白为什么法国人后来软下来了——也许是由于英国的压力,也由于想讨好俄国人的任何意图。4月10日,法国在一份照会中勉强同意俄国的要求,条件是"把战争进行到胜

---

① 萨佐诺夫致帕利奥洛格及布卡南,1915年3月4日。见《君士坦丁堡和海峡》,ii,第53号。
② 班肯多夫致萨佐诺夫,1915年3月14日。同上书,第84号。
③ 布卡南致萨佐诺夫,1915年3月12日。同上书,,第81号
④ 帕利奥洛格致萨佐诺夫,1915年3月8日。同上书,第70号。
⑤ 彭加勒致帕利奥洛格,1915年3月9日。见彭加勒著《为法兰西服务》,vi,92。
⑥ 1915年3月3日。见帕利奥洛格著《沙皇的俄国》,i.314。
⑦ 萨佐诺夫笔记,1915年3月5日。见《国际关系》,第3集,vii(i),第312号。
⑧ 1915年3月16日。见帕利奥洛格著《沙皇的俄国》,i.322。

## 第二十三章　战争的外交 1914—8年

利结束为止,并使法英两国实现它们在近东及其他地方的目标"。① 这样一来,"克里米亚战争的列强"终于对俄国在海峡上的野心给了某种理论上的许可——尽管这种野心实际上俄国人自己也并不喜欢。

关于君士坦丁堡和海峡的协议是在第一次世界大战的进程中盟国间订立的最重要的"秘密条约"。当1918年布尔什维克公开发表这一"密约"时引起舆论大哗,说各盟国是在道德准则的烟幕下追求自私的、帝国主义的目的。情况并不是真的这样简单。协议是随英国远征达达尼尔海峡而不可避免地产生的。有必要除掉俄国的猜疑;这种猜疑用格雷的话说,就是"英国将占领君士坦丁堡,为了在英法因俄国的援助而打赢这场战争之后,不使俄国在议和时取得君士坦丁堡"。② 即使不进行这次远征,也还是要做点什么别的事情,以便使俄国在1914年战役中遭受军事失利之后恢复信心。当然,如果西方盟国能在法国北部击败德军,甚至还能运送大量军需供应俄国,那当然会更加有效地使俄国人感到满足。但这两点都是它们所无力做到的。霞飞动不了德国人;英国和法国自己的军需也不够,而且即使有足够的军需品也无法运给俄国。必须在外交上为战略和物资上的缺陷做些补偿;对未来作出某种承诺是一种最为廉价的办法。

这一承诺起了作用。它消除了俄国的猜疑;它也许还有助于使它不退出战争。看来更可能的是,它无论如何将会继续打下去。

---

① 帕利奥洛格致萨佐诺夫,1915年4月10日。见《君士坦丁堡和海峡》,ii,第103号。

② 见格雷著《二十五年》,ii.181。

1915年后半年,德国人提出,如果俄国人愿意单独媾和,他们就把君士坦丁堡给俄国。萨佐诺夫和尼古拉第二认识到,除非击败德国,他们对海峡的占有很可能只是暂时性的;他们拒绝了德国的提议。事实上,要说"秘密条约"的好处,最多只是由于俄国始终留在联合体内而使冲突不大会在盟国之间发生。但它仍然在外交上造成一些尴尬的后果。俄国已经预先得到了奖赏;英国拿到了埃及和波斯的中立区;法国人却什么也没有,甚至连归还阿尔萨斯和洛林的坚定承诺也没有。他们坚持要同英国瓜分土耳其的亚洲部分;虽然这将使英国人实际上取消他们对阿拉伯人所作的诺言,英国人也还是不能不默许。1916年1月,英法两国签订了赛克斯—皮科特协议,把叙利亚划给法国,美索不达米亚则给英国。俄国人还要求把亚美尼亚和库尔德斯坦划给他们,作为他们因同意上述英法协议而得的另一笔奖赏(1916年9月16日)。这笔交易在当时看来也不像后来所显示的那样近乎嘲弄。如果要法国承受在西线的主要负担,那么英国就不能不去抚慰法国人的情绪。此外,奥斯曼帝国战后将不复存在,这是合乎情理的假设;既然如此,盟国不能不为将来作个打算。在回顾时提出盟国当时应该打算建立独立的阿拉伯国家是容易的,但要保护埃及、突尼斯和摩洛哥的英国和法国两国产生这样一种想法却不是容易的。

俄国人是付了某些代价——虽然事实上是由他们的被保护者塞尔维亚来偿付这笔代价——才得到了关于君士坦丁堡归他们所有的承诺的。当英国人在1915年年初打算把土耳其打垮以包抄德国侧翼的时候,法国希望把意大利拖进战争来达到同一目的。英国人默认了这一政策。意大利的陆军可以代替他们现时自己还提供不出来的兵力,它的海军将在地中海加强协约国的力量。此外,英法两国都很愿意把第四个强国引进东方问题,作为对俄国的抵消力量。在1914年8月,俄国曾经是最迫切想把意大利拖进战争的,当时俄军转而对付德国,所以俄国人需要意大利,以分散奥匈的注意力。但到了1915年初,俄国人虽然对德国已难有所作为,仍然希望能顶住、甚至击败奥匈;他们也无意使"克里米亚联合"完全复活。3月2日,萨佐诺夫坚持认为意大利参战已无价值,只会增加议和时的困难——在战胜国之间可分的胜利果实太少了。①

意大利人在提要求时自然也是不客气的。其他列强都是在来得及明确目标之前被迫参战的;意大利却能够坚持在答应了它的条件之后才参战。它希望一举实现它的全部野心:取得蒂罗尔和伊斯特利亚以完成"民族统一";②在亚得里亚海获得主宰地位;在近东及殖民事务中的强国地位得到承认。意大利人曾作过一些努力,想以和平手段实现这个方案。他们向中欧列强提出保守中立,以换取奥匈在巴尔干所得利益的"补偿",根据是三国同盟的条款。德国人准备达成这笔交易;以他同意大利的关系自豪的皮洛夫被派到罗马去告诉意大利人,他们在弗朗西斯·约瑟夫的口袋里能找到什么,德国就给他们什么。奥地利人则加以抵制;像过去发生过的情况那样,这个"多民族"的国家对民族原则决不让步。此外,割让蒂罗尔——那里有三十万日耳曼人——将会得罪日耳曼民族

---

① 萨佐诺夫致帕利奥洛格及布卡南,1915年3月2日。见《国际关系》,第3集,vii(i),第276号。

② 这些地区的"民族"要求是神话:居民中意大利人均不占多数。

的奥地利人,他们是君主国的最坚强的支持者;而在亚得里亚海作出让步则将把克罗地亚人赶进塞尔维亚人的怀抱。当奥匈外长伯克托尔德像通常那样表现出"软弱"时,他终于被免去了职务,由伯里安接任——他是从安德拉西之后出任外长的第一个匈牙利人。不管怎么样,谈判毫无结果;像在1866年一样,意大利人认识到,实现他们的要求的唯一保障是奥匈的战败。

3月4日,意大利转向协约国;就在这同一天,俄国提出对君士坦丁堡和海峡的要求——这是偶然的巧合。协约国不在乎把蒂罗尔的日耳曼人牺牲给意大利;它们——甚至包括俄国——对于伊斯特利亚的六十万斯洛文尼亚人一无所知;英法还愿意把达尔马提亚全部许给意大利,并答应使阿尔巴亚尼成为意大利的保护国,[①]特别是在意大利对殖民地和近东的要求并未明白说出的时候。但萨佐诺夫却不愿牺牲达尔马提亚的南方斯拉夫人——他们有一百万,而意大利人只有一万。俄国一直没有做任何事情来帮助塞尔维亚,因此更有理由不在外交上抛开它不管。还有——这是西方列强永远不能理解的一个事实——俄国人感到他们在保护斯拉夫人利益上是义不容辞的,正如英国政府总是站在各自治领中属于不列颠血统的人民一边。不需要用那些关于俄国有野心在亚得里亚海取得海军基地的不着边际的猜测去解释萨佐诺夫反对的原因。当然,在他反对意大利要求的立场中有实际的因素。1913年他不让保加利亚进入君士坦丁堡从而使之同俄国疏远,现

---

① 意大利人估计匈牙利在战后将会完整地保存下去,因此没有要求阜姆(里耶卡),或克罗提亚海岸的一小块狭长领土(匈牙利王国的附庸)。这使他们在1919年感到尴尬,当时他们想得到伦敦条约中许给他们的一切,还有阜姆。

## 第二十三章 战争的外交 1914—8 年

在他想把塞尔维亚人手中的马其顿给保加利亚,将保加利亚争取过来;这样一来,他就必须使塞尔维亚人在亚得里亚海得到很大好处以安抚他们。更为含糊一点的是,萨佐诺夫似乎看到意大利、匈牙利和罗马尼亚结合在一起的阴影,这将威胁到他自己在巴尔干建立一个"斯拉夫人大联合"的计划。他还受到苏皮洛——一位流亡的克罗地亚人领袖——的很大压力,不让他牺牲南斯拉夫人的最广泛的要求;但即使不去保护罗马天主教的克罗地亚,萨佐诺夫为保护塞尔维亚也已够忙的了。

萨佐诺夫的顽固态度激怒了他的西方伙伴。帕利奥洛格说,"我们拿起武器是去拯救塞尔维亚,不是去实现斯拉夫主义这个怪物。牺牲君士坦丁堡已经够了!"①格雷则认为意大利的参加是战局的转折点——"我们不能只是为了给塞尔维亚弄到一长条海岸而拖延这件事情。"②萨佐诺夫不能就在他自己要求取得君士坦丁堡的时刻对意大利的要求毫不通融。还有,他在自己的阵营里也存在着弱点。尼古拉大公担心出现一次奥德联合进攻,敦促把意大利尽快地拉进战争中来。③萨佐诺夫却仍然只愿这样妥协:他放弃达尔马提亚的克罗地亚部分,但仍要求把达尔马提亚南部给塞尔维亚。意大利人也有谋求妥协的原因。3月22日,俄国人占领了加利西亚的普热梅希尔要塞——这是一个带欺骗性的讯号,

---

① 帕利奥洛格著《沙皇的俄国》,i. 336。1915 年 3 月 31 日。
② 班肯多夫致萨佐诺夫,1915 年 3 月 24 日、31 日。见《国际关系》,第 3 集,vii (ii),第 419、451 号。格雷建议用巴纳特来安慰一下塞尔维亚。因为这是收买罗马尼亚参战的拟议中的代价的一部分,所以这个想法也是对萨佐诺夫计划的拆台。
③ 莫拉维也夫(于总部)致萨佐诺夫,1915 年 4 月 3 日。同上书,第 471 页。

似乎即使没有意大利的援助他们也还能击败奥匈;几天后萨佐诺夫就以关于维也纳提出议和的说法来吓唬意大利人。① 事实上,意大利人开始担心俄国在东欧取胜的时候正是俄国人开始担心失败的时候,而俄国人的担心倒是更确切些的。4月26日,意大利同协约国签订了伦敦条约。南部达尔马提亚应归塞尔维亚,虽然意大利人坚持这一地区"中立化";意大利既然是一个强国,不能受这样的限制。除此之外,意大利所提要求都满足了;作为报偿,意大利答应协约国在一个月之内"对它们所有的敌国"开战。② 这个条约近乎意大利和普鲁士在1866年4月8日签订的条约的翻版。当奥地利人鼓起勇气作出让步时——又是太迟了——1866年的

---

① 萨佐诺夫笔记,1915年3月28日。见《国际关系》,第3集,vii(ii),第441号。这个和议是通过一个名叫玛莉娅·瓦西什柯娃的宫廷贵妇提出来的,但即使有这么点因头,和议也是来自德国,而不是奥匈。

② 从技术上说,这样概括是不够细致的。在第二条中,意大利答应同协约国一起"对它们所有的敌国"进行战争;只是结语中它才答应在一个月之内"进入战场"(对某个未明确说明的敌国)。1915年5月,它只对奥匈宣战;直到1916年8月28日才对德宣战。第一条还规定,"在俄国决定以其主要力量对付德国的情况下",应举行一次军事会议以便"确定俄国必须用以对付奥匈的最低限度兵力,以防止奥匈倾其全力对付意大利"。由此可见,意大利对俄国所担心的事情同法国人所担心的正好相反。

意大利将来在蒂罗尔、伊斯特利亚和达尔马亚的疆界都作了具体明确的规定(虽然有的地方不够精确)。第九条承认"意大利关切在地中海保持均势"并答应使它在阿达利亚得到"公平的份额"。第十三条承诺,如英法取得德国殖民地,"原则上将使意大利得到补偿",主要是通过调整殖民地的边界。事实上,意大利人是如此迫切地想使他们在亚得里亚海的要求得到明确的规定,以至于接受了关于殖民地和近东问题上一些措辞含糊(最后使他们无利可图)的条文。

根据第十五条,三个协约国同意"支持意大利反对任何有利于引进罗马教廷代表参与所有议和及解决因现行战争而产生的问题的谈判的提议"。

意大利人不知道英法关于君士坦丁堡及海峡对俄国所作的承诺;当意大利参战时,俄国人坚持要这两个西方列强重申它们的承诺。

外交再次重复。5月9日，奥匈外长伯里安在匈牙利首相蒂萨的很大压力下提出放弃蒂罗尔的意语区并给予的里雅斯特自治权；他甚至把达尔马提亚的岛屿（虽然还不是大陆本身）也放进去了。意大利政府迟不作复，德国首相皮洛夫就把消息告诉了主张中立的意大利前首相齐奥利蒂。他得到下院多数议员的支持，并能迫使政府辞职。这时浪漫主义作家邓南遮，还有像墨索里尼这样的极端左翼分子（一度反对军国主义、如今又渴望复活加里波第的传奇业迹）煽起了骚乱。下院只是在它的窗户被人群打破之后才认输。5月20日，它以407票对73票通过了战争拨款。5月23日，意大利向奥匈宣战。

意大利所从事的战争有它自己的特点。列强为了争取欧洲霸权而斗争得难解难分；意大利的政策却是重复过去、追求幻影。即使是1915年5月的示威也是1848年3月在热那亚的骚乱的重复（1848年那次骚乱把撒丁国王查理·阿尔伯赶进了伦巴底）。当意大利那些煽动家们想迫使他们的国家变得伟大的时候，政界人士试图用马基雅维里式的现实主义来规定他们的战争目标。但即使是战争目标也不过是理论功夫，是对其他国家的政策的仿效而不是实际需要的表现。① 第一次世界大战本质上是一次反对德国势力的斗争。对这场斗争意大利是满不在乎的。如果德国打胜法俄两国，它不会有任何损失——实际上倒是会有不少收益。在地中海，法国是占它的上风的对手；在巴尔干和近东，俄国是潜在的

---

① 在对的里雅斯特的煽动背后有一个实际的目的。热那亚和威尼斯的船商想把的里雅斯特同内地的联系切断，从而把中欧和地中海的贸易全揽到他们自己手上。但若把破坏的里雅斯特说成为了民族主义煽动的目标则是难以成立的。

危险。它眼前的唯一敌人是奥匈,这是它的外交和战略所显示的。但即使是这一政策在很大程度上也早已过时。意大利对蒂罗尔意语区的要求是在理的,但这可以通过和平谈判来实现。除此之外,意大利像匈牙利(另一个1848年的"革命国家")一样确实需要这个哈布斯堡君主国作为抵挡德国,尤其是抵挡斯拉夫人的屏障。实际发生的情况是,意大利的政策首先使克罗地亚人对哈布斯堡王室的忠诚复活,接着在哈布斯堡王室败亡之后不可避免地促使一个南方斯拉夫人的国家诞生——这个国家能在第一次世界大战之后拒绝把达尔马提亚给意大利、又在第二次世界大战之后使它失去伊斯特利亚和的里雅斯特。

意大利的参战对协约国也不是什么收获。它们的敌人是德国;它们欢迎同奥匈单独媾和的时机已经来到。它们的意大利伙伴阻止了这件事的实现。当然,把君士坦丁堡许给俄国也阻止了同土耳其单独媾和;而且这一许诺也已过时。但这至少没有阻碍俄国把它的主要力量(在它还有一点力量的时候)用来对付德国,直到它在1917年崩溃为止。意大利的宣战已经过迟,甚至连奥德发动对俄联合攻势也未能防止。5月4日,中欧列强在戈尔利采突破对方防线,到6月底俄军被逐出加利西亚,到9月底俄军丧失了波兰和立陶宛。如果意大利早一个月参战,可能会出现一个真正的"转折点";实际情况是,意大利很快成了英法不能不加以保卫的负担。

包抄德国侧翼的两度尝试——在意奥边境和达达尼尔海峡——在1915年夏天都失败了。在法国发动的正面攻击也失败了。10月7日,霞飞预见到将会出现"一个处于防御态势的长时期"。在外交上作出了又一次努力,这次是要把保加利亚拉进战争。保加利亚人决心要得到他们在1913年所未能得到的所有好处。协约国坚决表示可以把土耳其的领土给他们;如果塞尔维亚在波斯尼亚和黑塞哥维那并在亚得里亚海能得到"公平的补偿",协约国也可以把马其顿许给他们。德国提出把马其顿,还有希腊和罗马尼亚(如果其中任何一国参加协约国方面)的领土许给保加利亚。9月6日,保加利亚同中欧列强结盟。协约国计划使保加利亚不参加战争而使希腊参战,办法是派远征部队去萨洛尼卡。但它们的准备工作进行得过于迟缓。希腊回避作出承诺:保加利亚在10月5日进入战争。在英法远征军能完成任何任务之前,塞尔维亚已告沦陷。接着出现了新的混乱。在保加利亚问题上外交工作的失败使德尔卡塞声誉扫地,他连带着总理维维安尼一起垮台。布利安担任了他们的两个职务,他的政府除了夸夸其谈之外什么也不行。英国人现在想从萨洛尼卡和达达尼尔两个地方都撤退;他们以过分忧心忡忡的样子,表示担心土耳其会发动对苏伊士运河的进攻。法国人想维持他们在巴尔干的威望,仍在梦想从萨洛尼卡发起一场攻势,借此可能鼓动罗马尼亚参战。12月10日,达成了通常那种不满意的妥协。英国人同意"暂时"留在萨洛尼卡,但不再派兵增援。直到战争结束,约有二十五万人一直被钉住在这里,使中欧强国大为便利;它们只动用了保加利亚军队来对付这支英军——保加利亚军队不管怎么样总是不会离开巴尔干的。

到1915年底,原来的预期都落空了。1914年,德国人的目标是在西线取得决定性胜利;协约国则指望俄国这台"蒸汽压路机"*开过来。双方都失败了。1915年,协约国的目标是对德取得决定性胜利(或用迂回作战或用正面攻击);德国人则试图把俄国打垮。① 双方又都失败了。但德国还是实现了它的主要目标。德国保护下的"中欧"实际上存在着。德国和奥匈在经济和军事事务中都已统一;从安特卫普直到巴格达出现了政治上的一致。协约国开战是为了保卫自己,它们必须摧毁业已存在的一个德意志帝国。另一方面,德国的方针却只需要取得对新的"现状"的承认。这确实就是法根汉在1916年的战略目标。他认为俄国在经历了1915年的败绩之后已不再成为主要的敌人。即使在西方,他也不要求取得决定性的胜利。法国军队应使之不断削弱,这样它就不能继续作为在大陆上推行英国政策的工具;然后,在潜水艇战争的威胁下,英国人将被迫接受德国提出的和议。这一战略的具体表现就是从2月至6月对于具有象征意义的凡尔登要塞发动不断的进攻,以使法军在凡尔登"不断流血直至死亡"。

这个战略并不成功。虽然法军在凡尔登几乎被弄得精疲力竭,德军在凡尔登以及稍晚些时候在索姆对英军作战中也差不多流尽了它的鲜血。在东线,俄国人在布鲁希洛夫指挥下在5

---

\* 喻压倒一切的力量。——译注

① 继小毛奇出任德军总参谋长的法根汉的战略显示,老毛奇计划击败俄国是对的,而史里芬计划对法国取得决定性胜利则是错的。法根汉能击败俄国,在西线取守势。如果从战争一开始就实行这一战略,英国将保持中立,而法国则会很快议和。

月间采取了攻势,并出乎意料地重返加利西亚和喀尔巴阡山麓。① 这一胜利使协约国在外交上得了一笔犒赏。自 1914 年 8 月以来,它们一直在试图把罗马尼亚拉进战团。罗马尼亚人常常热切地开出他们的价钱,但总是毫不动摇地不愿行动。布鲁希洛夫的攻势使他们担心失去最后的时机。同罗马尼亚结盟很久以来就一直是法国外交中一个乐于采取的手段;这将减弱斯拉夫人在东欧的主宰地位(法国人几乎同德国人一样地不喜欢这种情况)。俄国人原来倾向于最好不用罗马尼亚的帮助就打败奥匈;他们没有能做到这一点,所以愿意给罗马尼亚一个机会。8 月 17 日,俄法两国接受罗马尼亚的条件。它将得到特兰西瓦尼亚、布科维纳和巴纳特;它的几个大盟国将使保加利亚忙于招架,以便罗马尼亚可以集中力量对付奥匈;② 这些盟国并将继续战斗,直到罗马尼亚的目的达到并将允许罗马尼亚以平等地位参加和会。最后两条实际上并不是罗马尼亚真正能够得到的好处,因为在 8 月 11 日法俄两国曾秘密协议,到了议和的时候对这两条可以置之不理。

同罗马尼亚的结盟是把一个小国拖进战争的最后尝试。③

---

① 俄国人在 1916 年 5 月偿还了意大利人在 1915 年 5 月未能完成的一项服务。布鲁希洛夫的攻势虽然原来只打算救法国人,也在蒂罗尔把意大利人(4 月间已在阿齐亚戈吃了败仗)从奥匈进攻下解救了出来。

② 萨洛尼卡的驻军应对保加利亚人发动攻势;俄国人则应派出五万人到多布罗加(罗马尼亚人最初要求派出二十万人)。结果是两者都没有实现。由于俄国人自己想把布科维纳的一部分弄到手,他们对于罗马尼亚人的战败是丝毫不在乎的。

③ 1917 年协约国以在雅典发动政变的办法迫使希腊参战;但这样做的用意是改善盟军在萨洛尼卡的地位,而不是获得希腊的军力资源。还有一些政治动机。英法想在近东再找一个对付意大利的敌手;后来英国又利用希腊反对法国。

协约国的政治家们仍然没有从局势的演变学到什么东西。他们仍然只是从人力的简单积累来考虑问题,认识不到战争已经成为只是在列强之间进行的斗争。同一个小国结盟意味着增加一个额外负担,而不是一笔收入——一边有塞尔维亚、比利时、甚至还包括意大利,另一边有土耳其。德国取得胜利的秘密是它的盟国较小,而且把它们当作附庸来对待。罗马尼亚是在8月28日才参战的。像上一年的意大利一样,它等待的时间太长了。布鲁希洛夫的攻势已被挡住;索姆之战已近尾声。很快地德国人就再一次能腾出兵力来解救奥匈。他们在11月采取攻势,到了年底就把整个罗马尼亚置于他们的铁蹄之下。罗马尼亚的小麦和石油落到了德国人手里;①德国保护下的"中欧"看来比过去任何时候都要牢靠,虽然决定性的胜利仍然那样遥远。

1916年的战斗仍然决不出胜负。谋求妥协性的和平同取得彻底胜利这两种主张之间的辩论更加尖锐地重新展开。处于高位的许多文职人员对军事胜利产生怀疑。德国首相贝特曼从来不信会取得军事胜利,他的怀疑得到奥匈外相伯里安的支持。在英国,外相兰斯多恩在11月敦促内阁同意不大可能取得决定性军事胜利的看法,从而应该鼓励谈判。在法国,总理凯欧看到下院对他的支持正在增长。丧失信心的情况在俄国最厉害。7月间,萨佐诺夫曾敦促向波兰人让步。他被推翻,由施蒂默尔继任外相——他是赞成同德国单独媾和的。但是,在所有国家,将

---

① 德国人的行动不够迅速,未能防止英国特工人员破坏油井。直到德国战败,这些油井都没有恢复原有的全部生产能力。

军们的倾向却正好相反——当然俄国是例外,俄国的将军们是从来作不出任何决定的。在德国方面,法根汉因在凡尔登的失败而于8月27日被撤职,由兴登堡和原东线指挥官鲁登道夫继任。他们开的方子仍然是要取得决定性胜利,虽然他们并不知道怎样去得到胜利。在西方,保卫了凡尔登的尼韦尔将军声称,他掌握了打败德国人的秘诀;12月26日,他在最高统帅部取代了霞飞的位置,并受权指挥英国部队,订定了在1917年初实现"突破"的方案。

此后开始了在将军们和文职人员之间的一场竞争,这场竞争几乎延续到战争终结,虽然到1917年春,决定性的阶段已经过去。文职人员想要谈判,将军们还是想打赢。进行谈判的尝试在这样一个简单的事实面前破碎了:在一方认为是妥协的条件,在另一方就认为是承认战败。协约国的政治家们认为妥协就是回复到1914年的"现状":德国将恢复它的殖民地,保持它的舰队,但它将从比利时及所占领的法俄两国领土上撤走,并且还可能会帮助这些地方的恢复。德国首相贝特曼则认为妥协就是维持1916年的"现状":德国将至少保留洛林的铁矿以及对比利时的军事控制;它将得到更多的殖民地、也许还有一部分波兰领土。贝特曼比其他任何人都更接近于妥协,因为他愿意为德国的所得付出小小的代价——把上阿尔萨斯的一小块给法国、把蒂罗尔的意语区给意大利。但他的立场实质上同协约国妥协派的立场是一样的:他们谁也不愿意在没有战败的情况下接受对方提出来的妥协条件;而在一方战败的情况下,妥协也就成为不必要的了。在他们实现妥协所需要的决定性胜利之后,事实上将是城下之盟。因此,贝特曼就被鲁登道夫推向一边,兰斯多恩和凯欧则为劳合·乔治和克里蒙梭这样一些主张"致命一击"的人所压倒。

贝特曼实现妥协的努力在1916年秋采取了最实际的形式。当时他看来已经能够实现同俄国单独媾和。在这方面,真正的妥协是可能的。在东欧,德国没有什么大的奖赏,在那里恢复1914年的"现状"它是可以容忍的,如果这样一来它可以放手在西方去取得重大的好处的话。鲁登道夫毁坏了贝特曼同俄国人的谈判。他只关心如何征集新的人力,以便进行决定性的搏斗,而在寻求人力时他坚持要设法取得波兰人的支持。11月5日,威廉第二和弗朗西斯·约瑟夫发表了一项联合公告,允准波兰人民建立"一个独立的国家,由世袭的、立宪的君主来统治"。波兰人没有上当。鲁登道夫原来希望能有十五个由波兰人编成的师,结果只有一千四百人参加德国军队。但对波兰的许诺——不论它是如何富于欺骗性——终止了贝特曼同俄国的谈判。俄国那些赞成恢复神圣同盟的反动派对于德国废弃反波原则最为反感,因为神圣同盟曾经是在这个原则上建立起来的。

鲁登道夫对胜利的热情不久就更加严重地威胁到贝特曼的温和政策。虽然法根汉早已把英国看作德国的主要敌人,并且认为只有进行无限制的潜艇战争才能把它打败,他的计划是先把法国打得精疲力竭,然后只用恫吓手段使英国接受妥协。鲁登道夫则不然。他想立即使潜水艇行动,并因为陆地战场上的胶着状态而更迫切要求这样做。像对其他事情一样,他对潜艇战争也是抱怀疑态度的;而且他深信——很正确——这将使得

## 第二十三章 战争的外交 1914—8年

美国参战。而美国参战确实是欧洲命运的转折点。在大西洋彼岸,一个新的强国已经存在——它的物质资源比任何一个欧洲强国更丰富、它的人口比任何一国(除俄国外)更多,[①]但它对欧洲的抗衡没有兴趣,并且因绵延不绝的传统而谨守孤立。威尔逊1912年当选总统,1916年连选连任。他也不能走在美国舆论的前头;不管怎么样,他虽然深深地热爱民主事业,却还不相信这一事业已成为当前斗争的焦点。像1914年前英国的激进派一样,他对法俄两国的不信任同他对德国帝国主义的憎恶同等强烈。他同意他的非正式顾问豪斯的话:"如果协约国战胜,这就意味着在很大程度上俄国将主宰欧洲大陆;如果德国战胜,那就意味着在未来几代人的时间里将盛行坏到无法形容的军国主义专制统治。"[②]

还有,威尔逊像绝大多数美国学者一样,同那属于教授们的"另一个德国"有很深的关系;他一直希望一个自由主义的德国将保持作为欧洲大陆上最伟大国家的地位。另外一个可能争取他赞同的方案是:把三个东欧帝国统统推开,而支持自由的民族国家。波兰领袖毕苏斯基发表了同威尔逊很相似的看法,他说,"德国应先击败俄国,然后它自己又必须为西方列强所击败。"在战争的头两年中,英法对这一看法很少同感。它们需要俄国,以分散德国兵力。还有,同俄国结伙赢得的胜利——它们这样估计——将使它们实现实际的目的。英国将摧毁德国舰队;法国

---

[①] 1914年美国人口是九千六百万,生产煤四亿五千五百万吨、钢三千二百万吨、生铁三千万吨。

[②] 豪斯致威尔逊,1914年8月22日。见《豪斯上校私人文书集》,i.291。

将收复阿尔萨斯和洛林;两国还都将得到一份原属奥斯曼帝国的产业。由美国安排的和议可能是维持战前状态的和局;当然,这将是"反帝"的。因此,虽然它们标榜同美国共同信奉民主并且有礼貌地倾听威尔逊的调停建议,[①]它们真正关心的只是把美国拖进战争,而不是去避免使俄国获胜。到1916年底,这看来很遥远;而英国在德国潜艇的威胁下,亟需美国的支援。此后,它的外交着眼于把美国拉进战争而不要为此付出"意识形态"方面的代价。

事实上,美国只有在它的本身利益受到挑战时才会打仗,而它压倒一切的利益就是"海上的自由"。贝特曼认识到这一点,曾经承诺德国不会实行无限制的潜艇战争。但现在他无力信守他的诺言;鲁登道夫的威势他已经顶不住。当贝特曼诉诸帝国议会时,议会的决议是:"帝国总理在作出他的决定时,必须根据最高统帅部的意见。"贝特曼唯一的办法就是趁潜艇战役尚未发动之时开始和谈。12月12日,德国宣布愿意谈判,但不提任何

---

[①] 威尔逊的代理人豪斯最初访问交战国的首都是在1915年春;他没有找到调停的门径。1915—1916年冬季,他再作尝试。这次他在1916年2月22日同格雷达成了某种协议。美国将按"对协约国并非不利的条款"提出调停,如遭拒绝则将参战。条款大致是:恢复比利时、将阿尔萨斯和洛林交还法国、"使俄国获得出海口";作为报偿,德国应在欧洲以外的其他地方获得权益。(见格雷著《二十五年》,ii. 123。)格雷并不真心接受这个提议;他把它放进"冷藏室",以备在协约国战败的情况下拿出来运用。另一方面,豪斯提出这个建议是为了结束战斗。如果不成,他希望诱使威尔逊在不知不觉之中进入战争。但是威尔逊并没有上当;他加进去了这样的话;如果所提条件被拒绝,那么美国"有可能"参战——这样一来这个协议便变得毫无意义了。所谓"格雷—豪斯协议"透露之后曾经引起很大风波,但它并无什么内容。格雷可能曾欺骗豪斯,豪斯肯定在欺骗格雷和威尔逊。他在一个人眼前晃动"战争",在另一个人眼前晃动"和平",而实际上则一无所获。

条款;由于这个照会赞扬了德国的胜利,很明显它的条款最好也就是保持存在的现状。事实上,贝特曼的意思是要求比利时作出保证,并将洛林煤田并入德国。但他以为协约国的答复"将不会是拒绝"。他错了。在西方,赞同妥协的力量还没有强大到掌权的地步,而德国的提议使这些力量遭受到了致命的削弱。法国总理布利安——虽已摇摇欲坠但尚在位——在12月19日拒绝了这个"陷阱"。在英国,阿斯奎斯政府刚被推翻;劳合·乔治带着一个争取全面胜利的方案执掌政权。他在给德国的复照中引用了亚伯拉罕·林肯的一段话:"我们接受这场战争是为了一个目标,而且是为了一个有价值的目标,当这个目标达到时,战争即将结束。"这个没有明说的目标不妨假定为摧毁德国军国主义,换句话说就是"致命的一击"。

但是协约国并不是没有作出某些政治上的承诺就回避开了。威尔逊也看到危机迫近;他也希望用谈判来避免危机的发生。12月20日,他邀请对抗的各国说明它们的战争目的;也许"这些目的将证明并不是不可调和的"。德国人表示拒绝:他们已经征服了比利时和波兰,他们要通过谈判保住它们。他们不愿意把这些条款提供初步研讨或提供美国调解。但是协约国正在谋求得到美国支持;它们必须设想出一些会使美国赞同的条款。1917年1月,它们首次规定了它们的战争目的。坚持恢复比利时[①]和塞尔维亚,还有罗马尼亚、俄国和法国北部的被占领区——这是容易办到的。但是恢复这些国家和地方则远远不

---

[①] 比利时人要求就此专门写一个照会,但未成功。

够,还必须提出某些伟大的原则,以激发美国人的感情。这伟大的原则只能是"民族自决"。因此,协约国要求"把意大利人,还有斯拉夫人、罗马尼亚人和捷克斯洛伐克人从外国统治下解放出来",并"使屈服于土耳其人血腥暴政下的居民获得自由"。这样,它们使自己承担了肢解哈布斯堡和奥斯曼这两个帝国的义务。然而这个方案就其有关哈布斯堡帝国部分而言,并不使英法感兴趣;即使意大利也为了避免提及"南方斯拉夫人"而把"捷克斯洛伐克人"写进去(这是可笑的提法,因为他们是斯拉夫人);对波兰的独立没有任何承诺——只是提到沙皇的诺言。[①]最重要的是,没有说明关于德国的政策,只是谈到"充分的安全保障,……以及国际安排,诸如保证陆地及海上疆界不受无理攻击"。但德国问题对列强来说是唯一具有决定意义的问题。意大利人很快活,因为他们自己的野心得到了进一步的应允。英国人和法国人则想博取美国的好感,却又暗中希望在美国能起决定性作用之前就打赢这场战争。

法国人确实仍在希望避免处于美国的庇护之下,办法是使俄国复活起来。1917年2月,在彼得格勒举行了一个协约国会议,以协调战略及资源。这成了无用的官样文章。英国代表米尔纳一再说,"我们在浪费时间。"但法国代表杜梅尔格却自己做了点私下交易。他的意思是想要求俄国支持法国收复阿尔萨斯和洛林,交换条件是答应俄国取得君士坦丁堡和海峡(俄国在

---

[①] 1916年3月,布利安曾建议协约国应"保证"俄国对波兰的诺言兑现。萨佐诺夫答道,"对波兰要小心;对一个法国大使来说,这是一个危险的题目。"见帕利奥洛格著《沙皇的俄国》,ii. 274。

1915年4月早已得到这一承诺)。俄国人拒绝为他们已经得到的东西再付代价;他们倒是要别人再付给他们一些代价,如果还要他们打下去的话。因此,杜梅尔格把双方的条件都抬高一些。法国应取得萨尔的煤矿以及阿尔萨斯和洛林;莱茵河左岸的其他地区应成为"一个自治的、中立的国家",由法军卫戍。作为报答,俄国可"按其意愿自由确定西部疆界"。按照这个1917年2月14日达成的协议,法国终于作出了拿破仑第三始终拒绝而第三共和国迄今回避的牺牲。为了莱茵河的疆界,它把波兰丢给了俄国。①

到了1917年,这已成了已往陈迹的余响。法俄两国能够希望摧毁德国——即使是在英国的帮助下——的日子已经一去不复返了。除非一个新的世界强国参战,要击败德国是不可能的;而促成这一发展却是由于德国的愚蠢,而不是由于协约国的外交。1月9日,德国人决定实行无限制的潜艇战争。贝特曼仍然希冀美国也许会继续保持中立,如果他把他的"妥协"条件向他们透露出去。所以德国宣布开始潜艇战的1月31日照会是同一封给豪斯的密信同时送达的。在这封密信里写着德国愿意进行谈判的条件,这些条件是:"一条能在战略上保护德国和波兰不

---

① 杜梅尔格显然并未奉有指示。他是按自己的主动性行动的,并且在没有等待法国内阁对他授权的情况下就同俄国人敲定了一笔交易。在帕利奥洛格同俄国外相波克劳维斯基在1917年2月14日交换的信件中只涉及法国的未来疆界;但在2月12日伊兹伏尔斯基曾要求俄国可按其意愿自由地确定疆界。法国部长会议不敢拒绝这个要求,怕破坏杜梅尔格的谈判——这一谈判的详情他们是不明白的。因此,他们在3月10日同意了伊兹伏尔斯基的要求。杜梅尔格声称他取得了俄国对莱茵河疆界的支持,却没有为此付出丝毫代价。他对布利安十分恼火(布利安也反过来批评杜梅尔格)。但很清楚,对俄国人来说,一个让步是以另一个让步为条件的。

争夺欧洲霸权的斗争 1848—1918

照原图译制

协约国的战争目的

受俄国攻击的疆界",增加殖民地;法德疆界上的"战略的和经济的改变";在比利时境内"对德国的安全作出的特别保证"。即使是这样一些条件也只是德国将要提出的初步要求——如果局势变得对他们有利的话。威尔逊看到这些条件非常气愤:"这不行!"但即使到了此刻,他也还是要等待德国进一步的挑衅行动。只有在美船被击沉、德国人还企图煽动墨西哥起而反对它的邻国时,美国才在4月2日宣战。威尔逊虽然坚决反对德国军国主义,对他的新伙伴们还是有所怀疑,不愿意支持他们的战争目的。美国成为"一个联系国"而不是一个盟国;当英国代表鲍尔福企图把一些密约给威尔逊看时,他不屑一顾。他7月间写信给豪斯:"不管怎么说,英国和法国关于和平的观点同我们是两样的。战争结束之后,我们可以迫使他们接受我们的想法。"①做到这一点的必要前提仍然是打败德国。只有完成了这一点,美国理想主义同旧世界现实主义之间的斗争才能有个分晓。德国人给自己带来了一个新的、不可抗拒的敌人。

他们这样做的时候正是战局变得对他们决非有利的关头。对协约国来说,1917年的情况是这样糟,要不是存在美援规模将不断扩大的前景,它们会乐于按照德国的条款接受妥协的和平。3月间,俄国爆发革命:沙皇被黜,代之而起的是一个临时政府。西方盟国起初是欢迎这一发展的,因为一个俄罗斯共和国在美国眼中更值得尊敬而且作战将更有效率;自由的俄国也会同意建立一

---

① 威尔逊致豪斯,1917年7月21日。见 R. S. 贝克著《伍德罗·威尔逊:生平及书信》,vii.180。

个自由的波兰。① 这些希望很快就落空了。很快就看清楚,俄国人举行这次革命是为了停止作战,而不是更好地作战。当临时政府外交部长米柳可夫提到把君士坦丁堡作为战利品并宣布俄国"把这次世界战争进行到取得决定性胜利"的意志时,他就被赶下了台;俄军在7月份又打了最后的灾难性的一仗。这还不是唯一的军事上失败。法国将军尼韦尔大事吹嘘的攻势除了打掉了法军的士气之外什么也没有得到;1917年夏季在法军中还发生多次严重兵变。

此外,俄国革命还第一次引起了公众舆论的强烈分歧。迄今为止,反战的情绪只限于少数和平主义者;主张妥协和平的一直是右翼人士,他们担心战争再打下去将会瓦解社会结构。现在,英法两国的社会党以及同它们在一起的一大部分从事工业生产的工人阶级响应俄国革命党人的新方案——"缔结没有割让或赔偿的和约"。这场战争成了"老板们的战争",一场群众毫无所得而损失巨大的战争。即使在布尔什维克于1917年12月公布密约之前,人们已经趋向于相信这场战争是为自私的"帝国主义"目的而进行的。国际社会主义在战争爆发时已经解体,现在看来正在复活。过去只有少数极左的社会党人曾在瑞士集会(在齐默沃尔特和金塔尔)。现在俄国温和的社会党人(他们参与临时政府)提议在斯德哥尔摩召开一次较大规模的会议;他们得到英法两国"主战的"社会党人的支持。最后,两国政府禁止他们参加;只有德国人同俄

---

① 特别是法国人持这种看法。在劳合·乔治政府中任外相的鲍尔弗把建立一个独立的波兰国看作不幸,因为这将使俄国在未来战争中成为一个不如过去有效的反德盟国。

国人在斯德哥尔摩会晤。但是,即使是斯德哥尔摩会议的阴影也足以引起一场骚动;1917年7月,拉姆齐·麦克唐纳(他通常并不是革命派)预期英国将会出现"工人和士兵会议"的统治。

一个极端总是引发另一个极端。随着"人民的和平"鼓动而来的只能是一场"人民的战争";温和派总是处处没有立足之地。在不同国家,对抗采取了不同的方式。在德国,贝特曼仍然试图约束最高统帅部,直到他在7月间因最高统帅部的命令而被免职为止;在英国,劳合·乔治在决心成为"赢得战争的人"之前曾经动过念头,想成为"缔造和平的人"(这也是他在第二次世界大战中所追求的角色);在法国,总理里博——促成法俄结盟的老手——想成为决胜意志的象征,直到他在11月间为一个更伟大的象征克里蒙梭所取代。在俄国,临时政府首脑克伦斯基由于企图恢复战争而为布尔什维克敞开了大门。即使是哈布斯堡君主国,虽已处于垂死状态也要想显示一下生命的最后一息。弗朗西斯·约瑟夫直到他在1916年11月去世之前一直是无望地跟着德国亦步亦趋;新皇帝查理看到大祸已经临头了。1917年1月10日协约国提出的和平条款已预示哈布斯堡君主国的解体;如德国获胜,则哈布斯堡君主国以后将一切惟柏林之命是从。查理在5月间说,"德国获得重大军事胜利将是我们的毁灭。"由他任命为外相的切尔宁对胜利感到绝望;但他对于同德国分手也同样地感到绝望。

1917年的"和平攻势"——就算它有什么意义的话——却仍然来自奥匈的主动,这是一个要是打到底就必然灭亡的君主国所作的最后努力。皇帝和外交大臣的战术不同。查理希望同协约国单独媾和,切尔宁则希望劝说德国议和,办法只是恫吓德国说要抛弃它。两条路线都无结果：如果奥匈强大得足以同德国破裂，那么它就根本不需要这样做。结果是，查理和切尔宁既欺骗了他们的盟友、又欺骗了他们的敌人，还互相进行了欺骗。查理是通过他的姻兄弟、波旁—帕尔玛的西克斯特亲王去接触法国人的。他同意支持法国对阿尔萨斯和洛林的要求；塞尔维亚可有通往亚得里亚海的出海口，但应防止任何反对奥匈的煽动；在后一阶段，他又提出对意大利作些让步，条件是哈布斯堡君主国应取得"充分的补偿"（估计是指在阿尔巴尼亚）。换句话说，假设的情况是，奥匈打赢了在巴尔干的较小的战争，而德国则在争取称霸欧洲的较大的战争中失利。但实际的情况正好相反，而这也正是查理采取行动的唯一动机。①

英法两国的政界人士起初对于同奥匈单独媾和的前景大为振奋。他们没有理由要去摧毁哈布斯堡君主国。劳合·乔治希望减少对地中海英国海军的压力，并且欢迎这种同某些人媾和的声誉。彭加勒乐于在君士坦丁堡问题上玩弄以奥匈制俄国的手段。事实上，西方盟国对于抛弃俄国毫不在意，而且始终不把查理的和平动议透露给它。它们甚至于对抛弃掉塞尔维亚的政治独立也不在乎，尽管正是保卫它的政治独立成了这次大战的起因。意大利的

---

① 这一混淆不清的谈判因为西克斯特亲王的行动而被弄得更加混乱。像其他外行的外交家一样，他对双方立场都作了错误的解释。他先起草了一些他认为法国人可能接受的条款，把它送给彭加勒（他没有表示反对），然后作为法国的正式要求发给查理。这样，查理同协约国都以为他们面临着一项"和平动议"。在晚一阶段，当查理要求缔结一项协议以便送给他的德国盟友时，西克斯特把这个意思变成要求法国提出奥匈可据以单独媾和的条件。查理可能梦想实行单独媾和，如果德国对合情合理的和平动议加以拒绝的话；但事实上作出单独媾和的具体承诺的是西克斯特而不是查理，而西克斯特在1920年透露谈判经过时竟把这个神话用作他的书名。

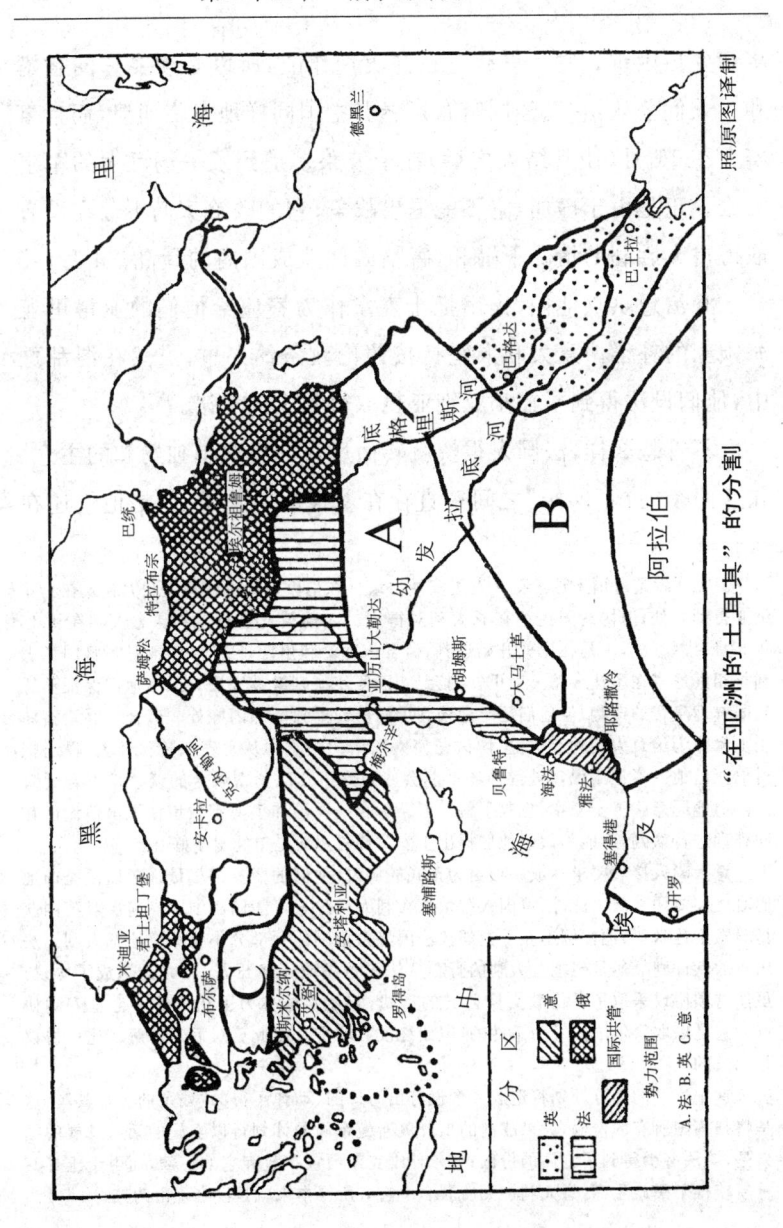

第二十三章　战争的外交 1914—8 年　　　719

"在亚洲的土耳其"的分割

照原图译制

分区　A. 法　B. 英　C. 意
英
法
意
俄
国际共管
势力范围

事情要更困难一些。只有它在同奥匈作战,所以必须要它同意媾和。人们公认,它已经同哈布斯堡君主国同样地濒临崩溃,而且事实上在11月(谈判结束之后)在卡波莱多遭到了一场巨大的军事灾难。正是由于虚弱,它不能退出战争;它的政治家们不敢在没有取得重大胜利的情况下媾和,害怕因此造成国内的骚乱。4月,劳合·乔治想哄哄他们,提出把士麦拿作为答应给他们的亚得里亚海领土的补偿。意大利人坚持按照伦敦条约办事;虽然在混乱之中,他们设法得到了在小亚细亚也取得领土的承诺。①

不管怎么样,法国人很快就转而反对同奥匈单独媾和的主意。在这两个"拉丁姊妹"之间一直存在着很深的妒忌;如果他们还在

---

① 这就是所谓圣让·德·毛里安纳协议。在伦敦条约中曾答应意大利人在小亚细亚得到好处;但协约国拒绝在意大利对德宣战之前就此进行谈判。意大利在1916年9月对德宣战,于是在伦敦开始谈判;劳合·乔治和里博于1917年4月1日同意大利首相索尼诺在圣让·德·毛里安纳会见,以便使谈判继续开展。虽然他们保证不透露同查理皇帝的谈判,但他们泛泛地谈到了同奥匈单独媾和的好处。劳合·乔治指向士麦拿作为给意大利的奖赏;里博试图使索尼诺的注意力从士麦拿转移开去,提出把科尼亚给他。索尼诺说,"进行一场可能会威胁到盟友间紧密联合的谈话是不合时宜的。"但他同意收下士麦拿、也收下科尼亚。劳合·乔治和里博不敢坦白说出他们已在同查理进行谈判,不能不假装他们提出士麦拿和科尼亚是单纯出于好心。

意大利人接着要求达成一项更为正式的协议;他们的盟友则尽量拖延以便掩饰他们对奥匈耍两面派。此外,英国人害怕意大利人反过来可能同法国人一起反对英国获得美索不达米亚;他们倒不在乎把邻接法国势力范围的一部分小亚细亚给意大利。法国人的默许则显然是想把意大利的野心从法国殖民地转移开去。8月间达成了协议。虽然这项协议采取了在伦敦交换公文的形式,它通常被称为圣让·德·毛里安纳协议。它是以取得俄国同意为条件的,但始终没有取得。因此英法后来辩解说这一协议是无效的。

这一流产的瓜分计划将造成一个没有出海口的、动弹不得的"残余的土耳其"。这是将归德国所有的份额,如果战前的瓜分奥斯曼帝国的计划得以实施的话。发展的结果是,英法多少得到了它们的份额;布尔什维克俄国宣布放弃它的份额,而由于土耳其重新获得了民族生存,意大利一无所获——它有所得本来就是没有理由的。

为阿尔萨斯和洛林进行战斗、而意大利却已经在蒂罗尔实现了"意语地区都归意大利"的目标,那是法国人所不能容忍的。此外,法国人还怀疑,如果意大利人同奥匈媾和,他们将因势利便去攫夺法国在近东虎视眈眈的目标。这不是决定性的反对意见。即使劳合·乔治也不得不承认,如果只是在奥匈和意大利之间媾和,那是毫无结果的;查理必须同意强使德国接受和平条款。英国政府甚至提议把奥匈转变成为盟友,办法是把它在1742年丧失给普鲁士的西里西亚一部分还给它。这是一个不可能实现的幻想。俾斯麦在1866年所取得的胜利是永远不可能被消除的。一个由哈布斯堡皇帝主持的南德意志联邦永远不可能再出现,也不可能出现奥地利联合西方列强反对普鲁士和俄国的联盟。这样的计划已经过时了一百年。查理是德国的俘虏;如果他试图反对德国,德国人和主宰哈布斯堡帝国的匈牙利人都会抵制他。在奥匈同协约国之间的谈判毫无结果。

与此同时,切尔宁试图用他自己的办法把贝特曼争取过来。他坚持认为奥匈拖不过战争的第二个严冬,提议把奥匈所有的那一部分波兰交出来,如果德国把阿尔萨斯和洛林交还给法国的话。① 贝特曼在绝密的情况下提出他将给予法国比1914年旧疆界"更多一些东西",从而鼓舞了切尔宁;切尔宁不懂得这一微不足道的让步的代价将是洛林的铁矿。不管怎么样,贝特曼就在他同切尔宁讨论温和的和平条款的时刻,在4月23日签署了最高统帅

---

① 查理以典型的哈布斯堡家族的贪欲不同意这一建议;他赞成"奥波解决办法",根据这个办法波兰将在一个哈布斯堡大公治理下重建。

部所提的苛刻要求——对比利时实行军事管制、取得洛林的铁矿以及远至里加的俄罗斯领土。贝特曼对他的行动所作的解释很能代表他的个性:"我在这些文件上签字是因为我如果在这样不可思议的事情上弃权将是荒谬可笑的。但我将不让自己为这些文件在任何方式下受到束缚。如果在某个地方或某种情况下出现和平的可能性,我将努力去抓住它。"[1] 他计划"在某个地方或某种情况下"去欺骗最高统帅部;实际上他是最高统帅部的俘虏。

事情还不止此。最高统帅部很快就做到了把贝特曼一脚踢开。在帝国议会,社会民主党和中间派在公众不满情绪的推动下,煽动实现"某种谅解的和平";贝特曼欢迎这一煽动,因为想利用它来对付最高统帅部。事情的发展却相反,他受到了两面夹攻。7月初,中间派领袖之一埃兹伯格发起一项和平决议。兴登堡和鲁登道夫控诉贝特曼软弱无能,并威胁要辞职,如果不把贝特曼罢黜的话。帝国议会中的左翼党派支持他们这一要求,希望借此以皮洛夫来取代贝特曼。但是威廉第二永远不会宽恕1908年皮洛夫在《每日电讯报》事件[*]中的所作所为。最高统帅部匆忙地提名米夏埃利斯——一个不为人知的官僚——出任总理;威廉第二毫无异议地接受。从此以后,鲁登道夫在德国成了至高无上的人物。当7月19日帝国议会通过和平决议时,米夏埃利斯"就我对这一决议的了解"表示同意;而他的了解是这个决议包含了他的主子们所有兼并领土的目标。这个和平决议是德国国内政治中的事件而

---

[1] 见维斯塔尔普著《帝国最后年代的保守政策》,ii,85。

[*] 参阅本书第十九章,原文第453页。——译注

不是外交行动。协约国把它看作是一种软弱的表现,而不是一种和解的姿态。它的唯一具体后果是贝特曼——一个曾想抑制(不管如何无效)德国将军们的贪欲的人——的下台。

贝特曼的消失确实决定了战争将要进行到底,因为再没有别的力量能够打破鲁登道夫的野心了。不过仍然又出现了最后一个和平的尝试;它来自甚至比哈布斯堡君主国还要古老的权威——教廷。教皇很早就想结束战争,特别是想挽救欧洲的旧秩序。现在他感到社会主义者也在煽动和平,这是同他竞争。正如威廉第二对教皇代表所说,"和平应由教皇而不是由社会民主党来发起,这是符合天主教会的利益的。"教皇为贝特曼那种通常是含糊不清的和解语言所引诱:他说,比利时将完全恢复;至于阿尔萨斯和洛林,"和平不会由于这个问题而告失败。"[1]贝特曼的下台促使教皇抓紧行动;他要抢在德国最高统帅部的前面。因此他在8月10日[2]向交战各国提议罢战言和。在提议中具体提到的只有比利时:它将恢复,"并得到对所有国家均享有政治、军事和经济独立的充分保证"。此外,一切都应恢复到1914年的现状。在西方列强中,只有英国在梵蒂冈设有代表机构,但即使是英国也向意大利保证,在和谈中不接受梵蒂冈的帮助。尽管如此,英国外相鲍尔福在8月23日答复梵蒂冈:"虽然中欧列强曾经承认他们对比利时是有罪的,但是它们从未确切地表示有意恢复比利时原有的独立或赔偿它所遭受的损失。"即使是这样的答复法国和意大利也不能容

---

[1] 贝特曼著《对世界大战的看法》,ii,212。
[2] 教皇的照会上写的日期是8月1日,但直到月中才发出。

忍。它们提出抗议；鲍尔福撤回探询——他说这样做是搞错了。

但是，梵蒂冈仍然因此而对它的和平倡议抱有希望。如果英国人在比利时问题上得到满足，他们可能抛下法国对阿尔萨斯和洛林的要求以及意大利对蒂罗尔的要求（这从梵蒂冈的观点看来甚至更为重要）而坚持和议。8月30日，梵蒂冈要求德国人"明确宣布他们关于比利时完全独立的意愿"。在8月6日任国务卿的屈尔曼试图遵循贝特曼的路线（虽然更为软弱无力）：他打算放弃比利时，如果英国抛弃它的盟国的话。但他是想用比利时作为讨价还价用的抵押品，因此他不愿意公开地承诺从比利时撤退："谁告诉你我要把这匹马卖掉？它在我的厩舍里是最好的牲口。"此外，他希望通过西班牙政府同英国人直接谈判，因此把教皇的调停搁置不理。① 但他利用它来迫使最高统帅部作了一些让步。9月11日举行了一次御前会议，表面上是为了决定对教皇的探询作出答复。屈尔曼、甚至米夏埃利斯都促劝放弃比利时。那些将军们则像通常那样，每次要他们明确要求，他们就加码。鲁登道夫要求得到列日和默兹一线；海军部的发言人则提出了新的要求——佛兰德人的海港泽布勒赫和奥斯坦德。威廉第二作出了一个自相矛盾的决断：兼并比利时将是"一个有风险的行动，可能不符合德国的真正利益"，但在恢复比利时独立的掩盖下必须采取战略的和经济的"预防措施"。

将军们获胜了。9月24日给教皇发出了一个空洞的答复；教

---

① 屈尔曼后来解释说，他希望终止教廷的调停是因为他知道法国政府的意图是对调停给以否定的答复；但也还可能有新教徒对教廷干涉的偏见。

## 第二十三章　战争的外交 1914—8年

廷的调停告一段落。屈尔曼后来又作了一些努力，通过马德里同英国谈判。他从来没有能明白无误地提出恢复比利时的许诺。不管怎么样，英国人无意抛弃盟友；其实，随着意大利人在卡波莱多败绩和法国军队因尼韦尔战败而惊魂未定，英国人更害怕的倒是他们的盟友将会抛弃他们。他们只愿意考虑全面媾和，而这也正是屈尔曼决心要避免发生的事情。为了制止在国内流传的关于他进行谈判的谣传，并且——他这样认为——加强他在撤出比利时问题上的地位，他在10月9日宣布：德国决不放弃阿尔萨斯和洛林。两天后，劳合·乔治对此作出回答：法国收复阿尔萨斯和洛林是英国主要的战争目的之一（这是英国第一次这样做）。在德国和西方列强之间达成一项妥协的和平的一切希望都破灭了。①

双方都仍在希望取得战争的决定性胜利。德国人指望俄国的垮台；协约国则指望来自美国的援助。双方都有道理。在1918年，德国人打赢了欧洲之战；只是在年底之前，胜利被美国人从他们手里夺走了。俄国军队已不再存在了。1917年11月，布尔什维克攫占了权力。他们对俄国对其盟国所作的承诺概不承认，而把国际社会主义革命看作他们的救星。在德国无产阶级使他们大失所望之后，他们对协约国作了某些试探性的接近姿态。列宁说，他是"赞成从英法帝国主义强盗那里拿到土豆和军火的"。② 这也

---

① 在协约国和奥匈代表之间的谈判在瑞士一直进行到几乎战争结束。谈判都在同一点上破裂：协约国只肯在奥匈帮助反德作为报偿的条件下同它媾和而奥匈则碍难同意。

② E. H. 卡尔著《布尔什维克革命 1917—23》，iii, 46。（按英文照译，原来出处未查到。——译注）

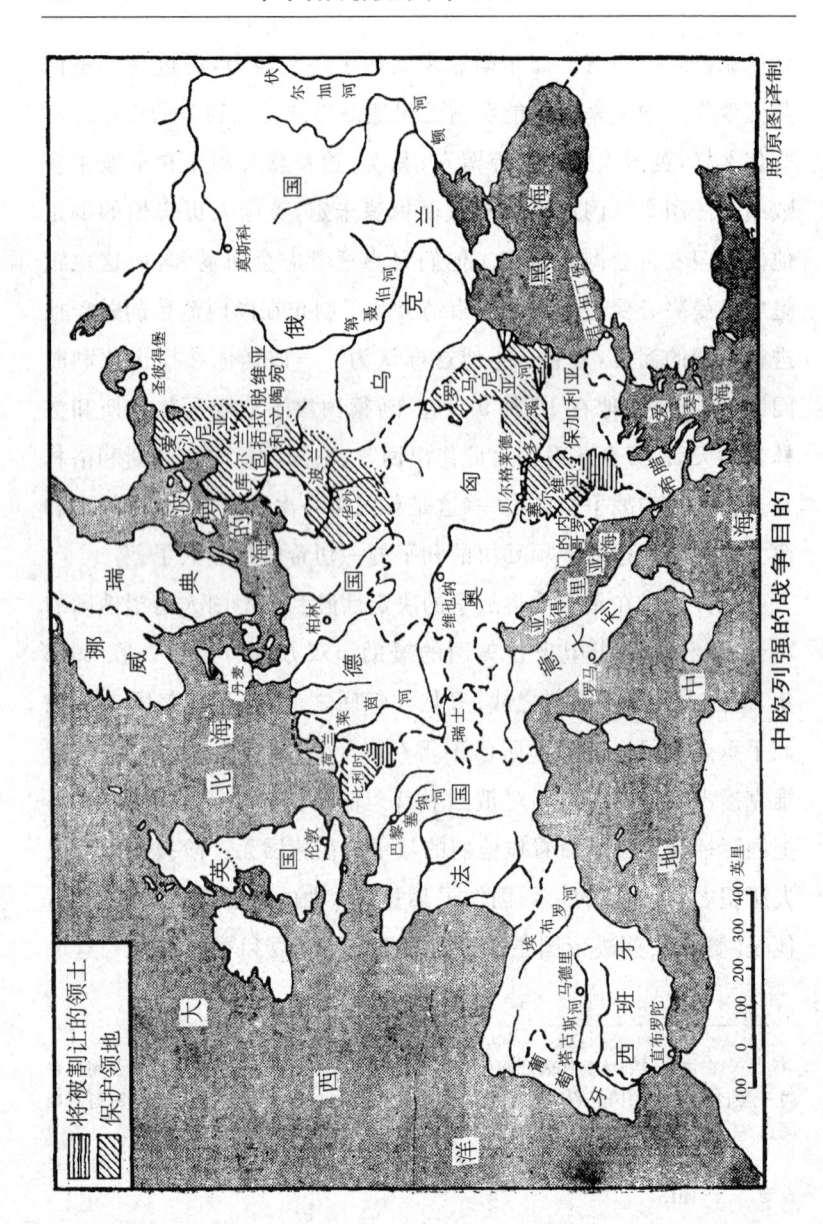

# 争夺欧洲霸权的斗争 1848—1918

中欧列强的战争目的

## 第二十三章　战争的外交 1914—8年

失败了；于是布尔什维克在1918年3月3日在布列斯特—立托夫斯克同德国人订了城下之盟。俄国丧失了波罗的海诸省和乌克兰。德国人统治了全部东欧；但是，他们并不以此为满足，反而只把它看作是在西方取得胜利的前奏。他们指望在美军开到之前就把英法击败；要不能做到这一点，他们另一个希望是英国将因嫉妒美国把协约国领导权抢走而愿媾和。要而言之，德国人仍没有明确的战争目的，而是期望胜利之后这些目的就会自然而然地变得清楚起来。

德国人的希望落了空。西方列强的兵力联成一气，美国援助也到得很及时。但同美援一齐来的是美国改造世界的方案。威尔逊之作为一个乌托邦主义者，同列宁几无二致。他也是在打算结束欧洲的势力均衡，而不是恢复它。他还同布尔什维克在理想主义方面展开了竞争。他想显示出美国的战争目的同布尔什维克的一样，是"反帝"的，并因而劝说布尔什维克继续战争。结果就是1918年1月8日制订出来的"十四点"。民族自决应取代历史上存在的欧洲国家。比利时当然要恢复独立；阿尔萨斯和洛林应归还法国；所有俄国领土应予光复。但波兰也须恢复；奥匈和巴尔干各民族须解放。秘密外交应结束；一个"国际联盟"应取代"势力均衡"。击败德国对威尔逊来说只不过是开了个头；而对英法来说，这是主要目的。但它们默许"十四点"，并不只是为了使美国承担义务。这两个国家也有这样一种舆论，把这次战争看作"一次消除战争的战争"，要求用势力均衡以外的某种办法取得永久和平。

不仅是人们不再相信势力均衡；不管怎么样，它已不再存在。虽然德国争霸欧洲的企图已被击败，欧洲的均势却不能再恢复了。

战败不能摧毁德国在欧洲大陆上的优势地位。只有把它肢解才能做到这一点;而在这个民族国家的时代里,这是办不到的。法国已被第一次世界大战弄得精疲力竭;英国虽然比法国要好一些,但从长远观点来看,它也同法国同样程度地被削弱了。它们的胜利只是在美国的支援下才取得的,而且一旦没有这种支援,胜利的局面就不能维持下去。在另一方面,旧的俄国一去不复返了。布尔什维克拒绝承认一种独立国家体系的永久性;他们继续指望发生一次普遍的革命,这样的革命将使他们成为世界的主人。当他们恢复俄国的力量时,他们发现他们的主要办法是国际共产主义,而不是玩弄结盟。还有,世界其他部分用以回答他们的政治和经济抵制,迫使他们(不论是否愿意)进一步置身于孤立的境地,而这样的孤立对俄国政治家们历来是极有诱惑力的。过去常常有人敦促沙皇们把本身力量的基础放在亚洲;现在布尔什维克也别无其他选择。

1918年1月,欧洲不再是世界的中心了。欧洲的各种对抗汇集成了一次世界大战,就如早些时候巴尔干的多次战事造成了列强之间的冲突一样。所有旧有的野心——从阿尔萨斯和洛林到非洲的殖民地——同新的为控制世界而进行的斗争比较起来都变得渺小和次要了。即使是德国要主宰欧洲的目的也变得过时了。两个世界强国苏联和美国——不可调和的、虽然又常常是不自觉的敌手——使欧洲显得微不足道了。这两大强国之间不只是权力之争,还是主义之争。两国都梦想实现"一个世界",在这个世界里不再有国家之间的冲突。一方面是普遍革命,另一方面是"十四点"——它们都提出了实现永久和平的乌托邦式的方案。自从法国革命被挫败以后,欧洲只是以调整各主权国家之间相互提出的要求来处理它本身的事务。1914年,德国感到它已强大得足以对这一体系提出挑战,并且想以它对其他各国的霸权来取代这一体系。欧洲只有成为"大德国"才能团结一致,才能使欧洲大陆成为一个世界强国,力足以与其他两个世界强国相对峙。虽然侥幸地德国被击败了,它的尝试留下了布尔什维主义和美国干涉欧洲这一后果。一种新的势力均衡——如果能实现的话——将是世界性的;它将不是属于欧洲疆界之内的事情。欧洲已经被取代了;在1918年1月,开始了共产主义同自由民主主义之间的竞争,这种竞争一直延续到今天。

# 引用书目中文外文对照表

〔中文书名按汉语拼音排序,后附原文书名及作者〕

Ai 《爱德华第七》(李著) Lee, *Edward VII*
Ao 《奥地利德意志政策之由来》 *Quellen Zur deutschen Politik Österreichs*
《奥地利的过去时代》(斯尔比克著) Srbik, *Aus Österreichs Vergangenneit*
《奥匈的密约》(普里布拉姆著) Pribram, *Secret Treaties of Austria-Hungary*
《奥匈对外政策》(莱德纳尔著) Leidner, *Die Außenpolitik Österreich-Ungarns*
Ba 《巴尔干半岛》(拉夫雷耶著) Laveleye, *La péninsule des Balkans*
《巴尔干联盟》(古叶晓夫著) Gueshov, *The Balkan League*
Ban 《班肯多夫伯爵外交书信集》(西贝尔特编) Siebert, *Graf Benckendorffs diplomatischer Schriftwechsel*
(简称《班肯多夫书信集》)
Bao 《鲍尔福的生平》(达格代尔著) Dugdale, *Life of Balfour*
Bei 《彼得·冯·迈恩多夫》(奥托·霍茨施著) Otto Hoetzsch, *Peter von Meyendorff*
Bi 《俾斯麦发自彼得堡和巴黎的报告》(拉施道编) Raschdau, *Bismarcks Berichte aus Petersburg und Paris*
《俾斯麦全集》 Bismarck, *Gesammelte Werke*
《俾斯麦秘史》(布施著) Busch, *Bismarck: Some Secret Pages of His History*

| | |
|---|---|
| Bo | 《博斯普鲁斯和达达尼尔海峡》(戈里雅诺夫著) Goriainov, *Le Bosphore et les Dardanelles* |
| | 《柏林条约前夜的东方问题》(戈里雅诺夫著) Goriainov, *La question d'Orient â la Veille du traité de Berlin* |
| Bu | 《布尔什维克革命》(卡尔著) E. H. Carr, *The Bolshevik Revolution* |
| Chu | 《出使柏林回忆录》(西库尔著) Circourt, *Souvenir d'une Mission à Berlin* |
| Da | 《大战的起源》(鲍乔亚及帕热著) Bourgeois and Pagès, *Origines de la grande guerre* |
| | 《大战之前》(古奇著) Gooch, *Before the War* |
| Di | 《狄斯累利的生平》(布克利著) Buckle, *Life of Disraeli* |
| | 《帝国主义扩张政策》(于连著) C. A. Julien, *Les politiques d'expansion imperialiste* |
| | 《帝国主义的外交》(兰格著) Langer, *Diplomacy of Imperialism* |
| | 《帝国主义时代的国际关系》*Mezhdunarodnye otnosheniya epokhu imperializma* |
| | 《帝国最后年代的保守政策》(维斯塔尔普著) Westarp, *Konservative Politik im letzten Jährzehnt des Kaiserreichs* |
| De | 《德意志的统一》(斯尔比克著) Srbik, *Deutsche Einheit* |
| | 《德国问题与克里米亚战争》(艾克哈特著) Eckhart, *Die deutsche Frage und der Krimkrieg* |
| | 《德国文件》*Deutsche Dokumente* |
| Dong | 《东方战争》(柴昂奇科夫斯基著) Zaionchkovski, *Vostochnaya Voina* |
| | 《动摇不定的友谊：俄国和奥地利，1876—1878 年》(格·赫·鲁普著) G. H. Rupp, *A Wavering Frîendship: Russia and Austria, 1876—1878* |
| Dui | 《对克里米亚的入侵》(金莱克著) Kinglake, *The Invasion of the Crimea* |
| | 《对世界大战的看法》(贝特曼著) Bethmann, *Betrachtungen Zum Weltkriege* |
| E | 《俄国和巴尔干》(萨姆纳著) Sumner, *Ruissia and the Balkans* |
| Er | 《二十五年》(格雷著) Grey, *Twenty-five Years* |

| | |
|---|---|
| Fa | 《法国外交文件（1871—1914）》 Documents diplomatiques français (1871—1914) |
| | 《法俄同盟》（兰格著）Langer, The Franco-Russian Alliance |
| | 《法休达的前奏》Prelude to Fashoda |
| Fu | 《佛朗茨·约瑟夫的同路人》（格莱塞·冯·霍斯腾劳著）Glaise von Horstenau, Franz Josephs Weggefährte |
| Gang | 《冈贝塔》（德沙纳尔著）Deschanel, Gambetta |
| Han | 《汉萨德》Hansard（英国国会会议的正式报告，因长期由名为汉萨德的人编纂而得此名。——译注） |
| Hao | 《豪斯上校私人文书集》Private Papers of Colonel House |
| Hei | 《黑海问题》（来因多尔夫著）Rheindorff, Die Schwarz-Meer（Pontus）Frage |
| Hong | 《红色档案》Krasny Arkhiv |
| Hui | 《回忆录》（霍亨洛赫著）Hohenlohe, Memoir |
| | 《回忆录》（施魏尼茨著）Schweinitz, Denkwürdigkeiten |
| | 《回忆录》（克里斯庇著）Crispi, Memoirs |
| | 《回忆录》（瓦德西著）Waldersee, Denkwürdigkeiten |
| | 《回忆录》（尼克卢多夫著）Nekludov, Reminiscences |
| | 《回忆俾斯麦》（路齐尤斯·巴尔豪森著）Lucius Ballhausen, Erinnerungen an Bismarck |
| Ji | 《基舍列夫》（扎布洛希著）Zablochii, Kiselev |
| | 《基德伦—威希特》（叶克著）Jäckh, Kiderlen-Waechter |
| Jia | 《加富尔和英国》Cavour e l' Inghilterra |
| | 《加富尔—尼格拉书信集》Carteggio Cavour-Nigra |
| Jiu | 《九年的回忆》（于勃纳著）Hübner, Neuf ans de souvenirs |
| Jun | 《军事回忆录》（勒布伦著）Lebrun, Souvenir Militaires |
| | 《君主联盟的终结》（戈里雅诺夫著）Goriainov, The End of the Alliance of the Emperors |
| | 《君士坦丁堡和海峡》Konstantinopel und die Meerengen |
| Ke | 《克里米亚战争的根源》（巴普斯特著）Bapst, Origines de la guerre de Crimée |
| | 《克里米亚战争中的普鲁士》（波利斯著）Borries, Preußen |

| | |
|---|---|
| | *im Krimkrieg* |
| La | 《拉多维茨和德国革命》(麦纳克著) Meinecke, *Radowitz und die deutsche Revolution* |
| Lan | 《兰斯多恩勋爵》(牛顿著) Newton, *Lord Landsdowne* |
| Li | 《里昂勋爵》(牛顿著) Newton, *Lord Lyons* |
| | 《历史杂志》(埃里希·马尔克斯著) Erich Marcks, *Historische Zeitschrift* |
| Lie | 《列强和巴尔干》(斯托雅诺维克著) Stojanovic, *The Great Powers and the Balkans* |
| Lun | 《伦道夫·丘吉尔勋爵》(温斯顿·丘吉尔著) W. Churchill, *Lord Randolph Churchill* |
| Ma | 《马克斯·冯·加格恩公爵传记》(帕斯托著) Pastor, *Leben des Freiherrn Max von Gagern* |
| | 《马克思主义历史》(柯斯托夫著) Khostov, *Istoria Markzisma* |
| Mei | 《美国历史评论》 *American Historical Review* |
| Mi | 《米尔纳书信文件集》(米尔纳) Milner, *Milner Papers* |
| Mo | 《摩洛哥在十字路口》(克鲁克申克著) E. F. Cruickshank, *Morocco at the Parting of the Ways* |
| Na | 《拿破仑第三的莱茵政策》(奥恩肯著) Oncken, *Die Rheinpolitik Kaiser Napoleons III* |
| Ni | 《尼古拉一世皇帝统治下的俄国的历史》(西曼著) Schiemann, *Geschichte Rußlands unter Kaiser Nikolaus I* |
| Ou | 《欧洲的重大问题》(吉尚著) Guichen, *Les grande questions européennes* |
| | 《欧洲列强和德国革命》(阿·沙尔夫著) A. Scharff, *Die europäischen Großmächte und die deutsche Revolution* |
| | 《欧洲列强和土耳其》(阿达莫夫著) Adamov, *Die europäischen Mächte und der Türkei* |
| | 《欧洲和解与1859年战争前夕侵略者的确定》(瓦尔塞吉著) Valsechi, *La mediazione europea e la definizione dell' aggressore alla vigilia della guerre del 1859* |
| | 《欧洲史》(斯退恩著) Stern, *Geschichte Europas* |

| | |
|---|---|
| Ri | 《日记》(兰斯多夫著)Lamsdorff, *Dnievnik* |
| | 《日记》(阿尔杰农·韦斯特著)Algernon West, *Diaries* |
| Sa | 《萨布罗夫回忆录》(辛普松著)J. Y. Simpson, *The Saburov Memoirs* |
| San | 《三次会议》(波克洛夫斯基著)Pokrovski, *Drei Konferenzen* |
| Sha | 《沙皇的俄国》(帕里奥洛格著)Paléologue, *La Russie des Tsars* |
| Si | 《思索与回忆》(俾斯麦著)Bismarck, *Gedanken und Erinnerungen* |
| | 《斯拉夫评论》*Slavonic Review* |
| | 《斯塔尔外交通信录》(迈恩多夫著)Meyendorff, *Correspondence diplomatique de M. de Staal* |
| | 《斯科特》(哈蒙德著) Hammond, *C. P. Scott* |
| Su | 《石勒苏益格(斯莱士威克)—荷尔施泰因问题》(斯蒂菲尔著)L. D. Steefel, *The Schleswig-Holstein Question* |
| Suo | 《索尔兹伯里的生平》(简称《索尔兹伯里》)(格温多伦·赛西尔著)Gwendolen Cecil, *Life of Salisbury* |
| Tan | 《谈话集》(菲力浦著)Philipp, *Gespräche* |
| Tong | 《通信集》(施魏尼茨著)Schweinitz, *Briefwechsel* |
| | 《通信集 1870—1924》(保罗·康邦著) Paul Cambon, *Correspondence 1870—1924* |
| Wei | 《为普鲁士的荣誉而战斗》(林格霍费尔著)Ringhoffer, *Im Kampf um Preußens Ehre* |
| | 《维多利亚女王书信集》*Letters of Queen Victoria* |
| | 《威利—尼基通信集》(威廉第二及尼古拉第二著) William II-Nicholas II, *Willy-Nicky Letters* |
| | 《为法兰西服务》(彭加勒著)Poincaré, *Au Service de la France* |
| Wo | 《我的三十年经历》(兰肯著)Lancken, *Meine dreißig Dienstjahre* |
| | 《我的从政年代》(康拉德著) Conrad, *Aus Meiner Dienstzeit* |
| Wu | 《五世纽卡塞尔公爵亨利·潘海姆的一生》(马提努著)Martineau, *Life of Henry Pelham, fifth Duke of Newcastle* |
| | 《武装的和平及大战》(勒努万著) Renouvin, *La paix armée et la grande guerre* |
| | 《伍德罗·威尔逊:生平及书信》(贝克著)R. S. Baker, *Woodrow Wilson: Life and Letters* |

| | | |
|---|---|---|
| Xian | 《现代史丛刊》 | *Journal of Modern History* |
| Xin | 《信函及文件》 | *Lettres et papiers* |
| Ya | 《亚历山大第二、高尔察科夫及拿破仑第三》(查理-鲁著) F. CharlesRoux, *Alexandre II, Gortchakoff et Napoleon III* |
| | 《亚历山大·冯·巴腾贝格》(戈提著) Corti, *Alexander von Battenberg* |
| Yi | 《一八四八年革命史》(拉马丁著) Lamartine, *Histoire de la révolution de 1848* |
| | 《一八四八年：知识分子的革命》(纳米埃著) Namier, *1848: the Revolution of the Intellectuals* |
| | 《一八五〇——一八五八年间的普鲁士外交政策》(波辛格尔著) Poschinger, *Preußens ouswârtige Politik 1850—1858* |
| | 《一八五四——一八六六年第二帝国史实》(图维耐尔著) Thouvenel, *Pages de l'histoire du second empire 1854—1866* |
| | 《一八五六—五九年间的俄国与法国》(修勒著) Schüle, *Rußland und Frankreich 1856—59* |
| | 《一八五九年奥地利的最后通牒》(恩格尔·冯·雅诺西著) Engel von Janosi, *L'ultimatum austriaco del 1859* |
| | 《一八五八——一八七一年间的普鲁士外交政策》 *Auswârtige Politik Preußens 1858—1871* |
| | 《一八七〇—七一年战争的外交缘由》(简称《外交缘由》) *Origines diplomatiques de ta guerre de 1870—71* |
| | 《一八七〇年的法国和俄国》(弗勒里著) Fleury, *Le France et la Russie en 1870* |
| | 《一八七一——一九一四年欧洲内阁的重大政策》(简称《重大政策》) *Große Politik der europdischen kabinette 1871—1914* |
| | 《一八七五——一八七八年巴尔干危机外交史：第一年》(简称《第一年》)(哈里斯著) Harris, *A Diplomatic History of the Balkan Crisis of 1875—1878: the First Year* |
| | 《一八七六年俾斯麦对英国的亲善表示》(哈里斯著) Harris, *Bismarck's Advance to England 1876* |
| | 《一八八六——一八九〇年俾斯麦时代的荷尔施泰因的秘密政策》(克劳 |

735

斯尼克著）Krausnick, *Holsteins Geheimpolitik in der Ära Bismarck 1886—1890*

《一九一四年前的帝国主义》（哈尔加腾著）Hallgarten, *Imperialismus vor 1914*

《一生的回忆》（埃卡德斯坦因著）Eckardstein, *Lebenserinnerungen*

《意大利统一和一八五四——一八五九年的欧洲政治》（瓦尔塞吉著）Valsecchi, *L' unificazione italiana e la politica europea 1854—1859*

《伊兹伏尔斯基外交书信集 1911—1914 年》（简称《伊兹伏尔斯基书信集》）*Diplomatische Schriftwechsel Iswolskis 1911—1914*

You 《尤列乌斯·安德拉西伯爵》（魏特海姆著）Wertheimer, *Graf Julius Andrássy*

Yue 《约翰·拉塞尔勋爵的生平》（斯宾塞·沃波尔著）Spencer Walpole, *Life of Lord John Russell*

Ying 《英国对德意志统一的立场》（普勒希特著）Precht, *Englands Stellung zur deutschen Einheit*

《英国和近东：克里米亚》（坦珀莱著）Temperley, *England and the Near East: the Crimea*

《英国历史评论》*English Historical Review*

《英国外交政策的基础》（坦珀莱及彭桑著）Temperley and Penson, *Foundations of British Foreign Policy*

《英国关于战争根源的文件 1898—1914 年》（简称《英国文件》）*British Documents on the Origins of the War 1898—1914*

《英国海军政策》（马德著）Marder, *British Naval Policy*

《英国，1870—1914 年》（恩索尔著）R. C. K. Ensor, *England 1870—1914*

Zai 《灾难性的政策》（卡内尔著）Kanner, *Katastrophen politik*

Zhan 《詹姆森袭击事件》（耶恩·范·代·普尔著）Jean van der Poel, *The Jameson Raid*

《张伯伦》（加文著）Garvin, *Chamberlain*

《战舰制造和党派政治》（克尔著）Kehr, *Schlachtflottenbau und Partei politik*

Zheng 《政治回忆录》（约瑟夫·张伯伦著）Joseph Chamberlain, *A*

*Political Memoir*
《政治文献》(蒂皮茨著) Tirpitz, *Politische Dokumente*
《政坛一瞥》(查里柯夫著) Charykov, *Glimpses of High Politics*
Zhi 《执政三月记》(拉马丁著) Lamartine, *Trois Mois au pouvoir*
Zhuan《转折点》(帕利奥洛格著) Paléologue, *The Turning Point*
Zi 《自由化的帝国》(奥里维埃著) Ollivier, *Empire libéral*

# 人名中文外文对照表

A
阿尔伯（撒丁国王）Albert
阿伯丁 Aberdeen
阿拉戈 Arago
阿诺托 Hanotaux
阿提拉 Attila
阿斯奎斯 Asquith
阿尼姆—苏科 Arnim-Suckow
阿方索十三 Alfonso XIII
阿布杜尔·阿齐兹 Abdul Aziz
阿布杜尔·哈米德 Abdul Hamid
阿列克谢也夫 Alexeiev
Ai
艾伯特（亲王、维多利亚女王的丈夫）Albert
艾伦泰尔 Aehrenthal
爱德华第七 Edward VII
埃克 Eyck
埃杰顿 Egerton
埃尔贝特 Herbette
埃兹伯格 Erzberger
埃蒂安纳 Étienne
埃斯特哈齐 Esterházy

埃卡德斯坦因 Eckardstein
An
安东尼 Antony
安德拉西 Andrássy
Ao
奥西尼 Orsini
奥皮克 Aupick
奥康纳 O'Connor
奥伊伦堡 Eulenberg
奥尔洛夫 Orlov
奥利维埃 Ollivier
奥斯滕—萨肯 Osten-Sacken
奥斯曼帕夏 Osman Pasha
奥尔布雷克特 Albrecht
奥古斯登堡公爵 Duke of Augustenburg

Ba
巴林 Ballin
巴尔贝 Barbès
巴雷尔 Barrère
巴西利 Basili
巴普斯特 Bapst

## 人名中文外文对照表

巴斯蒂德 Bastide
巴斯基也维茨 Paskievich
Ban
班肯多夫 Benckendorff
Bang
邦森 Bunsen
邦帕尔 Bompard
Bao
包丁 Baudin
包尔 Buol
鲍尔 Bower
鲍尔福 Balfour
鲍乔亚 Bourgeois
Bei
贝克 Beck
贝克 Baker
贝托 Berteau
贝托洛 Berthelot
贝内德蒂 Benedetti
贝尼格森 Bennigsen
贝格勒本 Biegeleben
贝佐勃拉卓夫 Bezobrazov
贝特曼·霍尔威格 Bethmann Hollweg
Bi
庇尔 Peel
比利 Billy
比谢 Bucher
比利斯基 Bilinski
比康斯菲尔德 Beaconsfield

俾斯麦（赫伯特）Bismarck (Herbert)
俾斯麦（奥托）Bismarck (Otto)
毕苏斯基 Pilsudski
Bo
伯格 Berg
伯蒂 Bertie
伯里安 Burian
伯克托尔德 Berchtold
伯恩斯托夫 Bernstorff
波塔莱斯 Pourtalès
波克劳维斯基 Pokrovsky
勃拉铁努 Bratianu
勃鲁诺夫 Brunnow
博 Beau
博伊斯特 Beust
Bu
布雷 Bourée
布施 Busch
布卡南 Buchanan
布凯内 Bourqueney
布利安 Briand
布朗热 Boulanger
布律克 Bruck
布赖特（约翰）Bright (John)
布兰登堡 Brandenburg
布姆帕尔 Bompard
布勒尼埃 Brenier
布瓦代弗尔 Boisdeffre
布鲁希洛夫 Brusilov

布朗斯坦因（即：托洛茨基）Bronstein(Trotsky)
布洛姆菲尔德 Bloomfield
布莱希勒德尔 Bleichroeder
布拉西尔·德·圣西蒙 Brassier de St. Simon

Cha
查理（奥地利皇帝）Charles
查理二世（英王）Charles II
察里柯夫 Charykov

Da
达律 Daru
达博米达 Dabormida
达齐格里奥 D'Azeglio
Dai
戴姆 Deym
戴鲁莱德 Déroulède
德比（英外相）Derby
德比（英首相）Derby
德·卡佐 De Cazaux
德卡兹 Decazes
德维尔 Develle
德克赖 Decrais
德尔卡塞 Delcassé
德拉·路卡 Della Rocca
德伦泰尔 Derenthal
德雷福斯 Dreyfus
德·凡耐依 De Verneuil

德·布拉扎 De Brazza
德·勒舍普 de Lesseps
德·塞尔维 de Selves
德拉蒙德·海 Drummond Hay
德拉蒙德·沃尔夫 Drummond Wolff
Deng
邓南遮 d'Annunzio
Di
狄斯累利 Disraeli
蒂尔 Türr
蒂森 Thyssen
蒂萨 Tisza
蒂皮茨 Tirpitz
Du
杜克罗 Ducrot
杜弗林 Dufferin
杜尔采特 Doulcet
杜梅尔格 Doumergue

E
厄马努埃尔（维克多）Emanuel (Victor)

Fa
法夫尔 Favre
法韦内 Faverney
法根汉 Falkenhayn
Fei
菲力浦第二（西班牙国王）Philip II

腓特烈（皇后）Frederick
腓特烈第七（丹麦国王）Frederick VII
腓特烈·威廉（普鲁士王储）Frederick William
腓特烈·威廉第四（普鲁士国王）Frederick William IV
费里 Ferry
斐迪南（保加利亚亲王）Ferdinand
Fu
弗洛盖 Floquet
弗勒里 Fleury
弗勒里奥 Fleuriau
弗雷西内 Freycinet
弗劳伦斯 Flourens
弗朗西斯·约瑟夫（奥地利皇帝）Francis Joseph
弗朗茨·斐迪南（奥地利大公）Francis Ferdinand
富尔 Faure
富艾德 Fuad

Gang
冈贝塔（甘必大）Gambetta
Gao
高布莱 Goblet
高尔察科夫 Gorchakov
Ge
戈申 Goschen
戈登 Gordon

戈尔茨 Goltz
格雷 Grèy
格拉奇 Gerlach
格拉蒙 Gramont
格兰维尔 Granville
格拉斯顿 Gladstone
哥罗乔斯基 Golouchowski
Gen
根茨 Gentz
Gong
贡尼 Gonne
贡托-比隆 Gontaut-Biron
Gu
古奇 Gooch
古叶晓夫 Gueshov
古科符卓夫 Kokovtsov

Ha
哈丁 Hardinge
哈考特 Harcourt
哈蒙德 Hammond
哈特曼 Hartmann
哈特维格 Hartvig
哈茨费尔德（普鲁士外交家）Hatzfeld
哈茨费尔德（德国大使）Hatzfeld
Hai
海默尔 Haymerle
Hao
豪斯 House

He
荷尔施泰因 Holstein
赫德森 Hudson
赫芬许勒 Khevenhüller
Heng
亨利(保罗) Henry (Paul)
亨伯特 Humbert
Hu
胡梅劳尔 Hummelauer
Huo
霍尔丹 Haldane
霍布斯 Hobbes
霍茨施 Hoetzsch
霍恩洛厄(德国总理) Hohenlohe
霍恩洛厄(奥地利亲王) Hohenlohe

Ji
吉尚 Guichen
吉尔斯 Giers
基佐 Guizot
基德伦 Kiderlen
基舍列夫 Kiselev
Jia
加格恩(马克斯) Gagern (Max)
加格恩(海因里希) Gagern (Heinrich)
加富尔 Cavour
加布伦茨 Gablenz
加里波第 Garibaldi
Jin

金伯利 Kimberley
Ka
卡文 Carvin
卡尔 Carr
卡斯 Kars
卡尔诺 Carnot
卡里南 Carignan
卡洛蒂 Carlotti
卡罗伊 Károlyi
卡斯尔 Cassel
卡尔诺克 Kálnoky
卡特莱特 Cartwright
卡西米尔—佩里埃 Casimir-Périer
卡杜达尔(乔治) Cadondal (George)
卡芬雅克 Cavaignac
卡斯尔雷 Castlereagh
卡普里维 Caprivi
Kai
凯欧 Caillaux
凯恩斯 Cairns
Kan
坎贝尔—班纳曼 Campbell-Bannerman
Kang
康邦(保罗) Cambon (Paul)
康邦(茹尔) Cambon (Jules)
康拉德 Conrad
Kao

人名中文外文对照表

考利 Cowley
考尼茨 Kaunitz
考尔巴斯 Kaulbars
Ke
克鲁 Crewe
克其纳 Kitchener
克鲁格 Kruger
克虏伯 Krupp
克罗默 Cromer
克罗威（艾尔）Crowe (Eyre)
克罗齐埃 Crozier
克拉伦顿 Clarendon
克里斯庇 Crispi
克里蒙梭 Clemenceau
克伦斯基 Kerensky
克里斯琴九世 Christian IX
科蒂 Corti
科布登 Cobden
科特克 Chotek
科苏特 Kossuth
Ku
库查（尼古拉）Cuza (Nicholas)
库塞尔 Courcel
库罗巴特金 Kuropatkin

La
拉马丁 Lamartine
拉多林 Radolin
拉格伦 Raglan
拉塔齐 Rattazzi

拉施道 Raschder
拉塞尔（约翰）Russell (John)
拉塞尔（奥多）Russell (Odo)
拉雅德 Layard
拉布雷耶 Laboulaye
拉多维茨（德国政治家）Radowitz
拉多维茨（德国大使）Ratwitz
拉德茨基 Radetzky
拉·玛摩拉 La Marmora
拉·瓦莱特 La Valette
拉塞尔斯 Lascelles
拉·图·多韦涅 La Tour D'Auvergne
Lai
莱宁根 Leiningen
莱斯特 Leicester
莱昂斯 Lyons
Lan
兰格 Langer
兰肯 Lancken
兰斯多夫 Lamsdorff
兰斯多恩 Lansdowne
兰希德帕夏 Reshid Pasha
Lang
朗西曼 Runciman
朗博尔德 Rumbold
Lao
劳内 Launay
劳合—乔治 Lloyd George
Le

勒邦 Lebon
勒布伦 Lebrun
勒弗洛 Le Fló
勒韦索 Reverseauy
勒努万 Renouvin
勒弗布弗勒·德·贝埃纳 Lefebvre de Bébaine
Lei
雷米萨 Rémusat
雷维尔 Reval
雷克伯格 Rechberg
Li
黎歇留 Richelieu
里博 Ribot
里克托芬 Richtofen
里曼·冯·桑德斯 Liman von Sonders
利奥波德第二（比利时国王）Leopold II
利奥波德（霍亨索伦亲王）Leopold
理查兹 Richards
Lin
林（董）Hayashi（Tadasu）
Lu
卢贝 Loubet
鲁恩 Roon
鲁埃 Rouher
鲁迪尼 Rudini
鲁宾逊 Robinson
鲁登道夫 Ludendorff

路德 Rodd
路易·菲力浦 Louis Philippe
Lü
吕德里茨 Luderitz
Luo
罗斯 Rose
罗迪奇 Rodič
罗维埃 Rouvier
罗西斯 Lucius
罗伊斯 Reuss
罗得斯（塞西尔）Rhodes（Cecil）
罗伯诺夫 Lobanov
罗斯伯里 Rosebery
洛恩 Loën

Ma
马志尼 Mazzini
马沙尔 Marschall
马尔尚 Marchand
马可尼 Marconi
马热黎 Margerie
马拉莱 Mlalaret
马拉古志 Malaguzzi
马萨里克 Masaryk
马蒂尔德 Mathilde
马西尼亚克 Massignac
马姆斯伯里 Malmesbury
Mai
麦克林（凯德）Maclean（Kaid）
麦克唐纳 MacDonald

麦哈默德·阿里 Mehemet Ali
迈恩多夫 Meyendorff
Man
曼陀菲尔（奥托）Manteuffel（Otto）
曼陀菲尔（爱德温）Manteuffel（Edwin）
曼内斯曼兄弟 Mannesmann brothers
Mao
毛奇（老毛奇）Moltke（the elder）
毛奇（小毛奇）Moltke（the younger）
Mei
梅斯 Metz
梅特涅（里夏德）Metternich（Richard）
梅特涅（克莱门斯）Metternich（Clemens）
梅特涅—沃尔夫 Metternich-Wolff
Men
门什柯夫 Menshikov
门斯多夫（奥地利外交部长）Mensdorff
门斯多夫（奥匈大使）Mensdorff
Meng
蒙森 Monson
蒙泰伊 Monteil
蒙卡列里 Moncalieri
蒙特贝洛 Montebello
蒙特格拉斯 Montgelas

Mi
米兰 Milan
米拉 Murat
米敦 Medem
米尔纳 Milner
米尔堡 Mühlberg
米勒兰 Millerand
米柳可夫 Miliukov
米里伯尔 Miribel
米里尤柯夫 Miliukov
米洛斯劳斯基 Mieroslawski
米夏埃利斯 Michaelis
Ming
明希 Münch
明斯特尔 Münster
Mo
莫利 Morley
莫尔尼 Morny
莫伦赫姆 Mohrenheim
莫拉维也夫 Muraviev
摩根 Morgan
摩加多尔 Mogador
摩利·哈桑 Muley Hassan
默兹 Meuse
Mu
穆伊 Mouy
穆兰 Monlin
穆蒂埃 Moustier

Na
纳米埃 Namier

纳比埃 Napier
Nai
奈伊（埃德加） Ney (Edgar)
Nei
内斯尔罗德 Nesselrode
Ni
尼韦尔 Nivelle
尼格拉 Nigra
尼米兹 Nemitz
尼拉托夫 Neratov
尼里多夫 Nelidov
尼科尔森 Nicolson
尼克卢多夫 Nekludov
尼古拉大公 Nicholas
尼古拉耶夫 Nikolayev
Niu
纽卡斯尔 Newcastle
Nuo
诺思 North
诺阿耶 Noailles
诺曼比 Normanby
诺思科特 Norchcote

Pa
帕克 Parker
帕斯克 Pashich
帕西菲科（唐） Pacifico (Don)
帕斯托尔 Pastor
帕默斯顿 Palmerston
帕拉维奇尼 Pallavicini

帕利奥洛格 Paléologue
Pang
庞森比 Ponsonby
Pei
佩西尼 Persigny
倍倍尔 Bebel
Peng
彭加勒 Poincaré
Pi
皮松 Pichon
皮欧 Bihoud
皮特（威廉） Pitt (William)
皮尔克 Pirch
皮科特 Picot
皮洛夫 Bülow
皮勒斯多夫 Pilersdoff
Pu
普莱森 Plessen
普里内 Prinet

Qi
齐默曼 Zimmermann
齐奥利蒂 Giolitti
契尔施基 Tschirschky
Qiao
乔巴诺维奇（柳巴） Jovanović L.
Qie
切尔宁 Czernin
Qiu
丘吉尔（伦道夫） Churchill (Ran-

dolph)
丘吉尔（温斯顿）Churchill（Winston）
Qü
屈尔曼 Kühlmann

Rao
饶勒斯 Jaurès
Re
热罗姆 Jerome

Sa
萨托 Satow
萨利斯 Salis
萨拉查 Salazar
萨布罗夫 Saburov
萨佐诸夫 Sazonov
Sai
赛克斯 Sykes
赛根尼 Szögyeny
Sang
桑德森 Sanderson
桑亚克 Sanjak
Sha
沙夫茨伯里 Shaftesbury
Shang
尚波 Champeaux
Shen
申布龙 Schönbrunn

Sheng
圣—瓦耶 Saint-Vailler
圣·让德·毛里安纳 St. Jean de Maurienne
巴泰勒米·圣—伊莱 Barthélemy Saint-Hilaire
Shi
史里芬 Schlieffen
施莱尼茨 Schleinitz
施蒂默尔 Stürmer
施默尔林 Schmerling
施魏尼茨 Schweinitz
施瓦尔岑堡 Schwarzenberg
施奈德—克罗索特 Schneider-Creusot
Shu
舒斯特 Shuster
舒瓦洛夫（保罗）Shuvalov（Paul）
舒瓦洛夫（彼得）Shuvalov（Peter）
Si
斯坦利 Stanley
斯塔尔 Staal
斯皮莱 Spueler
斯潘塞 Spencer
斯科特 Scott
斯托雷平 Stolypin
斯柯贝列夫 Skobelev
斯托雅诺维克 Stojanovic
斯佩克·冯·斯特恩堡 Speck von Sternburg

斯特拉福·德·雷德克利夫(斯特拉福·凯宁) Stratford de Redcliffe(Stratford Canning)
Su
苏皮洛 Supilo
Suo
索尼诺 Sonnino
索尔姆斯 Solms
索尔兹伯里 Salisbury

Ta
塔莱朗 Talleyrand
塔迪厄 Tardieu
Tao
陶弗基尔申 Tauffkirchen
Te
特罗特勒 Treutler
特威穆斯 Tweedmouth
特罗恩·德·吕伊 Drouyn de Lhuys
Ti
梯也尔 Thiers
Tu
图恩 Thun
图弗内尔 Thouvenel
Tuo
托克维尔 Tocqueville

Wa
瓦扬 Vaillant

瓦德西 Waldersee
瓦卢斯基 Walewski
瓦西什柯娃 Vassishikova
Wei
韦尔斯 Wells
韦森贝格 Wessenberg
韦斯特莫兰 Westmorland
威尔特 Werther
威尔德 Werder
威希特 Waechter
威灵顿 Wellington
维维安尼 Viviani
维兹特姆 Vitzthum
维拉马勒纳 Villamarina
维克多·艾德勒 Victor Adler
维克多·厄马努埃尔 Victor Emanuel
维特 Witte
Wen
温普芬 Wimpffen
温根海姆 Wangenheim
Wo
沃丁顿 Waddington
沃波尔 Walpole
沃尔斯利 Wolseley
Wu
乌迪诺 Oudinot
乌勃里尔 Oubril
乌泽多姆 Usedom
乌尔屈哈特(戴维) Urquhart(Da-

vid）

**Xi**
西摩 Seymour
西库尔 Circourt
西克斯特 Sixte
西勃拉里奥 Cibrario

**Xia**
夏莱梅尔—拉库尔 Challemel-Lacour
霞飞 Joffre

**Xiao**
肖米埃 Chaumié

**Xing**
兴登堡 Hindenburg

**Xu**
许布纳 Hübner

**Ya**
亚历山大（保加利亚亲王）Alexander
亚历山大（塞尔维亚国王）Alexander
雅古 Jagow

**Ye**
叶克 Jäckh

**Yi**
伊藤（博文）Ito（Hirobumi）
伊莎贝拉 Isabella
伊斯迈尔 Ismail
伊万—马勒 Iwan-Muller
伊兹伏尔斯基 Izvolski
伊格纳吉也夫 Ignatiev

**You**
尤金妮亚 Eugenie

**Ze**
泽林斯基 Zhilinski

**Zha**
扎库比 Zakupy

**Zhan**
詹姆森 Jameson

**Zhang**
张伯伦（约瑟夫）Chamberlain（Joseph）

**Zhu**
朱米尼 Jomini
朱瑟朗 Jusserand

# 地名中文外文对照表

A
阿尔马 Alma
阿杜瓦 Adowa
阿达利亚 Adalia
阿齐亚戈 Asiago
阿加迪尔 Agadir
阿尔汉格尔 Archangel
阿尔文施莱本 Alvensleben
阿尔黑西拉斯 Algeçiras
阿德里亚那堡 Adrianople
Ai
埃姆斯（河）Ems
埃尔富特 Erfurt
埃克斯累班 Aix-les-Bains
埃克斯—拉—夏佩勒 Aix-la-Chapelle
An
安科纳 Ancona
安格拉佩奎那（湾）Angra Pequena
Ao
奥斯本 Osborne
奥塞尔 Auxerre
奥斯坦德 Ostend
奥兰群岛 Aaland Islands
奥洛莫乌茨 Olomouc

Ba
巴统 Batum
巴尔多 Bardo
巴纳特 Banat
巴登巴登 Baden-Baden
巴拉克拉瓦 Balaklava
Bei
贝西卡湾 Besika bay
Bi
比塞大 Bizerta
比亚里茨 Biarritz
比萨拉比亚 Bessarabia
比利亚弗兰卡 Villafranca
毕由克 Björkö
Bo
波森 Posen
波罗的港 Port Baltic
波斯尼亚 Bosnia
波斯纳尼亚 Posnania
博尔格勒 Bolgrad

Bu
布克洛夫 Buchlov
布科维纳 Bukovina
布朗柴尔 Bronzell
布雷斯劳 Breslau
布雷斯特 Brest
布列斯特—立托夫斯克 Brest-Litovsk

Da
达尔马提亚 Dalmatia
Dan
但泽 Danzig
丹吉尔 Tangier
De
德兰士瓦 Transvaal
德累斯顿 Dresden
Di
的黎波里 Tripoli
的里雅斯特 Trieste
迪埃普 Dieppe
迪勃拉 Dibra
迪拉果阿湾 Delagoa bay
蒂罗尔 Tyrol
蒂尔西特 Tilsit
Du
都灵 Turin
都拉斯 Durazzo
Dui
对马 Tsushima

Duo
多布罗加 Dobrudja
多格尔沙洲 Dogger Bank

En
恩图曼 Omdurman
恩贾尔·斯凯莱西 Unkiar Skelessi

Fa
法休达 Fashoda
发罗拉 Valona
Fan
凡尔登 Verdun
Fei
非斯 Fez
菲利普波波利斯 Philippopolis
Fu
孚日山脉 Vosges（Mts.）
阜姆 Fiume
符腾堡 Württemberg

Ge
戈尔利采 Gorlice
格拉茨 Glatz
Gong
贡比涅 Compiègne

Han
汉诺威 Hanover
He
赫尔戈兰 Heligoland

荷尔施泰因 Holstein
Hei
黑森 Hesse
黑塞哥维那 Hercegovina

Ji
基尔 Kiel
Jia
加扎勒河 Bahr-el-Ghazal
加利西亚 Galicia
加施泰因 Gastein
贾科沃 Djakova

Ka
卡波莱多 Gaporetto
卡尔斯巴德 Karlsbad
喀琅施塔得 Kronstadt
Ke
克拉科夫 Cracow
科尼亚 Koniah
科索沃 Kossovo
科布伦茨 Coblenz
科诺皮什特 Konopischt
科尼克格雷茨 Kòniggrätz
Ku
库思托查 Custoza
库尔德斯坦 Kurdistan
库楚克·开纳吉 Kutchuk Kainardji
Kun
昆塔尔 Kienthal

La
拉巴特 Rabat
拉克尼奇 Racconigi
拉克鲁尼亚 La Coruna
Lai
赖克斯塔特 Reichstadt
Lan
兰桑 Lang-Son
Le
勒阿弗尔 Le Havre
Li
里加 Riga
利瓦吉亚 Livadia
Lie
列日 Liege
Lu
卢瓦尔 Loire
卢布尔雅那 Ljubljana
鲁尔 Ruhr
鲁米利 Roumelia
Lü
吕德里茨 Lüderitz
Lun
伦巴底 Lombardy
Luo
洛林 Lorraine
洛迦诺 Locarno

Ma
马尔摩 Malmö

## 地名中文外文对照表

马恩河 Marne
马让塔 Magenta
Mei
美因河 Main
美因茨 Mainz
Men
门塔纳 Mentana
门的内哥罗 Montenegro
Meng
蒙多河 Montoire
Mi
米兰 Milan
Ming
明兴格拉茨 Münchengrätz
Mo
摩德纳 Modena
摩尔达维亚 Moldavia
摩尔曼斯克 Murmansk
默甫 Merv

Ni
尼科尔斯堡 Nikolsburg
Nuo
诺尔河 Nore
萨瓦拉 Novara
诺曼底 Normandy

Pa
帕尔马 Parma
Peng

彭杰 Pendjeh
Pi
皮埃蒙特 Piedmont
Pu
普列文 Plevna
普鲁特河 Pruth
普隆比埃 Plombières
普热梅希尔 Przemysl

Qi
齐美尔瓦尔得 Zimmerwald

Ri
日德兰 Jutland

Sa
萨尔 Saar
萨瓦 Savoy
萨多瓦 Sadova
萨克森 Saxony
萨维恩 Saverne
萨摩亚 Samoa
萨尔茨堡 Salzburg
萨拉米斯 Salamis
萨拉热窝 Sarajevo
萨洛尼卡 Salonica
Sai
塞加西亚 Circassia
塞瓦斯托波尔 Sebastopol
Sang

桑德海峡 Sound
Se
色当 Sedan
色雷斯 Thrace
瑟堡 Cherbourg
She
蛇岛 Serpents' Island
Sheng
圣卢西亚湾 St. Lucia Bay
圣·斯特芬诺 San Stefano
Shi
士麦拿 Smyrna
施纳贝勒 Schnaebele
施特拉斯堡 Strasbourg
Si
斯库台 Scutari
斯特鲁加 Struga
斯图加特 Stuttgart
斯普利特 Split
斯莱士威克 Sleswick
斯凯尔涅维采 Skierniwice
Su
苏斯 Sus
苏黎世 Zurich
Suo
索姆 Somme
索尔发利诺 Solferino

Ta
塔兰托 Taranto

塔宁贝格 Tannenberg
Te
特普利策 Teplitz
特兰西瓦尼亚 Transylvania
特勒凯比尔 Tel-el-Kebir
Tu
土伦 Toulon
图尔 Toul
Tuo
托斯卡纳 Tuscany

Wa
瓦尔河 Vaal
Wei
威尼西亚 Venetia
威斯特伐利亚 Westphalia
维罗纳 Verona
维斯杜拉河 Vistula
魏玛 Weimar
Wen
温莎 Windsor

Xi
西里西亚 Cilicia
西里西亚 Silesia
锡诺普 Sinope
Xin
新帕扎尔 Novibazar
Xiu
休达 Ceuta

Ya
亚尼纳 Janina
亚历山德罗夫 Alexanderovo
Ye
耶拿 Jena
Yi
伊德河 Eider
伊斯特利亚 Istria
Yin

因克尔曼 Inkerman
Yue
约翰内斯堡 Johannesburg

Ze
泽拉 Zeila
泽布勒赫 Zeebrugge
Zhong
中洛锡安 Mildlothian

图书在版编目(CIP)数据

争夺欧洲霸权的斗争：1848—1918/(英)A.J.P.泰勒著；沈苏儒译.—北京：商务印书馆，2021(2022.11 重印)
(汉译世界学术名著丛书)
ISBN 978-7-100-19247-7

Ⅰ.①争… Ⅱ.①A…②沈… Ⅲ.①欧洲—现代史—1848—1918 Ⅳ.①K505

中国版本图书馆 CIP 数据核字(2020)第 252870 号

**权利保留，侵权必究。**

汉译世界学术名著丛书
**争夺欧洲霸权的斗争**
**1848—1918**
〔英〕A.J.P. 泰勒 著
沈苏儒 译

商 务 印 书 馆 出 版
(北京王府井大街 36 号 邮政编码 100710)
商 务 印 书 馆 发 行
北京艺辉伊航图文有限公司印刷
ISBN 978-7-100-19247-7

| 2021年4月第1版 | 开本 850×1168 1/32 |
| 2022年11月北京第3次印刷 | 印张 24⅛ |

定价：86.00 元